Die arbeitsrechtliche Durchsetzung der Compliance

Europäische Hochschulschriften

European University Studies

Publications Universitaires Européennes

Reihe II **Rechtswissenschaft**

Series II Law

Série II Droit

Band/ Volume **6059**

Andreas Törl

Die arbeitsrechtliche Durchsetzung der Compliance

Compliance-Richtlinien und ihre Auswirkungen auf Kündigungen

PETER LANG

Bibliografische Information der Deutschen Nationalbibliothek
Die Deutsche Nationalbibliothek verzeichnet diese Publikation in der Deutschen Nationalbibliografie; detaillierte bibliografische Daten sind im Internet über http://dnb.d-nb.de abrufbar.

Zugl.: Köln, Univ., Diss., 2018

D 38
ISSN 0531-7312
ISBN 978-3-631-77693-3 (Print)
E-ISBN 978-3-631-77801-2 (E-PDF)
E-ISBN 978-3-631-77802-9 (EPUB)
E-ISBN 978-3-631-77803-6 (MOBI)
DOI 10.3726/b15074

Diese Publikation wurde begutachtet.

www.peterlang.com

Vorwort

Die vorliegende Arbeit wurde von der Rechtswissenschaftlichen Fakultät der Universität zu Köln im Sommersemester 2018 als Dissertation angenommen.

Ich möchte mich herzlich bei meiner Doktormutter, Frau Prof. Dr. Dr. h. c. Barbara Dauner-Lieb, für die Annahme und Betreuung als Doktorand bedanken. Herrn Prof. Dr. Christian Rolfs danke ich für die zügige Erstellung des Zweitgutachtens.

Des Weiteren danke ich meinen Eltern Dr. Günter Törl und Monika Törl für die emotionale und finanzielle Unterstützung in der Promotionszeit sowie Artur Timin für den regen fachlichen Austausch. Meinen Ausbildern und Vorgesetzten in der Promotions- und Referendarzeit verdanke ich wertvolle Einblicke in die arbeitsrechtliche Praxis, deren Verständnis in die vorliegende Arbeit eingeflossen ist.

Besonderen Dank verdient Stefanie Auer, die mir in all den Jahren der Anfertigung und Finalisierung dieser Arbeit stets eine treue Begleiterin und Quelle von Inspiration war.

Köln, im September 2018 *Andreas Törl*

Inhaltsverzeichnis

A. Einleitung und Gang der Untersuchung

Die vorliegende Arbeit untersucht die Durchsetzung von Compliance gegenüber Mitarbeitern.

Dazu bedienen sich Unternehmen unter anderem sogenannter Compliance-Richtlinien. Bei diesen handelt es sich um Regelwerke, die die Mitarbeiter des Unternehmens adressieren und neben der Darstellung von Unternehmenszielen und -werten insbesondere auch Verhaltensvorgaben machen.[1] Sie waren zunächst ein Phänomen der Finanzdienstleister und der Großunternehmen, namentlich der DAX-30-Unternehmen.[2] Nachdem sie sich dort fest etabliert haben, führen sie inzwischen aber auch mittelständische Unternehmen ein.[3] In die öffentliche Wahrnehmung von Richtlinien brannten sich vor allem skurrile Negativbeispiele von Richtlinienklauseln ein. So verbot einst Wal-Mart seinen Mitarbeitern, unter anderem mit Kollegen und Kunden Liebesbeziehungen einzugehen.[4] Andere Unternehmen verboten etwa Männern, Bärte zu tragen.[5] Die Regel sind derartige Inhalte indes nicht, den Kern bilden rechtliche Anforderungen an das Unternehmen und seine Angehörigen, wie etwa Korruptionsprävention[6] oder die Regeln des Kartellrechts.[7] Hier etwa haben zuletzt milliardenschwere Bußgelder von sich reden gemacht.[8] Aber auch das Bußgeld in Höhe von 1 Million Euro, zu dem die Volkswagen AG im Sommer 2018 wegen des Abgasskandals von 2015 verurteilt wurde,[9] lässt an der wirtschaftlichen Bedeutung von Regelverstößen keinen Zweifel. Für den früheren Volkswagen-Vorstandsvorsitzenden *Martin Winterkorn* bedeutete der Abgasskandal das Karriereende,[10] obwohl die unmittelbare Verantwortung laut Volkswagen bei einzelnen Arbeitnehmern aus der Entwicklungsabteilung lag.[11]

---

1 S.u. C. II. 4. sowie vertiefend zu den Inhalten E.

2 Zur Geschichte der Richtlinien und ihrer historischen Vorgänger s.u. B.

3 *Moosmayer*, Compliance, Rn. 173; *Schröder*, FAZ Nr. 234 v. 09.10.2009, S. B6.

4 S.u. E. I. 6.

5 Inderst/Bannenberg/Poppe/*Rieder*, S. 18 Rn. 7.

6 S.u. E. I. 2. e.

7 S.u. E. I. 3. d.

8 So etwa das Bußgeld von 4,34 Milliarden Euro gegen Google im Jahr 2018, *Kübler*, BB 2018, Heft 34, S. I; aufsehenerregend war schon im Dezember 2013, als die EU-Kommission gegen mehrere Banken wegen Manipulation der Referenzzinssätze Libor, Euribor und Tibor ein Bußgeld von insgesamt 1,71 Milliarden Euro verhängte, „Großbanken müssen 1,71 Milliarden Euro Kartellstrafe zahlen", FAZ Nr. 283 v. 05.12.13, S. 1; zu den Dimensionen auch *Schockenhoff*, NZG 2015, 409 (409 f.).

9 *Beschorner*, Der Wahnsinn hat Methode, Zeit Online v. 14.06.2018.

10 *Wintterle*, „Winterkorn ist wirtschaftlich geächtet, seine Vita verbrannt", Interview, Spiegel Online v. 08.05.2018.

11 *Smolka/Germis*, FAZ Nr. 286 v. 09.12.2017, S. 21.

So bleibt den Unternehmen und ihren Leitungsorganen gar nichts anderes übrig, als Compliance engagiert zu betreiben und gegenüber den Arbeitnehmern durchzusetzen. Die Richtlinie leistet dazu einen notwendigen,[12] keinesfalls aber hinreichenden Beitrag. Es bedarf im „Ernstfall“[13] auch wiederum ihrer Durchsetzung in Form von arbeitsrechtlichen Maßnahmen, insbesondere der Kündigung.[14] Das wirft jedoch die Frage auf, inwiefern die Existenz einer Richtlinie im Unternehmen die Anforderungen an die Kündigung des Arbeitsverhältnisses nach einem Compliance-Verstoß modifiziert. Welche Kündigungsanforderungen werden wie beeinflusst, wenn eine Compliance-Richtlinie existiert? Namentlich stellt sich die Frage, ob und ggf. unter welchen Voraussetzungen die Richtlinie eine Abmahnung „vorwegnehmen“ kann. Im „Zeitalter der Compliance“[15] stellen sich auch arbeitsrechtlich viele Rechtsfragen. Diese Arbeit soll einen Beitrag zu deren Beantwortung leisten.

Die Arbeit beginnt mit der Klärung einiger Vorfragen, deren Beantwortung für das Verständnis der arbeitsrechtlichen Thematik erforderlich ist. So existiert Rechtsprechung zum Einfluss von Arbeitsordnungen auf das Kündigungsrecht.[16] Das wirft die Frage auf, ob zwischen Arbeitsordnung und Compliance-Richtlinie eine derartige Artgleichheit besteht, dass die genannte Rechtsprechung auch für die Compliance-Richtlinie Gültigkeit beanspruchen kann.

Um Arbeitsordnung und Compliance-Richtlinie vergleichen zu können, beginnt die Arbeit mit einem historischen Abriss (**B.**), der den chronologischen Ablauf der Verbreitung der historischen Arbeits- und Betriebsordnungen sowie der Compliance-Richtlinien aufzeigt. Sodann ist zu klären, was eine Compliance-Richtlinie eigentlich ist. Das erfordert zunächst, den Begriff der Compliance-Richtlinie in Abgrenzung zu anderen in der Literatur gebräuchlichen Termini zu definieren (**C. I.**). Es erfordert des Weiteren, den Kontext, in dem die Compliance-Richtlinien stehen, das sogenannte Compliance-Management-System (CMS), zu umreißen (**C. II.**). Dabei müssen einerseits die rechtlichen Motive der Unternehmen zur Einrichtung eins CMS geklärt werden **(C. II. 1)**. Zum anderen kann man aber nicht verstehen, was ein CMS ist, ohne dessen idealtypische Elemente einmal darzustellen. Dies leistet die Arbeit darum als Nächstes **(C. II. 2.)**. Ist geklärt, was ein CMS ist und auf welcher Grundlage es basiert, so stellt sich im Anschluss die Frage, warum gerade die Compliance-Richtlinie ein Teil davon ist, sprich: Auf welchen rechtlichen (**D. I.**) und wirtschaftlichen (**D. II.**) Erwägungen beruht es, dass die Unternehmen im Rahmen ihrer Compliance-Bemühungen neben den anderen Elementen eines CMS auch Richtlinien erstellen? Sind nunmehr Begrifflichkeit, Kontext und Motivation zur Erstellung der Richtlinien geklärt, so bleibt die Frage,

---

12 *Fissenewert*, Compliance, § 6 Rn. 16; *Moosmayer*, Compliance, Rn. 154.
13 *Bissels/Lützeler*, BB 2012, 189.
14 Zu deren Erforderlichkeit siehe die Ausführungen eingangs unter G.
15 *Berghoff/Rauh*, FAZ, Nr. 30 v. 05.02.2013, S. 12.
16 S.u. zu deren Entwicklung G. II. 2. b.

welche Inhalte die Compliance-Richtlinie typischerweise ausmacht. Dazu ist eine Reihe von Compliance-Richtlinien aus der Praxis zu analysieren und die darin gefundenen Inhalte darzustellen (**E. I.**). Dass jetzt auch der typische Inhalt der Compliance-Richtlinien geklärt ist, erlaubt den inhaltlichen Vergleich mit historischen Arbeitsordnungen (**E. II.**). Am Ende dieses Vergleiches steht als Erkenntnis eine inhaltliche Schnittmenge von heutigen Compliance-Richtlinien und den historischen Arbeitsordnungen.

Als letzte Vorfrage der kündigungsrechtlichen Betrachtung ist sodann noch zu umreißen, in welchen rechtlichen Formen eine Compliance-Richtlinie eingeführt werden kann. Es ist dabei zu klären, in welchen rechtlichen Formen Compliance-Richtlinien im Allgemeinen und ihre Sanktionsklauseln im Besonderen eingeführt werden können (**F. I.**) und inwieweit der Betriebsrat Mitbestimmungsrechte daran hat (**F. II.**).

Damit sind die umfangeichen Vorfragen abgearbeitet und die Arbeit wendet sich ihrem Kern zu: Es werden die Voraussetzungen der Kündigung eines Arbeitsverhältnisses nach einem Verstoß gegen die Richtlinie dargestellt und dabei beleuchtet, an welchen der Wirksamkeitsvoraussetzungen sich das Vorhandensein der Compliance-Richtlinie wie auswirkt (**G. I.**). Dabei ist aufgrund seiner besonderen Komplexität das Erfordernis einer Abmahnung als eigener Gliederungspunkt zu betrachten (**G. II.**). Die Komplexität dieser Thematik folgt auch daraus, dass sie in der jüngeren Vergangenheit um das Thema des sogenannten Vertrauenskapitals bereichert wurde. Ob und ggf. inwiefern dieses neue Thema an der Wirkung der Sanktionsklausel in der Compliance-Richtlinie auf das Abmahnungserfordernis etwas geändert hat, ist hier ebenfalls zu beleuchten.

Damit hat die Arbeit ihr Ziel im Wesentlichen erreicht. Jedoch erlauben die gefundenen Ergebnisse es, in Kürze auf eine Folgethematik einzugehen: Es stellt sich die Frage, ob ein Arbeitgeber sogar verpflichtet sein kann, einem Arbeitnehmer bei Verstoß gegen die Compliance-Richtlinie zu kündigen oder ob er – rein rechtlich – die Richtlinie auch zum bloßen „Papiertiger“ verkommen lassen kann. Dies soll abschließend im Sinne eines Annexes dargestellt werden (**H.**).

Rechtsprechung und Literatur wurden bis zum 31.08.2018 berücksichtigt.

B. Historische Ursprünge von Compliance-Richtlinie und Arbeitsordnung

Eingangs soll der Frage der historischen Entwicklung der Rechtsinstitute der Arbeitsordnung einerseits und der Ethik-/ Compliance-Richtlinie andererseits nachgegangen werden. Vielfach werden Ethik-/ Compliance-Richtlinien in der jüngeren Literatur als ein neues Phänomen beschrieben, welches erst durch den Einfluss des US-amerikanischen Rechts auf international agierende Unternehmen in der jüngeren Vergangenheit aufgekommen sei.[17] Allerdings kennt auch der deutsche Rechtsraum seit langem Rechtsfiguren, die allgemein für alle Arbeitsverhältnisse (oder einen abgrenzbaren Teil aller Arbeitsverhältnisse, z.B. alle Arbeiter einer Fabrik[18]) in einem Betrieb/Unternehmen gelten. Die Entwicklung solcher Regeln (und auch ihrer Namensgebung) soll im Folgenden skizziert werden. Ein Vergleich von Klauseln historischer Werke mit denen heutiger Richtlinien ergänzt an späterer Stelle die historische Betrachtung.[19]

I. Mittelalter: Frühe Vorgänger

Nach *Koehne* finden sich in Antike und Mittelalter keine Vorbilder der späteren Arbeitsordnungen.[20] Sieht man mit einigen Literaturstimmen[21] die Arbeitsordnung als Vorgänger der Richtlinie, so hieße dies, dass es in Antike und Mittelalter noch keine der Ethik-/ Compliance-Richtlinie ähnelnde Rechtskonstruktion gab. Das liegt für die Antike nahe, da die damalige Wirtschaft auf Sklavenarbeit fußte, nicht auf einem freien Arbeitsverhältnis.[22] *Rein* erblickt dann aber im Mittelalter sehr wohl Ursprünge der Richtlinien. Im Handwerk sieht er den Arbeitsvertrag

---

17 Schimansky/Bunte/Lwowski/*Faust*, § 109 Rn. 5; Tschöpe/*Marquardt*, Teil 4 A Rn. 578; *Schneider/Sittard*, NZA 2007, 654; *Schreiber*, NZA-RR 2010, 617; *Eisenbeis/Nießen*, FS Leinemann, S. 698; *Wisskirchen/Körber/Bissels*, BB 2006, 1567; wohl auch *Köstner*, Compliance, S. 36 ff.; MüHdbArbR/*Reichold*, § 86 Rn. 22; *Schulz*, Ethikrichtlinien, S. 31 ff.

18 Vgl. nur AO Dortmund 1892, S. 1; AO Münsterbusch 1892, S. 1; AO Remscheid 1912, S. 7.

19 Siehe unten D. II.

20 *Koehne*, Die Arbeitsordnungen, S. 7; *ders.*, ZVglRWiss 1901, 84 (92); ebenso *Gerbrecht*, Arbeitsordnung, S. 1; *Hafenrichter*, Arbeitsordnung, S. 2 f.; *Meyer*, Arbeitsordnung, S. 5;

21 S.u. B. II.

22 Siehe nur zur Lage im alten Rom *Krapp*, Anfänge, S. 19 f.; vgl. auch *Gerbrecht*, Arbeitsordnung, S. 69; *Hafenrichter*, Arbeitsordnung, S. 2 f.; *Koehne*, Die Arbeitsordnungen, S. 11.

zwischen Geselle und Meister durch die jeweilige Zunftordnung beeinflusst.[23] Diese gestaltete unabhängig vom Willen der Vertragsparteien den Inhalt des Arbeitsverhältnisses.[24] Wenn dort ehrbares Verhalten gefordert wurde, so bestehe insoweit eine Parallele zu den ethischen Grundsätzen heutiger Richtlinien, wobei diese allerdings weniger weit in die Privatsphäre der Arbeitnehmer reichen.[25] *Rein* zitiert weiterhin *Ebel* mit einigen Regeln zu Verhaltensvorgaben wie dem Verbot des Würfelspiels oder des Trinkens in der Nacht.[26] Allerdings weist *Ebel* auch darauf hin, dass die Regelungen der Zunft nicht nur für den Gesellen, sondern gerade auch für den Meister galten. Unterband dieser nicht Verstöße gegen obige Verhaltensvorschriften, so musste er selbst mit Sanktionen rechnen.[27] Insofern ähnelt das Zunftrecht eher dem heutigen Standesrecht der freien Berufe[28] als den Ethik-/ Compliance-Richtlinien der freien Wirtschaft. Der Einfluss des Zunftrechts endete mit der Einführung der Gewerbe- und Vertragsfreiheit zu Beginn des 19. Jahrhunderts.[29]

Arbeitnehmer des nicht von Zünften beeinflussten Gewerbes beschreibt *Rein* unter dem Einfluss von Polizeiverordnungen, das Gesinde unter der Hausordnung des Hausherrn.[30] Die Polizeiverordnungen waren allerdings Gesetze der jeweiligen Landesherren, nicht Richtlinien eines Arbeitgebers.[31] Trotz interessanter inhaltlicher Parallelen (*Rein* beschreibt z.B. eine Art Whistleblowing-Pflicht[32]) handelt es sich bei den Polizeiverordnungen daher nicht um Vorgänger der Ethik-/ Compliance-Richtlinien.[33]

II. 19. Jahrhundert/Kaiserzeit: Die Arbeitsordnung

Als direkte Vorgänger der heutigen Ethik-/Compliance-Richtlinien werden in der Literatur vielfach die Arbeitsordnungen genannt.[34] Diese waren ein Kind der Industrialisierung, denn sie verbreiteten sich mit dem Aufkommen von Fabriken

---

23 *Rein*, Ethikrichtlinie, S. 43 f., Bezug nehmend auf *Ebel*, Mittelalter, S. 15.

24 *Rein*, Ethikrichtlinie, S. 44; siehe auch *Ebel*, Mittelalter, S. 28, 113; *Krapp*, Anfänge, S. 63 f.; *Willoweit*, JuS 1977, 573 (574).

25 *Rein*, Ethikrichtlinie, S. 44.

26 *Ebel*, Mittelalter, S. 28; *Rein*, Ethikrichtlinie, S. 44 f.

27 *Ebel*, Mittelalter, S. 28.

28 Vgl. zu diesem nur *Triskatis*, Ethikrichtlinien, S. 119 ff.

29 *Rein*, Ethikrichtlinie, S. 49; *Ogris*, RdA 1967, 286 (290, 294, 297).

30 *Rein*, Ethikrichtlinie, S. 45 ff.

31 *Willoweit*, JuS 1977, 573 (575).

32 *Rein*, Ethikrichtlinie, S. 46 unter Berufung auf *Ebel*, Quellen, S. 174.

33 So auch *Rein* selbst, *Rein*, Ethikrichtlinie, S. 46.

34 Siehe nur *Böhm*, Non-Compliance, S. 50; *Boldt*, Ethikregeln, S. 25; *Lelley*, Compliance, S. 51 Rn. 100; *Schlachter*, FS Richardi, S. 1068 f.; *Willemsen*, Ethikrichtlinien, S. 8; *Junker*, BB 2005, 602; vgl. auch *Reinhard*, NZA 2016, 1233, sowie die Gegenüberstellung unter E. II.

ab der 2. Hälfte des 18. Jahrhunderts.[35] Die erste nachgewiesene Arbeitsordnung wurde nach *Ure* 1768 in Großbritannien in der Spinnerei von *Richard Arkwright* in Nottingham aufgestellt.[36] Es ist allerdings anzunehmen, dass *Arkwright* bereits Vorbilder hatte.[37]

Im Deutschen Reich wurden 1891 die §§ 134a ff. in die Gewerbeordnung eingefügt,[38] mit denen die Einführung einer Arbeitsordnung erstmals gesetzlich vorgeschrieben wurde.[39] Bereits ab 1861 gab es aber gesetzliche Regeln zur Arbeitsordnung in einzelnen deutschen Staaten.[40] Zudem existierten entsprechende fakultative Werke,[41] die häufig „Fabrikordnung" genannt wurden.[42] Aber auch die Büroordnungen der Büroangestellten[43] fallen in diese Kategorie, denn §§ 134a ff. GewO erfassten nur Fabrikarbeiter, nicht jedoch Angestellte.[44] Gleiches galt zunächst für die Geschäftsordnungen der Kaufhausangestellten, bis sie 1899 in die Regelung mit einbezogen wurden.[45] Laut *Hromadka* waren Arbeitsordnungen schon 1863 „in Deutschland bereits gang und gäbe"[46] Spuren solcher Werke reichen aber auch in Deutschland bis ins 18. Jahrhundert zurück.[47] Besonderen Aufschwung erlebten sie dann durch die Einführung der Vertrags- und Gewerbefreiheit.[48] Man

35 *Engelmann*, Arbeitsordnung, S. 4; *Gerbrecht*, Arbeitsordnung, S. 2; *Hafenrichter*, Arbeitsordnung, S. 3; a. A. *Koch*, Arbeitsordnung, S. 13, der die Ursprünge fälschlich erst im 19. Jahrhundert ausmacht..

36 *Ure*, The philosophy of manufactures, S. 15; ihm folgend *Koehne*, Die Arbeitsordnungen, S. 9; *Meyer*, Arbeitsordnung, S. 5; *von Paschwitz*, Arbeitsordnung, S. 1; *Koehne*, ZVglRWiss 1901, 84 (92 f.); zweifelnd *Gerbrecht*, Arbeitsordnung, S. 1 f.

37 *Hafenrichter*, Arbeitsordnung, S. 3 f.; *Koehne*, Die Arbeitsordnungen, S. 9; *von Paschwitz*, Arbeitsordnung, S. 1 f.

38 RGBl. 1891 Nr. 18, S. 261 ff., auch abgedruckt bei *Zahnbrecher*, Arbeitsordnung, S. 7 ff.

39 *Gerbrecht*, Arbeitsordnung, S. 5 f.; *Engelmann*, Arbeitsordnung, S. 8; *Rein*, Ethikrichtlinie, S. 51.

40 *Engelmann*, Arbeitsordnung, S. 5; *Gerbrecht*, Arbeitsordnung, S. 3; *Reichold*, Betriebsverfassung, S. 64 ff.; *Rein*, Ethikrichtlinie, S. 53 f.; *Hromadka*, ZfA 1979, 203 (211); *Koehne*, ZVglRWiss 1901, 84 (98).

41 *Gerbrecht*, Arbeitsordnung, S. 1, 6; *Hafenrichter*, Arbeitsordnung, S. 2, 4.

42 *Boldt*, Ethikregeln, S. 25; vgl. auch FO Villeroy & Boch 1880, FO Villeroy & Boch 1888 sowie die Fabrikordnungen der Hoechst AG bei *Hromadka*, Arbeitsordnung, S. 71 ff.; allgemein zu den verschiedenen Bezeichnungen *Koehne*, Die Arbeitsordnungen, S. 1 f., 83, 89; *ders.* ZVglRWiss 1901, 84 (90 f.).

43 Vgl. zu diesen Büroordnungen bzw. Dienstordnungen *Rein*, Ethikrichtlinie, S. 54.

44 *Boldt*, Ethikregeln, S. 25 Fn. 74; zur – noch heute gültigen – Abgrenzung von Arbeitern und Angestellten vgl. nur Staudinger/*Richardi*/*Fischinger*, Vorb. § 611 ff. BGB Rn. 194 ff.

45 *Koehne*, Die Arbeitsordnungen, S. 76 ff.

46 *Hromadka*, Arbeitsordnung, S. 3.

47 Vgl. die „Fabrikordnung der Seidenfabrik Gebr. v. d. Leyen zu Krefeld" von 1786, abgedruckt bei *Ebel*, Quellen, S. 248 f.; auf diese nimmt auch *Koehne*, Die Arbeitsordnungen, S. 10 Bezug.

48 *Rein*, Ethikrichtlinie, S. 51, 56.

bewertete diese freiwillig aufgestellte Arbeitsordnung – vor[49] und nach[50] 1891 – als arbeitsvertraglich.

Bezüglich der obligatorischen Arbeitsordnung nach §§ 134a ff. GewO hingegen entwickelte sich im ausgehenden 19. Jahrhundert ein Streit um die Rechtsnatur:[51] Nach der Vertragstheorie sollte auch die verpflichtende Arbeitsordnung nach den Regeln des Vertragsrechts zu beurteilen sein.[52] Die einseitig vom Arbeitgeber gestellte Arbeitsordnung sei ein Vertragsangebot, das der Arbeitnehmer annehme.[53] Die Gegenauffassung qualifizierte sie als Rechtsnorm, wobei innerhalb dieser Betrachtungsweise wiederum umstritten war, ob die Norm auf einer Delegation von Hoheitsrechten durch den Staat oder auf einer eigenen Befugnis des Unternehmers beruhte.[54] *Zahnbrecher* nennt *Weber*, der den einseitigen Erlass damit begründen wolle, dass die wirtschaftliche Übermacht des Arbeitgebers dazu führe, dass Vertragsbedingungen wie eine Arbeitsordnung nicht mehr ausgehandelt, sondern bloß bekanntgegeben würden.[55] Dies galt zudem nur bezüglich der schon existierenden Belegschaft; einem Neubewerber wurde die Arbeitsordnung nicht vorgelegt, denn erst mit dem Eintritt in die Beschäftigung war der Arbeitgeber dazu verpflichtet (§ 134e GewO).[56] Heute würde man von AGB ausgehen und die Vorschriften an §§ 305 ff. BGB messen.[57] Ein AGB-Recht aber gab es im

49 *Bitzer*, Arbeitsordnungen, S. 9, 11, 14 f., 34, 39; vgl. auch *Hromadka*, Arbeitsordnung, S. 3.

50 *Engelmann*, Arbeitsordnung, S. 30, 38; *Meyer*, Arbeitsordnung, S. 39; *Koehne*, ZVglRWiss 1901, 84 (105; 111); *Rehm*, Annalen 1894, 132 (133) vgl. auch die Darstellung der Dienstordnungen für Büroangestellte als Bestandteile des Arbeitsvertrages bei *Rein*, Ethikrichtlinie, S. 54.

51 Eine Übersicht über diesen Streit findet sich auch bei *Reichold*, Betriebsverfassung, S. 127 ff.

52 *Engelmann*, Arbeitsordnung S. 19, *Koehne*, Die Arbeitsordnungen, S. 117 ff.; *Zahnbrecher*, Arbeitsordnung, S. 15 f.; *Koehne*, ZVglRWiss 1901, 84 (111 ff.); so auch die heutige Entscheidung des historischen Meinungsstreits bei *Rein*, Ethikrichtlinie, S. 53.

53 So fasst es *Engelmann*, Arbeitsordnung, S. 113 m.w.N. zusammen; vgl. auch *Gerbrecht*, Arbeitsordnung, S. 49 m.w.N, der dieses Verständnis bei mehreren Autoren nachweist; a.A. *Koehne*, Die Arbeitsordnungen, S. 120 ff.; *ders.*, ZVglRWiss 1901, 84 (113), der die Arbeitsordnung zwar als Vertragsbestandteil, aber außerhalb der vertraglichen Einigung sieht.

54 *Freutel*, Arbeitsordnung, S. 30 f.; *Zahnbrecher*, Arbeitsordnung, S. 16 f.; *Waltermann*, NZA 1995, 1177 (1178 f.).

55 *Zahnbrecher*, Arbeitsordnung, S. 17; ähnliche Zustände beschriebt auch *Koehne*, ZVglRWiss 1901, 84 (93, 117), der sich aber dagegen wendet, damit die Gesetzesqualität der Arbeitsordnung zu begründen: a.a.O. S. 111.

56 *Koehne*, Die Arbeitsordnungen, S. 121, 158; *ders.* ZVglRWiss 1901, 84 (113); *Meyer*, Arbeitsordnung, S. 60 f.; anschaulich *Gerbrecht*, Arbeitsordnung, S. 63 f.

57 *Hromadka*, NZA 2013, 1061 (1063); schon *Koehne*, ZVglRWiss 1901, 84 (114) und *Rehm*, Annalen 1894, 132 (133) zogen den Vergleich zu „[A]llgemeinen Versicherungsbedingungen"; erstaunlich vertraut mutet auch die Beschreibung des Abschlusses eines Arbeitsvertrages mit Arbeitsordnung bei *Koehne*, Die Arbeitsordnungen, S. 11 f. an.

19. Jahrhundert noch nicht.[58] Eine Angemessenheitskontrolle wie § 307 Abs. 1 BGB sie vorschreibt, fand daher nicht statt. Vielmehr musste nach § 134e GewO jede Arbeitsordnung der unteren Verwaltungsbehörde vorgelegt werden. Diese überprüfte nach § 134f GewO den Inhalt der Arbeitsordnung (nur) auf Rechtmäßigkeit sowie auf vorschriftsmäßigen Erlass. Es fand also eine reine Rechtskontrolle statt.[59] Individuelle Überprüfungsmöglichkeiten des einzelnen Arbeiters gab es zudem nicht. Einen entsprechenden Antrag *August Bebels* hatte der Reichstag 1869 bei den Beratungen über die damalige GewO des Norddeutschen Bundes abgelehnt.[60]

Eine betriebliche Mitbestimmung im heutigen Sinne gab es ebenfalls noch nicht.[61] Allerdings sah § 134d GewO vor, dass vor Erlass der Arbeitsordnung den „großjährigen“[62] (= volljährigen[63]) Arbeitern Gelegenheit zur Stellungnahme zum Inhalt der Arbeitsordnung zu geben sei. Sofern ein Arbeiterausschuss bestehe, genüge dessen Anhörung. Ausreichend war der Aushang in der Fabrik mit der Maßgabe, Bedenken zu melden.[64] Nach § 134e GewO waren die von den Arbeitern geäußerten Bedenken bei der behördlichen Rechtskontrolle mit einzureichen. Ein Zustimmungserfordernis des Arbeiterausschusses fand sich hingegen nur in § 134b Abs. 3 GewO für Spezialfälle. Im Übrigen war es für die Wirksamkeit der Arbeitsordnung unerheblich wenn die Pflicht zur Anhörung missachtet wurde, wie *Delor* 1932 bemängelte.[65] Auch haben in vielen Fabriken die Arbeiter von ihrem Recht keinen Gebrauch gemacht.[66] Daher ist im Ergebnis mit *Reichold* eine nur untergeordnete Rolle der Arbeiterausschüsse festzustellen.[67]

III. Weimarer Republik: Die mitbestimmte Arbeitsordnung

Die Thematik der Arbeitsordnungen erhält mit dem Erlass des Betriebsrätegesetzes im Jahre 1920[68] einen neuen Impuls: § 78 Nr. 3 BRG überträgt dem Betriebsrat

58 Vgl. *Rein*, Ethikrichtlinie, S. 65; *Pfeiffer*, NJW 2017, 913 (913).

59 *Hromadka*, ZfA 1979, 203 (213); *Reichold*, Betriebsverfassung, S. 126; *Rein*, Ethikrichtlinie, S. 54; wohl auch *Koehne*, Die Arbeitsordnungen, S. 166; unter Beschränkung der behördlichen Rechtskontrolle auf die Vorschriften der GewO: *Neuburger*, Arbeitsordnung, S. 45 f.

60 *Koehne*, Die Arbeitsordnungen, S. 40 f.; *Zahnbrecher*, Arbeitsordnung, S. 6; der Entwurf ist auszugsweise abgedruckt bei *Hromadka*, Arbeitsordnung, S. 57 f.

61 So explizit für § 134d GewO 1891 *Gerbrecht*, Arbeitsordnung, S. 65 m.w.N.

62 § 134d GewO 1891, abgedruckt bei *Zahnbrecher*, Arbeitsordnung, S. 9 f.

63 Duden, S. 437; vgl. auch *Gerbrecht*, Arbeitsordnung, S. 64.

64 *Weber*, Fabrikordnung, S. 54 m.w.N.

65 *Delor*, Arbeitsordnung, S. 4 f.

66 *Ulrichs*, Arbeitsordnung, S. 83.

67 *Reichold*, Betriebsverfassung, S. 139, der allerdings dort auch in Fn. 827 eine gegenteilige Entscheidung des Gewerbegerichts Berlin anführt.

68 RGBl. S. 147.

die Aufgabe, „die Arbeitsordnung [...] mit dem Arbeitgeber zu vereinbaren". Die Arbeitsordnung ergeht nunmehr also als Betriebsvereinbarung.[69] Dadurch hatten die Arbeitsnehmer nun durch den Betriebsrat auch die Möglichkeit, die Initiative zum Erlass einer Arbeitsordnung zu ergreifen.[70] Eine Arbeitsordnung, die nicht auf einer Vereinbarung mit der Betriebsvertretung beruht ist jetzt grundsätzlich unwirksam.[71] Ob dies auch gelten soll, wenn sie auf individualvertraglicher Basis entsteht, war umstritten.[72] Ebenso herrscht weiterhin Streit um die Rechtsnatur der Arbeitsordnung bzw. der Betriebsvereinbarung im Allgemeinen:[73] Die einen nehmen einen zivilrechtlichen Vertrag zwischen Betriebsrat (als Stellvertreter der Arbeitnehmer[74]) und Arbeitgeber an.[75] Die anderen sehen die Arbeitsordnung „unter den Rechtsquellen des neuen Arbeitsrechts",[76] also als Rechtsnorm.[77] Die freiwillige Arbeitsordnung wird aber von den Vertretern beider Theorien als Vertrag gesehen.[78] Die Regelungskompetenz der Betriebsparteien umfasste schon damals die „Ordnung des Betriebes und das Verhalten der Arbeiter im Betrieb".[79] Innerhalb dieser Schranken gab es laut *Flatow* aber „keinerlei gesetzliche Schranken"[80] für Betriebsvereinbarungen. Allerdings untersteht wie schon bisher die obligatorische Arbeitsordnung der Rechtskontrolle durch die untere Verwaltungsbehörde.[81] Denn die Rechtsverbindlichkeit von Arbeitsordnungen stand gemäß

69 *Delor*, Arbeitsordnung, S. 5; nähere Herleitung bei *Flatow*, Betriebsvereinbarung, S. 12, Fn. 10; zustimmend *Hromadka*, ZfA 1979, 203 (214); *Rein*, Ethikrichtlinie, S. 57 ff.; a.A. *Goerrig*, ArbeitsordnungS. 37.

70 *Rein*, Ethikrichtlinie, S. 57, 59.

71 *Delor*, Arbeitsordnung, S. 13 m.w.N.; a.A. in späterer Zeit aber *Rein*, Ethikrichtlinie, S. 59; *Hromadka*, ZfA 1979, 203 (215).

72 Für die Unwirksamkeit solcher Vertragsklauseln *Delor*, Arbeitsordnung, S. 13 m.w.N.; für Wirksamkeit jedenfalls einer Besserstellung der Arbeitnehmer *Flatow*, Betriebsvereinbarung, S. 68; *Goerrig*, Arbeitsordnung, S. 85; vgl. auch die Fundstellen bei *Reichold*, Betriebsverfassung, S. 299 Fn. 355; in späterer Zeit für die Wirksamkeit auch verschlechternder Klauseln *Rein*, Ethikrichtlinie, S. 59; *Hromadka*, ZfA 1979, 203 (215).

73 Vgl. den Überblick über den Meinungsstand bei *Ulrichs*, Arbeitsordnung, S. 11 ff; anders allerdings *Reichold*, Betriebsverfassung, S. 297 m.w.N., der den Streit bezüglich der Rechtsnatur der Arbeitsordnung als zu Gunsten der Erlasstheorie entschieden bewertet, aber auf S. 300 ff. die Rechtsnatur der Betriebsvereinbarung dergestalt umstritten sieht.

74 *Engelmann*, Arbeitsordnung S. 111 m.w.N.; *Goerrig*, Arbeitsordnung, S. 81; *von der Osten*, Betriebsordnung, S. 4, 7.

75 *Engelmann*, Arbeitsordnung, S. 111 m.w.N.

76 *Engelmann*, Arbeitsordnung, S. 117 ff. m.w.N.

77 *Hafenrichter*, Arbeitsordnung, S. 91; *Meyer*, Arbeitsordnung, S. 58 f.; 87; *Ulrich*, Arbeitsordnung, S. 13.

78 *Engelmann*, Arbeitsordnung, S. 116 f., 121 f.

79 *Flatow*, Betriebsvereinbarung, S. 11.

80 *Flatow*, Betriebsvereinbarung, S. 12.

81 *Flatow*, Betriebsvereinbarung, S. 30 f.

§ 134c GewO weiterhin unter dem Vorbehalt der Rechtmäßigkeit.[82] Als Beispiele für die inhaltliche Rechtswidrigkeit von Arbeitsordnungen nennt *Richter* – ohne Verweis auf konkrete Normen – die Unmöglichkeit und die Sittenwidrigkeit.[83] Auch *Willemsen* weist darauf hin, dass zu Weimarer Zeit noch „angemessene Schranken"[84] für die Arbeitsordnung fehlten. Zumindest war aber mit der Einführung der verpflichtenden Mitbestimmung ein weiterer wichtiger Schritt in Richtung einer modernen betrieblichen Normsetzung gegangen. Das zeigt sich überdies auch an dem neuen Vorrang des Tarifvertrages vor der Arbeitsordnung.[85] Allerdings hat weiterhin der Staat eine stärker überwachende Funktion als heute. Das gilt schon ob der genannten Vorlagepflicht. *Goerrig* nennt zudem als Zweck von Arbeitsordnungen gleichrangig neben den Interessen der Arbeitgeber und Arbeitnehmer die Kontrolle der Arbeitsbedingungen in den Betrieben durch den Staat.[86]

IV. Drittes Reich: Die Betriebsordnung

Die Zeit des Nationalismus brachte eine radikale Umgestaltung des Betriebsverfassungsrechts durch das Gesetz zur Ordnung der nationalen Arbeit (AOG) vom 20.01.1934.[87] Aus der Arbeitsordnung wurde nach § 26 AOG die Betriebsordnung, der Interessenausgleich durch die betriebliche Mitbestimmung wich der Betriebsgemeinschaft von Betriebsführer und Gefolgschaft.[88] *Hanel* klassifiziert diese als nicht rechtsfähige Interessengemeinschaft; dem AOG liege das Führerprinzip zugrunde.[89]

Die Betriebsordnung wird nunmehr ganz überwiegend als Satzung und damit als Rechtsnorm gesehen.[90] Nach *Goller* ist diese öffentlich-rechtlich gesetzt, wirkt aber privatrechtlich.[91] *Latour* erkennt den hoheitlichen Charakter dieser Rechtssetzung an.[92] Sie lehnt aber die klassische Unterscheidung von privatem und

---

82 *Richter*, Arbeitsordnung, S. 47.

83 *Richter*, Arbeitsordnung, S. 45 f.

84 *Willemsen*, Ethikrichtlinien, S. 11.

85 Zu diesem Vorrang *Goerrig*, Arbeitsordnung, S. 106 f.; *Hafenrichter*, Arbeitsordnung, S. 96; *Hromadka*, Arbeitsordnung, S. 19.

86 *Goerrig*, Arbeitsordnung, S. 56 f.

87 RGBl., S. 45 ff.

88 *Goller*, Betriebsordnung, S. 1; *Hromadka*, Arbeitsordnung, S. 25; *Schild*, Arbeitsordnung, S. 8.

89 *Hanel*, Betriebsordnung, S. 7; vgl. auch *Latour*, Betriebsordnung, S. 7; *Rein*, Ethikrichtlinie, S. 59, 62; *von der Osten*, Betriebsordnung, S. 12..

90 *Hanel*, Betriebsordnung, S. 16; *Hromadka*, Arbeitsordnung, S. 29; *Latour*, Betriebsordnung, S. 50, 53.; *Reichold*, Betriebsverfassung, S. 347 m.w.N.; *Rein*, Ethikrichtlinie, S. 60; *Wenzel*, Betriebsordnung, S. 67; zu den wenigen Überbleibseln der alten Vertragstheorie vgl. *Latzke*, Betriebsordnung, S. 18 ff.

91 *Goller*, Betriebsordnung, S. 2; auch *Rein*, Ethikrichtlinie, S. 60 sieht Privatrecht und öffentliches Recht vermischt.

92 *Latour*, Betriebsordnung, S. 60.

öffentlichem Recht ab, da ihr die Grundlage entzogen sei.[93] Bis dahin verstand man öffentliches Recht als das auf einem Über-Unterordnungsverhältnis beruhende Recht (sog. Subordinationstheorie/Subjektionstheorie).[94] Der nationalsozialistische Staat kenne ein solches Verhältnis nicht mehr, sondern beruhe vielmehr auf der „freilich unter hoheitlicher Führung stehende[n] völkische[n] Gemeinschaft".[95] Diese Weltanschauung spiegelt sich in der Betriebsgemeinschaft wieder.[96] So ist auch die Betriebsordnung ein Mikrokosmos der Demontage Weimarer Strukturen durch die Nationalsozialisten, wie es auch *Hanel* in der Einführung seiner Dissertation verherrlicht.[97]

Nach § 26 AOG war der Betriebsführer in jedem Betrieb mit mindestens 20 Arbeitern/Angestellten[98] verpflichtet, eine Betriebsordnung zu erlassen. § 27 Abs. 1 AOG nannte auch Regelungen, die diese mindestens enthalten musste. Nach *Hank* konnten auch in Kleinbetrieben unter dieser Schwelle Betriebsordnungen eingeführt werden, die das AOG aber nicht regle und die daher keinen gesetzlichen Schranken unterlägen.[99] Nach § 27 Abs. 3 AOG konnte der Betriebsführer zudem fakultative Inhalte in die Betriebsordnung aufnehmen, zu denen auch die Ordnung des Betriebes und das Verhalten der Beschäftigten im Betrieb zählten. Diese Kompetenz wurde ebenfalls zum Einfallstor für die NS-Ideologie.[100] Nach *Goller* stand der Erlass dieser Bestimmungen im Belieben des Betriebsführers. Wurde allerdings die Regelungskompetenz überschritten, so waren diese Bestimmungen – nicht aber der Rest der Betriebsordnung – unwirksam.[101] Eine betriebliche Mitbestimmung gibt es nicht mehr, ist im Betrieb aber ein sogenannter Vertrauensrat vorhanden, so ist die Betriebsordnung diesem zur Beratung vorzulegen.[102] Gegen Entscheidungen des Betriebsführers über die Gestaltung der Betriebsordnung konnte dann der Vertrauensrat den sogenannten Treuhänder der Arbeit anrufen, § 16 AOG. Nach § 18 Abs. 1 AOG war dieser ein Reichsbeamter, „Vertreter des Reichs"[103] wie *Latour* es formuliert. Dieser konnte dann die Betriebsordnung in Anwendung des § 19 Abs. 1 Nr. 3 2. Var. AOG seinerseits abändern.[104] Nach § 19 Abs. 1 Nr. 5 AOG war er auch dafür verantwortlich, die Einhaltung der §§ 26 ff. AOG zu überwachen.

---

93 *Latour*, Betriebsordnung, S. 61.
94 Vgl. RGZ 167, 281 (284); *Forsthoff*, VerwR, S. 113; *Maurer/ Waldhoff*, VerwR, § 3 Rn. 12.
95 *Latour*, Betriebsordnung, S. 58.
96 Vgl. *Hanel*, Betriebsordnung, S. 7: „Diese Betriebsgemeinschaft ist Teil der Volksgemeinschaft"; *Hromadka*, Arbeitsordnung, S. 33: „Die Betriebsgemeinschaft erschien als Glied der Volksgemeinschaft".
97 *Hanel*, Betriebsordnung, S. 1.
98 Näher hierzu: *Hank*, Betriebsordnung, S. 11.
99 *Hank*, Betriebsordnung, S. 16 f.
100 *Rein*, Ethikrichtlinie, S. 60 f.
101 *Goller*, Betriebsordnung, S. 10 m.w.N.
102 *Hank*, Betriebsordnung, S. 12.
103 *Latour*, Betriebsordnung, S. 62.
104 *Böhlhoff*, Betriebsordnung, S. 38; *Hank*, Betriebsordnung, S. 15.

Er musste also sicherstellen, dass dort, wo eine Betriebsordnung zu erlassen war, diese mit allen vorgeschriebenen Vorschriften erlassen wurde.[105] *Böhlhoff* sieht den Treuhänder der Arbeit daher als nachfolgende Kontrollinstanz der unteren Verwaltungsbehörde aus Weimarer Zeit, deren Kompetenz mit der Aufhebung des § 134e GewO durch § 69 Abs. 2 AOG endete.[106] Seine Betriebsordnung ist nach Meinung des RAG ebenso Satzung wie die des Betriebsführers.[107] Der Treuhänder hat auch die Aufsicht darüber, dass die Betriebsordnung nicht gegen höherrangiges Recht verstößt.[108] *Goller* nennt dabei neben § 138 BGB auch die Vorschriften des Dienstrechtes. Diese müssten auf die Betriebsordnung Anwendung finden, weil sie das Arbeitsverhältnis regle und die genannten Normen daher andernfalls unterlaufen würden.[109] Ein Rechtsverstoß zieht die Nichtigkeit der jeweiligen Klausel nach sich.[110] Der Treuhänder kann hierauf reagieren, indem er selbst nach § 19 Abs. 1 Nr. 5 AOG eine neue Klausel setzt, oder aber eine Richtlinie nach § 32 Abs. 1 AOG oder eine Tarifordnung nach § 32 Abs. 2 AOG setzt.[111] Die Tarifordnung gibt Mindestbedingungen zur Regelung der Arbeitsverhältnisse vor. Sie hat nach § 32 Abs. 2 S. 3 AOG Vorrang vor der Betriebsordnung. Die Richtlinie macht dem Betriebsführer Vorgaben für den Erlass neuer Klauseln, wobei deren Rechtsverbindlichkeit umstritten war.[112] Ein Handeln des Treuhänders ist aber immer an die Anrufung durch den Vertrauensrat und deren Gegenstand begrenzt.[113] Im Übrigen unterliegt die Betriebsordnung als untergesetzliche Rechtsnorm auch im Arbeitsgerichtsprozess der vollen Rechtskontrolle.[114]

Am 30.11.1946 hob der Alliierte Kontrollrat das AOG im Zuge der Entnazifizierung wieder auf.[115]

---

105 *Böhlhoff*, Betriebsordnung, S. 37.
106 *Böhlhoff*, Betriebsordnung, S. 37.
107 RAG, zit. nach *Latour*, Betriebsordnung, S. 62 f., die selbst aber die vom Treuhänder erlassene Betriebsordnung als Rechtsverordnung sieht; *Neizert*, Betriebsordnung, S. 15 ff.
108 *Goller*, Betriebsordnung, S. 17.
109 *Goller*, Betriebsordnung, S. 16.
110 *Goller*, Betriebsordnung, S. 10, 16.
111 *Goller*, Betriebsordnung, S. 17 ff.
112 Vgl. die Übersicht bei *Goller*, Betriebsordnung, S. 19 f.; gegen eine Verbindlichkeit u. A.: *Büttner*, Betriebsordnung, S. 103 ff.; *Hofmann*, Betriebsordnung, S. 23; *Kaesler*, Betriebsordnung, S. 20 ff.; *Nehm*, Betriebsordnung, S. 32; *Stangier*, Betriebsordnung, S. 37.
113 *Kaesler*, Betriebsordnung, S. 15; *Neizert*, Betriebsordnung, S. 3; *Wallenfang*, Betriebsordnung, S. 56 f.
114 *Böhlhoff*, Betriebsordnung, S. 54 f.; *Wenzel*, Betriebsordnung, S. 78 f.
115 *Rein*, Ethikrichtlinie, S. 62.

V. DDR: Die Arbeitsordnung im Sozialismus

In der DDR lebte die Arbeitsordnung – nun auch wieder als solche bezeichnet – weiter. Das Gesetz der Arbeit[116] vom 19.04.1950 nannte sie noch nicht. Gleichwohl wurden in den „volkseigenen Betrieben“ bereits ab 1955 Arbeitsordnungen eingeführt.[117] Das Gesetzbuch der Arbeit (GBA)[118] vom 12.04.1961 enthielt in § 107 GBA dann auch wieder die Verpflichtung jedes Betriebes, eine Arbeitsordnung zu schaffen. § 107 Abs. 1 GBA nennt die „sozialistische[...] Organisation der Arbeit“ sowie die „Festigung der Arbeitsmoral und -disziplin“ als Funktionen der Arbeitsordnung. Mit ersterem ist klar ausgesprochen: Wie schon im Dritten Reich, so wurde auch in der DDR die Arbeitsordnung zu einem Ideologieträger. Sie sollte die „Grundsätze der sozialistischen Moral und Ethik“[119] vermitteln. Das rückt die DDR-Arbeitsordnung aber keineswegs in die Nähe der heutigen Ethik-/Compliance-Richtlinien. Denn bei den „volkseigenen Betrieben“ handelte es sich nicht um Teile der freien Wirtschaft, sondern um staatliche Produktionsstätten. Schon um 1961 gab es in der DDR kaum noch private Arbeitgeber.[120] Es besteht allerdings – neben der Bezeichnung – noch insoweit eine Parallele, als auch die DDR-Arbeitsordnung das Verhalten der Arbeitnehmer (im DDR-Jargon: „Werktätige“[121]) regelt.[122] Des Weiteren wurden die Rechte und Pflichten des Betriebsleiters und weiterer Personen geregelt (§ 107 Abs. 2 a) GBA).[123] Der Betriebsleiter war ein Arbeitnehmer, der seitens des Staates mit der Leitung eines Betriebs betraut wurde.[124] Er erließ die AO (§ 107 Abs. 3 GBA). Einer arbeitsvertraglichen Vereinbarung bedurfte es nicht, so dass man die Arbeitsordnung als Rechtsnorm wertete.[125] Zwar normierte § 107 Abs. 3 GBA auch, dass die Ausarbeitung der Arbeitsordnung „unter Mitwirkung der Werktätigen“ zu erfolgen habe. Doch darf wohl bezweifelt werden, dass der Einfluss der Arbeitnehmer auf relevante Regeln in der Praxis allzu groß war.[126] Ebenfalls forderte die Norm das „Einvernehmen mit der Betriebsgewerkschaftsleitung“. Diese war das Leitungsorgan der

---

116 „Gesetz der Arbeit zur Förderung und Pflege der Arbeitskräfte, zur Steigerung der Arbeitsproduktivität und zur weiteren Verbesserung der materiellen und kulturellen Lage der Arbeiter und Angestellten“, GBl. 1950 S. 349

117 *Demmler*, Unser neues Gesetzbuch der Arbeit, S. 149.

118 GBl. 1961 S. 49.

119 *Demmler*, Unser neues Gesetzbuch der Arbeit, S. 151.

120 *Mampel*, Synopse, S. 9 Fn. 2.

121 *Mampel*, Synopse, S. 10 Fn. 5; vgl. auch *Kunz*, ArbR von A bis Z, S. 398.

122 *Demmler*, Unser neues Gesetzbuch der Arbeit, S. 150 f.; vgl. auch *Kranke/Otte/Reeck*, Kennst du das Gesetzbuch der Arbeit?, S. 195.

123 *Kunz*, Lexikon ArbR, S. 48.

124 *Kunz*, ArbR von A bis Z, S. 100.

125 *Kunz*, Lexikon ArbR, S. 47 f.

126 Eine Andeutung in diese Richtung findet sich – trotz Kritik – bei *Kranke/Otte/Reeck*, Kennst du das Gesetzbuch der Arbeit?, S. 195.

sog. „Betriebsgewerkschaftsorganisation“,[127] einer gewerkschaftlichen Einheit auf Betriebsebene, deren Aufgabe unter anderem die Wahrnehmung der Mitbestimmungsrechte der Werktätigen war.[128] Bedenkt man allerdings, wie demokratische Repräsentation in der DDR gelebt wurde, so darf auch hierüber ein maßgeblicher gestalterischer Einfluss der Arbeitnehmer in der Praxis bezweifelt werden.

Am 16.06.1977 löste das Arbeitsgesetzbuch (AGB)[129] das bisherige Gesetzbuch der Arbeit ab. § 91 Abs. 1 AGB enthielt wiederum die Verpflichtung zur Aufstellung einer Arbeitsordnung. Die Zwecke wurden im Gesetzestext etwas modifiziert. So ist nicht mehr von der „sozialistischen Organisation der Arbeit“, sondern von der „Entwicklung sozialistischer Kollektivbeziehungen“ die Rede. Dem staatspropagandistischen Einschlag der Arbeitsordnung tat das indes keinen Abbruch. Die Arbeitsordnung sollte die „sozialistische Arbeitsdisziplin“ befördern.[130] Darunter verstand man in der DDR die in § 2 Abs. 5 AGB kodifizierte Pflicht des Arbeitnehmers, sich in das Kollektiv des Betriebs einzuordnen und sich dort auch entsprechend zu verhalten.[131] Daran zeigt sich das Verständnis der sozialistischen Volkswirtschaft, in der ein Volk so betrachtet wird, als sei es ein einziges großes Unternehmen.[132] So erklärt sich auch, warum in § 91 Abs. 1 AGB „Arbeitsmoral und -disziplin“ zum weiteren Zweck einer Arbeitsordnung und § 91 Abs. 2 a) AGB „Ordnung und Disziplin“ zu ihren zwingenden Inhalten erhebt. Für den hier geführten historischen Vergleich bleibt zudem die rechtstechnische Erkenntnis, dass weiterhin die DDR-Arbeitsordnung das Verhalten der Arbeitnehmer regelt.[133] Auch bedeutete es nicht unbedingt eine Abänderung der bestehenden Arbeitsordnungen.[134] Auch die Einordnung als Rechtsnorm bleibt unverändert.[135] Die Mitbestimmung der Arbeiter bei der Erstellung der Arbeitsordnung wird zwar im Gesetz (§ 92 Abs. 1 AGB) und in der Literatur[136] beschrieben. Doch es verbleibt Skepsis darüber, wie dies in der Praxis gelebt wurde. Auch die Zustimmung der Betriebsgewerkschaftsleitung, die – nun nach § 92 Abs. 1 AGB – Voraussetzung für den Erlass der Arbeitsordnung durch den Betriebsleiter ist,[137] unterliegt diesen Bedenken. *Kulitzschers* zurückhaltende Formulierung „Richtig handeln die Betriebsleiter, die die Vorschläge [der Arbeitnehmer ...] bearbeiten und beantworten“[138] impliziert, dass diese Vorgehensweise nicht immer und überall stattfand.

---

127 *Kunz*, ArbR von A bis Z, S. 97.
128 *Kunz*, ArbR von A bis Z, S. 98.
129 GBl. I S. 185.
130 *Kulitzscher*, Arbeitsorganisation, S. 51.
131 *Kunz*, ArbR von A bis Z, S. 330.
132 *Mampel*, Synopse, S. 9 Fn. 3.
133 Vgl. *Kulitzscher*, Arbeitsorganisation, S. 52.
134 Vgl. *Stolle*, Unser Arbeitsgesetzbuch, S. 32.
135 *Kulitzscher*, Arbeitsorganisation, S. 51.
136 *Kulitzscher*, Arbeitsorganisation, S. 52; *Stolle*, Unser Arbeitsgesetzbuch, S. 32.
137 *Kulitzscher*, Arbeitsorganisation, S. 53; *Lohmann*, Arbeitsrecht der DDR, S. 25.
138 *Kulitzscher*, Arbeitsorganisation, S. 52.

Am 29.09.1990 wurden die §§ 91, 92 AGB mit Inkrafttreten des Einigungsvertrages vom 31.08.1990[139] aufgehoben.

VI. BRD: Von der mitbestimmten Arbeitsordnung zu Ethik- und Compliance-Richtlinien

In der BRD gibt es nach dem Zweiten Weltkrieg keine allgemeine Pflicht zur Einführung einer Arbeitsordnung mehr.[140] Das BetrVG führt zwar die Mitbestimmung des Betriebsrates wieder ein, enthält aber keine Regeln zur Arbeitsordnung.[141] Dennoch bleibt die Arbeitsordnung in deutschen Unternehmen an der Tagesordnung,[142] die alten Regeln der Gewerbeordnung werden – wenn auch nicht mehr in Geltung – doch zumindest als Richtschnur weiterhin herangezogen.[143] Auch alte Regelwerke aus dem Dritten Reich lebten in manchen Betrieben noch eine Zeit lang weiter.[144] *Martin* qualifiziert die Arbeitsordnung 1983 als regelmäßig bloßen Unterfall einer Betriebsvereinbarung, wobei es sich aber in Ausnahmefällen auch um einen Tarif- oder Individualvertrag handeln könne.[145] Wie *Seelmann* beschreibt, wurde noch bis in die 70er Jahre hinein vereinzelt vertreten, die Betriebsvereinbarung sei eine Art Rechtsnorm, bis sich schließlich die Auffassung, dass es sich um eine rechtsgeschäftliche Vereinbarung handelt, durchsetzte.[146] Heute nennt auch das BAG die Betriebsvereinbarung explizit einen „privatrechtliche[n] Vertrag".[147]

Koch nennt als Motivation für die Einführung einer Arbeitsordnung neben Rechtsklarheit auch den Schutz der Arbeitnehmer vor Willkür und die Erhaltung des Betriebsfriedens.[148] Damit überschneidet sich die Arbeitsordnung in Zielsetzung und Rechtsnatur jedenfalls teilweise mit den Ethik-/ Compliance-Richtlinien der 2000er Jahre.[149] Ein wesentlicher Unterschied ist aber inhaltlicher Natur: Seit der Zeit ihrer Entstehung hatten die Arbeitsordnungen auch die sogenannten materiellen Arbeitsbedingungen geregelt.[150] Darunter versteht man diejenigen Arbeitsbedingungen, die „unmittelbar das Verhältnis von Leistung und Gegenleistung"

---

139 BGBl. II 1990, S. 889
140 *Martin*, Arbeitsordnung, S. 5; *Hromadka*, Arbeitsordnung, S. 38.
141 *Hromadka*, Arbeitsordnung, S. 38; *ders.*, ZfA 1979, 203 (216); *Willemsen*, Ethikrichtlinien, S. 13.
142 *Hromadka*, ZfA 1979, 203 (217); *Martin*, Arbeitsordnung, S. 1 m.w.N.
143 Vgl. *Koch*, Arbeitsordnung, S. 29.
144 Vgl. zu einer „Bußordnung" BAG, Urt. v. 25.02.1966 – 4 AZR 179/63, Rn. 14.
145 *Martin*, Arbeitsordnung, S. 4.
146 *Seelmann*, Arbeitsordnungen, S. 55 ff.
147 BAG, Urt. v. 01.08.2001 – 4 AZR 82/00 = NZA 2001, 41 (43); vgl. auch Schaub/*Koch*, § 231 Rn. 4.
148 *Koch*, Arbeitsordnung, S. 13.
149 Siehe unten E. II.
150 *Boldt*, Ethikregeln, S. 25; vgl. auch unten E.II 1.

betreffen.[151] Solche Regelungen finden sich in den Ethikrichtlinien nur noch selten.[152] *Hromadka* sieht diese 1979 außerhalb der Arbeitsordnung geregelt[153], während *Koch* noch 1963 die Arbeitsordnung gar definierte als Betriebsvereinbarung, die neben der Ordnung des Betriebes gerade die formellen und materiellen Arbeitsbedingungen allgemein regle.[154] Geblieben sind die formellen Arbeitsbedingungen.[155] Das sind die Regeln bzgl. der Ordnung und des Verhaltens der Arbeiter im Betrieb.[156] Die Klauseln, die *Seelmann* 1991 als Ergebnis einer Marktuntersuchung präsentiert, erinnern teilweise schon an die heute für Ethikrichtlinien typischen (z.B. Verhalten am Arbeitsplatz,[157] Verbot der Geschenkannahme[158]).[159]

Willemsen beschreibt einen Rückgang der betrieblichen Verhaltensregeln in der Nachkriegszeit wegen des Erlasses von Arbeitsschutzgesetzen und einer zunehmenden Konkretisierung durch die Rechtsprechung. Er erwartet aber auch wieder einen Bedeutungsgewinn durch das Aufkommen von Ethikrichtlinien.[160]

Bereits in den 90er Jahren findet sich der Begriff der „Compliance-Richtlinie" in der arbeitsgerichtlichen Rechtsprechung im Rechtsstreit um die Richtlinie einer Bank.[161] Erste Compliance-Gedanken kamen in den USA schon nach der Weltwirtschaftskrise auf.[162] Durch Haftungsvermeidung motiviert wurden sie ab den 60er Jahren in den USA im Bereich des Insiderhandels[163] und des Wettbewerbsrechts („Electrical Cases")[164] vertieft. Bis 1980 wurden in amerikanischen Unternehmen fast flächendeckend Verhaltensrichtlinien eingeführt.[165] In Deutschland wurden Bankmitarbeiter 1970 zum ersten Mal einer solchen unterworfen.[166]

Im Gesetz fand sich der Begriff Compliance seit dem 01.11.2007[167] in § 33 Abs. 1 S. 2 Nr. 1 WpHG a.F., dessen Nachfolgeregelung Art. 22 Abs. 2 Delegierten

---

151 Richardi/*Richardi*, § 87 Rn. 35; *Willemsen*, Ethikrichtlinien, S. 8, Fn. 18.
152 Vgl. unten E.III 2.
153 *Hromadka*, ZfA 1979, 203 (217).
154 *Koch*, Arbeitsordnung, S. 19 f. m.w.N.
155 Vgl. unten E.III.2.
156 *Willemsen*, Ethikrichtlinien, S. 8, Fn. 18.
157 *Seelmann*, Arbeitsordnung, S. 24.
158 *Seelmann*, Arbeitsordnung, S. 33.
159 Vgl. auch die inhaltliche Analyse der typischen Klauseln unten E. I. und II.
160 *Willemsen*, Ethikrichtlinien, S. 14.
161 ArbG Hannover, Beschl. v. 25.07.1995 – 6 BV 4/95 = BeckRS 1995, 30830781.
162 *Jerusalem*, Compliance, S. 128; Rotsch/*Rotsch*, § 1 Rn. 17.
163 *Böhm*, Non-Compliance, S. 50; *Boldt*, Ethikregeln, S. 21; *Mahnhold*, Compliance, S. 30; *Unmuth*, AG 2017, 249 (250).
164 *Lösler*, Compliance, S. 14; *Linklater/McElyea*, RiW 1994, 117 (118); *Unmuth*, AG 2017, 249 (250); vgl. auch Rotsch/*Rotsch*, § 1 Rn. 17; *Eufinger*, CCZ 2012, 21 (22).
165 *Böhm*, Non-Compliance, S. 51; *Linklater/McElyea*, RiW 1994, 117 (118); *Boldt*, Ethikregeln, S. 23 spricht von „intensive[n] Compliance-Bemühungen".
166 *Jerusalem*, Compliance, S. 128.
167 Eingeführt durch das Finanzmarktrichtlinie-Umsetzungsgesetz v. 16.07.2007, BGBl. I 2007, S. 1330; vgl. auch *Deyhle*, Compliance, S. 31; *Holzhauser*, Compliance, S. 30

Verordnung (EU) 2017/565 darstellt.[168] Diese Norm verpflichtet Wertpapierdienstleistungsunternehmen zur Einrichtung einer Compliance-Funktion. Compliance-Richtlinien dienen als Element einer Compliance-Funktion der Erfüllung dieser Rechtspflicht.[169]

Ein Anstoß auch für andere Branchen, sich mit solchen internen Regelwerken zu befassen, kam ebenfalls aus den USA: Der *Sarbanes Oxley Act* von 2002 verpflichtet dort börsennotierte Unternehmen und ihre deutschen Unternehmensteile oder Konzerntöchter zur Einführung von *codes of ethics* für bestimmte Angestellte.[170] Aufsehen erregte 2005 der Wal-Mart-Fall[171] vor dem LAG Düsseldorf: Der amerikanische Konzern Wal-Mart hatte auf Grundlage des Listed Company Manual der NYSE einen „Verhaltenskodex" eingeführt. Dieser in der Entscheidung auch als „Ethikrichtlinie"[172] bezeichnete Kodex umfasste u.a. Regeln zur Annahme von Geschenken, zu Pressemitteilungen und Belästigung. Besonders hohe Wellen[173] schlug aber eine Regel, nach der es Mitarbeitern u.a. verboten wurde, mit bestimmten Kollegen in Liebesbeziehungen zu treten.[174] Solche Regeln fußen nicht mehr nur auf Gesetzen, wie es ursprünglich der Gedanke hinter dem Begriff der Compliance war.[175] Vielmehr liegen ihnen ethische Maßstäbe zugrunde, wie man sie bereits im 19. Jahrhundert in Arbeitsordnungen fand.[176] Die Rückkehr derartiger Regeln aus den USA ist daher historisch als Versuch des Rückschrittes anzusehen. Freilich scheitern solche Versuche heute an der gerichtlichen Kontrolle, wie auch das LAG diese Klausel verwarf.[177]

[„Mit diesen Regelungen hat der Begriff „Compliance" Eingang in die Terminologie der deutschen Rechtssetzung erlangt"]; Rotsch/*Rotsch*, § 1 Rn. 19; *Lösler*, WM 2008, 1098 (1098 f.).

168 *Fink*, CB 2018, 133.

169 S.u. D. I. 1.

170 S.u. D. I. 5.

171 LAG Düsseldorf, Beschl. v. 14.11.2005 – 10 TaBV 46/05 = NZA-RR 2006, 81 ff.

172 LAG Düsseldorf, Beschl. v. 14.11.2005 – 10 TaBV 46/05 = NZA-RR 2006, 81.

173 Vgl. nur die Pressezitate bei *Schneider*, Compliance, S. 23 Fn. 65.

174 LAG Düsseldorf, Beschl. v. 14.11.2005 – 10 TaBV 46/05 = NZA-RR 2006, 81 (82).

175 Siehe unten C. I. 2. b.

176 *Däubler*, dbr 2005, 25 (26), vgl. auch unten E. III. 2.

177 LAG Düsseldorf, Beschl. v. 14.11.2005 – 10 TaBV 46/05 = NZA-RR 2006, 81 (87 f.); s.u. E. I. 6.

C. Grundlagen

Als Vorfragen der arbeitsrechtlichen Wirkung von Ethik-/ Compliance-Richtlinien sind des Weiteren zwei Dinge zu klären, nämlich was eine Ethik-/ Compliance-Richtlinie begrifflich ist und in welchem rechtlichen und organisatorischen Kontext sie steht.

I. Begriffsdefinitionen: „Compliance-Richtlinie" versus „Ethikrichtlinie"

Die erste Schwierigkeit besteht bereits darin, dass es keinen einheitlichen Fachbegriff gibt. Es wird u.a. von „Compliance-Richtlinien", „Verhaltenskodizes" oder auch „codes of conduct" gesprochen.[178] In der Literatur scheint der Begriff „Ethikrichtlinie" weit verbreitet zu sein.[179] Die größten deutschen Unternehmen nennen ihre Werke überwiegend „Verhaltenskodex".[180] Um das Thema genau betrachten zu können, ist es notwendig, zunächst diese Begrifflichkeiten in den Fokus zu nehmen und die Frage zu klären, ob überhaupt und wenn ja welche Schlüsse sich aus ihnen ziehen lassen. *Willemsen* kommentiert den Nomenklatur-Wirrwarr mit dem Ausspruch, „gemeint [sei] allerdings immer das Gleiche".[181] Genau das ist aber so eindeutig nicht. Allen Richtlinien, auf denen die Diskussion bislang fußte, ist gemein, dass sie das Verhalten der Arbeitnehmer regeln sollten.[182] Daher kann der Begriff „Verhaltensrichtlinie"[183] – wie auch *Willemsen* es für den Fall der Ethikrichtlinie anklingen lässt[184] – als Grundbegriff gelten. Dieser Begriff trifft auch den Kern der Sache: Es werden den Angestellten Verhaltensvorgaben gemacht.[185] Daher sei der Verhaltenskodex nach *Fahrig* auch abzugrenzen von Werken, mit denen Unternehmen im Sinne von „Corporate Social Responsibility"[186] lediglich

178 Vgl. nur die Zusammenstellungen bei *Deyhle*, Compliance, S. 32; *Willemsen*, Ethikrichtlinien, S. 7 oder auch jüngst *Makowicz*, CB 2018, 139.

179 Siehe unten C. I. 1.

180 Vgl. das Verzeichnis „Zitierte Compliance-Richtlinien" am Beginn dieser Arbeit, nach der die Mehrheit der DAX-30-Unternehmen diesen Begriff verwendet.

181 *Willemsen*, Ethikrichtlinien, S. 8.

182 Vgl. *Boldt*, Ethikregeln, S. 1; *Fahrig*, Verhaltenskodex, S. 26; *Kagan*, Ethikrichtlinien, S. 30; *Rein*, Ethikrichtlinie, S. 26; *Schneider*, Compliance, S. 15; *Schulz*, Ethikrichtlinien, S. 38; *Strothmeyer*, Compliance, 64 f.; *Willemsen*, Ethikrichtlinien, S. 8, 30; *Zander*, Ethikrichtlinien, S. 9.

183 Der Begriff „Verhaltensrichtlinie" oder auch „Verhaltenskodex" findet sich in der Praxis und außerdem in der Literatur u.a. bei *Fahrig*, Verhaltenskodex, S. 25, Richardi/*Richardi*, § 77 Rn. 96 f.; *Wisskirchen/Jordan/Bissels*, DB 2005, 2190.

184 *Willemsen*, Ethikrichtlinien, S. 8.

185 *Fahrig*, Verhaltenskodex, S. 25 f. m.w.N.

186 Zu diesem Begriff *Strothmeyer*, Compliance, S. 206 ff. sowie unten E. I. 4.

Absichtserklärungen verfassen.[187] Allerdings beschreiben er und andere ebenfalls, dass solche allgemeinen Leitsätze auch in Verhaltenskodizes finden.[188] Eine trennscharfe Abgrenzung solcher Werke ist daher nicht möglich.[189] Vielmehr sind Schnittmengen mit den bloßen Absichtserklärungen im vorbeschriebenen Sinne gegeben. Der Begriff der Verhaltensrichtlinie greift damit zu kurz.

1. Der Begriff „Ethikrichtlinie"

Der Begriff der Ethikrichtlinie findet sich in der wenigen arbeitsrechtlichen Rechtsprechung zum Thema.[190] Auch in der Literatur ist der Terminus weit verbreitet.[191] Nicht selten sind die Werke auch ihrerseits – entlehnt aus dem US-Recht[192] – als „code of ethics" betitelt.[193]

Dabei fragt sich schon, was genau mit Ethik gemeint ist. *Schulz* beschreibt „ethische[...] Werte wie Integrität, Loyalität, Respekt und Gesetzestreue"[194] als Grundlage einer funktionierenden Wirtschaft. Diese Aussage offenbart zweierlei: Erstens ist Ethik eine vom Recht zu trennende Kategorie.[195] *Weischedel* bezeichnet sie als Feld der Philosophie, welches sich mit der Rechtfertigung des Rechts befasst.[196] Zweitens sind damit bestimmte Ideale von hoher Wichtigkeit verbunden. Nicht jede beliebige gesellschaftlich anerkannte Verhaltensregel (wie die Tischmanieren oder das Gebot „Links gehen, rechts stehen" auf Rolltreppen) wird man andererseits gleich zum Thema der Ethik hochstilisieren wollen.[197] Die Ethik befasst sich vielmehr nur mit solchen Verhaltensanweisungen, die zur Moral gehören,[198] also

187 *Fahrig*, Verhaltenskodex, S. 25; vgl. auch C. II. 4.

188 *Deyhle*, Compliance, S. 32; *Fahrig*, Verhaltenskodex, S. 27; *Schulz*, Ethikrichtlinien, S. 39; *Makowicz*, CB 2018, 139.

189 *Deyhle*, Compliance, S. 32.

190 BAG, Beschl. v. 17.5.2011, 1 ABR 121/09 = CCZ 2012, 119 ff.; Beschl. v. 22.7.2008 – 1 ABR 40/07 = NZA 2008, 1248; LAG Düsseldorf, Beschl. v. 14.11.2005 – 10 TaBV 46/05 = NZA-RR 2006, 81.

191 Vgl. nur Hauschka/*Pauthner/Stphan*, § 16 Rn. 177; *Kagan*, Ethikrichtlinien, S. 29 ff; *Leitner*, Ethik-Richtlinien, S. 33 ff.; *Mengel*, Compliance Kap. 1 Rn. 1; *Rein*, Ethikrichtlinie, S. 28; *Schuster/Darsow*, NZA 2005, 273; *Wagner*, Ethikrichtlinien, S. 65; *Willemsen*, Ethikrichtlinien, S. 7 ff. sowie jüngst etwa *Hamann/Rudnik*, JA 2015, 901 (901); *Steffen/Stöhr*, RdA 2017, 43 (44).

192 Siehe unten C. II. 1. e. und D. I. 5.

193 So z.B. der „code of ethics" der TÜV Süd AG.

194 *Schulz*, Ethikrichtlinien, S. 21.

195 *Rüthers/Fischer/Birk*, Rechtstheorie, S. 260 Rn. 405; *Fleischer*, DB 2017, 2015 (2018); vgl. auch *Von der Pfordten*, Rechtsethik, S. 85.

196 *Weischedel*, Ethik, S. 3, 5; ähnlich *Von der Pfordten*, Rechtsethik, S. 63.

197 So für den Fall der Rolltreppe *Von der Pfordten*, Rechtsethik, S. 84.

198 *Rüthers/Fischer/Birk*, Rechtstheorie, S. 258 Rn. 401; *Triskatis*, Ethikrichtlinien, S. 19; vgl. auch Dölling/*Benz/Heißner/John*, 2. Kap. Rn. 144; differenzierend *Von der Pfordten*, Rechtsethik, S. 64.

zu denjenigen sozialen Normen, denen ein „besonderer sittlicher Wert“[199] bzw. eine „Kategorialität“[200] zukommt. Was als Moral gilt, bestimmt die gesellschaftliche Mehrheit.[201] Moral entstammt dem Gewissen des Menschen,[202] anders als das Recht, welches durch einen Akt der Setzung zur Geltung kommt.[203]

Der Begriff „Ethikrichtlinie“ beinhaltet somit die Aussage, es würden sittlich bedeutsame Maßstäbe der gesellschaftlichen Mehrheit kodifiziert. *Fissenewert* bezeichnet damit übereinstimmend die Richtlinie als „moralische Wertgrundlage“.[204] *Fahrig* meint, die Unternehmen wollten eine ethische Atmosphäre schaffen und auf ihre Arbeitnehmer moralisch einwirken.[205] Wahrscheinlicher ist indes, dass die Berufung auf ethische Maßstäbe in Wahrheit regelmäßig bloßes Mittel zu bestimmten rechtlich-wirtschaftlichen Zwecken ist.[206] So geht auch *Schneider* davon aus, dass es sich im Endeffekt um einen Euphemismus handelt,[207] *Triskatis* spricht von „ökonomische[m] Eigennutz“, *Müller* von einem „Marketinginstrument“. *Kolle/Deinert* schließlich denken an, die Moral könne auch ausschließlich kommerziellen Interessen vorgeschoben sein.[208] Und *Rieder* spricht gar von „(Pseudo)-ethische[n] Vorschriften.“[209]

Letztlich muss es hier aber bei Spekulation bleiben. Es ist immerhin auch nicht auszuschließen, dass mancher Unternehmer tatsächlich neben rechtlich-wirtschaftlichen Gründen auch der Moral in seinem Bereich zum Siegeszug verhelfen will.[210] Überzogen ist auf jeden Fall eine von *Wieland* genannte öffentliche Meinung, nach der sich Geschäft und Moral ausschließen.[211] Da also eine Unsicherheit über die Motive des Richtlinienerlasses verbleibt, ist jedenfalls die wissenschaftliche Verwendung des Begriffes „Ethikrichtlinie“ abzulehnen.

---

199 *Rüthers/Fischer/Birk*, Rechtstheorie, S. 64 Rn. 99.

200 *Von der Pfordten*, Rechtsethik, S. 17, 84.

201 Vgl. *Ellscheid*, Recht und Moral, S. 203.

202 *Fleischer*, DB 2017, 2015 (2018).

203 Krüper/*Funke*, Grundlagen des Rechts, § 2 Rn. 16.

204 *Fissenewert*, Compliance, § 6 Rn. 20.

205 *Fahrig*, Verhaltenskodex, S. 36 f.

206 So für das Ziel der Imagepflege *Böhm*, Non-Compliance, S. 31; *Riechers*, Compliance, S. 152; *Schulz*, Ethikrichtlinien, S. 40; *Triskatis*, Ethikrichtlinien, S. 39 f.; *Borgmann*, NZA 2003, 352; *Mengel*, CCZ 2008, 85; vgl. auch *Reinhard*, CCZ 2013, 214 (215, 217), nach der Moral im wirtschaftlichen Kontext der „Reputationssicherung und Gewinnsteigerung“ dient; siehe zudem unten D.

207 *Schneider*, Compliance, S. 17.

208 *Kolle/Deinert*, AuR 2006, 177; ähnlich *Strothmeyer*, Compliance, S. 218 f. m.w.N., 238; *Hamann/Rudnik*, JA 2015, 901 (901).

209 Inderst/Bannenberg/Poppe/*Rieder*, S. 18 Rn. 7.

210 In diesem Sinne *Kröhe*, Manager Magazin 2007, 76 ff.; unter dem Schlagwort „Corporate Identity“ *Kock*, MDR 2006, 673; *Meyer*, NJW 2006, 3605 (3606) lässt die Frage offen und stellt die ethische Motivation neben rechtliche Verpflichtungen.

211 *Wieland*, CCZ 2008, 15 (15).

2. Der Begriff „Compliance-Richtlinie“

Teilweise findet sich auch der Begriff „Compliance-Richtlinie“.[212] Der Begriff „Compliance“ kann mit „Gesetzestreue“[213] oder auch „Einhaltung“[214] übersetzt werden. Der DCGK definiert in Ziffern 4.1.3. Compliance als „Einhaltung der gesetzlichen Bestimmungen und der unternehmensinternen Richtlinien [...] und [...] deren Beachtung durch die Konzernunternehmen“. Gerade die Einbeziehung der unternehmensinternen Richtlinien führt inzwischen zu einem weiten Compliance-Begriff.[215]

a. Ursprung der Compliance im Finanzsektor

Ursprünglich war Compliance indes viel begrenzter. Der Begriff entstammt ursprünglich der Medizin und bezeichne dort die Einhaltung der ärztlichen Verhaltensvorgaben durch den Patienten.[216] Als der Compliance-Begriff dann in den 1960er Jahren in den USA erstmals im juristischen Bereich aufkam, ging es um Wettbewerbsrecht (sog. „Electrical Cases“).[217] Die Vorläufer der heutigen Compliance-Systeme wiederum richteten sich gegen Insiderhandel.[218] Amerikanische Banken wollten mit ihnen Haftungsrisiken bekämpfen.[219] Bis zum Inkrafttreten des WpHG am 1. August 1994 bestand nach *Jerusalem* auch in Deutschland eine Regelungslücke, die die Banken mit eigenen Richtlinien schließen mussten.[220] So ging

---

212 Vgl. nur LAG Düsseldorf, Urt. v. 18.09.2013 – 12 Sa 602/13 = BeckRS 2013, 74190; LAG Rheinland-Pfalz, Urt. v. 19.08.2013 – 5 Sa 167/13 = BeckRS 2014, 65216; LAG Hessen, Urt. v. 25.01.2010 – 17 Sa 21/09 = BeckRS 2011, 65288.

213 Küttner/*Kreitner*, Stichwort Compliance Rn. 1; *Thüsing*, Beschäftigtendatenschutz, § 2 Rn. 2; *Kempter/Steinat*, NZA 2017, 1505 (1506); vgl. auch *Deyhle*, Compliance, S. 31.

214 *Kruchen*, Compliance, S. 24; Küttner/*Kreitner*, Stichwort Compliance Rn. 1; *Leitner*, Ethik-Richtlinien, S. 36; *Mengel*, Compliance, Einleitung A.; *Schmittlein*, Compliance, § 1 Rn. 2; *Cauers/Haas/Jakob/Kremer/Schartmann*/Welp, DB 2008, 2717; *Kempter/Steinat*, NZA 2017, 1505 (1506); *Paefgen*, WM 2016, 433 (434).

215 *Lelley*, Compliance, S. 10 f. Rn. 6 ff.; *Cauers/Haas/Jakob/Kremer/Schartmann/Welp*, DB 2008, 2717; vgl. auch *Schmidt*, Kriminalistik 2013, 134 (135).

216 *Bock*, Compliance, S. 19; Rotsch/*Rotsch*, § 1 Rn. 5; *Eufinger*, CCZ 2012, 21 (22); *Steffen/Stöhr*, RdA 2017, 43; vgl. auch OLG Hamburg, Urt. v. 21.11.2002 – 3 U 97/02 = BeckRS 2002 30294715.

217 *Lösler*, Compliance, S. 14; Rotsch/*Rotsch*, § 1 Rn. 17; *Eufinger*, CCZ 2012, 21 (22); *Unmuth*, AG 2017, 249 (250); vgl. näher zu dieser Entwicklung *Fleischer*, AG 2003, 291 (296 f.); *Linklater/McElyea*, RiW 1994, 117 (118).

218 *Böhm*, Non-Compliance, S. 50; *Mahnhold*, Compliance, S. 30; vgl. auch *Unmuth*, AG 2017, 249 (250); detailliert zu den verschiedenen Wurzeln des Compliance-Begriffes und -Gedankens *Eufinger*, CCZ 2012, 21 (21 ff.).

219 *Böhm*, Non-Compliance, S. 50.

220 *Jerusalem*, Compliance, S. 127.

die „Compliance-Bewegung“[221] auch in Deutschland vom Bankensektor aus.[222] Die von *Jerusalem* erwähnten Richtlinien gegen Insiderhandel firmierten noch nicht unter diesem Begriff.[223] Erst 1992 wurde erstmals in einer deutschen Bank auch ein als solches bezeichnetes Compliance-System eingeführt.[224] *Jerusalem* sieht diese Entwicklung bereits vom Gesetzgebungsverfahren zur Wertpapierdienstleistungsrichtlinie beeinflusst. Diese trat 1993 in Kraft und bildete die Grundlage für das WpHG von 1994.[225] In § 33 Abs. 1 S. 2 Nr. 1 WpHG a.F. fand sich seit 2007 auch der Compliance-Begriff gesetzlich normiert.[226] Die Norm galt jedoch schon vor dieser sprachlichen Klarstellung als Rechtsgrundlage für Maßnahmen unter dem Banner „Compliance“.[227] Seit 03.01.2018 findet sich der Begriff in der – den bisherigen § 33 WpHG insoweit ersetzenden[228] – Regelung des Art. 22 Abs. 2 Delegierten Verordnung (EU) 2017/565.

b. „Enger“ Compliance-Begriff

Unlängst befassen sich auch Unternehmen anderer Branchen mit dem Thema Compliance.[229] *Böhm* sieht diese Entwicklung insbesondere im Nachgang von Korruptionsaffären und dergleichen befeuert.[230] Auch *Fleischer* nennt die Korruptionsbekämpfung als nächsten Schritt der Compliance auf ihrem Weg in die allgemeine Verbreitung.[231] Inzwischen rühmen sich sämtliche DAX-30-Unternehmen und etliche andere auf ihren Websites, Compliance zu betreiben. Compliance gilt als Teil der Corporate Governance,[232] also guter Unternehmensführung.[233] Denn auf dem Markt hat sich eine Erwartungshaltung gerichtet auf ein solches Bekenntnis

---

221 Inderst/Bannenberg/Poppe/*Rieder*, S. 24 Rn. 30.
222 *Böhm*, Non-Compliance, S. 52; *Müller*, Compliance, S. 50; Rotsch/*Rotsch*, § 1 Rn. 19; *Fleischer*, CCZ 2008, 1; vgl. zudem *Unmuth*, AG 2017, 249 (251).
223 *Jerusalem*, Compliance, S. 127.
224 *Jerusalem*, Compliance, S. 129; *Mahnhold*, Compliance, S. 33; *Eisele*, WM 1993, 1021; *Weiss*, Die Bank 1993, 136.
225 *Jerusalem*, Compliance, S. 129.
226 S.o. B. VI.
227 *Böhm*, Non-Compliance, S. 52; *Strothmeyer*, Compliance, S. 104; *Lösler*, WM 2008, 1098 (1099 f.).
228 Vgl. *Fink*, CB 2018, 133.
229 Insofern Weitblick beweisend *Eisele*, WM 1993, 1021.
230 *Böhm*, Non-Compliance, S. 54.
231 *Fleischer*, CCZ 2008, 1; ähnlich *Harbarth/Brechtel*, ZIP 2016, 241 (243).
232 *Köstner*, Compliance, S. 22; Rotsch/*Rotsch* § 1 Rn. 7; *Berndt/Hoppler*, BB 2005, 2623 (2627); *Reichert/Ott*, ZIP 2009, 2173; *U. Schneider*, ZIP 2003, 645 (647, 650).
233 „Aktionäre könnten schon bald mehr Macht bekommen“, FAZ, Nr. 57 v. 08.03.2013, S. 14; Hauschka/*Hauschka/Moosmayer/Lösler*, § 1 Rn. 1; *Holzhauser*, Compliance, S. 13; vgl. auch *Bergmoser/Theusinger/Gushurst*, BB-Spez. 2008, 1 und zum Begriff vertiefend *Köstner*, Compliance, S. 22 f. m.w.N.

gebildet.[234] Der 2002 erstveröffentlichte DCGK mag mit seiner Erwähnung des Begriffes (s.o.) dazu beigetragen haben.[235] Ein weiterer besonderer Motor der Entwicklung von Compliance ist die Gesetzgebung. So werden auch der Anstieg gesetzlicher Regelungen und in empfindliche Höhen gestiegene Bußgelder als Gründe für die Einführung von Compliance-Systemen genannt.[236] *Mengel/Hagemeister* sehen im *Sarbanes Oxley Act* von 2002[237] die Ursache für die Ausweitung des Themas Compliance über die Grenzen des Finanzsektors hinaus.[238] Der genannte enge Compliance-Begriff beschreibt daher Compliance allgemein als die Einhaltung gesetzlicher Regeln.[239] Er beschränkt die Thematik damit aber auch auf bloße Gesetzes-Compliance.

c. *Heutiger (weiter) Compliance-Begriff*

Zwar gibt es nach wie vor Stimmen, die Compliance als reine Gesetzes-Compliance verstehen.[240] Wie aber schon eingangs dargestellt, geht das heutige Verständnis, wie es auch im DCGK beschrieben ist, nach Meinung vieler auch darüber noch hinaus.[241] Es erfasst auch von den Unternehmen selbst – ohne direkte gesetzliche Grundlage – aufgestellte Vorgaben.[242] Auch sonstige nichtrechtliche Regelwerke wie die Basler Eigenkapitalvorschriften oder der DCGK fallen nach Ansicht mancher darunter.[243] *Fissenewert* bezeichnet zudem ganz allgemein die Moral als

234 *Nezmeskal-Berggötz*, CCZ 2009, 209; so für die Erwartungshaltung, dass ein Compliance-System besteht, auch schon *Weiss*, Die Bank 1993, 136 („Marktstandard").

235 So *Böhm*, Non-Compliance, S. 53.

236 *Lelley*, Compliance, S. 9 f. Rn. 3 f.; Bauer/Lingemann/Diller/Haußmann/*Haußmann*, Kap. 70 Rn. 1; *Mengel/Hagemeister*, BB 2006, 2466.

237 Siehe oben B. VI. und unten C. II. 1. e. sowie D. I. 5.

238 *Mengel/Hagemeister*, BB 2006, 2466 (2467).

239 *Böhm*, Non-Compliance, S. 30; *Lelley*, Compliance, S. 10 f. Rn. 6 f.; *Müller*, Compliance, S. 61; wohl auch *Cauers/Haas/Jakob/Kremer/Schartmann/Welp*, DB 2008, 2717, die zwar von „ethisch geprägte[n] Tendenzen" sprechen, dann aber unter diesem Begriff auf Bereiche abstellen, in denen es um die Einhaltung von Rechtsnormen geht, z B. Korruption, Kartellrecht.

240 Siehe nur *Bock*, Compliance, S. 20; Grobys/Panzer-Heemeier/*Mengel*, Compliance Rn. 1; *Paefgen*, WM 2016, 433 (435); *Unmuth*, AG 2017, 249; laut *Rodewald*, Compliance, S. 32 f. beschränkt sich derart auch *Lösler*, NZG 2005, 104.

241 *Leitner*, Ethik-Richtlinien, S. 37; *Müller*, Compliance, S. 61; Rotsch/*Rotsch*, § 1 Rn. 7; vgl. auch *Schmidt*, Kriminalistik 2013, 134 (134 f.); *Reinhard*, CCZ 2013, 214 („Ohne Ethik keine Compliance"); vgl. auch *Makowicz*, BB 2018, 556 (559: „auch die Werte der Beschäftigten").

242 *Böhm*, Non-Compliance, S. 30; *Leitner*, Ethik-Richtlinien, S. 37; *Lelley*, Compliance, S. 10 f. Rn. 6 f.; *Müller*, Compliance, S. 61; *Cauers/Haas/Jakob/Kremer/Schartmann/Welp*, DB 2008, 2717; *Merkt*, ZIP 2014, 1705 (1706).

243 *Strothmeyer*, Compliance, S. 21 (*dies*. S. 57 spricht sogar von „Social Compliance"); ähnlich *Köstner*, Compliance, S. 25; *Klindt*, NJW 2006, 3399 sowie ArbG Berlin, Urt.

„wesentliche[n] Compliance-Bestandteil".[244] Dieser weite Compliance-Begriff ist es, der hier zugrunde gelegt werden soll.[245] Denn es ist ja gerade das Wesen der Compliance-Richtlinien, dass sie in ihren Regelungsinhalten darüber hinausgehen, bloße gesetzliche Vorgaben wiederzugeben. Vielmehr werden auch Maßstäbe gesetzt, die man als ethisch oder moralisch bzw. bei der wissenschaftlich gebotenen Zurückhaltung[246] gegenüber diesen Begriffen als unternehmensintern oder außerrechtlich bezeichnen kann.[247]

Dieser Ansatz begleitet die Compliance in Deutschland schon seit ihrer ersten Stunde: Schon *Eisele* beschrieb 1993 die Aufgabe einer Compliance-Organisation mit der Überwachung der Einhaltung der „Gesetze [...], Regeln, Usancen und internen Richtlinien".[248] Überhaupt ist so manches an diesem Thema „alter Wein in neuen Schläuchen":[249] *Böhm* beschreibt Vorgänger der heutigen Compliance-Organisation bereits beginnend mit den Gilden und Zünften des Mittelalters.[250] Das LG München I sieht in der Compliance nur einen neuen Begriff für alte gesellschaftsrechtliche Grundgedanken.[251] Ob – und falls ja inwieweit – auch die Compliance-Richtlinie das Ergebnis einer bloßen „Umetikettierung" ist, wird an späterer Stelle noch anhand von Klauseln zu zeigen sein.[252] Compliance ist aber jedenfalls nicht allein deshalb eine solche, weil Rechtstreue in Unternehmen eine Selbstverständlichkeit wäre. Denn Compliance meint auch gerade die ausdifferenzierten organisatorischen Methoden, diese zu fördern.[253] Dazu setzt sie bereits früher an als bloße Rechtstreue: Compliance bedeutet nicht nur, bestehende Vorgaben einzuhalten und durchzusetzen, sondern Verstößen bereits vorzubeugen, also Prävention zu

---

v. 18.02.2010 – 38 Ca 12879/09 = BeckRS 2010, 68681 [„Einhaltung von gesetzlichen Bestimmungen und regulatorischer Standards"].

244 *Fissenewert*, Compliance, § 2 Rn. 51.

245 Die Nomenklatur in der Literatur ist uneinheitlich. So beschreibt z. B. *Eisele* in Schimansky/Bunte/Lwowski/*Faust*, § 109 Rn. 3 als „weite[n] Compliancebegriff" nur die die Erweiterung der Compliance über das Kapitalmarktrecht hinaus. In der Sache ist die Entwicklung aber unstreitig.

246 Vgl. o. C.I. 1.

247 Vgl. u. E.I. 4

248 *Eisele*, WM 1993, 1021.

249 Görling/Inderst/Bannenberg/*Rieder/Falge*, [1. Aufl. 2010], S. 13 Rn. 1; *Cauers/Haas/Jakob/Kremer/Schartmann/Welp*, DB 2008, 2717; *Paefgen*, WM 2016, 433 (434); kritisch zu dieser Formulierung *Harbarth/Brechtel*, ZIP 2016, 241 (249); *Klindt*, NJW 2006, 3399 (3400).

250 *Böhm*, Non-Compliance, S. 50.

251 LG München I, Urt. v. 10.12.2013 – 5 HK O 1387/10 = NZG 2014, 345 (348) [„Neubürger"].

252 S.u. E. II. und E.III.2.

253 LG München I, Urt. v. 10.12.2013 – 5 HK O 1387/10 = NZG 2014, 345 (348) [„Neubürger"]; *Schmittlein*, Compliance, § 1 Rn. 5, 7; *Steffen/Stöhr*, RdA 2017, 43; *Harbarth/Brechtel*, ZIP 2016, 241 (244, 249).

betreiben.[254] *Moosmeyer* bringt es vortrefflich auf den Punkt, indem er *„Prävention, Aufdeckung von Fehlverhalten und Reaktion hierauf“* die „drei Säulen der Compliance“[255] nennt.

Somit impliziert der Begriff „Compliance-Richtlinie“, dass es sich um ein Regelwerk handelt, welches dem Zweck dient, Verstöße gegen Rechtsvorschriften und unternehmensinterne Maßstäbe zu verhüten und bei ihrer Aufdeckung angemessen auf sie zu reagieren. Dieser Begriff trifft damit genau den Kern der Sache.[256] Er soll daher im weiteren Verlauf dieser Arbeit zugrunde gelegt werden.

II. Richtlinien im Kontext eines Compliance Management Systems (CMS)

Die vorstehenden Ausführungen zeigen auch: Compliance ist ein weites Feld. Die Richtlinien sind dabei nur ein Teil eines viel größeren Systems,[257] ein Element in einem Compliance Management System[258] (CMS).[259] Sie sind die arbeitsrechtliche Fortsetzung des im Kern gesellschaftsrechtlichen Phänomens Compliance.[260] Im Folgenden soll daher ein Überblick gegeben werden über

---

254 *Jerusalem*, Compliance, S. 127; *Lelley*, Compliance, S. 10 Rn. 4; *Schneider*, Compliance, S. 46; *Sieg*, FS Buchner, S. 860 f.; *Berndt/Hoppler*, BB 2005, 2623 (2627); *Bussmann/Matschke*, CCZ 2009, 132 (136.); *Deutscher*, WM 2010, 1387 (1388); *Eisele*, WM 1993, 1021 (1023); *Kiethe*, GmbHR 2007, 393 (394); *Schulz*, BB 2011, 629; vgl. auch *Cauers/Haas/Jakob/Kremer/Schartmann/Welp*, DB 2008, 2717 (2718) „prevention is better than cure“ als „zentrale [...] Compliance-Botschaft“; *Wybitul*, BB 2009, 1582 (1583) sieht Vorbeugung gar als den Kern der Sache; differenzierend *Schmidt*, Kriminalistik 2013, 134 (137): „Prävention und Repression“.

255 *Moosmayer*, Compliance, Rn. 112; ähnlich *Hoffmann/Schieffer*, NZG 2017, 401 (403); ebenfalls für eine ähnliche aber viergliedrige Aufteilung *Unmuth*, CB 2017, 177 (178).

256 Auch Richtlinien wirken nämlich präventiv, siehe nur *Wagner*, Ethikrichtlinien, S. 17.

257 *Köstner*, Compliance, S. 31 f.; *Rein*, Ethikrichtlinie, S. 28; *U. Schneider*, ZIP 2003, 645 (649).

258 Auch hier ist die Begrifflichkeit farbenfroh, vgl. nur *Böhm*, Non-Compliance, S. 54 [„Corporate Compliance-Organisation“]; *Schmidt*, Compliance, S. 137 [„Compliance-Organisation“]; *Riechers*, Compliance, S. 158 [„Compliance-Programm“]; *Köstner*, Compliance, S. 27 und *Strothmeyer*, Compliance, S. 59 [„Compliance-System“]; Grützner/Jakob/*Grützner/Jakob*, Stichwort Compliancemanagementsystem; *Fissenewert*, Compliance, § 1 Rn. 16 und § 2 Rn. 57; *Schmidt*, Kriminalistik 2013, 134 (137); Rotsch/*Rotsch*, § 1 Rn. 10 oder auch *Withus/Hein*, CCZ 2011, 125 [„Compliance-Management-System“]; *Hauschka*, NJW 2004, 257 (260) [„Ethik-Management-System“]; für *Lakner*, CB 2014, 118 (118) ist die „Compliance-Funktion“ Teil eines CMS.

259 Zur Abkürzung statt aller *Gößwein/Hohmann*, BB 2011, 963 (966).

260 Ähnlich *Rein*, Ethikrichtlinie, S. 28.

die Elemente eines CMS, der idealtypischen „Compliance-Verfassung“[261] eines Unternehmens.

1. Rechtspflicht zur Einführung eines CMS

Dabei stellt sich zunächst die Frage, inwieweit ein Unternehmen in Deutschland bereits rechtlich verpflichtet ist, ein CMS einzuführen. Rechtspflichten gerichtet auf die Einführung einer Compliance-Richtlinie sollen allerdings erst an späterer Stelle thematisiert werden.[262]

a. Branchenspezifische Spezialregeln

Der Gesetzgeber hat für eine Reihe unternehmerischer Betätigungsfelder Vorschriften über Managementsysteme erlassen.[263] So hielt der Begriff der Compliance einst mit § 33 Abs. 1 Nr. 1 WpHG a.F. Einzug in das deutsche Recht.[264] Die Norm galt für Wertpapierdienstleistungsunternehmen, also vereinfacht gesagt ausschließlich für die Finanzbranche.[265] Gleiches gilt für die Nachfolgeregelung des Art. 22 Abs. 2 Delegierten Verordnung (EU) 2017/565, in der der europäische Gesetzgeber den Begriff „Wertpapierfirma“ verwendet.

aa. § 25a KWG

Die Norm verpflichtet die Unternehmen zunächst auf die organisatorischen Pflichten nach § 25a Abs. 1 KWG. Nach § 25a Abs. 1 KWG muss ein Kredit- oder Finanzdienstleistungsinstitut[266] über eine ordnungsgemäße Geschäftsorganisation verfügen, die die Einhaltung der vom Institut zu beachtenden gesetzlichen Bestimmungen und der betriebswirtschaftlichen Notwendigkeiten gewährleistet. Genauere Vorgaben zur Beschaffenheit dieser Organisation fehlten aber zunächst.[267] Insofern war früher auch in der Diskussion, ob sich aus § 25a Abs. 1 KWG schon die Pflicht zur Implementierung eines CMS ableiten lässt. Dagegen sprach vordergründig, dass die Norm – im Gegensatz zu § 33 Abs. 1 S. 2 Nr. 1 WpHG a.F. – nicht explizit von einer Compliance-Funktion sprach.[268] Allerdings ist zu berücksichtigen,

---

261 Es ist *Moosmayer* jedenfalls insoweit zuzustimmen, dass die Compliance-Richtlinie allein noch keine „Compliance Verfassung“ schafft, *Moosmayer*, Compliance, Rn. 155; wohl a.A. *Timmerbeil/Spachmüller*, CB 2013, 221 (221).

262 Siehe unten D. I.

263 Siehe die eindrückliche Liste bei *Rack*, CB 2014, 279 (279 f.).

264 Siehe oben C. I. 2. a.

265 *Moosmayer*, Compliance, Rn. 15; *Strothmeyer*, Compliance, S. 105.

266 Der in § 25a KWG verwendete Begriff „Institut“ wird in § 1 Abs. 1b KWG legal definiert; vgl. auch Schwennicke/Auerbach/*Langen*, § 25a Rn. 12.

267 Boos/Fischer/Schulte-Mattler/*Braun*, § 25a KWG, Rn. 21; Schwennicke/Auerbach/*Langen*, § 25a Rn. 1c.

268 Boos/Fischer/Schulte-Mattler/*Braun*, § 25a KWG, Rn. 46.

dass der Compliance-Begriff erst 2007 Einzug in das WpHG hielt.[269] Die Pflicht zur Geschäftsorganisation kam aber bereits am 01.07.2002 durch das 4. Finanzmarktförderungsgesetz[270] in den damaligen § 25a Abs. 1 Nr. 1 KWG. Zum 01.01.2014 kam zudem § 25a Abs. 1 S. 6 Nr. 3 KWG ins Gesetz,[271] der die Institute verpflichtet, einen Prozess zur vertraulichen Meldung bestimmter Rechtsverstöße durch Mitarbeiter vorzuhalten. Die Norm verpflichtet die Institute mit anderen Worten zur Einführung eines Whistleblowing-Systems.[272] Ein solches ist ein typisches Element eines CMS.[273] Gem. § 25h Abs. 1 S. 1 KWG müssen Institute über ein angemessenes Risikomanagement sowie über Verfahren und Grundsätze verfügen, die der Verhinderung von Geldwäsche, Terrorismusfinanzierung oder sonstiger strafbarer Handlungen, die zu einer Gefährdung des Vermögens des Instituts führen können, dienen. Näher konkretisiert wird diese Anforderung nicht. Allerdings enthält inzwischen § 25a Abs. 1 S. 3 Nr. 3c KWG ausdrücklich die Pflicht zur Errichtung einer Compliance-Funktion. Dessen Ausgestaltung ist untergesetzlich[274] in den MaRisk näher bestimmt.[275] Inhaltlich ist nach § 25a Abs. 1 KWG die Einhaltung sämtlicher Gesetze – nicht etwa nur des KWG oder WpHG – sicher zu stellen.[276]

bb. § 33 WpHG a.F./Art. 22 Abs. 2 Delegierten Verordnung (EU) 2017/565

Darüber hinaus verpflichtete § 33 Abs. 1 S. 2 Nr. 1 WpHG a.F. die Wertpapierdienstleistungsunternehmen und ihre Mitarbeiter noch einmal ausdrücklich auf Einhaltung des WpHG, wozu insbesondere eine dauerhafte und wirksame Compliance-Funktion einzurichten war. Das Gesetz überließ die nähere Ausgestaltung dieser allerdings den Unternehmen.[277] Vorgegeben wurde durch § 33 Abs. 1 S. 2 Nr. 5 WpHG eine Berichtspflicht der Compliance-Abteilung über die Angemessenheit und Wirksamkeit aller Compliance-Maßnahmen. Zum 03.01.2018 entfernte der Gesetzgeber die Compliance-Funktion aus dem WpHG, weil sie sich nunmehr in Art. 22 Abs. 2 der Delegierten Verordnung (EU) 2017/565 findet. Inhaltlich ähnelt die neue Regelung aber sehr der bisherigen nationalen deutschen Rechtslage.[278]

---

269 Siehe oben C. I. 2. a.

270 BGBl. I 2002, S. 2010 (2054).

271 BGBl. I 2013, S. 3395 (3423).

272 Siehe nur *Renz/Rohde-Liebenau*, BB 2014, 692 (693).

273 S.u. C. II. 7.

274 Zur Rechtsnatur der MaRisk siehe Boos/Fischer/Schulte-Mattler/*Braun*, § 25a KWG Rn. 80.

275 Boos/Fischer/Schulte-Mattler/*Braun*, § 25a KWG, Rn. 46; Schwennicke/Auerbach/*Langen*, § 25a Rn. 3; siehe hierzu auch unten D. I. 1.

276 Boos/Fischer/Schulte-Mattler/*Braun*, § 25a KWG, Rn. 36; Schwennicke/Auerbach/*Langen*, § 25a Rn. 45.

277 Ebenroth/Boujong/Joost/Strohn/*Grundmann*, § 33 WpHG Rn VI299; Kümpel/Wittig/*Rothenhöfer*, S. 214, Rn. 3.318; Schwark/Zimmer/*Fett*, § 33 WpHG Rn. 19.

278 *Fink*, CB 2018, 133 („keine wirklichen Neuerungen"); vgl. auch BT-Drs. 18/10936, S. 240.

Nach § 12 Abs. 3 Nr. 1 WpDVerOV a.F.[279] musste die Compliance-Funktion dem vorgelagert die Angemessenheit und Wirksamkeit der Maßnahmen überwachen und bewerten („Überwachungs- und Kontrollfunktion“[280]). Nr. 2 verpflichtete sie zur Beratung und Unterstützung der Mitarbeiter über die gesetzlichen Verpflichtungen („Beratungsfunktion“[281]). Diese beiden Funktionen finden sich seit 03.01.2018 in Art. 22 Abs. 2 lit. a) und b) Delegierten Verordnung (EU) 2017/565.

Art. 22 Abs. 3 lit. b) Delegierten Verordnung (EU) 2017/565 verpflichtet die Unternehmen, einen Compliance-Beauftragten zu ernennen, der für die Compliance-Funktion sowie für die Compliance-Berichterstattung verantwortlich ist. § 34d Abs. 3 WpHG a.F. – eingefügt durch das AnsFuG von 2011[282] – stellte nähere Anforderungen an die Person des Compliance-Beauftragten. So musste dieser sachkundig und zuverlässig sein. Zudem musste seine Person vor Aufnahme der Tätigkeit an die BaFin gemeldet werden. Damit erhoffte sich der Gesetzgeber eine qualitative Verbesserung im Sinne eines einheitlichen Mindestniveaus der Rechtmäßigkeitskontrolle.[283] Zum 03.01.2018 ersetzte der § 87 Abs. 5 WpHG n.F. den bisherigen § 34d Abs. 3 WpHG a.F.

Die gesetzlichen Anforderungen werden zudem weiter konkretisiert durch die MaComp[284] der BaFin.[285] Damit besteht für Wertpapierdienstleistungsunternehmen eine umfassende Pflicht zur Einführung eines CMS.[286]

cc. Weitere Sonderregeln: §§ 23 ff. VAG, § 28 Abs. 1 S. 1 KAGB

Versicherungsunternehmen mussten bereits nach § 64a Abs. 1 S. 1 VAG a.F. (jetzt: §§ 23 ff. VAG[287]) über eine ordnungsgemäße Geschäftsorganisation verfügen, welche die Einhaltung der von Ihnen zu beachtenden Gesetze und Verordnungen sowie der aufsichtsbehördlichen Anforderungen gewährleistet. Die Formulierung war bewusst an § 25a Abs. 1 KWG angelehnt.[288] Sie ist in den aktuell geltenden § 23 Abs. 1 S. 2 VAG übernommen worden. Daher kann für die Frage, ob aus der

---

279 Wertpapierdienstleistungs-Verhalts- und Organisationsverordnung v. 20.07.2007 (BGBl. I 2007, S. 1432), erlassen unter anderem auf Grundlage von § 33 Abs. 4 WpHG.

280 Schwark/Zimmer/*Fett*, § 33 WpHG Rn. 20.

281 Schwark/Zimmer/*Fett*, § 33 WpHG Rn. 20.

282 BGBl. I 2011, S. 538 (540); vgl. zu § 34d Abs. 3 WpHG auch *Rößler/Yoo*, BKR 2011, 377.

283 BT-Drs. 17/3628, S. 22; vgl. auch *Schaefer/Baumann*, NJW 2011, 3601 (3602).

284 Rundschreiben 05/2018 (WA) – Mindestanforderungen an die Compliance-Funktion und weitere Verhaltens-, Organisations- und Transparenzpflichten – MaComp, abrufbar unter https://www.bafin.de/SharedDocs/Veroeffentlichungen/DE/Rundschreiben/2018/rs_18_05_wa3_macomp.html [zuletzt abgerufen am 31.08.2018].

285 Nipperdey/*Kortstock*, Stichwort Wertpapierhandelsgesetz; *Moosmayer*, Compliance, Rn. 15; *Schaefer/Baumann*, NJW 2011, 3601 (3602); *Schneider*, NZG 2010, 1201 (1202).

286 *Schaefer/Baumann*, NJW 2011, 3601 (3602); einschränkend *Schmidt*, Compliance, S. 52.

287 BT-Drs. 18/2956, S. 238 f.

288 *Schmidt*, Compliance, S. 52; *Laars*, VAG, 3. Aufl. 2015, § 64a Rn. 1.

Norm die Pflicht zur Einführung eines CMS folgt, nach oben verwiesen werden. Schließt man – wie hier vertreten – bei § 25a KWG auf die Pflicht zur Einführung eines CMS, so muss das folgerichtig auch für § 23 Abs. 1 S. 2 VAG gelten.[289] Ebenso verhält es sich mit der zu § 23 Abs. 1 S. 2 VAG analogen Formulierung des für Kapitalverwaltungsgesellschaften geltenden § 28 Abs. 1 S. 1 KAGB.[290]

Eine analoge Anwendung der Spezialregeln auf andere, ihnen dem Wortlaut nach nicht unterworfene Unternehmen kommt aber nach ganz überwiegender Ansicht nicht in Betracht[291] – zur Idee einer Gesamtanalogie sogleich.[292]

b. Gesellschaftsrechtliche Verpflichtung

In anderen Branchen existiert keine der Finanzbranche gleichwertige Rechtssicherheit bei den Pflichten zur Errichtung eines CMS.[293] Dennoch können teilweise aus allgemeinen gesellschaftsrechtlichen Normen Rückschlüsse gezogen werden.

aa. § 91 Abs. 2 AktG

So verpflichtet § 91 Abs. 2 AktG den Vorstand einer Aktiengesellschaft, geeignete Maßnahmen gegen den Fortbestand der Gesellschaft gefährdende Entwicklungen zu treffen und dazu insbesondere ein Überwachungssystem einzurichten. Jeder Gesetzesverstoß kann darunter fallen, soweit er sich nur auf die Vermögens-, Finanz- und Ertragslage des Unternehmens wesentlich auswirkt.[294] Insofern ist die Norm wie ein CMS auf die Prävention von Rechtsverstößen gerichtet.[295] Allerdings gefährdet der reguläre Compliance-Verstoß nicht direkt den Fortbestand des Unternehmens.[296] Daher sehen viele Literaturstimmen in § 91 Abs. 2 AktG nicht die Grundlage für die Errichtung eines CMS.[297] Allerdings sollten auch die

---

289 So zutreffend zu § 64a Abs. 1 S. 1 a.F. VAG explizit *Holzhauser*, Compliance, S. 30 und *Schmidt*, Compliance, S. 52; vgl. auch *Wirth/Paul*, CCZ 2010, 95 (97); zurückhaltend *Hemeling*, CCZ 2010, 21.

290 *Kort*, AG 2013, 582 (582, 583).

291 Moll/*Dendorfer-Ditges*, § 35 Rn. 290; Spindler/Stilz/*Fleischer*, § 91 Rn. 50, 61; *Strothmeyer*, Compliance, S. 105 f.; Schwark/Zimmer/*Fett*, § 33 WpHG Rn. 2; *Illing/Umnuß*, CCZ 2009, 1 (3); zum KAGB *Kort*, AG 2013, 582 (587); a.A. *U. Schneider*, ZIP 2003, 645 (649); für eine Ableitung von „Anhaltspunkte[n]“ aus den Spezialregeln *Haag/Acikgöz*, CB 2016, 265.

292 S.u. C. II. 1. d.

293 Vgl. nur *Schaefer/Baumann*, NJW 2011, 3601 (3602).

294 BT-Drs. 13/9712, S. 15.

295 *Liese*, BB Spez. 2008, S. 17 (18); vgl. auch *Steffen/Stöhr*, RdA 2017, 43 (44).

296 *Hauschka*, ZIP 2004, 877 (878); *Rodewald, Compliance*, S. 38; *Merkt*, DB 2014, 2271 (2272); *Merkt*, ZIP 2014, 1705 (1707); *S. Meyer*, DB 2014, 1063 (1064); *Steffen/Stöhr*, RdA 2017, 43 (44); andeutend *Liese*, BB Spez. 2008, 17 (18 f.).

297 *Bachmann*, Compliance, S. 73; Henssler/Strohn/*Dauner-Lieb*, § 91 AktG Rn. 9; *Holzhauser*, Compliance, S. 22; Spindler/Stilz/*Fleischer*, § 91 Rn 50; *Strothmeyer*,

in der jüngeren Vergangenheit enorm gestiegenen Bußgelder berücksichtigt werden.[298] Sie stellen ein finanzielles Risiko dar, das gerade bei kleineren Unternehmen durchaus bis zur Existenzgefährdung reichen kann.[299] Zudem lässt sich vielfach der durch den Verstoß drohende Schaden für das Unternehmen im Voraus nicht klar beziffern, so dass in der Praxis jeder auch nur potenziell bestandsgefährdende Sachverhalt § 91 Abs. 2 AktG unterworfen werden muss.[300] Das trifft zumindest auf einige Compliance-Verstöße zu.[301] Daher ist bei genauer Betrachtung den Literaturstimmen zuzustimmen, die in § 91 Abs. 2 AktG zwar nicht die Rechtsgrundlage schlechthin für ein CMS sehen, aber doch anerkennen, dass der Gesetzgeber hier immerhin einen Teilbereich dessen – nämlich den Extremfall der Existenzgefährdung durch Compliance-Verstöße – erfasst hat.[302]

bb. § 93 Abs. 1 S. 1 AktG

Tiefergehende Schlüsse könnte § 93 AktG erlauben. § 93 Abs. 1 S. 1 AktG verpflichtet den Vorstand einer Aktiengesellschaft, bei der Geschäftsführung die Sorgfalt eines ordentlichen und gewissenhaften Geschäftsleiters anzuwenden.[303] Diese Sorgfaltspflicht unterfällt bei ihrer Konkretisierung durch Rechtsprechung und Literatur in verschiedene Untergruppen. So gehört zur Sorgfalt nicht nur, sich als Vorstand selbst rechtstreu zu verhalten[304]

Compliance, S. 100; *Steffen/Stöhr*, RdA 2017, 43 (44); vgl. auch OLG Celle, Urt. v. 28.05.2008 – 9 U 184/07 = BeckRS 2008, 12159.

298 *Böhm*, Non-Compliance, S. 70; *Schmidt*, Compliance, S. 57 f.; *U. Schneider*, ZIP 2003, 645; *Unmuth*, AG 2017, 249 (253); vgl. auch Inderst/Bannenberg/Poppe/*Rieder*, S. 21 Rn. 21 ff.; *Moosmayer*, Compliance, Rn. 39; Praxisbeispiele aus dem Kartellrecht bei *Hauschka*, ZIP 2004, 877 (878, Fn. 9).

299 *Berghoff/Rauh*, FAZ, Nr. 30 v. 05.02.2013, S. 12; *Passarge*, NZI 2009, 86 (86, 90); vgl. auch *Unmuth*, AG 2017, 249 (253); vgl. hierzu und zum Schadenspotenzial mangelnder Compliance im Allgemeinen *Schmidt*, Compliance, S. 58.

300 So einleuchtend *Liese*, BB Spez. 2008, 17 (18 f.); vgl. auch *Schmidt*, Compliance, S. 66.

301 *Kruchen*, Compliance, S. 26; *Hauschka*, DB 2006, 1143 (Fn. 2); *Schmidt*, Compliance, S. 58; *Hemeling*, CCZ 2010, 21; *Passarge*, NZI 2009, 86 (86, 90); vgl. auch *Merkt*, ZIP 2014, 1705 (1707).

302 Inderst/Bannenberg/Poppe/*Rieder*, S. 20 Rn. 15; *Rodewald, Compliance*, S. 38; *Liese*, BB-Spez. 2008, 17 (18 f.); einschränkend *Schmidt*, Compliance, S. 69; vgl. auch *Bergmoser/Theusinger/Gushurst*, BB Spez. 2008, 1 (4); *Dreher*, FS Hüffer, S. 162, 171, 174, 176; *Deutscher*, WM 2010, 1387 (1389) [„Rahmenvorschrift für Compliance-Systeme"]; *Kiethe*, GmbHR 2007, 393 (393 f.); *S. Meyer*, DB 2014, 1063 (1064); *Unmuth*, AG 2017, 249 (252); *Verse*, ZHR 175 (2011), 401 (404).

303 Der dogmatische Streit, ob § 93 Abs. 1 S. 1 AktG auch den Maßstab für die Pflichten oder nur für das Verschulden des Vorstands gilt, kann hier außen vor bleiben, da nach beiden Ansichten der objektive Maßstab eines ordentlichen Geschäftsleiters anzulegen ist, *Strohn*, CCZ 2013, 177 (178).

304 BGH, Urt. v. 27.08.2010 – 2 StR 111/09 Rn. 29 = NJW 2010, 3458 (3460); LG München I, Urt. v. 10.12.2013 – 5 HK O 1387/10 = NZG 2014, 345 (346) [„Neubürger"];

(„Legalitätspflicht“[305]), sondern auch, das Unternehmen so zu organisieren, dass Rechtsverstößen möglichst vorgebeugt wird[306] („Compliance-Verantwortung“[307] oder auch „Legalitätskontrollpflicht“[308]). Ein ordentlicher und gewissenhafter Geschäftsleiter beachtet eben nicht nur selbst alle einschlägigen Rechtsnormen, sondern trifft zumindest in gewissem Maße auch Vorkehrungen dafür, dass alle anderen Unternehmensangehörigen das Recht einhalten.[309] Diesen Ansatz unterschlägt *Bunting*, wenn er eine „Legalitätskontrollpflicht“ allein bei Delegation von Vorstandsaufgaben annimmt.[310] Eine Erweiterung der Legalitätspflicht

---

Fleischer/*Fleischer*, VorstandsR, § 7 Rn. 4; Inderst/Bannenberg/Poppe/*Rieder*, S. 16 Rn. 4; Henssler/Strohn/*Dauner-Lieb*, § 93 AktG Rn. 7a; Hölters/*Hölters*, § 93 Rn. 54; MüKo-AktG/*Spindler* § 91 Rn. 52 m.w.N.; *Schmidt*, Compliance, S. 76; *Schöder*, Compliance, S. 68; Spindler/Stilz/*Fleischer* § 93 Rn. 14; *Bergmoser/Theusinger/Gushurst*, BB Spez. 2008, 1 (3); *Bürkle*, BB 2005, 565 (567); *Bunting*, ZIP 2012, 1542 (1543); *Eufinger*, RdA 2017, 223 (224); *Hoffmann/Schieffer*, NZG 2017, 401 (402); *Krieger/Günther*, NZA 2010, 367; *Nietsch*, ZGR 2015, 631 (649); *Paefgen*, WM 2016, 433 (436); *Steffen/Stöhr*, RdA 2017, 43 (44); *Verse*, ZHR 175 (2011), 401 (403, 404).

305 BGH, Urt. v. 27.08.2010 – 2 StR 111/09 Rn. 29 = NJW 2010, 3458 (3460); *Bachmann*, Compliance, S. 73; Fleischer/*Fleischer*, VorstandsR, § 7 Rn. 4; Henssler/Strohn/*Dauner-Lieb*, § 93 AktG Rn. 7a; Inderst/Bannenberg/Poppe/*Rieder*, S. 16 Rn. 4; Hölters/*Hölters*, § 93 Rn. 54; *Schmidt*, Compliance, S. 76; *Schöder*, Compliance, S. 68; Spindler/Stilz/*Fleischer* § 93 Rn. 14; *Bürkle*, BB 2005, 565 (567); *Bunting*, ZIP 2012, 1542 (1543); *Eufinger*, RdA 2017, 223 (224); *Fleischer*, CCZ 2008, 1; *Hoffmann/Schieffer*, NZG 2017, 401 (402); *Krieger/Günther*, NZA 2010, 367; *Nietsch*, ZGR 2015, 631 (649); *Von Busekist/Keuten*, CCZ 2016, 119 (119); *Paefgen*, WM 2016, 433 (436); *Steffen/Stöhr*, RdA 2017, 43 (44); *Verse*, ZHR 175 (2011), 401 (403, 404); kritisch zu diesem Begriff *Merkt*, ZIP 2014, 1705 (1706).

306 LG München I, Urt. v. 10.12.2013 – 5 HK O 1387/10 = NZG 2014, 345 (346) [„Neubürger“]; Inderst/Bannenberg/Poppe/*Rieder*, S. 16 Rn. 5; Hölters/*Hölters*, § 93 Rn. 63; *Rodewald, Compliance*, S. 38; *Schöder*, Compliance, S. 68; Spindler/Stilz/*Fleischer* § 91 Rn. 50; *Thüsing*, Beschäftigtendatenschutz, § 2 Rn. 10; *Bürkle*, BB 2005, 565 (567); *Eufinger*, RdA 2017, 223 (224); *Fleischer*, CCZ 2008, 1 (2); *Hoffmann/Schieffer*, NZG 2017, 401 (402); *Krieger/Günther*, NZA 2010, 367; *Paefgen*, WM 2016, 433 (436); *Reichert/Ott*, ZIP 2009, 2173; *U. Schneider*, ZIP 2003, 645 (650); *Steffen/Stöhr*, RdA 2017, 43 (44); *Wolf*, BB 2011, 1353 (1354, 1356); wohl auch auf § 93 AktG gestützt *Fleischer*, AG 2003, 291 (294); vgl. auch *Bachmann*, Compliance, S. 73 f.; *Nietsch*, ZGR 2015, 631 (649); *Thüsing/Granetzny*, RdA 2011, 191.

307 *Oppenheim*, DStR 2014, 1063 (1065); *Schürrle/Olbers*, CCZ 2010, 102; vgl. auch *Eufinger*, RdA 2017, 223 (224).

308 *Von Busekist/Keuten*, CCZ 2016, 119 (119); *Eufinger*, RdA 2017, 223 (224); *Hoffmann/Schieffer*, NZG 2017, 401 (402); *Paefgen*, WM 2016, 433 (436); *Verse*, ZHR 175 (2011), 401 (403); ähnlich *Steffen/Stöhr*, RdA 2017, 43 (44).

309 Vgl. auch die Ableitung aus dem Wortlaut bei *Riechers*, Compliance, S. 142; hinsichtlich der bloßen Legalitätspflicht auch *Hoffmann/Schieffer*, NZG 2017, 401 (402).

310 *Bunting*, ZIP 2012, 1542 (1543) – *Bunting* kommt dann – folgerichtig – zum Ergebnis, eine Compliance-Pflicht aus § 93 Abs. 1 S. 1 AktG existiere nicht, da die Legalitätspflicht jedenfalls nicht auf alle Mitarbeiter delegiert werde.

auf außerrechtliche, moralische Maßstäbe ist indes schon aufgrund von deren Konturenlosigkeit abzulehnen.[311] Wichtig festzuhalten ist damit, dass sich die Legalitätspflicht nur auf Gesetzesverstöße bezieht,[312] also insoweit der enge Compliance-Begriff zugrunde zu legen ist.[313]

In Ausführung seiner Leitungsverantwortung nach § 76 Abs. 1 AktG und seiner Sorgfaltspflicht aus § 93 Abs. 1 S. 1 AktG muss der Vorstand also dafür Sorge tragen, dass seine Untergebenen die geltenden Vorschriften einhalten.[314] Das beinhaltet aber keine Pflicht zu einer bestimmten Compliance-Organisation im Unternehmen.[315] Vielmehr ist das CMS mit seinen – in dieser Arbeit dargestellten[316] – typischen Elementen nur eine von mehreren Möglichkeiten, der Sorgfaltspflicht gerecht zu werden.[317] Denn dem Vorstand kommt bei der Erfüllung der Sorgfaltspflicht ein Gestaltungsspielraum zu.[318]

Das bedeutet aber nicht, dass in entsprechend gelagerten Einzelfällen die Sorgfaltspflicht nicht bestimmte Compliance-Maßnahmen erfordern könnte. So muss der Vorstand etwa seine Mitarbeiter über einzuhaltende Vorschriften unterrichten,[319] ein typisches Element eines CMS.[320] Solche Fälle sind wohl gemeint, wenn in der Literatur bei entsprechendem Unternehmensrisiko von einer Pflicht zur

---

311 So zutreffend *Schmidt*, Compliance, S. 77; Spindler/Stilz/*Fleischer*, § 93 Rn. 25.

312 Dies betont auch *S. Meyer*, DB 2014, 1063.

313 Siehe dazu schon oben C. I. 2. b.

314 *Schöder*, Compliance, S. 68; Spindler/Stilz/*Fleischer* § 91 Rn. 50; *Fleischer*, CCZ 2008, 1 (1 f.); *Paefgen*, WM 2016, 433 (436); *Reichert/Ott*, ZIP 2009, 2173; *U. Schneider*, ZIP 2003, 645 (650); *Steffen/Stöhr*, RdA 2017, 43 (44); vgl. auch LG München I, Urt. v. 10.12.2013 – 5 HK O 1387/10 = NZG 2014, 345 (347 f.) [„Neubürger"]; *Bachmann*, Compliance, S. 73 f.

315 *Rodewald, Compliance*, S. 38; *Schmidt*, Compliance, S. 137 ff.; *Strothmeyer*, Compliance, S. 100 f.; *Bürkle*, BB 2005, 565 (570); *S. Meyer*, DB 2014, 1063 (1064 f.); *Paefgen*, WM 2016, 433 (437); vgl. auch MüKo-AktG/*Spindler*, § 93 Rn. 30; § 91 Rn. 66 m.w.N.

316 Siehe nachfolgend C. II. 2. bis 7.

317 *Rodewald, Compliance*, S. 38; *Gaschler*, CB 2018, 81 (82); so auch allgemein für alle Rechtsgrundlagen *Böhm*, Non-Compliance, S. 62; wohl auch *Bachmann*, Compliance, S. 74.

318 Fleischer/*Fleischer*, VorstandsR, § 8 Rn. 45; *Lelley*, Compliance, S. 46 Rn. 89; Spindler/Stilz/*Fleischer* § 91 Rn. 53; *Bürkle*, BB 2005, 565 (568 ff.); *Fleischer*, AG 2003, 291 (299 f.); *ders.*, CCZ 2008, 1 (3); *Gaschler*, CB 2018, 81 (82); *Paefgen*, WM 2016, 433 (437); *Nietsch*, ZGR 2015, 631 (633); *Schockenhoff*, NZG 2015, 409 (411); *Steffen/Stöhr*, RdA 2017, 43 (44); *Von Busekist/Keuten*, CCZ 2016, 119 (120); auch *Strothmeyer*, Compliance, S. 101, 112 f. geht davon aus, dass dem Vorstand ein Ermessen bei der Frage der Einführung eines CMS zukommt; so auch gestützt auf § 91 Abs. 2 AktG MüKo-AktG/*Spindler*, § 91 Rn. 66, § 93 Rn. 30.

319 Hölters/*Hölters*, § 93 Rn. 64; Kremer/Bachmann/Lutter/v. Werder/*Bachmann*/*Kremer*, Rn. 847.

320 Vgl. unten C. II. 5.

Einführung eines CMS gesprochen wird.[321] Auch das LG München I hat zwar im Fall Neubürger entschieden, der Vorstand einer AG sei „bei entsprechender Gefährdungslage“ verpflichtet, ein Compliance-System einzurichten.[322] Gemeint war jedoch nur – aber immerhin –, dass der Vorstand einer AG, nachdem Korruptionsfälle aufgetreten sind, organisatorisch dafür Sorge zu tragen hat, dass sich diese nicht wiederholen. Völlige Untätigkeit verletzt dann §§ 93 Abs. 1 S. 1, 76 Abs. 1 AktG.[323]

Es bleibt aber auch hiernach im Ermessen des Vorstands, mit welchen Maßnahmen genau er dies erreichen will.[324] Nur in besonders gelagerten Fällen kann es zu einer „Ermessensreduzierung auf null“ kommen.[325] Andererseits kann, je kleiner das Unternehmen ist, umso eher auf ein umfangreiches CMS verzichtet werden.[326]

Bunting weist zusätzlich darauf hin, dass aus §§ 93 Abs. 1 S. 1, 76 Abs. 1 AktG auch eine Schadensabwendungspflicht des Vorstandes folgt.[327] In Anbetracht des hohen Schadenspotenzials zumindest mancher Compliance-Verstöße,[328] ist *Bunting* zuzustimmen, dass auch hieraus im Einzelfall Pflichten zur Vorbeugung im Sinne von Compliance bestehen können.[329] Insofern bilden die §§ 76 Abs. 1, 93 Abs. 1 S. 1

---

321 Fleischer/*Fleischer*, VorstandsR, § 8 Rn. 43; Spindler/Stilz/*Fleischer*, § 91 Rn. 54; *von Busekist/Hein*, CCZ 2012, 41 (43); *von Busekist/Schlitt*, CCZ 2012, 86 (87); *S. Meyer*, DB 2014, 1063 (1065).

322 LG München I, Urt. v. 10.12.2013 – 5 HK O 1387/10 = NZG 2014, 345 (346) [„Neubürger“].

323 LG München I, Urt. v. 10.12.2013 – 5 HK O 1387/10 = NZG 2014, 345 (348) [„Neubürger“]; deutlich auch *S. Meyer*, DB 2014, 1063 (1065); vgl. zudem *Merkt*, ZIP 2014, 1705 (1710).

324 *Bachmann*, ZIP 2014, 579 (580); *Beckmann*, ZWH 2014, 199; *Gaschler*, CB 2018, 81 (82); *Oppenheim*, DStR 2014, 1063 (1065); *Merkt*, ZIP 2014, 1705 (1709, 1711); *S. Meyer*, DB 2014, 1063 (1065); *Nietsch*, ZGR 2015, 631 (633); *Seibt/Cziupka*, DB 2014, 1598 (1599); *Simon/Merkelbach*, AG 2014, 318 (319); vgl. LG München I, Urt. v. 10.12.2013 – 5 HK O 1387/10 = NZG 2014, 345 (347) [„Neubürger“].

325 *Bürkle*, BB 2005, 565 (568, 570); *Oppenheim*, DStR 2014, 1063 (1064); vgl. *Bachmann*, ZIP 2014, 579 (580); *Kremer/Klahold*, ZGR 2010, 113 (121); *Linderhaus*, PuR 2014, 97 (99); *Von Busekist/Keuten*, CCZ 2016, 119 (119 f.).

326 *Hauschka/Greeve*, BB 2007, 165 (167 ff.); *Linderhaus*, PuR 2014, 97 (99); *Oppenheim*, DStR 2014, 1063 (1064); vgl. *Acker*, IBR 2014, 309; *Beckmann*, GmbHR 2014, R113; *Merkt*, ZIP 2014, 1705 (1711); *Reichert/Ott*, ZIP 2009, 2173 (2174); sehr anschaulich auch *Hauschka*, ZIP 2004, 877, (878); vgl. auch *Kremer/Klahold*, ZGR 2010, 113 (121) [Beschränkung auf „größere börsennotierte Unternehmen“].

327 *Bunting*, ZIP 2012, 1542 (1544); allgemein zur Schadensabwendungspflicht vgl. nur Hölters/*Weber*, § 76 Rn. 7; MüKo-AktG/*Spindler*, § 76 Rn. 13; *Fleischer*, BB 2005, 2025 (2030).

328 Vgl. zur Höhe der Bußgelder nur oben A.

329 *Bunting*, ZIP 2012, 1542 (1544); zur Herleitung von Compliance-Pflichten aus der Schadensabwendungspflicht vgl. nur *Schmidt*, Compliance, S. 80 f.; *Fleischer*, BB 2005, 2025 (2030); aufgrund der Berufung auf die Höhe der Bußgelder wohl auch *Köstner*, Compliance, S. 44.

AktG für Aktiengesellschaften nur – aber immerhin – einen Grundanknüpfungspunkt für ihre Compliance-Systeme.[330]

cc. DCGK

Schließlich verdient der Deutsche Corporate Governance Kodex (DCGK) Erwähnung. Ziffer 4.1.3 des DCGK verpflichtet den Vorstand einer AG zur Compliance. Diese Norm gab allerdings bislang lediglich die ohnehin bestehende aktienrechtliche Rechtslage wieder.[331] Schon deshalb lag in ihr keine Pflicht zur Einführung bestimmter Compliance-Maßnahmen.[332] Zwar wurde der DCGK zum 07.02.2017 novelliert und Ziffer 4.1.3. nennt nun auch ausdrücklich ein CMS und umschreibt ein Whistleblowing-System.[333] Wie *Bings* zu Recht der Formulierung „soll" entnimmt, geht der DCGK damit über eine bloße Wiedergabe der bestehenden Rechtslage hinaus.[334] Jedoch handelt es sich beim DCGK nicht um eine Rechtsnorm, sondern lediglich um eine von einer unabhängigen Expertenkommission erarbeitete Empfehlung.[335] Die Einhaltung des DCGK fällt auch nicht unter die Sorgfaltspflicht nach § 93 Abs. 1 S. 1 AktG.[336] § 161 Abs. 1 S. 1 AktG verpflichtet lediglich börsennotierte Gesellschaften, jährlich zu erklären, dass dem DCGK entsprochen wurde und wird oder welche Empfehlungen nicht angewendet wurden oder werden und warum nicht („comply or explain"[337]). Auch wenn manche Autoren die Unternehmen infolgedessen de facto in der Pflicht sehen:[338] Eine Rechtspflicht zur Einhaltung des DCGK folgt daraus nicht.[339]

---

330 Spindler/Stilz/*Fleischer* § 91 Rn. 50; *Bachmann*, Compliance, S. 73 f.; v*on Busekist/Hein*, CCZ 2012, 41 (43); *Fleischer*, NZG 2014, 321 (322); andere sehen im Zusammenspiel von §§ 93 Abs. 1 S. 1, 91 Abs. 2 AktG die Grundlage der Sorgfaltspflicht und damit der Compliance, so *Böhm*, Non-Compliance, S. 63; *Moosmayer*, Compliance, Rn. 10; *Schmidt*, Compliance, S. 87.

331 Kremer/Bachmann/Lutter/v. Werder/*Bachmann/Kremer*, Rn. 811; *Strothmeyer*, Compliance, S. 102.

332 MüKo-AktG/*Spindler*, § 91 Rn. 65; Kremer/Bachmann/Lutter/v. Werder/*Bachmann/Kremer*, Rn. 813, 838.

333 Zur Identifikation des letzteren als Whistleblowing statt aller Kremer/Bachmann/Lutter/v. Werder/*Bachmann/Kremer*, Rn. 850d; *Bings*, CCZ 2017, 118 (119); *Makowicz*, BB 2018, 556.

334 *Bings*, CCZ 2017, 118 (118).

335 Henssler/Strohn/*Vetter*, § 161 AktG Rn. 3 f.; Spindler/Stilz/*Bayer/Scholz*, § 161 Rn. 16; *Strothmeyer*, Compliance, S. 101 f.; vgl. auch *Bings*, CCZ 2017, 118 (120, Fn. 3); *Schaefer/Baumann*, NJW 2011, 3601 (3602).

336 *Schmidt*, Compliance, S. 46; Spindler/Stilz/*Fleischer* § 93 Rn. 46.

337 Henssler/Strohn/*Vetter*, § 161 AktG Rn. 9; Spindler/Stilz/*Spindler*, § 104 Rn. 32; Wilsing/*von der Linden*, § 161 AktG Rn. 1; *Bings*, CCZ 2017, 118 (118).

338 *Bergmoser/Theusinger/Gushurst*, BB Spez. 2008, 1 (5); *Bings*, CCZ 2017, 118 (118).

339 Spindler/Stilz/*Bayer/Scholz*, § 161 Rn. 29, 49; *Strothmeyer*, Compliance, S. 102; *Bings*, CCZ 2017, 118 (118); vgl. auch Henssler/Strohn/*Vetter*, § 161 AktG Rn. 12.

Noch unverbindlicher ist die mit der Kodex-Novelle in die Präambel des DCGK neu eingeführte Formulierung: „Diese Prinzipien verlangen nicht nur Legalität, sondern auch ethisch fundiertes, eigenverantwortliches Verhalten (Leitbild des Ehrbaren Kaufmanns)." Hierbei handelt es sich noch nicht einmal um eine Empfehlung[340] und auch nichts, was von der Sorgfaltspflicht in § 93 Abs. 1 S. 1 AktG[341] oder auch nur der Erklärungspflicht des § 161 Abs. 1 S. 1 AktG[342] umfasst wäre.

dd. Fazit für die AG

Es bleibt damit festzuhalten, dass es für die Aktiengesellschaft jedenfalls keine allumfassende Rechtspflicht gibt, ein CMS einzuführen.

ee. Rechtslage in der GmbH

Für die GmbH gelten §§ 91 Abs. 2, 93 Abs. 1 S. 1 AktG nicht unmittelbar. Die Sorgfaltspflicht des GmbH-Geschäftsführers (§ 43 Abs. 1 GmbHG[343]) entspricht aber derjenigen des AG-Vorstands.[344] Insbesondere trifft den GmbH-Geschäftsführer die gleiche Legalitätspflicht.[345] Insofern kann auch für die GmbH auf die obigen Ausführungen zu § 93 Abs. 1 S. 1 AktG verwiesen werden.

Ob § 91 Abs. 2 AktG analog auf die GmbH angewendet werden kann, ist in der Literatur umstritten.[346] Die Gesetzgebungsmaterialien zu § 91 Abs. 2 AktG, stellen zwar dar, dass auf eine entsprechende Regelung im GmbHG bewusst verzichtet wurde, man gehe aber davon aus, dass für GmbHs entsprechender Größe und Komplexität „nichts anderes" gelte. Man gehe insofern von einer „Ausstrahlungswirkung" des § 91 Abs. 2 AktG aus.[347] Der Gesetzgeber wollte damit explizit keine

340 *Fleischer*, DB 2017, 2015 (2016).

341 *Fleischer*, DB 2017, 2015 (2018 f.).

342 *Fleischer*, DB 2017, 2015 (2017).

343 So die Verortung der h.M. Zum Meinungsstand siehe nur Michalski/*Ziemons*, § 43 Rn. 50 ff.

344 *Bachmann*, Compliance, S. 92; Henssler/Strohn/*Oetker*, § 43 GmbHG Rn. 15; *Holzhauser*, Compliance, S. 33; *Lelley*, Compliance, S. 27 Rn. 45; *Schmidt*, Compliance, S. 103; *Altmeppen*, ZGR 1999, 291 (301); *Beckmann*, GmbHR 2014, R113 (R114); *Bockslaff*, NVersZ 1999, 104 (109); vgl. auch BGH, Urt. v. 27.08.2010 – 2 StR 111/09 Rn. 29 = NJW 2010, 3458 (3460), *Wecker*/*Galla*, Compliance-Organisation, S. 25; *Haag*/*Acikgöz*, CB 2016, 265 (266).

345 BGH, Urt. v. 27.08.2010 – 2 StR 111/09 Rn. 29 = NJW 2010, 3458 (3460); *Lelley*, Compliance, S. 29 Rn. 51, S. 31 Rn. 56; *Strothmeyer*, Compliance, S. 109; *Beckmann*, GmbHR 2014, R113 (R114); *Steffen*/*Stöhr*, RdA 2017, 43 (44); vgl. auch MüKo-AktG/*Spindler*, § 93 Rn. 74; jew. mit dem – eigentlich selbstverständlichen – Hinweis, dass sich jede Rechtspersönlichkeit rechtmäßig verhalten muss und insoweit – ebenso selbstverständlich – der gleiche Maßstab gilt.

346 Vgl. zum Meinungsstand *Schmidt*, Compliance, S. 106 ff.; Spindler/Stilz/*Fleischer*, § 91 Rn. 40.

347 BT-Drucks 13/9712, S. 15.

Regelung bzgl. der GmbH treffen.[348] Für eine analoge Anwendung fehlt es damit bereits an der Planwidrigkeit der Regelungslücke.[349] Mit der „Ausstrahlungswirkung" kann daher nur eine bloße faktische Auswirkung gemeint sein.[350] Andernfalls unterstellte man dem Gesetzgeber, in sich widersprüchlich zu argumentieren, nämlich einerseits nichts regeln zu wollen, andererseits aber eine analoge Anwendung zu empfehlen.[351] Eine Analogie setzt aber eben nicht nur eine Regelungslücke, sondern auch und gerade deren Planwidrigkeit voraus.[352] § 91 Abs. 2 AktG kann daher nicht analog auf die GmbH angewendet werden.[353] Zuspruch verdient indes die Auffassung derer, die die Pflicht zur Abwehr bestandsgefährdender Entwicklungen aus § 43 GmbHG ableiten wollen.[354] Denn sie trägt obiger gesetzgeberischer Wertung Rechnung, ist aber auch insofern dogmatisch sauber, als sich auch für die AG die Pflicht des § 91 Abs. 2 AktG schon vor Erlass dieser Norm aus allgemeinen Grundsätzen ableiten lies.[355] Dies übersieht *Merkt*, wenn er argumentiert, der Gesetzgeber habe mit der ausdrücklichen Regelung für die AG bei der GmbH einen Rückgriff auf § 43 Abs. 1 GmbHG gesperrt.[356]

Vielmehr ergibt sich, dass die Pflicht für beide Gesellschaftsformen gleichermaßen besteht, sie aber für die AG – die typischerweise größer und damit risikobehafteter als die GmbH ist[357] – durch § 91 Abs. 2 AktG noch einmal zusätzlich bekräftigt wird. Letztlich braucht die Frage aber nicht weiter vertieft zu werden,

348 So auch *Schmidt*, Compliance, S. 109.

349 Im Ergebnis wie hier *Merkt*, ZIP 2014, 1705 (1712); eine analoge Anwendung vertritt aber ohne Begründung; Inderst/Bannenberg/Poppe/*Rieder*, S. 21 Rn. 19; *Scherer*, CCZ 2012, 201 (202); auch Inderst/Bannenberg/Poppe/*Weber-Rey/Benzler*, 2. Aufl. 2013, S. 702 Rn. 195 sprechen von Analogie, verweisen aber gleichzeitig auf aaO. S. 687 Rn. 143, wo für die GmbH auf § 43 Abs. 1 GmbHG abgestellt wird; ebenso *Fleischer*, GmbHR 2008, 673 (678); so ist wohl auch *Altmeppen*, ZGR 1999, 291 (301) zu verstehen.

350 Vgl. auch *Drygala/Drygala*, ZIP 2000, 297 (300), die die Ausstrahlungswirkung als Einfluss einer Rechtsnorm auf die Auslegung einer anderen Rechtsnorm beschreiben; vgl. auch *Schmidt*, Compliance, S. 110 m.w.N.

351 So aber Fleischer/*Spindler*, Vorstandsrecht, § 19 Rn. 4, der meint, der Gesetzgeber habe gerade eine Analogie nahegelegt.

352 Vgl. *Rüthers/Fischer/Birk*, Rechtstheorie, S. 543 Rn. 895, S. 550 f. Rn. 911 f.

353 So auch *Schmidt*, Compliance, S. 108 ff., der allerdings schon das Vorliegen einer Regelungslücke verneint und nur hilfsweise auch die Planwidrigkeit des bestehenden Zustandes ablehnt; wohl auch *Beckmann*, GmbHR 2014, R113.

354 Lutter/Hommelhoff/*Kleindiek*, § 43 Rn. 31; Inderst/Bannenberg/Poppe/*Weber-Rey/Benzler*, 2. Aufl. 2013, S. 687 Rn. 143; *Heldmann*, DB 2010, 1235 (1235); wohl auch *Bockslaff*, NVersZ 1999, 104 (109); *Haag/Acikgöz*, CB 2016, 265 (268).

355 BT-Drucks 13/9712, S. 15; *Schmidt*, Compliance, S 59; Wilsing/*Goslar*, 4.1.3 Rn. 8, 4.1.4 Rn. 1.

356 *Merkt*, ZIP 2014, 1705 (1712).

357 *Beckmann*, GmbHR 2014, R113 (R114); *Drygala/Drygala*, ZIP 2000, 297 (300); anklingend bei *Schmidt*, Compliance, S. 113.

da § 91 Abs. 2 AktG ohnehin nur eine sehr partielle Pflicht in Richtung der Einführung eines CMS enthält.[358]

ff. Fazit

Aus dem Gesagten folgt ein Gleichklang der – sehr eingeschränkten – Pflichten zur Einführung eines CMS in der GmbH wie in der AG. Das deutsche Gesellschaftsrecht verpflichtet derzeit weder die GmbH noch die AG umfassend, ein CMS einzuführen.[359] Und selbst soweit man die genannten Pflichten als Grundanknüpfungspunkte betrachtet, verbleibt doch immer der Einwand, dass die gesellschaftsrechtlichen Normen nur das Innenverhältnis der Gesellschaft zum Leitungsorgan betreffen, mithin keine allgemeine Rechtspflicht der Gesellschaft darstellen.[360]

c. Verpflichtung durch straf- bzw. haftungsrechtliche Verantwortlichkeit

Auch wenn also eine explizite gesellschaftsrechtliche Verpflichtung fehlt, so kann dennoch für das Unternehmen und/oder die Unternehmensleitung ein erhebliches Haftungsrisiko bestehen.

aa. Zivilrechtliche Haftung

Als Grundlagen einer haftungsrechtlichen Verantwortlichkeit kommen zunächst die vorgenannten Generalklauseln in Betracht. Ein Verstoß gegen § 91 Abs. 2 AktG führt zu einer Haftung des Vorstandes gegenüber der Gesellschaft nach § 93 Abs. 2 S. 1 AktG.[361] Ein Compliance-Verstoß der Geschäftsleitung im Außenverhältnis zu Dritten führt im Innenverhältnis zur Gesellschaft zu einer Verletzung der Legalitätspflicht.[362] Ein Verstoß gegen § 93 Abs. 1 S. 1 AktG führt aber ebenfalls zur Haftung nach § 93 Abs. 2 S. 1 AktG.[363] Ein Verstoß gegen § 43 Abs. 1 GmbHG

---

358 S.o. C. II. 1. b. aa.

359 So auch *Böhm*, Non-Compliance, S. 61; *Kruchen*, Compliance, S. 25; *Schmidt*, Compliance, S. 137 ff., der allerdings aus den bestehenden Compliance-Risiken den Schluss zieht, dass die Unternehmensleitung praktisch nur in Ausnahmenfällen auf ein CMS verzichten kann; ähnlich *Kiethe*, GmbHR 2007, 393 (400), der meint, die Haftungsrisiken führten „praktisch zu einer Rechtspflicht".

360 Mit diesem Einwand rügt *Moosmayer* letztlich zu Recht die dogmatische Unsauberkeit des Versuches, aus den gesellschaftsrechtlichen Normen die Compliance-Pflicht herzuleiten, *Moosmayer*, NJW 2012, 3013 (3013).

361 Hölters/*Müller-Michaels*, § 91 Rn. 12; MüKo-AktG/*Spindler* § 91 Rn. 69; *Schmidt*, Compliance, S. 92; Spindler/Stilz/*Fleischer*, § 91 Rn. 76.

362 Fleischer/*Fleischer*, VorstandsR, § 7 Rn. 13; *Thüsing*, Beschäftigtendatenschutz, § 2 Rn. 9.

363 Hölters/*Hölters*, § 93 Rn. 6; MüKo-AktG/*Spindler* § 93 Rn. 145 f.; *Schmidt*, Compliance, S. 92; Spindler/Stilz/*Fleischer*, § 93 Rn. 200; *Thüsing*, Beschäftigtendatenschutz, § 2 Rn. 27.

zieht ebenfalls eine Haftung des Geschäftsführers gegenüber der GmbH nach § 43 Abs. 2 GmbHG nach sich.[364] Mögen die Generalklauseln auch nur in Spezialfällen die Einführung umfangreicherer Compliance-Maßnahmen erfordern, so kann dennoch die Ungewissheit über eine Haftung im konkreten Einzelfall dazu führen, dass die Unternehmen bei der Anwendung der §§ 91, 93 AktG/43 GmbHG einen überschießenden Gehorsam an den Tag legen, um auszuschließen, dass ein Richter im Haftungsprozess die Maßnahmen des jeweiligen Unternehmens nicht doch als unzureichend ansieht. Außerdem umfasst die Sorgfaltspflicht des Vorstandes/Geschäftsführers eben auch, Compliance-Verstößen der Untergebenen vorzubeugen.[365] Das bedeutet, jeder Compliance-Verstoß im Unternehmen wirft auch immer die Frage der Haftung der Unternehmensleitung wegen mangelnder Aufsicht auf.[366] Immerhin ist die Unternehmensleitung von ihrer Haftung hiernach frei, wenn sie bei der konkreten Ausgestaltung des CMS annehmen durfte, auf der Grundlage angemessener Information zum Wohle der Gesellschaft zu handeln. Das ergibt sich aus der *Business Judgement Rule* des § 93 Abs. 1 S. 2 AktG, denn die Ausgestaltung des CMS als Teil der Legalitätskontrollpflicht ist eine unternehmerische Entscheidung im Sinne dieser Norm.[367] Nur die Legalitätspflicht ist keine unternehmerische Entscheidung und daher auch kein Fall der *Business Judgement Rule.*[368]

Die gesellschaftsrechtliche Haftung der Vorstände/Geschäftsführer wird abgemildert durch eine Entscheidung des LAG Düsseldorf vom 20.01.2015.[369] Das LAG vertritt darin, Bußgelder, die eine Behörde wegen eines Compliance-Verstoßes gegen die Gesellschaft festsetzt, seien kein ersatzfähiger Schaden. Denn eine Regressmöglichkeit der Gesellschaft unterminiere den Zweck des Bußgelds, die Gesellschaft zur Einhaltung des Ordnungsrechts zu veranlassen.[370] Soweit ein Teil

---

364 Henssler/Strohn/*Oetker*, § 43 GmbHG Rn. 18; Hümmerich/Boecken/Düwell/*Dietrich*, 43 GmbHG Rn. 2; Lutter/Hommelhoff/*Kleindiek*, § 43 Rn. 38; *Schmidt*, Compliance, S. 116 f.; *Haag/Acikgöz*, CB 2016, 265 (266).

365 S.o. C. II. 1. b.

366 Vgl. *Withus/Hein*, CCZ 2011, 125 (128); vgl. auch – allerdings gestützt auf – §§ 9, 30, 130 OWiG *Hauschka*, ZIP 2004, 877 (879).

367 *Bachmann*, Compliance, S. 85 f.; MüKo-AktG/*Spindler*, § 91 Rn. 66; *Schmidt*, Compliance, S. 95; Spindler/Stilz/*Fleischer* § 91 Rn. 56; *Bachmann*, ZIP 2014, 579 (580 f.); *ders.*, BB 2015, 771 (773); *Hoffmann/Schieffer*, NZG 2017, 401 (403); *Linderhaus*, PuR 2014, 97 (99); *S. Meyer*, DB 2014, 1063 (1065); *Ott*, ZGR 2017, 149 (161); *Paefgen*, WM 2016, 433 (433, 434, 436); *Seibt/Cziupka*, DB 2014, 1598 (1599); im Ergebnis wohl auch *Altmeppen*, ZIP 2016, 97 (98)

368 MüKo-AktG/*Spindler*, § 93 AktG Rn. 75; *Altmeppen*, ZIP 2016, 97 (97, 102); *Bachmann*, BB 2015, 771 (774); *De Beauregard*, Anm. z. LAG Düsseldorf, (Teil-)Urt. v. 20.01.2015 – 16 Sa 459/14, DB 2015, 928 (929); *Hoffmann/Schieffer*, NZG 2017, 401 (403); *Kersting*, ZIP 2016, 1266 (1266); *Ott*, ZGR 2017, 149 (158 f.); *Paefgen*, WM 2016, 433 (436); für eine Legal Judgment Rule indes *Nietsch*, ZGR 2015, 631 (652, 656).

369 LAG Düsseldorf, (Teil-)Urt. v. 20.01.2015 – 16 Sa 459/14 = CCZ 2015, 185.

370 LAG Düsseldorf, (Teil-)Urt. v. 20.01.2015 – 16 Sa 459/14 = CCZ 2015, 185 (186).

des Bußgelds dem Zweck dient, rechtswidrige Vermögensvorteile abzuschöpfen, so würde dies ausgehebelt, wenn die Gesellschaft sie im Wege des Schadensersatzes vom Geschäftsführer/Vorstand zurückerhielte.[371] Letzteres ist unmittelbar einsichtig.[372] Ersteres ist in der Literatur einiger Kritik ausgesetzt,[373] denn schließlich hat nicht die Gesellschaft, sondern haben die für sie handelnden natürlichen Personen den Schaden verursacht und ihre Pflichtverletzung verschuldet.[374] Indes ging es in dem Fall um die Haftung eines abberufenen Gesellschafters,[375] für den die Arbeitsgerichtsbarkeit zuständig war, weil er zum Zeitpunkt der Klageerhebung leitender Angestellter, nicht mehr aber Leitungsorgan war (§ 5 Abs. 1 S. 1 ArbGG).[376] Es ist schon nicht sicher, ob die für die Haftung von Leitungsorganen einer Gesellschaft zuständige ordentliche Gerichtsbarkeit (§ 5 Abs. 1 S. 2 ArbGG i.V.m. §§ 23, 74 Abs. 1 GVG) diese Rechtsfrage ebenso beantworten würde. Zudem ist das Urteil noch nicht rechtskräftig, die Revisionsentscheidung des BAG[377] hat den Rechtsstreit wegen kartellrechtlicher Vorfragen zurück an das LAG Düsseldorf verwiesen,[378] welches ihn seinerseits an das LG Dortmund verwiesen hat.[379]

Außerdem sind Bußgelder nicht die einzigen Posten, die als ersatzfähige Schäden nach Compliance-Fällen in Betracht kommen.[380] So kommt etwa auch der Regress für Schadensersatzansprüche in Betracht, die Dritte gegen die Gesellschaft erheben. Man denke nur an den VW-Abgasskandal im Herbst 2015, in dessen Folge sich die Volkswagen AG insbesondere aus dem Ausland massiven Schadenersatzansprüchen ihrer Kunden ausgesetzt sah.[381] Eine ausreichende Motivation für

---

371 LAG Düsseldorf, (Teil-)Urt. v. 20.01.2015 – 16 Sa 459/14 = CCZ 2015, 185 (187).

372 So schon *De Beauregard*, Anm. z. LAG Düsseldorf, (Teil-)Urt. v. 20.01.2015 – 16 Sa 459/14, DB 2015, 928 (928); *Baur/Holle*, ZIP 2018, 459 (462); *Grunewald*, NZG 2016, 1121 (1122); *Kersting*, ZIP 2016, 1266 (1268; 1269); *Schwarz*, Anm. z. LAG Düsseldorf, (Teil-)Urt. v. 20.01.2015 – 16 Sa 459/14, CCZ 2015, 189 (189).

373 *Jungermann/Renz*, CB 2015, 132; *Kersting*, ZIP 2016, 1266 (1267 f.); *Pant*, CCZ 2015, 224 (227 f.); *Zimmer/Walther*, BB 2017, 629 (632); zustimmend allerdings *Bachmann*, BB 2015, 771 (775); *Baur/Holle*, ZIP 2018, 459 (464); *Grunewald*, NZG 2016, 1121 (1122).

374 *Jungermann/Renz*, CB 2015, 132; *Pant*, CCZ 2015, 224 (227 f.); *Zimmer/Walther*, BB 2017, 629 (632).

375 *Pant*, CCZ 2015, 224 (228); *Schwarz*, Anm. z. LAG Düsseldorf, (Teil-)Urt. v. 20.01.2015 – 16 Sa 459/14, CCZ 2015, 189 (189).

376 *Pant*, CCZ 2015, 224 (228).

377 *Pant*, CCZ 2015, 224 (224); *Schwarz*, Anm. z. LAG Düsseldorf, (Teil-)Urt. v. 20.01.2015 – 16 Sa 459/14, CCZ 2015, 189 (189).

378 BAG, Urt. v. 29.06.2017 – 8 AZR 189/15 = NZA 2018, 121 (122); zustimmend *Bauer*, ArbRAktuell 2017, 374.

379 LAG Düsseldorf, Beschl. v. 29.01.2018 – 14 Sa 591/17 = BeckRS 2018, 2688.

380 So schon *Bachmann*, BB 2015, 771 (775); *Grunewald*, NZG 2016, 1121 (1121 f.).

381 *Altmeppen*, ZIP 2016, 97 (102); zu Schadensersatzansprüchen nach Kartellrechtsverstößen *Grunewald*, NZG 2016, 1121 (1122); allgemein zu Ansprüchen Dritter in diesem Zusammenhang *Pant*, CCZ 2015, 224 (228).

Compliance-Bemühungen wird die gesellschaftsrechtliche Haftung daher auch in Zukunft bleiben. Für die Zwecke dieser Arbeit kann es daher bei dem vorstehenden Abriss verbleiben.

Neben den genannten gesellschaftsrechtlichen Normen ist die Geschäftsleitung noch der Haftung aus diversen Spezialtatbeständen ausgesetzt, die es mittels Compliance zu vermeiden gilt. Exemplarisch sei hier § 12 AGG genannt, dessen Haftung bei Verstoß[382] durch Schulungen der Mitarbeiter (typisches Element eines CMS[383]) nach § 12 Abs. 2 S. 2 AGG entgangen werden kann.[384]

Zuständig für die Geltendmachung von Schadensersatzansprüchen der Gesellschaft gegen die Unternehmensleitung ist in AG und mitbestimmter GmbH der Aufsichtsrat (§ 112 S. 1 AktG[385]). Auf die Nachsicht von dessen Mitgliedern ist nicht zu hoffen.[386] Denn nach der BGH-Rechtsprechung in Sachen ARAG ./. Garmenbeck ist der Aufsichtsrat im Regelfall verpflichtet, Schadensersatzansprüche gegen das Leitungsorgan geltend zu machen,[387] sonst setzen sich seine Mitglieder ihrerseits Schadensersatzansprüchen der Anteilseigner aus.[388]

bb. Strafrechtliche Garantenstellung

Diese Lage wird dadurch noch weiter angeheizt, dass der BGH 2009 in einem *obiter dictum* die strafrechtliche Garantenpflicht von Compliance-Beauftragten bzgl. in Zusammenhang mit der Tätigkeit des Unternehmens stehenden Straftaten von Unternehmensangehörigen (§ 13 StGB) angenommen hat.[389] In der Literatur fürchtet man daher, auch die Unternehmensleitung, von der schließlich die Compliance-Pflicht abgeleitet ist, sehe sich bei strafbewehrten Compliance-Verstößen eigener Strafverfolgung ausgesetzt.[390] 2011 entschied der BGH dann auch, „aus der Stellung als Betriebsinhaber bzw. Vorgesetzter“ könne sich „je nach den Umständen

---

382 Zur Haftung bei Verstoß gegen § 12 AGG vgl. nur MüKo-BGB/*Thüsing*, § 12 AGG Rn. 13.

383 S.u. C. II. 5.

384 Grobys/Panzer-Heemeier/*Mengel*, Compliance, Rn. 5; *Willemsen*, Ethikrichtlinien, S. 21; *Schneider/Sittard*, NZA 2007, 654 (655 ff.).

385 Für die mitbestimmte GmbH i.V.m. § 1 Abs. 1 Nr. 3 DrittelbG bzw. § 25 Abs. 1 S. 1 Nr. 2 MitbestG.

386 Dies betonend aufgrund von ARAG ./. Garmenbeck *S. Meyer*, DB 2014, 1063 (1064); *Ott*, ZGR 2017, 149 (151).

387 BGH, Urt. v. 21.04.1997 – II ZR 175/95 = NJW 1997, 1926 (1928) [ARAG ./. Garmenbeck]; jüngst bestätigt in BGH, Urt. v. 08.07.2014 – II ZR 174/13 –, juris, Rn. 19 = NZG 2014, 1058 (1059).

388 Siehe nur *Götz*, NJW 1997, 3275 (3277).

389 BGH, Urt. v. 17.07.2009 – 5 StR 394/08, Rn. 27 = NJW 2009, 3173 (3175).

390 *Kruchen*, Compliance, S. 27; Rotsch/*Rotsch*, § 4 Rn. 11, 19; *Krieger/Günther*, NZA 2010, 367 (368); *Paefgen*, WM 2016, 433 (442 f.); a.A. *Müller*, Compliance, S. 55 f.; zum Meinungsstand im Streit um die Garantenstellung der Unternehmensleitung vgl. nur *Deutscher*, WM 2010, 1387 (1389).

des einzelnen Falls eine Garantenpflicht zur Verhinderung von Straftaten nachgeordneter Mitarbeiter ergeben", wobei diese „betriebsbezogen" sein müssten.[391] Die Brisanz des Themas lässt sich auch nicht dadurch herunterspielen, dass Strafverfahren gegen Compliance-Beauftragte in der Praxis bislang nur sehr selten vorgekommen sind.[392] Daraus lässt sich nicht schließen, die Thematik trete kaum in Erscheinung. Vielmehr ist anzunehmen, dass infolge der strengen Rechtslage die Unternehmensangehörigen bereits reagiert haben und ihre Pflichten entsprechend ernst nehmen.[393]

cc. Ordnungswidrigkeiten

Auch Ordnungswidrigkeitstatbestände drohen sowohl der Geschäftsleitung persönlich, als auch dem Unternehmen.

(1). Verantwortlichkeit der Geschäftsleitung

Bußgelder können zunächst die Geschäftsleitung treffen. Neben Vorschriften aus diversen Spezialgebieten – z.B. § 81 GWB, der wegen enorm hoher Bußgelder aufgefallen ist,[394] – ist hier vor allem § 130 OWiG zu nennen.[395] Auch dessen Bußgeldrahmen erstrecken §§ 130 Abs. 3 S. 2, 30 Abs. 2 S. 3 OWiG auf bis zu 10 Mio. €.[396] § 17 Abs. 4 S. 2 OWiG erlaubt zudem dessen Überschreitung zur Abschöpfung wirtschaftlicher Vorteile.[397] Gerade dieser Abschöpfungsteil kann das Bußgeld in der Praxis ganz erheblich in die Höhe treiben, teils bis in den dreistelligen Millionenbereich.[398]

Nach § 130 Abs. 1 S. 1 OWiG verhalten sich Betriebsinhaber ordnungswidrig, wenn sie Aufsichtsmaßnahmen unterlassen, die erforderlich sind, um in dem Betrieb oder Unternehmen Zuwiderhandlungen gegen Pflichten zu verhindern, die den Inhaber treffen und deren Verletzung mit Strafe oder Geldbuße bedroht ist

---

391 BGH, Urt. v. 20.10.2011 – 4 StR 71/11 = NJW 2012, 1237 (1238).

392 *Schmidt*, Kriminalistik 2013, 134 (138) nennt die Anzahl der Fälle „kaum nennenswert".

393 Vgl. Rotsch/*Rotsch*, § 1 Rn. 35.

394 Vgl. *Böhm*, Non-Compliance, S. 70; Krieger/Schneider/*Kremer/Klahold*, § 25 Rn. 25.6 f.; *Riechers*, Compliance, S. 144 f.; *Kiethe*, GmbHR 2007, 393 (396).

395 *Bock*, Compliance, S. 280; *Nietsch*, ZGR 2015, 631 (645); *Rodewald*, Compliance, S. 37 bezeichnet § 130 OWiG gar als „die 'Urmutter' des Corporate Compliance-Gedankens"

396 Krenberger/Krumm/*Bohnert/Krenberger/Krumm*, § 130 Rn. 37a; KK-OWiG/*Rogall*, § 130 OWiG Rn. 121.

397 *Kruchen*, Compliance, S. 26 Fn. 143; *Moosmayer*, Compliance, Rn. 39; *Klindt*, NJW 2006, 3399.

398 *Groß*, FAZ Nr. 276 v. 27.11.2013, S. 19; beispielhaft auch das Bußgeld von 1 Mrd. € gegen Volkswagen im Sommer 2018, wovon 995 Mio. € der Abschöpfung dienten, siehe *Beschorner*, Der Wahnsinn hat Methode, Zeit Online v. 14.06.2018.

und eine solche Zuwiderhandlung begangen wird, die durch gehörige Aufsicht verhindert oder wesentlich erschwert worden wäre. Als objektive Bedingung der Ahndung[399] fordert die Norm eine betriebsbezogene Zuwiderhandlung[400] gegen eine Ordnungswidrigkeits- oder Strafnorm.[401] Die Norm sanktioniert also die mangelnde Prävention bestimmter Rechtsverstöße durch Aufsicht.[402] Prävention wiederum ist eine der Hauptaufgaben von Compliance.[403] § 130 OWiG sanktioniert also mit anderen Worten mangelnde Compliance.[404] § 9 Abs. 1 Nr. 1 OWiG stellt Vorstände/Geschäftsführer dem Betriebsinhaber gleich.[405] Es stellt sich aber die Frage, ob unter den „erforderlichen Aufsichtsmaßnahmen" wirklich ein CMS zu verstehen ist. Das Gesetz definiert die Aufsichtsmaßnahmen nicht, allein beschreibt § 130 Abs. 1 S. 2 OWiG, dass auch die Bestellung, sorgfältige Auswahl und Überwachung von Aufsichtspersonen dazu gehört. Näheres kann sich aus Spezialnormen oder allgemeinen Grundsätzen ergeben.[406] *Wiederholt/Walter* sehen durch die Rechtsprechung gestützt auf Entscheidungen zu Spezialfällen einen „Pflichtenteppich" erschaffen.[407] Was genau die Unternehmensleitung zu tun hat, entscheidet sich also im jeweiligen Einzelfall.[408] Jedenfalls soll ein „flächendeckendes Kontrollnetz"[409]

---

399 *Bock*, Compliance, S. 369; *Fruck*, Compliance, S. 29; KK-OWiG/*Rogall*, § 130 Rn. 77; Krenberger/Krumm/*Bohnert/Krenberger/Krumm*, § 130 Rn. 24; *Mahnhold*, Compliance, S. 78, 80; Rotsch/*Bock*, § 8 Rn. 44.

400 *Bock*, Compliance, S. 368; *Fruck*, Compliance, S. 58; KK-OWiG/*Rogall*, § 130 Rn. 81; Krenberger/Krumm/*Bohnert/Krenberger/Krumm*, § 130 Rn. 25; Rotsch/*Bock*, § 8 Rn. 47.

401 *Fruck*, Compliance, S. 30; Krenberger/Krumm/*Bohnert/Krenberger/Krumm*, § 130 Rn. 26; Rotsch/*Bock*, § 8 Rn. 45.

402 *Eufinger*, DB 2017, 1266 (1267); vgl. auch *Schmittlein*, Compliance, § 2 Rn. 138 f.

403 S.o. C. I. 2. c.

404 *Fruck*, Compliance, S. 77; vgl. zudem *Bock*, Compliance, S. 280; Inderst/Bannenberg/Poppe/*Poppe*, S. 8 Rn. 45; Richardi/*Richardi*, § 77 Rn. 96; *Schmittlein*, Compliance, § 2 Rn. 145; *Schöder*, Compliance, S. 70 f.; *Strothmeyer*, Compliance, S. 164, 167.

405 Hauschka/*Pelz*, § 5 Rn. 8; KK-OWiG/*Rogall*, § 130 Rn. 31, § 9 Rn. 34; Krenberger/Krumm/*Bohnert/Krenberger/Krumm*, § 130 Rn. 8, § 9 Rn. 1; *Lelley*, Compliance, S. 25 Rn 39; *Müller*, Compliance, S. 148; Wilsing/*Goslar*, 4.1.3. Rn. 9; *von Busekist/Hein*, CCZ 2012, 41 (43); für den Vorstand der AG auch *Fruck*, Compliance, S. 23.

406 Krenberger/Krumm/*Bohnert/Krenberger/Krumm*, § 130 Rn. 17; KK-OWiG/*Rogall*, § 130 Rn. 39 ff.

407 *Wiederholt/Walter*, BB 2011, 968 (969) unter Rückgriff auf diverse Gerichtsentscheidungen.

408 *Bock*, Compliance, S. 367, 454; Hauschka/*Pelz*, § 5 Rn. 16; KK-OWiG/*Rogall*, § 130 Rn. 42; *Köstner*, Compliance, S. 54; *Müller*, Compliance, S. 149; *Schmidt*, Compliance, S. 70; *Haag/Acikgöz*, CB 2016, 265 (267); *Hastenrath*, CB 2016, 6 (9); vgl. zudem *Schöder*, Compliance, S. 73; *Blassl*, CCZ 2016, 201 (202).

409 *Bock*, Compliance, S. 455;; KK-OWiG/*Rogall*, § 130 Rn. 42; *Köstner*, Compliance, S. 55; *Schmidt*, Compliance, S. 70; *Eufinger*, DB 2017, 1266 (1267); ebenso Hauschka/*Pelz*, § 5 Rn. 16 [keine „flächendeckende Aufsicht"]; *Schöder*, Compliance, S. 72; vgl. auch *Fruck*, Compliance, S. 27.

nicht erforderlich sein. Damit scheidet § 130 OWiG als vollständige Grundlage für ein CMS aus.[410] Aber Elemente eines solchen werden durch die Norm im Grundsatz schon angeregt (z.B. Schulungen,[411] Bekenntnis der Geschäftsleitung,[412] Überwachung der Rechtstreue der Angestellten[413] bis hin zu internen Ermittlungen[414]).[415] Insofern ähnelt die Wirkung von § 130 OWiG derjenigen der Legalitätspflicht,[416] unter die im Übrigen selbstredend auch die Einhaltung von § 130 OWiG fällt.[417]

(2). Verantwortlichkeit des Unternehmens selbst

Abschließend bleibt noch darauf hinzuweisen, dass sich auch das Unternehmen selbst Haftungstatbeständen gegenüber sieht. So erlaubt es § 30 OWiG, bei Straftaten oder Ordnungswidrigkeiten von Leitungsorganen etc. ein Bußgeld gegen die Gesellschaft zu verhängen. In Betracht kommt dabei auch gerade § 130 OWiG.[418]

---

410 Vgl. auch *Kruchen*, Compliance, S. 31; *Strothmeyer*, Compliance, S. 104; *Steffen/Stöhr*, RdA 2017, 43 (44); für eine „relative Rechtspflicht" *Bachmann*, Compliance, S. 70 unter Verweis auf Fleischer/*Spindler*, VorstandsR, § 15 Rn. 94 ff., der zwar von einer „umfassenden Compliance-Organisation" spricht, sich aber im Anschluss für ein eher restriktives Verständnis stark macht; *von Busekist/Hein*, CCZ 2012, 41 (43) sieht in § 130 OWiG eine CMS-Pflicht für Großunternehmen; ähnlich *Withus*, CCZ 2011, 63 (64); uneingeschränkt für eine CMS-Pflicht aus § 130 Abs. 1 OWiG *Schöder*, Compliance, S. 71.

411 *Fruck*, Compliance, S. 98; Hauschka/*Pelz*, § 5 Rn. 23; *Lelley*, Compliance, S. 23 f. Rn. 36; *Müller*, Compliance, S. 149; Rotsch/*Bock*, § 8 Rn. 29; *Schmidt*, Compliance, S. 70; *Bussmann/Matschke*, CCZ 2009, 132 (134 f.); vgl. auch *Haag/Acikgöz*, CB 2016, 265 (267).

412 *Von Busekist/Hein*, CCZ 2012, 41 (45); vgl. auch die Ausführungen unter C. II. 4.

413 Hauschka/*Pelz*, § 5 Rn. 25; *Lelley*, Compliance, S. 24 Rn. 36; Rotsch/*Bock*, § 8 Rn. 32, 34; *Müller*, Compliance, S. 149; *Schmidt*, Compliance, S. 70; *Bussmann/Matschke*, CCZ 2009, 132 (135).

414 *Böhm*, Non-Compliance, S. 89; *Strothmeyer*, Compliance, S. 89; *Eufinger*, DB 2017, 1266 (1267); vgl. auch unten C. II. 6.

415 So auch *Köstner*, Compliance, S. 55.

416 *Von Busekist/Hein*, CCZ 2012, 41 (44); *Liese*, BB-Spez. 2008, 17 (22); für einen „Gleichlauf" *Schmidt*, Compliance, S. 71 und *von Busekist/Schlitt*, CCZ 2012, 86 (90); wohl auch *Fleischer*, AG 2003, 291 (294); allerdings weisen Hauschka/*Pelz*, § 5 Rn. 37, *Lelley*, Compliance, S. 26 Rn. 41 und *Grützner*, BB 2014, 850 (852) zu Recht darauf hin, dass die Sorgfaltspflicht sich nicht in der Legalitätspflicht erschöpft und § 130 OWiG zudem auf Ordnungswidrigkeiten und Straftaten beschränkt ist.

417 *Grützner*, BB 2014, 850 (852); *Fleischer*, CCZ 2008, 1 (2); *von Busekist/Schlitt*, CCZ 2012, 86 (90); *Withus/Hein*, CCZ 2011, 125 (130); wohl auch *Fleischer*, AG 2003, 291 (294).

418 *Bock*, Compliance, S. 265; *Böhm*, Non-Compliance, S. 70; *Fruck*, Compliance, S. 117; Krenberger/Krumm/*Bohnert/Krenberger/Krumm*, § 30 Rn. 9; *Moosmayer*, Compliance, Rn. 39; *Müller*, Compliance, S. 142, 147; Rotsch/*Bock*, § 8 Rn. 61; *Thüsing*, Beschäftigtendatenschutz, § 2 Rn. 22; *Blassl*, CCZ 2016, 201 (205); *Fleischer*, CCZ 2008, 1 (2).

Die Tat eines Unternehmensangehörigen wird über § 130 OWiG wegen mangelnder Aufsicht dem Vorstand/Geschäftsführer zugerechnet (s.o.). Für dessen Bußgeldpflicht haftet gemäß § 30 OWiG dann wiederum auch das Unternehmen.[419] Da juristische Personen in Deutschland *de lege lata*[420] eigentlich strafrechtlich nicht belangt werden können,[421] wird diese Systematik auch „kleines Unternehmensstrafrecht"[422] genannt. Der Bußgeldrahmen erstreckt sich gem. § 30 Abs. 2 S. 1 Nr. 1 OWiG ebenfalls bis hin zu 10 Mio. €. Wie der BGH mittlerweile anerkannt hat, ist die Existenz eines wirksamen CMS im Unternehmen bei der Bemessung der Geldbuße in Ansatz zu bringen.[423]

dd. Fazit

Trotz einer unverkennbaren Motivationsfunktion hin zu Compliance lässt sich also auch aus dem Strafrecht und dem Haftungsrecht keine vollständige detaillierte Pflicht zur Implementierung eines CMS ableiten, auch wenn hier ebenso wie im Gesellschaftsrecht ein allgemein gehaltenes rechtliches Fundament für ein solches existiert.

d. Gesamtanalogie

Nach einer Literaturmeinung lässt sich aus einer Gesamtanalogie zu bestimmten Vorschriften eine allgemeine Wertung des Gesetzgebers herauslesen, dass jedes Unternehmen verpflichtet sei, ein CMS einzuführen.[424] Begonnen hatte diese Diskussion mit einem Aufsatz von *U. Schneider*, in dem die Behauptung aufgestellt wurde, die für die Finanzbranche bestehenden Spezialregeln enthielten einen

---

419 *Bock*, Compliance, S. 265; *Deyhle*, Compliance, S. 201; KK-OWiG/*Rogall*, § 30 Rn. 1 ff., dort zur Dogmatik Rn. 8; Krenberger/Krumm/*Bohnert/Krenberger/Krumm*, § 30 Rn. 3; *Thüsing*, Beschäftigtendatenschutz, § 2 Rn. 22; *Blassl*, CCZ 2016, 201 (205).

420 Zu Reformvorschlägen unter Kritik *Grützner*, CCZ 2015, 56 (57 ff.); ablehnend *Szesny*, CB 2017, Editorial I Heft 8/2016.

421 Allg. Ansicht, siehe nur *Bock*, Compliance, S. 262, 264, 374; *Böhm*, Non-Compliance, S. 69 m.w.N.; Grützner/Jakob/*Grützner/Jakob*, Stichwort Unternehmensstrafrecht; Lackner/Kühl, § 14 Rn. 1a; *Müller*, Compliance, S. 55; Rotsch/*Bock*, § 8 Rn. 67; *Linklater/McElyea*, RiW 1994, 117.

422 *Deutscher*, WM 2010, 1387 (1388); *Klindt*, NJW 2006, 3399; ähnlich *Blassl*, CCZ 2016, 201.

423 BGH, Urt. v. 09.05.2017 – 1 StR 265/16, Rn. 118 = BeckRS 2017, 114578.

424 *U. Schneider*, ZIP 2003, 645 (649); zur Qualifikation als Gesamtanalogie vgl. nur Spindler/Stilz/*Fleischer*, § 91 Rn. 50; *Kremer/Klahold* ZGR 2010, 113 (119); *Fleischer*, CCZ 2008, 1 (2) sieht diese Auffassung gar auf dem Vormarsch; das VG Frankfurt a.M., Urt. v. 08.07.2005 1 E 7363/03[1] = WM 2004, 2157 (2160) sieht eine „Gesamtintention des Gesetzgebers" über § 25a Abs. 1 KWG und § 91 Abs. 2 AktG und will daher die Vorgaben des ersteren in letzteren hineinlesen.

verallgemeinerungsfähigen Rechtsgedanken.[425] Systematisch betrachtet erfordert eine Analogie eine gesetzliche Regelungslücke und deren Planwidrigkeit aufgrund der Ähnlichkeit des geregelten mit dem nicht geregelten Sachverhalt.[426] Eine Regelungslücke liegt hier insofern vor, als – wie gezeigt – für Unternehmen außerhalb der Finanzbranche keine detaillierten Regeln zur Einführung eines CMS bestehen. Argumente für deren Planwidrigkeit allerdings bleiben die Vertreter der Gesamtanalogie schuldig. Gegen eine solche spricht denn auch, dass der Gesetzgeber mit § 91 Abs. 2 AktG gerade nur ein Teilelement eines CMS für den Spezialfall der Existenzgefährdung normiert hat.[427] Ob der Sachverhalt in der Finanzbranche mit demjenigen eines jeden anderen Unternehmens grundlegend vergleichbar ist, darf bezweifelt werden.[428] Die Systemrelevanz der Finanzbranche hat uns die Finanzkrise von 2008 schmerzlich vor Augen geführt. Eine vergleichbare Bedeutung für die gesamte Volkswirtschaft besitzt – um das Beispiel *Thüsings* aufzugreifen – ein Automobilhersteller nicht.[429]

Eine Gesamtanalogie scheidet daher ebenfalls zur Begründung einer detaillierten Pflicht zur Einführung eines CMS aus.[430]

e. Verpflichtung nach dem Recht der USA

International tätige deutsche Unternehmen müssen naturgemäß auch die Anforderungen ausländischer Rechtsordnungen beachten. Als repräsentatives Beispiel sei hier kurz auf das Recht der USA, dem Heimatland der Compliance,[431] eingegangen. Es regelt die Compliance-Pflichten der Unternehmen detaillierter als das deutsche Recht. Unter bestimmten Voraussetzungen müssen auch deutsche Unternehmen diese Regeln beachten. Andernfalls riskierten sie erhebliche Nachteile in Form von Börsenausschluss[432] oder erhöhten Strafrahmen.[433]

---

425 *U. Schneider*, ZIP 2003, 645 (649); explizit ablehnend *Thüsing*, Beschäftigtendatenschutz, § 2 Rn. 43.

426 Vgl. nur *Rüthers/Fischer/Birk*, Rechtstheorie, S. 539 f. Rn. 889, S. 542 f. Rn. 894.

427 Siehe dazu oben C. II. 1. b.; so auch Rotsch/*Rotsch*, § 1 Rn. 20; *Merkt*, ZIP 2014, 1705 (1707); ebenso zu § 12 AGG *Schmittlein*, Compliance, § 2 Rn. 59; vgl. auch *Steffen/Stöhr*, RdA 2017, 43.

428 Ablehnend *Thüsing*, Beschäftigtendatenschutz, § 2 Rn. 43; *Fleischer*, NZG 2014, 321 (322); vgl. auch *Steffen/Stöhr*, RdA 2017, 43.

429 *Thüsing*, Beschäftigtendatenschutz, § 2 Rn. 43; ähnlich *Illing/Umnuß*, CCZ 2009, 1 (3), die den öffentlich-rechtlichen Charakter des § 33 WpHG betonen.

430 Ganz h.M., siehe nur *Bachmann*, Compliance, S. 74 f.; *Holzhauser*, Compliance, S. 34; *Lelley*, Compliance, S. 21; *Müller*, Compliance, S. 54; *Schmittlein*, Compliance, § 2 Rn. 59; *Schneider*, Compliance, S. 54; Spindler/Stilz/*Fleischer*, § 91 Rn. 50; *Fleischer*, NZG 2014, 321 (322); *Hauschka*, ZIP 2004, 877 (878); *Kremer/Klahold* ZGR 2010, 113 (119); *S. Meyer*, DB 2014, 1063 (1064); *Steffen/Stöhr*, RdA 2017, 43.

431 S.o. B. VI. und C. I. 2. a.

432 *Reufels/Deviard*, CCZ 2009, 201 (202); *Waitschies/Wolters*, AiB 2008, 644 (645).

433 Vgl. Inderst/Bannenberg/Poppe/*Rieder*, S. 26 Rn. 36; *U. Schneider*, ZIP 2003, 645 (648).

Das wohl wichtigste zu nennende Gesetz ist der bereits eingangs erwähnte[434] *Sarbanes Oxley Act* (SOX), ein US-amerikanisches Bundesgesetz aus dem Jahre 2002.[435] Nach dem SOX sind Unternehmen verpflichtet, eine anonyme Whistleblowing-Hotline einzurichten, über die Compliance-Verstöße an die zuständige Stelle im Unternehmen gemeldet werden können (Sec. 301 [4 B]).[436] Zwar ergibt sich die Pflicht zu einer Hotline noch nicht unmittelbar aus dem Normtext,[437] doch ist *Behrendt* und *Kaufmann* zuzustimmen, dass ein „Kummerkasten" oder die bloße Benennung einer E-Mail-Adresse für Beschwerden jedenfalls die geforderte Anonymität nicht sicherstellen könnte.[438] Der Whistleblower ist durch Sec. 806 ausdrücklich vor Sanktionen geschützt.[439] Zudem muss das Unternehmen einen *„Compliance-Officer"* und einen *„code of ethics"* (dazu später[440]) besitzen.[441] Die Verletzung des SOX kann in den USA strafrechtlich verfolgt werden[442] und insbesondere den Ausschluss vom Aktien- und Wertpapierhandel an der NYSE nach sich ziehen.[443] Nach US-Recht können – anders als in Deutschland[444] – auch Unternehmen strafrechtlich belangt werden.[445] Die genannten Sanktionen können auch ausländische in den USA gelistete Unternehmen treffen.[446] Selbst deutsche Töchter

434 S.o. C. I. 2. b.

435 Grobys/Panzer-Heemeier/*Mengel*, Compliance, Rn. 1; *Köstner*, Compliance, S. 57; *Kruchen*, Compliance, S. 24; *Lelley*, Compliance, S. 38; *Mengel*, Compliance, Einleitung, S. 6; *Mengel/Hagemeister*, B 2006, 2466 (2467); *Unmuth*, AG 2017, 249 (253); *Waitschies/ Wolters*, AiB 2008, 644 (645).

436 *Köstner*, Compliance, S. 60; *Sieg*, FS Buchner, S. 866; *Behrendt/Kaufmann*, CR 2006 642 (643); *Hussain*, CCZ 2011, 134 (137); *Köhler/Häferer*, GWR 2015, 159; *Mengel/Ullrich*, NZA 2006, 240 (245); *Reufels/Deviard*, CCZ 2009, 201 (202); *Steffen/Stöhr*, RdA 2017, 43 (48).

437 *Behrendt/Kaufmann*, CR 2006 642 (643); *Mahnhold*, NZA 2008, 737 (740).

438 *Behrendt/Kaufmann*, CR 2006 642 (643).

439 Dieners/*Dieners/Lembeck*, Kap. 7 D. Rn. 53; *Wagner*, Ethikrichtlinien, S. 26; *Behrendt/Kaufmann*, CR 2006 642 (643); *Berndt/Hoppler*, BB 2005, 2623 (2625); *Reufels/Deviard*, CCZ 2009, 201 (202); *Schürrle/Fleck*, CCZ 2011, 218; vgl. auch *Sieg*, FS Buchner, S. 866.

440 S.u. D. I. 5.

441 *Mengel*, Compliance, Einleitung, S. 6; *Schöder*, Compliance, S. 82; *Strothmeyer*, Compliance, S. 20; *Triskatis*, Ethikrichtlinien, S. 60; *Mahnhold*, NZA 2008, 737 (740 f.); *Mengel/Hagemeister*, BB 2006, 2466 (2467).

442 *Fritz*, Compliance, S. 135; *Holzhauser*, Compliance, S. 28; *Schöder*, Compliance, S. 82; *Triskatis*, Ethikrichtlinien, S. 61; *Behrendt/Kaufmann*, CR 2006, 642 (643); *Schürrle/Fleck*, CCZ 2011, 218.

443 *Schöder*, Compliance, S. 82; *Reufels/Deviard*, CCZ 2009, 201 (202); *Waitschies/ Wolters*, AiB 2008, 644 (645).

444 S.o. C. II. 1. c.

445 Inderst/Bannenberg/Poppe/*Rieder*, S. 25 Rn. 31; *Mahnhold*, Compliance, S. 91; *Moosmayer*, Compliance, Rn. 17; *Linklater/McElyea*, RiW 1994, 117 (117 f.).

446 Inderst/Bannenberg/Poppe/*Rieder*, S. 26 f. Rn. 36, 41; *Sieg*, FS Buchner, S. 860; *Behrendt/Kaufmann*, CR 2006 642 (643 f.); *Hussain*, CCZ 2011, 134 (137).

amerikanischer Unternehmen sind erfasst.[447] Unsicher war unter dem SOX noch, ob sich auch in ausländischen Stellen amerikanischer Unternehmen beschäftigte Nicht-Amerikaner auf den Whistleblower-Schutz berufen können; eine Entscheidung eines US-Gerichts aus dem Jahre 2008 (*O'Mahony v. Accenture Ltd.*) deutete in diese Richtung,[448] ebenfalls eine Stellungnahme der SEC (amerikanische Börsenaufsicht[449]) aus dem Jahre 2006.[450]

Der SOX wurde 2010 durch den *„Dodd Frank Act"* verschärft.[451] Nunmehr wird Whistleblowern für den Verrat wertpapierrechtlicher Verstöße an die SEC unter bestimmten Voraussetzungen sogar eine Belohnung gezahlt.[452] Wird der Verstoß anschließend noch an die SEC gemeldet, kommt diese Belohnung auch bei vorheriger interner Meldung des Missstandes in Betracht. Um einen Anreiz zum vorherigen internen Whistleblowing zu setzen, soll die Belohnung in diesem Fall höher ausfallen.[453] Das neue Gesetz erlaubt nun auch die Geltendmachung des Kündigungsschutzes nach Sec. 806 SOX in einem Geschworenenprozess vor einem amerikanischen Bundesgericht; zudem sind jetzt auch Arbeitnehmer in Tochterunternehmen erfasst, solang die Mutter an einer US-Börse gelistet ist.[454]

Zu gewissen korruptionspräventiven Maßnahmen verpflichtet zudem der *Foreign Corrupt Practices Act* (FCPA).[455] Dieses Gesetz aus dem Jahre 1977 wird seit 1998 auch auf ausländische Personen in Korruptionsfällen mit Bezug zu den USA angewendet.[456] Auch Verstöße gegen den FCPA können mit Schadensersatzpflichten, Börsenausschluss und Strafverfolgung enden.[457] *Sünner* nennt ihn deshalb „das mit Abstand bekannteste und gefürchtetste Antikorruptionsgesetz der Welt."[458]

Des Weiteren sind die Regelungen der US-Börsen zu nennen, insbesondere das „Listed Company Manual" der NYSE.[459] Dieses verpflichtet in Sec. 303 A. No. 10

---

447 *Köstner*, Compliance, S. 62; *Schneider*, Compliance, S. 49; *Schöder*, Compliance,S. 81; *Wisskirchen/Körber/Bissels*, BB 2006, 1567.

448 *Reufels/Deviard*, CCZ 2009, 201 (202 f.).

449 Grützner/Jakob/*Grützner/Jakob*, Stichwort Securities Exchange Commission (SEC); *Dann/Schmidt*, NJW 2009, 1851; *Mengel/Hagemeister*, BB 2006, 2466.

450 *Mahnhold*, NZA 2008, 737 (742).

451 *Schürrle/Fleck*, CCZ 2011, 218 (218 f.).

452 *Schürrle/Fleck*, CCZ 2011, 218 (219).

453 *Schürrle/Fleck*, CCZ 2011, 218 (219).

454 *Schürrle/Fleck*, CCZ 2011, 218 (220).

455 Grobys/Panzer-Heemeier/*Mengel*, Compliance, Rn. 1; *Kruchen*, Compliance, S. 24; *Mengel*, Compliance, Einleitung S. 7; *Strothmeyer*, Compliance, S. 20; *Mengel/Hagemeister*, BB 2006, 2466 (2467).

456 *Deyhle*, Compliance, S. 210 ; *Lelley*, Compliance, S. 38; vgl. zudem *Schöder*, Compliance, S. 84 ff.

457 *Mengel*, CCZ 2008, 85; zu Strafverfolgung als Folge ebenso *Schöder*, Compliance, S. 84.

458 *Sünner*, CB 2013, Editorial Heft 2/2013.

459 Grobys/Panzer-Heemeier/*Mengel*, Compliance, Rn. 1; *Schlachter*, FS Richardi, S. 1067; *Schöder*, Compliance, S. 83; eine ähnliche Verpflichtung gibt es aber auch

alle an der NYSE gelisteten Unternehmen einen sog. „*Code of Business Conduct and Ethics*“ zu besitzen.[460] Auch ausländische Unternehmen sind von dieser Pflicht nicht ohne Weiteres befreit.[461]

Schließlich sind die „*US sentencing guidelines*“ zu nennen. Dabei handelt es sich um Vorgaben, nach denen amerikanische Strafgerichte die Höhe der festzusetzenden Strafe ermitteln.[462] Strafmildernd wird bei der Bestrafung eines Unternehmens berücksichtigt, wenn das Unternehmen ein Compliance-Programm besitzt[463] (auch wenn dies in der Praxis gerade bei kleineren Unternehmen nicht immer funktioniert[464]). Die „*sentencing guidelines*“ sind auch für solche Unternehmen bedeutsam, die zwar in den USA agieren, dort aber nicht an der Börse gelistet sind.[465]

Es existieren also relativ konkrete Vorgaben auf der anderen Seite des Atlantiks. Deutsche Unternehmen, die auf dem US-Markt aktiv sind, müssen wohl oder übel sowohl das amerikanische, als auch das deutsche Recht beachten.[466] Das gilt noch umso mehr, als auch die Beachtung ausländischer Rechtsnormen unter die deutsche Legalitätspflicht fällt.[467] In der Praxis kann das zu schwierig zu lösenden Rechtskollisionen führen.[468]

---

an der NASDAQ, Ringleb/Kremer/Lutter/v. Werder/*Ringleb*, Rn. 585; *Willemsen*, Ethikrichtlinien, S. 23.

460 *Fahrig*, Verhaltenskodex, S. 42 f.; *Mengel*, Compliance, Einleitung S. 7; *Schlachter*, FS Richardi, S. 1067; *Schöder*, Compliance, S. 83; *Schulz*, Ethikrichtlinien, S. 41; *Meyer*, NJW 2006, 3605 (3606); *U. Schneider*, ZIP 2003, 645 (648); noch im Genehmigungsverfahren *Mahnhold*, Compliance, S. 97.

461 Zur Möglichkeit der Befreiung *Fahrig*, Verhaltenskodex, S. 44 f.; *Kagan*, Ethikrichtlinien, S. 35; allgemein zur Pflicht auch für Ausländer *Schulz*, Ethikrichtlinien, S. 41; *Wagner*, Ethikrichtlinien, S. 28; *Willemsen*, Ethikrichtlinien, S. 23; *Meyer*, NJW 2006, 3605 (3606); *Steffen/Stöhr*, RdA 2017, 43 (45); *Waitschies/Wolters*, AiB 2008, 644 (645); a.A. wohl *Mengel*, Compliance, Kap. 7, Rn. 38.

462 Inderst/Bannenberg/Poppe/*Rieder*, S. 25 Rn. 31; *Mahnhold*, Compliance, S. 93; *Moosmayer*, Compliance, Rn. 17; *Linklater/McElyea*, RiW 1994, 117 (119); *Mahnhold*, NZA 2008, 737 (741); *Withus*, CCZ 2011, 63 (64).

463 Inderst/Bannenberg/Poppe/*Rieder*, S. 25 Rn. 33 ff.; *Mahnhold*, Compliance, S. 94; *Moosmayer*, Compliance, Rn. 17; Kremer/Bachmann/Lutter/v. Werder/*Bachmann/Kremer*, Rn. 837; *Strothmeyer*, Compliance, S. 112; *Linklater/McElyea*, RiW 1994, 117 (119 f.); *Mahnhold*, NZA 2008, 737 (741); *U. Schneider*, ZIP 2003, 645 (648); *Withus*, CCZ 2011, 63 (64).

464 *Withus*, CCZ 2011, 63 (66); vgl. aber auch die Verfahrenseinstellung im Fall Morgan Stanley aufgrund eines effektiven CMS, *Grützner/Behr*, CCZ 2013, 71 ff.

465 *Moosmayer*, Compliance, Rn. 17.

466 Inderst/Bannenberg/Poppe/*Rieder*, S. 27 Rn. 41.

467 Inderst/Bannenberg/Poppe/*Rieder*, S. 16 Rn. 4; *Lelley*, Compliance, S. 27 Rn. 44.

468 Grobys/Panzer-Heemeier/*Mengel*, Stichwort Whistleblowing, Rn. 2; *Berndt/Hoppler*, BB 2005, 2623 (2629); *Nezmeskal-Berggötz*, CCZ 2009, 209 (212); vgl. auch *Behrendt/Kaufmann*, CR 2006, 642 (643), die von einem „Bestrafungsdilemma“ sprechen.

f. Fazit

In Deutschland aber gibt es wie gezeigt außerhalb der Finanzbranche – trotz einzelner Rechtspflichten – keine detaillierte Vorschrift, die regelte, wie Compliance zu organisieren ist.[469] Es gibt keine allgemeingültige Compliance-Organisationsstruktur. Diese ist vielmehr in jedem Unternehmen so zu wählen, dass die Ziele der Compliance dort verwirklicht werden.[470] Dabei helfen in der Praxis von privater Seite herausgegebene Zertifizierungswerke, wie z.B.[471] der PS 980 des IDW,[472] der Standard ISO 19600[473] oder auch das „Hamburger Compliance Modell" der Handelskammer Hamburg und des Pro Honore e.V.[474] Zudem haben sich in der Praxis und Literatur gewisse Standardelemente herauskristallisiert, die typischerweise zu einem CMS gehören.[475] Diese sollen nun im Folgenden dargestellt werden.

2. Der Compliance-Vorstand

Compliance herzustellen, ist eine Aufgabe der Geschäftsleitung einer Gesellschaft.[476] Die Grundsatzentscheidungen auch in organisatorischer Hinsicht müssen daher von ihrem Leistungsorgan (Vorstand bzw. Geschäftsführung) selbst getroffen werden.[477] Bei einem Kollegial-Leitungsorgan sind – unbeschadet der

---

469 *Dreher*, FS Hüffer, S. 167: „Das Gesetz gibt keine verbindliche Organisation vor."; *Meier-Greve*, CCZ 2010, 216 (217): „[K]eines der neuen Gesetze (insb. BilMoG) [enthält] Vorschriften, wie Compliance- und Risikomanagement umzusetzen/zu organisieren ist"; *Haag/Acikgöz*, CB 2016, 265; *Hoffmann/Schieffer*, NZG 2017, 401 (402); *Unmuth*, CB 2017, 177.

470 Hölters/*Hölters*, § 93 Rn. 99; Kremer/Bachmann/Lutter/v. Werder/*Bachmann/Kremer*, Rn. 830, 840; *Strothmeyer*, Compliance, S. 59, 108 f.; *Cauers/Haas/Jakob/Kremer/Schartmann/Welp*, DB 2008, 2717 (2718); *Bürkle*, DB 2004, 2158 (2160); *ders.* BB 2005, 565; *Fleischer*, CCZ 2008, 1 (2); *Hemeling*, CCZ 2010, 21 (22); *Oppenheim*, DStR 2014, 1063 (1065); *Passarge*, NZI 2009, 86 (87); *Rodewald/Unger*, BB 2007, 1629; *dies.* BB 2006, 113 (117); *Unmuth*, CB 2017, 177 (179); vgl. auch Hauschka/*Klahold/Lochen*, § 37 Rn. 26 ["konkrete[...] Umstände"].

471 Vgl. auch den Überblick über Zertifizierungswerke bei *Merkt*, DB 2014, 2271.

472 *Unmuth*, CB 2017, 177 (179); vgl. *Fissenewert*, Compliance, § 6 Rn. 75 ff.; Inderst/Bannenberg/Poppe/*Rieder*, S. 19 f. Rn. 11 ff.; *Merkt*, DB 2014, 2271; *Merkt*, ZIP 2014, 1705 (1713).

473 Siehe hierzu nur *Fissenewert*, NZG 2015, 1009 (1010 ff.).

474 Siehe hierzu nur *Passarge/Graf*, CCZ 2014, 119.

475 Hölters/*Hölters*, § 93 Rn. 94; Wilsing/*Goslar*, 4.1.3 Rn. 16; *Bürkle*, BB 2005, 565; kritisch zu Standardelementen eines CMS allerdings *Unmuth*, CB 2017, 177 (179).

476 Hauschka/*Schmidt-Husson*, § 6 Rn. 23; ders./*Bürkle*, § 36 Rn. 13; Lutter/Hommelhoff/*Kleindiek*, § 43 Rn. 30; *Schmidt*, Compliance, S. 144 m.w.N.; *Fleischer*, CCZ 2008, 1 (3); *Krieger/Günther*, NZA 2010, 367; *Meier-Greve*, CCZ 2010, 216; *Raus/Lützeler*, CCZ 2012, 96; *Rodewald/Unger*, BB 2007, 1629 (1630), siehe auch oben C. II. 1. b.

477 Hauschka/*Schmidt-Husson*, § 6 Rn. 18, 22; *Schmidt*, Compliance, S. 145 m.w.N.; *Fleischer*, NZG 2014, 321 (323); zur Situation in der AG: MüKo-AktG/*Spindler* § 76 Rn. 18;

Gesamtverantwortung des Organs – den einzelnen Mitgliedern bestimmte Kompetenzbereiche zugewiesen.[478] Wie es also einen Finanz- oder Vertriebsvorstand gibt, so findet sich heutzutage regelmäßig auch ein Compliance-Vorstand.[479] Dieser leitet die übrigen Teile der Compliance-Organisation. Bestimmte Vorgaben muss aufgrund ihrer Bedeutung aber das Leitungsorgan gemeinschaftlich beschließen.[480] *Schmidt* nennt hierfür als Beispiele die Bestellung eines Compliance-Officers und die Entscheidung über die Durchführung eines Compliance-Audits.[481] Im Übrigen trägt der Compliance-Vorstand selbst die Verantwortung. Die weiteren Mitglieder des Leitungsgremiums dürfen sich auf eine Aufsicht in Berichtsform beschränken.[482] Sie dürfen darauf vertrauen, dass das Ressort ordnungsgemäß arbeitet, solange keine anderweitigen Indizien auftreten („Vertrauensgrundsatz").[483] Dies rechtfertigt sich auch dadurch, dass für den Posten stets eine geeignete Person auszuwählen und ordnungsgemäß in das Amt einzuführen ist.[484] Treten andererseits Mängel im CMS zu Tage, etwa weil Korruptionsfälle bekannt werden, so ist jedes Vorstandsmitglied aus § 93 Abs. 1 S. 1 AktG verpflichtet, bei den übrigen Vorstandsmitgliedern auf eine Anpassung des CMS zu drängen. Bleibt das erfolglos, so ist der Aufsichtsrat einzuschalten.[485] Der Aufsichtsrat wiederum ist gem. § 111

---

zur Situation in der GmbH: *Kiethe*, GmbHR 2007, 393 (397); *Rodewald/Unger*, BB 2006, 113 (115); vgl. zu beiden Gesellschaftsformen außerdem Inderst/Bannenberg/Poppe/*Rieder*, S. 17 Rn. 6; *Merkt*, ZIP 2014, 1705 (1712); *Rodewald/Unger*, BB 2007, 1629 (1632, Fn. 28).

478 *Haag/Acikgöz*, CB 2016, 265 (268); *Kiethe*, GmbHR 2007, 393 (398); *Rodewald/Unger*, BB 2006, 113 (114).

479 Hauschka/*Bürkle*, § 36 Rn. 14; *Köstner*, Compliance, S. 28; *Fleischer*, CCZ 2008, 1 (3); *Hauschka*, NJW 2004, 257 (259); *ders.* ZIP 2004, 877 (881); *Unmuth*, CB 2017, 177 (179); andere Unternehmen belassen das Compliance-Ressort allerdings ganz bewusst bei der Unternehmensleitung, *Gößwein/Hohmann*, BB 2011, 963 (964).

480 BGHZ 133, 370 (377 f.); Hauschka/*Bürkle*, § 36 Rn. 14; Lutter/Hommelhoff/*Kleindiek*, § 37 Rn. 31 f., § 43 Rn. 29; *Schmidt*, Compliance, S. 145, 152; *Hauschka*, NJW 2004, 257 (259); *Hoffmann/Schieffer*, NZG 2017, 401 (405); *Meier-Greve*, CCZ 2010, 216 (216 f.).

481 *Schmidt*, Compliance, S. 145.

482 Hauschka/*Schmidt-Husson*, § 6 Rn. 33; *Schmidt*, Compliance, S. 146; *Fleischer*, NZG 2014, 321 (323); *Hoffmann/Schieffer*, NZG 2017, 401 (405); *Merkt*, ZIP 2014, 1705 (1712); *Simon/Merkelbach*, AG 2014, 318 (320, 321); vgl. LG München I, Urt. v. 10.12.2013 – 5 HK O 1387/10 = NZG 2014, 345 (348) [Neubürger].

483 OLG Köln, Urt. v. 31.08.2000 – 18 U 42/00 = NZG 2001, 135 (136); Hauschka/*Schmidt-Husson*, § 6 Rn. 13; *Schmidt*, Compliance, S. 146; *Krieger/Günther*, NZA 2010, 367 (369); *Rodewald/Unger*, BB 2006, 113 (115) jew. m.w.N.; zur horizontalen Delegation in der GmbH ebenfalls mit der Folge der Überwachungspflicht BGHZ 133, 370 (377 f.); *Lelley*, Compliance, S. 35 Rn. 66; Lutter/Hommelhoff/*Kleindiek*, § 37 Rn. 32.

484 Hauschka/*Schmidt-Husson*, § 6 Rn. 29 ff.; *Merkt*, ZIP 2014, 1705 (1712); vgl. zudem *Köstner*, Compliance, S. 30; *Schmidt*, Compliance, S. 145.

485 LG München I, Urt. v. 10.12.2013 – 5 HK O 1387/10 = NZG 2014, 345 (348) [„Neubürger"]; zustimmend *Hoffmann/Schieffer*, NZG 2017, 401 (405).

Abs. 1 AktG zur Überwachung des Vorstands – auch im Hinblick auf dessen Compliance-Bemühungen – berufen.[486] Da diese Aufgabe von wachsender Komplexität ist, findet sich in der jüngeren Literatur die Empfehlung zur Einrichtung eines Compliance-Ausschusses im Aufsichtsrat.[487]

3. Der Chief-Compliance-Officer („CCO")/die Compliance-Abteilung

Der Umfang der mit Compliance verbundenen Anstrengungen erfordert es meist, dem Compliance-Vorstand einen entsprechenden organisatorischen Unterbau zu geben. Dafür wird regelmäßig eine Compliance-Abteilung eingerichtet, an deren Führungsspitze ein spezieller Manager steht.[488] Dieser wird unterschiedlich bezeichnet. *Schmidt* nennt die Bezeichnungen „Compliance-Officer", „Chief-Compliance-Officer", „Compliance-Manager" und Compliance-Beauftragte[r]".[489] Hier soll abgekürzt vom „CCO" gesprochen werden.[490] Der CCO ist unmittelbar dem Vorstand unterstellt und berichtet diesem.[491] Andernfalls erhielte der CCO Weisungen aus den Fachabteilungen, die er eigentlich überwachen soll. Das aber würde in Interessenkonflikten resultieren, wie *Schmidt* zu Recht betont.[492]

Für die weitere Organisation gibt es verschiedene Modelle. *Wecker/Galla* beschreiben ein System, in welchem dem CCO ein mit unabhängigen Experten besetztes Kontrollgremium zur Seite steht.[493] Zudem gibt es darin jeweils einen Compliance-Beauftragten in jeder Abteilung des Unternehmens, die hierarchisch gestaffelt dem CCO berichten.[494] *Lehmann* schlägt hierzu passend vor, einzelne Compliance-Beauftragte für verschiedene Rechtsgebiete (z.B. Arbeitsrecht, Steuerrecht oder auch Strafrecht) zu ernennen.[495]

Ein derartiges Modell kann auch so gestaltet werden, dass die Compliance-Funktionen von bestehenden Abteilungen wie der Rechtsabteilung oder der

486 *Von Busekist/Keuten*, CCZ 2016, 119 (120).

487 Vgl. etwa *Von Busekist/Keuten*, CCZ 2016, 119 (125).

488 Fleischer/*Fleischer*, VorstandsR, § 8 Rn. 44; Rotsch/*Moosmayer*, § 6 Rn. 2; *Schmidt*, Compliance, S. 146 f., 161; *Strothmeyer*, Compliance, S. 66 ff.; unter Beschränkung auf „größere[…] Unternehmen" *Hamann/Rudnik*, JA 2015, 901 (907); *Kempter/Steinat*, NZA 2017, 1505 (1506).

489 *Schmidt*, Compliance, S. 146, Fn. 725; vgl. auch *Krieger/Günther*, NZA 2010, 367 (369).

490 Verbreitete Abkürzung, siehe nur *Gößwein/Hohmann*, BB 2011, 963 (966); *Hastenrath*, CB 2016, 6 (6); *Illing/Umnuß* CCZ 2009, 1; *Schmidt*, Kriminalistik 2013, 134 (137).

491 Hauschka/*Bürkle*, § 36 Rn. 36, 45; Rotsch/*Moosmayer*, § 6 Rn. 6; *Wecker/Galla*, Compliance-Organisation, S. 37; *Kempter/Steinat*, NZA 2017, 1505 (1506).

492 *Schmidt*, Compliance, S. 153; ähnlich Rotsch/*Lehmann*, § 3 Rn. 88.

493 *Wecker/Galla*, Compliance-Organisation, S. 37.

494 *Wecker/Galla*, Compliance-Organisation, S. 37 f.; vgl. auch *Rodewald*, Compliance, S. 48; *Schmidt*, Kriminalistik 2013, 134 (137).

495 Rotsch/*Lehmann*, § 3 Rn. 89.

internen Revision ausgeführt werden.[496] Dafür sprechen deren Fachwissen zum einen und die Vermeidung von Kompetenzstreitigkeiten mit der Compliance-Abteilung zum anderen.[497] Nach *Moosmayer* wird die Compliance-Abteilung in der Praxis oft in die Rechtsabteilung integriert, oder sie bildet ein eigenes Vorstandsressort.[498] Für die Eigenständigkeit einer Compliance-Abteilung spricht dabei, dass sie im Gegensatz zu anderen Abteilungen nicht nur abgeschlossene Vorgänge nachträglich überprüft, sondern schon geschäftsbegleitend sowie Geschäften vorgelagert agiert, um Verstöße gar nicht erst geschehen zu lassen.[499] Anders als die Rechtsabteilung bearbeitet sie nicht nur einzelne Fälle sondern kontrolliert in laufender Funktion die Compliance.[500] Die dazu nötige Unabhängigkeit vom Rest des Unternehmens fehlt der Rechtsabteilung als „Dienstleister“ der Fachabteilungen regelmäßig.[501] Zudem ist die Rechtsabteilung vorwiegend damit befasst, rechtliche Probleme im Verhältnis zu Externen anzugehen, während die Compliance-Abteilung nach innen hin tätig wird. Eine Verbindung von Compliance- und Rechtsabteilung birgt daher das Risiko, dass die Compliance von der Rechtsverfolgung nach außen zurückgedrängt wird.[502]

Boldt beschreibt unter dem Lemma „Ethikbeauftragte“[503] eine oder mehrere Personen im Unternehmen, der es obliegt, die Einhaltung der unternehmens- bzw. konzerninternen Ethikrichtlinien zu überwachen.[504] Inhaltlich deckt sich dabei die Beschreibung *Boldts* mit den Literaturbeschreibungen des CCO. Die „Ethikbeauftragte“ ist daher keine eigene Kategorie, sondern allenfalls ein auf Richtlinien beschränkter Unterfall des CCO.

---

496 Rotsch/*Lehmann*, § 3 Rn. 93 f.; ders./*Moosmayer*, § 6 Rn. 3 ff.; *Schmidt*, Compliance, S. 162; *Bissels/Lützeler*, BB 2012, 189; *Hamann/Rudnik*, JA 2015, 901 (907); *Lakner*, CB 2014, 118 (119); *Verse*, ZHR 175 (2011), 401 (416); vertiefend zum Verhältnis von Compliance zur Rechtsabteilung in Banken *Früh*, CCZ 2010, 121.

497 Rotsch/*Lehmann*, § 3 Rn. 94 f.; *Schmidt*, Compliance, S. 162; *Cauers/Haas/Jakob/Kremer/Schartmann/Welp*, DB 2008, 2717 (2718); für den Fall kleinerer Unternehmen *Rodewald/Unger*, BB 2007, 1629 (1630).

498 *Moosmayer*, NJW 2012, 3013 (3016 f.); vgl. auch *Rodewald*, Compliance, S. 48; im Gegensatz zur Industrie ist die Zusammenführung aber bei Banken noch unüblich, *Früh*, CCZ 2010, 121 (121).

499 So für die Compliance-Abteilung nach dem WpHG: Schwark/Zimmer/*Fett*, § 33 WpHG Rn. 20; für Versicherungsunternehmen *Hemeling*, CCZ 2010, 21 (22); wohl daher kritisch zur Verschmelzung mit der Rechtsabteilung *Grützner*, BB 2014, 850 (850 f.).

500 So für Banken: Schimansky/Bunte/Lwowski/*Faust*, § 109 Rn. 112a; vgl. auch für Versicherungsunternehmen *Hemeling*, CCZ 2010, 21 (22).

501 *Groß*, CB 2013, 270 (270).

502 *Schürrle/Olbers*, CCZ 2010, 102 (103).

503 *Boldt* verwendet hier die weibliche Form geschlechtsneutral, siehe *Boldt*, Ethikregeln, S. 301 Fn. 63.

504 *Boldt*, Ethikregeln, S. 301 ff.

Weiterhin existieren in vielen Unternehmen bereits spezielle gesetzlich vorgeschriebene Beauftragte, die sich mit Compliance-Teilgebieten befassen, so z.B. Beauftragte für Datenschutz (Art. 37 DS-GVO) oder für Arbeitssicherheit (§ 22 Abs. 1 SGB VII).[505] Diese müssen, wenn sie nicht personell durch Mitglieder der Compliance-Abteilung ersetzt werden sollen, sinnvoll in diese integriert werden.[506]

Die Aufgaben des CCO variieren nach der Art des Unternehmens und der dementsprechenden Gestaltung des Arbeitsvertrages des CCO.[507] Zusammen mit seiner Abteilung erarbeitet er typischerweise die internen Regelwerke und organisiert sämtliche Compliance-Maßnahmen wie Schulungen/Beratungen zu Compliance-Themen.[508] Außerdem bildet er zu solchen den unternehmensinternen Ansprechpartner.[509] Aber auch und gerade interne Ermittlungen bei Verdacht auf Regelverstöße gehören zu seinen Aufgaben.[510] Deckt er Verstöße auf, so muss er diese an die Geschäftsleitung melden.[511] Dies ist eine seiner Kernaufgaben und Grundlage dafür, dass seine Existenz die Geschäftsleitung strafrechtlich entlasten kann.[512] Führt eine interne Meldung nicht zur Abhilfe, soll der CCO nach einer Ansicht jedenfalls in schwerwiegenden Fällen auch externe Stellen informieren.[513] Andere sähen bei einer so weitreichenden Kompetenz die Leitungsaufgabe der Geschäftsleitung[514] bzw. die arbeitsvertragliche Verschwiegenheitspflicht[515] verletzt. Damit der CCO seine Aufgaben auch gewissenhaft erfüllt, fordert *Strothmeyer*, auf Störfaktoren wie eine umsatzbezogene Vergütung zu verzichten. Denn

505 *Strothmeyer*, Compliance, S. 66; zum Datenschutzbeauftragten *Kranz*, DuD 1999, 463 (465).

506 *Kranz*, DuD 1999, 463 (465) empfiehlt hingegen umgekehrt, dem Datenschutzbeauftragten weitere Compliance-Aufgaben zu übertragen, da eine Compliance-Institution aufgrund deren geforderter Unabhängigkeit nur extern denkbar sei.

507 *Strothmeyer*, Compliance, S. 66 ff. m.w.N.; *Raus/Lützeler*, CCZ 2012, 96; in der Finanzwirtschaft bleibt trotz § 12 Abs. 4 WpDVerOV ein Gestaltungsspielraum hinsichtlich der Kompetenzen des dort „Compliance-Beauftragter" genannten CCO, *Schmidt*, Compliance, S. 148; *Illing/Umnuß*, CCZ 2009, 1 (1 f.).

508 *Boldt*, Ethikregeln, S. 305 f.; Rotsch/*Moosmayer*, § 6 Rn. 9; *Strothmeyer*, Compliance, S. 67; *Hastenrath*, CB 2016, 6 (8); vgl. auch *Jerusalem*, Compliance, S. 131 („Aufklärung und Ausbildung [...] hinsichtlich compliance – gerechten Verhaltens").

509 Dieners/*Dieners/Lembeck*, Kap. 7 D. Rn. 50; *Mahnhold*, Compliance, S. 130 m.w.N.; *Riechers*, Compliance im Kartellrecht, S. 160; Rotsch/*Lehmann*, § 3 Rn. 91; ders./*Moosmayer*, § 6 Rn. 9; *Rodewald/Unger*, BB 2007, 1629 (1632).

510 *Boldt*, Ethikregeln, S. 304 f.; *Strothmeyer*, Compliance, S. 67.

511 *Strothmeyer*, Compliance, S. 68 f.; *Illing/Umnuß*, CCZ 2009, 1 (5); *Raus/Lützeler*, CCZ 2012, 96 (97).

512 Vgl. *Krieger/Günther*, NZA 2010, 367 (368); vgl. zur Strafmilderung in den USA oben C. II. 1. e.

513 *Strothmeyer*, Compliance, S. 69; *Blassl*, CB 2016, 298 (302 f.); *Illing/Umnuß*, CCZ 2009, 1, (5); *Raus/Lützeler*, CCZ 2012, 96 (100 f.).

514 *Rodewald/Unger*, BB 2007, 1629 (1632).

515 *Schmidt*, Compliance, S. 160.

diese könne ihn von der Ahndung gewinnträchtiger Compliance-Verstöße absehen lassen.[516] Zudem sollen der CCO und seine Mitarbeiter in fachlichen Entscheidungen von der Geschäftsleitung weisungsfrei sein, wie man es nach Art. 38 Abs. 3 S. 1 DS-GVO vom betrieblichen Datenschutzbeauftragten kennt.[517] Zwar könne diese die von ihr nur delegierte Compliance-Aufgabe jederzeit wieder an sich ziehen, doch sei die Einschränkung des Direktionsrechts der Geschäftsleitung zur ordnungsgemäßen Arbeit der Compliance-Abteilung notwendig.[518] Daher wird auch vertreten, ein AG-Vorstand sei nach § 93 Abs. 1 S. 1 AktG verpflichtet, dem CCO die erforderliche Unabhängigkeit zuzugestehen.[519] Eine völlige Weisungsfreiheit, die verhinderte, dass die Unternehmensleitung die Compliance-Aufgabe wieder an sich ziehen kann, scheitert allerdings wiederum an der Compliance-Verantwortung der Unternehmensleitung.[520]

Denkbar – gerade in kleineren Unternehmen, deren Ressourcen für eine eigene Abteilung nicht ausreichen – ist aber auch das Outsourcing der Compliance-Funktion oder einzelner ihrer Teilbereiche (z.B. Compliance-Hotline, Compliance-Schulungen) an spezialisierte Dritte.[521] Denn eine Rechtspflicht zur Einsetzung eines CCO existiert grds. nicht.[522]

4. Richtlinien/Leitlinien/Mission Statement

Zu einem CMS gehören verschiedene Arten von Regelwerken. Dazu gehören einerseits die in dieser Arbeit thematisierten Compliance-Richtlinien. Allerdings findet sich in der Literatur ein bunter Strauß weiterer Begriffe. So wird ein sog. „*Mission Statement*" erwähnt. Das ist ein Bekenntnis der Unternehmensleitung

---

516 *Strothmeyer*, Compliance, S. 70 f.

517 *Strothmeyer*, Compliance, S. 72; in Wertpapierdienstleistungsunternehmen folgt die Unabhängigkeit schon aus dem Wortlaut des § 33 Abs. 1 S. 2 Nr. 1 WpHG i.V.m. § 12 Abs. 4 S. 2 WpDVerOV, so auch Park/*Schäfer*, Kapitel 2.2: Compliance Rn. 22 ff.; *Schmidt*, Compliance, S. 148 m.w.N.

518 *Strothmeyer*, Compliance, S. 72; im Ergebnis ebenso *Weber*, Compliance, S. 72; *Illing/Umnuß*, CCZ 2009, 1 (4, 7); für Weisungsfreiheit zudem *Jerusalem*, Compliance, S. 132; *Bürkle*, DB 2004, 2158 (2160); vgl. auch *Fissenewert*, Compliance, § 6 Rn. 24.

519 *Meier-Greve*, CCZ 2010, 216 (218); a.A. wohl Rotsch/*Rotsch*, § 1 Rn. 19; *Wiederholt/Walter* und *Wolf*, die außerhalb der Finanzbranche überhaupt keine Pflicht zur Bestellung eines CCO sehen, *Wiederholt/Walter*, BB 2011, 968 (972); *Wolf*, BB 2011, 1353 (1356).

520 LG München I, Urt. v. 10.12.2013 – 5 HK O 1387/10 = NZG 2014, 345 (347 f.) [Neubürger]; *Moosmayer*, Compliance, Rn. 113; *Schmidt*, Compliance, S. 155; *Lösler*, NZG 2005, 104 (107); *S. Meyer*, DB 2014, 1063 (1066); *Seibt/Cziupka*, DB 2014, 1598 (1600).

521 Siehe zu derartigen Möglichkeiten etwa *Schmidt*, Compliance, S. 163 ff.; Rotsch/*Lehmann*, § 3 Rn. 102 ff.; kritisch allerdings ders./*Moosmayer*, § 6 Rn. 11.

522 Rotsch/*Rotsch*, § 1 Rn. 19; *Illing/Umnuß*, CCZ 2009, 1 (2); vgl. auch *Dreher*, FS Hüffer, S. 173.

zu Compliance.[523] Teilweise wird es auch „*Tone from the Top*“[524] genannt. Das soll die Mitarbeiter zu Regeltreue motivieren,[525] indem man „mit gutem Beispiel voran geht“.[526] Insbesondere gilt es – wie es *Fissenewert* formuliert – dem Satz „Aber das haben wir doch immer schon so gemacht“ zu begegnen.[527] Das Statement kann an unterschiedlicher Stelle bekannt gemacht werden. *Strothmeyer* nennt u.a. Veröffentlichungen im Intranet, Rundschreiben oder auch einen Eintrag im *Mitarbeiter-Handbuch*.[528] Dabei wiederum handelt es sich um ein Synonym für den hier verwendeten Begriff Compliance-Richtlinie.[529] Vorweggenommen ist damit die Erkenntnis, dass Compliance-Richtlinien sich nicht in Verhaltensvorgaben erschöpfen, sondern oft auch *Programmsätze*[530]/*Unternehmenswerte*[531]/*Mission Statements*[532] enthalten.[533] Diese Aussagen finden sich dann am Anfang der Compliance-Richtlinie,[534] um deren Bedeutung für das Unternehmen zu bekräftigen.[535] Es existieren aber auch Werke, die ausschließlich Grundsätze darstellen, ohne unmittelbar das Verhalten der Mitarbeiter zu regeln.[536] Man spricht von „*allgemeinen Unternehmensgrundsätzen*“,[537] „*Unternehmensleitlinien*“[538] oder auch „*Corporate Social Responsibility-Maßnahmen*“.[539] Von reinen Compliance-Richtlinien unterscheidet sie oftmals zusätzlich, dass sie das Unternehmen als solches ansprechen, nicht lediglich dessen Mitarbeiter.[540] Das zeigt sich oft auch an einer „Wir“-Formulierung

---

523 Hauschka/*Dittrich/Matthey*, § 26 Rn. 54; *Köstner*, Compliance, S. 31; *Lelley*, Compliance, S. 51 Rn. 101; *Strothmeyer*, Compliance, S. 63, 231; *Hoffmann/Schieffer*, NZG 2017, 401 (406); *Liese*, BB-Spez. 2008, 19 (21); *Makowicz*, CB 2018, 139 (142); *Unmuth*, CB 2017, 177 (179).

524 Hauschka/*Dittrich/Matthey*, § 26 Rn. 54; *Moosmayer*, Compliance, Rn. 144, 157; *Fissenewert*, NZG 2015, 1009 (1011); *Hoffmann/Schieffer*, NZG 2017, 401 (406); *Makowicz*, CB 2018, 139 (142); *Unmuth*, CB 2017, 177 (179).

525 *Hauschka*, DB 2006, 1143 (1144, 1446); *Liese*, BB-Spez. 2008, 19 (21).

526 Vgl. Hauschka/*Pauthner/Stephan*, § 16 Rn. 66 („Vorbildfunktion von Leitungspersonen“).

527 *Fissenewert*, Compliance, § 6 Rn. 11.

528 *Strothmeyer*, Compliance, S. 64.

529 *Strothmeyer*, Compliance, S. 64; *Rodewald/Unger*, BB 2007, 1629 (1630).

530 *Willemsen*, Ethikrichtlinien, S. 29 f.

531 *Kagan*, Ethikrichtlinien, S. 43 f.

532 Hauschka/*Lampert*, 2. Aufl. 2010, § 9 Rn. 22; *Strothmeyer*, Compliance, S. 64.

533 So auch *Lelley*, Compliance, S. 51 Rn. 101; *Neufeld/Knitter*, BB 2013, 821 (822); unter abweichender Begrifflichkeit als Verhaltenskodex auch *Makowicz*, CB 2018, 139.

534 *Moosmayer*, Compliance, Rn. 157; *Strothmeyer*, Compliance, S. 231; vgl. auch die Darstellung der „Mission Vision“ an der Spitze einer Pyramide von Richtlinienwerken bei *Mössner/Reus*, CCZ 2013, 54 (57); für Praxisbeispiele siehe E. I. 1.

535 S.u. E. I. 1.

536 *Boldt*, Ethikregeln, S. 49.

537 *Boldt*, Ethikregeln, S. 43 ff.

538 *Boldt*, Ethikregeln, S. 43.

539 *Fahrig*, Verhaltenskodex, S. 25 f.; *Kocher*, RdA 2004, 27 ff. m.w.N.

540 *Boldt*, Ethikregeln, S. 48; *Fahrig*, Verhaltenskodex, S. 25 f.

des Werkes.[541] Sie sollen sowohl die Mitarbeiter allgemein auf die in ihnen enthaltenen Werte einschwören,[542] als auch gegenüber (potenziellen) Kunden das Unternehmen in ein positives Licht rücken.[543] Aber auch Maßnahmen zu Gunsten der Arbeitnehmer finden sich in Unternehmensleitlinien. Als aktueller Trend ist dabei die betriebliche Gesundheitsförderung zu nennen.[544] Verbreitet ist schließlich, sich auf Initiativen zu berufen. Ein Beispiel dafür ist der „Global Compact", eine Initiative der Vereinten Nationen, die ein Bekenntnis zu Menschenrechten und anderen sozialen Themen beinhaltet.[545] *Schneider* nennt ein Praxisbeispiel mit Bezug auf die ILO-Konventionen zu Arbeitsbedingungen und Rechten im Arbeitsleben sowie die UN-Kinderrechtskonvention.[546]

Zudem gibt es nicht nur die hier thematisierten Compliance-Richtlinien, die sich an die Mitarbeiter des Unternehmens richten. Es existieren auch solche, die sich an Lieferanten wenden.[547] Im Verhältnis zu den Lieferanten fehlt es zunächst an einer Grundlage für die verbindliche Implementierung von Richtlinien (Direktionsrecht, Betriebsvereinbarung und Tarifvertrag kommen nur im Arbeitsverhältnis in Frage, eine Einbeziehung in Verträge lähmt die Verhandlungen). Wohl daher beschreibt *Schneider* diese Richtlinien als *soft law*, das rechtlich nicht erzwingbar ist.[548] Dem stehen einige Literaturstimmen gegenüber, die sich für die vertragliche Implementierung von Compliance-Richtlinien im Verhältnis zu Lieferanten aussprechen.[549]

5. Schulungen und Beratungen

Zur Prävention von Compliance-Verstößen werden die Mitarbeiter oft im Rahmen von Schulungen über die bestehenden Regeln aufgeklärt.[550] Denn die Mitarbeiter

---

541 *Boldt*, Ethikregeln, S. 48; eine Wir-Formulierung findet sich beispielsweise in folgenden Richtlinien: RiLi Beiersdorf, S. 5; RiLi Deutsche Telekom, S. 3 ff.; RiLi E.ON, S. 1 ff.; RiLi Lanxess, S. 2 ff.; RiLi Merck, Leitbild; RiLi Volkswagen, S. 4 ff.

542 *Strothmeyer*, Compliance, S. 63 f.; vgl. u. D. II.

543 S. u. D. II.

544 Vgl. nur BeckOK-SGB/*Scholz*, § 65a SGB V Rn. 7.

545 *Boldt*, Ethikregeln, S. 44; *Triskatis*, Ethikrichtlinien, S. 31 mit Praxisbeispielen; vgl. auch die Analyse deutscher Compliance-Richtlinien unter E. I. 4.

546 *Schneider*, Compliance, S. 18 Fn. 27.

547 *Rein*, Ethikrichtlinie, S. 26 f.; *Schneider*, Compliance, S. 18; *Weiss*, FS Richardi, S. 1107 („Subunternehmer und [...] sonstige Geschäftspartner"); *Makowicz*, CB 2018, 139 (141).

548 *Schneider*, Compliance, S. 18; ebenso *Weiss*, FS Richardi, S. 1107.

549 Vertiefend hierzu *Teicke/Matthiesen*, BB 2013, 771; vgl. auch Dieners/*Dieners/Lembeck*, Kap. 7 D. Rn. 59; *Willemsen*, Ethikrichtlinien, S. 235 f.; *Benecke/Groß*, BB 2015, 693 (693); anklingend auch bei *Makowicz*, CB 2018, 139 (141).

550 Bauer/Lingemann/Diller/Haußmann/*Haußmann*, Kap. 70 Rn. 1; *Böhm*, Non-Compliance, S. 57; *Lelley*, Compliance, S. 62 Rn. 136; *Mengel*, Compliance, Einleitung C.; Empfehlungen zu Schulungen bei *Fissenewert*, Compliance, § 6 S. 62 ff.; *Boldt*, Ethikregeln, S. 306; *Köstner*, Compliance, S. 32; *Mahnhold*, Compliance, S. 122;

können nur Regeln befolgen, die ihnen bekannt sind.[551] Das leuchtet bei „moralischen“[552] Regeln, die mit dem „gesunden Menschenverstand“ begründet werden, unmittelbar ein.[553] Aber auch bei den einschlägigen gesetzlichen Regeln scheitert die nötige Kenntnis in vielen Branchen an der enormen Fülle zu beachtender Vorschriften,[554] erst recht bei Fällen mit Auslandsberührung.[555] Auf der anderen Seite können auch die in der Gesellschaft vorhandenen Normen mit Rechtsnormen kollidieren. So nennt *Strothmeyer* das Beispiel eines Arbeiters, der in einer Werkstatt anfallenden Schrott eigenmächtig verkauft und nicht erkennt, dass es sich dabei um Diebstahl handelt.[556] Aber auch der berühmte Fall, in dem eine Arbeitnehmerin entlassen wurde, weil sie für den Müll bestimmte „Schwäbische Maultaschen“ ihres Arbeitgebers eigenmächtig aufaß, anstatt sie zu entsorgen,[557] fällt in diese Kategorie. Die Ausgestaltung der Schulungen kann als klassisches Seminar oder auch als E-learning erfolgen.[558] Letzteres erfordert in der Praxis den geringeren Aufwand,[559] insbesondere bei ausländischen Standorten.[560] Die klassische Schulung bietet allerdings den Vorteil, dass auf die Anmerkungen und Nachfragen der Schulungsteilnehmer sofort individuell eingegangen werden kann.[561] Schulungen sollten laufend stattfinden, insbesondere immer dann, wenn neue Compliance-Regeln eingeführt werden.[562]

Rotsch/*Moosmayer*, § 34 A. Rn. 61 ff.; *Strothmeyer*, Compliance, S. 74 f.; *Kempter/Steinat*, NZA 2017, 1505 (1507); *Rosbach*, CCZ 2008, 101 (103); *Stück*, MDR 2014, 1117 (1119); zur Situation in Wertpapierdienstleistungsunternehmen Kümpel/Wittig/*Rothenhöfer*, S. 233 Rn. 3.372.

551 *Boldt*, Ethikregeln, S. 306; Kümpel/Wittig/*Rothenhöfer*, S. 233 Rn. 3.372; *Lelley*, Compliance, S. 62 Rn. 136; *Strothmeyer*, Compliance, S. 74 f.; *Rosbach*, CCZ 2008, 101 (103); vgl. auch die Schulung als schwächste Disziplinarmaßnahme bei Compliance-Verstößen, so dargestellt bei Inderst/Bannenberg/Poppe/*Rieder*, S. 33 Rn. 68.

552 *Reinhard*, CCZ 2013, 214 verwendet diesen Begriff, vgl. zur Kritik an diesem Begriff oben C. I. 1.

553 *Reinhard*, CCZ 2013, 214 (214 f.).

554 *Boldt*, Ethikregeln, S. 306; Rotsch/*Moosmayer*, § 34 A. Rn. 61; *Strothmeyer*, Compliance, S. 74.

555 Siehe dazu nur *Hauschka/Greeve*, BB 2007, 165 (170 f.).

556 *Strothmeyer*, Compliance, S. 75.

557 ArbG Lörrach, Urt. v. 16.10.2009 – 4 Ca 248/09 – juris.

558 Hauschka/*Klahold/Lochen*, § 37 Rn. 60, 62; Kümpel/Wittig/*Rothenhöfer*, S. 234 Rn. 3.374; Rotsch/*Moosmayer*, § 34 A. Rn. 63; *Kempter/Steinat*, NZA 2017, 1505 (1507); *Stück*, MDR 2014, 1117 (1119); vertiefend zu E-Learning *Stütze*, NZA Online 3/2013, S. 1.

559 *Lelley*, Compliance, S. 63 Rn. 138; knapp aber ähnlich *Köstner*, Compliance, S. 32.

560 *Hauschka*, Compliance, S. 60.

561 Grobys/Panzer-Heemeier/*Mengel*, Compliance Rn. 5; Hauschka/*Klahold/Lochen*, § 37 Rn. 60; Rotsch/*Moosmayer*, § 34 A. Rn. 64.

562 *Lelley*, Compliance, S. 63 Rn. 137; *Moosmayer*, Compliance, Rn. 178; *Stück*, MDR 2014, 1117 (1119).

In konkreten Fällen sollte zudem die Compliance-Abteilung für Beratungen der Mitarbeiter zur Verfügung stehen.[563] Diese bieten zudem den Vorteil, dass die Rückmeldungen der Arbeitnehmer der Weiterentwicklung der unternehmensinternen Compliance-Regelwerke zu Grunde gelegt werden können.[564] Wie *Moosmayer* aufzeigt, ist es aber auch elementar, dass die Compliance-Abteilung die gestellte Compliance-Frage in angemessener Zeit korrekt beantworten kann. In Anbetracht der Komplexität vieler Rechtsfragen in großen Unternehmen, setze das eine gute Organisation der Compliance-Abteilung unter Beteiligung von Juristen voraus. Andernfalls drohten Projekte an der Zeitverzögerung zu scheitern.[565]

Bei bereits erfolgten Verstößen trägt schließlich die Schulung der Führungskräfte zu einer effektiven Beseitigung bei.[566] Überhaupt müssen Führungskräfte im Vergleich zur übrigen Belegschaft besonders intensiv geschult werden.[567]

6. Compliance-Audit, Überwachung und interne Ermittlungen

Die schönsten Compliance-Regelwerke sind wertlos, wenn sie in der Praxis nicht umgesetzt werden. Daher müssen regelmäßig Revisionsprüfungen („Audits")[568] durchgeführt werden, die die Einhaltung aller geltenden Regeln überwachen.[569] Geprüft wird, ob Organisation und Abläufe im Unternehmen dieses Ziel unterstützen.[570] Aus den Ergebnissen des ersten Audits kann eine Compliance-Strategie für das Unternehmen entwickelt werden, die umfassend beschreibt, wie das Unternehmen zukünftig mit dem Thema Compliance umgeht.[571] Die erstmalige Feststellung der bestehenden Compliance-Risiken ist Voraussetzung für die Implementierung

---

563 Hauschka/*Klahold*/*Lochen*, § 37 Rn. 58; *Köstner*, Compliance, S. 32; *Moosmayer*, Compliance, Rn. 178; Rotsch/*Moosmayer*, § 6 Rn. 9; *Stück*, MDR 2014, 1117 (1119); siehe auch schon oben C. I. 3.

564 *Boldt*, Ethikregeln, S. 305 (für Beratungen der „Ethikbeauftragten"); *Moosmayer*, Compliance, Rn. 178; *Bürkle*, DB 2004, 2158 (2160)..

565 *Moosmayer*, Compliance, Rn. 175.

566 *Mengel*, Compliance, Einleitung C.

567 *Moosmayer*, Compliance, Rn. 180; *Stück*, MDR 2014, 1117 (1119).

568 Dieners/*Dieners*/*Lembeck*, Kap. 7 D. Rn. 57; Grobys/Panzer-Heemeier/*Mengel*, Compliance Rn. 6; *Eufinger*, BB 2015, 1973 (1973); *Rodewald*/*Unger*, BB 2006, 113 (116) sprechen vom „Compliance Check", *U. Schneider*, NZG 2010, 1201 spricht von „präventiven Compliance-Nachforschungen"; *Eufinger*, DB 2017, 1266 vermischt den Begriff mit internal investigations.

569 Dieners/*Dieners*/*Lembeck*, Kap. 7 D. Rn. 57; Grobys/Panzer-Heemeier/*Mengel*, Compliance Rn. 6; Kremer/Bachmann/Lutter/v. Werder/*Bachmann*/*Kremer*, Rn. 849; *Eufinger*, BB 2015, 1973 (1973); *Schmidt*, Compliance, S. 141 f.; *Fleischer*, CCZ 2008, 1 (6).

570 *Rodewald*/*Unger*, BB 2006, 113 (116).

571 Vgl. *Schmidt*, Compliance, S. 142; zudem den Ablauf beschreibend *Fissenewert*, Compliance, § 6 Rn. 5.

eines CMS.[572] Danach dienen die Audits dessen stetiger Verbesserung und Anpassung.[573] Dabei kann sich das Unternehmen entscheiden, ob Audits von der Compliance-Abteilung durchgeführt werden sollen, oder einer eigenen Abteilung „Audit" als „Unternehmenspolizei".[574] Mit den fortlaufenden Kontrollen nimmt die Unternehmensleitung ihre Überwachungsverantwortung wahr.[575] Dazu muss keineswegs immer eine vollständige Untersuchung erfolgen. Vielmehr genügen im Regelfall stichprobenartige Kontrollen in regelmäßigem Abstand.[576] Zudem sollen Kontrollen stattfinden, wenn sich an der Ausgangslage etwas ändert, beispielsweise beim Eintritt in neue Märkte.[577]

Kommt der Verdacht eines Compliance-Verstoßes auf, so muss das Unternehmen aufgrund der Aufsichtspflicht (§ 130 OWiG/§ 93 AktG/§ 43 GmbHG)[578] der Spur nachgehen. Mehrere Literaturstimmen und das LG München I sehen in der Aufklärung begangener Straftaten eine Bedingung für die Prävention solcher.[579] Dem ist für alle Compliance-Verstöße zu folgen,[580] bedenkt man nur die Abschreckungswirkung aufgeklärter Verstöße auf andere Arbeitnehmer. Zur Aufklärung

572 Hauschka/*Pauthner/Stephan*, § 16 Rn. 8; Hauschka/*Lampert*, 2. Aufl. 2010; § 9 Rn. 8; *Schmidt*, Compliance, S. 141; *Strothmeyer*, Compliance, S. 62; *Unmuth*, CB 2017, 177 (178).

573 Vgl. nur Dieners/*Dieners/Lembeck*, Kap. 7 D. Rn. 57.

574 *Böhm*, Non-Compliance, S. 96; zur Abteilung „Audit" als „Polizei" zudem *Hussain*, CCZ 2011, 134 (136); für Durchführung durch die interne Revision *Hemeling*, CCZ 2010, 21 (25).

575 Grobys/Panzer-Heemeier/*Mengel*, Compliance Rn. 13; *Riechers*, Compliance, S. 164 m.w.N.; *Hoffmann/Schieffer*, NZG 2017, 401 (406); *Nietsch*, ZGR 2015, 631 (660); *Unmuth*, CB 2017, 177 (180); unter Berufung auf §§ 130 OWiG, 93 AktG, 43 GmbHG *Withus/Hein*, CCZ 2011, 125 (128).

576 *Böhm*, Non-Compliance, S. 58; *Riechers*, Compliance, S. 164 m.w.N.; Rotsch/*Bock*, § 8 Rn. 34 ; *Hoffmann/Schieffer*, NZG 2017, 401 (406).

577 *Schmidt*, Compliance, S. 141.

578 *Böhm*, Non-Compliance, S. 89; *Eufinger*, DB 2017, 1266 (1266 f.); *Reichert/Ott*, ZIP 2009, 2173 (2176); *Steffen/Stöhr*, RdA 2017, 43 (50); *Unmuth*, CB 2017, 177 (180); wegen §§ 93 AktG und § 34 GmbHG: *Göpfert/Merten/Siegrist*, NJW 2008, 1703 (1704); wegen § 130 OWiG: Rotsch/*Moosmayer*, § 34 B. Rn. 68; ders./*Taschke/Schoop* § 34 B. Rn. 89 ff.; *Strothmeyer*, Compliance, S. 89; *Eufinger*, BB 2015, 1973 (1974); wegen § 93 AktG: *Nietsch*, ZGR 2015, 631 (664); *Paefgen*, WM 2016, 433 (439 f.); vgl. auch C. II. 1.

579 *Schmidt*, Compliance, S. 206; vgl. des Weiteren LG München I, Urt. v. 10.12.2013 – 5 HK O 1387/10 = NZG 2014, 345 (347, 348) [„Neubürger"]; *Reichert/Ott*, ZIP 2009, 2173 (2176); *Seibt/Cziupka*, DB 2014, 1598 (1599); *Simon/Merkelbach*, AG 2014, 318 (319 f.).

580 *Schürrle/Olbers*, CCZ 2010, 102 (105); vgl. auch *Fleischer*, NZG 2014, 321 (324); *Reichert/Ott*, ZIP 2009, 2173 (2176); *Unmuth*, CB 2017, 177 (180).

des Falles finden interne Ermittlungen statt.[581] Diese stützen sich methodisch zum einen auf die Sichtung von Dokumenten[582] (sog. „Datenscreening“, vgl. auch unten).[583] Zum anderen werden Mitarbeiter, die als Täter oder Zeugen eines Compliance-Verstoßes in Betracht kommen, in sog. „Interviews“ befragt.[584]

a. *Gilt „nemo tenetur“ im Arbeitsrecht?*

Bei diesen Befragungen stellt sich – soweit strafbare Handlungen im Raume stehen – die Frage, ob der aus dem Strafprozessrecht bekannte Grundsatz *nemo tenetur se ipsum accusare* gilt. Schließlich handelt es sich um eine „vernehmungsähnliche Situation“.[585] Deren Beantwortung hängt zunächst an der Frage, aus welcher Anspruchsgrundlage der Arbeitgeber überhaupt einen Auskunftsanspruch gegen seinen Arbeitnehmer herleiten kann. In Ermangelung einer Spezialregelung muss auf allgemeine Grundsätze zurückgegriffen werden.[586] In wenigen Fällen mag eine Auskunftspflicht vertraglich vereinbarte Hauptleistungspflicht sein, so z.B. bei Compliance-Officern.[587]

Im Übrigen kommt zunächst § 666 BGB (analog) in Betracht.[588] Der mit einer Nebenleistungspflicht des Arbeitnehmers korrelierende Auskunftsanspruch ist allerdings auf Auskunft über die Erfüllung der unmittelbar übertragenen Arbeitsaufgaben beschränkt.[589] Der Arbeitnehmer muss berichten, was er am Arbeitsplatz

---

581 *Böhm*, Non-Compliance, S. 59; 95 ff.; *Klengel/Mückenberger*, CCZ 2009, 81 (81 f.); *Köhler/Häferer*, GWR 2015, 159 (160); *Krug/Skoupil*, NJW 2017, 2374 (2374); *Nietsch*, ZGR 2015, 631 (661); *Reichert/Ott*, ZIP 2009, 2173 (2177); *Toma*, CB 2017, 339.

582 *Böhm*, Non-Compliance, S. 97; *Schöder*, Compliance, S. 256; *Bernhard/Bullinger*, CR 2016, 205 (206); *Klengel/Mückenberger*, CCZ 2009, 81 (82); *Köhler/Häferer*, GWR 2015, 159 (160); *Krug/Skoupil*, NJW 2017, 2374 (2374); *Mengel/Ullrich*, NZA 2006, 240 (241); *Schürrle/Olbers*, CCZ 2010, 178; *Toma*, CB 2017, 339.

583 *Salvenmoser/Hauschka*, NJW 2010 331 (332).

584 *Böhm*, Non-Compliance, S. 97; Grobys/Panzer-Heemeier/*Mengel*, Compliance Rn. 24; *Schöder*, Compliance, S. 257; *Bernhard/Bullinger*, CR 2016, 205 (206); *Köhler/Häferer*, GWR 2015, 159 (160); vgl. auch *Klengel/Mückenberger*, CCZ 2009, 81 (82); *Krug/Skoupil*, NJW 2017, 2374 (2374); *Mengel/Ullrich*, NZA 2006, 240 (241); *Reinhardt/Kaindl*, CB 2017, 210; *Schürrle/Olbers*, CCZ 2010, 178; *Toma*, CB 2017, 339.

585 *Dann/Schmidt*, NJW 2009, 1851 (1852); *Reinhardt/Kaindl*, CB 2017, 210 (211).

586 *Dann/Schmidt*, NJW 2009, 1851 (1852); *Mengel/Ullrich*, NZA 2006, 240 (241 f.).

587 *Böhm*, Non-Compliance, S. 147; *Oberthür*, ArbRB 2011, 184; Vertragsbeispiel bei *Krieger/Günther*, NZA 2010, 367 (372).

588 MüHdbArbR/*Reichold*, § 49 Rn. 5; *Sieg*, FS Buchner, S. 862; *Bernhard/Bullinger*, CR 2016, 205 (207); *Dann/Schmidt*, NJW 2009, 1851 (1852); *Diller*, DB 2004, 313; *Lakner*, CB 2014, 118 (121); *Oberthür*, ArbRB 2011, 184; *Reinhardt/Kaindl*, CB 2017, 210 (211); *Steffen/Stöhr*, RdA 2017, 43 (51); *Toma*, CB 2017, 339 (340).

589 BGH, Urt. v. 23.02.1989 – IX ZR 236/86 = NJW-RR 1989, 614; *Böhm*, Non-Compliance, S. 148; MüHdbArbR/*Reichold*, § 49 Rn. 5; *Bernhard/Bullinger*, CR 2016, 205 (207); *Diller*, DB 2004, 313; *Krug/Skoupil*, NJW 2017, 2374 (2375); *Oberthür*, ArbRB 2011, 184; *Steffen/Stöhr*, RdA 2017, 43 (51); *Toma*, CB 2017, 339 (340).

getan hat und zu welchen Ergebnissen er damit kam.[590] Auskünfte nach § 666 BGB muss er auch über solche Handlungen geben, die für ihn strafrechtlich relevant sind.[591]

Ein über die unmittelbaren Arbeitsaufgaben hinausgehender Auskunftsanspruch kann als Nebenpflicht aus §§ 241 Abs. 2, 611a BGB i. V. m. dem Arbeitsvertrag folgen.[592] Er bezieht sich nach *Böhm* nur auf Auskünfte zu Compliance-Verstößen, die der Arbeitnehmer dienstlich in Erfahrung gebracht hat.[593] Im Übrigen komme nur die Treuepflicht nach § 242 BGB in Betracht,[594] etwa bei Dienstreisen.[595] Diese umfasse jedoch in aller Regel keine Selbstbezichtigung.[596] Bei §§ 241 Abs. 2 BGB müsse die Frage im Einzelfall durch Abwägung der widerstreitenden Interessen von Arbeitgeber und Arbeitnehmer beantwortet werden.[597] Die Rechtsprechung[598] und Teile der Literatur[599] sehen die § 242 BGB und § 241 Abs. 2 BGB als Rechtsgrundlagen eines einheitlichen Auskunftsanspruches. Auch diese Literaturstimmen sehen überwiegend die Lösung in einer Interessenabwägung im Einzelfall,[600] von *Toma* zutreffend aus § 275 Abs. 3 BGB hergeleitet.[601] Dies ist ein für die Praxis

---

590 MüHdbArbR/*Reichold*, § 49 Rn. 5; *Diller*, DB 2004, 313; *Reinhardt/Kaindl*, CB 2017, 210 (211).

591 BGH, Urt. v. 30.04.1964 – VII ZR 156/62 = NJW 1964, 1469 (1471); *Böhm*, Non-Compliance, S. 150; *Mengel*, Compliance, Kapitel 4. Rn. 21; MüHdbArbR/*Reichold*, § 49 Rn. 7; *Diller*, DB 2004, 313 (314) ; *Krug/Skoupil*, NJW 2017, 2374 (2375); *Oberthür*, ArbRB 2011, 184 (185); *Reinhardt/Kaindl*, CB 2017, 210 (211); vgl. *Bernhard/Bullinger*, CR 2016, 205 (207).

592 *Böhm*, Non-Compliance, S. 151; MüHdbArbR/*Reichold*, § 49 Rn. 6; *Dann/Schmidt*, NJW 2009, 1851 (1852); *Diller*, DB 2004, 313 (313 f.); *Krug/Skoupil*, NJW 2017, 2374 (2375); *Mengel/Ullrich*, NZA 2006, 240 (243); *Steffen/Stöhr*, RdA 2017, 43 (51).

593 *Böhm*, Non-Compliance, S. 151.

594 *Böhm*, Non-Compliance, S. 153; so auch *Krug/Skoupil*, NJW 2017, 2374 (2375); *Mengel/Ullrich*, NZA 2006, 240 (243).

595 *Krug/Skoupil*, NJW 2017, 2374 (2375).

596 *Böhm*, Non-Compliance, S. 153; *Dann/Schmidt*, NJW 2009, 1851 (1853); *Krug/Skoupil*, NJW 2017, 2374 (2375); *Spehl/Momsen/Grützner*, CCZ 2014, 170 (171); vgl. auch *Bernhard/Bullinger*, CR 2016, 205 (208); *Eufinger*, DB 2016, 471 (475).

597 *Böhm*, Non-Compliance, S. 152.

598 BAG, Urt. v. 26.07.2007 – 8 AZR 707/06 = BeckRS 2007, 47449; LAG Hamm, Urt. v. 03.03.2009 – 14 Sa 1689/08 = BeckRS 2009, 74015 = CCZ 2010, 237.

599 MüHdbArbR/*Reichold*, § 49 Rn. 6; Rotsch/*Bittmann*, § 34 B. Rn. 142; *Dann/Schmidt*, NJW 2009, 1851 (1852); *Diller*, DB 2004, 313 (314); *Eufinger*, DB 2017, 1266 (1271); *Lakner*, CB 2014, 118 (121); *Oberthür*, ArbRB 2011, 184; *Reinhardt/Kaindl*, CB 2017, 210 (211); *Toma*, CB 2017, 339 (340).

600 MüHdbArbR/*Reichold*, § 49 Rn. 7; *Diller*, DB 2004, 313 (314); *Eufinger*, DB 2017, 1266 (1271); *Göpfert/Merten/Siegrist*, NJW 2008, 1703 (1705 f.); *Lützeler/Müller-Sartori*, CCZ 2009, 19 (20); *Schürrle/Olbers*, CCZ 2010, 178 (178 f.); *Oberthür*, ArbRB 2011, 184 (185); *Reinhardt/Kaindl*, CB 2017, 210 (211); *Steffen/Stöhr*, RdA 2017, 43 (51).

601 *Toma*, CB 2017, 339 (340).

von Rechtssicherheit noch recht entferntes Ergebnis. Den Literaturstimmen ist allerdings auch kaum ein Vorwurf zu machen, denn ein solch heikles Thema bedarf eigentlich der Regelung durch den Gesetzgeber.

Allerdings hat der BGH im Falle eines freien Mitarbeiters einmal die Unzumutbarkeit der Selbstbezichtigung im Rahmen der Treuepflicht festgestellt.[602] Ebenso entschied das BAG, der Arbeitnehmer müsse „sich [nicht] selbst belasten", um seinem Arbeitgeber die Kündigung zu ermöglichen.[603] Doch eine ausdrückliche BAG-Entscheidung zum hiesigen Thema fehlt bislang.

Diese Rechtsunsicherheit im Einzelfall und die Nähe zu Ermittlungen der Strafverfolgungsbehörden legen es nahe, dem betroffenen Arbeitnehmer das Recht zuzugestehen, bei der Vernehmung einen Anwalt hinzuzuziehen.[604] Das Bundesverfassungsgericht geht bei einer privatrechtlichen Auskunftspflicht zudem von einem strafrechtlichen Verwertungsverbot aus, da andernfalls der auf der Menschenwürde fußende Grundsatz *nemo tenetur se ipsum accusare* umgangen würde.[605] Eine Belehrung über ein Recht zu Schweigen, wie sie teilweise gefordert wird,[606] scheitert indes wiederum daran, dass letztlich nur das Gericht im Einzelfall sagen kann, wann ein solches besteht. In der Praxis ist sie gleichwohl üblich.[607]

b. Datenschutz

Das zweite große Rechtsproblem bei Audits und internen Ermittlungen ist das Thema Datenschutz. In der Vergangenheit hat es diesbezüglich mehrfach Skandale

---

602 BGH, Urt. v. 23.02.1989 – IX ZR 236/86 = NJW-RR 1989, 614 (615).

603 BAG, Urt. v. 23.10.2008 – 2 AZR 483/07 = NZA-RR 2009, 362 (364); für eine Übertragung dieser Rechtsprechung auf Internal Investigations *Oberthür*, ArbRB 2011, 184 (185).

604 ArbG Berlin, Urt. v. 28.07.2005 – 28 Ca 10016/05 [abgleitet aus § 241 Abs. 2 BGB]; *Dann/Schmidt*, NJW 2009, 1851 (1852); *Mengel/Ullrich*, NZA 2006, 240 (244); a.A. *Bernhard/Bullinger*, CR 2016, 205 (207); *Göpfert/Merten/Siegrist*, NJW 2008, 1703 (1708 f.); *Schürrle/Olbers*, CCZ 2010, 178 (179); *Toma*, CB 2017, 339 (340); differenzierend *Mengel*, Compliance, Kapitel 4. Rn. 25; *Krug/Skoupil*, NJW 2017, 2374 (2375); *Lakner*, CB 2014, 118 (122); *Reinhardt/Kaindl*, CB 2017, 210 (212).

605 BVerfG, Beschl. v. 13.01.1981 – 1 BvR 116/77 = BVerfGE 56, 37 (50 f.); BVerfG, Beschl. v. 15.10.2004, 2 BvR 1316/04 = NJW 2005, 352 ff.; Beschl. v. 31.03.2008, 2 BvR 467/08 = BeckRS 2008, 35240; ebenso für arbeitsrechtliche Aussagepflichten LAG Hamm, Urt. v. 03.03.2009 – 14 Sa 1689/08 = BeckRS 2009, 74015; vgl. zudem LG Bochum, Beschl. v. 16.03.2016 – II-6 Qs 1/16 = NStZ 2016, 500 (501); a.A. aber wohl LG Hamburg, Beschl. v. 15.10.2010 – 608 Qs 18/10 = CCZ 2011, 155; dem folgend etwa Rotsch/*Natale*, § 35 Rn. 27; *Reinhardt/Kaindl*, CB 2017, 210 (213 f.); zum Meinungsstand bei internen Ermittlungen *Krug/Skoupil*, NJW 2017, 2374 (2379).

606 So für den Fall von Ermittlungen, die Unternehmen für die amerikanische Börsenaufsicht SEC durchführen *Dann/Schmidt*, NJW 2009, 1851 (1852); *Maschmann*, NZA-Beil. 2012, 50 (56); a.A. *Lützeler/Müller-Sartori*, CCZ 2009, 19 (20).

607 Siehe nur *Spehl/Momsen/Grützner*, CCZ 2014, 170 (171).

gegeben.[608] Frage 1 ist dabei die datenschutzrechtliche Behandlung von Informationen aus den oben genannten Befragungen. Frage 2 ist die datenschutzrechtliche Behandlung von Daten aus sog. „Datenscreenings“, in deren Rahmen das Unternehmen die hauseigenen Daten nach Auffälligkeiten durchsucht.[609] *Diller* konnte 2004 noch anführen, dass gegen die Verwendung von Mitarbeiter-Aussagen keinerlei datenschutzrechtliche Bedenken bestünden.[610] Denn nach § 1 Abs. 2 Nr. 3 BDSG a.F. galt das BDSG für die Datenverarbeitung nicht-öffentlicher Stellen nur insoweit, als Datenverarbeitungsanlagen oder nicht automatische Dateien zum Einsatz kommen.[611] Eine Datei meinte eine systematisierte Sammlung i.S.d. § 3 Abs. 2 S. 2 BDSG a.F., nicht aber beispielsweise handschriftliche Notizen.[612] Seit 2009 erklärte § 32 Abs. 2 BDSG a.F. dessen für die Datenerhebung, -verarbeitung und -nutzung zu Zwecken des Beschäftigungsverhältnisses geltenden Abs. 1 auch in Fällen nichtautomatisierter/dateibezogener Datenverarbeitung für anwendbar.[613] Zum 25.05.2018 hat der im Wesentlichen wortlautgleiche § 26 Abs. 1 BDSG n.F. den bisherigen § 32 Abs. 1 BDSG ersetzt.[614] Die BDSG-Novelle enthält in Bezug auf den Beschäftigtendatenschutz indes überwiegend nur klarstellende Änderungen,[615] so dass sich für die hiesige Betrachtung keine Abweichungen zur bisherigen Rechtslage ergeben und bisherige Rechtsprechung und Literatur auf die neuen Regeln übertragen werden kann.[616] Die Erweiterung auf nicht automatisierte Datenverarbeitungsvorgänge im § 32 Abs. 2 BDSG a.F. findet sich jetzt in § 26 Abs. 7 BDSG n.F.[617] Fiel damit 2004 ein Befragungsprotokoll noch nicht unter das BDSG,[618] so sind heute auch Gesprächsprotokolle an § 26 Abs. 1 BDSG n.F. zu messen.[619] Dabei

608 Vgl. nur die Praxisbeispiele bei *Kruchen*, Compliance, S. 4 f.; *Schmidt*, Compliance, S. 192 f.; Simitis/*Seifert*, § 32 BDSG, Rn. 1; *Maschmann*, NZA-Beil. 2012, 50 (51); *Wybitul*, BB 2009, 1582.

609 Zum Begriff „Datenscreening“ *Heldmann*, DB 2010, 1235 (1237 f.); *Maschmann*, NZA-Beil. 2012, 50 (54); *Salvenmoser/Hauschka*, NJW 2010, 331 (332).

610 *Diller*, DB 2004, 313 (318).

611 Vgl. auch *Schmidt*, Compliance, S. 198; *Diller*, DB 2004, 313 (318).

612 Bauer/Lingemann/Diller/Haußmann/*Diller*, Kap. 70 Rn. 5.

613 Bauer/Lingemann/Diller/Haußmann/*Diller*, Kap. 70 Rn. 7; *Schmidt*, Compliance, S. 198 f.

614 Gesetz zur Anpassung des Datenschutzrechts an die Verordnung (EU) 2016/679 und zur Umsetzung der Richtlinie (EU) 2016/680 (Datenschutz-Anpassungs- und -Umsetzungsgesetz EU – DSAnpUG-EU) v. 30.06.2017, BGBl. I 2017 Nr. 44 S. 2097 ff.

615 *Kühling*, NJW 2017, 1985 (1988); *Ströbel/Böhm/Breunig/Wybitul*, CCZ 2018, 14 (15); ähnlich *Düwell*, NZA 2017, 1081 (1083, 1085) [„wenig Neues“]; knapp auch *Chandna-Hoppe*, NZA 2018, 614 (616); *Groß/Platzer*, NZA 2017, 1097 (1101).

616 Statt aller *Chandna-Hoppe*, NZA 2018, 614 (616); *Ströbel/Böhm/Breunig/Wybitul*, CCZ 2018, 14 (15, 17, 18, 20).

617 *Ströbel/Böhm/Breunig/Wybitul*, CCZ 2018, 14 (17).

618 *Diller*, DB 2004, 313 (318).

619 *Schmidt*, Compliance, S. 198 f.; allgemein bzgl. Gesprächen *Maschmann*, NZA-Beil. 2012, 50 (55); *Wybitul*, BB 2009, 1582 (1584).

regelt Art. 6 DSG-VO (wie schon zuvor § 4 Abs. 1 BDSG a.F.) ein Verbot mit Erlaubnisvorbehalt.[620] Demnach dürfen persönliche Daten nur erhoben, verarbeitet oder genutzt werden, soweit eine Rechtsvorschrift dies gestattet oder aber der Betroffene eingewilligt hat. § 26 Abs. 1 BDSG n.F. stellt eine solchermaßen gestattende Rechtsnorm dar.[621] Dessen Satz 1 gestattet zunächst die Datenverwendung nach Begründung des Beschäftigungsverhältnisses für dessen Durchführung oder Beendigung. Allerdings rechtfertigt das keine Befragungen zu Kollegen.[622] Satz 2 regelt, dass die Datenverwendung zur Aufklärung von Straftaten nur zulässig ist, wenn zu dokumentierende tatsächliche Anhaltspunkte den Verdacht begründen, dass der Betroffene im Beschäftigungsverhältnis eine Straftat begangen hat. Der Tatverdacht gegen einen Kollegen hingegen genügt nach einer Ansicht nicht, da er in dieser Situation nicht der von der Datenverwendung „Betroffene" sei. Vielmehr sei § 28 Abs. 1 S. 1 Nr. 2 BDSG a.F. zum Ansatz zu bringen.[623] Dieser ist mittlerweile entfallen zugunsten von Art. 6 Abs. 1 lit. f. DSG-VO, der allein die Darlegungslast verändert.[624] Nach anderer Ansicht ist § 26 Abs. 1 BDSG n.F. vollumfänglich auf die Datenverwendung zu Zwecken des Beschäftigungsverhältnisses anwendbar, unabhängig davon, an welcher Stelle diese erhoben werden.[625] Das findet sich so auch explizit in den Gesetzgebungsmaterialien zum bisherigen § 32 Abs. 1 BDSG a.F.[626] Daher ist letzterer Ansicht zu folgen. Ist § 26 Abs. 1 BDSG n.F. damit als Rechtfertigungsnorm ausgemacht, stellt sich noch die Frage der Verhältnismäßigkeit der Datenverwendung.[627] Es ist nach den hinreichend bekannten Kriterien von Geeignetheit, Erforderlichkeit und Angemessenheit ein Ausgleich zwischen den

620 *Reiserer/Christ/Heinz*, DStR 2018, 1501 (1502); zur Vorgängerregelung: ErfK/*Franzen*, § 4 BDSG Rn. 1; *Kruchen*, Compliance S. 143; Simitis/*Scholz/Sokol*, § 4 BDSG, Rn. 3; *Schmidt*, Compliance, S. 199; *ders.*, BB 2009, 1295 (1297); *Heldmann*, DB 2010, 1235 (1236); *U. Schneider*, NZG 2010, 1201 (1204).

621 *Reiserer/Christ/Heinz*, DStR 2018, 1501 (1504); zur Vorgängernorm: BAG, Urt. v. 17.11.2016 – 2 AZR 730/15 = NZA 2017, 394 (396); ErfK/*Franzen*, § 4 BDSG Rn. 1; *Schmidt*, Compliance, S. 202; *Eufinger*, DB 2017, 1266 (1269); *Toma*, CB 2017, 339 (341).

622 *Vogel/Glas*, DB 2009, 1747 (1750).

623 Vgl. *Vogel/Glas*, DB 2009, 1747 (1750); *Schrader/Dohnke*, NZA-RR 2012, 617 (619).

624 *Groß/Platzer*, NZA 2017, 1097 (1102).

625 ErfK/*Franzen*, § 32 BDSG Rn. 3; Simitis/*Seifert*, § 32 BDSG Rn. 17; *Schmidt*, Compliance, S. 203; *U. Schneider*, NZG 2010, 1201 (1205); zurückhaltend, aber zustimmend *Kruchen*, Compliance, S. 150.

626 BT-Drs. 16/13657, S. 20 f., auf die sich *Kruchen*, Compliance, S. 148; *U. Schneider*, NZG 2010, 1201 (1205) und auch *Schmidt*, Compliance, S. 203 – allerdings mit anderer Seitenangabe – ebenfalls beziehen.

627 *Chandna-Hoppe*, NZA 2018, 614 (617); *Ströbel/Böhm/Breunig/Wybitul*, CCZ 2018, 14 (18); so überzeugend schon für § 32 Abs. 1 S. 1 BDSG herleitend Schmidt, Compliance, S. 209 f.; ebenso *Kruchen*, Compliance, S. 151; *Thüsing*, Beschäftigtendatenschutz § 3 Rn. 17; *Eufinger*, DB 2017, 1266 (1269); *Wybitul*, BB 2009, 1582 (1583); a.A. *Vogel/Glas*, DB 2009, 1747 (1751).

widerstreitenden Rechtspositionen von Arbeitnehmern und Arbeitgeber herzustellen.[628] Auf Seiten des Arbeitgebers ist stets dessen Interesse an der Verteidigung seines (eingerichteten und ausgeübten) Gewerbebetriebes zu berücksichtigen.[629] Für den Arbeitnehmer streiten insbesondere sein Recht auf informationelle Selbstbestimmung (Art. 2 Abs. 1 i.V.m. Art. 1 Abs. 1 GG) und gegebenenfalls das Brief-, Post- und Fernmeldegeheimnis (Art. 10 Abs. 1 GG).[630]

Beim Datenscreening können personenbezogene Daten ebenfalls eine Rolle spielen.[631] Es ist also wiederum § 26 Abs. 1 BDSG n.F. zu prüfen.[632] Bei dienstlichen Unterlagen stellen sich keine Probleme, da es schon an einem schützenswerten Interesse des Arbeitnehmers an der Vorenthaltung fehlt.[633] Problematisch ist dagegen die Überprüfung von Telefongesprächen und E-Mails, wenn der Arbeitgeber dem Arbeitnehmer die private Nutzung des betrieblichen Anschlusses gestattet hat. Dann ist nach h.M. der Arbeitgeber ein Anbieter von Telekommunikationsdienstleistungen i.S.d. § 3 Nr. 6 TKG.[634] Das führt zu einer Bindung an das Fernmeldegeheimnis, § 88 Abs. 2 TKG.[635] Die unbefugte Verwendung von Kommunikationsdaten (neben den Kommunikationsinhalten selbst auch die näheren Umstände des Kommunikationsvorgangs z.B. Dauer der Kommunikation und Adressat einer Mail bzw. Gesprächspartner)[636] erfüllt dann § 206 StGB.[637] Zudem kann ein Verstoß gegen

---

628 BAG, Urt. v. 17.11.2016 – 2 AZR 730/15 = NZA 2017, 394 (396); *Schmidt*, Compliance, S. 210 ff; Simitis/*Seifert*, § 32 BDSG Rn. 11; *Thüsing*, Beschäftigtendatenschutz § 3 Rn. 17; für eine nur zweistufige Prüfung von Geeignetheit und Erforderlichkeit aber *Düwell*, NZA 2017, 1081 (1084).

629 *Schmidt*, Compliance, S. 212; *Schürrle/Olbers*, CCZ 2010, 178 (180).

630 *Schmidt*, Compliance, S. 212; *ders.*, BB 2009, 1295 (1298); *Vogel/Glas*, DB 2009, 1747 (1751).

631 Grobys/Panzer-Heemeier/*Mengel*, Compliance Rn. 19; *Eufinger*, DB 2017, 1266 (1270); *Heldmann*, DB 2010, 1235 (1238); *Salvenmoser/Hauschka*, NJW 2010 331 (332).

632 Grobys/Panzer-Heemeier/*Mengel*, Compliance Rn. 19; *Eufinger*, DB 2017, 1266 (1270); *Heldmann*, DB 2010, 1235 (1238); *Salvenmoser/Hauschka*, NJW 2010 331 (333).

633 Grobys/Panzer-Heemeier/*Mengel*, Compliance Rn. 14; *Mengel/Ulrich*, NZA 2006, 240 (241); vgl. auch *Eufinger*, BB 2015, 1973 (1975); *ders.*, DB 2017, 1266 (1270 f.).

634 Grobys/Panzer-Heemeier/*Mengel*, Compliance Rn. 15; *Kruchen*, Compliance, S. 70 f.; *Eufinger*, BB 2015, 1973 (1975); *Heldmann*, DB 2010, 1235 (1239); *Vogel/Glas*, DB 2009, 1747 (1752); a.A. *Thüsing*, Beschäftigtendatenschutz, § 3 Rn. 99; *Toma*, CB 2017, 339 (341).

635 Grobys/Panzer-Heemeier/*Mengel*, Compliance Rn. 15; *Schmidt*, Compliance, S. 194; *Eufinger*, BB 2015, 1973 (1975); *ders.*, DB 2017, 1266 (1271); *Salvenmoser/Hauschka*, NJW 2010 331 (332); *Vogel/Glas*, DB 2009, 1747 (1752).

636 *Salvenmoser/Hauschka*, NJW 2010 331 (332); vgl. auch Lackner/Kühl/*Heger*, § 206 Rn. 13; Schönke/Schröder/*Lenckner/Eisele*, § 206 Rn. 6b, 8a; für eine Rechtfertigung der Erhebung von Telefonverbindungsdaten über § 32 Abs. 1 S. 1 BDSG Grobys/Panzer-Heemeier/*Mengel*, Compliance Rn. 16.

637 Bzgl. E-Mails *Eufinger*, BB 2015, 1973 (1975); *Heldmann*, DB 2010, 1235 (1239); *Klengel/Mückenberger*, CCZ 2009, 81 (83 f.); *Schürrle/Olbers*, CCZ 2010, 178 (181); bzgl.

§ 26 BDSG n.F. Schadensersatzansprüche nach § 83 BDSG n.F. und § 823 BGB auslösen.[638] Schließlich sind unter Verstoß gegen das Datenschutzrecht erhobene Daten in Gerichtsverfahren unverwertbar,[639] wenn nicht im Einzelfall ein besonderes Interesse der beweisbelasteten Partei den Schutz des allgemeinen Persönlichkeitsrechts überwiegt.[640]

Hinfällig sind alle datenschutzrechtlichen Bedenken nur bei wirksamer Einwilligung des Arbeitnehmers in die Verwendung seiner Daten nach § 26 Abs. 2 S. 1 BDSG n.F., wobei allerdings das neue Kriterium der Freiwilligkeit eine hohe Hürde darstellt.[641]

c. Rechte des Betriebsrats

Schließlich müssen auch bei Audits und internen Ermittlungen stets die Beteiligungsrechte des Betriebsrats beachtet werden.[642] So muss der Betriebsrat nach § 80 Abs. 1 Nr. 1, Abs. 2 S. 1 BetrVG über die Durchführung interner Ermittlungen unterrichtet werden.[643] Bei Befragungen hat der Arbeitnehmer nach § 82 Abs. 2 S. 2 BetrVG das Recht, einen Betriebsratsvertreter hinzuzuziehen, wenn seine Leistungen beurteilt werden. Das ist allerdings bei den Interviews im Rahmen von internen Ermittlungen regelmäßig nicht der Fall, so dass auch kein Recht auf Hinzuziehung eines Betriebsratsmitglieds besteht.[644] Nach § 94 Abs. 1 BetrVG hat der Betriebsrat ein Mitbestimmungsrecht bei Personalfragebögen. Ein Personalfragebogen setzt die Erhebung persönlicher Verhältnisse,

---

Telefongesprächen Lackner/Kühl/*Heger*, § 206 Rn. 13; *Salvenmoser/Hauschka*, NJW 2010, 331 (332).

638 Simitis/*Seifert*, § 32 BDSG Rn. 191; *U. Schneider*, NZG 2010, 1201 (1207).

639 *Chandna-Hoppe*, NZA 2018, 614 (619); *Ströbel/Böhm/Breunig/Wybitul*, CCZ 2018, 14 (17); zur alten Rechtslage *Fahrig*, Verhaltenskodex, S. 101; Simitis/*Scholz/Sokol*, § 4 BDSG Rn. 57; Simitis/*Seifert*, § 32 BDSG Rn. 193.

640 BAG, Urt. v. 27.07.2017 – 2 AZR 681/16 = NZA 2017, 1327 (1332); Urt. v. 22.09.2016 – 2 AZR 848/15 = NZA 2017, 112 (114); Urt. v. 20.06.2013 – 2 AZR 546/12 – juris, Rn. 29; *Chandna-Hoppe*, NZA 2018, 614 (619).

641 *Ströbel/Böhm/Breunig/Wybitul*, CCZ 2018, 14 (16, 21).

642 Instruktiv zu Mitbestimmungsrechten bei internen Ermittlungen *Zimmer/Heymann*, BB 2010, 1853.

643 *Mengel*, Compliance, Kap. 4, Rn. 32; *Schöder*, Compliance, S. 254; *Eufinger*, BB 2015, 1973 (1977) ; *Köhler/Häferer*, GWR 2015, 159 (160); *Krug/Skoupil*, NJW 2017, 2374 (2376); *Mengel/Ullrich*, NZA 2006, 240 (244); *Reinhardt/Kaindl*, CB 2017, 210 (214); *Schürrle/Olbers*, CCZ 2010, 178; *Toma*, CB 2017, 339 (339, 340); *Vogel/Glas*, DB 2009, 1747 (1749); *Spehl/Momsen/Grützner*, CCZ 2014, 170 (171); *Vogt*, NJOZ 2009, 4206 (4219); *Wybitul/Böhm*, RdA 2011, 362 (363).

644 Grobys/Panzer-Heemeier/*Mengel*, Compliance Rn. 25, 35; *Krug/Skoupil*, NJW 2017, 2374 (2376); *Bernhard/Bullinger*, CR 2016, 205 (206); *Lakner*, CB 2014, 118 (122); *Reinhardt/Kaindl*, CB 2017, 210 (212); *Toma*, CB 2017, 339 (340); *Zimmer/Heymann*, BB 2010, 1853 (1854); im Ergebnis auch *Spehl/Momsen/Grützner*, CCZ 2014, 170 (171).

Kenntnisse und Fähigkeiten voraus.[645] Solche Fragebögen finden auch im Rahmen von internen Ermittlungen Verwendung.[646] § 87 Abs. 1 Nr. 6 BetrVG greift ein, wenn Arbeitnehmerdaten in einer Datei gesammelt werden[647] oder eine Software dienstliche E-Mail-Accounts durchforstet.[648] Im Übrigen greift häufig § 87 Abs. 1 Nr. 1 BetrVG ein.[649] In der Praxis besteht im Einzelfall des Öfteren Unsicherheit, ob und, wenn ja, inwieweit Mitbestimmungsrechte bestehen.[650] Daher findet sich auch die Empfehlung zum Abschluss entsprechender Betriebsvereinbarungen.[651]

Compliance Audits und interne Ermittlungen bergen also eine Fülle interessanter bereichsspezifischer Rechtsfragen, zu denen es in den Einzelheiten noch viel mehr zu sagen gäbe. Angesichts des Schwerpunktes dieser Arbeit soll es hier aber bei dem vorstehenden Abriss verbleiben.

7. „Helpline"/Hotline für Whistleblowing

Die Kontrollen seitens der Geschäftsleitung werden ergänzt durch einen „Informationsfluss ‚von unten' "[652] in Form einer Hotline (oder „Helpline"[653]), über die Arbeitnehmer Compliance-Verstöße ihrer Kollegen bei der Compliance-Abteilung anzeigen können. Hotlines haben sich nach Meinung von Praktikern bewährt,[654]

---

645 BAG v. 02.12.1999 – 2 AZR 724/98 = NZA 2001, 107 (108); *Reinhardt/Kaindl*, CB 2017, 210 (214); *Wybitul/Böhm*, RdA 2011, 362 (365).

646 *Böhm*, Non-Compliance, S. 104 f.; *Neufeld/Knitter*, BB 2013, 821 (824); *Wybitul/Böhm*, RdA 2011, 362 (365); andeutend *Dann/Schmidt*, NJW 2009 S. 1851 (1854); *Göpfert/Merten/Siegrist*, NJW 2008 S. 1703 (1708); *Krug/Skoupil*, NJW 2017, 2374 (2376); *Reinhardt/Kaindl*, CB 2017, 210 (214); *Spehl/Momsen/Grützner*, CCZ 2014, 170 (171); *Zimmer/Heymann*, BB 2010, 1853 (1854).

647 *Böhm*, Non-Compliance, S. 101; *Mengel*, Compliance, Kap. 4 Rn. 34; *Neufeld/Knitter*, BB 2013, 821 (823); *Reinhardt/Kaindl*, CB 2017, 210 (214); *Schürrle/Olbers*, CCZ 2010, 178;.

648 *Eufinger*, BB 2015, 1973 (1977) ; *Köhler/Häferer*, GWR 2015, 159 (160); *Neufeld/Knitter*, BB 2013, 821 (823); *Reinhardt/Kaindl*, CB 2017, 210 (214); *Vogel/Glas*, DB 2009, 1747 (1754).

649 *Böhm*, Non-Compliance, S. 98 ff.; *Eufinger*, BB 2015, 1973 (1977); *Bernhard/Bullinger*, CR 2016, 205 (206); *Dann/Schmidt*, NJW 2009 S. 1851 (1854); *Göpfert/Merten/Siegrist*, NJW 2008 S. 1703 (1708); *Köhler/Häferer*, GWR 2015, 159 (160); *Neufeld/Knitter*, BB 2013, 821 (823); *Reinhardt/Kaindl*, CB 2017, 210 (214); *Wybitul/Böhm*, RdA 2011, 362 (364 f.); *Zimmer/Heymann*, BB 2010, 1853 (1854); § 87 Abs. 1 Nr. 1 BetrVG bei internen Ermittlungen als Ausnahme ansehend *Krug/Skoupil*, NJW 2017, 2374 (2376).

650 *Wybitul/Böhm*, RdA 2011, 362 (363).

651 *Böhm*, Non-Compliance, S. 124 ff.; *Göpfert/Merten/Siegrist*, NJW 2008 S. 1703 (1708 f.); *Krug/Skoupil*, NJW 2017, 2374 (2376); *Wybitul/Böhm*, RdA 2011, 362 (366); *Zimmer/Heymann*, BB 2010, 1853 (1853); gegen solche wegen mangelnder Praxistauglichkeit aber *Wisskirchen/Glaser*, DB 2011, 1392 (1393).

652 *Böhm*, Non-Compliance, S. 58; *Maume/Haffke*, ZIP 2016, 199 (200)..

653 *Schmidt*, Compliance, S. 138; *U. Schneider*, ZIP 2003, 645 (650).

654 Vgl. etwa *Wisskirchen/Glaser*, DB 2011, 1392 (1392).

über 40 % aller deutschen Unternehmen unterhalten inzwischen derartige Systeme.[655] Denn meist erfahren zunächst nur die Kollegen von Verstößen.[656] Man spricht bei solchem „Verpfeifen" an unternehmensinterne Stellen von (internem) „Whistleblowing".[657] Davon zu trennen ist das externe Whistleblowing, bei dem Missstände im Unternehmen an externe Stellen (Staatsanwaltschaft, Presse etc.) gemeldet werden.[658] Schließlich gibt es auch den Fall, dass das Unternehmen einen Externen („Ombudsmann") zur Entgegennahme der Meldungen bestimmt,[659] was aber nur einen Unterfall des internen Whistleblowing darstellt.[660] Eine Verpflichtung der Kollegen, festgestellte Zuwiderhandlungen an Vorgesetzte oder andere interne Stellen zu melden, findet sich auch häufig in Compliance-Richtlinien.[661] Soweit die Richtlinien durch das amerikanische Recht inspiriert sind, erklärt sich das durch die dort bestehende Pflicht, ein internes Whistleblowing-System zu betreiben.[662] Aber auch im Übrigen dürfte das Interesse des Arbeitgebers, Compliance-Verstöße aufzudecken, auf der Hand liegen.[663] Die Meldungen an den Arbeitgeber haben sowohl den Zweck, drohende Verstöße abzuwenden, als

655 *Bubrowski*, FAZ Nr. 14 v. 17./18.01.2015, S. C2; *Larisch*, CCZ 2015, 193.

656 Rotsch/*Lehmann*, § 3 Rn. 76; vgl. zudem Inderst/Bannenberg/Poppe/*Inderst*/*Steiner*, S. 114 Rn. 59.

657 *Bock*, Compliance, S. 732; *Fahrig*, Verhaltenskodex, S. 85; *Köstner*, Compliance, S. 155, 160; *Leitner*, Ethik-Richtlinien, S. 222; *Rein*, Ethikrichtlinie, S. 30; Rotsch/*Rotsch*/*Wagner*, § 34 C. Rn. 10; *Schulz*, Ethikrichtlinien, S. 23, 144; *Triskatis*, Ethikrichtlinien, S. 66 f.; *Wagner*, Ethikrichtlinien, S. 36 f.; *Bürkle*, DB 2004, 2158; *Fahrig*, NJOZ 2010, 975 (976); *Gaschler*, CB 2018, 81 (83); *Maume*/*Haffke*, ZIP 2016, 199 (200); *Schulz*, BB 2011, 629 (630); *Steffen*/*Stöhr*, RdA 2017, 43 (48).

658 *Bock*, Compliance, S. 732; *Fahrig*, Verhaltenskodex, S. 85; *Köstner*, Compliance, S. 155; *Leitner*, Ethik-Richtlinien, S. 222; *Lelley*, Compliance, S. 179 Rn. 491; *Rein*, Ethikrichtlinie, S. 30; Rotsch/*Rotsch*/*Wagner*, § 34 C. Rn. 10; *Schulz*, Ethikrichtlinien, S. 23, 144 f.; *Triskatis*, Ethikrichtlinien, S. 67; *Wagner*, Ethikrichtlinien, S. 36; *Bürkle*, DB 2004, 2158; *Fahrig*, NJOZ 2010, 975 (976); *Maume*/*Haffke*, ZIP 2016, 199 (200); *Schulz*, BB 2011, 629 (630); *Steffen*/*Stöhr*, RdA 2017, 43 (48).

659 *Bock*, Compliance S. 739; *Fritz*, Compliance, S. 129 ff.; Inderst/Bannenberg/Poppe/*Inderst*/*Steiner*, S. 116 Rn. 68; *Moosmayer*, Compliance, Rn. 186; Rotsch/*Rotsch*/*Wagner*, § 34 C. Rn. 10; ders./*Moosmayer*, § 34 C. Rn. 101; *Schneider*, Compliance, S. 65; *Gaschler*, CB 2018, 81 (83); *Hjort*, AiB 2010, 262; *Maume*/*Haffke*, ZIP 2016, 199 (204); *Sieg*, FS Buchner, S. 868.

660 *Schulz*, BB 2011, 629 (630); vgl. Rotsch/*Rotsch*/*Wagner*, § 34C. Rn. 10; *Schneider*, Compliance, S. 65 f.; *Maume*/*Haffke*, ZIP 2016, 199 (204); a.A. wohl *Gaschler*, CB 2018, 81 (83).

661 So schon *Maume*/*Haffke*, ZIP 2016, 199 (199); siehe auch unten E. I. 7. a.

662 S.o. C. II. 1. e.

663 *Fahrig*, Verhaltenskodex, S. 95; *Lelley*, Compliance, S. 184 Rn. 511; vgl. auch *Strothmeyer*, Compliance, S. 83.

auch die Aufklärung bereits begangener Verstöße einzuleiten.[664] Ein geordnetes System in Form einer Hotline stellt dabei sicher, dass Reputationsschäden des Arbeitgebers durch ungeordnetes oder gar externes Whistleblowing minimiert werden.[665] Ebenfalls durch das US-Recht motiviert,[666] beinhalten viele Hotlines die Möglichkeit der anonymen Meldung.[667] Diese Anonymität ist allerdings in Deutschland nicht unumstritten.[668] Die Bedenken reichen dabei von praktischen Aspekten (Erschwerung der Ermittlung, etwa wegen mangelnder Möglichkeit, Rückfragen zu stellen[669]) bis hin zu Zweifeln an der Rechtsstaatlichkeit anonymer Meldungen[670] und Denunziantentum.[671] Es lassen sich auch falsche Verdächtigungen bei Anonymität schwerer bis gar nicht zurückverfolgen.[672] So wurde etwa über Falschmeldungen aus Konkurrenz unter Arbeitnehmern berichtet.[673] Andererseits ist auch nicht von der Hand zu weisen, dass sich ein nicht anonym agierender Whistleblower schnell Ausgrenzung und Repressalien ausgesetzt sieht.[674]

---

664 *Schneider*, Compliance, S. 62 f.; *Strothmeyer*, Compliance, S. 76; *Wagner*, Ethikrichtlinien, S. 37; vgl. zudem Rotsch/*Moosmayer*, § 34 C. Rn. 98; *Köstner*, Compliance, S. 160.

665 *Bock*, Compliance, S. 735; *Schneider*, Compliance, S. 65; *Schulz*, Ethikrichtlinien, S. 26 f.; *Bürkle*, DB 2004, 2158 (2159, 2161); vgl. auch *Böhm*, Non-Compliance, S. 84; *Köstner*, Compliance, S. 33, 159 f.; *Dzida*, wiedergegeben bei *Bubrowski*, FAZ Nr. 14 v. 17./18.01.2015, S. C2; *Larisch*, CCZ 2015, 193.

666 S.o. C. II. 1. e.

667 Inderst/Bannenberg/Poppe/*Rieder*, S. 32 Rn. 64; dies./*Inderst*, S. 135 Rn. 37; Rotsch/*Rotsch/Wagner*, § 34 C. Rn. 75; *Hemeling*, CCZ 2010, 21 (24); *Larisch*, CCZ 2015, 193;; *Maume/Haffke*, ZIP 2016, 199 (203).

668 Inderst/Bannenberg/Poppe/*Rieder*, S. 32 Rn. 64; *Hemeling*, CCZ 2010, 21 (24); *Larisch*, CCZ 2015, 193.

669 *Bock*, Compliance, S. 738; Rotsch/*Rotsch/Wagner*, § 34 C. Rn. 71, 88; *Mahnhold*, NZA 2008, 737 (740).

670 Es werden immer wieder historische Parallelen zu NS- und DDR-Zeit betont, vgl. nur *Schulz*, Ethikrichtlinien, S. 23 f.; *Sieg*, FS Buchner, S. 866; *Mahnhold*, NZA 2008, 737; *Rosbach*, CCZ 2008, 101 (104); vgl. auch Rotsch/*Moosmayer*, § 34 C. Rn. 104; kritisch *Bock*, Compliance, S. 734.

671 MüHdbArbR/*Reichold*, § 49 Rn. 11; Rotsch/*Moosmayer*, § 34 C. Rn. 104; *Schneider*, Compliance, S. 71; *Schulz*, Ethikrichtlinien, S. 23 f.; *Sieg*, FS Buchner, S. 866; *Strothmeyer*, Compliance, S. 82; *Bubrowski*, FAZ Nr. 14 v. 17./18.01.2015, S. C2; *Däubler*, dbr 2005, 25 (26); *Hauschka/Greeve*, BB 2007, 165 (172); *Hemeling*, CCZ 2010, 21 (24); *Hussain*, CCZ 2011, 134 (137); *Lassmann*, AiB 2010, 447 (448; 451); *Rodewald/Unger*, BB 2007, 1629 (1630); *Wisskirchen/Körber/Bissels*, BB 2006, 1567 (1569); kritisch dazu *Larisch*, CCZ 2015, 193.

672 *Fahrig*, Verhaltenskodex, S. 105; Rotsch/*Moosmayer*, § 34 C. Rn. 104; *Wagner*, Ethikrichtlinien, S. 128; *Wisskirchen/Körber/Bissels*, BB 2006, 1567 (1569); vgl. auch *Köstner*, Compliance, S. 164.

673 *Wybitul*, wiedergegeben bei *Bubrowski*, FAZ Nr. 14 v. 17./18.01.2015, S. C2.

674 *Bock*, Compliance, S. 735; *Köstner*, Compliance, S. 163; *Berndt/Hoppler*, BB 2005, 2623 (2628, 2629); vgl. auch Inderst/Bannenberg/Poppe/*Rieder*, S. 32 f. Rn. 64; dies./*Inderst*,

Hinzu kommt die relative Seltenheit echter Falschmeldungen in der Praxis.[675] Denunziantentum kann auch dadurch entgegengewirkt werden, dass im Betrieb bekanntgegeben wird, wenn sich ein bestimmter anonymer Vorwurf als falsch herausgestellt hat.[676]

Außerdem ist es geboten, dem Arbeitnehmer eine formalisierte Möglichkeit der Meldung von Verstößen zu geben. Denn unter Umständen ist dieser hierzu sogar arbeitsrechtlich verpflichtet, etwa soweit die Meldung erforderlich ist, bedeutende Schäden von Rechtsgütern des Arbeitgebers abzuwenden.[677] Aus § 241 Abs. 2 BGB folgt eine Schadensabwendungspflicht des Arbeitnehmers.[678] Es besteht somit in Deutschland jedenfalls eine partielle Pflicht zum internen Whistleblowing. Eine allgemeine, vom Drohen erheblicher Schäden unabhängige Meldepflicht gibt es allerdings für „normale" Arbeitnehmer nicht.[679] Für leitende Angestellte[680] oder auch Compliance-Beauftragte[681] ergeben sich dagegen aus dem Arbeitsverhältnis regelmäßig erweiterte Meldepflichten.

Der Betrieb einer Whistleblowing-Hotline begegnet andererseits aber auch einigen rechtlichen Bedenken. Zum einen stellt sich, gerade wenn auch Selbstanzeige gefordert wird,[682] das Problem des nemo tenetur.[683] Des Weiteren stellen

---

S. 111 Fn. 13; Rotsch/*Rotsch/Wagner*, § 34 C. Rn. 20; *Maume/Haffke*, ZIP 2016, 199 (203); *Larisch*, CCZ 2015, 193; zu Praxisbeispielen *Heidemann/Hüsemann*, AiB 2012, 640 (641).

675 *Fissenewert*, Compliance, § 6 Rn. 50; *Larisch*, CCZ 2015, 193.

676 *Lakner*, CB 2014, 118 (123).

677 BAG, Urt. v. 03.07.2003 – 2 AZR 235/02 = NZA 2004, 427 (429); *Böhm*, Non-Compliance, S. 163; Grobys/Panzer-Heemeier/*Mengel*, Whistleblowing Rn. 3; MüHdbArbR/*Reichold*, § 49 Rn. 8; Rotsch/*Rotsch/Wagner*, § 34 C. Rn. 46; *Schneider*, Compliance, S. 107; *Schulz*, Ethikrichtlinien, S. 173; *ders.*, BB 2011, 629 (634); *Eufinger*, DB 2016, 471 (475); *Gaschler*, CB 2018, 81 (84 f.).

678 ErfK/*Preis*, § 611a Rn. 744; *Fahrig*, Verhaltenskodex, S. 87 f.; Grobys/Panzer-Heemeier/*Mengel*, Whistleblowing Rn. 3; Grobys/Panzer-Heemeier/*Altenburg*, Nebenpflichten, Rn. 12; Moll/*Reinfeld*, § 33 Rn. 33 f.; *Strothmeyer*, Compliance, S. 77 ff.; *Hjort*, AiB 2010, 262; zum Whistleblowing als Ausprägung der Schadensabwendungspflicht auch *Schneider*, Compliance, S. 107 f.; Rotsch/*Rotsch/Wagner*, § 34 C. Rn. 46.

679 *Fahrig*, Verhaltenskodex, S. 88; *Rein*, Ethikrichtlinie, S. 145; *Schneider*, Compliance, S. 107 f.; *Hjort*, AiB 2010, 262; *Steffen/Stöhr*, RdA 2017, 43 (49); vgl. auch Rotsch/*Rotsch/Wagner*, § 34 C. Rn. 49.

680 BAG, Urt. v. 18.06.1970 – 1 AZR 520/69 = NJW 1970, 1861; *Böhm*, Non-Compliance, S. 148; *Rein*, Ethikrichtlinie, S. 145; *Mahnhold*, NZA 2008, 737 (739); *Moosmayer*, Compliance, Rn. 188; *Weber*, Compliance, S. 79; *Mengel/Ulrich*, NZA 2006, 240 (243).

681 *Böhm*, Non-Compliance, S. 149; *Schmidt*, Compliance, S. 156; *Gaschler*, CB 2018, 81 (83); *Illing/Umnuß*, CCZ 2009, 1 (5); *Raus/Lützeler*, CCZ 2012, 96 (100); vgl. auch die Beispiele bei MüHdbArbR/*Reichold*, § 49 Rn. 8; wohl auch *Dann/Mengel*, NJW 2010, 3265 (3267).

682 Rotsch/*Rotsch/Wagner*, § 34 C. Rn. 48; vgl. zudem *Wagner*, Ethikrichtlinien, S. 37.

683 Vgl. zum Problem des „nemo tenetur im Arbeitsrecht" oben C. II. 6. a.

sich Fragen des Datenschutzes und der betrieblichen Mitbestimmung.[684] Die Frage der Mitbestimmung am internen Whistleblowing ist inzwischen höchstrichterlich geklärt. Das BAG entschied, dass eine Whistleblowing-Hotline der Mitbestimmung des Betriebsrats nach § 87 Nr. 1 BetrVG unterliegt.[685] Eine Whistleblowing-Klausel in der Compliance-Richtlinie, entschied das BAG des Weiteren, die zur Meldung von Verstößen gegen die sonstigen Inhalte der Richtlinie verpflichtet, bewirkt aber nicht im Sinne einer „Klammerwirkung", dass sich die Mitbestimmung automatisch auf die gesamte Richtlinie erstreckte, vielmehr sei die Frage der Mitbestimmung für jede Klausel einzeln zu prüfen.[686]

Beim Whistleblowing findet – ebenso wie bei internen Ermittlungen[687] – eine Datenverarbeitung gem. § 46 Nr. 2 BDSG n.F. und § 4 Nr. 2 DSG-VO statt.[688] § 26 Abs. 1 BDSG n.F. muss also beachtet werden.[689] Beim anonymen Whistleblowing werden zwar keine Daten des Whistleblowers, aber immer noch solche des Angezeigten erhoben und gespeichert.[690] Eine Datenverarbeitung ist demnach zulässig, soweit sie der Durchführung oder Beendigung des Beschäftigungsverhältnisses dient (§ 26 Abs. 1 S. 1 BDSG n.F.). Das ist insoweit der Fall, als die Anzeigepflicht aus § 241 Abs. 2 BGB greift.[691]

Geht das Whistleblowing aber über diese hinaus, werden die Daten des Angezeigten nach Ansicht *Fahrigs* nicht zur Abwicklung seines Arbeitsverhältnisses benötigt, sondern allein um gegen diesen Sanktionen verhängen und die Compliance-Regeln durchsetzen zu können.[692] Daher sei § 28 Abs. 1 S. 1 Nr. 2 BDSG

684 Siehe nur *Mengel*, Compliance, Kap. 7 Rn. 37 ff.; *dies.*, CCZ 2008, 85 (88) sowie jüngst Rotsch/*Rotsch/ Wagner*, § 34 C. Rn. 68 ff., 95.

685 BAG, Beschl. v. 22.07.2008 – 1 ABR 40/07 = NZA 2008, 1248 (1253) [Honeywell]; vgl. u. F. II. 2. b.

686 BAG, Beschl. v. 22.07.2008 – 1 ABR 40/07 = NZA 2008, 1248 (1253) [Honeywell]; vgl. u. F. II. 2. b.

687 S.o. C. II. 6. b.

688 *Gaschler*, CB 2018, 81 (87); so schon zur Rechtslage vor der BDSG-Reform *Fahrig*, Verhaltenskodex, S. 102 f.; *Köstner*, Compliance, S. 179; *Schulz*, Ethikrichtlinien, S. 191, f.; *Sieg*, FS Buchner, S. 866 f.; *Strothmeyer*, Compliance, S. 84; *Behrendt/ Kaufmann*, CR 2006, 642 (644); *Groß/Platzer*, NZA 2017, 1097 (1101); *Maume/ Haffke*, ZIP 2016, 199 (203); *Reufels/Deviard*, CCZ 2009, 201 (206); *Schmidl*, DuD 2006, 353 (354); *Wisskirchen/Körber/Bissels*, BB 2006, 1567 (1568); vgl. *Schemmel/ Ruhmannseder/ Witzigmann*, Hinweisgebersysteme, S. 237 Rn. 16.

689 *Gaschler*, CB 2018, 81 (83); zur alten Rechtslage bereits *Fahrig*, Verhaltenskodex, S. 103; *Reufels/Deviard*, CCZ 2009, 201 (206); offen lassend zwischen § 32 Abs. 1 BDSG und § 28 Abs. 1 S. 1 Nr. 2 BDSG *Groß/Platzer*, NZA 2017, 1097 (1101).

690 *Köstner*, Compliance, S. 179; *Schneider*, Compliance, S. 69; *Schmidl*, DuD 2006, 353 (354).

691 *Gaschler*, CB 2018, 81 (87); so schon zur alten Rechtslage *Fahrig*, Verhaltenskodex, S. 103; Rotsch/*Rotsch/ Wagner*, § 34 C. Rn. 69; *Schulz*, Ethikrichtlinien, S. 197 ff.

692 *Fahrig*, Verhaltenskodex, S. 104.

a.F. einschlägig[693] (jetzt: Art. 6 Abs. 1 lit. f. DSG-VO[694]). Art. 6 Abs. 1 lit. f. DSG-VO erlaubt die Datenverarbeitung, soweit ein berechtigtes Interesse des Arbeitgebers vorliegt und kein schutzwürdiges Interesse des Betroffenen besteht. Erforderlich ist also eine Interessenabwägung im Einzelfall.[695] Das Interesse von dem US-Recht unterfallenden Unternehmen, in den USA von Sanktionen frei zu bleiben, überwiegt aber in aller Regel.[696]

Die Gegenansicht will auch über § 241 Abs. 2 BGB hinaus gehendes Whistleblowing an § 26 Abs. 1 S. 2 BDSG messen.[697] Zur Aufdeckung von Straftaten dürfen nach § 26 Abs. 1 S. 2 BDSG personenbezogene Daten eines Beschäftigten nur dann erhoben werden, wenn Tatverdacht besteht, die Erhebung erforderlich ist und schutzwürdige Interessen des Beschäftigten nicht überwiegen. An der bloßen Erhebung der Daten hat der Arbeitgeber in aller Regel ein überwiegendes Interesse am Schutz seiner Rechtgüter aus Art. 14 Abs. 1 GG, da mit Straftaten oft Vermögensschäden einhergehen.[698] Im Übrigen ist auch hier das US-Recht als berechtigtes Interesse anzuerkennen.[699]

Die letztere Ansicht verkennt, dass Whistleblowing nicht nur der Aufdeckung von Straftaten dient, sondern auch von zivil- und öffentlich-rechtlichen Rechtsverstößen,[700] für die § 26 Abs. 1 S. 2 BDSG nicht einschlägig ist. Insoweit ist § 28 Abs. 1 S. 1 Nr. 2 BDSG (jetzt: Art. 6 Abs. 1 lit. f. DSG-VO[701]) weiterhin der Maßstab.[702]

Von der Whistleblowing-Hotline zu trennen ist eine Hotline der Compliance-Abteilung, über die Mitarbeiter der Compliance-Abteilung Fragen zu Compliance-Themen stellen können.[703] Der Mitarbeiter soll dadurch im Vorfeld einer Handlung

693 *Fahrig*, Verhaltenskodex, S. 104.

694 *Groß/Platzer*, NZA 2017, 1097 (1102).

695 *Schulz*, Ethikrichtlinien, S. 199; Simits/*Simitis*, § 28 BDSG Rn. 125.

696 *Fahrig*, Verhaltenskodex, S. 104; *Mengel*, CCZ 2008, 85 (90); zur EU-Datenschutzrichtlinie *Nezmeskal-Berggötz*, CCZ 2009, 209 (212 f.); *Wisskirchen/Körber/Bissels*, BB 2006, 1567 (1569).

697 Vgl. ErfK/*Franzen*, § 32 BDSG Rn. 3, 22.

698 Vgl. *Schmidt*, Compliance, S. 217.

699 Vgl. *Behrendt/Kaufmann*, CR 2006, 642 (646): „im Rahmen des BDSG anzuerkennendes Interesse".

700 Hauschka/*Schmidl*, § 28 Rn. 339 f.; Rotsch/*Rotsch/Wagner*, § 34 C. Rn. 5; wohl auch *Köstner*, Compliance, S. 184; für Verletzungen des Arbeitsvertrags als Hauptmeldegegenstand *Schemmel/Ruhmannseder/Witzigmann*, Hinweisgebersysteme, S. 255 Rn. 71.

701 *Groß/Platzer*, NZA 2017, 1097 (1102).

702 Zur Anwendbarkeit von Art 6 DSG-VO *Ströbel/Böhm/Breunig/Wybitul*, CCZ 2018, 14 (18f.); analog schon vor der BDSG-Reform *Köstner*, Compliance, S. 184 f.; allgemein – ohne Bezug zum Whistleblowing – ebenso ErfK/*Franzen*, § 32 BDSG Rn. 4; § 28 BDSG Rn. 2.

703 *Bock*, Compliance, S. 732; Dieners/*Dieners/Lembeck*, Kap. 7 D. Rn. 54; Krieger/Schneider/*Kremer/Klahold*, § 25 Rn. 25.39; *Lelley*, Compliance, S. 64 Rn. 142.

erfragen können, ob diese in Einklang mit allen Regeln steht.[704] Diese Hotline dient aber gerade nicht der Meldung von Verstößen.[705]

8. Fazit

Der vorstehende Abschnitt hat gezeigt, dass die Compliance-Richtlinie kein allein stehendes Instrument ist, sondern sich in eine sehr umfangreiche Gesamtthematik einfügt. Diese Zusammenhänge gilt es stets zu beachten, wenn im Folgenden die Richtlinien näher beleuchtet werden. Es handelt sich hier auch nicht um eine allein arbeitsrechtliche Problemstellung. Vielmehr handelt es sich um die arbeitsrechtliche Vollstreckung von Compliance, deren Kern eher im Kapitalmarkt- und Gesellschaftsrecht zu sehen ist.

704 *Lelley*, Compliance, S. 64 Rn. 142.
705 *Lelley*, Compliance, S. 64 Rn. 142.

D. Interesse des Arbeitgebers an der Implementierung von Compliance-Richtlinien

Nach der Klarstellung, auf welcher rechtlichen Grundlage ein CMS steht und woraus es besteht, fragt sich anschließend, weshalb Unternehmen speziell an der Einführung einer Compliance-Richtlinie interessiert sind. Dafür gibt es zwei Kategorien von Gründen: Zum einen muss das Unternehmen in bestimmten Bereichen einer Rechtspflicht zur Einführung gewisser Regeln nachkommen. Zum anderen spielen naturgemäß wirtschaftliche Kriterien eine Rolle.

I. Rechtsgrundlagen von Compliance-Richtlinien

Nachdem zuvor bereits ein Überblick über die – sporadischen – Rechtsgrundlagen eines CMS gegeben wurde,[706] soll nunmehr dargestellt werden, welche Rechtsgrundlagen es für die Einführung von Compliance-Richtlinien gibt. Vorab sei dabei aber schon der Hinweis gegeben, dass es in Deutschland keine explizite Pflicht zur Einführung von Compliance-Richtlinien gibt.[707] Es gibt aber Normen, die mit der Einführung von Compliance-Richtlinien in Zusammenhang stehen. Diese sollen nachfolgend aufgezeigt und dargestellt werden.

1. Spezialregeln der Finanzbranche

Zu der ordnungsgemäßen Geschäftsorganisation nach § 25a Abs. 1 S. 1 KWG gehört auch die schriftliche Fixierung von Richtlinien.[708] Das geht aus dem Rundschreiben 09/2017 der BaFin („MaRisk")[709] hervor, welches den § 25a Abs. 1 KWG insoweit konkretisiert.[710] Nach den MaRisk sollen diese Richtlinien auch Compliance-Themen regeln.[711] Die MaRisk fordern damit zur Einführung einer

---

706 S.o. C. II. 1.

707 *Böhm*, Non-Compliance, S. 62; *Fahrig*, Verhaltenskodex, S. 46 f.; *Kagan*, Ethikrichtlinien, S. 37; *Lelley*, Compliance, S. 53 Rn. 105; *Rein*, Ethikrichtlinie, S. 25; *Triskatis*, Ethikrichtlinien, S. 62; *Willemsen*, Ethikrichtlinien, S. 21; *Fahrig*, NJOZ 2010, 975.

708 Boos/Fischer/Schulte-Mattler/*Braun*, § 25a KWG Rn. 381 ff.; *Schulz*, Ethikrichtlinien, S. 43.

709 Rundschreiben 09/2017 (BA) – Mindestanforderungen an das Risikomanagement – MaRisk, abrufbar unter https://www.bafin.de/SharedDocs/Veroeffentlichungen/DE/Rundschreiben/2017/rs_1709_marisk_ba.html [zuletzt abgerufen am 31.08.2018]

710 Boos/Fischer/Schulte-Mattler/*Braun*, § 25a KWG Rn. 68; vgl. auch *Dürselen/Schulte-Mattler*, WM 2018, 1237 (1237).

711 MaRisk AT 5 Nr. 3 e).

Compliance-Richtlinie auf.[712] Zwar haben die MaRisk selbst keine Gesetzesqualität, sondern geben vielmehr nur die Rechtsauffassung der BaFin wieder.[713] Doch wird aus obiger Empfehlung jedenfalls deutlich, dass die Einführung einer Compliance-Richtlinie eine Möglichkeit darstellt, um der Pflicht des § 25a Abs. 1 S. 1 KWG nachzukommen.[714]

Auch wenn § 33 Abs. 1 S. 2 Nr. 1 WpHG a.F. eine Compliance-Funktion forderte, so lag darin keine Pflicht, eine Compliance-Richtlinie einzuführen.[715] Vielmehr war dem Wertpapierdienstleistungsinstitut im Grundsatz freigestellt, in welcher Form es seiner Compliance-Pflicht nachkommt.[716] Auch hier war aber die Richtlinie eine Möglichkeit, der gesetzlichen Anforderung zu entsprechen.[717] So kann der Arbeitgeber sie nutzen, um die Mitarbeiter, wie § 33 Abs. 1 S. 2 Nr. 1 WpHG a.F. es verlangte,[718] über die von ihnen bei der Arbeit zu beachtenden Compliance-Regeln aufzuklären.[719] Da Art. 22 Abs. 2 lit. b) Delegierten Verordnung (EU) 2017/565 inhaltlich die gleiche Pflicht regelt,[720] gilt das Vorgesagte weiterhin. Nach § 33b Abs. 4 Nr. 1 WpHG a.F. (jetzt: Art. 29 Abs. 5 lit. a) Delegierten Verordnung (EU) 2017/565[721]) muss das Unternehmen die Mitarbeiter zudem über bestehende Insiderhandelsverbote aufklären. Auch hierzu ist die Compliance-Richtlinie eine von mehreren geeigneten Lösungen.[722]

Art. 29 Abs. 1 Delegierten Verordnung (EU) 2017/565 (vormals § 33 Abs. 1 S. 2 Nr. 3 WpHG a.F.) verlangt, auf Dauer wirksame Vorkehrungen für angemessene Maßnahmen zu treffen, um Interessenkonflikte bei der Erbringung von Wertpapierdienstleistungen zu erkennen und eine Beeinträchtigung der Kundeninteressen zu vermeiden. Das beinhaltet noch keine Pflicht zur Einführung einer Richtlinie.[723]

---

712 *Dürselen/Schulte-Mattler*, WM 2018, 1237 (1240).

713 Boos/Fischer/Schulte-Mattler/*Braun*, § 25a KWG Rn. 80; *Dürselen/Schulte-Mattler*, WM 2018, 1237 (1237).

714 So im Ergebnis auch *Köstner*, Compliance, S. 50 f.; *Leitner*, Ethik-Richtlinien, S. 48; *Schulz*, Ethikrichtlinien, S. 43; *Triskatis*, Ethikrichtlinien, S. 55.

715 *Schulz*, Ethikrichtlinien, S. 43; a.A. *Mengel/Hagemeister*, BB 2006, 2466 (2467).

716 Ebenroth/Boujong/Joost/Strohn/*Grundmann*, § 33 WpHG Rn. VI299.

717 Ebenroth/Boujong/Joost/Strohn/*Grundmann*, § 33 WpHG Rn. VI302, VI309; *Kagan*, Ethikrichtlinien, S. 39; *Leitner*, Ethik-Richtlinien, S. 48; *Schulz*, Ethikrichtlinien, S. 43; Schwark/Zimmer/*Fett*, § 33 Rn. 9, 11; *Triskatis*, Ethikrichtlinien, S. 55; noch in Bezug auf die alte „Compliance-Richtlinie“ der BaFin *Willemsen*, Ethikrichtlinien, S. 20; *Schuster/Darsow*, NZA 2005, 273 (275).

718 Schwark/Zimmer/*Fett*, § 33 Rn. 9; vgl. auch BT 1.2.1. MaComp.

719 *Boldt*, Ethikregeln, S. 31; Schwark/Zimmer/*Fett*, § 33 Rn. 9; vgl. auch *Köstner*, Compliance, S. 52.

720 *Fink*, CB 2018, 133 („keine wirklichen Neuerungen“); vgl. auch BT-Drs. 18/10936, S. 240.

721 Zur inhaltlichen Übereinstimmung BT-Drs. 18/10936, S. 243.

722 Kümpel/*Rothenhöfer*, Rn. 3.417 ff.; Schwark/Zimmer/*Fett*, § 33b Rn. 18.

723 a.A. wohl Kümpel/*Rothenhöfer*, Rn. 3.356.

Allerdings verlangt Art. 34 Abs. 1 Delegierten Verordnung (EU) 2017/565 (vormals § 12 Abs. 2 S. 1 WpDVerOV a.F.), angemessene Grundsätze für den Umgang mit Interessenkonflikten auf einem dauerhaften Datenträger festzulegen. Diese Grundsätze sind ein Teil der Compliance-Richtlinien in Wertpapierdienstleistungsunternehmen.[724] Insofern existiert hier eine Teil-Pflicht zur Einführung von Richtlinienklauseln.

Davon abgesehen bleibt aber festzuhalten, dass selbst Finanzdienstleister nicht zur Einführung einer Compliance-Richtlinie verpflichtet sind, diese aber nutzen können, um allgemeinere Rechtspflichten zu erfüllen.

2. § 130 OWiG und Legalitätspflicht

Sowohl die Legalitätspflicht, als auch die Organisationspflicht nach § 130 OWiG sind sehr allgemein gehalten. Die Unternehmen sind grds. frei in der Gestaltung, wie sie in ihrem Bereich die Einhaltung aller geltenden Regeln sicherstellen.[725] Letztlich lässt sich daher weder aus der Legalitätspflicht, noch aus § 130 OWiG eine Pflicht zur Einführung von Compliance-Richtlinien ableiten.[726] Allerdings ist die Minimierung der Haftungsrisiken aus diesen beiden Regelungsbereichen für die Unternehmensführung ein Anreiz, zum Richtlinienerlass.[727] Denn die Legalitätspflicht umfasst auch die Pflicht, durch organisatorische Maßnahmen die Einhaltung der geltenden Gesetze sicherzustellen.[728] Die Richtlinie ist ein Schritt in diese Richtung, da sie Arbeitnehmer ja u.a. auch hierzu ermahnt.[729] Ebenso fordert § 130 OWiG Aufsichtsmaßnahmen zur Verhinderung von Straftaten und Ordnungswidrigkeiten im Unternehmen, wobei die genaue Wahl der richtigen Maßnahme im Einzelfall wiederum dem Unternehmer obliegt.[730] Näheres lässt sich aus Spezialnormen, aus Gerichtsentscheidungen und aus allgemeinen Grundsätzen ableiten.[731] So gehört zur gehörigen Aufsicht auch, die Mitarbeiter kontinuierlich über zu beachtende Rechtsnormen genau zu unterrichten.[732] Auch muss er

---

724 Kümpel/*Rothenhöfer*, Rn. 3.356; Schimansky/Bunte/Lwowski/*Faust*, § 109 Rn. 129b.

725 S.o. C. II. 1. b. und c.

726 *Lelley*, Compliance, S. 53 Rn. 105; *Schneider*, Compliance, S. 54 f.; *Triskatis*, Ethikrichtlinien, S. 52, 57; *Wagner*, Ethikrichtlinien, S. 21 ff.; *Steffen/Stöhr*, RdA 2017, 43 (45).

727 *Lelley*, Compliance, S. 53 Rn. 105; vgl. auch Rotsch/*Bock*, § 8 Rn. 30; zur Legalitätspflicht *Fahrig*, Verhaltenskodex, S. 55; zu § 130 OWiG *Boldt*, Ethikregeln, S. 31 Fn. 105; *Fahrig*, Verhaltenskodex, S. 57; *Fruck*, Compliance, S. 98 f.; *Schneider*, Compliance, S. 54 f.

728 S.o. C. II. 1. b.

729 *Fruck*, Compliance, S. 99; siehe auch schon oben E. I. 3. g.

730 Rotsch/*Bock*, § 8 Rn. 23; siehe auch schon oben C. II. 1. b.

731 Krenberger/Krumm/*Bohnert/Krenberger/Krumm*, § 130 Rn. 17.

732 OLG Düsseldorf, Urt. v. 05.04.2006 – 2 Kart 5, 6/05 = BeckRS 2007, 00379, Beschl. v. 22.05.1990 – 2 Ss (OWi) 144/90 – 28/90 III = wistra 1991, 38 (39), Hauschka/*Pelz*,

die Einhaltung aller Regeln überwachen,[733] wozu etwa internes Whistleblowing in Betracht kommt.[734] Letztlich bleibt aber offen, in welcher Form das Unternehmen diesen Pflichten nachkommt.[735] Eine Compliance-Richtlinie kann dem dienen, ist dazu aber nicht erforderlich.[736]

Ähnlich verhält es sich mit der gesellschaftsrechtlichen Legalitätspflicht. Bereits oben wurde erläutert, dass diese der Unternehmensleitung ein weites Ermessen einräumt.[737] Zwar sollen auch hiernach die Mitarbeiter über Compliance geschult und bezüglich ihrer Regeltreue überwacht werden.[738] Doch wie bei § 130 OWiG bedeutet das keine ausdrückliche Pflicht zur Einführung einer Compliance-Richtlinie.[739] Die Einführung einer Compliance-Richtlinie ist damit nur ein Weg, den gesetzlichen Anforderungen und Haftungsrisiken zu entgehen.[740]

Auch der DCGK enthält keine Empfehlung zur Einführung einer Compliance-Richtlinie.[741] Auch die Erwähnung der „unternehmensinternen Richtlinien“ in Ziff. 4.3.1. DCGK ändert daran nichts.[742] Im Übrigen braucht dem aber schon deshalb nicht näher nachgegangen werden, weil der DCGK ohnehin nicht rechtsverbindlich ist.[743]

---

§ 5 Rn. 23; KK-OWiG/*Rogall*, § 130 Rn. 43; Rotsch/*Bock*, § 8 Rn. 29; *Schmidt*, Compliance, S. 70; *Wagner*, Ethikrichtlinien, S. 22.

733 BGH, Beschl. v. 25.06.1985 – KRB 2/85 (KG) = NStZ 1986, 34 [„Brückenbau Hopener Mühlenbach“]; OLG Düsseldorf, Urt. v. 05.04.2006 – 2 Kart 5, 6/05 = BeckRS 2007, 00379; KG Berlin, Beschl. v. 31.10.2001 – 2 Ss 223/00 – 5 Ws (B) 784/00, 2 Ss 223/00, 5 Ws (B) 784/00 –; Krenberger/Krumm/*Bohnert/Krenberger/Krumm*, § 130 Rn. 20; KK-OWiG/*Rogall*, § 130 Rn. 42; Rotsch/*Bock*, § 8 Rn. 32. ff.; *Schmidt*, Compliance, S. 70; *Triskatis*, Ethikrichtlinien, S. 56; *Pampel*, BB 2007, 1636 (1637).

734 *Triskatis*, Ethikrichtlinien, S. 56; im Ergebnis ebenso *Bussmann/Matschke*, CCZ 2009, 132 (136); vgl. auch Rotsch/*Bock*, § 8 Rn. 39.

735 Kritisch hierzu *Blassl*, CCZ 2016, 201 (202).

736 *Leitner*, Ethik-Richtlinien, S. 51 f.; *Triskatis*, Ethikrichtlinien, S. 56 f.; ähnlich *Wagner*, Ethikrichtlinien, S. 22; *Lelley*, Compliance, S. 53 Rn. 105; vgl. auch *Pampel*, BB 2007, 1636 (1637); vgl. auch Rotsch/*Bock*, § 8 Rn. 23, 30.

737 S.o. C. II. 1. b.

738 Hölters/*Hölters*, § 93 Rn. 64 f., 96, 102, 107; Kremer/Bachmann/Lutter/v. Werder/*Bachmann/Kremer*, Rn. 847, 849.

739 *Triskatis*, Ethikrichtlinie, S. 53; *Wagner*, Ethikrichtlinien, S. 23.

740 *Lelley*, Compliance, S. 53 Rn. 105; bzgl. der Legalitätspflicht *Fahrig*, Verhaltenskodex, S. 54 f.; *Fleischer*, NZG 2014, 321 (324); bzgl. § 130 OWiG *Strothmeyer*, Compliance, S. 167; *Triskatis*, Ethikrichtlinien, S. 57.

741 *Fahrig*, Verhaltenskodex, S. 39; *Kagan*, Ethikrichtlinien, S. 37 f.; Kremer/Bachmann/Lutter/v. Werder/*Bachmann/Kremer*, Rn. 838, 813; *Wagner*, Ethikrichtlinien, S 24.

742 Kremer/Bachmann/Lutter/v. Werder/*Bachmann/Kremer*, Rn. 838, 813; *Wagner*, Ethikrichtlinien, S 24; vgl. auch *Kagan*, Ethikrichtlinien, S. 38 Fn. 100; a.A. *Timmerbeil/Spachmüller*, CB 2013, 221 (223).

743 S.o. C. II. 1. b.

Ebenso scheidet § 289a Abs. 1 S. 1, Abs. 2 Nr. 2 HGB als Rechtsgrundlage aus, weil die Meldepflicht nach dieser Norm nur solche Maßstäbe umfasst, zu denen das Unternehmen nach deutschem Recht gerade nicht verpflichtet ist.[744]

3. § 12 AGG

Eine weitere Rechtsgrundlage von Compliance-Richtlinien kann § 12 AGG sein. Nach § 12 Abs. 1 S. 1 AGG ist der Arbeitgeber verpflichtet, die erforderlichen Maßnahmen zum Schutz vor Benachteiligungen wegen eines in § 1 AGG genannten Grundes zu treffen. § 1 AGG spricht von Benachteiligungen aus Gründen der Rasse oder wegen der ethnischen Herkunft, des Geschlechts, der Religion oder Weltanschauung, einer Behinderung, des Alters oder der sexuellen Identität. Compliance-Richtlinien enthalten oft Klauseln, nach denen Benachteiligungen wegen der genannten Merkmale unzulässig sein sollen.[745] Doch genügt schon der Erlass einer solchen Klausel als vorbeugende Maßnahme nach § 12 Abs. 1 S. 2 AGG? Das AGG gibt nicht ausdrücklich vor, welche Maßnahmen der Arbeitgeber zu ergreifen hat, diesem kommt vielmehr ein Beurteilungsspielraum zu.[746] Allerdings soll der Arbeitgeber nach § 12 Abs. 2 S. 1 AGG auf die Unzulässigkeit von Benachteiligungen hinweisen. Hat der Arbeitgeber seine Beschäftigten in geeigneter Weise zum Zwecke der Verhinderung von Benachteiligung geschult, so gilt nach § 12 Abs. 2 S. 2 AGG seine Pflicht aus Abs. 1 als erfüllt. Wann der Arbeitgeber „geschult" hat, ist wiederum auslegungsbedürftig. *Schneider/Sittard* argumentieren, das Wort „geschult" sei in Abgrenzung zu dem Wort „Schulung" dahingehend zu verstehen, dass gerade keine Lehrveranstaltung erfolgen müsse. Vielmehr genüge eine Wissensvermittlung gleich welcher Art über die Grundgedanken des AGG.[747] Allerdings müsse der Arbeitgeber sicherstellen und nachweisen können, dass alle Arbeitnehmer die entsprechenden Inhalte erhalten, zur Kenntnis genommen, verstanden und sich zu eigen gemacht haben.[748] Zudem müssten diese Fragen zu den Klauseln stellen können.[749] Von den übrigen Inhalten der Richtlinie müsste die Klausel zu den Themen des AGG als solche hervorgehoben werden.[750] Inhaltlich müsse die Klausel die verpönten Merkmale des § 1 AGG benennen, Benachteiligungen gem. § 3 AGG verbieten und für den Fall von Verstößen Sanktionen androhen.[751] Werde aber all dies beachtet, könne der Arbeitgeber über § 12 Abs. 2 S. 2 AGG seine Pflicht aus § 12

744 MüKo-HGB/*Lange*, § 289a Rn. 10; noch zum Gesetzesentwurf *Schneider*, Compliance, S. 53 f.

745 S.u. E. I. 2. c.

746 *Boldt*, Ethikregeln, S. 30; MüKo-BGB/*Thüsing*, § 12 AGG Rn. 5; *Köhler/Koops*, BB 2015, 2807 (2810); *Schneider/Sittard*, NZA 2007, 654 (654 f.).

747 *Schneider/Sittard*, NZA 2007, 654 (656); ebenso *Schneider*, Compliance, S. 51 f.

748 *Schneider/Sittard*, NZA 2007, 654 (656); vgl. auch *Leitner*, Ethik-Richtlinien, S. 50..

749 *Schneider/Sittard*, NZA 2007, 654 (656); ebenso *Schneider*, Compliance, S. 52.

750 *Schneider/Sittard*, NZA 2007, 654 (655, 656).

751 *Schneider/Sittard*, NZA 2007, 654 (655); *Leitner*, Ethik-Richtlinien, S. 52.

Abs. 1 AGG erfüllen.[752] Eine Ausnahme gelte nur in Bereichen, in denen es bereits früher zu Diskriminierungen gekommen ist oder in denen erhöhte Personalverantwortung besteht. Dort solle man auf Lehrveranstaltungen setzen.[753] Für diese Auffassung spricht, dass es der Schutzzweck des § 12 AGG ist, die Arbeitnehmer für das Thema Anti-Diskriminierung zu sensibilisieren und sie darüber aufzuklären, welche Verhaltensweisen noch erlaubt sind und welche nicht mehr.[754] Das kann eine schriftliche Richtlinie im Grunde genauso leisten wie eine mündliche Lehrveranstaltung. Wenn man zudem fordert, dass es einen Ansprechpartner für Nachfragen geben muss, dann eliminiert man auch den letzten Punkt, der noch gegen eine Gleichstellung sprechen könnte, nämlich das Problem, dass es bei schriftlichen Vorgaben immer wieder auch zu Verständnisschwierigkeiten kommt. Zu weit gehen hingegen Forderungen aus der Literatur, nach denen Schulungsmaßnahmen stets von einem Interaktionsmoment geprägt sein müssten.[755] Ein Vorteil der Richtlinie gegenüber der Lehrveranstaltung ist zudem gerade in der Schriftlichkeit zu sehen: Die Mitarbeiter können die Regeln jederzeit nachlesen. Wohl daher sehen auch viele weitere Literaturstimmen in der Richtlinie eine Möglichkeit, § 12 AGG gerecht zu werden.[756] Eine Verpflichtung zum Erlass einer Richtlinienklausel im vorgenannten Sinne wird allerdings einhellig abgelehnt.[757] *Triskatis* meint sogar, die typische Richtlinie sei zu eingriffsintensiv, um noch eine erforderliche Maßnahme i.S.d. § 12 Abs. 1 AGG zu sein.[758] Dem ist allerdings entgegenzuhalten, dass § 12 AGG nur die Rechtsgrundlage einer einzigen Klausel, die sich mit Anti-Diskriminierung befasst, sein kann. Die übrigen Inhalte – *Triskatis* stellt insbesondere

---

752 *Schneider/Sittard*, NZA 2007, 654 (656 f.); *Leitner*, Ethik-Richtlinien, S. 52.

753 *Schneider/Sittard*, NZA 2007, 654 (655, 657).

754 Anklingend bzgl. § 12 in BT-Drs. 16/1780, S. 37; bzgl. des gesamten AGG deutlicher BT-Drs. 16/1780, S. 30.

755 So etwa Schleusener/Suckow/Voigt/*Suckow*, § 12 Rn. 15; Wendeling-Schröder/Stein/*Stein*, § 12 Rn. 17; ebenso Rust/Falke/*Falke*, § 12 Rn. 20, der allerdings in Rn. 24 einen Verhaltenskodex als Ergänzung zu Schulungsmaßnahmen akzeptiert; *Köhler/Koops*, BB 2015, 2807 (2810), die als Voraussetzung sehen, dass schon bei der Wissensvermittlung Fragen gestellt werden können.

756 *Boldt*, Ethikregeln, S. 50; *Kagan*, Ethikrichtlinien, S. 38; *Köstner*, Compliance, S. 53; *Leitner*, Ethik-Richtlinien, S. 50; *Lelley*, Compliance, S. 53 Rn. 105; *Schneider*, Compliance, S. 51; *Schulz*, Ethikrichtlinien, S. 43 f.; *Strothmeyer*, Compliance, S. 107; *Wagner*, Ethikrichtlinien, S. 29; *Hamann/Rudnik*, JA 2015, 901 (901); *Wisskirchen/Jordan/Bissels*, DB 2005, 2190 (2193 f.); andeutend *Mengel/Hagemeister*, BB 2006, 2466 (2468); einschränkend *Weber*, Compliance, S. 92; *Willemsen*, Ethikrichtlinien, S. 21; nur für Fälle mit ergänzenden Schulungen auch *Bonanni*, ArbRB 2013, 82 (83); offen lassend *Rein*, Ethikrichtlinie, S. 128.

757 *Kagan*, Ethikrichtlinien, S. 38; *Leitner*, Ethik-Richtlinien, S. 50; *Schneider*, Compliance, S. 51; *Strothmeyer*, Compliance, S. 107 f.; *Triskatis*, Ethikrichtlinien, S. 59; *Wagner*, Ethikrichtlinien, S. 29; *Steffen/Stöhr*, RdA 2017, 43 (45).

758 *Triskatis*, Ethikrichtlinien, S. 59.

auf das interne Whistleblowing ab[759] – müssen ihrerseits rechtlich bewertet werden. Von § 12 AGG werden diese Inhalte weder gefordert, noch sind sie an dieser Norm zu messen.

4. Sonstige Rechtsgrundlagen

Schließlich gibt es in der Literatur noch weitere Ansätze, um eine Rechtspflicht zur Einführung von Compliance-Richtlinien herzuleiten. So denkt *Triskatis* eine Ableitung aus dem Europarecht an.[760] Nach der Rechtsprechung des EuGH können – so *Triskatis* – nicht fristgerecht umgesetzte EU-Richtlinien im Verhältnis Bürger-Staat unmittelbar anwendbar sein.[761] *Triskatis* schließt sich der Auffassung an, die eine Anwendbarkeit solcher Richtlinien zwischen Privaten ablehnt und verneint damit eine irgendwie geartete Rechtspflicht aus EU-Richtlinien.[762] Im Übrigen fehle es auch an entsprechenden nicht umgesetzten Richtlinien.[763] Schon deshalb braucht diesem Ansatz eigentlich nicht weiter nachgegangen werden. Erlaubt sei allerdings der Hinweis, dass der EuGH die unmittelbare Wirkung von EU-Richtlinien stets nur in solchen Fällen zugelassen hat, in denen sich der Bürger gegen den Staat auf Inhalte einer Richtlinie beruft, nicht jedoch in Fällen, in denen der Staat dem Bürger Pflichten auferlegen will.[764]

Triskatis denkt anschließend noch eine Verpflichtung unmittelbar aus dem Grundgesetz an.[765] So käme insbesondere die Sozialpflichtigkeit des Eigentums in Art. 14 Abs. 2 GG in Betracht.[766] Allerdings schließt sich *Triskatis* dann der Lehre von der (nur) mittelbaren Drittwirkung der Grundrechte im Privatrecht an und vereint folglich eine Rechtspflicht zur Einführung von Compliance-Richtlinien unmittelbar aus dem Grundgesetz.[767] Insbesondere der Umkehrschluss aus Art. 1 Abs. 3 GG überzeugt: Wenn die drei Gewalten demgemäß explizit grundrechtsverpflichtet sind, bedeutet das im Umkehrschluss: Private sind es nicht![768] Also ist

---

759 *Triskatis*, Ethikrichtlinien, S. 59.

760 *Triskatis*, Ethikrichtlinien, S. 41 ff.

761 *Triskatis*, Ethikrichtlinien, S. 42 beruft sich auf EuGH v. 05.10.2004 – C-397/01 bis C-403/01 [Pfeiffer] = NJW 2004, 3547; EuGH v. 11.07.2002 – C-62/00 [Marks & Spencer] = DB 2002, 1486; EuGH v. 19.11.1991 – C-6/90 und C-9/90 [Frankovich] = NJW 1992, 165 und EuGH v. 04.12.1974 – C-41/74 [van Duyn/Home Office].

762 *Triskatis*, Ethikrichtlinien, S. 45.

763 *Triskatis*, Ethikrichtlinien, S. 43.

764 EuGH, Urt. v. 22.02.1990 – Rs C-221/88 = NJW 1991, 1409 (1410); vgl. auch die Übersicht bei Ebenroth/Boujong/Joost/Strohn/*Grundmann*, Band 2, Vorbemerkung Deutsches Recht der Handelsgeschäfte im Kontext des Unionsrechts sowie des internationalen Rechts, Rn. 39 m.w.N.

765 *Triskatis*, Ethikrichtlinien, S. 45 ff.

766 *Triskatis*, Ethikrichtlinien, S. 45 f.

767 *Triskatis*, Ethikrichtlinien, S. 48 f.

768 *Triskatis*, Ethikrichtlinien, S. 47.

auch der Arbeitgeber dem Arbeitnehmer gegenüber – auch bei aller wirtschaftlichen Abhängigkeit – nicht grundrechtsverpflichtet.[769] Die beiden zusätzlichen Ansätze von *Triskatis* führen damit nicht weiter.

Verschiedene Autoren nennen berufsrechtliche Normen (z.B. §§ 43 ff. BRAO, §§ 57a ff. WPO) als Anlass für die Einführung von Compliance-Richtlinien.[770] Allerdings gelten diese Normen auch schon unmittelbar für die jeweiligen Berufe.[771] Auch wenn Richtlinien in der Praxis genutzt werden, um an diese Normen zu erinnern,[772] so stellen sie doch genauso wenig eine Rechtsgrundlage für Compliance-Richtlinien dar wie jede andere Norm, deren Einhaltung Gegenstand von Compliance ist.

Wagner spricht die Ansicht *Schneiders* zur Gesamtanalogie an, lehnt diese aber – insofern übereinstimmend mit der hier vertretenen Auffassung[773] – ab.[774]

Fahrig schließlich schildert den Fall, dass eine Konzerntochter aufgrund Vertrages mit ihrer Muttergesellschaft verpflichtet ist, bei sich eine Compliance-Richtlinie einzuführen.[775] Trotz *pacta sunt servanda* geht die Verpflichtung der Tochter aber ins Leere, soweit es rechtlich nicht möglich ist, die Richtlinie einzuführen. Denn eine aus Rechtsgründen nicht erfüllbare Vertragspflicht erlischt aufgrund rechtlicher Unmöglichkeit gemäß § 275 Abs. 1 BGB.[776] Ein Beispiel für einen solchen Fall ist die Liebesverbots-Klausel aus dem Wal-Mart-Fall, die den Arbeitnehmern verbot, mit jemandem auszugehen oder in eine Liebesbeziehung zu treten, wenn der Arbeitnehmer dessen Arbeitsbedingungen oder er die Arbeitsbedingungen des Arbeitnehmers beeinflussen kann.[777] Das LAG Düsseldorf erklärte diese Klausel aufgrund mittelbarer Drittwirkung der Grundrechte für unwirksam.[778]

Denkbar ist die Situation auch, wenn eine Klausel einer Richtlinie der Mitbestimmung des Betriebsrats unterliegt, dieser jedoch seine Zustimmung verweigert. Allerdings hat das BAG im Jahre 2010 entschieden, dass die Ausführung der mit einer Änderungskündigung beabsichtigten Vertragsänderung auch dann nicht rechtlich unmöglich wird, wenn der Betriebsrat seine Zustimmung verweigert und auch das Arbeitsgericht diese nicht ersetzt. Der Arbeitgeber könne schließlich erneut versuchen, die Kündigung auszusprechen, dann wiederum um

---

769 ErfK/*Schmidt*, Einleitung GG Rn. 15; MüKo-BGB/*Armbrüster*, § 134 Rn. 34.

770 *Kagan*, Ethikrichtlinien, S. 40; *Schulz*, Ethikrichtlinien, S. 45; *Meyer*, NJW 2006, 3605 (3606).

771 *Schulz*, Ethikrichtlinien, S. 45.

772 *Borgmann*, NZA 2003, 352.

773 S.o. C. II. 1. d.

774 *Wagner*, Ethikrichtlinien, S. 29 f.

775 *Fahrig*, Verhaltenskodex, S. 45 ff.; *ders.* NJOZ 2010, 975.

776 MüKo-BGB/*Ernst*, § 275 Rn. 41.

777 LAG Düsseldorf, Beschl. v. 14.11.2005 – 10 TaBV 46/05 = NZA-RR 2006, 81 (82); s.u. E. I. 6.

778 LAG Düsseldorf, Beschl. v. 14.11.2005 – 10 TaBV 46/05 = NZA-RR 2006, 81 (87 f.); s.u. E. I. 6.

Zustimmung ersuchen und ggf. das Gericht anrufen. Insofern sei die Unmöglichkeit des Arbeitnehmers, zu den geänderten Arbeitsbedingungen zu arbeiten, nicht, wie § 275 Abs. 1 BGB es fordere, dauerhaft.[779] Auf den hiesigen Fall übertragen bedeutet das, dass die Verweigerung des Betriebsrats die Einführung der Richtlinie nicht i.S.d. § 275 Abs. 1 BGB unmöglich macht.[780] Denn es ist dem Unternehmen ja unbenommen, den Betriebsrat zu einem späteren Zeitpunkt wieder anzurufen.

5. US-Recht

Bei international agierenden Unternehmen können auch ausländische Rechtspflichten nach Deutschland hineinwirken.[781] Herausragend zu nennen ist hier das Recht des „Mutterlandes der Compliance",[782] der USA. Bereits eingangs genannt wurde die Anforderung aus dem SOX, einen *„code of ethics"* zu besitzen.[783] Allerdings ist dies nicht als Rechtspflicht konzipiert, vielmehr gilt wie bei § 161 AktG in Deutschland der Grundsatz „comply or explain".[784] Erst das zu erwartende Unverständnis der Stakeholder macht daraus eine Quasi-Rechtspflicht.[785] Außerdem muss dieser nach dem SOX nur für *„senior financial officer, principal financial officer, comptroller, principal accounting officer or persons performing similar functions"* gelten.[786] Entgegen anderslautender Beschreibungen[787] folgt also aus dem SOX keine allgemeine Pflicht zur Einführung von Compliance-Richtlinien.[788] Allerdings

---

779 BAG, Urt. v. 22.04.2010 – 2 AZR 491/09 = NZA 2010, 1235 (1237).

780 A.A. ungeachtet der BAG-Rechtsprechung aber *Steffen/Stöhr*, RdA 2017, 43 (48).

781 Vgl. *Kagan*, Ethikrichtlinien, S. 32 ff.; *Köstner*, Compliance, S. 61 ff.; *Wagner*, Ethikrichtlinien, S. 24 ff.; *Willemsen*, Ethikrichtlinien, S. 21 ff.

782 So – allerdings unter Kritik – Inderst/Bannenberg/Poppe/*Rieder*, S. 24 Rn. 30; ähnlich, *Schneider*, Compliance, S. 48.

783 S.o. C. II. 1. e.

784 *Köstner*, Compliance, S. 59 f., 67; *Schneider*, Compliance, S. 48; *Wagner*, Ethikrichtlinien, S. 26; vgl. auch *Boldt*, Ethikregeln, S. 20; *Mahnhold*, Compliance, S. 96 f.; *Steffen/Stöhr*, RdA 2017, 43 (45).

785 Vgl. *Boldt*, Ethikregeln, S. 20; *Köstner*, Compliance, S. 60 [„faktische[r] Zwang"]; *Mahnhold*, Compliance, S. 97; *Schneider*, Compliance, S. 48; *Meyer*, NJW 2006, 3605 (3606).

786 *Mahnhold*, Compliance, S. 96; *ders.* NZA 2008, 737 (740); ähnlich *Schöder*, Compliance, S. 82; allgemeiner, aber ebenso *Fahrig*, Verhaltenskodex, S. 41; *Kagan*, Ethikrichtlinien, S. 33; *Mengel*, Compliance, Einleitung, S. 6; *Wagner*, Ethikrichtlinien, S. 26; *Willemsen*, Ethikrichtlinien, S. 22 f.; *Reufels/Deviard*, CCZ 2009, 201 (201 f.).

787 *Deyhle*, Compliance, S. 36; *Fahrig*, Verhaltenskodex, S. 41; *Mengel*, Compliance, Einleitung, S. 2; *Schulz*, Ethikrichtlinien, S. 41; *Triskatis*, Ethikrichtlinien, S. 61 f.; *Mengel*, CCZ 2008, 85; *Wisskirchen/Jordan/Bissels*, DB 2005, 2190; *Wybitul*, BB 2009, 1582 (1583).

788 *Kagan*, Ethikrichtlinien, S. 34; *Köstner*, Compliance, S. 60; *Mahnhold*, Compliance, S. 98; *Rein*, Ethikrichtlinie, S. 129; *Schneider*, Compliance, S. 48; *Schöder*, Compliance, S. 82 f.; *Willemsen*, Ethikrichtlinien, S. 22.

ist nicht immer klar, welche Personen unter diese Begriffe fallen, was viele Unternehmen veranlasst, doch allgemeine Richtlinien zu erlassen.[789] Die nähere inhaltliche Ausgestaltung der Richtlinien überlässt der SOX ohnehin auch für die ihm unterfallenden Regelwerke den Unternehmen.[790] Allerdings nennt Sec. 406 (c) SOX Leitlinien, insbesondere u. a. Regelungen über Gesetzesbefolgung und die Ermutigung zum Whistleblowing.[791]

Auch der von der NYSE geforderte *„code of business conduct and ethics“*[792] soll solche Regelungen enthalten.[793] Anders als der SOX fordert die NYSE aber, dass der „code“ für alle Mitarbeiter (nicht nur bestimmte Führungskräfte) des Unternehmens gilt.[794]

Die präventiven Maßnahmen des FCPA umfassen auch die Schulung und Information der Mitarbeiter über Compliance.[795] Ein Weg, dem nachzukommen, ist die Einführung einer Compliance-Richtlinie.

Auch bei der Beurteilung, ob ein CMS den Anforderungen der *sentencing guidelines* für eine Strafmilderung[796] genügt, wird in Ansatz gebracht, ob eine Compliance-Richtlinie existiert.[797] Das begründet zwar im eigentlichen Sinne keine Rechtspflicht,[798] sehr wohl aber ein erhebliches Unternehmensinteresse an der Einführung einer Compliance-Richtlinie.

Über eine gesetzliche Verpflichtung hinaus bildet sich schließlich die Einführung von Compliance-Richtlinien US-amerikanischer Machart als unternehmerische Gepflogenheit („best practice“) heraus.[799]

---

789 *Behrendt/Kaufmann*, CR 2006, 642 (644); ähnlich *Fahrig*, Verhaltenskodex, S. 42; *Schöder*, Compliance, S. 83.

790 *Köstner*, Compliance, S. 59 f., 67; *Mahnhold*, Compliance, S. 97; *Wagner*, Ethikrichtlinien, S. 25; *Willemsen*, Ethikrichtlinien, S. 25.

791 *Fahrig*, Verhaltenskodex, S. 41; *Wagner*, Ethikrichtlinien, S. 25; *Willemsen*, Ethikrichtlinien, S. 24 f.

792 S.o. C. II. 1. e.

793 *Boldt*, Ethikregeln, S. 21; *Fahrig*, Verhaltenskodex, S. 43; *Kagan*, Ethikrichtlinien, S. 34; *Köstner*, Compliance, S. 65; *Mengel*, Compliance, Einleitung, S. 7; *Schlachter*, FS Richardi, S. 1067; *Wagner*, Ethikrichtlinien, S. 27 f.; *Kort*, NJW 2009, 129 (130); *Mengel/Hagemeister*, BB 2006, 2466 (2467); *U. Schneider*, ZIP 2003, 645 (648).

794 *Boldt*, Ethikregeln, S. 21; *Köstner*, Compliance, S. 65; *Mahnhold*, NZA 2008, 737 (741); *Wagner*, Ethikrichtlinien, S. 26.

795 *Mengel*, Compliance, Einleitung, S. 7; *Strothmeyer*, Compliance, S. 20; *Mengel/Hagemeister*, BB 2006, 2466 (2467).

796 S.o. C. II. 1. e.

797 *Rodewald*, Compliance, S. 41; *Linklater/McElyea*, RiW 1994, 117 (121).

798 *Strothmeyer*, Compliance, S. 112 spricht in dem Zusammenhang von „Motivation und Anlass“.

799 *Boldt*, Ethikregeln, S. 32; *Fritz*, Compliance, S. 136, 142; *Schneider*, Compliance, S. 48; *Strothmeyer*, Compliance, S. 114; *Mengel/Hagemeister*, BB 2006, 2466 (2467); noch offen lassend; *Mahnhold*, NZA 2008, 737 (740).

6. Fazit

Im Ergebnis lässt sich festhalten, dass es – außerhalb der US-Börsen – keine explizite Rechtspflicht zur Einführung einer Compliance-Richtlinie gibt.[800] Vielmehr ist umgekehrt das Aufkommen von Richtlinien darauf zurückzuführen, dass der Gesetzgeber Gebote aufgestellt und die konkrete Art der Umsetzung den Unternehmen überlassen hat.[801]

II. Wirtschaftliche Interessen zur Einführung

Da es keine klaren rechtlichen Vorgaben zur Einführung von Compliance-Richtlinien gibt, muss es für ihr Aufkommen wirtschaftliche Gründe geben.

Die Richtlinie ist zunächst einmal Teil eines Managementsystems, welches bestimmt ist, moralische Werte auf alle Unternehmensangehörigen zu übertragen.[802] Doch stellt sich daran anschließend die Frage, warum es im Unternehmen eine Bindung an moralische Werte geben muss. Teilweise wird dabei wirklich die Wirtschaftsethik angeführt. *Wieland* kolportiert, ohne Moral gebe es auch keine erfolgreiche Wirtschaft.[803] Er nennt als ethische Werte in einer Tabelle „Fairness", „Integrität", „Aufrichtigkeit", „Gerechtigkeit" und „soziale Verantwortung".[804] Auch ein CMS werde in der Praxis nur dann funktionieren, wenn zusätzlich die Unternehmensleitung eine moralische Unternehmenskultur kommuniziere.[805]

Auch andere wie *Mengel* sehen zwar ein „moralisches Bekenntnis",[806] ordnen diesem aber eine wirtschaftliche Zielsetzung bei.[807] So seien Compliance-Verstöße „Wertvernichter", die bis zur Bestandgefährdung reichten.[808] Angesichts sehr hoher Bußgelder (insbes. im Kartellrecht)[809] ist das insoweit auch nicht von der

800 So schon *Fahrig*, Verhaltenskodex, S. 46 f.; *Triskatis*, Ethikrichtlinien, S. 62; *Wagner*, Ethikrichtlinien, S. 30; *Schulz/Kuhnke*, BB 2012, 143 (144); *Timmerbeil/Spachmüller*, CB 2013, 221 (221); vgl. auch *Kagan*, Ethikrichtlinien, S. 40; *Köstner*, Compliance, S. 43 ff.; *Leitner*, Ethik-Richtlinien, S. 41 ff.; *Schneider*, Compliance, S. 55; *Schulz*, Ethikrichtlinien, S. 42 ff.; *Willemsen*, Ethikrichtlinien, S. 25 f..

801 *Schneider/Sittard*, NZA 2007, 654.

802 Schimansky/Bunte/Lwowski/*Faust*, § 109 Rn. 127; *Wieland*, CCZ 2008, 15 f.; ähnlich *Rein*, Ethikrichtlinie, S. 25; *Fahrig*, Verhaltenskodex, S. 36 f.; *Timmerbeil/Spachmüller*, CB 2013, 221 (221 f.).

803 *Wieland*, CCZ 2008, 15.

804 *Wieland*, CCZ 2008, 15 (16), Schaubild 2.

805 *Wieland*, CCZ 2008, 15 (17).

806 *Mengel*, CCZ 2008, 85; auch *Kock*, MDR 2006, 673 verwendet diesen Begriff, erklärt dessen Zweck aber nur pauschal mit dem Verweis auf „Corporate Identity".

807 *Deyhle*, Compliance, S. 33; *Leitner*, Ethik-Richtlinien, S. 54; *Willemsen*, Ethikrichtlinien, S. 25 f.; *Borgmann*, NZA 2003, 352; *Kolle/Deinert*, AuR 2006, 177; *Mengel*, CCZ 2008, 85; *Meyer*, NJW 2006, 3605 (3606); *Timmerbeil/Spachmüller*, CB 2013, 221 (221).

808 *Wieland*, CCZ 2008, 15.

809 S.o. C. II. 1. b. und unten E. I. 2. d.

Hand zu weisen. Allerdings erwachsen Bußgelder – schon allein des strafrechtlichen Bestimmtheitsgebots wegen – immer nur aus Rechtsverstößen, nicht aus bloß unmoralischem Verhalten. Gleiches gilt für Haftungsrisiken, denn sobald eine Schadensersatzpflicht eingreift, ist das Verhalten eben nicht nur unmoralisch, sondern rechtswidrig. Allerdings übertragen Richtlinien nicht nur moralische Maßstäbe, sondern sollen auch Rechtsverstößen vorbeugen.[810] Insoweit spielen Haftungs- und Strafbarkeitsrisiken sehr wohl eine Rolle.[811] Wie gezeigt vermindert das Vorhandensein einer Compliance-Richtlinie das Risiko einer Haftung aus § 130 OWiG bzw. der gesellschaftsrechtlichen Legalitätspflicht.[812] Zudem ergaben Untersuchungen, dass Compliance-Richtlinien finanzielle Schäden durch Wirtschaftsstraftaten im Unternehmen verringern.[813] In den USA führt die Richtlinie zudem zu einer Milderung von Geldstrafen.[814] Aber auch in Deutschland erwarten die Staatsanwaltschaften heute in gewissem Maße Compliance-Maßnahmen.[815] Insofern kann die Richtlinie auch ein Element in dem Bestreben sein, ein gutes Verhältnis zu den Strafverfolgungsbehörden zu wahren.

Aber auch die rein moralischen Inhalte der Richtlinien dienen wirtschaftlichen Zwecken. Von einem Bekenntnis zu solchen Werten verspricht man sich eine Verbesserung des Unternehmensimages.[816] Die Richtlinie fungiert als „Aushängeschild des Unternehmens".[817] Ethik wird so zum Wettbewerbsfaktor, denn am Markt hat sich eine entsprechende Erwartungshaltung herausgebildet.[818] Das gilt nicht nur für potenzielle Kunden, sondern auch für Bewerber, also potenzielle

810 Vgl. exemplarisch unten E. I. 2. d. (Insiderhandelsverbot) und E. I. 2. c. (Kartellrecht).

811 S.o. D. I.

812 S.o. D. I. 2.

813 Eine solche Wirkung stellte eine Studie von PWC im Jahre 2010 für eine „Anti-Korruptions-Policy" fest, siehe S. 42 der Studie unter https://www.pwc.de/de/risiko-management/assets/studie_compliance-und-unternehmenskultur.pdf zuletzt abgerufen am 03.12.2016]; vgl. auch *Schmidt*, Compliance, S. 53 f.; kritisch zur Präventionswirkung von Richtlinien Rotsch/*Theile*, § 34 Rn. 47 f.

814 S.o. D. I. 5.

815 *Benz/Klindt*, BB 2010, 2977 (2979).

816 *Bock*, Compliance, S. 270; *Boldt*, Ethikregeln, S. 33; *Deyhle*, Compliance, S. 33; *Fahrig*, Verhaltenskodex, S. 36, 47; *Kagan*, Ethikrichtlinien, S. 42; *Köstner*, Compliance, S. 76; *Leitner*, Ethik-Richtlinien, S. 54; *Schulz*, Ethikrichtlinien, S. 40; *Strothmeyer*, Compliance, S. 205; *Triskatis*, Ethikrichtlinien, S. 39; *Wagner*, Ethikrichtlinien, S. 18 f.; *Fahrig*, NJOZ 2010, 975; *Gerig/Tsesis*, CCZ 2015, 268 (271 f.); *Timmerbeil/Spachmüller*, CB 2013, 221 (222); einschränkend *Willemsen*, Ethikrichtlinien, S. 15 f.; zum Begriff „Image" *Strothmeyer*, Compliance, S. 43 ff.

817 *Timmerbeil/Spachmüller*, CB 2013, 221 (222).

818 *Müller*, Compliance, S. 61; *Triskatis*, Ethikrichtlinien, S. 26 f., 39; *Gößwein/Hohmann*, BB 2011, 963 (964); *Nezmeskal-Berggötz*, CCZ 2009, 209; vgl. auch *Bock*, Compliance, S. 270 ff.; *Strothmeyer*, Compliance, S. 49, 188.

neue Mitarbeiter.[819] Aber auch Investoren gehen davon aus, dass erfolgreiches Wirtschaften die Beachtung gewisser grundlegender Werte voraussetzt.[820] Insbesondere Nachhaltigkeit wird immer wieder angeführt.[821] Wer auf kurzfristigen Profit hinarbeitet, ist evtl. unattraktiv für ein längerfristiges Investment.[822] Derartiges Vertrauen ist nicht zuletzt auch relevant für stabile Börsenkurse.[823] Erst recht bringen Wirtschaftsstraftaten die Aktienkurse in Unruhe[824] und schädigen das Unternehmensimage.[825] Umgekehrt können Compliance-Maßnahmen wie eine Richtlinie einen Werbeeffekt haben,[826] auch wenn dessen Messbarkeit noch nicht abschließend geklärt ist.[827] Moral ist also, wenn nicht Bedingung, so doch zumindest eine Unterstützung erfolgreichen Wirtschaftens.[828]

Neben der Außenwirkung in Form des Unternehmensimages und der Haftungsvermeidung erfüllen Compliance-Richtlinien auch einen internen Zweck.[829] Mitarbeiter sind über die einzuhaltenden Compliance-Vorschriften oftmals nicht

---

819 *Bock*, Compliance, S. 273; *Leitner*, Ethik-Richtlinien, S. 56; *Müller*, Compliance, S. 61; *Gößwein/Hohmann*, BB 2011, 963 (964); *Stück*, GmbHR Report 2011, R49; *ders.*, MDR 2014, 1117 (1119); *Timmerbeil/Spachmüller*, CB 2013, 221 (222).

820 *Strothmeyer*, Compliance, S. 217; *Rosbach*, CCZ 2008, 101 (101 f.); vgl. *Bock*, Compliance, S. 272 f.

821 *Kröher*, Manager-Magazin 2007, S. 76 ff.; *Rau*, CCZ 2008, 224; *Rosbach*, CCZ 2008, 101; vertiefend zur Nachhaltigkeit *Strothmeyer*, Compliance, S. 224 ff.

822 Vgl. *Kröher*, Manager-Magazin 2007, S. 76 ff., der den Unternehmer *Konrad Henkel* mit folgendem Satz zitiert: „Unternehmen, die nur in Gewinnen denken, werden bald viel zu verlieren haben."; zustimmend *Triskatis*, Ethikrichtlinien, S. 28.

823 *Boldt*, Ethikregeln, S. 33 f.; *Strothmeyer*, Compliance, S. 45; *Bürkle*, BB 2005, 565 (566); *Rosbach*, CCZ 2008, 101 (101 f., 103); für einen solchen Einfluss guter Corporate Governance *Strenger*, Corporate Governance, S. 698 f.; kritisch dazu in Bezug auf Richtlinien *Triskatis*, Ethikrichtlinien, S. 41.

824 *Leitner*, Ethik-Richtlinien, S. 55; *Lösler*, Compliance, S. 12; *Bürkle*, BB 2005, 565 (566); für den Spezialfall von Verstößen gegen das Kartellrecht *Riechers*, Compliance, S. 147.

825 *Heldmann*, DB 2010, 1235 (1235); *Rosbach*, CCZ 2008, 101; im Zusammenhang mit dem Verdacht der Steuerhinterziehung *Ritter/Peitsmeier*, FAZ, Nr. 96 v. 25.04.2013, S. 12; im Zusammenhang mit „Deals" im Strafprozess *Techmeier*, FAZ, Nr. 77 v. 03.04.2013, S. 19; im Zusammenhang mit Korruption *Berghoff/Rauh*, FAZ, Nr. 30 v. 05.02.2013, S. 12; *Gerig/Tsesis*, CCZ 2015, 268 (271); *Hauschka/Greeve*, BB 2007, 165 (166); im Zusammenhang mit Kartellrechtsverstößen *Riechers*, Compliance, S. 147.

826 *Fahrig*, Verhaltenskodex, S. 48; *Köstner*, Compliance, S. 75 f.; *Müller*, Compliance, S. 61; *Rein*, Ethikrichtlinie, S. 29; *Schneider*, Compliance, S. 34; *Schulz*, Ethikrichtlinien, S. 40; *Strothmeyer*, Compliance, S. 189; *Triskatis*, Ethikrichtlinien, S. 39; *Wagner*, Ethikrichtlinien, S. 19; *Bergmoser/Theusinger/Gushurst*, BB-Spez. 2008, 1; *Borgmann*, NZA 2003, 352; *Meyer*, NJW 2006, 3605 (3606); *Rau*, CCZ 2008, 224 (226); *Rosbach*, CCZ 2008, 101 (102).

827 *Strothmeyer*, Compliance, S. 254 f.

828 Für Moral als Bedingung *Schmidt*, Kriminalistik 2013, 134; vgl. auch *Bock*, Compliance, S. 270.

829 *Kagan*, Ethikrichtlinien, S. 42; vgl. auch *Leitner*, Ethik-Richtlinien, S. 57.

vollumfänglich im Bilde.[830] Mag man dem durchschnittlichen Arbeitnehmer noch unterstellen können, dass er um das Verbot des Diebstahls von Betriebseigentum weiß, so trifft dies spätestens bei komplexen Materien wie dem Insiderhandelsverbot nicht mehr zu.[831] Die Arbeitnehmer müssen dann darüber informiert werden, welche Wertpapiere sie bei welcher Kenntnis nicht mehr handeln dürfen. Aber auch zivilrechtliche Pflichten wie die arbeitsvertragliche Verschwiegenheitspflicht können dem Arbeitnehmer durch eine Richtlinienklausel verdeutlicht werden.[832] Solche Informationen geschehen in doppeltem Interesse: Zum einen soll der Arbeitnehmer nicht „ins offene Messer laufen", zum anderen bedeuten Wirtschaftsstraftaten die genannten Nachteile (Image, Haftung) für das Unternehmen.[833]

International agierende Unternehmen haben außerdem ein Interesse daran, das an allen Standorten in gewissem Maße die gleichen Arbeitsbedingungen herrschen.[834] Denn gerade wenn beispielsweise aus Kostengründen im Ausland produziert wird, soll dort gleichwohl die mit der Marke verbundene Arbeitsqualität gewahrt bleiben.[835] Auch können Gesetzgebungsdefizite ausgeglichen werden, indem eben an die Stelle des „fehlenden" Gesetzes eine Richtlinienklausel tritt.[836] Umgekehrt können aber auch Inhalte außerrechtlicher Werke (z.B. ISO-Normen,[837] DCGK[838]) in Richtlinien aufgenommen werden.

Schließlich hat die Unternehmensleitung auch ein ureigenes Interesse an der Einführung von Compliance-Maßnahmen: Ein schwerwiegender Compliance-Verstoß

---

830 *Boldt*, Ethikregeln, S. 39; *Fahrig*, Verhaltenskodex, S. 57; *Jerusalem*, Compliance, S. 151; *Mahnhold* Compliance, S. 70; *Triskatis*, Ethikrichtlinien, S. 38 f.; *Wagner*, Ethikrichtlinien, S. 19; *Bachner/Lerch*, AiB 2005, 229; vgl. auch *Vogt*, NJOZ 2009, 4206 (4207 f.); *Weiss*, Die Bank 1993, 136 (136 f., 139).

831 *Jerusalem*, Compliance, S. 151; *Mahnhold*, Compliance, S. 70; *Willemsen*, Ethikrichtlinien, S. 19; *Bachner/Lerch*, AiB 2005, 229; vgl. bzgl. Insiderrecht auch *Schulz/Kuhnke*, BB 2012, 143 (144 f.).

832 *Deyhle*, Compliance, S. 34; *Fahrig*, Verhaltenskodex, S. 58; *Kagan*, Ethikrichtlinien, S. 41; *Schneider*, Compliance, S. 26 ff., 29; *Schulz*, Ethikrichtlinien, S. 50 ff.; *Willemsen*, Ethikrichtlinien, S. 18.

833 Zu diesen Zielsetzungen vgl. *Fahrig*, Verhaltenskodex, S. 57; *Kagan*, Ethikrichtlinien, S. 41; *Leitner*, Ethik-Richtlinien, S. 57; *Triskatis*, Ethikrichtlinien, S. 39; *Wagner*, Ethikrichtlinien, S. 19; *Berndt/Hoppler*, BB 2005, 2623 (2627); *Bürkle*, BB 2005, 565 (565 f.); hingegen sieht *Mahnhold* Compliance, S. 70 f. in diesem Zusammenhang in erster Linie die Arbeitnehmerinteressen.

834 *Holzhauser*, Compliance, S. 35; *Schneider*, Compliance, S. 33 f.; bzgl. eines einheitlichen Datenschutzniveaus *Kranz*, DuD 1999, 463 (464); als Motivation zur Einführung von Richtlinien *Meyer*, NJW 2006, 3605 (3606); *Timmerbeil/Spachmüller*, CB 2013, 221 (221).

835 Vgl. *Holtbrügge*, Zeit Campus Nr. 3, Mai/Juni 2013, S. 8.

836 Vgl. dazu Schimansky/Bunte/Lwowski/*Faust*, § 109 Rn. 128; vgl. auch *Klier*, AiB 2012, 435 (438).

837 Vertiefend hierzu *Klier*, AiB 2012, 435.

838 *Fahrig*, NJOZ 2010, 975; vgl. auch *Lelley*, Compliance, S. 36 Rn. 68.

im Unternehmen kann Vorstandsmitglieder ihre Anstellung kosten[839] („Comply – or die“[840]). Denn – wie zuletzt das Neubürger-Urteil gezeigt hat –, wird nach einem solchen schnell der Vorwurf laut, der Vorstand habe das Unternehmen mangelhaft organisiert.[841] Das wiederum kann je nach Schadenshöhe die Fortsetzung des Anstellungsvertrages als dem Unternehmen unzumutbar i.S.d. § 626 Abs. 1 BGB erscheinen lassen.[842] Dass Manager nun auch mit persönlichen Konsequenzen rechnen müssen, wenn sie Compliance-Verstöße begehen oder zulassen, ist eine in Deutschland noch relativ neue Entwicklung und war und ist ein wichtiger Motor für Compliance insgesamt.[843]

Über den Verlust ihrer Anstellung hinaus sehen sich die Unternehmensleitungen enormen Haftungssummen gegenüber. Dass im Neubürger-Urteil ein Vorstandsmitglied wegen eines mangelhaften CMS zu 15 Mio. € Schadensersatz verurteilt wurde,[844] ist hierfür ein eindrückliches Beispiel. Auch wenn die Compliance-Richtlinie die Haftungstatbestände nicht auf einen Schlag ausschließt, so ist sie doch eines von vielen Elementen, die letztlich dem Ziel dienen, diese Haftungsrisiken zu minimieren.[845]

Somit schließt sich der Kreis von rechtlichen und wirtschaftlichen Gründen der Einführung von Compliance-Richtlinien. Insbesondere an letzteren mangelt es in keiner Weise, wie sich zusammenfassend feststellen lässt.

---

839 Eindrücklich zum Karriereende von *Martin Winterkorn* nach dem Abgasskandal bei Volkswagen *Wintterle*, „Winterkorn ist wirtschaftlich geächtet, seine Vita verbrannt“, Interview, Spiegel Online v. 08.05.2018; allgemein zur Thematik *Hauschka*, ZIP 2004, 877 (879); *ders.*, NJW 2004, 257 (258); *Stück*, GmbHR Report 2011, R49; *Wybitul*, BB 2009, 1582; ähnlich *Wecker/Galla*, Compliance-Organisation, S. 24; vgl. auch *v. Werder*, ZIP 2009, 500 (504).

840 *Stück*, GmbHR Report 2011, R49.

841 LG München I, Urt. v. 10.12.2013 – 5 HK O 1387/10 = NZG 2014, 345 (347) [„Neubürger“].

842 LG Berlin, Urt. v. 03.07.2002 – 2 O 358/01 –, juris, Rn. 39; insoweit nicht beanstandet von KG Berlin, Urt. v. 27.09.2004 – 2 U 191/02 –, juris; *Hauschka*, ZIP 2004, 877 (879); *ders.*, NJW 2004, 257 (258); ähnlich *Wecker/Galla*, Compliance-Organisation, S. 24.

843 *Fissenewert*, Compliance, § 2 Rn. 47.

844 LG München I, Urt. v. 10.12.2013 – 5 HK O 1387/10 = NZG 2014, 345 (346) [„Neubürger“].

845 S.o. D. I. 2.

E. Typische Klauseln/Inhalte von Compliance-Richtlinien

Nachdem nun die Interessenlage hinreichend geklärt ist, erfordert die arbeitsrechtliche Bewertung der Compliance-Richtlinie noch eine inhaltliche Analyse. Womit befassen sich Richtlinien typischerweise? Dabei wird auch der Frage nachgegangen, ob bei inhaltlicher Betrachtung weiterhin die These zu halten ist, dass es sich bei der Compliance-Richtlinie um eine Fortentwicklung der Arbeitsordnung handelt.[846]

I. Klauseln heutiger Compliance-Richtlinien

Da es keine Rechtspflicht zu Einführung von Compliance-Richtlinien gibt,[847] handelt es sich bei ihnen stets um eine autonome unternehmerische Entscheidung. Daher wäre es eigentlich nicht überraschend, wenn die verschiedenen Richtlinien diverser Unternehmen dementsprechend sehr unterschiedliche Inhalte hätten. Eine zuletzt im Dezember 2016 durchgeführte Querschnittsanalyse der Richtlinien von DAX-30-Unternehmen durch den Autor dieser Arbeit zeigt aber interessanterweise eher Einheit als Vielfalt. Es gibt eine ganze Reihe von Klauseln, die sich in einer Vielzahl dieser Richtlinien finden – auch über die Branchengrenzen hinweg.[848] Etwas differenzierter ist die Struktur der Richtlinien. Auch wenn die Mehrzahl der untersuchten Unternehmen eine einzige umfassende Richtlinie besitzt, so finden sich gleichwohl andere, die die Inhalte auf mehrere Werke verteilen. Besonders ausgeprägt ist eine solche Zergliederung beim Richtliniensystem der *Deutsche Post AG*, wo sich neben dem *Verhaltenskodex* noch 11 weitere Richtlinien finden.[849]

---

846 S.u. B. II.

847 S.o. D. I. 6.

848 So stellten es auch schon fest: *Boldt*, Ethikregeln, S. 9; *Kagan*, Ethikrichtlinien, S. 43; *Mengel*, Compliance, Kap. 1 Rn. 63; *Rein*, Ethikrichtlinie, S. 29; *Triskatis*, Ethikrichtlinien, S. 65; *Willemsen*, Ethikrichtlinien, S. 28 f.; wohl auch *Schneider*, S. 58; *Wagner*, Ethikrichtlinien, S. 30; a.A. – trotz nachfolgender Darstellung typischer Klauseln – *Ohlendorf/Bünning*, AuA 2006, 200.

849 Verhaltenskodex für Subunternehmer und Lieferanten, Antikorruptionsrichtlinien, Standards für Geschäftsethik, Wettbewerbsrichtlinie, Investitionsrichtlinie, Umweltschutzrichtlinie, Papierrichtlinie, Einkaufsrichtlinie, Datenschutzrichtlinie für internationale Datenübermittlungen, Gesundheitsrichtlinie, Kodex für die Sicherheit im Straßenverkehr; abrufbar unter http://www.dpdhl.com/de/verantwortung/verantwortung_im_unternehmen/konzernrichtlinien_lightbox.html#lightbox (zuletzt abgerufen am 13.08.2018)

Nachfolgend sollen die Typen von Klauseln beschrieben werden, die sich in Richtlinien immer wieder finden. Solche Darstellungen finden sich in der Literatur bereits mehrfach in verschiedenster Form und Systematisierung.[850] Die Darstellung versteht sich nicht als statistischer Querschnitt. Insbesondere darf aus Leerstellen in den Fußnoten nicht geschlossen werden, dass eine dort nicht aufgeführte Richtlinie keine entsprechenden Inhalte besitzt. Die zitierten Klauseln sind vielmehr repräsentative Beispiele. Dieser Abschnitt soll vor allem illustrieren, welche rechtlichen Themen man eigentlich anschneidet, wenn es um Compliance-Richtlinien geht.

1. Mission Statement

Viele der untersuchten Richtlinien werden mit einer Ansprache der Unternehmensleitung eröffnet.[851] Sie betont regelmäßig, dass das Vertrauen von Kunden, Investoren, Geschäftspartnern und Öffentlichkeit von der Einhaltung der nachfolgenden Regeln abhänge.[852] Es handelt sich dabei um das bereits zuvor als Standardelement eines CMS beschriebene[853] Mission Statement. Indem das Unternehmen damit die Richtlinie eröffnet, betont es die Bedeutung der in der Richtlinie enthaltenen Regelungen.[854]

---

850 *Boldt*, Ethikregeln, S. 9 ff.; *Fahrig*, Verhaltenskodex, S. 27; *Kagan*, Ethikrichtlinien, S. 43 ff.; *Köstner*, Compliance, S. 79 ff.; *Leitner*, Ethik-Richtlinien, S. 59 ff.; *Mengel*, Compliance, Kap. 1 Rn. 63 ff. und Kap. 2 Rn. 25 ff.; *Rein*, Ethikrichtlinie, S. 29 ff.; *Schneider*, Compliance, S. 58 ff.; *Schulz*, Ethikrichtlinien, S. 46 ff.; *Triskatis*, Ethikrichtlinien, 65 ff.; *Wagner*, Ethikrichtlinien, S. 30 ff.; *Zander*, Ethikrichtlinien, S. 9 ff.; *Borgmann*, NZA 2003, 352 (353); *Eisenbeis/Nießen*, FS Leinemann, S. 699 ff.; *Kock*, MDR 2006, 673 (673 f.); *ders.*, ZIP 2009, 1406 (1408 ff.); *Müller-Bonanni/Sagan*, BB-Spez. 2008, 28 (29); *Ohlendorf/Bünning*, AuA 2006, 200 (200 f.); sehr knapp zudem Inderst/Bannenberg/Poppe/*Inderst/Steiner*, S. 111 f. Rn. 45.

851 RiLi Adidas, S. 2; RiLi Bayer, S. 5; RiLi BMW, S. 2; RiLi Continental, S. 2 f.; RiLi Daimler, S. 3;; RiLi E.ON, S. 1 f.; RiLi Fresenius, S. 3; RiLi HeidelbergCement, S. 3; RiLi Infineon, S. 5; RiLi Lanxess, S. 2; RiLi Linde, S. 4; RiLi Merck, S. 2 f.; RiLi Munich Re, S. 2;; RiLi ProSiebenSat.1, S. 4; RiLi Siemens, S. 3; RiLi Volkswagen, S. 4 f.

852 RiLi Allianz, S. 1 [„Kunden, Aktionäre, Mitarbeiter und der Öffentlichkeit“]; RiLi Bayer, S. 5 [„die Gesellschaft“]; RiLi Beiersdorf, S. 4 [„Konsumenten, Kunden, Investoren, Mitarbeiter und Kollegen“]; RiLi BMW, S. 2 [„Kunden, Aktionäre, Geschäftspartner und auch die Öffentlichkeit“]; RiLi Commerzbank, S. 5 [„Kunden, Geschäftspartner, die Gesellschaft, und (...) Kolleginnen und Kollegen“]; RiLi Deutsche Post, S. 2 [„Kunden, Investoren und (...) Öffentlichkeit“]; RiLi E.ON, S. 1 [„Stakeholder“]; RiLi Infineon, S. 5 [„Dieses Versprechen geben wir Geschäftspartnern, Investoren, Mitarbeitern und der Öffentlichkeit“]; RiLi ProSiebenSat.1, S. 4 [„Vertrauen unserer Kunden, Geschäftspartner und Aktionäre“].

853 S.o. C. II. 4.

854 *Wagner*, Ethikrichtlinien, S. 30.

Andere Richtlinien beginnen hingegen mit einer Präambel ohne Nennung der Unternehmensleitung,[855] oder es meldet sich die Compliance-Abteilung zu Wort.[856] Manche verzichten aber auch ganz auf eine solche Einleitung.[857]

2. Klauseln mit unternehmensinternem Anknüpfungspunkt

Die erste Gruppe von Klauseln umfasst Verhaltensregeln, die allein innerbetriebliche Vorgänge erfassen.

a. Arbeitssicherheit/Gesundheit

So finden sich Klauseln zum Schutz der Gesundheit der Mitarbeiter und zum Arbeitsschutz. Jeder Mitarbeiter müsse dazu beitragen,[858] den Führungskräften komme eine erhöhte Verantwortung zu.[859] Teilweise bleibt es dann bei einem solchen allgemeinen Bekenntnis.[860] Andere Richtlinien geben etwas detailliertere Verhaltensanforderungen an, wie z.B. sorgfältiges Verhalten,[861] sofortige Behebung von Gefahrensituationen,[862] Meldung solcher an Vorgesetzte,[863] aktives Beitragen zu Verbesserungen des Gesundheits- und Arbeitsschutzes.[864] In manchen Richtlinien wird der Arbeitnehmer auch verpflichtet, sich selbst gesund zu halten.[865] Sehr konkret ist die Richtlinie der *Merck AG* bezüglich des Konsums von (legalen und illegalen) Drogen: Die Mitarbeiter dürfen während der Arbeitszeit illegale Drogen überhaupt nicht besitzen oder konsumieren und legale Drogen – insbesondere wohl Alkohol – nicht missbrauchen.[866]

Schließlich werden in manchen Richtlinien auch Maßnahmen genannt, die seitens des Unternehmens durchgeführt werden bzw. wurden, wie z.B. Schulungen zum Thema Arbeitssicherheit.[867]

---

855 RiLi Allianz, S. 1; RiLi Commerzbank, S. 4 f.; RiLi Deutsche Börse, S. 1; RiLi Deutsche Post S. 2; RiLi Deutsche Telekom, S. 3; RiLi Henkel, S. 2 ff.; RiLi RWE, S. 3; RiLi SAP, S. 4.

856 RiLi Adidas, S. 3.

857 RiLi Deutsche Bank, S. 1.

858 RiLi Bayer, S. 13; RiLi BMW, S. 7; RiLi Lanxess, S. 4; RiLi Siemens, S. 22.

859 RiLi BMW, S. 7; RiLi Lanxess, S. 9 („Vorbildfunktion").

860 RiLi ProSiebenSat.1, S. 22; RiLi ThyssenKrupp, S. 4.

861 RiLi Beiersdorf, S. 13; RiLi Siemens, S. 22 („ständige Aufmerksamkeit").

862 RiLi Beiersdorf, S. 13.

863 RiLi Beiersdorf, S. 13; RiLi Henkel, S. 12; RiLi Merck, S. 24.

864 RiLi Infineon, S. 16.

865 RiLi Volkswagen, S. 18.

866 RiLi Merck, S. 25.

867 RiLi Beiersdorf, S. 12.

b. Umgang mit Unternehmenseigentum und -ressourcen

Ein anderer Typ Klausel befasst sich mit den Ressourcen des Unternehmens, namentlich mit dessen Eigentum. Auch hier gibt es knappe Klauseln, die lediglich die missbräuchliche Verwendung des Unternehmenseigentums verbieten, namentlich den Gebrauch zu Privatzwecken.[868] Teilweise wird aber auch die gelegentliche Privatnutzung – ggf. unter dem Vorbehalt, dass für das Unternehmen keine erheblichen Kosten entstehen – gestattet.[869] Manche formulieren auch eine Pflicht, das Firmeneigentum durch positives Tun zu schützen.[870] Bei alldem wird unter Firmeneigentum oft nicht nur das materielle Eigentum verstanden, sondern auch immaterielle Werte wie Patente, Marken, Urheberrechte, Software oder auch Know-how.[871] Die Richtlinien der *Henkel AG* und der *ProSiebenSat.1 Media SE* verpflichten die Mitarbeiter zudem auch auf IT-Sicherheit in Form von Verschlüsselung und Passwörtern.[872]

c. Anti-Diskriminierung

Sehr verbreitet ist auch eine Anti-Diskriminierungs-Klausel. Genannt werden dabei zumeist die Merkmale des § 1 AGG (Rasse, ethnische Herkunft, Geschlecht, Religion/Weltanschauung, Behinderung, Alter, sexuelle Identität).[873] Teilweise werden weitere verpönte Kriterien aufgeführt, z.B. politische Einstellung, gewerkschaftliche Betätigung, Schwangerschaft oder Hautfarbe.[874] Auch hier reicht das Spektrum von allgemeinen Bekenntnissen[875] bis hin zu Verhaltensvorgaben.[876] Immer wieder sieht man außerdem Beschreibungen des verpönten Verhaltens („Wir tolerieren weder Diskriminierung noch sexuelle oder andere persönliche Belästigungen."[877]) und der – über die bloße Nicht-Diskriminierung hinausgehende[878] – Wunsch nach

---

868 RiLi E.ON, S. 19; RiLi HeidelbergCement, S. 6; RiLi Volkswagen, S. 20.

869 RiLi Fresenius, S. 10; RiLi Infineon, S. 19; RiLi ProSiebenSat.1, S. 22; die Möglichkeit einer Regelung im jeweiligen Betrieb eröffnet die RiLi Siemens, S. 16.

870 RiLi Fresenius, S. 10; RiLi Henkel, S. 24; RiLi Infineon, S. 19; RiLi Merck, S. 17.

871 RiLi Continental, S. 16; RiLi Deutsche Post, S. 9; RiLi Fresenius, S. 10; RiLi Henkel, S. 24; RiLi Munich Re, S. 7; RiLi Siemens, S. 16.

872 RiLi Henkel, S. 24; RiLi ProSiebenSat.1, S. 9.

873 RiLi Allianz, S. 1; RiLi BMW, S. 7; RiLi Merck, S. 23; RiLi ProSiebenSat.1, S. 22.

874 RiLi Allianz, S. 1; RiLi Deutsche Bank, S. 8; RiLi Munich Re, S. 3; RiLi ThyssenKrupp, S. 4; RiLi Volkswagen, S. 8.

875 RiLi Allianz, S. 1; RiLi Deutsche Post, S. 8; RiLi ProSiebenSat.1, S. 22; RiLi ThyssenKrupp, S. 4.

876 RiLi Munich Re, S. 3; RiLi Volkswagen, S. 8; RiLi Merck, S. 23.

877 RiLi Munich Re, S. 3; Ähnliches findet sich aber auch in RiLi Allianz, S. 1; RiLi Deutsche Bank, S. 8; RiLi Merck, S. 23.

878 Diversität meint nämlich, gesellschaftliche Vielfalt im Unternehmen anzustreben, sowohl bezüglich der Geschlechter, als auch der Herkunft aller Unternehmensangehörigen, vgl. nur Hölters/*Simons*, § 95 Rn. 3; *Strothmeyer*, Compliance, S. 233 f. und die Norm des 4.1.5 DCGK.

Diversität.[879] Auch hier finden sich teils Hinweise auf durchgeführte Schulungsmaßnahmen.[880] Das mag sich dadurch erklären, dass Schulungen zur Erfüllung des § 12 AGG beitragen.[881] Die *BMW AG* schließlich nimmt auch die Führungskräfte in die Pflicht, eine Vorbildfunktion auszuüben.[882]

d. Insiderhandel

Eine weitere Standardklausel ist der Hinweis auf das Verbot des Insiderhandels. Den Mitarbeitern wird mitgeteilt, dass sie unter Ausnutzung von Kenntnissen über kursrelevante Unternehmensinterna keine Wertpapiere kaufen oder verkaufen dürfen.[883] Das gilt sowohl für Wertpapiere des eigenen Unternehmens,[884] als auch für solche sonstiger Unternehmen, über deren Interna der Mitarbeiter Kenntnisse erlangt hat (z.B. weil es sich um ein Tochterunternehmen oder einen Geschäftspartner handelt).[885] Manche Richtlinien verbieten nur allgemein die Bereicherung unter Ausnutzung solchen Insiderwissens.[886] Manche erklären aber auch konkreter, welches Verhalten untersagt ist (z.B. auch Anlagetipps an Dritte).[887] Teilweise wird auch geregelt, wie bereits im Vorfeld mit Insiderinformationen umzugehen ist, beispielsweise dass solche Informationen sicher zu lagern sind[888] und nicht ohne Weiteres an Außenstehende mitgeteilt werden dürfen.[889] Auch unternehmensintern sollen sie nur diejenigen Unternehmensangehörigen kennen, die sie wirklich benötigen.[890] Teilweise finden sich auch Wertpapierhandelsverbote zu bestimmten Zeiten nahe der Veröffentlichung der Quartalszahlen, um den Anschein von Insiderhandel zu unterbinden.[891] Schließlich informieren manche Richtlinien die Arbeitnehmer auch über die Strafbarkeit des Insiderhandels.[892]

879 RiLi Deutsche Bank, S. 8; RiLi Deutsche Post, S. 8.
880 RiLi Merck, S. 23.
881 S.o. C. II. 1. c.
882 RiLi BMW, S. 7.
883 RiLi Linde, S. 26 f.; RiLi Merck, S. 21; RiLi Munich Re, S. 5; RiLi ProSiebenSat.1, S. 14; RiLi SAP, S. 18.
884 RiLi HeidelbergCement, S. 5; RiLi Henkel, S. 28; RiLi Linde, S. 26.
885 RiLi Adidas, S. 26; RiLi ProSiebenSat.1, S. 14; RiLi SAP, S. 18; ähnlich RiLi Munich Re, S. 5.
886 RiLi Lanxess, S. 12.
887 RiLi Adidas, S. 26; RiLi Allianz, S. 2; RiLi ProSiebenSat.1, S. 14.
888 RiLi Adidas, S. 26.
889 RiLi Adidas, S. 26; RiLi Allianz, S. 2; RiLi Beiersdorf, S. 19.
890 RiLi Commerzbank, S. 11; RiLi Munich Re, S. 5.
891 RiLi Beiersdorf, S. 19; RiLi SAP, S. 18.
892 RiLi Henkel, S. 28; RiLi Merck, S. 21.

e. *Anti-Korruption*

Sehr verbreitet ist auch eine Klausel, die teilweise mit „Anti-Korruption“ überschrieben ist.[893] Es geht dabei zum einen darum, die Bestechung von Amtsträgern und Vertretern anderer Unternehmen zu verhindern[894] („aktive Korruption“[895]). So beschreibt die Richtlinie der *Continental AG* als unerwünschtes Verhalten die Einladung eines potenziellen Kunden und dessen Familie, um sich gegenüber der Konkurrenz durchzusetzen. Ebenso untersagt diese Richtlinie die Gewährung von Vorteilen an Amtsträger, selbst dann, wenn es nur um die Beschleunigung einer behördlichen Genehmigung geht, auf die das Unternehmen Anspruch hat.[896]

Zum anderen geht es aber auch darum sicherzustellen, dass die Mitarbeiter ihrerseits nicht bestechlich sind („passive Korruption“[897]). Das heißt, sie dürfen von Außenstehenden grundsätzlich keine Geschenke und sonstige Zuwendungen (z.B. Einladungen) annehmen[898] und erst recht nicht fordern.[899] Ausgenommen sind lediglich Zuwendungen im allgemein üblichen Umfang.[900] In der Praxis gilt es dabei auch, Verschleierungsmodellen das Handwerk zu legen. Die Richtlinie der *Continental AG* beschreibt als Beispiel einen Mitarbeiter der Abteilung Einkauf, der von einem anderen Unternehmen folgendes Angebot erhält: Er solle dem Unternehmen Waren abkaufen, die teurer sind als vergleichbare Angebote der Konkurrenz. Im Gegenzug würde der Betrag, um den das Angebot des Unternehmens den von Konkurrenzunternehmen angebotenen Preis überschreitet, auf ein Konto im Ausland überwiesen, auf das der Einkaufsmitarbeiter alleinigen Zugriff habe.[901]

Korruption ist schließlich auch ein internationales Thema. Richtlinien machen regelmäßig deutlich, dass Korruption auch in anderen Staaten nicht geduldet wird.[902] Die Richtlinie der *Merck KGaA* betont zudem, dass auch „kulturelle Erwartungen“ von dem Verbot der Korruption nicht befreien.[903] Die Richtlinie der *Bayer Health Care AG* macht deutlich, dass lieber ein Geschäft nicht zu Stande kommen soll, als gegen die genannten Regeln zu verstoßen.[904] Dass die verbotenen Verhaltensweisen ein erhebliches Strafbarkeitsrisiko in sich bergen, wird teilweise ebenfalls betont.[905]

---

893 RiLi Continental, S. 10; ähnlich RiLi Allianz, S. 3.
894 RiLi Adidas, S. 15; RiLi Allianz, S. 4; RiLi Beiersdorf, S. 11; RiLi Continental, S. 10; RiLi Henkel, S. 18; RiLi Siemens, S. 9; RiLi Deutsche Telekom, S. 12.
895 RiLi Deutsche Telekom, S. 12; RiLi ProSiebenSat.1, S. 15.
896 RiLi Continental, S. 10.
897 RiLi Deutsche Telekom, S. 13.
898 RiLi Bayer, S. 28; RiLi Beiersdorf, S. 11, 15; RiLi Daimler, S. 18; RiLi ProSiebenSat.1, S. 15.
899 RiLi Bayer, S. 26; RiLi Beiersdorf, S. 11; RiLi Daimler, S. 18.
900 RiLi Allianz, S. 3; RiLi Commerzbank, S. 9; RiLi Munich Re, S. 4; RiLi Siemens, S. 10.
901 RiLi Continental, S. 11.
902 RiLi Lanxess, S. 11; RiLi Merck, S. 27.
903 RiLi Merck, S. 11, 28.
904 RiLi Bayer, S. 10.
905 RiLi E.ON, S. 9; RiLi ProSiebenSat.1, S. 15.

f. Interessenkonflikte

Auch über die vorherigen Fallgruppen hinaus kann es zu Konflikten der Interessen von Arbeitgeber und Arbeitnehmer kommen. So regelt die Richtlinie der *Allianz SE* unter anderem, dass Nebentätigkeiten nicht die Interessen des Unternehmens beeinträchtigen dürfen und in jedem Fall eines potenziellen Interessenkonflikts die Abteilung Compliance einzuschalten ist.[906] Derartige Klauseln – insbesondere zum Thema Nebentätigkeiten – fanden sich in der Mehrzahl der untersuchten Richtlinien.[907]

3. Klauseln bzgl. Verhaltens mit Außenwirkung

Die zweite Gruppe von Klauseln befasst sich mit dem Verhalten der Mitarbeiter gegenüber Externen wie Kunden oder Behörden.

a. Produktqualität/ -sicherheit

In der Industrie ist der wichtigste Kontaktpunkt zwischen Kunden und Unternehmen das Produkt. Daher finden sich in Richtlinien auch immer wieder Klauseln, die die Mitarbeiter auf die hohen Qualitätsmaßstäbe des Unternehmens einschwören.[908] Zudem wird immer wieder betont, dass die Produkte den maßgeblichen Sicherheitsstandards genügen müssen.[909] In gleicher Art und Weise bekennen sich Dienstleister wie z.B. die *Fresenius Medical Care AG & Co. KGaA* zu der hohen Qualität ihrer Dienstleistungen, in diesem Fall der medizinischen Behandlung.[910]

b. Datenschutz

Viele Richtlinien befassen sich auch mit dem Thema Datenschutz. Das beginnt mit einem Bekenntnis zur Befolgung aller datenschutzrechtlichen Anforderungen.[911] Die *Linde AG* weist schon zu Beginn der Klausel darauf hin, dass vor allem in der EU der Datenschutz auch strafrechtlich geschützt ist.[912] Daher sollen die

---

906 RiLi Allianz, 5.

907 RiLi Commerzbank, S. 12; RiLi Continental, S. 14; RiLi Deutsche Telekom, S. 15; RiLi E.ON, S. 14 f.; RiLi Fresenius, S. 8; RiLi HeidelbergCement, S. 5 f.; RiLi Henkel, S. 12, 14; RiLi Lanxess, S. 13; RiLi Merck, S. 19; RiLi ProSiebenSat.1, S. 12; RiLi SAP, S. 6 f.; RiLi Siemens, S. 14; RiLi Volkswagen, S. 10.

908 RiLi BMW, S. 4 f.; RiLi Beiersdorf, S. 8 ff.; RiLi Fresenius, S. 5.

909 RiLi BMW, S. 4 f.; RiLi Beiersdorf, S. 8 ff.; RiLi Fresenius, S. 5.

910 RiLi Fresenius Medical Care, S. 22.

911 RiLi Adidas, S. 34; RiLi Allianz, S. 2; RiLi Beiersdorf, S. 13; RiLi BMW, S. 7; RiLi Continental, S. 17; RiLi Deutsche Post, S. 11; RiLi Deutsche Telekom, S. 15; RiLi Fresenius, S. 10; RiLi HeidelbergCement, S. 6 f.; RiLi Infineon, S. 20; RiLi Munich Re, S. 5; RiLi Siemens, S. 19; RiLi Volkswagen, S. 16.

912 RiLi Linde, S. 36.

Mitarbeiter in allen Zweifelsfällen bereits vorbeugend die Rechtsabteilung um Rat fragen.[913] Außerdem werden sie teilweise auch noch einmal ausdrücklich verpflichtet, das Datenschutzrecht einzuhalten.[914] Hinzu kommen oftmals Konkretisierungen. So findet sich auch hier – wie bereits beim Umgang mit vertraulichen Informationen – die Maßgabe, Dokumente mit persönlichen Daten vor unbefugtem Zugriff zu schützen.[915] Es spielt keine Rolle, um wessen persönliche Daten es sich handelt, in der Praxis geht es ebenso um Kundendaten wie um solche der eigenen Mitarbeiter.[916]

c. *Verschwiegenheit*

Viele Richtlinien enthalten Klauseln, die den Arbeitnehmern Verschwiegenheit über im Unternehmen in Erfahrung gebrachte Tatsachen verordnen. Eine solche „deutliche[....] Ansage[...]" ist notwendig, denn immer wieder plaudern Mitarbeiter Unternehmensinterna bei informellen Anlässen (z.B. in der U-Bahn) aus.[917] Nach einer Faustregel gelangen in 70% aller Fälle Betriebsgeheimnisse nicht etwa durch Industriespionage, sondern durch die eigenen Mitarbeiter nach außen.[918] Soweit es sich um Betriebs- oder Geschäftsgeheimnisse handelt, folgt eine Verschwiegenheitspflicht des Arbeitnehmers schon aus der Strafnorm des § 17 Abs. 1 UWG. Darüber hinaus ist die Verschwiegenheitspflicht in gewissem Maße auch als Nebenpflicht aus dem Arbeitsverhältnis anerkannt.[919] Schließlich findet sie sich regelmäßig im Arbeitsvertrag. Gleichwohl erinnern auch die Richtlinien daran, dass Unternehmensinterna, soweit sie nicht öffentlich gemacht wurden, nicht Unternehmensfremden zugänglich gemacht werden dürfen.[920] Außerdem sind nach manchen Richtlinien auch bei berechtigter Herausgabe von Informationen mit dem Empfänger Sicherheitsmaßnahmen zu vereinbaren.[921] Informationen sollen regelmäßig nur über dafür spezifisch autorisierte Personen an die Öffentlichkeit

913 RiLi Linde, S. 36; ähnlich – Nachfrage beim Datenschutzbeauftragten – RiLi Continental, S. 17; RiLi E.ON, S. 18; RiLi Munich Re, S. 5.

914 RiLi Deutsche Telekom, S. 15; RiLi E.ON, S. 18; RiLi Volkswagen, S. 16.

915 RiLi HeidelbergCement, S. 6 f.; RiLi Infineon, S. 20; Munich Re, S. 5; RiLi Volkswagen, S. 16.

916 RiLi Adidas, S. 34; RiLi Beiersdorf, S. 13; RiLi BMW, S. 7; RiLi Deutsche Telekom, S. 15; RiLi Siemens, S. 19, RiLi Volkswagen, S. 16.

917 Zu diesem Problem und dem Erfordernis einer „deutlichen Ansage[...]" *Budras*, FAZ Nr. 208 v. 07./08.09.2013, S. C 2.

918 *Budras*, FAZ Nr. 208 v. 07./08.09.2013, S. C 2.

919 BAG, Urt. v. 26.09.1990 – 2 AZR 602/89 = BeckRS 1990, 30735096; MüHdbArbR/*Reichold*, § 48 Rn. 32; Tschöpe/*Rinck*, Teil 2 A Rn. 250.

920 RiLi Bayer, S. 24; RiLi Continental, S. 18 ff.; RiLi E.ON, S. 17; RiLi Fresenius, S. 9; RiLi Infineon, S. 19; RiLi Merck, S. 17; RiLi SAP, S. 12; RiLi Siemens, S. 18; RiLi Volkswagen, S. 16 f.

921 RiLi BMW, S. 8; RiLi SAP, S. 13.

gelangen. Dem allgemeinen Mitarbeiter ist eine Stellungnahme gegenüber der Öffentlichkeit dann untersagt.[922] Schließlich wird darauf hingewiesen, dass die Verschwiegenheitspflicht auch nach Beendigung des Arbeitsverhältnisses fortwirkt.[923] Insofern ändern die Richtlinienklauseln die sonst bestehende Rechtslage, denn die arbeitsrechtliche Verschwiegenheitspflicht wirkt nach Beendigung des Arbeitsverhältnisses nur eingeschränkt fort.[924]

Manche Richtlinie lässt diesen Umgang mit Informationen auch in umgekehrter Richtung walten: Informationen dürfen im Unternehmen nur verwertet werden, soweit sie rechtmäßig erlangt wurden.[925] Die Richtlinie der *ProSiebenSat.1 Media SE* weist die Mitarbeiter sogar darauf hin, dass die vertraulichen Informationen früherer Arbeitgeber nicht verwendet werden dürfen.[926]

d. Wettbewerbsrecht/Kartellrecht

Häufig enthalten Richtlinien Klauseln zum fairen Wettbewerb. Zum Wettbewerbsrecht zählt neben dem Lauterkeitsrecht das Kartellrecht.[927] Letzteres untersagt in § 1 GWB Vereinbarungen zwischen Unternehmen, Beschlüsse von Unternehmensvereinigungen und aufeinander abgestimmte Verhaltensweisen, die eine Verhinderung, Einschränkung oder Verfälschung des Wettbewerbs bezwecken oder bewirken. Häufig geht es bei solchen „Kartellen" um Preisabsprachen.[928] Immer wieder finden sich in der Presse Berichte über die Aufdeckung von Kartellen und ihre Ahndung mit extrem hohen Bußgeldern,[929] die in jüngster Zeit gar die Milliardengrenze genommen haben.[930] Passend dazu betonen auch die Richtlinien das

---

922 RiLi Allianz, S. 2; RiLi Fresenius, S. 11; RiLi Fresenius Medical Care, S. 34; RiLi Linde, S. 25; RiLi ProSiebenSat.1, S. 10; RiLi SAP, S. 12 f.

923 RiLi Adidas, S. 46; RiLi E.ON, S. 17; RiLi Siemens, S. 19

924 BAG, Urt. v. 15.12.1987 – 3 AZR 474/86 = NZA 1988, 502 (503 f.); ErfK/*Preis*, § 611a Rn. 718; Tschöpe/*Rinck*, Teil 2 A Rn. 261.

925 RiLi Fresenius, S. 9; RiLi Linde, S. 28 f.

926 RiLi ProSiebenSat.1, S. 8.

927 Köhler/Bornkamm/Feddersen/*Köhler*, Einleitung, Rn. 6.1, 6.11 f.

928 Grützner/Jakob/*Grützner*/*Jakob*, Stichwort Kartell.

929 „Kartellklagen werden zum Millionengeschäft", FAZ, Nr. 179 v. 05.08.2013, S. 23; „Nochmals hohe Bußgelder gegen das Schienenkartell", FAZ, Nr. 169 v. 24.07.2013, S. 13; „Villeroy & Boch muss Strafe zahlen", FAZ, Nr. 216 v. 17.09.2013, S. 16; Hauschka/*Dittrich*/*Matthey*, § 26 Rn. 1; *Riechers*, Compliance, S. 144 f.; *Schockenhoff*, NZG 2015, 409 (409 f.); *Waitschies*/*Wolters*, AiB2008, 644 (645).

930 So im Jahr 2018 gegen Google, *Kübler*, BB 2018, Heft 34, S. I; auch schon im Dezember 2013 gegen mehrere Banken, die die Referenzzinssätze Libor, Euribor und Tibor durch Absprachen manipuliert hatten, vgl. „Großbanken müssen 1,71 Milliarden Euro Kartellstrafe zahlen", FAZ Nr. 283 v. 05.12.13, S. 1; ebenso *Schockenhoff*, NZG 2015, 409 (409f.).

enorme Schadenspotenzial von Kartellrechtsverstößen.[931] Auch in der Literatur wird mit diesem Argument das Kartellrecht als „Schwerpunkt [...der] Compliance-Anstrengungen“ der Unternehmen bezeichnet.[932] Klauseln, die die kartellrechtlichen Anforderungen erklären und ihre Einhaltung fordern, finden sich in einigen der untersuchten Richtlinien.[933] Aber auch lauterkeitsrechtliche Inhalte finden sich, etwa zum Verbot irreführender Werbung (§§ 5, 5a UWG).[934]

e. *Rechnungslegung/Finanzberichterstattung*

Häufig finden sich auch Klauseln zur Rechnungslegung und Finanzberichterstattung. Das beinhaltet die Anforderungen des nationalen deutschen Rechts.[935] Teilweise finden zudem die International Financial Reporting Standards (IFRS) Anwendung.[936] Die EU-IAS-VO[937] verpflichtet seit 2005 Konzerne mit Sitz in der EU zur Bilanzierung nach IFRS.[938] Die Mitarbeiter werden aufgefordert, die genannten Regeln einzuhalten[939] und allgemein die erforderliche Sorgfalt walten zu lassen.[940] Zu dieser Sorgfalt gehört gerade auch eine saubere Aktenführung.[941] Diese muss in einer Art und Weise erfolgen, die es ermöglicht, im Fall von Ermittlungen die Unterlagen auch Behörden vorzulegen.[942] Insbesondere muss jegliche Finanzbuchhaltung inhaltlich richtig sein.[943] Tatsachen, die Aktienkurse des Unternehmens beeinflussen könnten und damit der Ad-hoc-Publizität unterlägen, müssen gemäß der Richtlinie der *BMW AG* einem speziellen Unternehmensgremium gemeldet

---

931 RiLi Bayer, S. 9; RiLi BMW, S. 5; RiLi E.ON, S. 7 f. und Anlage 2 – Leitlinien Kartellrecht; RiLi Linde, S. 16; RiLi Merck, S. 8; RiLi ProSiebenSat.1, S. 18.

932 Hauschka/*Dittrich*/*Matthey*, § 26 Rn. 1.

933 RiLi Beiersdorf, S. 10; RiLi BMW, S. 5; RiLi Continental, S. 10; RiLi Deutsche Post, S. 10, konkretisiert durch eine Wettbewerbsrichtlinie; RiLi E.ON, S. 7 f. und Anlage 2 – Leitlinien Kartellrecht; RiLi Fresenius, S. 5; RiLi HeidelbergCement, S. 4; RiLi Henkel, S. 20; RiLi Lanxess, S. 8; RiLi Linde, S. 16 f.; RiLi Merck, S. 7 ff.; RiLi Munich Re, S. 6; RiLi ProSiebenSat.1, S. 18; RiLi SAP, S. 16 f.; RiLi Siemens, S. 8; RiLi Volkswagen, S. 13.

934 RiLi ProSiebenSat.1, S. 7.

935 RiLi Beiersdorf, S. 16; RiLi SAP, S. 14; RiLi Fresenius, S. 11.

936 RiLi Beiersdorf, S. 16.

937 Verordnung Nr. 1606/2002 des Europäischen Parlaments und des Rates vom 19. 7. 2002 betreffend die Anwendung internationaler Rechnungslegungsstandards, ABl. EG Nr. L 243 S. 1; Abkürzung nach Ebenroth/Boujong/Joost/Strohn/*Böcking*/*Gros*, § 315a HGB Rn. 1.

938 Ebenroth/Boujong/Joost/Strohn/*Böcking*/*Gros*, § 315a HGB Rn. 1.

939 RiLi Beiersdorf, S. 16.

940 RiLi Beiersdorf, S. 16.

941 RiLi Bayer, S. 20, 21.

942 RiLi Bayer, S. 20.

943 RiLi Allianz, S. 3; RiLi Bayer, S. 20 f.; RiLi Henkel, S. 30 ff.; RiLi Fresenius, S. 11; RiLi Deutsche Post, S. 10; RiLi Linde, S. 25; RiLi ProSiebenSat.1, S. 20.

werden, damit dieses den Vorstand in Bezug auf die Publizitätspflicht beraten kann.[944] Die Richtlinie der *ProSiebenSat.1 Media SE* verbietet die Herausgabe derartiger Interna an die Finanzmärkte.[945] An anderer Stelle bekennt sie sich außerdem zur Einhaltung des Steuerrechts.[946]

f. Umgang mit Behörden

Vielfach finden sich Klauseln, in denen der Umgang mit Behörden geregelt wird. Den Unternehmen ist es wichtig, dass sich auch ihre Mitarbeiter den Behörden gegenüber kooperativ zeigen.[947] Insbesondere sollen sie die Behörden umfassend und wahrheitsgemäß zu informieren.[948] Aber die Mitarbeiter sollen auch darauf achten, dass sich die Behörden im ihnen eröffneten rechtlichen Rahmen bewegen.[949] Jedenfalls bei besonders sensiblem Behördenkontakt, namentlich bei solchem mit den Strafverfolgungsbehörden, wird regelmäßig verlangt, die Rechtsabteilung einzubeziehen.[950]

g. Allg. Rechtstreue

Außerdem gibt es immer wieder auch Klauseln, die ganz allgemein an die Rechtstreue der Mitarbeiter appellieren. Eine solche Anweisung bezieht sich stets auf alle geltenden Gesetze[951] und zwar deutsche ebenso wie ausländische.[952] Soweit es zusätzlich unternehmensinterne Richtlinien gibt, die den zentralen Verhaltenskodex ergänzen, wird auch deren Einhaltung noch einmal betont.[953] Teilweise wird diese Maxime auch begründet, beispielsweise mit drohenden Reputationsschäden für das Unternehmen.[954] Andere sehen in Rechtstreue schlicht eine Voraussetzung

---

944 RiLi BMW, S. 9.
945 RiLi ProSiebenSat.1, S. 10.
946 RiLi ProSiebenSat.1, S. 21.
947 RiLi Bayer, S. 7; RiLi BMW, S. 10; RiLi Fresenius Medical Care, S. 10; RiLi ProSiebenSat.1, S. 21.
948 RiLi Bayer, S. 7; RiLi Linde, S. 20; RiLi Merck, S. 27.
949 RiLi BMW, S. 10; ähnlich RiLi ProSiebenSat.1, S. 21.
950 RiLi BMW, S. 10; RiLi Linde, S. 20; RiLi Merck, S. 27; RiLi ProSiebenSat.1, S. 21.
951 RiLi Allianz, S. 1; RiLi BMW, S. 3, 10; RiLi Commerzbank, S. 6, 11; RiLi Continental, S. 6 f.; RiLi Deutsche Bank, S. 3, 6; RiLi Deutsche Börse S. 1; RiLi E.ON, S. 6 f.; RiLi HeidelbergCement, S. 4; RiLi Henkel, S. 8; RiLi Lanxess, S. 6; RiLi RWE, S. 4; RiLi SAP, S. 6; RiLi Siemens, S. 6.
952 RiLi Allianz, S. 1; RiLi BMW, S. 3; RiLi Commerzbank, S. 6 ; RiLi Continental, S. 6 f.; RiLi Deutsche Bank, S. 7; RiLi E.ON, S. 7; RiLi HeidelbergCement, S. 4; RiLi Henkel, S. 8; RiLi Siemens, S. 6.
953 RiLi Allianz, S. 1; RiLi Commerzbank, S. 6; RiLi Continental, S. 7; RiLi Deutsche Bank, S. 7; RiLi Deutsche Post, S. 14; RiLi Siemens, S. 6.
954 RiLi Continental, S. 7; RiLi Lanxess, S. 6.

für erfolgreiches Wirtschaften.[955] Die *ProSiebenSat.1 Media SE* macht Rechtstreue auch zur Voraussetzung bei der Auswahl von Vertragspartnern.[956]

4. CSR

Schließlich finden sich Klauseln, deren Beachtung nicht unmittelbar dem Unternehmen und seinen Mitarbeitern dient. Vielmehr finden sich hier Bekenntnisse zu verschiedenen moralischen Standards. Es handelt sich bei derartigen Bekenntnissen um einen Trend, der als *Corporate Social Responsibility* (CSR) bezeichnet wird.[957] CSR bedeutet, bei unternehmerischer Tätigkeit soziale Belange zu berücksichtigen.[958] Seit Compliance so weit verstanden wird, dass auch ethische Maßstäbe darunter fallen,[959] besteht zwischen CSR und Compliance allerdings eine Schnittmenge („Social Compliance“[960]), die sich gerade hier in der Aufnahme von CSR in Compliance-Richtlinien zeigt.[961] Nunmehr hat sich diese Verbindung von CSR und Compliance noch intensiviert,[962] weil CSR zum Anknüpfungspunkt einer Rechtspflicht aufgestiegen ist: Das am 19.04.2017 in Kraft getretene CSR-Richtlinie-Umsetzungsgesetz[963] verpflichtet große (§ 267 Abs. 3 S. 1 HGB), kapitalmarktorientierte (§ 264d HGB) Unternehmen, jährlich eine nichtfinanzielle Erklärung abzugeben,[964] die u.a. „Umwelt-, Sozial- und Arbeitnehmerbelange“[965] umfassen muss (nunmehr § 289c Abs. 2 HGB). Durch die Berichtspflicht sollen die Unternehmen zur Berücksichtigung von CSR-Maßstäben motiviert werden.[966]

Ein in CSR-Klauseln herausragend oft angesprochener Aspekt ist das Thema Umweltschutz.[967] Dabei geht es um den sparsamen Verbrauch der Ressourcen des

955 RiLi RWE, S. 4.

956 RiLi ProSiebenSat.1, S. 17.

957 Vgl. zum Begriff *Strothmeyer*, Compliance, S. 206 ff.

958 *Leitner*, Ethik-Richtlinien, S. 38; Spindler/Stilz/*Fleischer*, § 76 Rn. 42; *Kocher*, RdA 2004, 27; ebenso und vertiefend zum Begriff des CSR *Schmidt*, Compliance, S. 23.

959 S.o. C. I. 2. c.

960 *Rau*, CCZ 2008, 224 (224 f.).

961 *Strothmeyer*, Compliance, S. 57 f., 208; für eine strikte Trennung der Begriffe Compliance und CSR hingegen *Schmidt*, Compliance, S. 23, 170; vgl. auch *Eufinger*, EuZW 2015, 424 (424: „neben der Compliance“).

962 Vgl. nur *Eufinger*, EuZW 2015, 424 (425: „immer stärkere[...] Verrechtlichung der CSR“).

963 BGBl. I S. 802.

964 So schon zum Gesetzesentwurf *Müller*, BB 2016, I.

965 So schon zur CSR-Richtlinie vor der Umsetzung *Eufinger*, EuZW 2015, 424 (426).

966 So schon zur CSR-Richtlinie vor der Umsetzung *Eufinger*, EuZW 2015, 424 (424).

967 RiLi Bayer, S. 13 ff.; RiLi Beiersdorf, S. 21; RiLi BMW, S. 8; RiLi Continental, S. 16 f.; RiLi Deutsche Börse; RiLi Deutsche Post, S. 12, ergänzt durch eine Umweltschutzrichtlinie und eine Papierrichtlinie; RiLi E.ON, S. 19, ergänzt durch eine Konzernrichtlinie zum Umweltmanagement; RiLi HeidelbergCement, S. 7; RiLi Henkel, S. 10;

Planeten[968] und die Nutzung erneuerbarer Rohstoffe.[969] Aber auch die umweltschonende Entsorgung von Abfällen wird in den Richtlinien betont.[970] Schließlich wird auch daran erinnert, dass es ein Umweltrecht gibt und dies einzuhalten ist.[971]

Weiterhin bekennen sich einige Unternehmen zu den Normen internationaler Konventionen. Namentlich sind zu nennen die „Die 10 Prinzipien des UN Global Compact".[972] Beim Global Compact handelt es sich um ein von den Vereinten Nationen gegründetes weltweites Netzwerk von Unternehmen und Organisationen mit dem Ziel des CSR, dessen „10 Prinzipien" wörtlich lauten:[973]

> „01
> Unternehmen sollen den Schutz der internationalen Menschenrechte unterstützen und achten.
> 02
> Unternehmen sollen sicherstellen, dass sie sich nicht an Menschenrechtsverletzungen mitschuldig machen.
> 03
> Unternehmen sollen die Vereinigungsfreiheit und die wirksame Anerkennung des Rechts auf Kollektivverhandlungen wahren.
> 04
> Unternehmen sollen für die Beseitigung aller Formen von Zwangsarbeit eintreten.
> 05
> Unternehmen sollen für die Abschaffung von Kinderarbeit eintreten.
> 06
> Unternehmen sollen für die Beseitigung von Diskriminierung bei Anstellung und Erwerbstätigkeit eintreten.
> 07
> Unternehmen sollen im Umgang mit Umweltproblemen dem Vorsorgeprinzip folgen.
> 08
> Unternehmen sollen Initiativen ergreifen, um größeres Umweltbewusstsein zu fördern.
> 09

RiLi Infineon, S. 23; RiLi Lanxess, S. 9; RiLi Merck, S. 24; RiLi Munich Re, S. 7; RiLi Siemens, S. 22; RiLi Volkswagen, S. 19.

968 RiLi BMW, S. 8; RiLi Continental, S. 16; Deutsche Post Papierrichtlinie; RiLi Infineon, S. 23; RiLi Merck, S. 24; RiLi Siemens, S. 22.

969 RiLi Beiersdorf, S. 21.

970 RiLi BMW, S. 8; Deutsche Post Umweltschutzrichtlinie.

971 RiLi BMW, S. 8; RiLi E.ON, S. 19; RiLi HeidelbergCement, S. 7.

972 RiLi Allianz, S. 7; RiLi Daimler, S. 6; RiLi Munich Re, S. 9; RiLi RWE, S. 4; RiLi Henkel, S. 2.

973 http://www.globalcompact.de/de/ueber-uns/dgcn-ungc.php?navid = 1243194933573 [zuletzt abgerufen am 31.08.2018].

> Unternehmen sollen die Entwicklung und Verbreitung umweltfreundlicher Technologien beschleunigen.
> 10
> Unternehmen sollen gegen alle Arten der Korruption eintreten, einschließlich Erpressung und Bestechung."

Auch – aber nicht nur – wenn sich ein Unternehmen nicht ausdrücklich auf diese Grundsätze beruft, so finden sich die entsprechenden Themen aber dennoch zumindest ansatzweise in vielen Klauseln wieder. Zu den Themen Anti-Diskriminierung, Anti-Korruption und Umweltschutz wurde das bereits dargestellt. Aber auch die übrigen Themen (Menschenrechte,[974] Vereinigungsfreiheit,[975] Zwangsarbeit,[976] Kinderarbeit[977]) finden sich in verschiedenen Klauseln.

Ebenso wie auf den Global Compact, beziehen sich einige Unternehmen auf die Arbeitsstandards der ILO.[978] Die *ProSiebenSat.1 Media SE* bekennt sich zudem „als Medienunternehmen [...zur] „Verantwortung für die öffentliche Meinungsbildung" und den „Verhaltensgrundsätze[n] für Journalisten der Internationalen Journalistenvereinigung".[979]

Schließlich finden sich auch allgemeine Bekenntnisse zu Ethik,[980] Werten[981] oder auch sozialem Engagement.[982] So setzt sich die *E.ON SE* unter dem Lemma „Gesellschaftliche Verantwortung" zum Ziel, „die Lebensqualität [zu] verbessern"[983]

5. Unternehmensimage

Manche Richtlinien enthalten auch Klauseln, die den Mitarbeitern erklären, dass auch ihr Verhalten das Ansehen des Unternehmens in der Öffentlichkeit beeinflusst.[984] Da das Unternehmensimage eine wichtige Motivation für den Erlass von Compliance-Richtlinien darstellt, verwundert es nicht, dass den Mitarbeitern auch aufgegeben wird, dieses zu pflegen.[985]

---

974 RiLi Deutsche Post, S. 6.
975 RiLi Volkswagen, S. 7.
976 RiLi Beiersdorf, S. 21; RiLi ThyssenKrupp, S. 4.
977 RiLi Beiersdorf, S. 21; RiLi ThyssenKrupp, S. 4.
978 RiLi Deutsche Post, S. 6; RiLi Volkswagen, S. 7.
979 RiLi ProSiebenSat.1, S. 6.
980 RiLi Deutsche Post, S. 6.
981 RiLi Deutsche Bank, S. 2; RiLi Linde, S. 41.
982 RiLi Beiersdorf, S. 21.
983 RiLi E.ON, S. 4.
984 RiLi Henkel, S. 8; RiLi Siemens, S. 7; RiLi Volkswagen, S. 7.
985 RiLi Henkel, S. 8; RiLi Siemens, S. 7; RiLi Volkswagen, S. 7.

6. „Liebesverbot“

Vor einigen Jahren löste ein Typ Klausel geradezu einen Skandal aus:[986] Das amerikanische Unternehmen *Wal Mart* hatte in seinem *Verhaltenskodex* seinen Mitarbeitern verboten, mit Personen auszugehen oder eine Liebesbeziehung einzugehen, wenn jedenfalls einer der beiden Betroffenen die Arbeitsbedingungen des anderen beeinflussen kann.[987] Das LAG Düsseldorf erklärte diese Klausel aufgrund Verstoßes gegen das allgemeine Persönlichkeitsrecht (Art. 1, 2 GG) für unwirksam.[988] Insofern verwundert es nicht, dass derartige Klauseln heute kaum in deutschen Compliance-Richtlinien zu finden sind.[989] Der Verfasser konnte selbst überhaupt keine solchen mehr finden.

7. Reaktion auf entdecktes Fehlverhalten

Schließlich werden häufig Regelungen für den Fall getroffen, dass Mitarbeiter gegen die Richtlinie verstoßen.

a. Internes Whistleblowing

Zum einen eröffnen einige Unternehmen in ihren Richtlinien die Möglichkeit zum internen Whistleblowing,[990] also der Meldung von Verstößen gegen die Richtlinie.[991] Viele belassen es aber nicht dabei, sondern verpflichten ihre Mitarbeiter zur Meldung.[992] Oft gibt es dafür eine einzelne Klausel, typischerweise im hinteren Teil der Richtlinie.[993] Teilweise findet man aber auch an der jeweiligen Klausel die abschließende Aufforderung, dass wenn ein Verstoß gegen die vorstehende Regelung wahrgenommen werden sollte, man dies einer bestimmten Stelle melden solle.[994] Als Empfänger der Meldung kommt der Compliance-Beauftragte bzw. seine Abteilung in Betracht,[995] aber auch andere Stellen im Unternehmen (z.B. die

---

986 Vgl. nur *Schneider*, Compliance, S. 23 Fn. 65 mit Darstellung des damaligen Medienechos.

987 Die Klausel ist wiedergegeben bei LAG Düsseldorf, Beschl. v. 14.11.2005 – 10 TaBV 46/05 = NZA-RR 2006, 81 (82).

988 LAG Düsseldorf, Beschl. v. 14.11.2005 – 10 TaBV 46/05 = NZA-RR 2006, 81 (87).

989 *Kagan*, Ethikrichtlinien, S. 55; *Mengel/Hagemeister*, BB 2007, 1386 (1387).

990 Zur Begrifflichkeit s.o. C. II. 7.

991 RiLi Siemens, S. 24; RiLi RWE, S. 7.

992 RiLi Allianz, S. 6; RiLi Continental, S. 21; RiLi Deutsche Bank, S. 10; RiLi Deutsche Telekom, S. 19; RiLi E.ON, S. 20; RiLi Siemens, S. 24; RiLi Munich Re, 8; RiLi ProSiebenSat.1, S. 23.

993 RiLi Allianz, S. 6; RiLi Continental, S. 21; RiLi Deutsche Bank, S. 10; RiLi Deutsche Telekom, S. 19; RiLi E.ON, S. 20; RiLi Munich Re, 8; RiLi Siemens, S. 24.

994 Bzgl. Insiderhandels RiLi Munich Re, S. 6; bzgl. Diskriminierungen RiLi Merck, S. 23.

995 RiLi Allianz, S. 6; RiLi Deutsche Bank, S. 10; RiLi Deutsche Post, S. 13; RiLi Siemens, S. 24; RiLi Fresenius, S. 15; RiLi Munich Re, 8; RiLi Lanxess, S. 15; RiLi ProSiebenSat.1, S. 23.

Anti-Korruptions-Hotline der Continental AG[996]) oder schlicht die Vorgesetzten.[997] Manche Richtlinien garantieren dem Melder zudem auch Freiheit von Sanktionen wegen der Meldung[998] oder gleich deren Anonymität.[999] Ein solcher Hinweis ist auch notwendig, denn es wurden bereits Fälle bekannt, in denen Arbeitnehmer – allerdings für externes Whistleblowing – entlassen wurden.[1000] Andererseits wird teilweise auch klargestellt, dass Verleumdungen nicht geduldet werden.[1001]

b. Sanktionen

Zum anderen regeln oftmals Klauseln, welche Sanktionen der jeweilige Mitarbeiter für sein Fehlverhalten zu befürchten hat. Manche Richtlinien belassen es hier bei Generalklauseln: Es ist von „Disziplinarmaßnahmen"[1002] bzw. „disziplinarischen Konsequenzen"[1003] die Rede oder ganz allgemein von „Konsequenzen".[1004] Einige andere drohen „arbeitsrechtliche Konsequenzen bis hin zur Kündigung"[1005] an. Manche Richtlinien nennen zusätzlich auch strafrechtliche Sanktionen und Schadensersatzforderungen als Konsequenzen.[1006] Die Richtlinie der *Daimler AG* nennt die „Konsequenzen für das Arbeitsverhältnis" ausdrücklich neben „anderen rechtlichen Folgen".[1007] Auch diejenige der *Henkel AG* nennt „Abmahnungen, Schadensersatzforderungen [...][und die] Kündigung des Arbeitsverhältnisses".[1008]

Aber man findet auch Formulierungen innerhalb der anderen Klauseln, die speziell für die Verletzung der dort niedergelegten Pflicht Sanktionen androhen. So droht die Richtlinie der *Continental AG* für den Fall der Preisgabe vertraulicher Informationen „disziplinarische Maßnahmen bis hin zur Kündigung" an.[1009] Die Richtlinie der *Fresenius Medical Care AG & Co.* formulierte in einer älteren Fassung wörtlich: „Der Konsum, Besitz, Kauf oder Verkauf von illegalen Drogen

---

996 RiLi Continental, S. 21.
997 RiLi Deutsche Bank, S. 10; Deutsche Telekom, S. 19; RiLi Deutsche Post, S. 13; RiLi Fresenius, S. 15; RiLi Munich Re, 8; RiLi ProSiebenSat.1, S. 23.
998 RiLi Allianz, S. 6; RiLi Deutsche Post, S. 13; RiLi E.ON, S. 22; RiLi Fresenius, S. 15; RiLi Munich Re, 8; RiLi Merck, S. 30; RiLi ProSiebenSat.1, S. 23.
999 RiLi Allianz, S. 6; RiLi Deutsche Bank, S. 10; Deutsche Telekom, S. 19; RiLi Deutsche Post, S. 13; RiLi E.ON, S. 22; RiLi Siemens, S. 24.
1000 *Heidemann/Hüsemann*, AiB 2012, 640 (641).
1001 RiLi ProSiebenSat.1, S. 23; RiLi SAP, S. 19.
1002 RiLi Allianz, S. 6.
1003 RiLi Infineon, S 8.
1004 RiLi Beiersdorf, S. 22; RiLi SAP, S. 19; ähnlich RiLi Siemens, S. 6.
1005 RiLi BMW, S. 10; RiLi Continental, S. 5; RiLi Fresenius, S. 15; RiLi HeidelbergCement, S. 7; RiLi Linde, S. 7; RiLi ProSiebenSat.1, S. 23; RiLi Volkswagen, S. 7.
1006 RiLi BMW, S. 10; RiLi Linde, S. 7; RiLi ProSiebenSat.1, S. 23; RiLi SAP, S. 19.
1007 RiLi Daimler, S. 23; ähnlich RiLi E.ON, S. 22.
1008 RiLi Henkel, S. 32.
1009 RiLi Continental, S. 18; ähnlich RiLi Commerzbank, S. 13 [„...disziplinarische Maßnahmen...können bis hin zur Beendigung des Arbeitsverhältnisses reichen."].

während der Arbeitszeit oder auf dem Betriebsgelände ist strengstens verboten und kann arbeitsrechtliche Konsequenzen bis hin zu einer fristlosen Kündigung nach sich ziehen."[1010] Ganz ähnlich formuliert die Richtlinie der Merck AG: „Jeder Versuch, einen Mitarbeiter, der seine Besorgnis in bester Absicht offen ausspricht, zu benachteiligen, stellt eine schwere Verletzung dieses Kodex dar und zieht massive disziplinarische Maßnahmen bis hin zur Kündigung des Arbeitsverhältnisses nach sich".[1011] Die Richtlinie der *Bayer Health Care AG* formuliert gar: „Personen, die gegen das Kartellrecht verstoßen, müssen mit Kündigung, Geldbußen und sogar mit Gefängnisstrafen rechnen."[1012] Die Richtlinie der *ProSiebenSat.1 Media SE* nennt die „Gefängnisstrafe" als mögliche Folge von Insiderhandel und fügt an: „Daneben werden Insider-Verstöße arbeitsrechtliche und zivilrechtliche Konsequenzen haben – bis hin zur Kündigung und Schadensersatz."[1013]

II. Klauseln historischer Arbeitsordnungen

Ähnlich wie bei den heutigen Richtlinien, finden sich auch bei den historischen Arbeitsordnungen gewisse Kategorien, die immer wieder auftauchen.[1014] Das erklärt sich teils durch die partielle Rechtspflicht zur Einführung bestimmter Klauseln,[1015] die auch in der Erstellung so genannter „Normal-Arbeitsordnungen" resultierte, die den Unternehmen bei der Erstellung ihrer Arbeitsordnungen als Vorlage dienen sollten.[1016] Nach dem Ende des Dritten Reiches gab es diese Pflicht in Westdeutschland allerdings nicht mehr.[1017] Gleichwohl sind viele Klauseltypen erhalten geblieben. Wie oben versteht sich die Darstellung nicht als erschöpfend, sondern soll lediglich bestimmte Arten von Klauseln darstellen, die schon seit alter Zeit typisch für Arbeitsordnungen sind. Sie soll anschließend die Feststellung erlauben, wie viel von der Arbeitsordnung in der Compliance-Richtlinie steckt. Die inhaltlichen Entwicklungen im Dritten Reich und der DDR werden ausgeklammert, da es sich bei ihnen – gottlob – um „tote Enden" der deutschen Geschichte handelt. Um einen großen Einzugsbereich der Darstellung zu erzielen, wird neben original historischen Arbeitsordnungen auch auf ältere Analysen anderer Autoren sowie auf historische Muster-Arbeitsordnungen zurückgegriffen.

1010 RiLi Fresenius Medical Care, S. 23 in der Fassung vom Juli 2002 [zuletzt abgerufen am 22.08.2013].

1011 RiLi Merck, S. 29.

1012 RiLi Bayer, S. 9.

1013 RiLi ProSiebenSat.1, S. 14.

1014 Unter Berufung auf die historische GewO so *Koch*, Arbeitsordnung, S. 29.

1015 S.o. B. II.

1016 Zu dieser Zielsetzung *Hitze*, Normal-Arbeitsordnung, Vorwort S. III.; *Delor*, Arbeitsordnung, S. 60.

1017 S.o. B. V.

1. Materielle Arbeitsbedingungen (Verhältnis von Leistung und Gegenleistung)

Schon *Boldt* stellte fest, dass die alten Arbeitsordnungen – anders als die meisten Compliance-Richtlinien – auch die materiellen Arbeitsbedingungen regelten.[1018] Das sind diejenigen Vertragsbedingungen die unmittelbar im Gegenseitigkeitsverhältnis stehen,[1019] also die Modalitäten der Erfüllung der Hauptpflichten aus dem Arbeitsvertrag. Heute sind diese Dinge überwiegend gesetzlich geregelt, man denke an KSchG, BUrlG, ArbZG etc. Bevor es solche Gesetze gab, musste die Arbeitsordnung diese Lücke schließen.[1020] Daher lautete auch § 1 der Fabrikordnung von Villeroy & Boch aus dem Jahre 1888: „Die Fabrik-Ordnung hat den Zweck, die Pflichten und Rechte eines Arbeiters in Bezug auf die Firma festzustellen".[1021] Nichtsdestotrotz finden sich Arbeitsordnungen traditioneller Struktur auch noch in jüngerer Zeit.[1022]

a. Arbeitsvertrag: Annahme, Kündigung, Lohn, Formalien

Regelmäßig finden sich zu Beginn der Arbeitsordnungen Regeln über die Begründung und Beendigung des Arbeitsverhältnisses sowie dessen weitere Formalien. *Hitzes* Normal-Arbeitsordnung von 1892 nennt als solche u.a. die Vorlage der Legitimationspapiere, die Eintragung in die Arbeiterliste und – bei minderjährigen Arbeitern – die Zustimmung der Erziehungsberechtigten.[1023] Derartige Formalien finden sich in vielen Arbeitsordnungen der Kaiserzeit.[1024] Im Übrigen wird geregelt, dass das Arbeitsverhältnis durch Kündigung beendet werden kann.[1025] Es wird bestimmt, wer als Vertreter des Unternehmens die Kündigung aussprechen darf[1026] und welche Kündigungsfristen gelten.[1027] Die Kündigungsgründe (allerdings nur

1018 *Boldt*, Ethikregeln, S. 25 f.

1019 Vgl. Richardi/*Richardi*, § 87 Rn. 35; *Willemsen*, Ethikrichtlinien, S. 8 Fn. 18.

1020 *Willemsen*, Ethikrichtlinien, S. 8 f.; *Hromadka*, Arbeitsordnung, S. 46; *ders.*, ZfA 1979, 203 (204); vgl. auch *Koehne*, Arbeitsordnungen, S. 8; *Bitzer*, Arbeitsordnungen, 36.

1021 FO Villeroy & Boch 1888, § 1.

1022 Vgl. nur AO Lanxess 1998.

1023 *Hitze*, Normal-Arbeitsordnung, S. 8 f.

1024 AO Charlottenburg von 1875, § 2, abgedruckt bei *Kocka*, Unternehmensverwaltung, S. 575; AO Charlottenburg von 1895, abgedruckt bei *Kocka*, Unternehmensverwaltung, S. 578; AO Dortmund 1892, §§ 1, 2, 29; AO Münsterbusch 1892, §§ 1, 2, 29; AO Remscheid 1912, §§ 2, 10; AO Schlachthof 1909, §§ 2, 23, 24; FO Villeroy & Boch 1888, § 3.

1025 AO Dortmund 1892, § 3; AO Münsterbusch 1892, § 3; AO Remscheid 1912, §§ 7; AO Schlachthof 1909, § 19; FO Villeroy & Boch 1888, § 13; *Hitze*, Normal-Arbeitsordnung, S. 9.

1026 *Hitze*, Normal-Arbeitsordnung, S. 9 ff.

1027 AO Dortmund 1892, § 3; FO May 1880, § 22; AO Münsterbusch 1892, § 3; AO Remscheid 1912, §§ 7, 8; AO Schlachthof 1909, § 20; FO Villeroy & Boch 1888, § 13; FO

für die außerordentliche Kündigung) finden sich teilweise ebenfalls hier.[1028] Teilweise wird auch bei den Strafbestimmungen jeder Verstoß gegen die Arbeitsordnung als Kündigungsgrund definiert.[1029] Außerdem werden die Modalitäten der Lohnzahlung bestimmt.[1030]

In der Weimarer Republik finden sich derartige Klauseln weiterhin.[1031] Und auch in der Nachkriegszeit sind Modalitäten des Arbeitsverhältnisses noch zu finden.[1032] Zur Lohnzahlung findet man hingegen überwiegend nur noch Verweise auf gesetzliche oder tarifvertragliche Regeln.[1033] Auch beispielsweise die Compliance-Richtlinie der *Villeroy & Boch AG* beschränkt sich darauf.[1034]

b. Arbeitszeit, Pünktlichkeit

Außerdem wurden die Arbeitszeiten geregelt.[1035] § 134b GewO verpflichtete ab 1891 zur Aufnahme der täglichen Arbeitszeit und der Pausen in die Arbeitsordnungen. Die Unterschiede zu heute sind auffallend, so teilen zwei Arbeitsordnungen aus dem Jahre 1880 die tägliche Arbeitszeit in eine Tagschicht von 6 – 18 Uhr und eine Nachtschicht von 18 – 6 Uhr.[1036] Die tägliche Arbeitszeit war damit höher als der heute im Grundsatz (§ 3 ArbZG) geltende 8-Stunden-Tag. Die insgesamt zwei Stunden Ruhepausen[1037] genügten dagegen auch heutigen Maßstäben (§ 4 ArbZG). Noch härter war eine Arbeitsordnung aus dem Jahre 1860, die eine Nettoarbeitszeit von 12 Stunden vorsah.[1038] Der Gedanke, dass mäßige Arbeitszeiten

---

F. Brandts 1885, § 12; *Hitze*, Normal-Arbeitsordnung, S. 9 ff.; Regelung am Ende einer Arbeitsordnung z.B. Dienstordnung Siemens von 1899, abgedruckt bei *Kocka*, Unternehmensverwaltung, S. 588.

1028 AO Remscheid 1912, § 8; *Hitze*, Normal-Arbeitsordnung, S. 10 f.

1029 AO Dortmund 1892, § 30; FO May 1880, § 24; AO Münsterbusch 1892, § 30; FO Villeroy & Boch 1888, § 12.

1030 AO Charlottenburg, Unterpunkt VI., abgedruckt bei *Kocka*, Unternehmensverwaltung, S. 581 f.; AO Dortmund 1892, §§ 7, 8; AO Münsterbusch 1892, §§ 7, 8; AO Remscheid 1912, §§ 16 ff.; AO Schlachthof 1909, §§ 14, 15; FO F. Brandts 1885, §§ 10, 11; FO Landshut, § 13, 20 f., abgedruckt bei *Hitze*, Normal-Arbeitsordnung, S. 58, 61 f.; FO May 1880, § 3; FO Villeroy & Boch 1888, § 10.

1031 AO Hoechst 1922, §§ 1 ff., abgedruckt bei *Hromadka*, Arbeitsordnung, S. 93 ff.; vgl. auch *Ulrichs*, Arbeitsordnungen, S. 54 f., 60, 64 f., 72, 78 f., 79 f.

1032 *Seelmann*, Arbeitsordnung, S. 17 f. mit Praxisbeispielen.

1033 *Seelmann*, Arbeitsordnung, S. 21 f.

1034 RiLi Villeroy & Boch Rn. 15.

1035 Vgl. AO Dortmund 1892, § 4; AO Münsterbusch 1892, § 4; AO Ravensburg 1860, Unterpunkt 3; AO Remscheid 1912, § 11; AO Schlachthof 1909, § 13; FO Villeroy & Boch 1888, § 4; *Hitze*, Normal-Arbeitsordnung, S. 28 ff..

1036 AO Dortmund 1892, § 4; AO Münsterbusch 1892, § 4.

1037 AO Dortmund 1892, § 4; AO Münsterbusch 1892, § 4.

1038 AO Ravensburg 1860, Unterpunkt 3.

Wirtschaftlichkeit und Humanität gleichsam dienen, hatte noch nicht die Oberhand gewonnen.[1039] Zumindest mit dem Ziel höherer Effizienz geschah aber gegen Ende des 19. Jahrhunderts ein Umdenken hin zu kürzeren Arbeitszeiten.[1040]

Weitere Regelungen ermahnten etwa zur Pünktlichkeit,[1041] verboten das vorzeitige Verlassen des Arbeitsplatzes[1042] oder regelten, ab welcher Verspätung ein Betreten des Werksgeländes nicht mehr erlaubt wurde[1043] bzw. welche Einlasskontrollen allgemein stattfanden.[1044] Sonn- und Feiertage werden oft von der Arbeitszeit ausgenommen[1045] oder die Arbeit an solchen Tagen auf Spezialfälle begrenzt.[1046] Soweit an solchen Tagen doch gearbeitet wird, werden oft Lohnzuschläge gewährt.[1047]

Ulrichs Muster-Arbeitsordnungen von 1921[1048] und die Arbeitsordnung der Hoechst AG von 1922[1049] enthalten derartige Regeln ebenfalls noch, denn § 134b GewO war weiterhin in Kraft.[1050] *Seelmann* stellte aber 1991 überwiegend nur noch einen Bezug auf gesetzliche und tarifvertragliche Regeln fest.[1051] Eben deren Existenz dürfte diesen Klauseltyp weitgehend obsolet gemacht haben.

c. *Krankheit, Arbeitsverhinderung, Urlaub*

Auch Fälle des Fortbleibens von der Arbeit wurden geregelt.

1039 Vgl. *Hitze*, Normal-Arbeitsordnung, S. 30 f.; *ders.*, AW 2.1882, S. 203 f., 206, 218, 220.

1040 Zu einer Vereinbarung auf einen Maximalarbeitstag in Mönchengladbach im Jahre 1869 *Hitze*, AW 2.1882, 201 (220 Anm. 1).

1041 AO Dortmund 1892, § 13; AO Münsterbusch 1892, § 13; AO Remscheid 1912, §§ 12, 14; FO F. Brandts 1885, § 8; FO Landshut, § 8, abgedruckt bei *Hitze*, Normal-Arbeitsordnung, S. 58; FO Villeroy & Boch 1888, § 7.

1042 AO Charlottenburg von 1875, § 2, abgedruckt bei *Kocka*, Unternehmensverwaltung, S. 575; AO Dortmund 1892, § 13; AO Münsterbusch 1892, § 13; AO Remscheid 1912, § 14; AO Schlachthof 1909, § 5; FO F. Brandts 1885, § 9; FO May 1880, §§ 2, 14; FO Landshut, § 9, abgedruckt bei *Hitze*, Normal-Arbeitsordnung, S. 58; FO Villeroy & Boch 1888, § 6.

1043 AO Charlottenburg von 1875, § 2, abgedruckt bei *Kocka*, Unternehmensverwaltung, S. 575; AO Charlottenburg von 1895, II. 5., abgedruckt bei *Kocka*, Unternehmensverwaltung, S. 575 f.

1044 AO Remscheid 1912, § 5; FO Landshut, § 7, abgedruckt bei *Hitze*, Normal-Arbeitsordnung, S. 57.

1045 AO Dortmund 1892, § 5; AO Münsterbusch 1892, § 5.

1046 AO Remscheid 1912, § 13; FO Landshut, § 11, abgedruckt bei *Hitze*, Normal-Arbeitsordnung, S. 58.

1047 AO Ravensburg, Nr. 14; AO Schlachthof 1909, § 16.

1048 *Ulrichs*, Arbeitsordnungen, S. 55 f., 61 ff., 76 ff.

1049 AO Hoechst 1922, §§ 6, 7, abgedruckt bei *Hromadka*, Arbeitsordnung, S. 94 f.

1050 *Engelmann*, Arbeitsordnung; S. 14; *Delor*, Arbeitsordnung, S. 24; *Hafenrichter*, Arbeitsordnung, S. 23 ff.; *Ulrichs*, Arbeitsordnungen, S. 23

1051 *Seelmann*, Arbeitsordnungen, S. 20 f.

Das betraf einerseits den Krankheitsfall. Die Arbeiter sollten sich rechtzeitig krank melden[1052] und durften während der Krankheit keine die Heilung beeinträchtigenden Verhaltensweisen pflegen. So verbietet eine Arbeitsordnung explizit den Besuch von Wirtshäusern während dieser Zeit.[1053] Entsprechendes wird auch in heutigen Arbeitsordnungen vom Arbeitnehmer verlangt.[1054] Heute gibt es aber zudem dahingehende Rechtsprechung gestützt auf das EFZG.[1055] Die Entgeltfortzahlung fand man damals teilweise ebenfalls in der Arbeitsordnung geregelt.[1056]

Andererseits betraf es den Urlaub. Manche Arbeitsordnungen enthalten sich zu dem Thema völlig.[1057] Andere sprechen nur davon, dass Urlaub in besonders begründeten Fällen gewährt werden kann.[1058] Aber auch Erholungsurlaub im heutigen Sinne, also ohne Begründung, findet sich teilweise schon.[1059] Und anders als der Krankheitsfall, bleibt der Urlaub auch bis in die 1990er Jahre in deutschen Arbeitsordnungen ein Schwerpunkt.[1060]

d. Vorgesetztenverhältnis

Eine weitere typische Klausel regelt das Vorgesetztenverhältnis. Es wird die betriebliche Hierarchie erklärt.[1061] Auch der eigentlich selbstverständliche Hinweis, dass Weisungen der Vorgesetzten zu befolgen sind, findet sich.[1062] Man findet letztere Regelung auch noch bei *Ulrichs* 1921[1063] und *Bensinger* 1982[1064] in Muster-Arbeitsordnungen, sowie in Praxisbeispielen u.a. 1972 bei *Hromadka*[1065] und 1991 bei *Seelmann.*[1066]

1052 AO Dortmund 1892, § 15; AO Münsterbusch 1892, § 15; AO Remscheid 1912, § 15; AO Schlachthof 1909, § 17; Dienstordnung Siemens 1899, § 6, abgedruckt bei *Kocka*, Unternehmensverwaltung, S. 584.; FO May 1880, § 6; FO Villeroy & Boch 1888, § 7.

1053 FO Villeroy & Boch 1888, § 7.

1054 Vgl. die Praxisbeispiele bei *Seelmann*, Arbeitsordnungen, S. 37 Fn. 68.

1055 Vgl. nur LAG Rheinland-Pfalz, Urt. v. 11.07.2013 – 10 Sa 100/13 = BeckRS 2013, 71999.

1056 AO Schlachthof 1909, § 18 A.

1057 AO Dortmund 1892; AO Münsterbusch 1892.

1058 FO Villeroy & Boch 1888, § 7.

1059 AO Schlachthof 1909, § 18 D.; Dienstordnung Siemens 1899, § 7, abgedruckt bei *Kocka*, Unternehmensverwaltung, S. 584.

1060 Vgl. *Seelmann*, Arbeitsordnungen, S. 23.

1061 AO Dortmund 1892, § 9; AO Münsterbusch 1892, § 9; AO Remscheid 1912, § 3; AO Schlachthof 1909, § 3.

1062 AO Dortmund 1892, § 10; AO Münsterbusch 1892, § 10; AO Remscheid 1912, § 3; AO Schlachthof 1909, § 4; FO May 1880, § 8; FO Villeroy & Boch 1888, § 2.

1063 *Ulrichs*, Arbeitsordnungen, S. 73.

1064 *Bensinger*, Arbeitsordnung, S. 27 § 18 Abs. 2.

1065 AO Hoechst 1972 § 6, abgedruckt bei *Hromadka*, Arbeitsordnung, S. 166.

1066 *Seelmann*, Arbeitsordnungen, S. 19 Rn. 30.

e. *Technische Bestimmungen, Behandlung von Werkzeug, Sorgfalt*

Sehr umfangreich sind die technischen Bestimmungen ausgestaltet. Die Arbeiter wurden angehalten, sorgfältig zu arbeiten.[1067] Nachbesserungen und Reparaturen konnten Schadensersatzansprüche begründen.[1068] Weitere Vorschriften regelten, dass dem Arbeiter das zur Arbeit benötigte Werkzeug ausgehändigt wird[1069] und, wie auch die Maschinen, schonend zu behandeln ist.[1070] Schließlich finden sich konkrete Handlungsanweisungen wie in der *Arbeitsordnung der Spinnerei M. May & Co* von 1880, die Dinge wie das Schmieren von Maschinen, Reparaturen an denselben, Auflegen und Reparieren von Riemen etc. regelte.[1071] Diese Vorschriften sind stark produktionsbezogen und haben – soweit es nicht um Unfallverhütung geht[1072] – nichts mit dem Compliance-Gedanken zu tun. Sie finden sich daher nicht mehr in den Compliance-Richtlinien.

2. Formelle Arbeitsbedingungen (betriebliche Ordnung)

Die Regelungen über die materiellen Arbeitsbedingungen sind sich also nicht die Vorgänger der Compliance-Richtlinien. Aber unter den Regeln über die formellen Arbeitsbedingungen finden sich Gegenstände, die auch die heutigen Compliance-Richtlinien regeln.[1073] Unter den formalen Arbeitsbedingungen versteht man diejenigen Verhaltensvorgaben, die die Ordnung des Betriebs sicherstellen sollen.[1074] Sie sollen im Folgenden näher analysiert werden.

a. *Betriebsgeheimnisse/Verschwiegenheit*

Schon 1786 suchte die *Fabrikordnung der Gebrüder von der Leyen zu Krefeld*[1075] sogenannte „Verräther an der Fabrik" zu bekämpfen, die ihr in der Fabrik erworbenes Fachwissen nutzten, um an anderer Stelle Geld zu machen. Die Vorgesetzten sollten „Complotmacherei" in der Fabrik unterbinden,[1076] über die Verräter sollten

1067 AO Charlottenburg von 1895, IV.2., abgedruckt bei *Kocka*, Unternehmensverwaltung, S. 580; AO Dortmund 1892, § 18; AO Münsterbusch 1892, § 18; AO Ravensburg 1860, Unterpunkt 11; AO Remscheid 1912, §§ 4, 20.

1068 AO Charlottenburg von 1875, § 6, abgedruckt bei *Kocka*, Unternehmensverwaltung, S. 576; AO Dortmund 1892, § 18; AO Münsterbusch 1892, § 18; AO Remscheid 1912, § 20.

1069 AO Dortmund 1892, § 20; AO Münsterbusch 1892, § 20.

1070 AO Charlottenburg von 1875, § 5, abgedruckt bei *Kocka*, Unternehmensverwaltung, S. 576; AO Dortmund 1892, §§ 20, 21; AO Münsterbusch 1892, §§ 20, 21; AO Ravensburg 1860, Unterpunkt 15; AO Remscheid 1912, § 21.

1071 FO May 1880, §§ 15 ff.

1072 Zur Unfallverhütung siehe unten E. II. 2. d.

1073 *Boldt*, Ethikregeln, S. 25; vgl. auch *Willemsen*, Ethikrichtlinien, S. 8 ff.

1074 Vgl. Richardi/*Richardi*, § 87 Rn. 35; *Willemsen*, Ethikrichtlinien, S. 8 Fn. 18.

1075 Abgedruckt bei *Ebel*, Quellen, S. 248 f.

1076 *Ebel*, Quellen, S. 248.

nicht nur – allerdings nicht genauer bezeichnete – Strafen verhängt,[1077] sondern auch ein Namensverzeichnis angelegt werden.[1078]

Auch in der Kaiserzeit wurden Arbeitnehmer verpflichtet, über die Fabrikation Stillschweigen zu bewahren.[1079] Teilweise wurde dies auf alle weiteren betrieblichen Ereignisse ausgedehnt.[1080] Die *Dienstordnung für die Angestellten der Siemens & Halske AG* von 1899 beschrieb das untersagte Verhalten noch näher und verbot auch die Weitergabe bestimmter näher beschriebener Dokumente an Zeitschriften oder Tageszeitungen. Ebenso sollten Gespräche über Interna nicht ohne Not in der Öffentlichkeit stattfinden.[1081] 1991 ermittelt *Seelmann* die Verschwiegenheitspflicht weiterhin als integralen Bestandteil der von ihm untersuchten Arbeitsordnungen. Vertrauliche Informationen, die die Kunden dem Unternehmen anvertraut hatten, dürften nicht an Dritte weitergegeben werden. Vertrauliche Unterlagen sollten des Weiteren das Unternehmen nur im Sonderfall verlassen und auch dann vor unbefugtem Zugriff geschützt werden.[1082] Die anhaltende Bedeutung der Verschwiegenheitspflicht für seriöses Wirtschaften setzt sich in entsprechenden Klauseln heutiger Compliance-Richtlinien fort.[1083]

b. Verbot der Annahme von Trinkgeld/Geschenken/Bestechungsgeld

Die *Fabrikordnung der Gebrüder von der Leyen zu Krefeld*[1084] von 1786 weist auch eingangs darauf hin, dass manche Arbeiter gar nicht einmal aus eigenen Stücken, sondern infolge von Bestechung die Fabrik verrieten. Die im vorherigen Unterpunkt dargestellten Maßnahmen sind daher auch unter dem Lemma der Korruptionsprävention zu sehen. Sie sind damit ein sehr frühes Vorbild der noch heute in Compliance-Richtlinien zu findenden Vorschriften über die Anti-Korruption.[1085]

Im späten 19. Jahrhundert finden sich dann in Arbeitsordnungen Verbote, Geschenke und Trinkgelder anzunehmen[1086] oder gar zu fordern.[1087] Auch derartige Klauseln leben in den Compliance-Richtlinien fort.[1088] Die Arbeitsordnungen,

1077 *Ebel*, Quellen, S. 249.
1078 *Ebel*, Quellen, S. 248.
1079 AO Remscheid 1912, § 31; FO Brandts 1885, § 25: FO Villeroy & Boch 1888, § 2.
1080 FO Villeroy & Boch 1888, § 2.
1081 Dienstordnung für die Angestellten der Siemens & Halske AG1899, § 10, abgedruckt bei *Kocka*, Unternehmensverwaltung, S. 585 f.
1082 *Seelmann*, Arbeitsordnungen, S. 26 f.
1083 S.o. E. I. 3. c.
1084 Abgedruckt bei *Ebel*, Quellen, S. 248 f.
1085 Vgl. zu diesen oben E. I. 2. e.
1086 AO Dortmund 1892, § 11; AO Münsterbusch 1892, § 11; Dienstordnung für die Angestellten der Siemens & Halske AG 1899, § 11, abgedruckt bei *Kocka*, Unternehmensverwaltung, S. 586.
1087 AO Schlachthof 1909, § 5 Nr. 5.
1088 Vgl. oben E. I. 2. e.

die *Seelmann* 1991 auswertet, stellen gewissermaßen eine Brücke zwischen den Klauseln der Kaiserzeit und den heutigen dar. Denn diese Werke trugen noch die Bezeichnung „Arbeitsordnung", inhaltlich ähnelten sie aber schon sehr stark den heutigen Richtlinien: Es wurde nur teilweise pauschal die Annahme von Geschenken, Provisionen etc. verboten.[1089] Vielfach stellt *Seelmann* fest, dass differenziert wurde, namentlich Geschenke etc. in branchenüblichem Umgang erlaubt blieben.[1090] Das findet sich so auch noch heute in mancher Compliance-Richtlinie.[1091]

c. Verbot der Privatarbeit, der Konkurrenz und der Interessenkonflikte

Die *Dienstordnung für die Angestellten der Siemens & Halske AG* verbot 1899 „Geschäftliche Verbindungen zu Privatzwecken mit Geschäftsfreunden und Lieferanten der Gesellschaft".[1092] Das erinnert an die heutigen Klauseln zu Interessenkonflikten, aber auch zum Konkurrenzverbot.[1093] Das findet sich ebenfalls schon in der Kaiserzeit in Arbeitsordnungen. Die Arbeitsordnungen der Zinkhüttenwerke in Dortmund und in Münsterbusch verbieten 1892, die „Verwendung [... von Arbeitsmaterialien] zu Privatzwecken, sowie jede Arbeit zu eigenem Nutzen".[1094] Wortlautgleich regelt es 1912 die *Arbeitsordnung der Bergischen Stahl Industrie GmbH* in Remscheid.[1095] Anzumerken bleibt allerdings, dass die genannten Klauseln nicht allgemein Nebentätigkeiten betrafen, sondern nur solche während der Arbeitszeit bzw. mit Mitteln des Arbeitgebers.[1096] Für ein echtes Nebentätigkeitsverbot fehlte es in der GewO an einer Regelungskompetenz des Arbeitgebers, es konnte nur individualvertraglich vereinbart werden.[1097] Ein solches findet sich aber später bei *Ulrichs* in der *Arbeits-Ordnung für die Betriebe der rheinisch-westfälischen Eisen- und Stahlindustrie* von 1921, denn in deren § 24 wird es den Arbeitern explizit auch außerhalb der Arbeitszeit verboten, für einen Dritten Arbeiten zu verrichten.[1098] Auch Nebentätigkeitsverbote waren also schon für die Arbeitsordnung typisch. Die Beschränkung von Nebentätigkeiten ist im späten 20. Jahrhundert weiterhin ein Thema[1099] und findet sich schließlich auch heute in Compliance-Richtlinien wieder.[1100]

1089 *Seelmann*, Arbeitsordnungen, S. 33.
1090 *Seelmann*, Arbeitsordnungen, S. 33 f.
1091 S.o. E. I. 2. e.
1092 Dienstordnung für die Angestellten der Siemens & Halske AG 1899, § 11, abgedruckt bei *Kocka*, Unternehmensverwaltung, S. 586.
1093 Siehe zu beidem oben E. I. 2. f.
1094 AO Dortmund 1892, § 19; AO Münsterbusch 1892, § 19.
1095 AO Remscheid 1912, § 27.
1096 Deutlich insofern AO Schlachthof 1909, § 5 Nr. 11.
1097 *Koehne*, Arbeitsordnungen, S. 234 f.
1098 *Ullrichs*, Arbeitsordnungen, S. 75.
1099 *Seelmann*, Arbeitsordnungen, S. 40 f.
1100 S.o. E. I. 2. f.

d. *Unfallverhütungsvorschriften*

Ein Thema gerade auch schon in den Industriebetrieben der Kaiserzeit war der Unfallschutz. § 120a Abs. 4 GewO verpflichtete die Arbeitgeber zum Erlass von Sicherheitsvorschriften.[1101] Manche Arbeitsordnung verwies allgemein auf die geltenden Unfallschutzvorschriften, die im Werk gesondert aushingen.[1102] Die Arbeitsordnung des Kölner Schlachthofes verpflichtete die Arbeitnehmer, bei einem Arbeitsunfall unverzüglich den nächsten Vorgesetzten zu informieren und sich in ärztliche Behandlung zu begeben.[1103] Dieselbe Arbeitsordnung ordnet an anderer Stelle an, dass während der Arbeit an Dampf- und Arbeitsmaschinen nur enganliegende, leicht zerreißbare Kleidung getragen werden darf.[1104] Außerdem wurden auch im Schlachthof separierte Unfallverhütungsvorschriften bekannt gegeben.[1105] Ähnlich ging das Unternehmen *Villeroy & Boch* vor.[1106] Im Grundsatz hat sich also an dem Bekenntnis zum Unfallschutz im Laufe der Zeit von der Arbeitsordnung zur Compliance-Richtlinie wenig verändert.

e. *Rauchen, Alkohol, Glücksspiel*

Viele Arbeitsordnungen enthielten zudem Regeln über das Rauchen auf dem Betriebsgelände sowie den Alkoholkonsum.[1107] Der Verzehr kleinerer Mengen Alkohol wurde meist unerwähnt gelassen, während der Konsum von Branntwein bei der Arbeit ausdrücklich untersagt wurde.[1108] Minderjährigen wurde teilweise aber der Besuch von Wirtshäusern selbst außerhalb der Arbeitszeit untersagt.[1109] *Ebel* beschreibt schon für mittelalterliche Regeln das Verbot des Würfelspiels.[1110] Noch in der Kaiserzeit finden sich als Nachfolger davon Glücksspielverbote für Minderjährige.[1111]

1101 Vgl. dazu *Koehne*, Arbeitsordnungen, S. 88 f., 246 ff.

1102 AO Dortmund 1892, § 18; AO Münsterbusch 1892, § 18.

1103 AO Schlachthof 1909, § 8.

1104 AO Schlachthof 1909, § 5 Nr. 14.

1105 Abgedruckt bei AO Schlachthof 1909, S. 36 ff.

1106 Abgedruckt bei AO Villeroy & Boch 1888, S. 13 ff.

1107 AO Dortmund 1892, §§ 25, 26; AO Münsterbusch 1892, §§ 25, 26; AO Remscheid 1912, § 25; AO Schlachthof 1909, S. 6; FO May 1880, § 7; Verbot von Spirituosen FO Villeroy & Boch 1888, § 5 Nr. 7; Rauchverbot für Jugendliche FO Villeroy & Boch 1888, S. 12.

1108 AO Dortmund 1892, § 26; AO Münsterbusch 1892, § 26; AO Schlachthof 1909, § 5; AO Remscheid 1912, § 25; FO May 1880, § 7; FO Villeroy & Boch 1888, S. 5.

1109 FO Villeroy & Boch 1888, S. 11.

1110 *Ebel*, Mittelalter, S. 28; hierauf verweist in diesem Kontext auch *Rein*, Ethikrichtlinie, S. 45.

1111 Bzgl. Jugendlicher FO Villeroy & Boch 1888, S. 12.

Zu den Themen Alkohol und Rauchen findet *Seelmann* 1991 noch Klauseln in „fast allen“ von ihm untersuchten Arbeitsordnungen.[1112] Auch in Compliance-Richtlinien finden sie sich vereinzelt wieder.[1113] Hier liegt also ebenfalls eine – wenn auch nur kleine – inhaltliche Schnittmenge von Arbeitsordnung und Richtlinie.

f. Diebstahl, Unternehmenseigentum

Ebenfalls noch heute verbreitet sind Klauseln zum Umgang mit Unternehmenseigentum.[1114] Das konnten ganz konkrete Klauseln sein, etwa die Pflicht, den Empfang von Gegenständen zu bescheinigen.[1115] Auch der Hinweis auf die Strafbarkeit der Unterschlagung oder Diebstahls von Unternehmenseigentum fand sich schon damals.[1116] Verstöße waren umgehend zu melden.[1117] Allgemeiner waren Gebote, die ausgehändigten Sachen sorgfältig zu behandeln[1118] bzw. sparsam zu verbrauchen.[1119] Konkreter war wiederum der Hinweis, mit Feuer und offenem Licht behutsam umzugehen.[1120] Die gleichen Inhalte (Verbot des Diebstahls und der Unterschlagung auf der einen, Gebot des schonenden bzw. sparsamen Umgangs andererseits) nennt auch *Seelmann* 1991.[1121]

g. Verbot von Störungen des Betriebsfriedens

Außerdem finden sich Vorschriften zur Störung der Abläufe durch „ungebührliches Benehmen“.[1122] Man untersagte teils konkrete Verstöße wie Körperverletzungen,[1123] Streitigkeiten,[1124] „Widersetzlichkeit gegen das Wächterpersonal“,[1125] Singen und Pfeifen[1126] oder auch das Verrichten der Notdurft außerhalb der

---

1112 *Seelmann*, Arbeitsordnungen, S. 34 ff.

1113 RiLi ProSiebenSat.1 Stand 2010, S. 13; zum Thema Alkohol RiLi Fresenius Medical Care, S. 41, RiLi Merck, S. 25.

1114 S.o. E. I. 2. b.

1115 AO Schlachthof 1909, § 6.

1116 AO Schlachthof 1909, § 5 Nr. 4.

1117 AO Dortmund 1892, § 24; AO Münsterbusch 1892, § 24; AO Remscheid 1912, § 32.

1118 AO Schlachthof 1909, § 6; FO Villeroy & Boch 1888, § 5.

1119 AO Schlachthof 1909, § 5 Nr. 8.

1120 AO Dortmund 1892, § 25; AO Münsterbusch 1892, § 25; Betriebsvorschriften für ein Puddlingswerk, abgedruckt bei *Hitze*, Normal-Arbeitsordnung, S. 66; FO Villeroy & Boch 1888, § 5.

1121 *Seelmann*, Arbeitsordnungen, S. 25.

1122 AO Dortmund 1892, § 16; AO Münsterbusch 1892, § 16.

1123 AO Dortmund 1892, § 16; AO Münsterbusch 1892, § 16; FO Villeroy & Boch 1888, § 9.

1124 AO Dortmund 1892, § 16; AO Münsterbusch 1892, § 16.

1125 AO Dortmund 1892, § 16; AO Münsterbusch 1892, § 16; AO Remscheid 1912, § 28.

1126 AO Schlachthof 1909, § 5 Nr. 6.

Aborte.[1127] *Seelmann* beschreibt die abstrakte Anforderung, den Betriebsfrieden nicht zu stören.[1128] Für Compliance-Richtlinien sind solche Klauseln aber nicht mehr typisch.

h. Besuch

Sehr gegenständlich ist eine Klausel, die sich – als eine der wenigen formellen Arbeitsbedingungen – in heutigen Compliance-Richtlinien nicht mehr findet: Die Arbeiter durften am Arbeitsplatz keinen Besuch empfangen oder Fremde ins Werk mitnehmen.[1129] Auch er selbst durfte nur diejenigen Bereiche des Werkes betreten, in denen er Arbeiten auszuführen hatte.[1130] Beides findet sich auch 1972 noch in der Arbeitsordnung der *Hoechst AG*.[1131] Auch *Seelmann* fand solche Klauseln 1991 in den Arbeitsordnungen von Banken.[1132]

i. Außerdienstliches Verhalten

Außerdienstliches Verhalten durfte ab dem Arbeiterschutzgesetz von 1891 nur für minderjährige Arbeiter geregelt werden (§ 134 b Abs. 3 GewO). Außerdienstliches Verhalten Volljähriger durfte im Umkehrschluss nicht geregelt werden.[1133] Vor 1891 waren solche Klauseln noch zu finden, so sanktionierte die *Fabrikordnung für die Fabrik von F. Brandts* noch 1885 Unsittlichkeiten sowie „leichtsinniges Schuldenmachen [und] wiederholte Trunkenheit" auch wenn sie „außerhalb der Fabrik begangen" wurden.[1134] Eine Renaissance solcher Vorschriften fand nach dem Außerkrafttreten der Vorschriften über die Arbeitsordnung nach dem Zweiten Weltkrieg nicht ein: *Seelmann* ermittelte als Regeln außerdienstlichen Verhaltens vor allem Nebentätigkeitsverbote.[1135]

j. Allgemeine sittliche Bestimmungen

Urväter der heutigen Compliance-Richtlinien sind die sittlichen Bestimmungen der Arbeitsordnungen.[1136] Denn zumindest formal halten diese ja das Thema Ethik

---

1127 AO Dortmund 1892, § 23; AO Münsterbusch 1892, § 23.

1128 *Seelmann*, Arbeitsordnungen, S. 24.

1129 AO Remscheid 1912, § 24; FO F. Brandts 1885, § 25; FO Villeroy & Boch 1888, § 8.

1130 AO Remscheid 1912, § 24.

1131 AO Hoechst 1972, §§ 22 b), 23 a), abgedruckt bei *Hromadka*, Arbeitsordnung, S. 170 f.

1132 *Seelmann*, Arbeitsordnungen, S. 24.

1133 *Hitze*, Normal-Arbeitsordnung, S. 2; *Koehne*, Arbeitsordnungen, S. 233, *Ulrichs*, Arbeitsordnungen, S. 96 f.; *Zahnbrecher*, Arbeitsordnung, S. 28.

1134 FO F. Brandts 1885, § 4.

1135 *Seelmann*, Arbeitsordnungen, S. 40 f.; siehe dazu bereits oben E. II. 2. c.

1136 So schon *Willemsen*, Ethikrichtlinien, S. 10; *Däubler*, dbr 2005, 25 (26).

hoch.[1137] Die *Fabrikordnung für die Fabrik von F. Brandts* von 1885 bestimmte: „Die Arbeiter sollen in Kleidung und Benehmen anständig erscheinen und untereinander friedfertig und dienstgefällig sein".[1138] Zudem wurden die „Verhöhnung [...] der guten Sitte", „grobe[...] unsittliche[...] Handlungen", „sowie liederlicher Lebenswandel" sanktioniert.[1139]

Allerdings waren diese Vorschriften damals in Bezug auf die anderen Vorschriften allein schon von dem Raum her, den sie einnahmen, meist von untergeordneter Bedeutung.[1140] Die Fabrikordnung von *Villeroy & Boch* aus dem Jahre 1888 nennt beispielsweise nur eingangs kurz, dass von den Arbeitern „ehrenhaftes Betragen" und ein „sittlicher Lebenswandel" erwartet werde.[1141] Der Tenor lag in den formellen Arbeitsbedingungen der historischen Arbeitsordnungen klar anders, nämlich auf konkreten Verhaltensvorgaben.[1142] Eine Ausnahme bildeten die – oftmals von der eigentlichen Arbeitsordnung getrennt bekannt gegebenen[1143] – Vorschriften für jugendliche Arbeiter. Diesen wurden auch konkretere sittliche Maßstäbe vorgegeben, etwa der Besuch von Wirtshäusern am Wochenende nur in Begleitung des Vaters oder Vormundes gestattet und wochentags gänzlich verboten.[1144] In Bezug auf die minderjährigen Arbeiter erfüllten die Arbeitsordnungen auch einen erzieherischen Zweck.[1145] Im Übrigen verstanden laut *Hitze* im 19. Jahrhundert viele Arbeitgeber nicht, weshalb sie sittliche Maßstäbe in ihrer Arbeitsordnung regeln sollten bzw. was „diese Dinge mit der Arbeitsordnung zu thun haben".[1146] Das bestätigt obige Feststellung, dass das Wesen der Arbeitsordnung ein anderes war. Gleichwohl sah *Hitze* die Arbeitgeber in der Verantwortung, schon allein weil in der Fabrik so viele verschiedene Menschen aufeinandertrafen.[1147] Es bestünde die „Gefahr eines sittlichen Niederganges der Fabrikbevölkerung in industiereichen Gegenden".[1148] Namentlich sei – auch durch Klausel in der Arbeitsordnung[1149] – die strikte Trennung der Geschlechter vorzunehmen.[1150]

1137 S.o. C. I. 1.
1138 FO F. Brandts 1885, § 2.
1139 FO F. Brandts 1885, § 4.
1140 Vgl. auch *Boldt*, Ethikregeln, S. 52.
1141 FO Villeroy & Boch 1888, § 2.
1142 *Boldt*, Ethikregeln, S. 49 f.; andeutend *Willemsen*, Ethikrichtlinien, S. 9
1143 Vgl. nur FO Villeroy & Boch 1888, Anlage I.
1144 FO Villeroy & Boch 1888, Anlage I., Unterpunkt 3.
1145 *Hitze*, Normal-Arbeitsordnung, S. 20; *Koehne*, Arbeitsordnungen, S. 135, 243 Fn. 4; *Hromadka*, ZfA 1979, 203 (204, 206).
1146 *Hitze*, Normal-Arbeitsordnung, S. 14.
1147 *Hitze*, Normal-Arbeitsordnung, S. 14.
1148 *Hitze*, Normal-Arbeitsordnung, S. 15.
1149 Vgl. Hitzes Normal-Arbeitsordnung, § 8, abgedruckt bei *Hitze*, Normal-Arbeitsordnung, S. 13.
1150 *Hitze*, Normal-Arbeitsordnung, S. 18 f.

Die Compliance-Richtlinien enthalten solche Regelungen nicht mehr. Ihr Zweck besteht nicht in der Erziehung der Arbeitnehmer, sondern in der Förderung wirtschaftlicher Interessen und der Erfüllung rechtlicher Vorgaben.[1151] Eine Parallele zeigt sich indes in der Zielsetzung letztgenannter Geschlechtertrennung: *Hitze* beklagt, aufgrund mangelnder Trennung seien in bestimmten Betrieben die „Mädchen [...] während der Pausen [...] den Rohheiten und Zudringlichkeiten der männlichen Arbeiter ausgesetzt".[1152] Das schreibt er in der Begründung einer Klausel seiner Normal-Arbeitsordnung mit dem Inhalt der Geschlechtertrennung. Somit existierte bereits in der Kaiserzeit der Gedanke, die Arbeitsordnung zu einem Element in der Prävention sexueller Belästigung zu machen. Nicht zuletzt diesem Zweck dienen auch heute noch Anti-Diskriminierungs-Klauseln in Compliance-Richtlinien.[1153]

k. Soziale Einrichtungen

Schließlich finden sich in Arbeitsordnungen Regeln über vom Arbeitgeber oder der öffentlichen Hand angebotene soziale Einrichtungen. So wird teilweise geregelt, dass die Arbeiter einer Krankenkasse angehören müssen.[1154] Manche Arbeitgeber stellten Bäder, Bibliotheken etc. bereit.[1155] Teilweise gab es im Betrieb Spar-Einrichtungen, in die der Arbeitgeber automatisch einen Teil des Lohnes einzahlte anstatt ihn auszubezahlen.[1156] Die Idee ist uns heute noch bekannt: Neben den sog. vermögenswirksamen Leistungen als Spareinrichtung[1157] funktioniert so auch das heutige Sozialversicherungssystem. In Compliance-Richtlinien findet sich dazu aber nichts mehr. Denn vermögenswirksame Leistungen werden vertraglich vereinbart,[1158] das staatliche Sozialrecht füllt eigene Gesetzessammlungen und bedarf daher schwerlich einer Konkretisierung.

3. Reaktion auf entdecktes Fehlverhalten

Auch in den Arbeitsordnungen gab es bereits Regeln betreffend den Fall eines Verstoßes gegen die vorstehenden Verhaltensvorgaben.

1151 S.o. D.
1152 *Hitze*, Normal-Arbeitsordnung, S. 20.
1153 S.o. E. I. 2. c.
1154 AO Hoechst 1972 § 4, abgedruckt bei *Hromadka*, Arbeitsordnung, S. 166; AO Schlachthof 1909, § 9; FO F. Brandts 1885, § 6.
1155 AO Remscheid 1912, § 26; FO F. Brandts 1885, S. 52 ff., 55 ff.; vgl. zudem *Koehne*, Arbeitsordnungen, S. 242; *Hitze*, Normal-Arbeitsordnung, S. 2.
1156 AO Remscheid 1912, § 35 ff.; FO F. Brandts 1885, S. 41 ff.
1157 § 2 Abs. 1 des 5. VermBG; vgl. MüHdbArbR/*Krause*, § 61 Rn. 16 ff.
1158 §§ 2 Abs. 1, 11 Abs. 1 des 5. VermBG.

a. Beschwerden

Manche Arbeitsordnungen nennen die Beschwerde lediglich als Mittel, mit dem sich ein Arbeiter über seine Vorgesetzten[1159] oder auch gegen Rechtsverletzungen[1160] wehren kann.

Aber schon die *Fabrikordnung der Seidenfabrik Gebrüder von der Leyen* aus dem Jahre 1786 verpflichtete das Aufsichtspersonal, den Verrat von Firmengeheimnissen zu melden.[1161] Auch die Remscheider Arbeitsordnung von 1912 verpflichtet die Arbeiter, „Beschädigungen, Veruntreuungen und Diebstähle" zu melden.[1162] Solche Meldepflichten gibt auch *Ulrichs* 1921 noch wieder.[1163] *Bensinger* formuliert 1982 eine Muster-Arbeitsordnung, die die Verpflichtung zur Meldung strafbarer Handlungen enthält.[1164] Nachfolger dieses Klauseltyps sind die Whistleblowing-Klauseln in den heutigen Compliance-Richtlinien.[1165] Das heute so viel diskutierte Whistleblowing[1166] ist in Wahrheit also eine altbekannte Rechtsfigur. Und schon 1901 sah *Koehne* hier die Gefahr der Denunziation und erklärte die Meldepflicht in der Arbeitsordnung nur in Fällen von „ehrloser Gesinnung [...] wie Diebstahl" für rechtmäßig.[1167] Nicht einmal die Diskussion ist also neu.

b. Strafen

Schon die die *Fabrikordnung der Seidenfabrik Gebrüder von der Leyen* von 1786 konstatierte, „dem Übertreter [wird eine] strenge Strafe in Aussicht gestellt".[1168] Der Gedanke, Verstöße gegen die Arbeitsordnung zu sanktionieren, ist naheliegend und letztlich unverzichtbar für die praktische Wirksamkeit der ganzen Arbeitsordnung. Die Sanktionsklauseln sind daher die wichtigsten des gesamten Werkes. Entsprechend dieser großen Bedeutung blieb es nicht bei allgemeinen Androhungen wie der genannten. Ab dem 19. Jahrhundert finden sich sehr konkrete Strafandrohungen, teils in einem eigenen Abschnitt „Strafen",[1169] teils inkorporiert in die

---

1159 AO Landshut, abgedruckt bei *Hitze*, Normal-Arbeitsordnung, S. 57; AO Remscheid 1912, § 33; AO Schlachthof 1909, § 12; FO F. Brandts 1885, § 29.

1160 Dienstordnung Siemens 1899, § 17, abgedruckt bei *Kocka*, Unternehmensverwaltung, S. 587.

1161 Fabrikordnung der Seidenfabrik Gebrüder von der Leyen, abgedruckt bei *Ebel*, Quellen, S. 248 f.

1162 AO Remscheid 1912, § 32.

1163 *Ulrichs*, Arbeitsordnungen, S. 75.

1164 *Bensinger*, Arbeitsordnung, S. 29 § 23.

1165 *Rein*, Ethikrichtlinie, S. 52; vgl. zu Whistleblowing-Klauseln oben E. I. 7. a.

1166 Vgl. dazu oben C. II. 7.

1167 *Koehne*, Arbeitsordnungen, S. 239.

1168 Fabrikordnung der Seidenfabrik Gebrüder von der Leyen, abgedruckt bei *Ebel*, Quellen, S. 249,

1169 Z. B. AO Remscheid 1912, § 29; AO Schlachthof 1909, § 11; FO May 1880, § 24.

entsprechende Regelung.[1170] Das *Reglement für die mechanische Filial-Werkstätte von Escher, Wyss & Cie.* von 1860 bestimmte für Verstöße jeweils Geldbußen (z.B. „Es ist strenge verboten, ohne erhaltene Erlaubniß Jemanden in die Werkstätte einzuführen. Zuwiderhandelnde verfallen einer Buße von 15 kr."),[1171] Lohnabzüge (z.B. „Wer ohne Aufkündigung den Dienst verläßt, ist seines ausstehenden Lohnes und des Zeugnisses verlustig."[1172]), Schadensersatzzahlungen („[E]s hat der Arbeiter, welcher den [sic] Werkzeug gebraucht und aus Nachlässigkeit verdorben hat, Schadenersatz zu leisten."[1173]) oder die Kündigung des Arbeitsverhältnisses („Jeder Arbeiter ist verpflichtet, den Chefs, Werkführern und den bestellten Aufsehern Folge zu leisten. Zuwiderhandelnde werden sogleich entlassen."[1174]). Die Mehrheit der Klauseln dieser Fabrikordnung verhängte Geldbußen,[1175] wie es allgemein verbreitet war in der Zeit vor 1891.[1176] Die *Fabrik-Ordnung für die Spinnerei M. May & Co.* von 1880 regelte nur bei einer einzigen Klausel direkt auch die Sanktion: Wer die Toilette verschmutzte oder Abfall hineinwarf, musste eine Geldbuße zahlen.[1177] Im Übrigen gab es eine Klausel, die zusammenfassend regelte, bei Verstößen gegen welche Regeln der Arbeiter mit Geldbußen bzw. mit Kündigung zu rechnen hatte.[1178] Dabei fällt auf, dass nirgendwo in dieser Arbeitsordnung von einer Abmahnung oder einer Kündigungsfrist die Rede ist, vielmehr wird die „sofortige Entlassung" angedroht.[1179] *Hitze* empfahl allerdings 1892 den Unternehmen, die „schriftliche Androhung der Kündigung" als neue Strafe einzuführen und die Geldstrafen zurückzunehmen.[1180] Die *Fabrikordnung für die Fabrik von F. Brandts* von 1885 allerdings setzt zwar noch „Geldstrafen" fest, regelt aber zugleich, dass diese bis auf Weiteres nicht verhängt werden sollen, „in der Erwartung daß für das Ehr- und Pflichtgefühl der Arbeiter auch eine Mahnung und Warnung genügen wird".[1181] Hier zeigt sich auch in einem Praxisbeispiel der Sinneswandel, der in Bezug auf die Strafen einsetzte. Von den Strafen der alten

1170 Die AO Ravensburg 1860 regelt bei fast jeder Klausel die Folgen eines Verstoßes; weitere Beispiele: AO Dortmund 1892, § 14; AO Münsterbusch 1892, § 14; FO F. Brandts 1885, § 25; FO Landshut, § 8, abgedruckt bei *Hitze*, Normal-Arbeitsordnung, S. 58; FO May 1880, § 10.

1171 AO Ravensburg 1860, Unterpunkt 7.

1172 AO Ravensburg 1860, Unterpunkt 2.

1173 AO Ravensburg 1860, Unterpunkt 15.

1174 AO Ravensburg 1860, Unterpunkt 9.

1175 AO Ravensburg 1860, Unterpunkte 3, 5, 6, 7, 16, 17, 20, 21, 22, 23, 24, 25, 26.

1176 Vgl. *Bitzer, Arbeitsordnungen*, S. 21, der 1872 ebenfalls die vielen Geldstrafen bemerkt.

1177 FO May 1880, § 10.

1178 FO May 1880, § 24.

1179 FO May 1880, § 24.

1180 *Hitze*, Normal-Arbeitsordnung, S. 52.

1181 FO F. Brandts 1885, § 30.

Arbeitsordnungen, die sehr an staatliche Strafen erinnerten,[1182] wandte man sich hin zu den originär zivilrechtlichen Folgen, die noch heute greifen, der Abmahnung und ihrer Konsequenz, der Kündigung.[1183] *F. Brandts* drohte die „sofortige Entlassung" für den Fall an, dass Betriebsgeheimnisse böswillig an Fremde ausgeplaudert wurden,[1184] aber auch für Fälle der „Verhöhnung der Religion oder der guten Sitte, oder grober unsittlicher Handlungen [..., dem Antreffen] in trunkenem Zustande [...] oder der Veruntreuung [...] oder Schlägerei".[1185] Die fristlose Kündigung beschränkte man damit auf besonders schwerwiegende Fälle, wie man es im Grundsatz heute noch handhabt. Nicht ganz so schwerwiegende Verhaltensweisen, wie „jeder leichtsinnige, der christlichen Sitte widerstrebende Verkehr der jungen Leute beiderlei Geschlechts" zogen erst nach „Verwarnung" die Kündigung nach sich.[1186] Die Fabrikordnung von *Villeroy & Boch* stellt in ihrer Strafklausel sowohl 1880, als auch 1888 ebenfalls die „Warnung, daß bei Wiederholungsfall Kündigung eintritt", also die Abmahnung, auf eine Stufe mit den Geldstrafen und der Kündigung.[1187] Auffallend ist allerdings, dass diese Klausel nicht nennt, welche Übertretung welche Strafe nach sich zieht, sondern nur welche Arten von Strafen es gibt. Sie ähnelt damit der heutigen Situation, bei der Compliance-Richtlinien in den meisten Fällen nur abstrakt arbeitsrechtliche Sanktionen für den Fall des Richtlinien-Verstoßes benennen ohne dies zu konkretisieren.[1188] Grund für die konkreteren Darstellungen in der Kaiserzeit war § 134b Abs. 1 Nr. 3 GewO, der Arbeitgeber verpflichtete, wenn sie denn Strafen in die Arbeitsordnung aufnahmen, diese Strafen nach Art und Höhe zu definieren.[1189] Wiederum abstrakt stellt sich die Situation 1991 für *Seelmann* bei der Analyse der Arbeitsordnungen privater Banken dar: Man knüpft an die arbeitsrechtlichen Möglichkeiten an und konkretisiert diese ggf. (Kündigungsfristen etc.).[1190] Die Geldbuße hält sich aber noch lang in Arbeitsordnungen: Es finden sich Hinweise auf Geldbußen in Arbeitsordnungen 1892,[1191] 1909,[1192] 1912[1193] und 1954,[1194] in Muster-Arbeitsordnungen auch

---

1182 Daher wurden sie teilweise auch als öffentlich-rechtlich bewertet, so *Goerrig*, Arbeitsordnung, S. 110; vgl. zum historischen Streitstand *Meyer*, Arbeitsordnung, S. 74 ff.; *Neuburger*, Arbeitsordnung, S. 47 ff.; *von Paschwitz*, Arbeitsordnung, S. 54 ff.; *Schirach*, Arbeitsordnung, S. 50 ff.; *Weber*, Fabrikordnung, S. 74 ff.

1183 Vgl. auch *Rein*, Ethikrichtlinie, S. 54, 65.

1184 FO F. Brandts 1885, § 25.

1185 FO F. Brandts 1885, § 4.

1186 FO F. Brandts 1885, § 5.

1187 FO Villeroy & Boch 1880 sowie 1888 jeweils § 12 a).

1188 S.o. E. I. 7. b.

1189 Für die Aufnahme von Kündigungsgründen aus diesem Grund *Hromadka*, Arbeitsordnung, S. 11.

1190 *Seelmann*, Arbeitsordnungen, S. 41 ff.

1191 AO Dortmund 1892, §§ 14, 23, 30; AO Münsterbusch 1892, §§ 14, 23, 30.

1192 AO Schlachthof 1909, § 11.

1193 AO Remscheid 1912, § 29.

1194 AO Hoechst 1954 § 41, abgedruckt bei *Hromadka*, Arbeitsordnung, S. 162.

1921[1195] und 1982.[1196] Für *Hromadka* gehörten sie aber 1979 „im wesentlichen der Vergangenheit an[...]".[1197] Sie sind durch das Rechtsinstitut der Betriebsbußenordnung bis heute implementierbar.[1198] Aber in den heutigen Compliance-Richtlinien findet man sie nicht mehr.

III. Fazit zu den Inhalten

Nach der Darstellung der vielen einzelnen Klauseln folgt nun das Fazit der Auswertung unter zwei Gesichtspunkten:

1. Was macht die Compliance-Richtlinie im Unterschied zu anderen unternehmensinternen Regelwerken aus?
2. Welche Gemeinsamkeiten und Unterschiede bestehen zwischen der Compliance-Richtlinie und der früheren Arbeitsordnung?

1. Compliance-Richtlinie

Die Auswertung hat bestätigt, dass es starke inhaltliche Parallelen bei den Compliance-Richtlinien gibt.[1199] Klauseln wie das Whistleblowing, die für Richtlinien amerikanischer Unternehmen typisch sind, finden sich heute auch in vielen Richtlinien deutscher Unternehmen. Vordergründig betrachtet, wird die Compliance-Richtlinie daher als „legal transplant" aus den USA gesehen.[1200] Dass das nur mit Einschränkungen stimmt, wird später noch gezeigt werden.[1201]

Vielen der Klauseln ist gemein, dass sie das Verhalten der Arbeitnehmer beeinflussen sollen. Andere enthalten eher Programmsätze, die die Grundeinstellung der Mitarbeiter befeuern sollen. Die typische Richtlinie ist eine Mischung aus beiden Klauseltypen,[1202] wobei der Schwerpunkt auf den Verhaltensvorgaben

1195 *Ulrichs*, Arbeitsordnungen, S. 80.
1196 *Bensinger*, Arbeitsordnung, S. 33 § 36.
1197 *Hromadka*, ZfA 1979, 203 (218).
1198 Dazu und zur Betriebsbußenordnung allgemein s.u. F. I . c.
1199 So auch schon *Boldt*, Ethikregeln, S. 9; *Kagan*, Ethikrichtlinien, S. 43; *Mengel*, Compliance, Kap. 1 Rn. 63; *Rein*, Ethikrichtlinie, S. 29; *Triskatis*, Ethikrichtlinien, S. 65; *Willemsen*, Ethikrichtlinien, S. 28 f.; wohl auch *Schneider*, S. 58; zur Ähnlichkeit der Grundstruktur *Moosmayer*, Compliance, Rn. 157 ff.; *Wagner*, Ethikrichtlinien, S. 30.
1200 S.o. B. II.
1201 S.u. E. III. 2.
1202 *Fahrig*, Verhaltenskodex, S. 27; *Kagan*, Ethikrichtlinien, S. 57; *Rein*, Ethikrichtlinie, S. 26; Schimansky/Bunte/Lwowski/*Faust*, § 109 Rn. 127; *Schneider*, Compliance, S. 19; *Schulz*, Ethikrichtlinien, S. 49, 63; *Triskatis*, Ethikrichtlinien, S. 69; *Willemsen*, Ethikrichtlinien, S. 29 f. jew. m.w.N.; a.A, nämlich beschränkend auf Verhaltensvorgaben *Schmidt*, Compliance, S. 169 ff.; *Wagner*, Ethikrichtlinien, S. 30; *Boldt* schließlich kategorisiert nach verhaltensregelnden „Ethikregeln" und nicht

liegt.[1203] Textwerke, die allein Werte des Unternehmens darstellen ohne das Verhalten des Arbeitnehmers zu regeln,[1204] sind nach hier vertretener Auffassung keine Compliance-Richtlinien. Denn schon in dem Wort Richtlinie steckt der Wille zur Verhaltensregelung.[1205] Gleichwohl existieren in der Praxis als „Richtlinie" bezeichnete Werke, die sich in der Kommunikation von Unternehmenszielen ohne konkrete Verhaltensvorgaben erschöpfen.[1206] Sprachlich korrekt müsste man hier von „Leitlinien" sprechen, denn diese erschöpfen sich darin, Grundsätze aufzustellen, die bei späteren Entscheidungen bedacht werden sollten.[1207] Umgekehrt findet man „Leitlinien" in der Praxis, die inhaltlich betrachtet reine Verhaltensvorgaben sind, also anders als die Compliance-Richtlinie nicht auch Bekenntnisse zu Unternehmenswerten enthalten.[1208] Solche Leitlinien werden namentlich verwendet um – beispielsweise im Kartellrecht – schwierige Rechtsnormen dem Laien im Unternehmen verständlich zu machen.[1209] Es existieren also verschiedene Formen von Regelwerken im Unternehmen, die sich zu einer schieren „Regelungsflut"[1210] versammeln und deren Zentrum „die" Compliance-Richtlinie bildet.[1211]

2. Compliance-Richtlinie vs. Arbeitsordnung

Die vorangehende Darstellung der Klauseln hat zunächst gezeigt, dass die Arbeitsordnung materielle und formelle, die Compliance-Richtlinie aber in aller Regel nur formelle Arbeitsbedingungen enthält.[1212] Bei letzteren allerdings zeigten sich deutliche Parallelen: Den Schutz der Betriebsgeheimnisse und die Verhütung von Unfällen und Diebstählen ebenso wie die Verbote der Geschenkannahme und des Rauchens haben die Compliance-Richtlinien von den Arbeitsordnungen geerbt. Interessanterweise sind das genau solche Klauseln, bei denen es heute um die Umsetzung von Gesetzen geht,[1213] Compliance im engen Sinne also.[1214] Zumindest in Bezug auf Jugendliche findet sich auch in den „sittlichen Bestimmungen" der

verhaltensregelnden „Unternehmensgrundsätzen", die aber in einem Werk zusammenfallen könnten, vgl. *Boldt*, Ethikregeln, S. 9 ff., 42, 44, 49.

1203 *Rein*, Ethikrichtlinie, S. 26; *Willemsen*, Ethikrichtlinien, S. 30 jew. m.w.N; vgl. auch *Schulz*, Ethikrichtlinien, S. 49, 63; wohl auch *Fahrig*, Verhaltenskodex, S. 27; *Kagan*, Ethikrichtlinien, S. 43 ff.

1204 Zu solchen „allgemeinen Unternehmensleitlinien" etc. Vgl. bereits oben C. II. 4.

1205 Vgl. Duden, Stichwort „Richtlinie".

1206 Z.B. die „Deutsche Post DHL Umweltrichtlinie".

1207 Vgl. Duden, Stichwort „Leitlinie".

1208 Z.B. die „Leitlinien Kartellrecht", Anlage 2 der RiLi E.ON.

1209 Vgl. Ringleb/Kremer/Lutter/v. Werder/*Ringleb*, Rn. 601.

1210 *Moosmayer*, Compliance, Rn. 154.

1211 *Moosmayer*, Compliance, Rn. 155.

1212 Vgl. *Boldt*, Ethikregeln, S. 51.

1213 S.o. E. I.

1214 S.o. C. I. 2. b.

Gedanke der Ethik und damals erfüllten diese Klauseln noch einen erzieherischen Zweck.[1215] Ethik war also damals – ganz ohne das Werk hochtrabend als „Ethikrichtlinie" etc. zu bezeichnen – noch echte Zielsetzung.[1216] Allerdings betont *Boldt* zu Recht, dass durch die Globalisierung der Wirtschaft heutzutage auch Wertmaßstäbe aus anderen Ländern mittels Richtlinien in deutsche (Tochter-) Unternehmen hineinwirken.[1217]

Ein grundlegenderer Unterschied liegt allerdings in der Wirkrichtung der Werke: Die Compliance-Richtlinie befasst sich auch maßgeblich mit Gegenständen, die aus dem Betrieb nach außen hin Wirkung entfalten.[1218] Ihre Wahrnehmung von außen durch Kunden etc. ist auch eine ihrer Intentionen.[1219] Die Arbeitsordnung dagegen befasste sich mit Interna des Betriebes.[1220] Sie sollte zum einen – mit ihren materiellen Arbeitsordnungen – die einzelnen Arbeitsverträge entlasten,[1221] und zum anderen – mit ihren formellen Arbeitsbedingungen – den Betrieb ordnen.[1222] Entsprechend sah *Koch* sie für den Betrieb in der Funktion, die die Geschäftsordnung für das Parlament und die Verfassung für den Staat hat.[1223] Für *Willemsen* liegt hierin der entscheidende Unterschied zwischen beiden Regelwerken.[1224] Allerdings lassen sich die großen inhaltlichen Parallelen nicht hinweg diskutieren. Aus den vielen gleichen oder ähnlichen Regelungsbereichen folgt auch eine intentionelle Schnittmenge: Beide Regelwerke wollten auch im Interesse einer reibungslosen Produktion den Betriebsfrieden wahren und das Betriebsvermögen schützen.[1225] Auch den Arbeitsordnungen wohnte aber schon der Gedanke des Arbeitnehmerschutzes inne.[1226] Das zeigten die

---

1215 S.o. E. II. 2. j.

1216 Anders aber *Rein*, Ethikrichtlinie, S. 65, der damals wie heute durch Richtlinien/ Arbeitsordnungen nur eine moralische „Grundhaltung" im Unternehmen eingeführt sieht.

1217 *Boldt*, Ethikregeln, S. 4.

1218 Vgl. oben E. I. 3.

1219 S.o. D. II.

1220 *Boldt*, Ethikregeln, S. 52; *Willemsen*, Ethikrichtlinien, S. 9.

1221 *Goerrig*, Arbeitsordnung, S. 9 f., 12; *Hitze*, Normal-Arbeitsordnung, S. 6; *Hromadka*, Arbeitsordnung, S. 10; *Kocka*, Unternehmensverwaltung, S. 482; *Koch*, Arbeitsordnung, S. 13; *Koehne*, Arbeitsordnungen, S. 116 f.; *ders.* ZVglRWiss 1901, 84 (87); *Hromadka*, ZfA 1979, 203 (212) m.w.N.

1222 *Hitze*, Normal-Arbeitsordnung, S. 6; *Hromadka*, Arbeitsordnung, S. 10; *Koehne*, ZVglRWiss 1901, 84 (87); *Hromadka*, ZfA 1979, 203 (212) m.w.N.

1223 *Koch*, Arbeitsordnung, S. 5; vgl. auch *Hromadka*, Arbeitsordnung, S. 1; *Kocka*, Unternehmensverwaltung, S. 26 („verfaßte[r] Charakter" des Unternehmens durch die Arbeitsordnung) sowie S. 217 („Werkstattverfassungen").

1224 *Willemsen*, Ethikrichtlinien, S. 9.

1225 Vgl. *Boldt*, Ethikregeln, S. 51; *Hitze*, Normal-Arbeitsordnung, S. 6.

1226 *Goerrig*, Arbeitsordnung, S. 56; *Ulrichs*, Arbeitsordnung, S. 100; dies war schließlich auch schon eine Intention der gesetzlichen Regelung von 1891, vgl. nur *Koehne*, Arbeitsordnungen, S. 48 ff.

Unfallverhütungsvorschriften[1227] ebenso wie die sittlichen Vorschriften als Vorfahren der Anti-Diskriminierung.[1228]

Schließlich findet sich eine Übereinstimmung in der optischen Aufmachung: *Hromadka*[1229] beschreibt für die Arbeitsordnung ebenso wie *Willemsen*[1230] für die Compliance-Richtlinie eine aufgetakelte Darstellung, teils in Hochglanzpapier.

Als Ergebnis lässt sich also feststellen: Die Compliance-Richtlinie ist keine Arbeitsordnung mehr. Ihre Zielsetzung ist in Teilen eine andere. Sie ist eher eine Fortbildung der Arbeitsordnung. Es zeigt sich also auch an diesem Rechtsinstitut, dass der Gedanke der Compliance zwar neu ist, sich aber althergebrachter Strukturen bedient.[1231] Nur – aber immerhin – insoweit ist Compliance hier „alter Wein in neuen Schläuchen".[1232]

1227 S.o. E. II. 2. d.
1228 S.o. E. II. 2. j.
1229 *Hromadka*, Arbeitsordnung, S. 1.
1230 *Willemsen*, Ethikrichtlinien, S. 27 f.
1231 Vgl. *Boldt*, Ethikregeln, S. 25; *Pampel*, BB 2007, 1636.
1232 Vgl. oben C. I. 2. c.

F. Rechtlicher Rahmen der Implementierung von Compliance-Richtlinien unter besonderer Berücksichtigung der Sanktionsklauseln

Es sind nunmehr alle Vorfragen geklärt, die zum Einstieg in die arbeitsrechtliche Bewertung der Compliance-Richtlinien erforderlich waren. Bevor sich die Arbeit aber ihrem Kern, dem Kündigungsrecht, zuwenden kann, ist wiederum als Vorfrage dazu die Frage nach der Rechtsnatur von Compliance-Richtlinien zu klären. Die eine Rechtsnatur gibt es indes nicht, Compliance-Richtlinien können vielmehr in verschiedenen rechtlichen Formen eingeführt werden. Es ist aber immer nach den einzelnen Klauseln zu unterscheiden: Nicht jede Klausel kann in jeder rechtlichen Form eingeführt werden.[1233] Zu der allgemeinen Frage der individual- und kollektivarbeitsrechtlichen Implementierbarkeit von Compliance-Richtlinien existiert inzwischen eine ansehnliche Literaturfülle.[1234] Diese Arbeit konzentriert sich daher auf eine überblicksartige Darstellung. Da nachfolgend die Folgen von Verstößen gegen die Richtlinie thematisiert werden sollen,[1235] wird insbesondere die Gruppe der Sanktionsklauseln als Beispiel herangezogen. Andere Klauseltypen werden nur an geeigneter Stelle als Beispiele herangezogen, soweit dies zur Vollständigkeit des Überblicks erforderlich ist.

I. Rechtsnatur von Compliance-Richtlinien

Schon bei der Frage, welches rechtliche Instrument für die Einführung von Compliance-Richtlinien ganz allgemein gewählt werden kann, ist zunächst zwischen

---

1233 So schon die differenzierenden Betrachtungen bei *Boldt*, Ethikregeln, S. 65 ff., 115, 125 ff., 154 ff.; *Fahrig*, Verhaltenskodex, S. 76 ff.; *Köstner*, Compliance, S. 95; *Leitner*, Ethik-Richtlinien, S. 197 ff.; *Rein*, Ethikrichtlinie, S. 142 ff.; *Schneider*, Ethikrichtlinien, S. 105 ff.; *Schulz*, Ethikrichtlinien, S. 75 ff., 110 ff.; *Strothmeyer*, Compliance, S. 125 ff.; *Wagner*, Ethikrichtlinien, S. 92 ff.; *Willemsen*, Ethikrichtlinien, S. 191, 226 ff.

1234 Vgl. nur die Dissertationen *Boldt*, Ethikregeln; *Fahrig*, Verhaltenskodex; *Kagan*, Ethikrichtlinien; *Köstner*, Compliance; *Leitner*, Ethik-Richtlinien; *Mahnhold*, Compliance; *Rein*, Ethikrichtlinie; *Schneider*, Compliance; *Schulz*, Ethikrichtlinien; *Strothmeyer*, Compliance; *Triskatis*, Ethikrichtlinien; *Wagner*, Ethikrichtlinien; *Willemsen*, Ethikrichtlinien; *Zander*, Ethikrichtlinien.

1235 S.u.G.

unverbindlichen und verbindlichen Regeln zu unterscheiden. Unverbindliche Regeln (sog. „soft law“[1236]) sind solche, die den Arbeitnehmern keine erzwingbaren Pflichten auferlegen sollen, also auch nicht den Anspruch erheben, einklagbar zu sein.[1237] Ob Regeln verbindlich oder unverbindlich sind, ist dabei nach §§ 133, 157 BGB durch Auslegung zu ermitteln, da es sich bei den Richtlinien um empfangsbedürftige Willenserklärungen handelt.[1238] Zum *soft law* gehören aber auch solche Klauseln, die allein den Inhalt von Gesetzen wiedergeben, denn ihnen kommt kein eigener Regelungsgehalt zu.[1239] Das umfasst auch Sanktionsklauseln, jedenfalls solche, die nur allgemein auf die Möglichkeit „arbeitsrechtlicher Sanktionen“ etc. verweisen.[1240] Selbst wenn sie eine Abmahnung vorwegnehmen, schaffen sie damit keine neue Rechtsfigur, sondern machen allenfalls von der bestehenden Figur der Abmahnung in spezieller Weise Gebrauch.[1241] Solche Klauseln können daher in jede Compliance-Richtlinie – unabhängig von ihrer Rechtsnatur – mit aufgenommen werden.[1242]

1. Arbeitsvertrag

Die erste denkbare Variante ist die Einführung der Richtlinie durch den Arbeitsvertrag. Das ist möglich entweder durch Aufnahme in den Vertragstext oder durch Bezugnahme des Vertragstextes auf ein externes Werk.[1243]

1236 Däubler/Hjort/Schubert/Wolmerath/*Däubler*, Einleitung Rn. 33; *Rein*, Ethikrichtlinie, S. 38; *Däubler*, NZA-Beil. 2011, 42 (44); *Schneider*, Compliance, S. 18.

1237 *Däubler*, NZA-Beil. 2011, 42 (44); *Schneider*, Compliance, S. 18; *Triskatis*, Ethikrichtlinien, S. 179; ähnlich Däubler/Hjort/Schubert/Wolmerath/*Däubler*, Einleitung Rn. 33.

1238 Vgl. *Boldt*, Ethikregeln, S. 97; *Fahrig*, Verhaltenskodex, S. 90; *Lelley*, Compliance S. 54 Rn. 109; *Rein*, Ethikrichtlinie, S. 39; *Wagner*, Ethikrichtlinien, S. 53.

1239 Vgl. nur *Däubler*, NZA-Beil. 2011, 42 (44).

1240 Dass die Sanktionsklausel selbst *soft law* darstellt, hindert allerdings nicht, gerade aus ihrem Vorhandensein darauf zu schließen, dass der Rest der Richtlinie *hard law* sein soll, so nämlich *Rein*, Ethikrichtlinie, S. 39.

1241 Zu dieser Möglichkeit und ihren Voraussetzungen sie unten G. II.

1242 Vgl. *Strothmeyer*, Compliance, S. 125; *Müller-Bonanni*/*Sagan*, BB-Spez. 2008, 28 (30); des Weiteren *Mengel*, Compliance, Kap. 1, Rn. 125 zu Arbeitsvertrag und Betriebsvereinbarung sowie *Zander*, Ethikrichtlinien, S. 69; *Schuster*/*Darsow*, NZA 2005, 273 (276 f.) zum Direktionsrecht.

1243 *Leitner*, Ethik-Richtlinien, S. 121; *Schneider*, Compliance, S. 124 f.; *Schöder*, Compliance, S. 198; *Schulz*, Ethikrichtlinien, S. 88 f.; *Strothmeyer*, Compliance, S. 127; *Borgmann*, NZA 2003, 352 (354); *Hohmuth*, BB 2014, 3061; vgl. auch *Köstner*, Compliance, S. 102; *Rein*, Ethikrichtlinie, S. 107; *Triskatis*, Ethikrichtlinien, S. 76 f.; *Wagner*, Ethikrichtlinien, S. 63 f.; *Steffen*/*Stöhr*, RdA 2017, 43 (45).

a. *Aufnahme in den Vertragstext*

Die Einführung der Richtlinien als Teil des Vertragstextes ist aufgrund der Vertragsfreiheit (vgl. § 105 S. 1 GewO) grundsätzlich möglich.[1244] Gemäß § 105 S. 1 GewO gilt die Vertragsfreiheit bei Arbeitsverträgen aber nur, soweit nicht zwingende gesetzliche Vorschriften oder Bestimmungen eines Tarifvertrages bzw. einer Betriebsvereinbarung entgegenstehen. Ob Tarifverträge oder Betriebsvereinbarungen der Einführung von Teilen einer Compliance-Richtlinie entgegenstehen, kann nur betriebsbezogen im Einzelfall geklärt werden. Welche Gesetzesnormen den Vertragsinhalten entgegenstehen, kann hingegen verallgemeinernd dargestellt werden.

aa. *Formulararbeitsvertrag und AGB-Kontrolle*

Dabei ist zwischen Individual- und Formulararbeitsverträgen zu unterscheiden. Formulararbeitsverträge bestehen aus für eine Vielzahl von Verträgen vorformulierten Vertragsbedingungen, die der Arbeitgeber dem Arbeitnehmer bei Vertragsabschluss stellt. Sie unterliegen daher als AGB i.S.d. § 305 Abs. 1 S. 1 BGB der Einbeziehungs- und Inhaltskontrolle,[1245] wobei nach § 310 Abs. 4 BGB die arbeitsrechtlichen Besonderheiten zu berücksichtigen sind. Die herrschende Meinung stuft Arbeitnehmer als Verbraucher ein, so dass nach § 310 Abs. 3 Nr. 2 BGB selbst dann AGB vorliegen, wenn der Vertrag – ausnahmsweise – nur zur einmaligen Verwendung vorformuliert wurde.[1246] Individualverträge müssen hingegen nur §§ 134, 138 BGB genügen.[1247] Ein Individualvertrag liegt aber nur vor, wenn jede Klausel mit dem Vertragspartner einzeln ausgehandelt wurde, § 305 Abs. 1 S. 3

1244 *Deyhle*, Compliance, S. 80; *Leitner*, Ethik-Richtlinien, S. 121; *Borgmann*, NZA 2003, 352 (353); *Mengel/Hagemeister*, BB 2007, 1386 (1390).

1245 *Boldt*, Ethikregeln, S. 91 ff., 96; *Deyhle*, Compliance, S. 82; ErfK/*Preis*, § 310 BGB Rn. 22, 25; *Fahrig*, Verhaltenskodex, S. 116 f.; *Köstner*, Compliance, S. 97 f.; *Leitner*, Ethik-Richtlinien, S. 123; *Mahnhold*, Compliance, S. 232; *Rein*, Ethikrichtlinie, S. 97; *Schneider*, Compliance, S. 146; *Schulz*, Ethikrichtlinien, S. 86; *Strothmeyer*, Compliance, S. 127; *Triskatis*, Ethikrichtlinien, S. 76; *Wagner*, Ethikrichtlinien, S. 55 f.; *Willemsen*, Ethikrichtlinien, S. 124 ff.; *Zander*, Ethikrichtlinien, S. 49; zum Begriff der AGB: *Brox/Rüthers/Henssler*, S. 67f. Rn. 177; *Preis*, ArbR, S. 212.

1246 BAG, Urt. v. 24.09.2015 – 2 AZR 347/14 = NZA 2016, 351 (352); Urt. v. 25.05.2005 – 5 AZR 572/04 = NZA 2005, 1111 (1115); *Brox/Rüthers/Henssler*, S. 67f. Rn. 177; *Deyhle*, Compliance, S. 82; ErfK/*Preis*, § 310 BGB Rn. 23; HWK/*Roloff*, § 310 BGB Rn. 1, 3; *Preis*, ArbR, S. 52, 213; *Triskatis*, Ethikrichtlinien, S. 77; a.A. *Zöllner/Loritz/Hergenröder*, § 14 Rn. 68, die aber durch analoge Anwendung des § 310 Abs. 3 BGB zum gleichen Ergebnis kommen.

1247 *Meyer*, NJW 2006, 3605 (3608); vgl. ErfK/*Preis*, § 310 BGB Rn. 24; HWK/*Roloff*, § 305 BGB Rn. 7.

BGB.[1248] Compliance-Richtlinien, die ja für alle Arbeitnehmer gleich gelten sollen, kann der Arbeitgeber daher nicht auf diesem Wege einführen.[1249]

Für diese kommt also nur der Formularvertrag in Betracht.[1250] Auch das Zustandekommen eines Formularvertrages hängt zwar von der Zustimmung des Arbeitnehmers ab. Dessen Inhalt wird dabei aber nicht – wie *Willemsen* meint[1251] – zur Disposition gestellt. Vielmehr wird der Arbeitgeber jemand anders einstellen, wenn ein Bewerber den ihm vorlegten Entwurf nicht annimmt. Auf eine Einbeziehung der AGB in den Vertrag nach § 305 Abs. 2, 3 BGB kommt es gemäß § 310 Abs. 4 S. 2 Hs. 2 BGB nicht an. Sie wäre bei Aufnahme in den Vertragstext indes auch unproblematisch zu bejahen.[1252]

bb. § 305c Abs. 1 BGB

Problematisch kann aber § 305c Abs. 1 BGB sein. Demnach werden Klauseln, die (objektiv) so ungewöhnlich sind, dass der Vertragspartner des Verwenders mit ihnen (subjektiv) nicht zu rechnen braucht, nicht Vertragsbestandteil.[1253] Maßgeblich ist, ob der Klausel ein „Überrumpelungs- und Übertölpelungseffekt innewohn[t]".[1254] Da AGB typischerweise nicht gelesen werden, bedarf die andere Vertragspartei – hier der Arbeitnehmer – des Schutzes vor solchen Inhalten.[1255]

Ein solches Überraschungsmoment wurde von der Rechtsprechung bejaht und von der Literatur aufgegriffen, wenn eine Klausel in einem Bereich des Werkes

---

1248 BAG, Urt. v. 18.01.2006 – 7 AZR 191/05 = NJOZ 2007, 1139 (1143); Urt. v. 27.07.2005 – 7 AZR 486/04 = NZA 2006, 40 (44); HWK/*Roloff*, § 305 BGB Rn. 6; Palandt/*Grüneberg*, § 305b Rn. 2.

1249 *Boldt*, Ethikregeln, S. 96; *Köstner*, Compliance, S. 97 f.; *Mahnhold*, Compliance, S. 231; *Rein*, Ethikrichtlinie, S. 98; *Schulz*, Ethikrichtlinien, S. 104; *Willemsen*, Ethikrichtlinien, S. 124; *Zander*, Ethikrichtlinien, S. 49.

1250 *Boldt*, Ethikregeln, S. 96; *Köstner*, Compliance, S. 98; *Mahnhold*, Compliance, S. 231 f.; *Schneider*, Compliance, S. 123, 146; *Schöder*, Compliance, S. 198; *Schulz*, Ethikrichtlinien, S. 86; *Triskatis*, Ethikrichtlinien, S. 76; *Willemsen*, Ethikrichtlinien, S. 124; vgl. *Fahrig*, Verhaltenskodex, S. 116 f.; *Leitner*, Ethik-Richtlinien, S. 131; *Zander*, Ethikrichtlinien, S. 49.

1251 *Willemsen*, Ethikrichtlinien, S. 49.

1252 Vgl. nur MüKo-BGB/*Basedow*, § 305 Rn. 59 m.w.N.

1253 *Boldt*, Ethikregeln, S. 103; ErfK/*Preis*, § 310 BGB Rn. 29; *Köstner*, Compliance, S. 98; *Leitner*, Ethik-Richtlinien, S. 124; Palandt/*Grüneberg*, § 305c Rn. 3 f.; *Rein*, Ethikrichtlinie, S. 98; *Schneider*, Compliance, S. 148; *Schulz*, Ethikrichtlinien, S. 89; *Triskatis*, Ethikrichtlinien, S. 77 f.; *Willemsen*, Ethikrichtlinien, S. 127.

1254 So wörtlich BAG, Urt. v. 19.01.2011 – 10 AZR 738/09 = NZA 2011, 631 (633); ebenso BeckOK-BGB/*H. Schmidt*, § 305c Rn. 13; ErfK/*Preis*, § 310 BGB Rn. 29; Hümmerich/Boecken/Düwell/*Hümmerich*/*Ebeling*, § 305c BGB Rn. 6; MüKo-BGB/*Basedow*, § 305c Rn. 10; Palandt/*Grüneberg*, § 305c Rn. 4; *Schneider*, Compliance, S. 148.

1255 Däubler/Hjort/Schubert/Wolmerath/*Boemke*/*Ulrici*, § 305c BGB Rn. 1; MüKo-BGB/*Basedow*, § 305c Rn. 1.

steht, zu dem ihr Inhalt in keinem Zusammenhang besteht.[1256] Das kann beispielsweise der Fall sein, wenn eine Norm, die weitergehende Pflichten auferlegt, mitten in einem Komplex steht, der ansonsten nur Gesetzestexte zitiert.[1257] Fettdruck u.Ä. wirken der Annahme einer Überraschung wiederum entgegen.[1258]

Die wohl ungewöhnlichste Klausel, die sich je in einer Compliance-Richtlinie fand, ist das Verbot mit Kollegen zu in eine Liebesbeziehung zu treten aus dem Wal-Mart-Fall des LAG Düsseldorf.[1259] Während das LAG die Klausel aus grundrechtlichen Erwägungen heraus verwarf, wird in der Literatur überzeugend vertreten, dass die vertragliche Einführung einer solchen Klausel schon an § 305c Abs. 1 BGB gescheitert wäre.[1260] Über solche Extremfälle hinaus lässt sich nur durch sorgfältige Prüfung im Einzelfall klären, wann eine Richtlinienklausel an § 305c Abs. 1 BGB scheitert.[1261] Allgemein gilt dabei, dass die Klausel umso eher nicht überraschend ist, wie sie zu den für eine Compliance-Richtlinie typischen Klauseln gehört.[1262]

cc. § 307 Abs. 3 S. 1 BGB

Nach § 307 Abs. 3 S. 1 BGB findet eine AGB-Kontrolle nur statt, soweit die betreffende Klausel von Rechtsvorschriften abweicht oder solche ergänzt. Der Begriff der Rechtsvorschrift wird dabei weit verstanden: Nicht nur Gesetzesnormen, sondern auch anerkannte Rechtsgrundsätze und die wesentlichen Rechte und Pflichten, die sich aus der Natur des Vertrages ergeben, fallen darunter.[1263] Nach § 310 Abs. 4 S. 3 BGB stehen außerdem Tarifverträge und Betriebsvereinbarungen Rechtsvorschriften gleich. Compliance-Richtlinien im Arbeitsvertrag gehen typischerweise darüber hinaus, die Arbeitnehmer zur Einhaltung der Gesetze, Tarifverträge und Betriebsvereinbarungen zu ermahnen bzw. diese wörtlich oder inhaltlich bloß wiederzugeben. Zum Beispiel ist die Annahme von Schmiergeldern dem Arbeitnehmer zwar bereits als Ausfluss der Treueplicht (§ 241 Abs. 2 BGB) untersagt, da

---

1256 BAG, Urt. v. 23.02.2005 – 4 AZR 139/04 = NZA 2005, 1193 (1198); Urt. v. 14.08.2007 – 8 AZR 973/06 = NZA 2008, 170 (171); Hümmerich/Boecken/Düwell/*Hümmerich/Ebeling*, § 305c BGB Rn. 6; MüKo-BGB/*Basedow*, § 305c Rn. 17; *Schöder*, Compliance, S. 200.

1257 *Schneider*, Compliance, S. 148.

1258 *Willemsen*, Ethikrichtlinien, S. 130 f.; vgl. *Rein*, Ethikrichtlinie, S. 99.

1259 LAG Düsseldorf, Beschl. v. 14. 11. 2005 – 10 TaBV 46/05 = NZA-RR 2006, 81 (82).

1260 *Rein*, Ethikrichtlinie, S. 99; *Willemsen*, Ethikrichtlinien, S. 127, 129.

1261 *Rein*, Ethikrichtlinie, S. 100; *Schneider*, Compliance, S. 149.

1262 *Rein*, Ethikrichtlinie, S. 99 f.; *Triskatis*, Ethikrichtlinien, S. 78; ebenso für die nach SOX vorgeschriebenen Klauseln *Willemsen*, Ethikrichtlinien, S. 129; vgl. *Boldt*, Ethikregeln, S. 104 f.; zu den typischen Klauseln s.o. E.I.

1263 BAG, Urt. v. 28.05.2008 – 10 AZR 351/07 = NZA 2008, 1066 (1070); Däubler/Hjort/Schubert/Wolmerath/*Boemke/Ulrici*, § 307 BGB Rn. 36; Hümmerich/Boecken/Düwell/*Hümmerich/Ebeling*, § 307 BGB Rn. 11; MüKo-BGB/*Wurmnest* § 307 Rn. 7; *Schneider*, Compliance, S. 147; vgl. auch zur früheren Vorschrift des AGBG: BGH, Urt. v. 14.10.1997 – XI ZR 167/96 = BGHZ 137, 27 (29).

sie die Gefahr beinhaltet, dass er die Interessen des Zahlenden über die des Arbeitgebers stellt.[1264] Eine vom LAG Düsseldorf behandelte Klausel untersagte aber die Annahme jeglicher Geschenke, auch solcher, die gerade keine Schmiergelder waren.[1265] Denn von einem Schmiergeld kann erst gesprochen werden, wenn der Wert des Geschenks eine gewisse Bagatellgrenze überschreitet.[1266] Eine Klausel, die undifferenziert alle Arten von Geschenken verbietet, ist daher der AGB-Kontrolle zu unterwerfen.[1267] Daran wird deutlich, wie sensibel ein Arbeitgeber seine Richtlinien formulieren muss, will er der Klauselkontrolle über § 307 Abs. 3 S. 1 BGB entgehen. Bereits der für den juristischen Laien kleine Schritt vom Verbot der Schmiergelder zum allgemeinen Verbot von Geschenken vereitelt diese Zielsetzung.

dd. § 307 Abs. 1 S. 1 BGB

Nach § 307 Abs. 1 S. 1 BGB dürfen die Richtlinien den Arbeitnehmer nicht entgegen Treu und Glauben unangemessen benachteiligen. Wie bei jeder Generalklausel,[1268] so ist auch im Rahmen der Prüfung von § 307 Abs. S. 1 BGB die mittelbare Drittwirkung der Grundrechte[1269] der Vertragsparteien zu beachten. Die Grundrechte von Arbeitnehmer und Arbeitgeber sind bei der Angemessenheitsprüfung gegeneinander abzuwägen.[1270] Da auch der Privatautonomie (als Ausfluss der allgemeinen Handlungsfreiheit nach Art. 2 Abs. 1 GG) Verfassungsrang zukommt, ist das Ergebnis einer vertraglichen Einigung grundsätzlich als Interessenausgleich

---

1264 ErfK/*Preis*, § 611a Rn. 722; *Schöder*, Compliance, S. 172; vgl. auch HWK/*Thüsing*, § 611a BGB Rn. 518; MüHdbArbR/*Reichold*, § 48 Rn. 49.

1265 LAG Düsseldorf, Beschl. v. 14. 11. 2005 – 10 TaBV 46/05 = NZA-RR 2006, 81 (85).

1266 *Rein*, Ethikrichtlinie, S. 176; *Schneider*, Compliance, S. 84; *Triskatis*, Ethikrichtlinien, S. 206; *Wagner*, Ethikrichtlinien, S. 96; *Zander*, Ethikrichtlinien, S. 33; für eine Anlehnung an die Freigrenze von 35 € nach § 4 Abs. 5 EStG Däubler/Hjort/Schubert/Wolmerath/*Kreuder*/*Matthiessen-Kreuder*, § 611a BGB Rn. 490; a.A. wohl *Boldt*, Ethikregeln, S. 166, wenn sie das Verbot der Annahme „geldwerter Vorteile" abschließend gesetzlich geregelt sieht.

1267 Vgl. *Leitner*, Ethik-Richtlinien, S. 205; *Rein*, Ethikrichtlinie, S. 177 und insoweit doch *Boldt*, Ethikregeln, S. 200, 280.

1268 BVerfG, Beschl. v. 27.07.2005 – 1 BvR 2501/04 = NJW 2006, 596 (598); Urt. v. 15.01.1958 – 1 BvR 400/51 = BVerfGE 7, 198 (205) [Lüth]; Dreier/*Dreier*, Vorb. Rn. 98; ErfK/*Schmidt*, Art. 2 GG Rn. 30; *Kingreen*/*Poscher*, S. 38 Rn. 113; *Leitner*, Ethik-Richtlinien, S. 89.

1269 *Deyhle*, Compliance, S. 84; *Leitner*, Ethik-Richtlinien, S. 89; *Schulz*, Ethikrichtlinien, S. 87; *Wagner*, Ethikrichtlinien, S. 58 f.; *Willemsen*, Ethikrichtlinien, S. 100; *Schulz*/*Kuhnke*, BB 2012, 143 (147); vgl. *Rein*, Ethikrichtlinie, S. 67 f.; *Schneider*, Compliance, S. 132.

1270 *Leitner*, Ethik-Richtlinien, S. 92; *Mengel*, Compliance, Kap. 1 Rn. 39; *Schulz*, Ethikrichtlinien, S. 87; vgl. auch ErfK/*Schmidt*, Einleitung GG Rn. 76.

anzuerkennen.[1271] Ist aber eine Vertragspartei strukturell der anderen unterlegen, so muss das Zivilgericht diese „gestörte Vertragsparität“[1272] im Rahmen der Auslegung korrigieren.[1273] Im Arbeitsverhältnis besteht zwischen Arbeitnehmer und Arbeitgeber ein derartiges strukturelles Ungleichgewicht und damit eine gestörte Vertragsparität.[1274]

(1). Grundrechte des Arbeitnehmers

In Anwendung dieser Grundsätze eine Klausel, die dem Arbeitnehmer jedwede Nebentätigkeit verbietet, unwirksam weil sie seine Berufsfreiheit nach Art. 12 Abs. 1 GG unangemessen beeinträchtigt.[1275] Die Richtlinie von Wal-Mart enthielt eine Klausel, nach der es den Arbeitnehmern verboten war, gegenüber der Presse und anderen Dritten Aussagen im Namen des Unternehmens zu machen.[1276] Eine solche Klausel greift in die Meinungsfreiheit der Arbeitnehmer nach Art. 5 Abs. 1 GG ein.[1277] Ebenso berührt eine Whistleblowing-Klausel, die zur Meldung von Verstößen gegen die Richtlinie verpflichtet, Art. 5 Abs. 1 GG, denn der negative Schutzbereich der Meinungsfreiheit gibt auch das Recht, gerade kein Werturteil zu nennen.[1278] Das Erkennen eines Verstoßes gegen die Richtlinie ist als Subsumtionsvorgang ein Werturteil, welches der zum Whistleblowing verpflichtete Arbeitnehmer nun vornehmen muss.[1279] Da das Bundesverfassungsgericht den Schutzbereich des Art. 5 Abs. 1 GG auch auf wahre Tatsachenbehauptungen ausgedehnt hat, soweit sie Grundlage von Meinungsäußerungen sind,[1280] muss der

1271 BVerfG, Beschl. v. 27.07.2005 – 1 BvR 2501/04 = NJW 2006, 596 (598); Urt. v. 19.10.1993 – 1 BvR 567/89, 1044/89 = BVerfGE 89, 214 (232); *Boldt*, Ethikregeln, S. 216; ebenso unter Rückgriff auf Art. 12, 14 GG *Kolle/Deinert*, AuR 2006, 177 (178).

1272 BVerfG, Beschl. v. 27.07.2005 – 1 BvR 2501/04 = NJW 2006, 596 (598); *Rein*, Ethikrichtlinie, S. 68; *Schneider*, Compliance, S. 146.

1273 BVerfG, Beschl. v. 27.07.2005 – 1 BvR 2501/04 = NJW 2006, 596 (598); Urt. v. 19.10.1993 – 1 BvR 567/89, 1044/89 = BVerfGE 89, 214 (232); *Rein*, Ethikrichtlinie, S. 68 ff.; *Schneider*, Compliance, S. 146; *Schulz*, Ethikrichtlinien, S. 87; *Willemsen*, Ethikrichtlinien, S. 102 ff.

1274 Hümmerich/Boecken/Düwell/*Schöne*, § 611 Rn. 469; *Schulz*, Ethikrichtlinien, S. 87; *Willemsen*, Ethikrichtlinien, S. 103 f.; vgl. auch ErfK/*Schmidt*, Art. 2 GG Rn. 30.

1275 BAG, Urt. v. 26.06.2001 – 9 AZR 343/00 = NZA 2002, 98 (99); *Leitner*, Ethik-Richtlinien, S. 98; *Mengel*, Compliance, Kap. 1 Rn. 39; *Schneider*, Compliance, S. 145; vgl. *Zander*, Ethikrichtlinien, S. 91f.

1276 LAG Düsseldorf, Beschl. v. 14.11.2005 – 10 TaBV 46/05 = NZA-RR 2006, 81 (82).

1277 *Triskatis*, Ethikrichtlinien, S. 200; *Wagner*, Ethikrichtlinien, S. 44; *Willemsen*, Ethikrichtlinien, S. 106; vgl. auch *Rein*, Ethikrichtlinie, S. 77; *Zander*, Ethikrichtlinien, S. 96.

1278 ErfK/*Schmidt*, Art 5 GG, Rn. 8; *Fahrig*, Verhaltenskodex, S. 96; *Köstner*, Compliance, S. 165; *Leitner*, Ethik-Richtlinien, S. 97; *Rein*, Ethikrichtlinie, S. 78; *Schulz*, Ethikrichtlinien, S. 174 f.; *Triskatis*, Ethikrichtlinien, S. 219 f.; *Zander*, Ethikrichtlinien, S. 102.

1279 Vgl. die hervorragende Formulierung von *Triskatis*, Ethikrichtlinien, S. 220: „Ich (bin der Meinung und) teile mit, daß jemand gegen den Kodex verstoßen hat.“

1280 BVerfG, Urt. v. 15.12.1983 – 1 BvR 209/83 = NJW 1984, 419 (421) [Volkszählung]; Beschl. v. 22.06.1982 – 1 BvR 1376/79 = NJW 1984, 1415 (1416).

Arbeitnehmer auch keine solchen Tatsachen gegen seinen Willen nennen.[1281] Weil es beim Whistleblowing um Tatsachen geht, die Grundlage eines Subsumtionsvorganges sind, müsste er aber genau das tun, wenn er zur Meldung eines Vorfalls verpflichtet wird.[1282]

(2). Grundrechte des Arbeitgebers

Für den Arbeitgeber streitet zunächst sein Interesse daran, dass die vermögenswerten Rechtspositionen seines Unternehmens keinen Schaden nehmen (Art. 14 Abs. 1 GG).[1283] Einfachrechtlich geschützt wird diese Grundrechtsposition durch die Schadensabwendungspflicht der Arbeitnehmer aus § 241 Abs. 2 BGB.[1284] Sie verlangt vom Arbeitnehmer allerdings nur, Schäden an den Rechten, Rechtsgütern oder Interessen des Arbeitgebers zu verhüten,[1285] was auch die Pflicht zur Meldung eines Verstoßes gegen eine Compliance-Richtlinie beinhalten kann.[1286] Die Klausel im Wal-Mart-Fall ging aber über die bloße Schadensabwendung hinaus und verpflichtete die Arbeitnehmer bereits zu einer Meldung, wenn noch gar kein Schaden eingetreten war oder auch nur drohte.[1287] Denn in der Klausel wurde lediglich die abstrakte Möglichkeit eines Schadenseintritts genannt.[1288] Eine allgemeine (von § 241 Abs. 2 BGB unabhängige) Meldepflicht für Arbeitnehmer gibt es jedoch nicht,[1289] weshalb Art. 14 Abs. 1 GG eine so weit gehende Klausel nicht rechtfertigen kann.[1290]

1281 BVerfG, Urt. v. 15.12.1983 – 1 BvR 209/83 = NJW 1984, 419 (421) [Volkszählung]; ErfK/*Schmidt*, Art 5 GG, Rn. 7, 8; *Köstner*, Compliance, S. 166; *Rein*, Ethikrichtlinie, S. 78; *Triskatis*, Ethikrichtlinien, S. 220.

1282 *Leitner*, Ethik-Richtlinien, S. 97; *Rein*, Ethikrichtlinie, S. 78; *Triskatis*, Ethikrichtlinien, S. 220; *Zander*, Ethikrichtlinien, S. 101 f..

1283 *Boldt*, Ethikregeln, S. 265; *Leitner*, Ethik-Richtlinien, S. 101; *Wagner*, Ethikrichtlinien, S. 126; zum Schutzbereich des Art. 14 Abs. 1 GG BVerfG, Beschl. v. 09.01.1991 – 1 BvR 929/89 = NJW 1991, 1807; Däubler/Hjort/Schubert/Wolmerath/*Hensche*, Art. 14 GG Rn. 7.

1284 Vgl. zu dieser nur ErfK/*Preis*, § 611a BGB Rn. 744 ff.; Grobys/Panzer-Heemeier/*Altenburg*, Nebenpflichten, Rn. 12; *Weber*, Compliance, S. 75, 79.

1285 ErfK/*Preis*, § 611a BGB Rn. 744; vgl. auch *Böhm*, Non-Compliance, S. 38 f.

1286 *Schneider*, Compliance, S. 107; *Schulz*, BB 2011, 629 (634); vgl. *Böhm*, Non-Compliance, S. 163.

1287 LAG Düsseldorf, Beschl. v. 14.11.2005 – 10 TaBV 46/05 = NZA-RR 2006, 81 (84); vgl. auch *Fahrig*, Verhaltenskodex, S. 88 f.; *Schneider*, Compliance, S. 107; *Weber*, Compliance, S. 79.

1288 LAG Düsseldorf, Beschl. v. 14.11.2005 – 10 TaBV 46/05 = NZA-RR 2006, 81.

1289 *Böhm*, Non-Compliance, S. 164; *Fahrig*, Verhaltenskodex, S. 88; *Rein*, Ethikrichtlinie, S. 152 f., 154; *Schneider*, Compliance, S. 107, 144; *Wagner*, Ethikrichtlinien, S. 126; *Hey/Christ*, MPR 2010, 189 (191); vgl. auch *Schulz*, Ethikrichtlinien, S. 158 f.; *Willemsen*, Ethikrichtlinien, S. 149.

1290 Unter Ansatz von Art. 14 Abs. 1 GG siehe nur *Wagner*, Ethikrichtlinien, S. 127, 130; unter Ansatz von § 241 Abs. 2 BGB siehe nur *Schneider*, Compliance, S. 108.

Weiterer Ansatzpunkt ist die Berufsfreiheit gem. Art. 12 Abs. 1 GG.[1291] Art. 12 Abs. 1 GG schützt die Teilnahme am Wettbewerb[1292] zum Zwecke des Erwerbs.[1293] Der Schutzbereich erfasst jede Form der Betätigung, sofern sie nur dem Beruf dient,[1294] also auch die Erwerbschancen des Unternehmens, die Art. 14 Abs. 1 GG gerade nicht erfasst.[1295] Die Einführung der Richtlinie, die ja auch das Unternehmensimage[1296] und damit den Erfolg am Markt schützt und stärkt, fällt damit unter die geschützte Berufsausübung.[1297] Das muss dann erst Recht für die Implementierung von Maßnahmen gelten, die – wie das interne Whistleblowing – ihrer Durchsetzung dienen. Daher ist *Triskatis* zuzustimmen, dass die Aufforderung der Mitarbeiter zum internen Whistleblowing von Art. 12 Abs. 1 GG geschützt ist.[1298]

Manche Autoren verwenden den Begriff „Unternehmerfreiheit".[1299] Dieser Sammelbegriff beschreibt den Versuch, die unternehmerische Tätigkeit in einem gedachten einheitlichen Grundrecht zusammenzufassen.[1300] Dieses basiert auf der allgemeinen Handlungsfreiheit des Art. 2 Abs. 1 GG, sowie speziellen Grundrechten (insbes. Art. 12, 14 GG).[1301] Inhaltliche Änderungen können mit dieser Zusammenfassung freilich nicht verbunden sein, da immer noch die einzelnen Grundrechte zu prüfen sind.

1291 *Boldt*, Ethikregeln, S. 265; *Köstner*, Compliance, S 171; *Leitner*, Ethik-Richtlinien, S. 100; *Rein*, Ethikrichtlinie, S. 153; *Schulz*, Ethikrichtlinien, S. 160 ff.; *Triskatis*, Ethikrichtlinien, S. 220; *Wagner*, Ethikrichtlinien, S. 126; *Willemsen*, Ethikrichtlinien, S. 107.

1292 BVerfG, Beschl. v. 11.07.2006 – 1 BvL 4/00 = NJW 2007, 51 (54)

1293 BVerfG, Beschl. v. 31.08.2009 – 1 BvR 3275/07 = NVwZ 2009, 1486; Däubler/Hjort/Schubert/Wolmerath/*Lakies*, Art. 12 GG, Rn. 9; ErfK/*Schmidt*, Art. 12 GG Rn. 6, 9.

1294 Däubler/Hjort/Schubert/Wolmerath/*Lakies*, Art. 12 GG, Rn. 9 f.; ErfK/*Schmidt*, Art. 12 GG Rn. 9.

1295 Siehe zu letzterem BVerfG, Beschl. v. 31.08.2009 – 1 BvR 3275/07 = NVwZ 2009, 1486; Däubler/Hjort/Schubert/Wolmerath/*Hensche*, Art. 14 GG Rn. 7; ErfK/*Schmidt*, Art. 14 GG Rn. 5.

1296 S.o. D. II.

1297 *Fahrig*, Verhaltenskodex, S. 75 f.; *Leitner*, Ethik-Richtlinien, S. 100; *Rein*, Ethikrichtlinie, S. 71, 82; *Willemsen*, Ethikrichtlinien, S. 108.

1298 *Triskatis*, Ethikrichtlinien, S. 220; im Ergebnis ebenso *Köstner*, Compliance, S. 167.

1299 Vgl. nur BAG, Urt. v. 18.03.2010 – 8 AZR 77/09 = NZA 2010, 872 (876); Urt. v. 23.10.2008 – 2 AZR 483/07 = NZA-RR 2009, 362 (365); *Boldt*, Ethikregeln, S. 241; *Leitner*, Ethik-Richtlinien, S. 100; *Rein*, Ethikrichtlinie, S. 71; *Schneider*, Compliance, S. 245 f.; *Schulz*, Ethikrichtlinien, S. 160; *Triskatis*, Ethikrichtlinien, S. 201; *Willemsen*, Ethikrichtlinien, S. 107; *Ritter*, NZA 2012, 19.

1300 Vgl. Maunz/Dürig/*Di Fabio*, Art. 2 GG, Rn. 126; ErfK/*Schmidt*, Art. 14 GG Rn. 5.

1301 Maunz/Dürig/*Di Fabio*, Art. 2 GG, Rn. 126; vgl. auch zu Art. 12 GG als Teil der Unternehmerfreiheit Moll/*Dendorfer-Ditges*, § 35 Rn. 86 sowie zu Art. 12, 14 GG als Teil der Unternehmerfreiheit ErfK/*Schmidt*, Art. 14 GG Rn. 5 und Grobys/Panzer-Heemeier/*Mohnke*, Kündigung, betriebsbedingte, Rn. 49.

(3). Praktische Konkordanz

Die Unternehmerfreiheit des Arbeitgebers muss jeweils mit den Grundrechtspositionen des Arbeitnehmers in praktische Konkordanz gebracht werden. Praktische Konkordanz bedeutet, zwischen den beiden Positionen denjenigen Ausgleich zu schaffen, bei dem von beiden noch am meisten erhalten bleibt.[1302] Die Einschränkung der einen Position muss zum Schutze der anderen „geboten",[1303] also verhältnismäßig, sein. Beispielsweise kann vor dem Hintergrund der Verachtung, die dem Whistleblower zu Teil wird,[1304] eine Verpflichtung zum Whistleblowing nicht allgemein ohne jede Differenzierung verhältnismäßig sein.[1305] Mögliche Abwägungskriterien können die Stellung des Arbeitnehmers im Betrieb[1306] und die Schwere des im Raum stehenden Verstoßes[1307] sein. Eine grundsätzliche Klärung durch die Rechtsprechung ist aber bislang nicht erfolgt.[1308]

(4). Fazit zur Grundrechtswirkung

Die obigen Beispiele haben gezeigt, wie schnell schon die Grundrechte selbst der vertraglichen Einführung von Compliance-Richtlinien Grenzen setzen können. Die Grundrechte reichen derart weit, dass eine von Grundrechten losgelöste Prüfung der unangemessenen Benachteiligung nicht mehr in Betracht kommt.[1309]

ee. § 307 Abs. 1 S. 2 BGB

Nach § 307 Abs. 1 S. 2 BGB kann eine unangemessene Benachteiligung i.S.d. § 307 Abs. 1 S. 1 BGB auch daraus ergeben, dass die Klausel nicht klar und verständlich ist (sog. „Transparenzgebot"[1310]). Die Klauseln sind möglichst klar und durchschaubar darzustellen.[1311] Abzustellen ist auf das „Verständnis eines aufmerksamen

---

1302 BVerfG, Beschl. v. 22.03.2012 – 1 BvR 3169/11, Rn. 16 = BeckRS 2012, 10176; BAG, Urt. v. 20.11.2012 – 1 AZR 179/11 = NZA 2013, 448 (463); ErfK/*Schmidt*, Einleitung GG Rn. 68.

1303 BAG, Urt. v. 20.11.2012 – 1 AZR 179/11 = NZA 2013, 448 (463).

1304 S.o. C. II. 7.

1305 *Köstner*, Compliance, S. 173; *Triskatis*, Ethikrichtlinien, S. 222; vgl. auch *Fahrig*, Verhaltenskodex, S. 93 ff.; *Rein*, Ethikrichtlinie, S. 75; *Schulz*, Ethikrichtlinien, S. 162; *Wagner*, Ethikrichtlinien, S. 127, 130; *Zander*, Ethikrichtlinien, S. 102; *Mahnhold*, NZA 2008, 737 (738 f.).

1306 *Köstner*, Compliance, S. 173; *Triskatis*, Ethikrichtlinien, S. 221 f.; *Zander*, Ethikrichtlinien, S. 102.

1307 *Fahrig*, Verhaltenskodex, S. 98; *Triskatis*, Ethikrichtlinien, S. 222.

1308 So auch schon *Köstner*, Compliance, S. 171.

1309 So schon zu § 75 BetrVG *Mahnhold*, Compliance, S. 254.

1310 Däubler/Hjort/Schubert/Wolmerath/*Boemke*/*Ulrici*, § 307 Rn. 17; *Deyhle*, Compliance, S. 85; ErfK/*Preis*, § 310 BGB Rn. 44; Schaub/*Linck*, § 35 Rn. 54.

1311 BAG, Urt. v. 25.05.2005 – 5 AZR 572/04 = NZA 2005, 1111 (1115); *Deyhle*, Compliance, S. 85; *Mengel*, Compliance, Kap. 1 Rn. 38; *Schöder*, Compliance, S. 200; *Preis*/*Bleser*/*Rauf*, DB 2006, 2812 (2815).

und sorgfältigen, durchschnittlichen Arbeitnehmers".[1312] Die Klausel muss bezüglich Tatbestandsvoraussetzungen und Rechtsfolge so bestimmt sein, dass für den Arbeitgeber keine vermeidbaren Unklarheiten und Spielräume verbleiben.[1313] Das ist beispielsweise der Fall, wenn Klauseln nur in einer Fremdsprache wiedergegeben werden,[1314] es sei denn es handelt sich um ein international tätiges Unternehmen, wo mit der Verwendung etwa englischsprachiger Begriffe zu rechnen ist.[1315] Ebenso scheitert hieran eine pauschale Klausel des Inhalts, soweit die Regeln rechtswidrig seien, gälten sie nicht.[1316] Gemäß § 310 Abs. 3 Nr. 3 BGB können auch die Umstände beim Vertragsschluss einen Verstoß gegen § 307 Abs. 1 S. 2 BGB begründen, etwa wenn eine Überrumpelungssituation den Arbeitnehmer an der korrekten Erfassung der Klausel hindert.[1317]

ff. Rechtsfolge von Verstößen gegen § 307 Abs. 1 BGB

Nach § 306 Abs. 1 BGB bleibt der Arbeitsvertrag wirksam, auch wenn einzelne Klauseln unwirksam sein sollten. Auch im Arbeitsrecht gibt es bei AGB keine geltungserhaltende Reduktion. Die Klausel gilt also nicht reduziert auf den gerade noch zulässigen Inhalt weiter.[1318] Das bedeutet, dass eine Klausel im Formulararbeitsvertrag nur im Wege des „blue-pencil-Tests" in Teilen erhalten werden kann: Soweit Teile der Klausel durchgestrichen werden können und der verbleibende Rest noch grammatikalisch Sinn macht, bleibt er regelmäßig wirksam.[1319]

1312 Däubler/Hjort/Schubert/Wolmerath/*Boemke/Ulrici*, § 307 Rn. 17, abgeleitet aus BAG, Urt. v. 19.08.2010 – 8 AZR 645/09 = NJOZ 2011, 565 (570) und Urt. v. 25.05.2005 – 5 AZR 572/04 = NZA 2005, 1111 (1113).

1313 BAG, Urt. v. 01.09.2010 – 5 AZR 517/09 = NZA 2011, 575; ErfK/*Preis*, § 310 BGB Rn. 44.

1314 *Leitner*, Ethik-Richtlinien, S. 127; *Schneider*, Compliance, S. 150; *Triskatis*, Ethikrichtlinien, S. 164; *Zander*, Ethikrichtlinien, S. 105; *Wisskirchen/Jordan/Bissels*, DB 2005, 2190 (2194); vgl. auch *Boldt*, Ethikregeln, S. 210.

1315 BAG, Urt. v. 20.08.2014 – 10 AZR 453/13 = NZA 2014, 1333 (1335).

1316 *Leitner*, Ethik-Richtlinien, S. 127; *Schneider*, Compliance, S. 151; *Umnuß*, CCZ 2009, 88 (92).

1317 Hümmerich/Boecken/Düwell/*Hümmerich/Ebeling* § 310 Rn. 13; *Preis/Bleser/Rauf*, DB 2006, 2815.

1318 BAG, Urt. v. 14.01.2009 – 3 AZR 900/07 = NZA 2009, 666 (669); Däubler/Hjort/Schubert/Wolmerath/*Boemke/Ulrici*, § 306 Rn. 10; *Deyhle*, Compliance, S. 86; BeckOK-ArbR/*Jacobs*, § 306 BGB Rn. 9; vgl. auch ErfK/*Preis*, § 310 Rn. 103, 104.

1319 BAG, Urt. v. 12.03.2008 – 10 AZR 152/07 = NZA 2008, 699 (700); BeckOK-ArbR*Jacobs*, § 306 BGB Rn. 7; *Deyhle*, Compliance, S. 87; ErfK/*Preis*, § 310 Rn. 103; Hümmerich/Boecken/Düwell/*Hümmerich/Ebeling*; § 306 Rn. 7, 19; MüHdbArbR/*Reichold*, § 39 Rn. 54; Palandt/*Grüneberg*, § 306 Rn. 7.

b. Bezugnahme auf ein externes Werk

Eine weitere Option, Compliance-Richtlinien durch den Arbeitsvertrag einzuführen, ist eine Verweisungsklausel auf bestehende Richtlinienwerke, etwa solche eines Handelspartners oder auch der Konzernmutter.[1320] Dabei ist zwischen der starren Verweisung (auf eine Richtlinie in der Fassung eines bestimmten Datums) und der dynamischen Verweisung (auf die jeweils geltende Fassung) zu unterscheiden.[1321] Vorteil des letzteren Modells für den Arbeitgeber ist eine hohe Flexibilität,[1322] die dem Anpassungsbedarf bei Compliance-Richtlinien Rechnung trägt.[1323] Nach überwiegender Ansicht ist eine Vertragsklausel, die dynamisch auf eine Compliance-Richtlinie verweist, nicht per se überraschend i.S.d. § 305c Abs. 1 BGB.[1324] Dem ist zuzustimmen, denn der – auch dynamische – Verweis auf Tarifverträge ist so üblich,[1325] dass ein verständiger Arbeitnehmer mit derartigen Verweisen auf ein anderes Regelwerk rechnen muss. Zwar genießen Tarifverträge im Gegensatz zu Compliance-Richtlinien eine Angemessenheitsvermutung (§ 310 Abs. 4 BGB), doch wird dieses Manko dadurch wieder ausgeglichen, dass bei der Verweisung auf eine Compliance-Richtlinie, auch der Inhalt, auf den verwiesen wird, an §§ 307 ff. BGB geprüft wird.[1326]

1320 *Köstner*, Compliance, S. 102; *Rein*, Ethikrichtlinie, S. 99; *Schneider*, Compliance, S. 124 f.; *Schulz*, Ethikrichtlinien, S. 89; *Triskatis*, Ethikrichtlinien, S. 77; *Willemsen*, Ethikrichtlinien, S. 49 f.; *Zander*, Ethikrichtlinien, S. 71.

1321 *Deyhle*, Compliance, S. 92; *Leitner*, Ethik-Richtlinien, S. 146; *Köstner*, Compliance, S. 103; *Rein*, Ethikrichtlinie, S. 99 f, 107 f.; *Schneider*, Compliance, S. 124 f.; vgl. auch *Schulz*, Ethikrichtlinien, S. 89 f.; *Triskatis*, Ethikrichtlinien, S. 78; *Willemsen*, Ethikrichtlinien, S. 125; *Zander*, Ethikrichtlinien, S. 71; *Steffen/Stöhr*, RdA 2017, 43 (45).

1322 *Boldt*, Ethikregeln, S. 214; *Deyhle*, Compliance, S. 94; *Leitner*, Ethik-Richtlinien, S. 146; *Rein*, Ethikrichtlinie, S. 108; *Schneider*, Compliance, S. 125, 151; *Schöder*, Compliance, S. 201; *Schulz*, Ethikrichtlinien, S. 89; *Strothmeyer*, Compliance, S. 127; *Wagner*, Compliance, S. 75; *Zander*, Ethikrichtlinien, S. 71; *Borgmann*, NZA 2003, 352 (354).

1323 *Köstner*, Compliance, S. 103; *Leitner*, Ethik-Richtlinien, S. 155; *Rein*, Ethikrichtlinie, S. 108; *Schneider*, Compliance, S. 153; *Schöder*, Compliance, S. 201; *Strothmeyer*, Compliance, S. 128; *Triskatis*, Ethikrichtlinien, S. 79; *Wagner*, Ethikrichtlinien, S. 65; *Mengel*, CCZ 2008, 85 (86).

1324 *Deyhle*, Compliance, S. 91; *Köstner*, Compliance, S. 103, 106; *Leitner*, Ethik-Richtlinien, S. 148; *Rein*, Ethikrichtlinie, S. 101; *Schneider*, Compliance, S. 156; a.A. *Triskatis*, Ethikrichtlinien, S. 79; offen lassend *Steffen/Stöhr*, RdA 2017, 43 (45).

1325 BAG, Urt. v. 13.03.2013 – 5 AZR 954/11 = NZA 2013, 680 (683); Urt. v. 09.08.2011 – 9 AZR 475/10 = NZA 2012, 166 (167); *Deyhle*, Compliance, S. 91; *Leitner*, Ethik-Richtlinien, S. 149; *Preis*, Vertragsgestaltung, S. 62; *Diehn*, NZA 2004, 129 (132), *Schreiber*, NZA-RR 2010, 617 (619).

1326 *Boldt*, Ethikregeln, S. 214; *Rein*, Ethikrichtlinie, S. 101; *Schneider*, Compliance, S. 152, 156; vgl. *Köstner*, Compliance, S. 107; *Schulz*, Ethikrichtlinien, S. 92 f.; übersehen wird dies hingegen von *Strothmeyer*, Compliance, S. 128; gegen eine genügende Kompensation *Triskatis*, Ethikrichtlinien, S. 79.

Zu beachten sind aber die Grenzen des Transparenzgebots aus § 307 Abs. 1 S. 2 BGB.[1327] Bei einer statischen Verweisung ist dieses gewahrt, da die in Bezug genommene Richtlinie zwar nicht im Vertragstext enthalten ist, ihr Inhalt aber schon bei Vertragsschluss feststeht und vor Leistung der Unterschrift eingesehen werden kann.[1328] Bei einer dynamischen Verweisung kann der Arbeitnehmer bei Vertragsschluss nicht vorhersehen, welche Inhalte durch nachträgliche Änderung des in Bezug genommenen Werks schließlich später Vertragsinhalt werden könnten. Daher halten manche Literaturstimmen eine dynamische Verweisungsklausel per se für intransparent[1329] bzw. nur dann für transparent, wenn sie sich in den Grenzen des § 106 GewO hält.[1330] Vernünftiger erscheint indes die Ansicht von *Rein*, der darauf abstellt, es müsse für den Arbeitnehmer bei Vertragsschluss ersichtlich sein, unter welchen Umständen Vertragsänderungen möglich sind.[1331] Denn – ähnlich § 305c BGB – schützt § 307 Abs. 1 S. 2 BGB ihn nicht vor unangemessener Benachteiligung im Allgemeinen. Dafür gibt es § 307 Abs. 1 S. 1 BGB.[1332] § 307 Abs. 1 S. 2 BGB soll dem Arbeitnehmer lediglich ermöglichen, bei Vertragsschluss mit hinreichender Deutlichkeit abzusehen, welche vertraglichen Regeln für sein Arbeitsverhältnis gelten werden.[1333] Das BAG hält dazu passend eine dynamische Verweisungsklausel auf einen Tarifvertrag für intransparent, aus der nicht klar hervorgeht, welche Version wann gilt,[1334] aber für transparent, wenn „die im Zeitpunkt der jeweiligen Anwendung in Bezug genommenen Regelungen bestimmbar sind“.[1335]

§ 307 Abs. 1 S. 1 BGB zwingt schließlich dazu, bei einer Änderungen des in Bezug genommenen Werks nicht nur die normale Inhaltskontrolle der Klausel

---

1327 *Boldt*, Ethikregeln, S. 212 ff.; *Deyhle*, Compliance, S. 94; *Fahrig*, Verhaltenskodex, S. 117; *Köstner*, Compliance, S. 106; *Leitner*, Ethik-Richtlinien, S. 158; *Rein*, Ethikrichtlinie, S. 107 ff.; *Schneider*, Compliance, S. 152, 157; *Schulz*, Ethikrichtlinien, S. 93; *Zander*, Ethikrichtlinien, S. 71; *Mengel*, CCZ 2008, 85 (86); *Steffen/Stöhr*, RdA 2017, 43 (45).

1328 *Deyhle*, Compliance, S. 92; *Rein*, Ethikrichtlinie, S. 107; Schaub/*Linck*, § 35 Rn. 58.

1329 *Deyhle*, Compliance, S. 94; *Fahrig*, Verhaltenskodex, S. 116; *Triskatis*, Ethikrichtlinien, S. 79; *Zander*, Ethikrichtlinien, S. 72; *Mengel*, CCZ 2008, 85 (86); *Steffen/Stöhr*, RdA 2017, 43 (45); wohl auch *Schöder*, Compliance, S. 202.

1330 *Wagner*, Compliance, S. 75; *ders.* Ethikrichtlinien, S. 65; *Hohmuth*, BB 2014, 3061 (3061 f.).

1331 *Rein*, Ethikrichtlinie, S. 110 f.; unter Rückgriff auf S. 1 *Köstner*, Compliance, S. 106 f.

1332 *Rein*, Ethikrichtlinie, S. 111; vgl. auch *Köstner*, Compliance, S. 106.

1333 „[K]eine ungerechtfertigten Beurteilungsspielräume“, BAG, Urt. v. 06.08.2013 – 9 AZR 442/12 = NZA 2013, 1361; Urt. v. 20.03.2013 – 10 AZR 8/12 = NZA 2013, 970 (972); Urt. v. 01.09. 2010 – 5 AZR 517/09 = NZA 2011, 575 (575); ErfK/*Preis*, § 310 BGB Rn. 44; insoweit auch zustimmend *Steffen/Stöhr*, RdA 2017, 43 (45).

1334 BAG, Urt. v. 13.03.2013 – 5 AZR 954/11 = NZA 2013, 680 (683 f.).

1335 BAG, Urt. v. 17.07.2012 – 1 AZR 476/11 = NZA 2013, 338 (339).

vorzunehmen,[1336] sondern die Angemessenheit auch vor dem Hintergrund zu hinterfragen, dass die Änderung trotz vertraglicher Natur der Klausel nunmehr ohne Mitwirkung des Arbeitnehmers erfolgt ist.[1337] Die Grenze der Flexibilisierungsmöglichkeit ist dann erreicht, wenn die Klausel in einer Stärke abgeändert wurde, die der Arbeitnehmer unter Berücksichtigung der in der Verweisungsklausel genannten Änderungsgründe nicht erwarten musste.[1338] Das BAG entschied dazu passend, dass ein dynamischer Verweis auf eine „Arbeits- und Sozialordnung" den Arbeitnehmer dann unangemessen benachteiligt, wenn er die Abänderung ohne Nennung von Gründen ermöglicht.[1339] Für eine pauschale Ablehnung der dynamischen Bezugnahme, wie sie etwa *Deyhle* vertritt,[1340] besteht aber nach dem Vorgenannten kein Grund.

Innerhalb der genannten Grenzen ist es möglich – und zur Entlastung des Vertragstextes auch sinnvoll[1341] – die Richtlinie dergestalt in den Vertrag einzuführen, dass sie nicht in den Text geschrieben, sondern durch Verweisung inkorporiert wird.

c. *Einführung neuer Vertragsklauseln im bereits bestehenden Arbeitsverhältnis*

Meistens werden bei Einführung der Compliance-Richtlinie bereits Arbeitsverträge bestehen, in die die Richtlinie nachträglich eingefügt werden muss. Möglich ist in jedem Fall, bestehende Klauseln durch einen Änderungsvertrag zu modifizieren.[1342] Neue Klauseln können durch eine Zusatzvereinbarung eingeführt werden.[1343] Allerdings ist dazu eine Einigung mit dem jeweiligen Arbeitnehmer erforderlich.[1344] Für alle Arbeitnehmer gleich geltende Richtlinien lassen sich so

---

1336 S.o. F. I. 1. a. dd.

1337 *Rein*, Ethikrichtlinie, S. 111 ff.

1338 *Köstner*, Compliance, S. 107; *Schneider*, Compliance, S. 157; *Triskatis*, Ethikrichtlinien, S. 79; *Wagner*, Ethikrichtlinien, S. 65; unter Heranziehung des Rechtsgedankens von § 308 Nr. 4 BGB *Rein*, Ethikrichtlinie, S. 112 f.; *Schneider*, Compliance, S. 156.

1339 BAG, Urt. v. 11.02.2009 – 10 AZR 222/08 = NZA 2009, 428 (430).

1340 *Deyhle*, Compliance, S. 95, 99.

1341 *Boldt*, Ethikregeln, S. 212; *Rein*, Ethikrichtlinie, S. 107.

1342 *Boldt*, Ethikregeln, S. 108; *Eisenbeis/Nießen*, FS Leinemann, S. 710; *Rein*, Ethikrichtlinie, S. 116; *Schneider*, Compliance, S. 126; *Schulz*, Ethikrichtlinien, S. 95; *Triskatis*, Ethikrichtlinien, S. 83; *Wagner*, Ethikrichtlinien, S. 63; *Zander*, Ethikrichtlinien, S. 50.

1343 *Triskatis*, Ethikrichtlinien, S. 83; *Wagner*, Ethikrichtlinien, S. 63; *Willemsen*, Ethikrichtlinien, S. 50 f.; *Borgmann*, NZA 2003, 352 (354); *Mengel/Hagemeister*, BB 2007, 1386 (1390).

1344 *Boldt*, Ethikregeln, S. 110; *Fahrig*, Verhaltenskodex, S. 115; *Rein*, Ethikrichtlinie, S. 116; *Schulz*, Ethikrichtlinien, S. 95; *Triskatis*, Ethikrichtlinien, S. 83 f.; *Willemsen*, Ethikrichtlinien, S. 50; *Zander*, Ethikrichtlinien, S. 50; *Steffen/Stöhr*, RdA 2017, 43 (46).

in der Praxis schwer realisieren, weil selten sämtliche Mitarbeiter mit den Änderungs-/Ergänzungsvorschlägen ihres Arbeitgebers einverstanden sein werden[1345] bzw. für ihre Zustimmung eine Gegenleistung – etwa in Form einer Gehaltserhöhung – fordern.[1346]

aa. Stillschweigende Änderung

Wagner vertritt indes, die Zustimmung des Arbeitnehmers könne fingiert werden.[1347] Er stützt sich dabei auf eine Rechtsprechung des BAG, nach der die widerspruchslose Weiterarbeit dann eine Einverständniserklärung darstelle, wenn neue Bedingungen für die eigentliche Arbeitsleistung wie z. B. die Lohnhöhe angeboten werden.[1348] Es handelt sich also nicht um eine Fiktion, sondern um einen Fall des § 151 S. 1 BGB,[1349] der den Zugang der Annahmeerklärung entbehrlich macht.[1350] Das kommentarlose Weiterarbeiten legt man dem Arbeitnehmer als Annahmeerklärung aus.[1351] Allerdings setzt § 151 S. 1 BGB voraus, dass der Zugang der Annahmeerklärung nach der Verkehrssitte nicht zu erwarten ist. Es existiert aber keine Verkehrssitte, verschlechternde Arbeitsbedingungen in jedem Fall stillschweigend anzunehmen.[1352] Auch bei Compliance-Richtlinien gilt der Grundsatz, dass Schweigen keine Willenserklärung darstellt.[1353] Das BAG hat seine Rechtsprechung auch selbst auf Fälle beschränkt, in denen die Vertragsänderung für den Arbeitnehmer „unmittelbar und sogleich bei der Arbeit praktisch wird".[1354] Wenn das BAG in der Entscheidung von 1960 auf die Lohnzahlung abstellt,[1355] so sollte berücksichtigt werden, dass damals der Lohn der Arbeiter vielerorts noch in bar

---

1345 *Mengel/Hagemeister*, BB 2007, 1386 (1390); *Steffen/Stöhr*, RdA 2017, 43 (46); andeutend *Mengel*, Compliance, Kap. 1 Rn. 46.

1346 *Steffen/Stöhr*, RdA 2017, 43 (46).

1347 *Wagner*, Ethikrichtlinien, S. 63 f.; Verwendung des Begriffs „Zustimmungsfiktion" auf S. 63.

1348 BAG, Urt. v. 08.07.1960 – 1 AZR 72/60.

1349 BAG, Urt. v. 30.07.1985 – 3 AZR 405/83 = NZA 1986, 474 (475); *Deyhle*, Compliance, S. 89; *Rein*, Ethikrichtlinie, S. 118; *Mengel*, Compliance, Kap. 1 Rn. 35; vgl. auch *Zander*, Ethikrichtlinien, S. 53; wohl auch *Schneider*, Compliance, S. 124.

1350 *Deyhle*, Compliance, S. 89; *Rein*, Ethikrichtlinie, S. 117; *Schneider*, Compliance, S. 124.

1351 *Deyhle*, Compliance, S. 88; *Rein*, Ethikrichtlinie, S. 118; *Schneider*, Compliance, S. 124 Fn. 234; *Zander*, Ethikrichtlinien, S. 53.

1352 *Deyhle*, Compliance, S. 89; *Rein*, Ethikrichtlinie, S. 117.

1353 *Mengel*, Compliance, Kap. 1 Rn. 35; *Rein*, Ethikrichtlinie, S. 117; *Schmidt*, Compliance, S. 179; *Schneider*, Compliance, S. 123; vgl. *Boldt*, Ethikregeln, S. 112.

1354 BAG, Urt. v. 08.07.1960 – 1 AZR 72/60, Rn. 38; bestätigt durch BAG, Urt. v. 30.07.1985 – 3 AZR 405/83 = NZA 1986, 474 (475) und Urt. v. 01.08.2001 – 4 AZR 129/00 = RdA 2002, 233 (235).

1355 BAG, Urt. v. 08.07.1960 – 1 AZR 72/60, Rn. 37.

ausgezahlt wurde (sog. „Lohntüte“[1356]). Enthielt die Lohntüte weniger Geld als im letzten Monat und arbeitete der Arbeiter dennoch kommentarlos weiter, erscheint es auch aus heutiger Sicht zumindest vertretbar, von einer konkludenten Vertragsänderung auszugehen.[1357] Die Inhalte einer Compliance-Richtlinie treten dem Arbeitnehmer aber überwiegend nicht derart unmittelbar vor Augen.[1358] Insgesamt ist die Meinung *Wagners* damit abzulehnen.[1359]

bb. Änderungskündigung

Will der Arbeitgeber eine Vertragsänderung forcieren, so kann er aber auf das Instrument der Änderungskündigung zurückgreifen. Das ist eine Kündigung, die in Verbindung mit dem Angebot zum Abschluss eines neuen Arbeitsvertrages ausgesprochen wird, § 2 S. 1 KSchG. Die Kündigung folgt den gleichen Regeln wie die Beendigungskündigung.[1360] Insofern ist auch in seltenen Fällen eine außerordentliche Änderungskündigung denkbar,[1361] wenn es nämlich dem Arbeitgeber nicht zumutbar ist, die für die ordentliche Kündigung geltende Kündigungsfrist abzuwarten, bis die neuen Arbeitsverträge in Kraft treten.[1362] Ein solcher Fall wird bei Compliance-Richtlinien nur selten vorliegen.[1363] Wenn ein Unternehmen beabsichtigt, seine Aktien an der New Yorker Börse zu handeln, wo entsprechende Pflichten zum Erlass von Richtlinien bestehen,[1364] wird man dies ausreichend vorher absehen können, so dass es zumutbar bleibt, die Frist abzuwarten. Auch dass ein Großkunde von seinen Vertragspartnern ein

---

1356 Dazu und dazu, dass die Lohntüte auch heute noch nicht völlig ausgestorben ist, vgl. BAG, Urt. v. 28.09.2005 – 5 AZR 181/04 = BeckRS 2005 30363409.

1357 Für eine solche bei Schweigen auf eine Lohnerhöhung ankündigendes Schreiben BAG, Urt. v. 01.08.2001 – 4 AZR 129/00 = RdA 2002, 233 (235).

1358 Grobys/Panzer-Heemeier/*Mengel*, Compliance, Rn. 11; *Leitner*, Ethik-Richtlinien, S. 132; *Mengel*, Compliance, Kap. 1 Rn. 35; *Schmidt*, Compliance, S. 179; *Schneider*, Compliance, S. 124; *Zander*, Ethikrichtlinien, S. 54; *Schröder/Schreier*, BB 2010, 2565.

1359 So schon *Rein*, Ethikrichtlinie, S. 118; *Schneider*, Compliance, S. 124; im Ergebnis auch *Deyhle*, Compliance, S. 89; *Mengel*, Compliance, Kap. 1 Rn. 35.

1360 APS/*Künzl*, § 2 KSchG Rn. 6; *Deyhle*, Compliance, S. 170; ErfK/*Oetker*, § 2 KSchG Rn. 6; *Leitner*, Ethik-Richtlinien, S. 133; *Triskatis*, Ethikrichtlinien, S. 85.

1361 BAG, Urt. v. 28.10.2010 – 2 AZR 688/09 = NZA-RR 2011, 155; *Boldt*, Ethikregeln, S. 220; Däubler/Hjort/Schubert/Wolmerath/*Manske*, § 2 KSchG Rn 37; *Deyhle*, Compliance, S. 63, 170; ErfK/*Oetker*, § 2 KSchG Rn. 8; *Leitner*, Ethik-Richtlinien, S. 133; *Triskatis*, Ethikrichtlinien, S. 85; *Willemsen*, Ethikrichtlinien, S. 232, 235; vgl. *Köstner*, Compliance, S. 109; *Schneider*, Compliance, S. 158; *Wagner*, Ethikrichtlinien, S. 66; *Hohmuth*, BB 2014, 3061 (3063).

1362 BAG, Urt. v. 20.03.2014 – 2 AZR 825/12 = NZA 2014, 1089 (1091); APS/*Künzl*, § 2 KSchG Rn. 42b; Däubler/Hjort/Schubert/Wolmerath/*Manske*, § 2 KSchG Rn 37.

1363 Insoweit zutreffend *Willemsen*, Ethikrichtlinien, S. 236; vgl. auch *Leitner*, Ethik-Richtlinien, S. 133..

1364 Siehe oben D. I. 5.

Compliance-Bekenntnis einfordert, wird im Regelfall nicht „von heute auf morgen“ passieren.[1365]

In den meisten praktischen Fällen kommt damit überhaupt nur eine ordentliche Kündigung in Betracht. Eine solche ist wirksam, wenn sie aus Gründen der Person des Arbeitnehmers, dessen Verhaltens oder durch dringende betriebliche Erfordernisse sozial gerechtfertigt ist, § 1 Abs. 1 KSchG. Die Verweigerungshaltung des Arbeitnehmers ändert nichts an seinen persönlichen Eigenschaften, rechtfertigt also keine personenbedingte Kündigung.[1366] Ihn trifft aufgrund der Privatautonomie keine Pflicht, Vertragsänderungen zuzustimmen, so dass auch eine verhaltensbedingte Kündigung ausscheidet.[1367] Möglich bleibt damit lediglich eine betriebsbedingte Kündigung.[1368] Diese setzt nach § 1 Abs. 2 KSchG dringende betriebliche Erfordernisse voraus, die einer Weiterbeschäftigung des Arbeitnehmers in diesem Betrieb entgegenstehen. Ein betriebliches Erfordernis kann in den genannten US-rechtlichen Vorschriften[1369] oder auch Art. 22 Abs. 2 Delegierten Verordnung (EU) 2017/565[1370] bestehen. Die US-Börsenvorschriften[1371] und Art. 22

1365 Dies wird in der Literatur als Spezialfall genannt, siehe nur *Willemsen*, Ethikrichtlinien, S. 236.

1366 *Leitner*, Ethik-Richtlinien, S. 136; *Mahnhold*, Compliance, S. 225 f.; *Rein*, Ethikrichtlinie, S. 121; *Schmidt*, Compliance, S. 180; *Wagner*, Compliance, S. 75; *ders.*, Ethikrichtlinien, S. 67; *Willemsen*, Ethikrichtlinien, S. 232; *Steffen/Stöhr*, RdA 2017, 43 (46).

1367 *Boldt*, Ethikregeln, S. 219; *Fahrig*, Verhaltenskodex, S. 112; *Leitner*, Ethik-Richtlinien, S. 137; *Mahnhold*, Compliance, S. 219 f.; *Rein*, Ethikrichtlinie, S. 121; *Schmidt*, Compliance, S. 180; *Wagner*, Compliance, S. 75 f.; *ders.* Ethikrichtlinien, S. 64, 67 f.; *Willemsen*, Ethikrichtlinien, S. 232 f.; *Schreiber*, NZA-RR 2010, 617 (620); *Steffen/-Stöhr*, RdA 2017, 43 (46).

1368 *Boldt*, Ethikregeln, S. 219; *Deyhle*, Compliance, S. 67; *Köstner*, Compliance, S. 110 f.; *Leitner*, Ethik-Richtlinien, S. 137; *Mahnhold*, Compliance, S. 220 ff.; *Schmidt*, Compliance, S. 180; *Schneider*, Compliance, S. 160; *Wagner*, Ethikrichtlinien, S. 68 f.; *Zander*, Ethikrichtlinien, S. 73; *Borgmann*, NZA 2003, 352 (354); *Mengel/Hagemeister*, BB 2007, 1386 (1390); *Meyer*, NJW 2006, 3605 (3608); *Steffen/Stöhr*, RdA 2017, 43 (46); vgl. *Rein*, Ethikrichtlinie, S. 122 ff.; *Schulz*, Ethikrichtlinien, S. 96 ff.; *Triskatis*, Ethikrichtlinien, S. 86.

1369 *Deyhle*, Compliance, S. 67; *Mengel*, Compliance, Kap. 1 Rn. 36; *Schmidt*, Compliance, S. 180; *Schneider*, Compliance, S. 160 f.; *Schulz*, Ethikrichtlinien, S. 96 f.; *Triskatis*, Ethikrichtlinien, S. 86 f.; *Borgmann*, NZA 2003, 352 (355); *Hohmuth*, BB 2014, 3061 (3063); *Mengel/Hagemeister*, BB 2007, 1386 (1390); *Meyer*, NJW 2006, 3605 (3608); vgl. auch *Boldt*, Ethikregeln, S. 220; differenzierend *Rein*, Ethikrichtlinie, S. 129 f.; *Schöder*, Compliance, S. 204 f.; *Steffen/Stöhr*, RdA 2017, 43 (46); dagegen *Willemsen*, Ethikrichtlinien, S. 234; wohl ebenso *Lelley*, Compliance, S. 62 Rn. 134.

1370 Schon zu § 33 Abs. 1 WpHG: *Deyhle*, Compliance, S. 67; *Mengel*, Compliance, Kap. 1 Rn. 36; *Weber*, Compliance, S. 83; *Zander*, Ethikrichtlinien, S. 73; *Mengel/Hagemeister*, BB 2007, 1386 (1390); *Borgmann*, NZA 2003, 352 (355); *Mengel*, CCZ 2008, 85 (86); a.A. *Mahnhold*, Compliance, S. 220; wohl ebenso *Lelley*, Compliance, S. 62 Rn. 134.

1371 S.o. D. I. 5.

Abs. 2 Delegierten Verordnung (EU) 2017/565[1372] verpflichten nämlich den Arbeitgeber in gewissem Maße zur Einführung von Compliance-Richtlinien und drohen für die Nichteinführung Sanktionen an.[1373] Aber auch soweit keine Rechtspflicht besteht, kann ein betriebliches Erfordernis bestehen. Auch z.B. drohende Umsatzeinbußen können nämlich ein solches begründen.[1374] Wie gezeigt, ist das Bestehen einer Compliance-Richtlinie auf den wirtschaftlichen Erfolg des Unternehmens von Einfluss.[1375]

Das Erfordernis ist aber nicht dringlich, wenn das Ziel durch ein milderes Mittel erreicht werden könnte.[1376] Der Arbeitgeber muss daher zunächst versuchen, die neuen Arbeitsbedingungen einvernehmlich einzuführen.[1377] Außerdem kommt die Ausübung des Direktionsrechts mit seinen engen Grenzen in Betracht.[1378] Die Änderungskündigung beendet bei Nichtannahme des Angebots das Arbeitsverhältnis, wodurch ein viel größerer psychischer Druck auf die Belegschaft ausgeübt wird, als durch eine bloße Weisung.[1379] Das schließt aber nicht aus, eine unverhältnismäßige Änderungskündigung in eine Weisung umzudeuten, solange die Maßnahme als solche dann wirksam wäre.[1380]

1372 S.o. D. I. 1.

1373 Unter dieser Bedingung stimmt auch *Rein*, Ethikrichtlinie, S. 129 f. der Annahme eines dringenden betrieblichen Erfordernisses zu.

1374 APS/*Kiel*, § 1 KSchG Rn 475; *Boldt*, Ethikregeln, S. 221; *Eisenbeis/Nießen*, FS Leinemann, S. 710; Küttner/*Eisemann*, Kündigung, betriebsbedingte Rn. 10; Moll/*Vossen*, § 43 Rn. 119; *Rein*, Ethikrichtlinie, S. 130; *Schneider*, Compliance, S. 161; *Triskatis*, Ethikrichtlinien, S. 87; ähnlich auch *Willemsen*, Ethikrichtlinien, S. 235 ff.; *Borgmann*, NZA 2003, 352 (355).

1375 S.o. D. II.

1376 APS/*Kiel*, § 1 KSchG Rn. 562; *Boldt*, Ethikregeln, S. 220; *Deyhle*, Compliance, S. 69. Däubler/Hjort/Schubert/Wolmerath/*Schubert*, § 1 KSchG Rn. 377; MüHdbArbR/*Berkowsky*, § 112 Rn. 137; *Schöder*, Compliance, S. 204; vgl. auch *Schulz*, Ethikrichtlinien, S. 98; *Triskatis*, Ethikrichtlinien, S. 86.

1377 *Triskatis*, Ethikrichtlinien, S. 85 m.w.N.; vgl. auch *Boldt*, Ethikregeln, S. 111.

1378 BAG, Urt. v. 22.09.2016 – 2 AZR 509/15 = NZA 2016, 1461 (1462); Urt. v. 06.09.2007 – 2 AZR 368/06 = NZA-RR 2008, 291; *Boldt*, Ethikregeln, S. 221; *Deyhle*, Compliance, S. 71 f.; Gallner/Mestwerdt/Nägele/*Pfeiffer*, § 2 KSchG Rn. 15; *Preis*, ArbR S. 625; *Schmidt*, Compliance, S. 180; *Schneider*, Compliance, S. 161 f.; *Schöder*, Compliance, S. 204; *Schulz*, Ethikrichtlinien, S. 99; *Triskatis*, Ethikrichtlinien, S. 89; *Weber*, Compliance, S. 83; *Willemsen*, Ethikrichtlinien, S. 46; *Zander*, Ethikrichtlinien, S. 73; *Mengel/Hagemeister*, BB 2007, 1386 (1391); *Schreiber*, NZA-RR 2010, 617 (620 f.).

1379 *Berkowsky*, NZA 1999, 293 (298), der zwar die Verhältnismäßigkeit nicht als das entscheidende Kriterium ansieht, aber dennoch zum Ergebnis kommt, die Änderungskündigung sei nicht erforderlich.

1380 Zutreffend und zum Meinungsstand *Deyhle*, Compliance, S. 74, 76; *Rein*, Ethikrichtlinie, S. 135 f.; so schon *Borgmann*, NZA 2003, 355; offen lassend BAG, Urt. v. 28.05.2009 – 2 AZR 844/07 = NZA 2009, 954 (955).

Schließlich müssen die neuen Arbeitsbedingungen von den Arbeitnehmern billigerweise hinzunehmen,[1381] also verhältnismäßig,[1382] sein. Hierbei sind die oben thematisierten Wertungen, insbesondere aus der mittelbaren Drittwirkung der Grundrechte, in Ansatz zu bringen.[1383] *Fahrig*[1384] begründet die Notwendigkeit der Interessenabwägung damit, dass andernfalls die Grenzen des Direktionsrechts ausgehebelt würden. Er verlangt, dessen Grenzen auf die Änderungskündigung zu übertragen. Dem ist nicht zu folgen. Im Gegensatz zum Direktionsrecht kann der Arbeitnehmer bei der Änderungskündigung (wenn auch mit der Folge des Arbeitsplatzverlustes) das Angebot ablehnen. Es handelt sich gerade nicht um eine einseitige Änderung der Arbeitsbedingungen. Dass der Arbeitnehmer unter Druck gesetzt wird, ist hinzunehmen. Da die Änderungskündigung nur bei dringenden betrieblichen Erfordernissen möglich ist, besteht eine ausreichende Begrenzung auf entsprechend schwerwiegende Fälle.[1385]

cc. Weiterhin AGB-Kontrolle

Auch bei der Einführung von Compliance-Richtlinien durch Änderung eines bestehenden Arbeitsvertrages ist – im Regelfall des Formularvertrages – eine AGB-Kontrolle durchzuführen, denn der Arbeitnehmer ist weiterhin in einer unterlegenen Position.[1386] Es gelten die oben dargestellten Prinzipien gleichermaßen.[1387]

d. Sanktionsklauseln und Vertrag

Im Hinblick darauf, dass diese Arbeit später die Bedeutung der Sanktionsklauseln näher beleuchten wird,[1388] ist auch auf deren Wirksamkeitsvoraussetzungen und Gestaltungsmöglichkeiten im Rahmen des Arbeitsvertrages einzugehen.

1381 BAG, Urt. v. 10.04.2014 – 2 AZR 812/12 = NZA 2014, 653 (655); Urt. v. 26.03.2009 – 2 AZR 879/07 = NZA 2009, 679 (682); Urt. v. 23.11.2000 – 2 AZR 547/99 = NZA 2001, 492; Urt. v. 01.07.1999 – 2 AZR 826/98 = NZA 1999, 1336 (1337); APS/*Künzl*, § 2 KSchG Rn. 235, 247; Däubler/Hjort/Schubert/Wolmerath/*Manske*, § 2 KSchG Rn. 69; ErfK/*Niemann*, § 626 BGB Rn. 191; Moll/*Boewer*, § 46 Rn. 162; *Borgmann*, NZA 2003, 352 (355).

1382 Zur Klarstellung, dass „billigerweise hinzunehmen" nichts anderes als Verhältnismäßigkeit meint, ausdrücklich BAG, Urt. v. 10.04.2014 – 2 AZR 812/12 = NZA 2014, 653 (655); Däubler/Hjort/Schubert/Wolmerath/*Manske*, § 2 KSchG Rn. 69; ähnlich APS/*Künzl*, § 2 KSchG Rn. 235, 247; Moll/*Boewer*, § 46 Rn. 162; *Preis*, ArbR, S. 628.

1383 *Mahnhold*, Compliance, S. 225.

1384 *Fahrig*, Verhaltenskodex, S. 114 f.

1385 Vgl. nur *Hohmuth*, BB 2014, 3061 (3063), der von „Ausnahmefällen" spricht.

1386 *Wagner*, Compliance, S. 72; *ders.*, Ethikrichtlinien S. 56 f.; vgl. auch *Boldt*, Ethikregeln, S. 108; *Köstner*, Compliance, S. 98; *Rein*, Ethikrichtlinie, S. 116.

1387 *Rein*, Ethikrichtlinie, S. 119.

1388 S.u. G. II.

aa. Bloßer Hinweis auf bestehende Rechte

Eine Sanktionsklausel, die nur „arbeitsrechtliche Konsequenzen“, „Kündigung“, „Abmahnung“ etc. androht, geht nicht über die bereits bestehenden gesetzlichen Instrumente hinaus.[1389] Sie fällt daher im Grundsatz unter § 307 Abs. 3 S. 1 BGB und damit nicht unter die AGB-Kontrolle.[1390] § 307 Abs. 3 S. 2 BGB regelt allerdings, dass solche Klauseln trotzdem nach § 307 Abs. 1 S. 2 i. V. m. S. 1 BGB unwirksam sein können, wenn sie intransparent sind. Intransparenz kommt bei Sanktionsklauseln aber höchstens insofern in Betracht, als sich der Arbeitgeber noch nicht auf eine konkrete Rechtsfolge – Abmahnung, Ermahnung Kündigung etc. – festlegt, sondern ganz allgemein von „arbeitsrechtlichen Folgen“ spricht. Das aber kann er ohnehin erst nach einem konkreten Vorfall festlegen. Eine Aufzählung sämtlicher arbeitsrechtlicher Konsequenzen ist ebenso entbehrlich, denn die Konsequenzen ergeben sich sämtlich aus dem Gesetz und sind damit bestimmbar.

Fraglich ist allerdings, ob dieses Ergebnis nicht der Differenzierung bedarf, wenn sich die Sanktionsklausel nicht pauschal auf die gesamte Richtlinie, sondern lediglich auf bestimmte dem Arbeitgeber besonders wichtige Klauseln bezieht. Dann könnte man in der Auswahlentscheidung des Arbeitgebers eine über die bloße Nennung bestehender Rechte hinausgehende Regelung sehen. Das setzt voraus, dass die Auswahlentscheidung i.S.d. § 307 Abs. 3 S. 1 BGB von einer Rechtsvorschrift abweicht oder diese ergänzt. Selbst wenn aber – was später noch zu klären ist[1391] – die Auswahl einzelner Klauseln als besonders wichtig, die Kündigung ohne Abmahnung gestützt auf diese Klauseln erlaubt, bleibt, so ändert das nichts an den kündigungsrechtlichen Rechtsvorschriften. Ob eine Abmahnung – etwa aufgrund hinreichender Information und Warnung der Arbeitnehmer durch eine Richtlinie – entbehrlich ist, ist eine Tatsachenfrage.[1392] Folglich macht der Umstand, dass sich die Sanktionsklausel nur auf einen Teil der Richtlinie bezieht, im Fall eines Verstoßes auch nur auf der Tatsachenebene einen Unterschied. Die rechtlichen Voraussetzungen, nach denen die Entbehrlichkeit einer Abmahnung festgestellt wird, bleiben dagegen unberührt. Da nicht von einer Rechtsnorm abgewichen oder eine solche ergänzt wird, fällt die Auswahlentscheidung nicht unter § 307 Abs. 3 S. 1 BGB.[1393]

1389 *Mengel*, Compliance, Kap. 1, Rn. 125; *Rein*, Ethikrichtlinie, S. 183; *Zander*, Ethikrichtlinien, S. 69.

1390 So schon *Rein*, Ethikrichtlinie, S. 182 f.; vgl. auch *Mengel*, Compliance, Kap. 1, Rn. 125; *Willemsen*, Ethikrichtlinien, S. 155 f.; diesen Aspekt verkennend aber *Deyhle*, Compliance, S. 188.

1391 S.u. G. II.

1392 Zur rein faktischen Wirkung der Warnfunktion einer Abmahnung BAG, Urt. v. 19.02.2009 – 2 AZR 603/07 = NZA 2009, 894 (895); Urt. v. 21.05.1992 – 2 AZR 551/91 = NZA 1992, 1028 (1030); *Kleinebrink*, Abmahnung, S. 11; *Neumann/Hampe*, DB 2014, 1258 (1259).

1393 Vgl. auch *Rein*, Ethikrichtlinie, S. 183.

bb. Gestaltungsmöglichkeit: Vertragsstrafe

Über die typischen Sanktionen von Compliance-Richtlinien hinaus ist es grundsätzlich auch denkbar, die Klauseln mit einer Vertragsstrafe zu bewehren. Das ist eine arbeitsvertragliche Klausel, die die ordnungsgemäße Erfüllung der arbeitsvertraglichen Pflichten sicherstellen soll.[1394] Dem unterfallen diejenigen Richtlinienklauseln, die unmittelbar die Vertragserfüllung betreffen.[1395] Die über die Vertragserfüllung hinausgehende Ordnung des Betriebes hingegen kann nur durch eine Betriebsbußenordnung geschützt werden.[1396]

Im Grundsatz erlauben §§ 339 ff. BGB die vertragliche Vereinbarung von Vertragsstrafen, jedoch müssen sie in Formularverträgen auch §§ 305 ff. BGB genügen.[1397] § 305c Abs. 1 BGB könnte schon die Einbeziehung einer Vertragsstrafenklausel als AGB verhindern. Dies setzt voraus, dass die jeweilige Klausel so ungewöhnlich ist, dass der Arbeitnehmer mit ihr nicht zu rechnen braucht. Für den Fall einer Vertragsstrafe, die ein nachvertragliches Wettbewerbsverbot absicherte, hat das BAG entschieden, dass der Arbeitnehmer mit solchen Klauseln zu rechnen habe, § 305c Abs. 1 BGB der Einbeziehung also nicht im Wege stünde.[1398] Das LAG Schleswig-Holstein hält Vertragsstrafen in Arbeitsverträgen allgemein für üblich.[1399] Auch bei Vertragsstrafen kann sich allerdings das Überraschungsmoment daraus ergeben, dass die Klausel an ungewöhnlicher Stelle im Text steht.[1400] Eine Vertragsstrafenklausel hielt das LAG Sachsen-Anhalt für überraschend i.S.d. § 305c Abs. 1 BGB, weil sie im Arbeitsvertrag unter einem Punkt „Verschiedenes“ stand.[1401] Das BAG aber hielt die Klausel in der Nachinstanz für nicht überraschend – ohne indes auf ihre Stellung im Vertrag einzugehen.[1402] Bei einem Vertrag, der ohne Untergliederung als Fließtext verfasst war, hat das LAG Schleswig-Holstein die Überraschung verneint; der Arbeitnehmer müsse ohnehin den kompletten Vertrag durchlesen um dessen Inhalt zu erfassen.[1403] Insofern differiert die rechtliche Machbarkeit einer Vertragsstrafe in einer Compliance-Richtlinie nach dem zuständigen Gericht.

1394 BAG, Urt. v. 05.02.1986 – 5 AZR 564/84 = NZA 1986, 782 (783).

1395 Sog. „Arbeitsverhalten“, siehe dazu u. F. II. 1.

1396 Vgl. BAG, Urt. v. 05.02.1986 – 5 AZR 564/84 = NZA 1986, 782 (783); Beschl. v. 17.10.1989 – 1 ABR 100/88 = NZA 1990,193; *Schneider*, Compliance, S. 89; *Schöder*, Compliance, S. 227 f.; *Triskatis*, Ethikrichtlinien, S. 232; zur Betriebsbußenordnung s.u. F. I. 3. c.

1397 BAG, Urt. v. 17.03.2016 – 8 AZR 665/14 = NZA 2016, 945 (947); *Schöder*, Compliance, S. 231; *Triskatis*, Ethikrichtlinien, S. 230 f. m.w.N.

1398 BAG, Urt. v. 14.08.2007 – 8 AZR 973/06 = NZA 2008, 170 (171).

1399 LAG Schleswig-Holstein, Urt. v. 02.02.2005 – 3 Sa 515/04 = NZA-RR 2005, 351 (353).

1400 BAG, Urt. v. 14.08.2007 – 8 AZR 973/06 = NZA 2008, 170 (171); Grobys/Panzer-Heemeier/*Schönhöft*, Vertragsstrafe Rn. 17.

1401 LAG Sachsen-Anhalt, Urt. v. 22.08.2007 – 4 Sa 118/07 = BeckRS 2009, 72983, Rn. 18.

1402 BAG, Urt. v. 28.05.2009 – 8 AZR 896/07 = NZA 2009, 1337 (1340).

1403 LAG Schleswig-Holstein, Urt. v. 02.02.2005 – 3 Sa 515/04 = NZA-RR 2005, 351 (353).

§ 307 Abs. 1 S. 2 BGB fordert, dass dem Arbeitnehmer klar und verständlich werden müsse, wann die Vertragsstrafe anfällt. Nach § 339 S. 1 BGB ist eine Vertragsstrafe ein Strafversprechen für den Fall, in dem der Schuldner „seine Verbindlichkeit nicht oder nicht in gehöriger Weise erfüllt". Die Vorschrift knüpft damit an den Begriff des Verzuges nach § 286 BGB an.[1404] Infolgedessen erfordert eine Vertragsstrafe stets ein Verschulden des Schuldners.[1405] Eine Vertragsstrafe im Sinne einer Garantie, also ohne Verschulden des Schuldners, ist nur individualvertraglich möglich, nicht in Form von AGB.[1406] Da Compliance-Richtlinien aber nur in Formularverträgen einführbar sind, können sie also nur durch Vertragsstrafen mit Verschuldenserfordernis gesichert werden. § 280 Abs. 1 S. 2 BGB kennt eine Verschuldensvermutung, die nach § 619a BGB aber im Arbeitsverhältnis keine Anwendung findet. Der Arbeitgeber muss dem Arbeitnehmer also stets sein Verschulden nachweisen.[1407] Fehlt nun also der Hinweis auf das Verschuldenserfordernis, so bleibt dadurch dem Arbeitnehmer eine wesentliche Tatbestandsvoraussetzung der Vertragsstrafe unklar. Rechtsfolge muss die Intransparenz der Klausel nach § 307 Abs. 1 S. 2 BGB jedenfalls dann sein, wenn zu befürchten ist, der Arbeitnehmer könne die Klausel dahingehend falsch verstehen, die Vertragsstrafe sei auch ohne Verschulden zu zahlen.[1408] Das BAG hat dies auch nur in einem Fall anders gesehen, in dem das Gericht davon ausging, dass eben dieser Irrtum in Bezug auf die in dem Fall zu begutachtende Klausel ausgeschlossen sei.[1409] In einem anderen Fall, in dem unklar war, wann das vertragliche Tatbestandmerkmal „dauerhafte Verletzung" eingreift, hat auch das BAG § 307 Abs. 1 S. 2 BGB bejaht.[1410]

§ 309 Nr. 6 ist als arbeitsrechtliche Besonderheit (§ 310 Abs. 4 S. 2 BGB) nicht anwendbar.[1411] Die Unangemessenheit kann also nur aus § 307 Abs. 1 S. 1 BGB folgen. *Triskatis* vertritt, dass die gesetzlichen Sanktionsmöglichkeiten in Bezug auf Compliance-Richtlinien regelmäßig ausreichten und ihre Erweiterung durch Vertragsstrafen daher regelmäßig unangemessen sei. Eine Ausnahme sei nur zu machen, wenn die Kündigung leer läuft, wie bei nachvertraglichen Pflichten (z.B. Verschwiegenheitspflicht oder Wettbewerbsverbote).[1412] Das BAG hingegen vertritt, eine Vertragsstrafenregelung sei gerade deshalb nicht per se unangemessen i.S.d. § 307 Abs. 1 S. 1 BGB, weil mit ihr eine Kündigung des Arbeitnehmers

---

1404 MüKo-BGB/*Gottwald*, § 339 Rn. 32.
1405 MüKo-BGB/*Gottwald*, § 339 Rn. 34.
1406 BGH, Urt. v. 21.03.2013 – VII ZR 224/12, Rn. 23 – juris; Urt. v. 24.04.1991 – VIII ZR 180/90 = NJW-RR 1991, 1013 (1015); MüKo-BGB/*Gottwald*, § 339 Rn. 35.
1407 *Boldt*, Ethikregeln, S. 299.
1408 Grobys/Panzer-Heemeier/*Schönhöft*, Stichwort Vertragsstrafe Rn. 16.
1409 BAG, Urt. v. 18.12.2008 – 8 AZR 81/08 = NZA-RR 2009, 519 (523)
1410 BAG, Urt. v. 14.08.2007 – 8 AZR 973/06 = NZA 2008, 170 (172).
1411 BAG, Urt. v. 24.08.2017 – 8 AZR 378/16 = NZA 2018, 100 (102); Urt. v. 17.03.2016 – 8 AZR 665/14 = NZA 2016, 945 (947); Urt. v. 28.05.2009 – 8 AZR 896/07 = NZA 2009, 1337 (1340); *Schöder*, Compliance, S. 231.
1412 *Triskatis*, Ethikrichtlinien, S. 231.

abgewendet werden kann.[1413] Die Ansicht des BAG überzeugt. Der Arbeitnehmer ist auf das aus seinem Arbeitsverhältnis erwachsende Einkommen angewiesen. Der Grund, warum es überhaupt einen gesetzlichen Kündigungsschutz gibt, liegt eben darin. Schutzzweck ist also letztlich die finanzielle Lebensgrundlage des Arbeitnehmers.[1414] Diese wird durch eine Kündigung und dem mit ihr einhergehenden Wegfall des Einkommens viel stärker gefährdet als durch eine einmalige Vertragsstrafe, solang sich diese in einem vertretbaren Rahmen hält. Die eigentliche durch § 307 Abs. 1 S. 1 BGB zu klärende Frage ist also eher, ob die Vertragsstrafe in einem angemessenen Verhältnis zum Gehalt des Arbeitnehmers steht.[1415] Sie kann nur im Einzelfall beantwortet werden. Nach § 344 BGB ist eine Vertragsstrafenklausel aber stets unwirksam, soweit die Klausel, die sie besichert, unwirksam ist.

Trotz der interessanten Gestaltungsmöglichkeit finden sich in der Praxis – soweit ersichtlich – bislang aber keine Vertragsstrafen in Compliance-Richtlinien.

e. Fazit

Der Arbeitsvertrag ist insgesamt eine taugliche Grundlage für die Einführung von Compliance-Richtlinien, denn er erlaubt die Einführung einer großen Bandbreite von Klauseln.[1416] Dazu zählen auch Sanktionsklauseln bis hin zu Vertragsstrafen. Im Gegensatz zum Direktionsrecht (dazu sogleich) erlaubt der Vertrag auch die Einführung neuer Pflichten, für die es im Gesetz keine Grundlage gibt. Allerdings lassen sich einheitliche Compliance-Richtlinien in der Praxis nur durch Formularvertrag einführen. Das hat die zwingende AGB-Kontrolle unter Berücksichtigung der mittelbaren Drittwirkung der Grundrechte zur Folge. Diese bedeutet wie jede Abwägung eine gewisse Rechtsunsicherheit, zumal es spezifisch zur individualrechtlichen Einführung von Compliance-Richtlinien bislang keine Rechtsprechung gibt. Des Weiteren muss bei vertraglicher Einführung, anders als bei der Betriebsvereinbarung, noch in einem zweiten Schritt nach Entwurf der Vertragsänderung der Betriebsrat beteiligt werden.

Schwierigkeiten bereitet die rechtliche Form Vertrag aber bei Einführung im laufenden Arbeitsverhältnis. Aufgrund der insgesamt hohen Hürden einer Änderungskündigung wird diese Option von Praktikern teils verworfen, so dass der Arbeitgeber auf die Kooperation seiner sämtlichen Arbeitnehmer angewiesen bleibt.[1417]

1413 BAG, Urt. v. 18.12.2008 – 8 AZR 81/08 = NZA-RR 2009, 519(524).

1414 Vgl. *Neumann/Hampe*, DB 2014, 1258 (1258, 1262).

1415 Vgl. dazu BAG, Urt. v. 28.05.2009 – 8 AZR 896/07 = NZA 2009, 1337 (1341); *Schöder*, Compliance, S. 244; in diese Richtung gehen auch die Ausführungen bei BAG, Urt. v. 19.08.2010 – 8 AZR 645/09 = NJOZ 2011, 565 (569); Urt. v. 18.12.2008 – 8 AZR 81/08 = NZA-RR 2009, 519(524).

1416 So schon *Fahrig*, Verhaltenskodex, S. 117, der allerdings davon ausgeht, Compliance-Richtlinien erschöpften sich im Wesentlichen in Gesetzes-Compliance; vgl. zudem *Rein*, Ethikrichtlinie, S. 140.

1417 *Süßbrich/Rütz*, Compliance, S. 220 f.; ähnlich *Schöder*, Compliance, S. 206 [„nur in absoluten Ausnahmefällen"].

2. Arbeitgeberische Weisung

Schon früh wurden aber Compliance-Richtlinien über das Direktionsrecht des Arbeitgebers aus § 106 S. 1 GewO eingeführt.[1418]

a. Regelungsbereich des Direktionsrechts

Nach § 106 S. 1 GewO kann der Arbeitgeber neben Ort und Zeit auch den Inhalt der Arbeitsleistung durch Weisungen näher bestimmen. Die äußerste Grenze dieses Direktionsrechts bildet der Arbeitsvertrag.[1419] Daher lassen sich über das Direktionsrecht nur solche Klauseln einführen, die arbeitsvertragliche oder gesetzliche Pflichten konkretisieren.[1420] So verbieten §§ 299 ff. StGB die Annahme von Schmiergeldern. Da §§ 299 ff. StGB das Interesse des Arbeitgebers an der unbeeinflussten Arbeitsleistung schützen, verletzt ein Verstoß gegen diese Strafnormen zugleich § 241 Abs. 2 BGB.[1421] Durch die Strafnormen ist aber noch nicht festgelegt, ab welcher Wertgrenze ein Geschenk als Schmiergeld gilt. Sicher ist, dass nicht jedes noch so kleine Geschenk (z.B. Blumenstrauß) darunter fällt.[1422] Per Weisungsrecht kann der Arbeitgeber für seinen Betrieb klären, wann genau ein Geschenk nicht angenommen werden darf und damit die Nebenpflicht aus § 241 Abs. 2 BGB i.V.m. §§ 299 ff. StGB konkretisieren (z.B. Annahmeverbot, sobald das Geschenk objektiv geeignet ist, Entscheidungen des Arbeitnehmers zu beeinflussen).[1423]

1418 Vgl. *Eisele*, WM 1993, 1021 (1023).

1419 *Boldt*, Ethikregeln, S. 115; *Deyhle*, Compliance, S. 41 f.; *Fahrig*, Verhaltenskodex, S. 71; *Leitner*, Ethik-Richtlinien, S. 104; *Mahnhold*, Compliance, S. 155; *Rein*, Ethikrichtlinie, S. 84; *Schöder*, Compliance, S. 197; *Triskatis*, Ethikrichtlinien, S. 81; *Wagner*, Compliance, S. 73, *ders.*, Ethikrichtlinien, S. 49, 61; *Willemsen*, Ethikrichtlinien, S. 220; vgl. auch *Köstner*, Compliance, S. 89.

1420 *Boldt*, Ethikregeln, S. 115; *Deyhle*, Compliance, S. 41; Grobys/Panzer-Heemeier/*Mengel*, Compliance Rn. 8; *Köstner*, Compliance, S. 89; *Leitner*, Ethik-Richtlinien, S. 105; *Lelley*, Compliance, S. 61 Rn. 129; *Mahnhold*, Compliance, S. 155; *Rein*, Ethikrichtlinie, S. 84; *Schneider*, Compliance, S. 99; *Schöder*, Compliance, S. 192; *Strothmeyer*, Compliance, S. 126; *Triskatis*, Ethikrichtlinien, S. 81; *Wagner*, Compliance S. 70, 91; *ders.*, Ethikrichtlinien, S. 47; *Willemsen*, Ethikrichtlinien, S. 221; *Zander*, Ethikrichtlinien, S. 42; *Borgmann*, NZA 2003, 352 (353 f.); *Hamann/Rudnik*, JA 2015, 901 (902); *Mengel/Hagemeister*, BB 2007, 1386 (1387); *Meyer*, NJW 2006, 3605 (3608); *Reinhard*, NZA 2016, 1233 (1235); *Schulz/Kuhnke*, BB 2012, 143 (147); *Schuster/Darsow*, NZA 2005, 273 f.; *Steffen/Stöhr*, RdA 2017, 43 (46); *Timmerbeil/Spachmüller*, CB 2013, 221 (222).

1421 ErfK/*Preis*, § 611a BGB Rn. 722; Hümmerich/Boecken/Düwell/*Schöne*, § 611 BGB Rn. 550 f.; vgl. auch MüKo-BGB/*Müller-Glöge*, § 611 Rn. 1119; *Schöder*, Compliance, S. 173, 192.

1422 Hümmerich/Boecken/Düwell/*Schöne*, § 611 BGB Rn. 551; Küttner/*Kania*, Schmiergeld, Rn. 2; *Leitner*, Ethik-Richtlinien, S. 198; entscheidend ist, ob das Geschenk noch „sozialadäquat" ist, Lackner/Kühl/*Heger*, § 299 Rn. 4; Schönke/Schröder/*Heine/Eisele*, § 299 Rn. 20; a.A. aber *Schöder*, Compliance, S. 174 f., die in jedem Vorteil schon eine potenzielle „Loyalitätsverletzung" sehen will.

1423 *Leitner*, Ethik-Richtlinien, S. 203; *Mengel*, Compliance, Kap. 1 Rn. 74.

Allerdings gehen Compliance-Richtlinien in der Praxis oft auch über die bloße Konkretisierung bestehender Pflichten hinaus.[1424] *Fahrig* trägt dem Rechnung, indem er die Einführung neuer Pflichten auch über das Direktionsrecht anerkennt.[1425] Wäre der Arbeitsvertrag die Grenze des Direktionsrechts, führt er zur Begründung an, so wäre die Ermessensprüfung in § 106 S. 1 GewO überflüssig. Dem kann nicht zugestimmt werden: Eine sehr weit gefasste Klausel im Vertrag kann auf verschiedenste Weisen konkretisiert werden. Dabei tragen manche den Interessen der Parteien im Einzelfall genügend Rechnung, andere nicht. Die Ermessensprüfung im Einzelfall ist also nicht deshalb überflüssig, weil schon der Arbeitsvertrag im Sinne von § 307 Abs. 1 BGB für angemessen befunden wurde. Auch *Schöne*,[1426] auf den *Fahrig* sich bezieht, weist lediglich darauf hin, dass eine Ermessensprüfung insoweit überflüssig ist, wie der Arbeitsvertrag bereits ganz konkrete Leistungspflichten bestimmt. *Schöne* weist aber erstens auch darauf hin, dass dies die Ausnahme ist. Und zweitens ist dadurch noch nichts über die Frage der Konkretisierung von Nebenpflichten gesagt. Auch das Argument *Fahrigs*,[1427] die Einführung von Compliance-Richtlinien sei sonst nur durch Betriebsvereinbarung möglich, was kleinere Betriebe benachteilige, überzeugt nicht. Wie oben ausgeführt, ist die Einführung jedenfalls auch durch den Arbeitsvertrag möglich.

§ 106 S. 2 GewO erweitert das Direktionsrecht auf die Bestimmung der Ordnung und des Verhaltens der Arbeitnehmer im Betrieb. Klauseln, die sich auf das außerbetriebliche Verhalten der Arbeitnehmer beziehen, können demnach grundsätzlich nicht über das Direktionsrecht eingeführt werden.[1428] Anders ist es nur, wenn eine arbeitsvertragliche Nebenpflicht ausnahmsweise in den außerdienstlichen Bereich ausstrahlt.[1429] Solche ausstrahlenden und von Compliance-Richtlinien

---

1424 *Schneider*, Compliance, S. 122; *Triskatis*, Ethikrichtlinien, S. 83; vgl. auch oben E. I.

1425 *Fahrig*, Verhaltenskodex, S. 92 f.

1426 *Schöne*, NZA 2002, 829 (830).

1427 *Fahrig*, Verhaltenskodex, S. 92 f.

1428 *Boldt*, Ethikregeln, S. 116; *Deyhle*, Compliance, S. 49; *Fahrig*, Verhaltenskodex, S. 81 f.; Grobys/Panzer-Heemeier/*Mengel*, Compliance Rn. 10; *Köstner*, Compliance, S. 89; *Leitner*, Ethik-Richtlinien, S. 111 f.; *Mahnhold*, Compliance, S. 157 f.; *Weber*, Compliance, S. 76; *Mengel*, Compliance, Kap.1 Rn. 18; *Rein*, Ethikrichtlinie, S. 87 f.; *Schneider*, Compliance S. 118; *Wagner*, Compliance, S. 71; *ders.*, Ethikrichtlinien, S. 48; *Zander*, Ethikrichtlinien, S. 44 f.; *Borgmann*, NZA 2003, 352 (354); *Hamann/Rudnik*, JA 2015, 901 (902); *Mengel/Hagemeister*, BB 2007, 1386 (1388); *Mengel*, CCZ 2008, 85 (86); *Reinhard*, NZA 2016, 1233 (1235).

1429 *Boldt*, Ethikregeln, S. 116; *Deyhle*, Compliance, S. 49, 51; *Fahrig*, Verhaltenskodex, S. 82; *Köstner*, Compliance, S. 89; *Leitner*, Ethik-Richtlinien, S. 112; *Mahnhold*, Compliance, S. 159, 161; *Mengel*, Compliance, Kap. 1 Rn. 18; *Rein*, Ethikrichtlinie, S. 88 f.; *Schneider*, Compliance, S. 100, 118; *Wagner*, Ethikrichtlinien, S. 48 f.; *Weber*, Compliance, S. 76; *Willemsen*, Ethikrichtlinien, S. 226; *Zander*, Ethikrichtlinien, S. 45; *Mengel/Hagemeister*, BB 2007, 1386 (1388); *Meyer*, NJW 2006, 3605 (3608).

aufgegriffenen Nebenpflichten sind beispielsweise die Verschwiegenheitspflicht,[1430] das Verbot von Nebentätigkeiten[1431] oder auch das Verbot des Insiderhandels.[1432]

b. Grenze billigen Ermessens

Schließlich muss sich die Weisung in den Grenzen des billigen Ermessens halten. Das erfordert eine Interessenabwägung,[1433] in die verfassungsrechtliche und gesetzliche Wertentscheidungen, der Grundsatz der Verhältnismäßigkeit und Kriterien der Angemessenheit, Zumutbarkeit und der Verkehrssitte einfließen.[1434] Grundrechtsabwägungen, wie sie zur arbeitsvertraglichen Einführung bereits dargestellt wurden,[1435] sind auch hier vorzunehmen.[1436] Als einfachgesetzliche Wertung, die im Rahmen des Ermessens zu berücksichtigen sein kann, ist z.B. Art. 22 Abs. 2 Delegierten Verordnung (EU) 2017/565 zu nennen.[1437] Ebenso verhält es sich

---

1430 *Böhm*, Non-Compliance, S. 44; *Schneider*, Compliance, S. 112 f.; *Wagner*, Ethikrichtlinien, S. 48; *Mengel/Hagemeister*, BB 2007, 1386 (1388); vgl. auch *Schuster/Darsow*, NZA 2005, 273 (274 f.).

1431 *Böhm*, Non-Compliance, S. 44 f.; *Boldt*, Ethikregeln, S. 116; *Fahrig*, Verhaltenskodex, S. 82; Grobys/Panzer-Heemeier/*Mengel*, Compliance, Rn. 10; *Köstner*, Compliance, S. 92; *Mengel*, Compliance, Kap. 1 Rn. 105; *Weber*, Compliance, S. 76; *Zander*, Ethikrichtlinien, S. 59 f.; *Meyer*, NJW 2006, 3605 (3608).

1432 *Böhm*, Non-Compliance, S. 45; *Köstner*, Compliance, S. 92; *Mahnhold*, Compliance, S. 158; *Wagner*, Ethikrichtlinien, S. 48; *Zander*, Ethikrichtlinien, S. 61; *Meyer*, NJW 2006, 3605 (3608); *Schuster/Darsow*, NZA 2005, 273 (274 f.).

1433 BAG, Urt. v. 25.10.1989 – 2 AZR 633/88 = NZA 1990, 561 (562); Urt. v. 07.12.2000 – 6 AZR 444/99 = NZA 2001, 780 (781); Urt. v. 23.09.2004 – 6 AZR 567/03 = NZA 2005, 359 (361); *Boldt*, Ethikregeln, S. 222; ErfK/*Preis*, § 106 GewO Rn. 10; *Deyhle*, Compliance, S. 43, 59; *Fahrig*, Verhaltenskodex, S. 71; Hümmerich/Boecken/Düwell/*Boecken*, § 106 GewO Rn. 87 ff.; *Köstner*, Compliance, S. 90, 94; *Leitner*, Ethik-Richtlinien, S. 119; *Mahnhold*, Compliance, S. 156; *Rein*, Ethikrichtlinie, S. 91; BeckOK-ArbR/*Tillmanns*, § 106 GewO Rn. 50 ff.; *Schneider*, Compliance, S. 104; *Schöder*, Compliance, S. 193; *Schulz*, Ethikrichtlinien, S. 73; *Triskatis*, Ethikrichtlinien, S. 82; *Wagner*, Compliance, S. 71; *ders.*, Ethikrichtlinien, S. 49; *Willemsen*, Ethikrichtlinien, S. 222; *Steffen/Stöhr*, RdA 2017, 43 (46).

1434 *Wagner*, Compliance, S. 71; *ders.*, Ethikrichtlinien, S. 49; *Willemsen*, Ethikrichtlinien, S. 223.

1435 S.o. F. I. 1. a. dd.

1436 *Deyhle*, Compliance, S. 44; *Köstner*, Compliance, S. 90, 95; *Mengel*, Compliance, Kap.1 Rn. 12; MüHdbArbR/*Reichold*, § 36 Rn. 27; Rotsch/*Jahn*/*Kirsch*, § 33 Rn. 56; *Schneider*, Compliance, S. 131 f.; *Willemsen*, Ethikrichtlinien, S. 222 f.; *Kock*, MDR 2006, 673 (674); *Borgmann*, NZA 352, (354); *Mengel*, CCZ 2008, 85 (86); *Mengel/Hagemeister*, BB 2007, 1386 (1388); *Steffen/Stöhr*, RdA 2017, 43 (46); im Ergebnis ebenso, allerdings vermittelt durch § 242 BGB *Mahnhold*, Compliance, S. 177, 179.

1437 So schon zu § 33 Abs. 1 WpHG: Grobys/Panzer-Heemeier/*Mengel*, Compliance Rn. 8; *Mengel*, CCZ 2008, 85 (86); *Schuster/Darsow*, NZA 2005, 273 (274).

mit den Pflichten aus dem US-Börsenrecht.[1438] Denn auch wenn sich aus diesen Regelungen nur sehr bedingt eine Verpflichtung zum Erlass einer Richtlinie ableiten lässt, so ist die Richtlinie doch auch eine von mehreren Möglichkeiten, um den genannten Rechtspflichten zu genügen.[1439]

Schließlich bedarf die Weisung als empfangsbedürftige Willenserklärung zur Wirksamkeit noch der Bekanntgabe, § 130 Abs. 1 BGB.[1440] Denkbar ist es etwa, die Richtlinie am „Schwarzen Brett“ bekanntzugeben.[1441] Wohl aus Gründen der Beweisbarkeit lassen sich viele Arbeitgeber in der Praxis den Empfang eines Exemplars der Richtlinie von ihren Arbeitnehmern schriftlich bestätigen.[1442]

c. Sanktionsklauseln und Direktionsrecht

Im Hinblick darauf, dass diese Arbeit später die Bedeutung der Sanktionsklauseln näher beleuchten wird,[1443] ist auch auf deren Wirksamkeitsvoraussetzungen und Gestaltungsmöglichkeiten im Rahmen des Weisungsrechts einzugehen.

In der Literatur wird vertreten, dass auch Sanktionsklauseln, die nur allgemein „disziplinarische Maßnahmen bis hin zur Entlassung“[1444] androhen, dem Direktionsrecht unterfallen.[1445] Dagegen wenden *Rein* und *Leitner* ein, bei solchen Klauseln fehle es schon an einer entsprechenden Regelung, da nur auf ohnehin bestehende Rechte verwiesen werde.[1446] Der Arbeitgeber konkretisiere keine Pflichten des Arbeitnehmers, wie es das Direktionsrecht als Leistungsbestimmungsrecht fordere.[1447] Dem ist grundsätzlich zuzustimmen. Ein bloßer Hinweis auf die gesetzlichen Rechte (insbes. Abmahnung/Kündigung) ist jederzeit

---

1438 *Eisenbeis/Nießen*, FS Leinemann, S. 707; *Köstner*, Compliance, S. 95; *Triskatis*, Ethikrichtlinien, S. 82; *Wagner*, Ethikrichtlinien, S. 50 f.; *Mengel*, CCZ 2008, 85 (86); *Schuster/Darsow*, NZA 2005, 273 (274); unter Hinweis darauf, dass es nur Gegenstand der Abwägung ist und diese nicht allein deswegen zu Gunsten des Arbeitgebers ausfällt auch *Rein*, Ethikrichtlinie, S. 93.

1439 S.o. D. I. 1. und 5.

1440 *Fahrig*, Verhaltenskodex, S. 58 f.; *Lelley*, Compliance S. 54 Rn. 109; *Rein*, Ethikrichtlinie, S. 86; *Süßbrich/Rütz*, Compliance, S. 220; *Schneider*, Compliance, S. 98; *Wagner*, Compliance, S. 72; *ders.*, Ethikrichtlinien, S. 53; *Willemsen*, Ethikrichtlinien, S. 44 f.; *Borgmann*, NZA 2003, 352 (354).

1441 *Köstner*, Compliance, S. 88; *Willemsen*, Ethikrichtlinien, S. 45; vgl. zudem Grobys/Panzer-Heemeier/*Mengel*, Compliance Rn. 8; *Walker*, FS Kissel, S. 1209.

1442 *Strothmeyer*, Compliance, S. 127; *Bachner/Lerch*, AiB 2005, 229 (230); *Müller-Bonanni/Sagan*, BB-Spez. 2008, 28 (30 f.); ebenso mit Formulierungsbeispiel *Boldt*, Ethikregeln, S. 101.

1443 S.u. G. II.

1444 *Schuster/Darsow*, NZA 2005, 273 (277).

1445 *Schuster/Darsow*, NZA 2005, 273 (277); dem folgend *Zander*, Ethikrichtlinien, S. 69.

1446 *Leitner*, Ethik-Richtlinien, S. 116; *Rein*, Ethikrichtlinie, S. 182.

1447 *Rein*, Ethikrichtlinie, S. 182; *Walker*, FS Kissel, S. 1209.

einseitig möglich. Dazu bedarf es nicht der Voraussetzungen des § 106 S. 1 GewO.[1448]

Wenn Sanktionsklauseln dennoch von manchen Literaturstimmen unter das Direktionsrecht gefasst werden,[1449] so liegt dem evtl. gerade dieser Gedanke der Einseitigkeit zu Grunde.[1450] Dieses Argument kann aber nicht einmal dann durchgreifen, wenn in der Sanktionsklausel eine Abmahnung zu sehen sein sollte:[1451] Nur weil eine einseitige Abmahnung auf einem Stück Papier mit einer einseitigen Weisung unter der Überschrift „Compliance-Richtlinie" abgedruckt werden kann, heißt das nicht, dass die Sanktionsklausel Teil der Weisung würde. Es folgt dann vielmehr jede Klausel ihrer jeweiligen Rechtsnatur: Die Sanktionsklausel ist rechtlich eine Abmahnungserklärung, die Verhaltensvorgaben der anderen Klauseln sind Weisungen. Solche Zusammenfassungen mehrerer Willenserklärungen in einem Dokument sind dem Zivilrecht auch keineswegs fremd. So war der bis zum 31.07.2013 geltende § 44 KostO mit „Mehrere Erklärungen in einer Urkunde" überschrieben und nannte als Beispiele hierfür in Abs. 1 S. 1 den „Kauf und die Auflassung". Mehrere Gerichtsentscheidungen bezeugen, dass von der Möglichkeit, Kaufvertrag und Auflassung in einer Urkunde festzuhalten, auch rege Gebrauch gemacht wurde.[1452] Wenn sogar „Himmel und Hölle" des Zivilrechts, also Verpflichtungs- und Verfügungsgeschäft, in einer Urkunde zusammengefasst werden können, steht einer Zusammenfassung einer Abmahnung und einer Weisung schon gar nichts entgegen.

Die Einführung von Vertragsstrafen und dergleichen kann durch das Direktionsrecht schon deshalb nicht erfolgen, weil dieses immer nur in den Grenzen des Arbeitsvertrages besteht.[1453] Das Direktionsrecht des § 106 S. 1 GewO ist damit für die Einführung einer Sanktionsklausel völlig irrelevant.[1454]

1448 *Leitner*, Ethik-Richtlinien, S. 116 [„...bedürfen keiner weiteren Rechtsgrundlage..."]; *Schulz*, Ethikrichtlinien, S. 76; *Schneider*, Compliance, S. 113 [„ohne Weiteres"].

1449 *Fahrig*, Verhaltenskodex, S. 83; *Wagner*, Ethikrichtlinien, S. 138; *Willemsen*, Ethikrichtlinien, S. 230; *Zander*, Ethikrichtlinien, S. 69; *Schuster/Darsow*, NZA 2005, 273 (277).

1450 Diese betont (allerdings bei korrektem Verständnis) etwa *Schneider*, Compliance, S. 113.

1451 Dazu s.u. G. II.

1452 Vgl. nur BayObLG, Beschl. v. 27.09.2000 – 3Z BR 186/00 = BayObLGZ 2000, 260; OLG Brandenburg, Urt. v. 12.03.2008 – 13 U 68/07 = BeckRS 2008, 05196; OLG Düsseldorf, Beschl. v. 08.11.1994 – 10 W 123/94 = DNotZ 1996, 324.

1453 BAG, Urt. v. 25.02.1966 – 4 AZR 179/63, Rn. 14 – juris; Urt. v. 14.12.1966 – 4 AZR 18/65, Rn. 23 – juris; *Triskatis*, Ethikrichtlinien, S. 232.

1454 *Rein*, Ethikrichtlinie, S. 182; *Schneider*, Compliance, S. 113; *Triskatis*, Ethikrichtlinien, S. 232.

d. *Fazit*

Überhaupt bietet es nur sehr eingeschränkte Möglichkeiten, Klauseln von Compliance-Richtlinien einzuführen. Die Richtlinie müsste rechtlich in einen vertraglichen und einen direktionsrechtlichen Teil zerfallen.[1455] Dem kann allerdings tatsächlich begegnet werden, indem Klauseln, die über verschiedene Regelungsformen implementiert wurden, noch einmal in einem Dokument zusammen niedergelegt werden, welches dann den Arbeitnehmern ausgehändigt wird.[1456] Für den Arbeitgeber dürfte die Möglichkeit zur ständigen einseitigen Änderung der Weisungen den Reiz dieser Variante der Einführung zumindest einzelner Klauseln ausmachen. Hinzu kommt die unkomplizierte Ausübung des Direktionsrechts durch schlichte Bekanntgabe der Richtlinie im Betrieb.[1457]

3. Betriebsvereinbarung

Eine weitere Möglichkeit, Compliance-Richtlinien einzuführen, ist eine Betriebsvereinbarung. Bei ihr handelt es sich um einen Vertrag, sprich eine rechtsgeschäftliche Vereinbarung zwischen Arbeitgeber und Betriebsrat (vgl. § 77 Abs. 2 BetrVG).[1458] Nach § 77 Abs. 4 BetrVG sind Betriebsvereinbarungen zwingend, gestalten also die einzelnen Arbeitsverhältnisse.[1459] In der dadurch bewirkten Vereinheitlichung liegt ein Vorteil der Einführung durch Betriebsvereinbarung.[1460] Allerdings sind nur Arbeitnehmer erfasst, da das BetrVG nach § 5 BetrVG nur für

---

1455 *Köstner*, Compliance, S. 95; *Rein*, Ethikrichtlinie, S. 138; *Schneider*, Compliance, S. 122; *Schöder*, Compliance, S. 197; *Strothmeyer*, Compliance, S. 131; *Triskatis*, Ethikrichtlinien, S. 83; *Zander*, Ethikrichtlinien, S. 75; *Eisenbeis/Nießen*, FS Leinemann, S. 709.

1456 Zu dieser Gestaltungsmöglichkeit bei der Veröffentlichung *Mengel*, Compliance, Kap. 3 Rn. 1; *Mengel/Hagemeister*, BB 2007, 1386 (1391); *Schreiber*, NZA-RR 2010, 617 (623); in diesem Sinne auch *Hey/Christ*, MPR 2010, 189 (190); *Hohmuth*, BB 2014, 3061 (3065); *Kock*, ZIP 2009, 1406 (1407); *Schröder/Schreier*, BB 2010, 2565 (2566); ähnlich im Verhältnis von Vertrag und Betriebsvereinbarung *Kempter/Steinat*, NZA 2017, 1505 (1510).

1457 *Weber*, Compliance, S. 74; *Kock*, ZIP 2009, 1406 (1410); *Hey/Christ*, MPR 2010, 189 (190).

1458 BAG, Urt. v. 01.08.2001 – 4 AZR 82/00 = NZA 2002, 41 (43); *Boldt*, Ethikregeln, S. 147; *Deyhle*, Compliance, S. 99; Richardi/*Richardi*, § 77 Rn. 24; *Schneider*, Compliance, S. 163; *Strothmeyer*, Compliance, S. 130; vgl. zum historischen Streit um die Rechtsnatur der Betriebsvereinbarung oben B. III. und B. VI.

1459 *Boldt*, Ethikregeln, S. 147 f.; *Deyhle*, Compliance, S. 99 f.; ErfK/*Kania*, § 77 BetrVG Rn. 5; Düwell/*Lorenz*, § 77 Rn. 56; GK-BetrVG/*Kreutz*, § 77 Rn. 37 f.; *Mahnhold*, Compliance, S. 241; *Schneider*, Compliance, S. 163; *Strothmeyer*, Compliance, S. 130; *Wagner*, Ethikrichtlinien, S. 71; *Willemsen*, Ethikrichtlinien, S. 53; *Linsenmaier*, RdA 2014, 336 (337).

1460 *Schneider*, Compliance, S. 163; *Willemsen*, Ethikrichtlinien, S. 53.

solche gilt. Die in § 5 Abs. 2, 3 BetrVG genannten Personen (insbes. Geschäftsführer/Vorstände und leitende Angestellte) werden von der Betriebsvereinbarung daher nicht erfasst. Insoweit sind vertragliche Regelungen oder – bei leitenden Angestellten – Richtlinien nach § 28 SprAuG in Betracht zu ziehen.[1461] Will sich der Arbeitgeber der Betriebsvereinbarung entledigen, so bedarf er aufgrund der vertraglichen Bindung entweder einer Einigung mit dem Betriebsrat[1462] oder einer Kündigung nach § 77 Abs. 5 BetrVG.

a. Regelungsbereich

Durch Betriebsvereinbarung können die Inhalte der Arbeitsverhältnisse sowie betriebliche und betriebsverfassungsrechtliche Regeln getroffen werden.[1463] Viele der typischen Inhalte von Compliance-Richtlinien betreffen entweder die Inhalte der Arbeitsverhältnisse oder regeln die Organisation des Betriebs und sind damit betriebliche Regeln.[1464] Für die Möglichkeit der Einführung einer Klausel durch Betriebsvereinbarung kommt es nicht darauf an, ob dem Betriebsrat ein Mitbestimmungsrecht an ihren Inhalten zukommt.[1465] Diese Frage entscheidet nur darüber, ob dem Betriebsrat insoweit ein Initiativrecht zusteht, er also die Regelung dieses Themas in einer Betriebsvereinbarung von sich aus verlangen kann.[1466] Das spräche zunächst für eine sehr weitgehende Einführungsmöglichkeit einer Compliance-Richtlinie durch Betriebsvereinbarung.

1461 Zu letzteren *Boldt*, Ethikregeln, S. 198; *Deyhle*, Compliance, S. 100, 109; *Leitner*, Ethik-Richtlinien, S. 160; *Schneider*, Compliance, S. 164; *Schulz*, Ethikrichtlinien, S. 118; *Triskatis*, Ethikrichtlinien, S. 101 f.; *Kock*, MDR 2006, 673; vertiefend dazu *Köstner*, Compliance, S. 131.

1462 ErfK/*Kania*, § 77 BetrVG Rn. 91; GK-BetrVG/*Kreutz*, § 77 Rn. 21; BeckOK-ArbR/*Werner*, § 77 BetrVG Rn. 35; *Triskatis*, Ethikrichtlinien, S. 98; *Borgmann*, NZA 2003, 352 (355); *Wisskirchen/Jordan/Bissels*, DB 2005, 2190; *Bachner/Lerch*, AiB 2005, 229 (231).

1463 BAG, Urt. v. 01.08.2001 – 4 AZR 82/00 = NZA 2002, 41 (43); *Boldt*, Ethikregeln, S. 147; *Deyhle*, Compliance, S. 101; ErfK/*Kania*, § 77 BetrVG Rn. 36; HWGNRH/*Worzalla*, § 77 Rn. 38; Hümmerich/Boecken/Düwell/*Welslau*, § 77 BetrVG Rn. 15; *Leitner*, Ethik-Richtlinien, S. 167; *Schulz*, Ethikrichtlinien, S. 107; *Wagner*, Compliance, S. 76; *ders.* Ethikrichtlinien, S. 72.

1464 *Wagner*, Ethikrichtlinien, S. 72; vgl. auch *ders.* a.a.O. S. 76 zum Tarifvertrag.

1465 BAG, Urt. v. 12.12.2006 – 1 AZR 96/06 = NZA 2007, 453 (454); *Deyhle*, Compliance, S. 100; *Köstner*, Compliance, S. 124; *Schneider*, Compliance, S. 166; *Schulz*, Ethikrichtlinien, S. 107 f.; *Triskatis*, Ethikrichtlinien, S. 97; *Wagner*, Compliance, S. 76; zu Mitbestimmungsrechten bei Compliance-Richtlinien, s.u. F. II.

1466 BAG, Beschl. v. 08.08.1989 – 1 ABR 62/88 = NZA 1990, 322 (323); *Schemmel/Ruhmannseder/Witzigmann*, Hinweisgebersysteme, S. 230 Rn. 223; *Wagner*, Ethikrichtlinien, S. 87.

aa. Kritik von Teilen der Literatur an der weiten Regelungskompetenz

Diese weite Regelungskompetenz für grundsätzlich alle Arbeitsbedingungen ergibt sich aus einem Umkehrschluss aus § 77 Abs. 3 BetrVG, der nur bestimmte Arbeitsbedingungen der Regelung durch Betriebsvereinbarung entzieht.[1467]

(1). Bisherige Rechtsprechung und Lehre: Günstigkeitsprinzip

Nach bisheriger Rechtsprechung und Lehre hat eine Betriebsvereinbarung aufgrund des Günstigkeitsprinzips aber insoweit keinen Vorrang gegenüber dem Arbeitsvertrag wie ihre Inhalte für den Arbeitnehmer ungünstiger sind als sein Arbeitsvertrag.[1468] Teilweise wird das Günstigkeitsprinzip über die Bedeutung als Kollisionsregel hinaus sogar als Kompetenzbegrenzung gesehen.[1469] Eine Kompetenzüberschreitung der Betriebsparteien hat zur Folge, dass die Betriebsvereinbarung insoweit nichtig ist.[1470] In beiden Fällen galt bisher also die günstigere Regelung im Arbeitsvertrag, es sei denn der Arbeitsvertrag gestattete die Verschärfung durch Betriebsvereinbarung mittels einer Öffnungsklausel.[1471]

Schulz und *Wagner* vertreten darüber hinaus, dass auch eine Verschärfung von Nebenpflichten am Günstigkeitsprinzip scheitere und folgern daraus, dass per Betriebsvereinbarung keine Nebenpflichten verschärfenden Compliance-Richtlinien eingeführt werden können.[1472] Paradebeispiel für solche Nebenpflichten verschärfenden Klauseln ist die Whistleblowing-Klausel. Sie erweitert die Schadensabwendungspflicht des Arbeitnehmers.[1473] Sie könnte nach obiger Ansicht folglich schon mangels Regelungsbefugnis nicht per Betriebsvereinbarung eingeführt werden.[1474] Zu bedenken ist nun, dass Schutzzweck des Günstigkeitsprinzips die

---

1467 *Boldt*, Ethikregeln, S. 148; GK-BetrVG/*Kreutz*, § 77 Rn. 96; *Schneider*, Compliance, S. 166; im Ergebnis ebenso BAG, Urt. v. 12.12.2006 – 1 AZR 96/06 = NZA 2007, 453 (454); offen lassend *Willemsen*, Ethikrichtlinien, S. 204.

1468 BAG, Urt. v. 14.08.2001 – 1 AZR 619/00 = NZA 2002, 276 (278); Beschl. v. 07.11.1989 – GS 3/85 = NZA 1990, 816 (818); Beschl. v. 16.09.1986 – GS 1/82 = NZA 1987, 168 (169); GK-BetrVG/*Kreutz*, § 77 Rn. 269; *Köstner*, Compliance, S. 128; *Leitner*, Ethik-Richtlinien, S. 171; *Mahnhold*, Compliance, S. 252 ; *Mengel*, Compliance, Kap. 1 Rn. 53; Richardi/*Richardi*, § 77 Rn. 158 ff.; *Schulz*, Ethikrichtlinien, S. 110; *Wagner*, Ethikrichtlinien, S. 74.

1469 GK-BetrVG/*Kreutz*, § 77 Rn. 264; *Wagner*, Compliance, S. 76; *ders.* Ethikrichtlinien 74; kritisch aber; *Willemsen*, Ethikrichtlinien, S. 207; *Linsenmaier*, RdA 2014, 336 (338 f.).

1470 ErfK/*Kania*, § 77 BetrVG Rn. 24; Hümmerich/Boecken/Düwell/*Welslau*, § 77 BetrVG Rn. 9; Richardi/*Richardi*, § 77 Rn. 48.

1471 ErfK/*Kania*, § 77 Rn. 79; *Fahrig*, NJOZ 2010, 975 (976 f.).

1472 *Schulz*, Ethikrichtlinien, S. 114; *Wagner*, Ethikrichtlinien, S. 74 f.; unter Kritik auch *Willemsen*, Ethikrichtlinien, S. 207 f.

1473 S.o. F. I. 1. a. dd. (2).

1474 *Schulz*, Ethikrichtlinien, S. 179.

(Einzel-)Vertragsfreiheit ist.[1475] Dem widerspricht es, Nebenpflichten auch insoweit Vorrang vor Betriebsvereinbarungen zu gewähren, wie sie nicht auf vertraglicher Vereinbarung beruhen.[1476] Nur wenn der Arbeitsvertrag Nebenpflichten konstruiert, die das Gesetz nicht kennt, oder aber gesetzliche Nebenpflichten erleichtert, ist ein Akt privatautonomer Willensbildung gegeben. Und nur dann greift der Schutzzweck des Günstigkeitsprinzips mit seiner Rechtsfolge der Unwirksamkeit der verschärfenden Betriebsvereinbarungsklausel.[1477] Angewendet auf das Beispiel Whistleblowing-Klausel heißt das, dass die Klausel nur dann nicht durch Betriebsvereinbarung eingeführt werden kann, wenn sich im Arbeitsvertrag des jeweiligen Arbeitnehmers eine Konkretisierung der Schadensabwendungspflicht findet, die ihm günstiger ist als die Whistleblowing-Klausel (z.B. weil sie nur die Meldung bestimmter Verstöße umfasst, nach der Betriebsvereinbarung aber alle Verstöße gemeldet werden sollen).[1478]

(2). Einschränkung des Günstigkeitsprinzips nach neuerer Rechtsprechung

In der jüngeren Rechtsprechung des BAG hat das Günstigkeitsprinzip aber ohnehin eine Einschränkung erfahren. Selbst allgemeine Geschäftsbedingungen – immerhin Bestandteil der vertraglichen Vereinbarung[1479] – stellen nicht mehr in jedem Fall ein Hindernis für strengere Klauseln in einer Betriebsvereinbarung dar.[1480] Denn das BAG entschied in einem Urteil aus dem Jahre 2013, dass Arbeitsverträge betriebsvereinbarungsoffen gestaltet werden können, was regelmäßig anzunehmen sei, „wenn der Vertragsgegenstand in Allgemeinen Geschäftsbedingungen enthalten ist und einen kollektiven Bezug hat."[1481] Entscheidend unklar blieb dabei zunächst, wann ein „kollektiver Bezug" besteht.[1482] Inzwischen hat das BAG im Jahre 2016 näher ausgeführt, ein kollektiver Bezug und damit Betriebsvereinbarungsoffenheit sei bei der Verwendung von AGB vorbehaltlich ausdrücklicher anderer Vereinbarung

---

1475 BAG, Beschl. v. 16.09.1986 – GS 1/82 = NZA 1987, 168 (172); *Köstner*, Compliance, S. 129; *Mahnhold*, Compliance, S. 252; MüHdbArbR/*Richardi*, 152 Rn. 25; Richardi/*Richardi*, § 77 Rn. 160; *Blomeyer*, NZA 1996, 337 (338).

1476 *Köstner*, Compliance, S. 129; *Mahnhold*, Compliance, S. 252; vgl. *Deyhle*, Compliance, S. 105; *Schneider*, Compliance, S. 168.

1477 *Deyhle*, Compliance, S. 105; *Köstner*, Compliance, S. 129; *Mahnhold*, Compliance, S. 252; *Schneider*, Compliance, S. 168.

1478 Vgl. *Schulz*, Ethikrichtlinien, S. 179.

1479 Das betonen auch *Preis/Ulber*, NZA 2014, 6 (8).

1480 Vgl. *Hromadka*, NZA 2013, 1061 (1064), der schon den Abgesang auf die Öffnungsklausel im Arbeitsvertrag anstimmt; aus der Rechtspraxis wird aber zur Sicherheit weiterhin zur Öffnungsklausel geraten, so etwa *Meinel/Kiehn*, NZA 2014, 509 (514).

1481 BAG, Urt. v. 05.03.2013 – 1 AZR 417/12 = NZA 2013, 916 (unterer Leitsatz 2.).

1482 *Preis/Ulber*, NZA 2014, 6 (8 f.); vgl. auch *Hromadka*, NZA-Beil. 2014, 136 (141); *ders.*, NZA 2013, 1061 (1063).

grundsätzlich anzunehmen. Denn damit gebe der Arbeitgeber zu erkennen, dass er eine betriebseinheitliche Regelung wünsche.[1483] Indes ist vor dem Hintergrund der Privatautonomie auch ganz grundsätzlich nicht einzusehen, weshalb ein Dritter (der Betriebsrat), dessen Aufgabe es ist, Arbeitnehmerinteressen gegenüber dem Arbeitgeber zu vertreten, dem einzelnen Arbeitnehmer Teile seiner vertraglich festgesetzten Arbeitsbedingungen sollte verschlechtern können.[1484] Und auch schon die Systematik, den Parteien einen Betriebsvereinbarungsvorbehalt schlicht zu unterstellen, wird in der Literatur zu Recht kritisiert.[1485] Die Frage soll hier indes nicht vertieft werden. Es genügt für die hier behandelte Thematik schon die Feststellung, dass das Günstigkeitsprinzip nicht absolut gilt und man daher nicht – wie oben angedacht – pauschal argumentieren kann, eine zu weite Regelungsmacht der Betriebspartner werde ohnehin durch das Günstigkeitsprinzip korrigiert. Vielmehr ist es derzeit unmöglich, klar vorherzusagen, wann eine Betriebsvereinbarungsklausel im Wege des Günstigkeitsprinzips verdrängt wird.[1486]

(3). Beschränkungsversuch der Lehre

Eine Literaturauffassung versucht, die uferlose Gestaltungsmacht der Betriebsparteien dadurch zu limitieren, dass sie die Kompetenz für freiwillige Betriebsvereinbarungen auf die Regelung sozialer Angelegenheiten beschränkt. Das ergebe sich aus der Stellung des § 88 BetrVG im Abschnitt „Soziale Angelegenheiten".[1487] Andere wollen die Kompetenz auf die sozialen, personellen und wirtschaftlichen Angelegenheiten beschränken, denn nur dies seien nach dem BetrVG die Aufgaben des Betriebsrats.[1488] Solchen Gedanken steht aber der Wille des historischen Gesetzgebers entgegen, der eine allgemeine Regelungskompetenz der Betriebsparteien vorausgesetzt hat.[1489] Es bleibt daher nur, Unstimmigkeiten infolge der

---

1483 BAG, Urt. v. 25.05.2016 – 5 AZR 135/16 = NZA 2016, 1327 (1331).

1484 *Hromadka*, NZA-Beil. 2014, 136 (140); *Meinel/Kiehn*, NZA 2014, 509 (510); vgl. auch *Waltermann*, RdA 2016, 296 (303).

1485 *Hromadka*, NZA-Beil. 2014, 136 (142); *Preis/Ulber*, NZA 2014, 6 (9); *Säcker*, BB 2013, 2677 (2681); *Waltermann*, RdA 2016, 296 (299, 304: „eine Vertragsauslegung [...], die eigentlich Rechtsauslegung ist"); zurückhaltend *Linsenmaier*, RdA 2014, 336 (339); dogmatisch kritisch, aber für eine Lösung über ergänzende Vertragsauslegung *Meinel/Kiehn*, NZA 2014, 509 (514).

1486 *Melms/Kentner*, NZA 2014, 127 (128, 131); vgl. auch *Meinel/Kiehn*, NZA 2014, 509 (514).

1487 GK-BetrVG/*Gutzeit*, § 88 Rn. 10; ErfK/*Kania*, § 88 BetrVG Rn. 1; *Triskatis*, Ethikrichtlinien, S. 99.

1488 So etwa HWGNRH/*Worzalla*, § 77 Rn. 38.

1489 BT-Drs. I/3585 S. 10; eine spätere Gesetzesänderung verweist in BT-Drs. VI/1786 S. 47 bezüglich freiwilliger Betriebsvereinbarungen auf die „bestehende Rechtslage"; so auch die Gesetzgebungsmaterialien interpretierend BAG, Urt. v. 12.12.2006 – 1 AZR 96/06 = NZA 2007, 453 (454); Beschl. v. 07.11.1989 – GS 3/85 = NZA 1990, 816 (818); *Fitting*, § 77 Rn. 46.

weiten Regelungsmacht durch die Billigkeitsabwägung im Einzelfall zu korrigieren.[1490]

Viele Klauseln in Compliance-Richtlinien tangieren allerdings entweder die Ordnung des Betriebes oder das Verhalten der Arbeitnehmer und unterfallen damit ohnehin § 87 Abs. 1 Nr. 1 BetrVG,[1491] so dass sich die Frage nach der Reichweite der freiwilligen Betriebsvereinbarung dort nicht stellt. Schon vom Wortlaut des § 87 Abs. 1 BetrVG nicht erfasst sind andererseits Klauseln, die nur den Gesetzeswortlaut wiedergeben. Sie können wiederum nur als insoweit freiwillige Betriebsvereinbarung geregelt werden.[1492] Das betrifft neben Klauseln zum Kartellrecht[1493] oder solchen zum Schutz des Unternehmenseigentums[1494] auch Sanktionsklauseln, die nur auf gesetzliche Instrumente rekurrieren.[1495]

bb. Keine Regelung außerbetrieblichen Verhaltens

Nach ganz h.M. darf eine Betriebsvereinbarung hingegen nicht das außerbetriebliche Verhalten von Arbeitnehmern regeln.[1496] Es ist indes genau zu prüfen, welches Verhalten außerdienstlich ist. So hat das BAG etwa entschieden, dass das Halten bestimmter Wertpapiere die Unabhängigkeit der Berichterstattung angestellter Journalisten beeinträchtigen kann und daraus geschlossen, dass insofern betriebliches Verhalten betroffen sei.[1497] *Kreutz* erkennt trotz Kritik an, dass dies ein „Grenzfall" sei und widerspricht vom Ansatz her auch nicht weiteren Ansichten, nach denen rein räumlich betrachtet außerbetriebliches Verhalten dann geregelt werden darf, wenn es die Erfüllung arbeitsvertraglicher Pflichten beeinträchtigt.[1498] Zudem muss die Auffassung des BAG gar nicht zwingend als Erweiterung der Regelungskompetenz der Betriebsparteien verstanden werden. Vielmehr gilt es, den Begriff des „außerbetrieblichen" Verhaltens exakt zu definieren. Außerbetrieblich ist ein

---

1490 Siehe dazu unten F. I. 3. b. bb.

1491 Siehe dazu auch F. II.

1492 *Schulz*, Ethikrichtlinien, S. 111; *Triskatis*, Ethikrichtlinien, S. 100 f.

1493 Vgl. *Mengel*, Compliance, Kap. 2 Rn. 32; zu solchen Klauseln s.o. E. I. 3. d.

1494 Vgl. *Mengel*, Compliance, Kap. 2 Rn. 51; zu solchen Klauseln s.o. E. I. 2. b.

1495 *Wagner*, Ethikrichtlinien, S. 138; siehe auch unten F. II. 2. c.

1496 BAG, Beschl. v. 22. 7. 2008 – 1 ABR 40/07 = NZA 2008, 1248 (1254) [„Honeywell"]; Urt. v. 12.12.2006 – 1 AZR 96/06 = NZA 2007, 453 (455); *Deyhle*, Compliance, S. 106; GK-BetrVG/*Kreutz*, § 77 Rn. 375; *Köstner*, Compliance, S. 126; *Mengel*, Compliance Kap. 1 Rn. 51; *Schneider*, Compliance, S. 167; *Schulz*, Ethikrichtlinien, S. 115 f.; *Triskatis*, Ethikrichtlinien, S. 182; *Zander*, Ethikrichtlinien, S. 188; *Borgmann*, NZA 2003, 352 (356); *Kort*, NJW 2009, 129 (130); *Linsenmaier*, RdA 2008, 1 (6 f.); *Mengel/Hagemeister*, BB 2007, 1386 (1391); *Meyer*, NJW 2006, 3605 (3609); *Schreiber*, NZA-RR 2010, 617 (621); im Ergebnis auch *Willemsen*, Ethikrichtlinien, S. 214 f., der zwar zuerst die Regelung außerdienstlichen Verhaltens bejaht, dann aber wieder auf Sonderfälle beschränkt.

1497 BAG, Beschl. v. 28.05.2002 – 1 ABR 32/01 = NZA 2003, 166 (168) [„Handelsblatt"].

1498 GK-BetrVG/*Kreutz*, § 77 Rn. 379.

Verhalten dann, wenn es keinen Bezug zur Erfüllung der Pflichten aus dem Arbeitsvertrag oder der Organisation des Betriebs hat.[1499] Hingegen ist es nicht schon deshalb außerbetrieblich, weil es auch außerhalb der Arbeitszeiten Wirkung entfaltet. *Schneider* spricht vom „betrieblichen Verhalten außerhalb des Dienstes".[1500] Wie auch beim Arbeitsvertrag,[1501] sind solche Regelungen in begründeten Einzelfällen zuzulassen, auch wenn sie rein zeitlich betrachtet in den außerbetrieblichen Bereich ausstrahlen.[1502] Das kann bei Berufen wie dem des Journalisten eben auch den privaten Wertpapierbesitz umfassen, jedoch wiederum nicht bei Tätigkeiten, die vom Halten bestimmter Wertpapiere nicht beeinflusst werden.[1503]

b. Grenze des § 75 BetrVG

Die weite Regelungsbefugnis der Betriebsparteien bedarf der Eingrenzung durch die Gegebenheiten des Einzelfalls. Diese Begrenzung erfolgt über § 75 BetrVG.

aa. § 75 Abs. 2 S. 1 BetrVG

§ 75 Abs. 2 S. 1 BetrVG verpflichtet Betriebsrat und Arbeitgeber, die Persönlichkeitsrechte der Arbeitnehmer im Betrieb zu schützen. Diese Regel leitet die den Staat treffende Pflicht aus Art. 2 Abs. 1 GG auf die Betriebsparteien über, verpflichtet also nicht nur zur Abwehr von verletzenden Maßnahmen, sondern auch zum Schutz durch positives Tun.[1504] Eine Betriebsvereinbarung, die die Persönlichkeitsrechte der Arbeitnehmer verletzt, ist insoweit nach § 134 BGB nichtig, da § 75 Abs. 2 BetrVG ein Verbotsgesetz darstellt.[1505] Eine Einwilligung in Eingriffe ist den Betriebsparteien – anders als dem einzelnen Arbeitnehmer im Rahmen eines

---

1499 *Deyhle*, Compliance, S. 106; *Schneider*, Compliance, S. 111 f., 167; *Schulz*, Ethikrichtlinien, S. 115; *Triskatis*, Ethikrichtlinien, S. 182; *Zander*, Ethikrichtlinien, S. 190; *Schreiber*, NZA-RR 2010, 617 (621).

1500 *Schneider*, Compliance, S. 112.

1501 Hümmerich/Boecken/Düwell/*Wilms*, Art. 2 GG Rn. 56 ff; *Triskatis*, Ethikrichtlinien, S. 180 ff.

1502 *Deyhle*, Compliance, S. 106; *Schlachter*, FS Richardi, S. 1070 f.; *Schneider*, Compliance, S. 111 f., 167; *Schulz*, Ethikrichtlinien, S. 115 f.; *Willemsen*, Ethikrichtlinien, S. 215; *Zander*, Ethikrichtlinien, S. 189.

1503 *Kagan*, Ethikrichtlinien, S. 122; *Mengel*, Compliance, Kap. 1 Rn. 80 f.; *Triskatis*, Ethikrichtlinien, S. 212 f.; *Schulz/Kuhnke*, BB 2012, 143 (148); vgl. auch BAG, Beschl. v. 28.05.2002 – 1 ABR 32/01 = NZA 2003, 166 (168) [„Handelsblatt"]; *Köstner*, Compliance, S. 126f.; *Schneider*, Compliance, S. 167; *Wagner*, Ethikrichtlinien, S. 107 f.; anschaulich *Zander*, Ethikrichtlinien, S. 189 f.; kritisch *Schulz*, Ethikrichtlinien, S. 116.

1504 *Schneider*, Compliance, S. 169; *Wisskirchen/Jordan/Bissels*, DB 2005, 2190 (2194).

1505 Düwell/*Lorenz*, § 75 Rn. 58; *Fahrig*, Verhaltenskodex, S. 144; HWK/*Reichold*, § 75 BetrVG Rn. 2; *Schneider*, Compliance, S. 170; *Schulz*, Ethikrichtlinien, S. 109; *Wisskirchen/Jordan/Bissels*, DB 2005, 2190 (2194).

(Individual-)Vertrages[1506] – nicht möglich.[1507] Ein Eingriff ist schnell zu bejahen, denn § 75 Abs. 2 S. 1 BetrVG ist in Anlehnung an Art. 2 Abs. 1 GG auszulegen,[1508] der bei gleichem Wortlaut („freie Entfaltung seiner Persönlichkeit") im Sinne einer allgemeinen Handlungsfreiheit[1509] verstanden wird. Nicht jeder Eingriff stellt aber auch eine Verletzung dar. Vielmehr muss auch hier nach dem Grundsatz der Verhältnismäßigkeit ein Ausgleich zwischen den Interessen des Arbeitgebers und dem Persönlichkeitsrecht des Arbeitnehmers hergestellt werden.[1510] Ein betriebliches Rauchverbot – wie man es gelegentlich auch in Compliance-Richtlinien findet[1511] – hält dieser Abwägung stand: Zwar verfolgt der Arbeitgeber kein legitimes Ziel, wenn er seinen Arbeitnehmern aus erzieherischen Gründen das Rauchen abgewöhnen will, sehr wohl aber, wenn er die Nichtraucher im Betrieb vor den Gesundheitsgefahren des Passivrauchens schützen will.[1512] Zudem muss das Rauchverbot angemessen ausgestaltet sein: In den Betriebsräumen das Rauchen zu verbieten, ist nach dem BAG angemessen, nicht angemessen ist aber im Regelfall eine Erstreckung des Verbots auf Freiflächen.[1513] Das ergibt sich auch aus einer Einbeziehung jedenfalls der allgemeinen Handlungsfreiheit der Nichtraucher im Betrieb, die andernfalls genötigt würden, an ihrem konkreten Arbeitsplatz – und nicht etwa nur beim Passieren des Eingangsbereichs – passiv zu rauchen.[1514]

bb. § 75 Abs. 1 BetrVG

Aus § 75 Abs. 1 BetrVG leitet das BAG in ständiger Rechtsprechung das Erfordernis einer sog. „Billigkeitskontrolle" ab.[1515] Nach Analysen im Schrifttum führt das BAG

1506 ErfK/*Schmidt*, Art. 2 Rn. 67, 51; *Kagan*, Ethikrichtlinien, S. 81; vgl. oben F. I. 1. a. dd.

1507 ErfK/*Schmidt*, Art. 2 Rn. 53; *Kagan*, Ethikrichtlinien, S. 81; *Mengel*, Compliance, Kap. 1 Rn. 51; Moll/*Dendorfer-Ditges*, § 35 Rn. 51; missverständlich insofern *Willemsen*, Ethikrichtlinien, S. 210 f., der von „disponieren" spricht, nachfolgend aber zu erkennen gibt, dass er damit keine Disposition im Sinne einer Einwilligung meint, sondern die bloße Befugnis zum Eingriff in Grundrechtspositionen der Arbeitnehmer; ebenso *Mahnhold*, Compliance, S. 255.

1508 BAG, Beschl. v. 13.02.2007 – 1 ABR 18/06 = NZA 2007, 640 (643); Urt. v. 19.01.1999 – 1 AZR 499/98 = NZA 1999, 546 (548); Urt. v. 21.08.1990 – 1 AZR 567/89 = NZA 1991, 154 (156).

1509 Allg. Ansicht seit BVerfG, Urt. v. 16.01.1957 – 1 BvR 253 56 = NJW 1957, 297 [„Elfes"].

1510 BAG, Beschl. v. 13.02.2007 – 1 ABR 18/06 = NZA 2007, 640 (643); Urt. v. 19.01.1999 – 1 AZR 499/98 = NZA 1999, 546 (548); Düwell/*Lorenz*, § 75 Rn. 42; ErfK/*Schmidt*, Art. 2 Rn. 61; *Leitner*, Ethik-Richtlinien, S. 169; *Schneider*, Compliance, S. 170; *Schulz*, Ethikrichtlinien, S. 109; *Wisskirchen/Jordan/Bissels*, DB 2005, 2190 (2194).

1511 Beispielsweise RiLi ProSiebenSat.1 Stand 2010, S. 13.

1512 BAG, Urt. v. 19.01.1999 – 1 AZR 499/98 = NZA 1999, 546 (549).

1513 BAG, Urt. v. 19.01.1999 – 1 AZR 499/98 = NZA 1999, 546 (549).

1514 BAG, Urt. v. 19.01.1999 – 1 AZR 499/98 = NZA 1999, 546 (550).

1515 BAG, Urt. v. 30.01.1970 – 3 AZR 44/68 = NJW 1970, 1620 (1623); Urt. v. 22.03.2005 – 1 AZR 49/04 = NZA 2005, 773 (774).

in Wirklichkeit aber eine bloße Kontrolle von Rechtsvorschriften durch.[1516] Das macht allerdings auch Sinn, denn Billigkeit bedeutet die Herstellung von Gerechtigkeit in einem bestimmten Einzelfall.[1517] Bei Betriebsvereinbarungen handelt es sich aber um abstrakt-generelle Regelungen. Sie können daher nur – bei generalisierender Betrachtung – einer Verhältnismäßigkeitskontrolle unterzogen werden. *Schneider* lehnt eine umfassende Angemessenheitskontrolle ab, da § 310 Abs. 4 S. 3 BGB eine Inhaltskontrolle im Stil des § 307 Abs. 1 BGB gerade ausschließe.[1518] Dem ist nicht zu folgen: Das AGB-Recht findet erst seit der Schuldrechtsreform Anwendung auf Arbeitsverträge.[1519] § 75 BetrVG existiert hingegen seit 1972. Dies legt nahe, dass der Gesetzgeber mit § 310 Abs. 4 S. 3 BGB lediglich die bestehende Rechtslage zur Kontrolle von Betriebsvereinbarungen unberührt lassen wollte.[1520] Ein Ausschluss einer breiten Rechtskontrolle auf Grundlage des BetrVG lässt sich so nicht begründen. Vielmehr legt bereits der Wortlaut des § 75 Abs. 1 BetrVG eine umfassende Rechtskontrolle nahe. Auch *Preis* geht davon aus, dass § 310 Abs. 4 S. 3 BGB nur eine echte Billigkeitskontrolle von Betriebsvereinbarungen nicht mehr zuließe, die Rechtsprechung eine solche aber auch nicht (mehr) durchführe.[1521]

Der unbestimmte Rechtsbegriff „Recht" ist dabei Einfallstor für die mittelbare Drittwirkung der Grundrechte.[1522] Früher wurde vertreten, die Betriebsparteien seien unmittelbar grundrechtsverpflichtet, da die Betriebsvereinbarung einem Gesetz gleichzusetzen sei.[1523] Dem ist aber entgegenzuhalten, dass – trotz der Einwirkungsmöglichkeiten auf das Arbeitsverhältnis – die Betriebsparteien immer noch Private sind und die Grundrechte nach Art. 20 Abs. 3 GG direkt nur den Staat verpflichten. Die mittelbare Drittwirkung durch die Generalklauseln lässt sich hingegen mit der Grundrechtsbindung des entscheidenden Zivilrichters dogmatisch sauber begründen[1524] und bietet im Grundsatz die gleichen Möglichkeiten, die Grundrechte von Arbeitgeber und Arbeitnehmer in einen angemessenen Ausgleich zu bringen.[1525] Daher ist die mittelbare

---

1516 *Deyhle*, Compliance, S. 103; ErfK/*Kania*, § 75 BetrVG Rn. 5; ErfK/*Preis*, § 310 BGB Rn. 9; *Schneider*, Compliance, S. 171 f.; offen lassend *Wagner*, Ethikrichtlinien, S. 73.

1517 ErfK/*Kania*, § 75 BetrVG Rn. 5; *Mahnhold*, Compliance, S. 253 f.; *Schneider*, Compliance, S. 171; GK-BetrVG/*Kreutz/Jacobs*, § 75 Rn. 32.

1518 *Schneider*, Compliance, S. 172.

1519 *Brox/Rüthers/Henssler*, S. 67f. Rn. 177; *Preis*, ArbR, S. 211; *Pfeiffer*, NJW 2017, 913 (915).

1520 Vgl. auch BT-Drs. 14/6857, S. 54 [„weiterhin"].

1521 ErfK/*Preis*, § 310 BGB Rn. 9.

1522 GK-BetrVG/*Kreutz/Jacobs*, § 75 Rn. 29, GK-BetrVG/*Kreutz*, § 77 Rn. 333; *Schulz*, Ethikrichtlinien, S. 108 f.; vgl. auch *Fahrig*, Verhaltenskodex, S. 124; *Kolle/Deinert*, AuR 2006, 177 (178 f.); *Steffen/Stöhr*, RdA 2017, 43 (47).

1523 Vgl. dazu nur die Darstellung bei *Willemsen*, Ethikrichtlinien, S. 111 f. m.w.N.

1524 Vgl. dazu BVerfG, Beschl. v. 23.04.1986 – 2 BvR 487/80 = BVerfGE 73, 261 (268 f.); *Epping*, GR, S. 167 Rn. 347, S. 177 Rn. 368; *Kingreen/Poscher*, S. 38 f. Rn. 114.

1525 *Willemsen*, Ethikrichtlinien, S. 119; vgl. dort auch S. 211.

Drittwirkung der Grundrechte bei der Betriebsvereinbarung heute weitestgehend anerkannt.[1526]

Die oben dargestellten Abwägungen sind hier dann ebenfalls vorzunehmen. Dem Betriebsrat ist es nur verwehrt, über die höchstpersönlichen Rechte der Arbeitnehmer zu disponieren.[1527] Insofern bleibt in Bezug auf Compliance-Richtlinien die Feststellung ohne Folge, dass Betriebsvereinbarungen im Allgemeinen einer weniger strengeren Inhaltskontrolle als Vertragsklauseln unterliegen.[1528] Das beutetet nur, dass wegen § 310 Abs. 4 S. 1 BGB Betriebsvereinbarungen keiner von Rechtsvorschriften losgelösten allgemeinen Angemessenheitskontrolle unterzogen werden können.[1529] Bei Compliance-Richtlinien sind indes regelmäßig Grundrechtspositionen betroffen,[1530] die Angemessenheit also ohnehin durch Rechtskontrolle zu bestimmen. Die Abwägungen sind dabei die gleichen.[1531] Ein Grundrechtsverzicht ist im – hier allein relevanten[1532] – Fall des Formularvertrages ebenfalls schwerlich zu begründen: Man verstrickte sich in Widersprüche, wenn man in einem ersten Schritt gerade mit der strukturellen Unterlegenheit des Arbeitnehmers eine volle Grundrechtsprüfung rechtfertigt,[1533] dann aber in einem zweiten Schritt alles wieder über Bord wirft mit dem Argument, der Arbeitnehmer habe auf die betroffenen Positionen durch Abschluss des Vertrages konkludent verzichtet. Daher wird auch ein Grundrechtsverzicht durch Formularvertrag zumeist unwirksam sein.[1534] Das führt im Ergebnis zu einem Gleichlauf von § 307 Abs. 1 BGB und § 75 Abs. 1 BetrVG jeweils i.V.m. Grundrechten.[1535] Für Beispiele anhand von Klauseln kann somit auf die zur Einführung durch Arbeitsvertrag gemachten Ausführungen verwiesen werden.[1536]

1526 BVerfG, Beschl. v. 23.04.1986 – 2 BvR 487/80 = BVerfGE 73, 261 (268 f.); GK-BetrVG/*Kreutz*, § 77 Rn. 333; Richardi/*Richardi*, § 77 Rn. 109; BeckOK-ArbR/*Werner*, § 77 BetrVG Rn. 44; *Willemsen*, Ethikrichtlinien, S. 114; vgl. auch *Schneider*, Compliance, S. 169; *Schulz*, Ethikrichtlinien, S. 108 f.

1527 S.o. F. I. 3. b. aa.

1528 *Mengel*, Compliance, Kap. 1 Rn. 50; vgl. auch *Willemsen*, Ethikrichtlinien, S. 215; a.A. ohne nähere Auseinandersetzung *Deyhle*, Compliance, S. 103, 109.

1529 ErfK/*Preis*, § 310 BGB Rn. 9; *Schneider*, Compliance, S. 170 ff.

1530 *Mahnhold*, Compliance, S. 254; vgl. auch *Willemsen*, Ethikrichtlinien, S. 105 ff.

1531 *Willemsen*, Ethikrichtlinien, S. 119.

1532 S.o. F. I. 1.a. aa.

1533 S.o. F. I. 1. a. dd.

1534 ErfK/*Schmidt*, Art. 2 GG Rn. 67 m.w.N.

1535 *Willemsen*, Ethikrichtlinien, S. 212 f.; vgl. auch *Zander*, Ethikrichtlinien, S. 190; offen lassend BAG, Urt. v. 01.02.2006 – 5 AZR 187/05 = NZA 2006, 563 (565); a.A. *Deyhle*, Compliance, S. 109.

1536 Vgl. die Beispiele für Grundrechtsabwägungen oben unter F. I. 1. a. dd.

c. *Sanktionsklauseln und Betriebsvereinbarung*

Im Hinblick darauf, dass diese Arbeit später die Bedeutung der Sanktionsklauseln näher beleuchten wird,[1537] ist auch auf deren Wirksamkeitsvoraussetzungen und Gestaltungsmöglichkeiten im Rahmen der Betriebsvereinbarung einzugehen.

aa. *Allgemein*

Eine Sanktionsklausel, die lediglich die zur Verfügung stehenden arbeitsrechtlichen Instrumente der Kündigung und der Abmahnung nennt, kann laut *Mengel* jederzeit auch Inhalt einer Betriebsvereinbarung sein, da keine neuen Rechte begründet werden.[1538] Es ist praktisch betrachtet auch nicht einzusehen, warum ein bloßer Hinweis unzulässig sein sollte. Auch die Grenze der Regelungsmacht der Betriebsparteien[1539] taugt dafür nicht als Argument, denn eine deklaratorische Klausel regelt ja gerade nichts. Zudem wäre Rechtsfolge einer Überschreitung der Regelungsmacht die Nichtigkeit der Klausel,[1540] was bei einem bloßen Hinweis ebenfalls im Sande verläuft. Denn Ausgangspunkt der Thematik der „vorweggenommenen Abmahnung" ist die bloße Tatsache, dass der Arbeitnehmer gewarnt wurde.[1541] Eine Regelungswirkung muss der Sanktionsklausel selbst dafür nicht zukommen.[1542] Anders wäre es, wenn eine Betriebsvereinbarung den Passus enthielte, unter bestimmten Voraussetzungen entfalle das Abmahnungserfordernis. Hierin läge eine Regelung – die allerdings aufgrund Verstoßes gegen das zwingende grundsätzliche Abmahnungserfordernis[1543] unwirksam wäre.[1544]

bb. *Gestaltungsmöglichkeit: Betriebsbußenordnung*

Die Betriebsvereinbarung erlaubt es dem Arbeitgeber vielmehr auch, darüber hinausgehende Möglichkeiten der Sanktionierung als sogenannte Betriebsbußenordnung einzuführen.[1545] Auch die Ahndung von Verstößen gegen die betriebliche Ordnung unterfällt nach h.M. § 87 Abs. 1 Nr. 1 BetrVG,[1546] denn insoweit

---

1537 S.u. G. II.

1538 *Mengel*, Compliance, Kap. 1 Rn. 125.

1539 S.o. F. I. 3. a.

1540 ErfK/*Kania*, § 77 BetrVG Rn. 24; Schaub/*Koch*, § 231 Rn. 8; vgl. auch. BAG, Urt. v. 12.08.1982 – 6 AZR 1117/79 = NJW 1983, 68.

1541 S.u. G. II. 2. a.

1542 Vgl. *Böhm*, Non-Compliance, S. 233 m.w.N. [Warnfunktion trotz Unwirksamkeit einer Abmahnung].

1543 Siehe zu diesem unten G. I. 1. c. dd. und G. I. 2. b. bb.

1544 *Pflaum*, Abmahnung, S. 279.

1545 MüHdbArbR/*Matthes*, § 243 Rn. 26; *Schöder*, Compliance, S. 226; *Reinhard*, NZA 2016, 1233 (1238); vgl. auch *Rein*, Ethikrichtlinie, S. 204.

1546 BAG, Urt. v. 28.04.1982 = AP § 87 BetrVG 1972 Betriebsbuße Nr. 4; Urt. v. 05.12.1975 – 1 AZR 94/74 = AP § 87 BetrVG 1972 Betriebsbuße Nr. 1; BeckOK-ArbR/*Werner*,

besteht eine ungeschriebene Kompetenz („Satzungstheorie").[1547] Was aber § 87 BetrVG unterfällt, ist wiederum nach heute ganz herrschender Ansicht auch ohne Weiteres in einer Betriebsvereinbarung regelbar.[1548] Als Betriebsbußenordnung kann – theoretisch – auch die Sanktionsklausel einer als Betriebsvereinbarung[1549] implementierten Compliance-Richtlinie ausgestaltet sein.[1550] Dem Verfasser ist zwar kein Praxisbeispiel bekannt, in dem eine Compliance-Richtlinie mit Betriebsbußen versehen wurde. Gleichwohl ändert das nichts an der theoretischen Möglichkeit. Die Herleitung aus § 87 Abs. 1 Nr. 1 BetrVG bedingt allerdings, dass sich die Bußen nur auf das Ordnungsverhalten der Arbeitnehmer beziehen dürfen.[1551] Erforderlich ist also immer ein kollektiver Bezug des jeweiligen Verstoßes.[1552] Denn das bloße Arbeitsverhalten des Arbeitnehmers, also die ordnungsgemäße Erfüllung seiner arbeitsvertraglichen Pflichten, unterfällt nicht § 87 Abs. 1 Nr. 1 BetrVG.[1553] In Bezug auf die Inhalte von Compliance-Richtlinien darf sich die Betriebsbußenordnung also nur auf solche Klauseln beziehen, die Ordnungsverhalten regeln. Das ist nur ein – wenn auch durchaus erheblicher – Teil der Richtlinie.[1554]

---

§ 87 BetrVG Rn. 34; *Fitting*, § 87 Rn. 78; ErfK/*Kania*, § 87 BetrVG Rn. 22; *Köstner*, Compliance, S. 153; MüHdbArbR/*Matthes*, § 243 Rn. 26; *Schneider*, Compliance, S. 204; *Schöder*, Compliance, S. 224 f.; *Triskatis*, Ethikrichtlinien, S. 233; *Leßmann*, DB 1989, 1769 (1771); *Reinhard*, NZA 2016, 1233 (1238).

1547 BeckOK-ArbR/*Werner*, § 87 BetrVG Rn. 34; vgl. auch *Fitting*, § 87 Rn. 78; Richardi/*Richardi*, § 87 Rn. 222 m.w.N.

1548 ErfK/*Kania*, § 77 BetrVG Rn. 12; Richardi/*Richardi*, § 77 Rn. 73 f., § 87 Rn. 221; *Schulz*, Ethikrichtlinien, S. 107; so auch schon *Leßmann*, DB 1989, 1769 (1771).

1549 Eine Implementierung von Betriebsbußen durch den Arbeitsvertrag ist denkbar, aber aufgrund bestehender Mitbestimmungsrechte des Betriebsrats sehr impraktikabel, *Walker*, FS Kissel, S. 1209 ff.; so ist wohl auch *Schöder*, Compliance, S. 226, Fn. 81 zu verstehen.

1550 *Triskatis*, Ethikrichtlinien, S. 232; vgl. auch *Schöder*, Compliance, S. 226 f.

1551 BAG, Beschl. v. 17.10.1989 – 1 ABR 100/88 = NZA 1990, 193 (194); *Böhm*, Non-Compliance, S. 228; *Fitting*, § 87 Rn. 85; *Schneider*, Compliance, S. 89, 204; *Schöder*, Compliance, S. 226; *Triskatis*, Ethikrichtlinien, S. 233; *Walker*, FS Kissel, S. 1205; vgl. auch ErfK/*Kania*, § 87 BetrVG Rn. 23; *Köstner* Compliance, S. 153.

1552 BAG, Urt. v. 05.02.1986 – 5 AZR 564/84 = NZA 1986, 782 (783); Urt. v. 07.11.1979 – 5 AZR 962/77 = AP § 87 BetrVG 1972 Betriebsbuße Nr. 3; Urt. v. 05.12.1975 – 1 AZR 94/74 = AP § 87 BetrVG 1972 Betriebsbuße Nr. 1.

1553 BAG, Beschl. v. 17.10.1989 – 1 ABR 100/88 = NZA 1990, 193 (194); ErfK/*Kania*, § 87 BetrVG Rn. 18; vgl. auch unten F. II. 1.

1554 *Böhm*, Non-Compliance, S. 228; für Richtlinien der Pharmaindustrie von Ausnahmefällen ausgehend *Schöder*, Compliance, S. 227; Beispiele für Klauseln, die Arbeitsverhalten regeln, unten F. II. 2. a.

Als denkbare Betriebsbußen kommen in Betracht: Verwarnungen/Verweise,[1555] Beförderungssperren,[1556] Versetzung,[1557] Entzug von Vergünstigungen[1558] sowie – als ultima ratio – auch Geldstrafen.[1559] Eine Betriebsvereinbarung kann zwar nicht eine neuartige Form der Entlassung abseits der Kündigung und des Kündigungsschutzes einführen.[1560] Möglich bliebt jedoch, die gesetzlichen Sanktionen als Betriebsbußen zu benennen; sie folgen dann ihren gesetzlichen Voraussetzungen.[1561] Die Art der Bußen ist neben den strafwürdigen Tatbeständen, dem Verfahren und der Verwendung der Bußgelder eine Voraussetzung, die das BAG für die Wirksamkeit der Betriebsbußenordnung aufgestellt hat.[1562] Üblich ist dabei eine Staffelung der Bußen nach der Schwere des Verstoßes.[1563]

Die Betriebsbußen unterscheiden sich also nach ihrer Art (Geldstrafe etc.) und ihrem Anknüpfungspunkt (Ordnungsverhalten) deutlich von Kündigung und Abmahnung. Ein weiterer Unterschied ist die Zielrichtung: Abmahnung und Kündigung sollen den Arbeitnehmer von weiterem rechtswidrigen Verhalten abhalten.[1564] Die Abmahnung tut das durch die Aufklärung darüber, dass ein bestimmtes Verhalten den Arbeitsvertrag verletzt. Die Kündigung tut das dadurch, dass sie den Arbeitnehmer aus dem Betrieb entfernt. Auch die Betriebsbußen verfolgen

1555 BAG, Urt. v. 19.07.1983 – 1 AZR 307/81 = AP § 87 BetrVG 1972 Betriebsbuße Nr. 5; Urt. v. 07.11.1979 – 5 AZR 962/77 = AP § 87 BetrVG 1972 Betriebsbuße Nr. 3; ErfK/*Kania*, § 87 BetrVG Rn. 24; *Fitting*, § 87 Rn. 88; Richardi/*Richardi*, § 87 Rn. 227; *Schöder*, Compliance, S. 225; *Walker*, FS Kissel, S. 1205; ähnlich *Triskatis*, Ethikrichtlinien, S. 233.

1556 BAG, Beschl. v. 17.10.1989 – 1 ABR 100/88 = NZA 1990, 193 (195); *Triskatis*, Ethikrichtlinien, S. 233; *Walker*, FS Kissel, S. 1205.

1557 BAG, Urt. v. 07.11.1979 – 5 AZR 962/77 = AP § 87 BetrVG 1972 Betriebsbuße Nr. 3; a.A. *Fitting*, § 87 Rn. 89.

1558 BAG, Beschl. v. 17.10.1989 – 1 ABR 100/88 = NZA 1990, 193 (196); Urt. v. 22.10.1985 – 1 ABR 38/83 = NZA 1986, 299; *Fitting*, § 87 Rn. 88; Richardi/*Richardi*, § 87 Rn. 227; *Triskatis*, Ethikrichtlinien, S. 233.

1559 BAG, Beschl. v. 17.10.1989 – 1 ABR 100/88 = NZA 1990, 193 (196); *Fitting*, § 87 Rn. 88; Richardi/*Richardi*, § 87 Rn. 227; *Schöder*, Compliance, S. 225; *Triskatis*, Ethikrichtlinien, S. 233; *Walker*, FS Kissel, S. 1205.

1560 BAG, Urt. v. 19.07.1983 – 1 AZR 307/81 = AP § 87 BetrVG 1972 Betriebsbuße Nr. 5; Urt. v. 28.04.1982 = AP § 87 BetrVG 1972 Betriebsbuße Nr. 4; MüHdbArbR/*Matthes*, § 243 Rn. 27.

1561 BAG, Urt. v. 19.07.1983 – 1 AZR 307/81 = AP § 87 BetrVG 1972 Betriebsbuße Nr. 5; Urt. v. 28.04.1982 = AP § 87 BetrVG 1972 Betriebsbuße Nr. 4; MüHdbArbR/*Matthes*, § 243 Rn. 27.

1562 BAG, Beschl. v. 22.10.1985 – 1 ABR 38/83 = NZA 1986, 299(300).

1563 ErfK/*Kania*, § 87 BetrVG Rn. 24; vgl. auch BAG, Urt. v. 07.11.1979 – 5 AZR 962/77 = AP § 87 BetrVG 1972 BetriebsbußeNr. 3.

1564 *Preis*, AuR 2010, 242 (246); *ders.*, DB 1990, 630 (634), 685 (686); vgl. auch *Schneider*, Compliance, S. 89 sowie unten G. I. 1. c. ee. (1) und G. I. 2. b. ee. (1) [Kündigung] sowie G. II. 1. a. [Abmahnung].

einerseits diese Zielsetzung.[1565] Allerdings sollen sie außerdem – wie eine staatliche Strafe – Unrecht sanktionieren.[1566] Infolgedessen belassen es manche Arbeitgeber dann auch bei der Betriebsbuße und verzichten auf eine ggf. denkbare Strafanzeige.[1567]

Allerdings gibt es in der Literatur durchaus Kritik an der auf § 87 Abs. 1 Nr. 1 BetrVG und der Satzungsautonomie fußenden Begründung der h.M. So wird vertreten, für eine „Betriebsstrafgewalt" fehle es völlig an einer Grundlage.[1568] Die h.M. versteht den Begriff der „Ordnung des Betriebs" in § 87 Abs. 1 Nr. 1 BetrVG aber so weit, dass darunter auch Strafen fallen. Der Wortlaut gibt ein solches Verständnis nicht her,[1569] verbietet es allerdings auch nicht. Wäre hier ein Arbeitsvertrag zu begutachten, wäre die Sache damit entschieden, denn im Grundsatz gilt im deutschen Recht die Vertragsgestaltungsfreiheit. Die Betriebsparteien können sich aber nicht auf die Privatautonomie berufen, denn Betriebsvereinbarungen regeln die Arbeitsverhältnisse der Arbeitnehmer „von oben" ohne deren Mitwirken.[1570] Die Betriebsvereinbarung ist eine Form von Rechtssetzung.[1571] Das legt den Schluss nahe, dass – ähnlich wie bei dem Erlass von Rechtsverordnungen durch die öffentliche Verwaltung[1572] – der wesentliche Rahmen der Regelung auf einem formellen Gesetz beruhen muss. Das wäre hier allein § 87 Abs. 1 Nr. 1 BetrVG. Der Begriff der „Ordnung des Betriebs" ist reichlich unbestimmt, um auch derart starke Einschränkungen wie die Verhängung von Geldstrafen zu tragen.[1573]

Es sprechen damit also auch gewichtige Argumente gegen die Betriebsbußenordnung. In der Praxis ist sie ist auf Grundlage der dort allein maßgeblichen Rechtsprechung aber trotzdem eine interessante Gestaltungsmöglichkeit für Sanktionen in Compliance-Richtlinien. Allerdings wurde in solchen – soweit ersichtlich – bislang kein Gebrauch von dieser Gestaltungsmöglichkeit gemacht.

d. Fazit

Im Ergebnis können damit Compliance-Richtlinien auch durch Betriebsvereinbarung nicht in weiteren Grenzen eingeführt werden, als durch den Arbeitsvertrag.[1574]

1565 BAG, Urt. v. 05.02.1986 – 5 AZR 564/84 = NZA 1986, 782 (783); *Walker*, FS Kissel, S. 1206.

1566 BAG, Urt. v. 05.02.1986 – 5 AZR 564/84 = NZA 1986, 782 (783); Urt. v. 07.11.1979 – 5 AZR 962/77 = AP § 87 BetrVG 1972 Betriebsbuße Nr. 3; MüHdbArbR/*Matthes*, § 243 Rn. 22; *Walker*, FS Kissel, S. 1206.

1567 Vgl. *Walker*, FS Kissel, S. 1206.

1568 Düwell/*Kohte*, § 87 Rn. 39; Hümmerich/Boecken/Düwell/*Brors*, § 345 BGB Rn. 5; *v. Hoyningen-Huene*, RdA 1990, 193 (204).

1569 So schon *Walker*, FS Kissel, S. 1214.

1570 Vgl. Richardi/*Richardi*, § 77 Rn. 71.

1571 ErfK/*Kania*, § 77 BetrVG Rn. 5.

1572 Art. 80 Abs. 1 S. 2 GG, vgl. nur Maunz/Dürig/*Remmert*, Art. 80 Rn. 68.

1573 Vgl. *Walker*, FS Kissel, S. 1217.

1574 *Schmidt*, Compliance, S. 173 f.; *Willemsen*, Ethikrichtlinien, S. 215; wohl auch *Mahnhold*, Compliance, S. 258; für eine Akzessorietät zum Direktionsrecht gar

Über die übliche deklaratorische Sanktionsklausel hinaus kann eine als Betriebsvereinbarung eingeführte Compliance-Richtlinie aber auch als Betriebsbußenordnung wirken und das Sanktionsregime des Arbeitgebers erweitern. Vorteil der Einführung durch Betriebsvereinbarung ist zudem der höhere Zuspruch der Arbeitnehmer, weil mit dem Betriebsrat ein gewähltes Gremium mitgewirkt hat.[1575] Außerdem bedeutet sie ein Bekenntnis auch des Betriebsrates zu Compliance,[1576] was der Außenwirkung des Unternehmens zuträglich sein kann.[1577] Dafür entfällt für den Arbeitgeber nach § 106 S. 1 GewO die einseitige Gestaltungsmöglichkeit durch Direktionsrecht soweit ihn die Betriebsvereinbarung bindet.[1578] Der entscheidende Vorteil ist aber schließlich, dass die Betriebsvereinbarung die betriebliche Mitbestimmung gleich mit abhandelt.[1579] *Mengel* hält die Einführung der Compliance-Richtlinie durch Betriebsvereinbarung aufgrund der bestehenden Mitbestimmungsrechte gar für „[t]ypischerweise [...] unumgänglich".[1580]

4. Tarifvertrag

Schließlich wird diskutiert, ob Compliance-Richtlinien als Tarifvertrag eingeführt werden können. Nach § 1 Abs. 1 TVG können in einem Tarifvertrag unter anderem Inhalt, Abschluss und Beendigung von Arbeitsverhältnissen sowie betriebliche und betriebsverfassungsrechtliche Fragen geregelt werden. Betriebliche Fragen sind solche, deren Bedeutung über das einzelne Arbeitsverhältnis hinausragt, wie Arbeitsschutz, Schutz vor Belästigungen oder Umgang mit Unternehmenseigentum.[1581] Inhaltsregelungen

---

Süßbrich/Rütz, Compliance, S. 222 und *Wagner*, Ethikrichtlinien, S. 74 f.; a.A. *Deyhle*, Compliance, S. 109.

1575 *Schneider*, Compliance, S. 165; *Schöder*, Compliance, S. 209; *Schulz*, Ethikrichtlinien, S. 119; *Süßbrich/Rütz*, Compliance, S. 222; *Strothmeyer*, Compliance, S. 130; *Triskatis*, Ethikrichtlinien, S. 98; *Mengel/Hagemeister*, BB 2007, 1386 (1391); *Meyer*, NJW 2006, 3605 (3609); *Wisskirchen / Jordan/ Bissels*, DB 2005, 2190; vgl. auch *Boldt*, Ethikregeln, S. 172; *Köstner*, Compliance, S. 130; *Mengel*, Compliance, Kap 1. Rn. 50; Moll/*Dendorfer-Ditges*, § 35 Rn. 49; Rotsch/*Moosmayer*, § 34 A. Rn. 57; *Weber*, Compliance, S. 84; *Willemsen*, Ethikrichtlinien, S. 75 f.; *Hey/Christ*, MPR 2010, 189 (190); *Hohmuth*, BB 2014, 3061 (3064); *Stück*, MDR 2014, 1117 (1118).

1576 *Schneider*, Compliance, S. 165; *Schulz*, Ethikrichtlinien, S. 119; *Mengel*, CCZ 2008, 85 (87).

1577 Zur positiven Außenwirkung durch Bekenntnisse zu Compliance vgl. oben D. II.

1578 *Deyhle*, Compliance, S. 110; *Schneider*, Compliance, S. 165; *Strothmeyer*, Compliance, S. 130; *Weber*, Compliance, S. 85; *Kock*, ZIP 2009, 1406 (1411); *Mengel/Hagemeister*, BB 2007, 1386 (1391); *Meyer*, NJW 2006, 3605 (3609); *Wisskirchen/Jordan/Bissels*, DB 2005, 2190.

1579 *Deyhle*, Compliance, S. 155; *Köstner*, Compliance, S. 130, 133; *Süßbrich/Rütz*, Compliance, S. 221; *Weber*, Compliance, S. 86; *Willemsen*, Ethikrichtlinien, S. 53; *Stück*, MDR 2014, 1117 (1118); *Vogt*, NJOZ 2009, 4206 (4209).

1580 *Mengel*, Compliance, Kap 1. Rn. 50; ebenso sehen es *Hey/Christ*, MPR 2010, 189 (190).

1581 Hümmerich/Boecken/Düwell/*Friedrich*, § 1 TVG Rn. 89 ff.; *Triskatis*, Ethikrichtlinien, S. 94.

betreffen hingegen den Inhalt des einzelnen Arbeitsverhältnisses.[1582] Die üblichen Inhalte von Compliance-Richtlinien regeln den Inhalt von Arbeitsverhältnissen oder betriebliche Fragen.[1583]

Betriebsnormen gelten nach § 3 Abs. 2 TVG für alle Arbeitnehmer des den Tarifvertrag abschließenden Arbeitgebers. Inhaltsnormen hingegen gelten nach § 4 Abs. 1 TVG nur zwischen den Tarifgebundenen. Sie erfassen also grundsätzlich nur solche Arbeitnehmer des abschließenden Arbeitgebers, die Mitglied der abschließenden Gewerkschaft sind.[1584] Etwas anderes gilt nur, soweit die Arbeitsverträge der nicht tarifgebundenen Arbeitnehmer eine Bezugnahmeklausel auf den Tarifvertrag enthalten[1585] oder der Tarifvertrag nach § 5 TVG durch das Bundesarbeitsministerium für Arbeit und Soziales für allgemeinverbindlich erklärt wird. Daher ist der Begriff der Betriebsnorm restriktiv dahingehend zu definieren, dass nur Gegenstände darunter fallen, die „aus tatsächlichen oder rechtlichen Gründen nur einheitlich gelten können“[1586] bzw. deren „Regelung in einem Individualvertrag [...] wegen 'evident sachlogischer Unzweckmäßigkeit ausscheide[t]'“.[1587] Soweit dies in der Literatur für Compliance-Richtlinien abgelehnt wird, bedeutet dies aber nicht, dass die Klausel tarifvertraglich gar nicht eingeführt werden könnte.[1588] Es bleibt vielmehr bei der Einführungsmöglichkeit als Inhaltsnorm – die dann eben nur die Gewerkschafter berechtigt und verpflichtet.[1589] Richtigerweise ist nach Klauseln zu differenzieren:[1590] Klauseln, die auf Gesetze rekurrieren, wie etwa Arbeitsschutz, betreffen die ganze Belegschaft und sind daher Betriebsnormen.[1591] Klauseln wie

---

1582 ErfK/*Franzen*, § 1 TVG Rn. 41; Hümmerich/Boecken/Düwell/*Friedrich*, § 1 TVG Rn. 86; *Köstner*, Compliance, S. 115; *Schneider*, Compliance, S. 175.

1583 *Wagner*, Ethikrichtlinien, S. 76; nach Untersuchung mehrerer Klauseln *Boldt*, Ethikregeln, S. 135; so schon für die Arbeitsordnung *Walker*, FS Kissel, S. 1220 f.; vgl. *Schneider*, Compliance, S. 175, 177.

1584 *Boldt*, Ethikregeln, S. 120; BeckOK-ArbR/*Giesen*, § 3 TVG Vorbemerkung; *Deyhle*, Compliance, S. 111.

1585 BAG, Urt. v. 09.08.2011 – 9 AZR 475/10 = NZA 2012, 166 (167); *Boldt*, Ethikregeln, S. 120; *Deyhle*, Compliance, S. 90, 111; ErfK/*Franzen*, § 3 TVG Rn. 29; *Köstner*, Compliance, S. 115; *Schneider*, Compliance, S. 174; *Triskatis*, Ethikrichtlinien, S. 94; *Wagner*, Ethikrichtlinien, S. 77; *Walker*, FS Kissel, S. 1220 f.

1586 BAG, Urt. v. 21.01.1987 – 4 AZR 547/86 – juris, Rn. 22 = NZA 1987, 233 (234); etwas vager [„nur einheitlich“] BAG, Beschl. v. 17.06.1997 – 1 ABR 3/97 = NZA 1998, 213 (214).

1587 BAG, Urt. v. 26.01.2011 – 4 AZR 159/09 = NZA 2011, 808 (810); Beschl. v. 17.06.1997 – 1 ABR 3/97 = NZA 1998, 213 (214).

1588 Diesen Schluss zieht aber *Hohmuth*, BB 2014, 3061 (3065 f.).

1589 *Deyhle*, Compliance, S. 118; *Schneider*, Compliance, S. 175; *Triskatis*, Ethikrichtlinien, S. 94; vgl. *Böhm*, Non-Compliance, S. 44; *Boldt*, Ethikregeln, S. 135 f.; *Köstner*, Compliance, S. 116 f.; *Schemmel/Ruhmannseder/Witzigmann*, Hinweisgebersysteme, S. 215 Rn. 177.

1590 *Boldt*, Ethikregeln, S. 126; *Deyhle*, Compliance, S. 117; *Schneider*, Compliance, S. 175; *Triskatis*, Ethikrichtlinien, S. 94; vgl. *Köstner*, Compliance, S. 116 f.

1591 *Deyhle*, Compliance, S. 117; *Schneider*, Compliance, S. 175; *Triskatis*, Ethikrichtlinien, S. 94.

Nebentätigkeitsverbote sind werden typischerweise in Arbeitsverträgen geregelt und bedürfen nicht zwingend einer betriebseinheitlichen Regelung.[1592] Sie sind daher keine Betriebsnormen.[1593] Soll also eine vollständige Compliance-Richtlinie per Tarifvertrag eingeführt werden, so ist für die Nicht-Gewerkschafter eine Vertragsänderung hin zu einer Bezugnahmeklausel von Nöten.[1594]

Bei Tarifverträgen findet keine Interessenabwägung durch Angemessenheitskontrolle statt (vgl. § 310 Abs. 4 S. 1 BGB). Der Tarifvertrag muss lediglich der Verfassung, sonstigem höherrangigem Recht und den guten Sitten genügen.[1595] Insbesondere müssen die Grundrechte der Arbeitnehmer beachtet werden – unabhängig davon, ob man dies nun mit einer unmittelbaren oder mittelbaren Drittwirkung begründet.[1596] Die grundrechtlichen und gesetzlichen Wertungen müssten hier also ebenso einfließen wie oben[1597] zum Arbeitsvertrag beschrieben. Da es bei einer bloßen Rechtskontrolle bleibt, könnte das Ergebnis hier aber im Einzelfall eher zu Gunsten des Arbeitgebers ausfallen. Allerdings kommt ein Tarifvertrag nur durch Verhandlungen mit einer Gewerkschaft zustande. Daher ist es unwahrscheinlich, dass in einen Tarifvertrag Klauseln aufgenommen werden, die die Arbeitnehmer so stark einschränken, dass sie selbst im Arbeitsvertrag nicht zulässig wären.[1598] Überhaupt wird sich die Gewerkschaft jedes Zugeständnis an den Arbeitgeber durch Zugeständnisse an die Arbeitnehmer in anderen Bereichen bezahlen lassen.[1599] Schließlich sperrt ein Tarifvertrag abweichende Betriebsvereinbarungen (§ 77 Abs. 3 BetrVG) und ungünstigere Arbeitsvertragsklauseln (§ 4 Abs. 3 TVG). Änderungen könnten nur durch – in der Praxis teils schwierige – Verhandlungen mit der Gewerkschaft durchgeführt werden.

Die Einführung einer Compliance-Richtlinie als Tarifvertrag ist also unflexibel,[1600] rechtlich unsicher (Welche Klauseln sind Betriebsnormen?[1601]) und bringt außer der etwas vereinfachten rechtlichen Kontrolle keinerlei Vorteile gegenüber

---

1592 *Schneider*, Compliance, S. 175.

1593 *Boldt*, Ethikregeln, S. 128; *Schneider*, Compliance, S. 175; vgl. *Triskatis*, Ethikrichtlinien, S. 94.

1594 *Boldt*, Ethikregeln, S. 146; *Böhm*, Non-Compliance, S. 44; *Triskatis*, Ethikrichtlinien, S. 94; vgl. *Schneider*, Compliance, S. 174.

1595 Hümmerich/Boecken/Düwell/*Friedrich*, § 1 TVG Rn. 109; *Willemsen*, Ethikrichtlinien, S. 240; unter Beschränkung auf Verfassung und höherrangiges Recht *Deyhle*, Compliance, S. 112; *Schneider*, Compliance, S. 176 f.

1596 *Deyhle*, Compliance, S. 112 f.; ErfK/*Franzen*, § 1 TVG Rn. 11; Hümmerich/Boecken/Düwell/*Friedrich*, § 1 TVG Rn. 112; *Schneider*, Compliance, S. 176 f.

1597 S.o. F. I. 1. a. dd.

1598 *Willemsen*, Ethikrichtlinien, S. 241.

1599 *Deyhle*, Compliance, S. 118; vgl. zudem *Melms/Kentner*, NZA 2014, 127 [„Kompromisse [sind] in Tarifverhandlungen die Regel"].

1600 *Deyhle*, Compliance, S. 118.

1601 So argumentiert schon gegen Richtlinien als Tarifvertrag *Wagner*, Ethikrichtlinien, S. 78.

der Einführung durch den Arbeitsvertrag. Zudem besteht in der Praxis bei einigen Gewerkschaftern die Auffassung, man solle sich nicht zu sehr in Angelegenheiten einmischen, die eher betriebsbezogen sind und diese lieber den Betriebsräten überlassen. Diese sind schon aufgrund ihrer räumlichen Nähe zum Betrieb qualifizierter, um derartige Dinge zu regeln.[1602] Vielleicht auch deshalb ist es in der Praxis bislang kaum dazu gekommen, dass Compliance-Richtlinien durch Tarifvertrag eingeführt wurden.[1603] Die Einführung einer Compliance-Richtlinie als Tarifvertrag bleibt daher kaum mehr als eine theoretische Anekdote.

5. Fazit zu den rechtlichen Formen der Einführung

Die Einführung von Compliance-Richtlinien ist damit je nach Klausel in bis zu vier rechtlichen Formen möglich: Vertragsklausel (inkorporiert in den Vertrag oder durch Verweisung), Weisung, Betriebsvereinbarung und Tarifvertrag. Jede der Formen birgt bestimmte Probleme in sich. Für die Sanktionsklauseln sind diese aber unerheblich: Soweit die Sanktionsklauseln keine Betriebsbußen darstellen oder Vertragsstrafen festsetzen, wiederholen sie nur Dinge, die ohnehin aus dem Gesetz folgen.[1604]

Soweit Mitbestimmungsrechte des Betriebsrats bestehen, bietet sich allerdings die Betriebsvereinbarung besonders an, da sie die Mitbestimmung automatisch beinhaltet. Daher sollen im Folgenden auch die für Compliance-Richtlinien typischen Mitbestimmungsrechte umrissen werden.

II. Mitbestimmungsrechte des Betriebsrates

Der zweite Vorbehalt, unter dem die Einführung einer Compliance-Richtlinie steht, sind Mitbestimmungsrechte des Betriebsrats, denn Deutschland ist „Mitbestimmungsweltmeister“.[1605] Wie zur individualrechtlichen Implementierung von Compliance-Richtlinien, existiert auch zur Mitbestimmung bereits ein umfangreicher Literaturbestand.[1606] Darum soll es im Nachfolgenden bei einem Überblick

---

1602 *Deyhle*, Compliance, S. 118; *Triskatis*, Ethikrichtlinien, S. 95; *Willemsen*, Ethikrichtlinien, S. 78; schon für eine Betriebsbußenordnung *Walker*, FS Kissel, S. 1218.

1603 *Kempter/Steinat*, NZA 2017, 1505 (1509); vgl. zudem *Eisenbeis/Nießen*, FS Leinemann, S. 711; Grobys/Panzer-Heemeier/*Mengel*, Compliance Rn. 8; *Köstner*, Compliance, S. 117; *Triskatis*, Ethikrichtlinien, S. 96; *Wagner*, Ethikrichtlinien, S. 78; *Willemsen*, Ethikrichtlinien, S. 246; zum ersten Ethik-Tarifvertrag *Schneider*, Compliance, S. 173 m.w.N.; zu richtlinientypischen Tarifvertragsklauseln *Schreiber*, NZA-RR 2010, 617 (622) m.w.N.

1604 *Rein*, Ethikrichtlinie, S. 182; *Schneider*, Ethikrichtlinien, S. 113; *Willemsen*, Ethikrichtlinien, S. 156, 259; andeutend *Wagner*, Ethikrichtlinien, S. 138.

1605 So formuliert bei *Wieland*, CCZ 2008, 15.

1606 Vgl. nur die Dissertationen *Boldt*, Ethikregeln, S. 149 ff.; *Deyhle*, Compliance, S. 119 ff.; *Fahrig*, Verhaltenskodex, S. 124 ff.; *Kagan*, Ethikrichtlinien, S. 59 ff.;

unter Zuspitzung auf die mitbestimmungsrechtliche Bewertung der Sanktionsklauseln verbleiben.

1. Grundfragen der Mitbestimmung

Aufgrund des Territorialitätsprinzips gelten die Mitbestimmungsrechte nach dem BetrVG für alle Betriebe in Deutschland, auch wenn das Unternehmen oder die Konzernmutter ihren Sitz im Ausland haben.[1607] Weder die Staatsangehörigkeit des Arbeitgebers, noch die der betroffenen Arbeitnehmer ändert daran etwas.[1608] Ob ein Mitbestimmungsrecht in Betracht kommt, entscheidet sich unabhängig von der rechtlichen Form, in der eine Compliance-Richtlinie eingeführt wird.[1609] Mitbestimmungspflichtig sind zudem auch unverbindliche Regeln, denn auch sie sollen das Verhalten der Arbeitnehmer steuern. Es wird lediglich darauf verzichtet, sie mit Zwang durchzusetzen.[1610] Die Beteiligung muss schließlich nicht zwingend in Form einer Betriebsvereinbarung geschehen, vielmehr genügt die bloße Zustimmung des Betriebsrates als sogenannte Regelungsabrede.[1611]

Im Bereich des § 87 BetrVG ist allerdings stets zu prüfen, ob ein „kollektiver Tatbestand" vorliegt, also Regelungen für die gesamte Belegschaft oder einen

---

Köstner, Compliance, S. 133 ff.; *Leitner*, Ethik-Richtlinien, S. 180 ff.; *Mahnhold*, Compliance, S. 259 ff.; *Rein*, Ethikrichtlinie, S. 183 ff.; *Schneider*, Compliance, S. 179 ff.; *Schulz*, Ethikrichtlinien, S. 121 ff.; *Triskatis*, Ethikrichtlinien, S. 178 ff.; *Wagner*, Ethikrichtlinien, S. 79 ff.; *Willemsen*, Ethikrichtlinien, S. 249 ff.; *Zander*, Ethikrichtlinien, S. 191 ff.

1607 BAG, Beschl. v. 22.07.2008 – 1 ABR 40/07 = NZA 2008, 1248 (1254); *Boldt*, Ethikregeln, S. 182, 187; *Eisenbeis/Nießen*, FS Leinemann, S. 713; *Deyhle*, Compliance, S. 120; ErfK/*Koch*, § 1 BetrVG Rn. 5; *Fahrig*, Verhaltenskodex, S. 64; *Mahnhold*, Compliance, S. 325; *Rein*, Ethikrichtlinie, S. 183 f.; *Schneider*, Compliance, S. 179 f.

1608 BAG Urt. v. 07.12.1989 – 2 AZR 228/89 = NZA 1990, 658 (659); *Deyhle*, Compliance, S. 120; ErfK/*Koch*, § 1 BetrVG Rn. 5.

1609 BAG, Beschl. v. 28.05.2002 – 1 ABR 32/01 = NZA 2003, 166 (168); *Köstner*, Compliance, S. 133; *Leitner*, Ethik-Richtlinien, S. 180; *Rein*, Ethikrichtlinie, S. 184 f., 193; *Schneider*, Compliance, S. 179; *Triskatis*, Ethikrichtlinien, S. 167; *Wagner*, Compliance, S. 77, 84; *ders.*, Ethikrichtlinien, S. 84; *Zander*, Ethikrichtlinien, S. 191; *Borgmann*, NZA 2003, 352 (355); *Hohmuth*, BB 2014, 3061 (3064); *Kock*, ZIP 2009, 1406 (1407); *Meyer*, NJW 2006, 3605 (3609); vgl. zudem *Steffen/Stöhr*, RdA 2017, 43 (47).

1610 BAG, Beschl. v. 22.07.2008 – 1 ABR 40/07 = NZA 2008, 1248 (1254); *Deyhle*, Compliance, S. 141; *Kagan*, Ethikrichtlinien, S. 87; *Wagner*, Compliance, S. 78; *ders.*, Ethikrichtlinien, S. 83 f.; *Däubler*, NZA-Beil. 2011, 42 (46 f.); *Umnuß*, CCZ 2009, 88 (90); einschränkend *Wisskirchen/Körber/Bissels*, BB 2006, 1567 (1571).

1611 BAG, Urt. v. 07.09.1956 – 1 AZR 646/54 = NJW 1957, 726; Düwell/*Kohte*, § 87 Rn. 23; ErfK/*Kania*, § 77 BetrVG Rn. 139; Grobys/Panzer-Heemeier/*Ziai-Ruttkamp*, Regelungsabrede Rn. 1, 5; *Kagan*, Ethikrichtlinien, S. 146; *Rein*, Ethikrichtlinie, S. 186; *Willemsen*, Ethikrichtlinien, S. 264; vgl. zudem Richardi/*Richardi*, § 87 Rn. 76; *Triskatis*, Ethikrichtlinien, S. 168; *Hohmuth*, BB 2014, 3061 (3065).

abgrenzbaren Teil ergehen.[1612] Da Compliance-Richtlinien aber in der Regel für alle Arbeitnehmer des Betriebes gelten, liegt dieser auch regelmäßig vor.[1613]

Zuständig ist grundsätzlich der Betriebsrat des jeweiligen Betriebes. Sollen die Richtlinien aber unternehmensweit gelten, ist nach § 50 Abs. 1 BetrVG der Gesamtbetriebsrat zuständig. Sollen sie konzernweit gelten, so ist nach § 58 Abs. 1 S. 1 BetrVG der Konzernbetriebsrat zuständig.[1614] Nur diesen Gremien steht die Verteidigung ihrer Mitbestimmungsrechte zu, der örtliche Betriebsrat kann bei ihrer Verletzung unter keinem Gesichtspunkt – auch nicht § 80 Abs. 1 BetrVG – gegen den Arbeitgeber auf Unterlassung klagen.[1615]

Schließlich stellt sich die Frage, ob und wie die Mitbestimmung erfolgen kann bzw. muss, soweit ausländisches Recht die Einführung bestimmter Regelungen fordert. Es wurde gezeigt, dass das Innenrecht der NYSE einen *code of ethics* fordert.[1616] Teilweise wird vertreten, ausländische Rechtsnormen seien Rechtsnormen im Sinne des § 87 Abs. 1 BetrVG, die die Mitbestimmung ausschlössen.[1617] Überwiegend wird aber betont, solche Regeln könnten die deutsche Mitbestimmung nicht tangieren, da sie keine „gesetzliche Regelung" i.S.d. § 87 Abs. 1 BetrVG seien.[1618] Das hätte zur Folge, dass theoretisch ein Betriebsrat in Deutschland die Einführung einer Regelung blockieren könnte, zu deren Einführung das Unternehmen im Ausland rechtlich verpflichtet ist. Insofern wirkt diese Auffassung zunächst impraktikabel. Andererseits erscheint es auch untragbar, dass ein ausländischer Staat durch seine Legislatur die deutsche Mitbestimmung soll begrenzen können.[1619] Es ist dem BAG daher im Ergebnis zuzustimmen, dass eine einschränkende Rechtsnorm i.S.d. § 87 Abs. 1 BetrVG nur eine solche sein kann, deren Geltung in Deutschland auf

---

1612 *Deyhle*, Compliance, S. 138; ErfK/*Kania*, § 87 BetrVG Rn. 6; GK-BetrVG/*Wiese*, § 87 Rn. 16; Hümmerich/Boecken/Düwell/*Welslau*, § 87 BetrVG Rn. 3; Richardi/*Richardi*, § 87 Rn. 349.

1613 *Deyhle*, Compliance, S. 138; *Köstner*, Compliance, S. 138; *Rein*, Ethikrichtlinie, S. 186; *Schneider*, Compliance, S. 188; *Schulz*, Ethikrichtlinien, S. 121; *Triskatis*, Ethikrichtlinien, S. 168; *Wagner*, Ethikrichtlinien, S. 80 f.; *Willemsen*, Ethikrichtlinien, S. 251.

1614 So auch BAG, Beschl. v. 22.07.2008 – 1 ABR 40/07 = NZA 2008, 1248 (1255, 1257) [„Honeywell"]; *Boldt*, Ethikregeln, S. 172 ff.; *Deyhle*, Compliance, S. 125; *Fahrig*, Verhaltenskodex, S. 120; *Köstner*, Compliance, S. 118 ff.; *Mengel*, Compliance, Kap. 2 Rn. 62; *Schneider*, Compliance, S. 183, 186; *Schulz*, Ethikrichtlinien, S. 137 f.; *Wagner*, Ethikrichtlinien, S. 76; *Willemsen*, Ethikrichtlinien, S. 55 ff.; 64 ff.; *Umnuß*, CCZ 2009, 88; *Reinhard*, NZA 2016, 1233 (1240); vertiefend *Dzida*, NZA 2008, 1265; vgl. auch *Zander*, Ethikrichtlinien, S. 182 f.

1615 BAG, Beschl. v. 17.05.2011 – 1 ABR 121/09, Rn. 17 ff. = AP Nr. 73 zu § 80 BetrVG 1972.

1616 S.o. D. I. 5.

1617 In diesem Sinne *Triskatis*, Ethikrichtlinien, S. 225.

1618 BAG, Beschl. v. 22.07.2008 – 1 ABR 40/07 = NZA 2008, 1248 (1254) [„Honeywell"]; *Deyhle*, Compliance, S. 135 f.; *Rein*, Ethikrichtlinie, S. 188 f.; *Wagner*, Ethikrichtlinien, S. 80; *Zander*, Ethikrichtlinien, S. 198; vgl. auch *Schlachter*, FS Richardi, S. 1071 f.; *Reinhard*, NZA 2016, 1233 (1234).

1619 Vgl. nur *Kock*, ZIP 2009, 1406 (1411).

Völkerrecht beruht.[1620] Mit den gleichen Erwägungen verbietet es sich ebenso, diese Normen unter die Fallgruppe des „echten Notfalls“ zu subsumieren, der nach der Rechtsprechung die Mitbestimmungsrechte ausschließt.[1621] Da eine völkerrechtliche Erstreckung des Geltungsbereichs weder beim SOX noch beim US-Börsenrecht gegeben ist, sind diese Normen für den Umfang der Mitbestimmung in Deutschland ohne Bedeutung.[1622] In der Praxis wird sich das Problem eher nicht stellen, da Betriebsräte regelmäßig keine Blockadehaltungen einnehmen, die das Unternehmen in ernsthafte Bedrängnis bringen,[1623] wie das beim US-Recht der Fall sein könnte.[1624] Andernfalls müsste gemäß §§ 87 Abs. 2 S. 1, 76 BetrVG statt der Betriebsparteien die Einigungsstelle entscheiden. Auch diese ist nicht unmittelbar an ausländisches Recht gebunden, müsste die rechtliche Verpflichtung der Konzernmutter aber bei ihrer Ermessensausübung berücksichtigen.[1625]

Nach der „Theorie der Wirksamkeitsvoraussetzung“ führt die Missachtung der Beteiligungsrechte des Betriebsrats zur Unwirksamkeit einer ohne Beteiligung ergangenen belastenden Maßnahme.[1626] Ist nur ein Teil der Richtlinie mitbestimmungspflichtig, so ist auch nur dieser Teil unwirksam.[1627] Entgegen der allgemeinen Regel des § 139 BGB ist bei Compliance-Richtlinien im Regelfall davon auszugehen, dass die Richtlinie keinen untrennbaren Zusammenhang darstellt.[1628]

1620 BAG, Beschl. v. 22.07.2008 – 1 ABR 40/07 = NZA 2008, 1248 (1254) [„Honeywell“].

1621 Vgl. dazu ErfK/*Kania*, § 87 BetrVG Rn. 8; Hümmerich/Boecken/Düwell/*Welslau*, § 87 BetrVG Rn. 6.

1622 BAG, Beschl. v. 22.07.2008 – 1 ABR 40/07 = NZA 2008, 1248 (1254) [„Honeywell“]; *Deyhle*, Compliance, S. 136; für den SOX im Ergebnis ebenso *Kagan*, Ethikrichtlinien, S. 72; *Rein*, Ethikrichtlinie, S. 189; *Zander*, Ethikrichtlinien, S. 198.

1623 So das Ergebnis einer Umfrage bei *Müller*, Compliance, S. 217.

1624 S.o. C. II. 1. e. und D. I. 5.

1625 *Reinhard*, NZA 2016, 1233 (1239).

1626 BAG, Urt. v. 20.01.1998 – 9 AZR 698/96 = DB 1998, 2530 (2531); *Deyhle*, Compliance, S. 153; Düwell/*Kohte*, § 87 Rn. 26; *Fahrig*, Verhaltenskodex, S. 145; Grobys/Panzer-Heemeier/*Seebacher*, Unterlassungsanspruch Rn. 14 ff.; *Kagan*, Ethikrichtlinien, S. 160; *Köstner*, Compliance, S. 136; *Rein*, Ethikrichtlinie, S. 184 f.; Richardi/*Richardi*, § 87 Rn. 103; *Schneider*, Compliance, S. 179; *Schulz*, Ethikrichtlinien, S. 139; *Strothmeyer*, Compliance, S. 131 ff.; *Triskatis*, Ethikrichtlinien, S. 167, 173 f.; *Wagner*, Ethikrichtlinien, S. 87 f.; *Willemsen*, Ethikrichtlinien, S. 266; *Zander*, Ethikrichtlinien, S. 226; *Mengel/Hagemeister*, BB 2006, 2466 (2470 f.).

1627 *Boldt*, Ethikregeln, S. 188; *Deyhle*, Compliance, S. 154; *Kagan*, Ethikrichtlinien, S. 161 ff.; *Köstner*, Compliance, S. 137; *Schulz*, Ethikrichtlinien, S. 139 f.; *Triskatis*, Ethikrichtlinien, S. 174 f.

1628 *Boldt*, Ethikregeln, S. 188; *Schulz*, Ethikrichtlinien, S. 139 f.; *Triskatis*, Ethikrichtlinien, S. 174 f.; unter Ablehnung der Anwendung des § 139 BGB im Ergebnis ebenso *Kagan*, Ethikrichtlinien, S. 162 f.; *Köstner*, Compliance, S. 137; vgl. zudem für einen solchen Einzelfall LAG Baden-Württemberg, Beschl. v. 24.10.2014 – 21 TaBV 3/14 – juris, Rn. 23.

2. § 87 Abs. 1 Nr. 1 BetrVG

Im Rahmen der Prüfung von § 87 Abs. 1 Nr. 1 BetrVG ist das mitbestimmungsfreie Arbeitsverhalten vom mitbestimmten Ordnungsverhalten zu unterscheiden.[1629] Arbeitsverhalten regeln Bestimmungen, die die Arbeitspflicht unmittelbar konkretisieren, Ordnungsverhalten hingegen ist das sonstige Verhalten der Arbeitnehmer im Betrieb.[1630] Regelt eine Klausel sowohl Arbeits- als auch Ordnungsverhalten, so entscheidet ihr Schwerpunkt über die Zuordnung.[1631]

a. Ordnungsverhalten nur über gesetzliche Pflichten hinaus

Wie schon der Wortlaut des § 87 Abs. 1 BetrVG bestimmt, besteht keine Mitbestimmungsrecht, wenn und soweit lediglich Pflichten beschrieben werden, die bereits aus dem Gesetz folgen. Es wurde bereits dargestellt, dass beispielsweise das Verbot der Annahme auch geringwertiger Geschenke (z.B. Kugelschreiber) über die Konkretisierung bereits bestehender Pflichten hinausgeht.[1632] Daher bejahte das LAG Düsseldorf in einem solchen Fall die Mitbestimmungspflicht nach § 87

1629 BAG, Beschl. v. 22.07.2008 – 1 ABR 40/07 = NZA 2008, 1248 (1254) [„Honeywell"]; LAG Düsseldorf, Beschl. v. 14.11.2005 – 10 TaBV 46/05 = NZA-RR 2006, 81 (84) [„Wal-Mart"]; *Boldt*, Ethikregeln, S. 150; *Deyhle*, Compliance, S. 139; *Fitting*, § 87 Rn. 64; *Kagan*, Ethikrichtlinien, S. 92 f.; *Köstner*, Compliance, S. 141; *Leitner*, Ethik-Richtlinien, S. 181 f.; *Mengel*, Compliance, Kap. 2 Rn. 6; *Rein*, Ethikrichtlinie, S. 194; *Schneider*, Compliance, S. 192; *Schöder*, Compliance, S. 206; *Schulz*, Ethikrichtlinien, S. 126; *Strothmeyer*, Compliance, S. 133; *Wagner*, Ethikrichtlinien, S. 82; *Willemsen*, Ethikrichtlinien, S. 252; *Borgmann*, NZA 2003, 352 (355); *Fahrig*, NJOZ 2010, 975 (978); *Junker*, BB 2005, 602 (604); *Kock*, MDR 2006, 673 (675); *Mengel*, CCZ 2008, 85 (87); *Mengel/Hagemeister*, BB 2007, 1386 (1392); *Reufels/Deviard*, CCZ 2009, 201 (208); *Steffen/Stöhr*, RdA 2017, 43 (47); *Wisskirchen/Jordan/Bissels*, DB 2005, 2190 (2191); vgl. auch *Zander*, Ethikrichtlinien, S. 202 f.

1630 BAG, Beschl. v. 22.07.2008 – 1 ABR 40/07 = NZA 2008, 1248 (1254) [„Honeywell"]; LAG Düsseldorf, Beschl. v. 14.11.2005 – 10 TaBV 46/05 = NZA-RR 2006, 81 (84) [„Wal-Mart"]; *Boldt*, Ethikregeln, S. 150; *Deyhle*, Compliance, S. 139; *Fitting*, § 87 Rn. 64 f.; *Leitner*, Ethik-Richtlinien, S. 182; *Mengel*, Compliance, Kap. 2 Rn. 6 f.; *Schneider*, Compliance, S. 193; *Schulz*, Ethikrichtlinien, S. 127; *Strothmeyer*, Compliance, S. 133; *Wagner*, Ethikrichtlinien, S. 83; *Junker*, BB 2005, 602 (604); *Mengel/Hagemeister*, BB 2007, 1386 (1392); *Neufeld/Knitter*, BB 2013, 821 (822); *Kock*, MDR 2006, 673 (675); *Steffen/Stöhr*, RdA 2017, 43 (47); vgl. auch *Kagan*, Ethikrichtlinien, S. 92 f.; *Rein*, Ethikrichtlinie, S. 194; *Schöder*, Compliance, S. 207.

1631 BAG, Beschl. v. 11.07.2002 – 1 ABR 46/01 = NZA 2002, 1299 (1300); *Boldt*, Ethikregeln, S. 151; *Deyhle*, Compliance, S. 140; *Köstner*, Compliance, S. 141, 147; *Mengel*, Compliance, Kap. 2 Rn. 6; *Schneider*, Compliance, S. 195; *Wagner*, Ethikrichtlinien, S. 83; *Kock*, MDR 2006, 673 (675); *Meyer*, NJW 2006, 3605 (3609); *Steffen/Stöhr*, RdA 2017, 43 (47); a.A. *Eisenbeis/Nießen*, FS Leinemann, S. 714; wohl auch *Willemsen*, Ethikrichtlinien, S. 253.

1632 S.o. F. I. 1. a. cc.

Abs. 1 Nr. 1 BetrVG.[1633] In der Literatur wird die Mitbestimmungspflicht pauschaler Geschenkannahmeverbote bestritten mit dem Argument, es handele sich nur um eine Konkretisierung der arbeitsvertraglichen Leistungserbringung, also Arbeitsverhalten.[1634] Es ist nicht von der Hand zu weisen, wenn in der Literatur betont wird, die Annahme von Geschenken Dritter tangiere nicht das Miteinander der Betriebsangehörigen.[1635] Das „Zusammenleben und Zusammenwirken der Arbeitnehmer im Betrieb" ist aber gerade die Definition des Ordnungsverhaltens i.S.d. § 87 Abs. 1 Nr. 1 BetrVG.[1636] Arbeitsverhalten besteht hingegen in der unmittelbaren Konkretisierung der Arbeitspflicht im bloßen Verhältnis zwischen Arbeitgeber und Arbeitnehmer.[1637] Um genau eine solche Pflicht geht es aber, wenn dem Arbeitnehmer auferlegt wird, auch Kleinstgeschenke nicht anzunehmen.[1638] Auch wenn bestimmte Methoden zur Meldung von Geschenken vorgegeben werden, geht es nicht um eine Maßnahme, die die gesamte Belegschaft trifft. Anders als beim Whistleblowing, bei dem die Meldung immer neben dem Meldenden auch noch mindestens einen anderen Arbeitnehmer betrifft,[1639] tangiert die Meldung

---

1633 LAG Düsseldorf, Beschl. v. 14.11.2005 – 10 TaBV 46/05 = NZA-RR 2006, 81 (85).

1634 *Boldt*, Ethikregeln, S. 166 f.; *Köstner*, Compliance, S. 147; *Rein*, Ethikrichtlinie, S. 201; *Schneider*, Compliance, S. 203; *Schulz*, Ethikrichtlinien, S. 134; *Triskatis*, Ethikrichtlinien, S. 209; *Wagner*, Ethikrichtlinien, S. 100; *Müller-Bonanni/Sagan*, BB-Special 2008, 28 (30); *Neufeld/Knitter*, BB 2013, 821 (822); *Steffen/Stöhr*, RdA 2017, 43 (48); wohl auch *Schuster/Darsow*, NZA 2005, 273 (276), wenn die Geschenkannahme dort als „dienstliches Verhalten" bezeichnet wird.

1635 *Boldt*, Ethikregeln, S. 166 f.; *Kagan*, Ethikrichtlinien, S. 126 f.; *Rein*, Ethikrichtlinie, S. 201; *Schneider*, Compliance, S. 202; *Wagner*, Ethikrichtlinien, S. 100 f.; *Steffen/-Stöhr*, RdA 2017, 43 (48).

1636 BAG, Beschl. v. 22.07.2008 – 1 ABR 40/07 = NZA 2008, 1248 (1254) [„Honeywell"]; LAG Düsseldorf, Beschl. v. 14.11.2005 – 10 TaBV 46/05 = NZA-RR 2006, 81 (84) [„Wal-Mart"]; *Deyhle*, Compliance, S. 138; ErfK/*Kania*, § 87 Rn. 18; *Fitting*, § 87 Rn. 63; *Leitner*, Ethik-Richtlinien, S. 182; *Mengel*, Compliance, Kap. 2 Rn. 6; *Rein*, Ethikrichtlinie, S. 194; *Schulz*, Ethikrichtlinien, S. 127; *Wagner*, Ethikrichtlinien, S. 83; *Mengel/Hagemeister*, BB 2007, 1386 (1392); *Neufeld/Knitter*, BB 2013, 821 (822); *Steffen/Stöhr*, RdA 2017, 43 (47).

1637 BAG, Beschl. v. 22.07.2008 – 1 ABR 40/07 = NZA 2008, 1248 (1254) [„Honeywell"]; LAG Düsseldorf, Beschl. v. 14.11.2005 – 10 TaBV 46/05 = NZA-RR 2006, 81 (84) [„Wal-Mart"]; *Deyhle*, Compliance, S. 139; ErfK/*Kania*, § 87 Rn. 18; *Fitting*, § 87 Rn. 64 f.; *Leitner*, Ethik-Richtlinien, S. 182; *Rein*, Ethikrichtlinie, S. 194; *Schöder*, Compliance, S. 207; *Schulz*, Ethikrichtlinien, S. 127; *Strothmeyer*, Compliance, S. 133; *Wagner*, Ethikrichtlinien, S. 83; *Kock*, MDR 2006, 673 (675); *Mengel/Hagemeister*, BB 2007, 1386 (1392); *Neufeld/Knitter*, BB 2013, 821 (822); *Steffen/Stöhr*, RdA 2017, 43 (47).

1638 *Kagan*, Ethikrichtlinien, S. 126 f.; *Schneider*, Compliance, S. 202; *Schulz*, Ethikrichtlinien, S. 134; *Triskatis*, Ethikrichtlinien, S. 209; *Wagner*, Ethikrichtlinien, S. 100 f.; *Zander*, Ethikrichtlinien, S. 209 f.

1639 Siehe sogleich b.

von Geschenken Dritter immer noch nur das Verhältnis des einzelnen Arbeitnehmers zum Arbeitgeber, nicht aber dasjenige der Arbeitnehmer untereinander.[1640] Entgegen einer gewichtigen Literaturmeinung[1641] unterliegen daher auch die genannten Meldemethoden als bloßes Arbeitsverhalten nicht der Mitbestimmung des § 87 Abs. 1 Nr. 1 BetrVG.[1642] Beachtlich erscheint allerdings eine Literaturauffassung, die die Annahme von Geschenken als Arbeitslohn von dritter Seite unter § 87 Abs. 1 Nr. 10 BetrVG fassen will.[1643]

Richtigerweise verneinte das LAG Düsseldorf die Mitbestimmungspflicht bei einer Verschwiegenheitsklausel („Pressemitteilungen"),[1644] da diese lediglich die allgemeine arbeitsrechtliche Verschwiegenheitspflicht aus § 241 Abs. 2 BGB wiederholte.[1645] Regeln, die lediglich bestehende Pflichten wiedergeben, fallen schon dem Wortlaut nach nicht unter § 87 Abs. 1 Nr. 1 BetrVG. Das betrifft beispielsweise Klauseln, die sexuelle Belästigung verbieten und dabei nur solches Verhalten erfassen, welches der Arbeitgeber nach dem AGG ohnehin unterbinden muss.[1646] Andere Stimmen führen die Korruptionsstraftatbestände der §§ 299, 300 StGB an.[1647]

b. Das Problem der Klammerwirkung

Wie bereits im vorherigen Abschnitt erwähnt, tangiert eine Whistleblowing-Klausel das Verhalten der Arbeitnehmer untereinander, da sich die Meldung des einen Arbeitnehmers ja immer auf das Verhalten mindestens eines weiteren Arbeitnehmers bezieht.[1648] Zudem hat die Meldepflicht der Kollegen einen generalpräventiven

---

1640 *Schneider*, Compliance, S. 203; a.A. *Schulz*, Ethikrichtlinien, S. 135.

1641 *Kagan*, Ethikrichtlinien, S. 127; *Köstner*, Compliance, S. 147; *Mengel*, Compliance, Kap. 2 Rn. 34; *Schulz*, Ethikrichtlinien, S. 135; *Wagner*, Ethikrichtlinien, S. 101 f.; *Willemsen*, Ethikrichtlinien, S. 257; *Kock*, MDR 2006, 673 (675); *Neufeld/Knitter*, BB 2013, 821 (823); *Reinhard*, NZA 2016, 1233 (1236); *Wisskirchen/Jordan/Bissels*, DB 2005, 2190 (2191).

1642 *Boldt*, Ethikregeln, S. 167; *Schneider*, Compliance, S. 203.

1643 *Wagner*, Ethikrichtlinien, S. 103; a.A. *Köstner*, Compliance, S. 147; *Schneider*, Compliance, S. 203 f.

1644 LAG Düsseldorf, Beschl. v. 14.11.2005 – 10 TaBV 46/05 = NZA-RR 2006, 81 (87).

1645 Vgl. *Kagan*, Ethikrichtlinien, S. 129 f.; *Köstner*, Compliance, S. 144; *Rein*, Ethikrichtlinie, S. 198; *Triskatis*, Ethikrichtlinien, S. 202; *Wagner*, Ethikrichtlinien, S. 137; *Willemsen*, Ethikrichtlinien, S. 253 f.; den deklaratorischen Charakter verkennend *Zander*, Ethikrichtlinien, S. 211 f.; zur arbeitsrechtlichen Verschwiegenheitspflicht allgemein vgl. nur. ErfK/*Preis*, § 611a BGB Rn. 710.

1646 *Dzida*, NZA 2008, 1265 (1268); *Nezmeskal-Berggötz*, CCZ 2009, 209 (211).

1647 *Kagan*, Ethikrichtlinien, S. 75; 128; *Köstner*, Compliance, S. 145; *Mengel*, Compliance, Kap. 2 Rn. 33; *Rein*, Ethikrichtlinie, S. 199; *Triskatis*, Ethikrichtlinien, S. 208; *Wagner*, Ethikrichtlinien, S. 99; *Köhler/Häferer*, GWR 2015, 159 (160); *Reinhard*, NZA 2016, 1233 (1236); implizit *Boldt*, Ethikregeln, S. 167.

1648 *Boldt*, Ethikregeln, S. 163; *Fahrig*, Verhaltenskodex, S. 133; *Schneider*, Compliance, S. 202; *Schulz*, Ethikrichtlinien, S. 181; *Zander*, Ethikrichtlinien, S. 218; *Reinhard*, NZA 2016, 1233 (1234); wohl auch *Köstner*, Compliance, S. 176.

Einfluss auf das Verhalten jedes einzelnen Arbeitnehmers.[1649] Das ist die richtige Begründung dafür, dass es sich beim internen Whistleblowing um Ordnungsverhalten handelt.[1650] Wenn das BAG und Teile der Literatur auf die Bereitstellung eines vereinheitlichten Meldesystems als solchem abstellen,[1651] so ist auf obige Ausführungen zu Methoden der Meldung von Geschenken zu verweisen, die nach hier vertretener Auffassung Arbeitsverhalten darstellen.

Früher wurde vertreten, aus der Mitbestimmungspflichtigkeit der Whistleblowing-Klausel folge die Mitbestimmungspflichtigkeit der gesamten Compliance-Richtlinie, da sich die Whistleblowing-Klausel ja auf alle anderen Klauseln beziehe.[1652]

Nach heute allgemeiner Ansicht sind die Mitbestimmungsrechte des Betriebsrats hingegen für jede Klausel der Richtlinie getrennt zu klären.[1653] In der Honeywell-Entscheidung[1654] hat auch das BAG so entschieden, da die Klauseln einer

---

1649 *Schemmel/Ruhmannseder/Witzigmann*, Hinweisgebersysteme, S. 227 Rn. 216; *Schneider*, Compliance, S. 197; vgl. auch *Boldt*, Ethikregeln, S. 164; *Kagan*, Ethikrichtlinien, S. 140; *Willemsen*, Ethikrichtlinien, S. 255.

1650 Im Ergebnis zutreffend die Mitbestimmungspflicht bejahend: BAG, Beschl. v. 22.07.2008 – 1 ABR 40/07 = NZA 2008, 1248 (1255) [„Honeywell"]; LAG Düsseldorf, Beschl. v. 14.11.2005 – 10 TaBV 46/05 = NZA-RR 2006, 81 (85); *Boldt*, Ethikregeln, S. 164; *Deyhle*, Compliance, S. 141; *Eisenbeis/Nießen*, FS Leinemann, 715; *Fahrig*, Verhaltenskodex, S. 134; *Köstner*, Compliance, S. 176; *Mengel*, Compliance, Kap. 2 Rn. 9; *Rein*, Ethikrichtlinie, S. 197; *Schemmel/Ruhmannseder/Witzigmann*, Hinweisgebersysteme, S. 226 f. Rn. 213; *Schneider*, Compliance, S. 197; *Schulz*, Ethikrichtlinien, S. 181; *Triskatis*, Ethikrichtlinien, S. 225; *Wagner*, Ethikrichtlinien, S. 136 f.; *Willemsen*, Ethikrichtlinien, S. 255; *Reinhard*, NZA 2016, 1233 (1234).

1651 BAG, Beschl. v. 22.07.2008 – 1 ABR 40/07 = NZA 2008, 1248 (1255) [„Honeywell"]; LAG Düsseldorf, Beschl. v. 14.11.2005 – 10 TaBV 46/05 = NZA-RR 2006, 81 (85); *Boldt*, Ethikregeln, S. 165; *Fahrig*, Verhaltenskodex, S. 134; *Fitting*, § 87 Rn. 71; *Kagan*, Ethikrichtlinien, S. 133 f., 139; *Mengel*, Compliance, Kap. 2 Rn. 58; *Rein*, Ethikrichtlinie, S. 197; *Schemmel/Ruhmannseder/Witzigmann*, Hinweisgebersysteme, S. 228 Rn. 217; *Schneider*, Compliance, S. 196 f.; *Schulz*, Ethikrichtlinien, S. 187 f.; *Zander*, Ethikrichtlinien, S. 219; *Kock*, MDR 2006, 673 (675); *ders.*, ZIP 2009, 1406 (1409 f.); *Reinhard*, NZA 2016, 1233 (1235).

1652 LAG Hessen, Beschl. v. 18.01.2007 – 5 TaBV 31/06 = CCZ 2008, 73 (75).

1653 LAG Düsseldorf, Beschl. v. 14.11.2005 – 10 TaBV 46/05 = NZA-RR 2006, 81 (84); *Boldt*, Ethikregeln, S. 153; *Deyhle*, Compliance, S. 132; *Kagan*, Ethikrichtlinien, S. 66, 145; *Köstner*, Compliance, S. 135; *Mengel*, Compliance, Kap. 2 Rn. 3; *Rein*, Ethikrichtlinie, S. 188; *Schneider*, Compliance, S. 181 ff.; *Schulz*, Ethikrichtlinien, S. 125; *Triskatis*, Ethikrichtlinien, S. 171 ff.; *Wagner*, Ethikrichtlinien, S. 86; *Willemsen*, Ethikrichtlinien, S. 250; *Zander*, Ethikrichtlinien, S. 204; *Dzida*, NZA 2008, 1265 (1269); *Kolle/Deinert*, AuR 2006, 177 (182); *Meyer*, NJW 2006, 3605 (3608); *Neufeld/Knitter*, BB 2013, 821 (822); *Schlachter*, FS Richardi, S 1072; *Schuster/Darsow*, NZA 2005, 273 (274); *Steffen/Stöhr*, RdA 2017, 43 (47); *Umnuß*, CCZ 2009, 88 (90); *Wisskirchen/Jordan/Bissels*, DB 2005, 2190 (2190 f.).

1654 BAG, Beschl. v. 22.07.2008 – 1 ABR 40/07 = NZA 2008, 1248 [„Honeywell"].

Compliance-Richtlinie nicht in einem unauflösbaren Gesamtzusammenhang stünden. Auch der Umstand, dass die Whistleblowing-Klausel auf die übrigen Klauseln Bezug nimmt, begründe einen solchen Zusammenhang nicht.[1655] *Wagner* unterstützt dies zutreffend mit der Feststellung, zwischen einem Richtlinien-Verstoß und dessen Meldepflicht könne unterschieden werden.[1656] Praktisch betrachtet kann der Betriebsrat bei der Ausübung seines Mitbestimmungsrechts an der Whistleblowing-Klausel in seine Erwägungen einbeziehen, auf welche Inhalte sich die Meldepflicht bezieht. Ggf. kann er dann fordern, dass bestimmte Verstöße – evtl. solche geringerer Bedeutung – nicht der Meldepflicht unterliegen sollen. Eine Klammerwirkung der Whistleblowing-Klausel ist daher abzulehnen.

Auch die Annahme, Compliance-Richtlinien beträfen deshalb immer das Verhalten der Arbeitnehmer im Betrieb (§ 87 Abs. 1 Nr. 1 BetrVG), weil diese die Richtlinie lesen müssten, geht fehl.[1657] Die Vorschrift betrifft das betriebliche Zusammenleben und erfordert daher ein Verhalten von gewisser Dauer.[1658] Das einmalige Lesen reicht dazu nicht aus. Also ist für jede Klausel einzeln zu beurteilen, ob sich aus § 87 Abs. 1 Nr. 1 BetrVG ein Mitbestimmungsrecht ergibt.

c. *Ordnungsverhalten und Sanktionen*

Des Weiteren umfasst § 87 Abs. 1 Nr. 1 BetrVG auch den Erlass einer Betriebsbußenordnung sowie schließlich die Verhängung darauf gestützter Betriebsbußen.[1659] Wie bereits dargestellt, versteht das BAG unter der „Ordnung des Betriebs" auch deren Durchsetzung.[1660]

Ebenfalls wurde bereits dargestellt, dass Vertragsstrafen (nur) die ordnungsgemäße Erfüllung der arbeitsvertraglichen Pflichten sichern.[1661] Damit ist gleichzeitig festgestellt, dass sie als Arbeitsverhalten nicht unter § 87 Abs. 1 Nr. 1 BetrVG fallen.[1662]

Wer der Meinung folgt, die eine Klammerwirkung der Whistleblowing-Klausel vertritt,[1663] könnte diesen Gedanken auf die Sanktionsklausel, die sich ebenso auf

---

1655 BAG, Beschl. v. 22.07.2008 – 1 ABR 40/07 = NZA 2008, 1248 (1253) [„Honeywell"]; mit zustimmender Anm. *Henssler/Schneider*, RdA 2009, 318 (320).

1656 *Wagner*, Compliance, S. 79.

1657 *Köstner*, Compliance, S. 135; *Wagner*, Ethikrichtlinien, S. 85.

1658 ArbG Wuppertal, Beschl. v. 15.06.2005 – 5 BV 20/05 = NZA-RR 2005, 476 (477 f.); *Köstner*, Compliance, S. 135; *Triskatis*, Ethikrichtlinie, S. 172; *Wagner*, Ethikrichtlinien, S. 85; *Wisskirchen/Jordan/Bissels*, DB 2005, 2190 (2191).

1659 BAG, Beschl. v. 17.10.1989 – 1 ABR 100/88 = NZA 1990, 193 (194); Urt. v. 28.04.1982 – 7 AZR 962/79 = AP § 87 BetrVG 1972 Betriebsbuße Nr. 4; Urt. v. 30.01.1979 – 1 AZR 342/76 = AP § 87 BetrVG 1972 Betriebsbuße Nr. 2; ErfK/*Kania*, § 87 BetrVG Rn. 22.

1660 S.o. F. I. 3. c.

1661 S.o. F. I. 1. d.

1662 A.A. *Köstner*, Compliance, S. 153, der fälschlich die Vertragsstrafe mit der Betriebsbuße gleichsetzt.

1663 S.o. F. II. 2. b.

den kompletten ihr vorstehenden Kodex bezieht, übertragen. Nach hier vertretener Auffassung ist diese Klammerwirkung allerdings schon beim Whistleblowing abzulehnen. Für die Sanktionsklausel gilt schon allein deshalb nichts anderes.[1664] Außerdem regelt eine Sanktionsklausel, die lediglich auf bestehende gesetzliche Rechte hinweist, bloß mitbestimmungsfreies Arbeitsverhalten. Denn sie betrifft nur das (Vertrags-) Verhältnis zwischen Arbeitnehmer und Arbeitgeber.[1665]

3. § 87 Abs. 1 Nr. 6 BetrVG

Whistleblowing über eine Telefonhotline des Arbeitgebers verstehen manche als eine Einrichtung zur Überwachung der Arbeitnehmer und leiten die Mitbestimmungspflicht aus § 87 Abs. 1 Nr. 6 BetrVG ab.[1666] Eine technische Einrichtung ist auch eine heutigen Standards entsprechende Telefonanlage.[1667] Überwachung meint die Erhebung oder Auswertung von Daten.[1668] Dabei muss aber entweder die Erhebung oder aber die Auswertung automatisch durch die Einrichtung erfolgen.[1669] Denn geschützt wird das allgemeine Persönlichkeitsrecht der Arbeitnehmer.[1670]

Eine Hotline, die nur der Übermittlung dient, ersetzt lediglich das persönliche Gespräch des Whistleblowers mit dem Vorgesetzten. Sie steigert selbst nicht die

---

1664 In diesem Sinne auch *Kagan*, Ethikrichtlinien, S. 144 f.

1665 Vgl. GK-BetrVG/*Wiese*, § 87 Rn. 251 f.; *Kagan*, Ethikrichtlinien, S. 144 f.; *Köstner*, Compliance, S. 153; *Mengel*, Compliance, Kap. 2 Rn. 61; Moll/*Dendorfer-Ditges*, § 35 Rn. 53; *Rein*, Ethikrichtlinie, S. 204; *Schneider*, Compliance, S. 204 f.; *Wagner*, Ethikrichtlinien, S. 138; *Willemsen*, Ethikrichtlinien, S. 258 f.; *Zander*, Ethikrichtlinien, S. 219; *Eisenbeis/Nießen*, FS Leinemann, S. 716; *Reinhard*, NZA 2016, 1233 (1237).

1666 *Boldt*, Ethikregeln, S. 170; *Deyhle*, Compliance, S. 148; *Leitner*, Ethik-Richtlinien, S. 193; *Schneider*, Compliance, S. 208 f.; *Willemsen*, Ethikrichtlinien, S. 260 f.; *Zander*, Ethikrichtlinien, S. 221; *Neufeld/Knitter*, BB 2013, 821 (822, 823); wohl auch *Rein*, Ethikrichtlinie, S. 205 f.; einschränkend *Gaschler*, CB 2018, 81 (86).

1667 BAG, Beschl. v. 11.11.1998 – 7 ABR 47/97 = NZA 1999, 947; *Boldt*, Ethikregeln, S. 168; ErfK/*Kania*, § 87 BetrVG Rn. 62; *Fitting*, § 87 Rn. 244 f.; Grobys/Panzer-Heemeier/*Biester*, Mitbestimmung (Betriebsrat) Rn. 40; *Rein*, Ethikrichtlinie, S. 205; implizit *Wagner*, Ethikrichtlinien, S. 137; differenzierend *Deyhle*, Compliance, S. 148; *Gaschler*, CB 2018, 81 (86).

1668 BAG, Beschl. v. 06.12.1983 – 1 ABR 43/81 = NJW 1984, 1476 (1483)[Erhebung]; Beschl. v. 14.09.1984 – 1 ABR 23/82 = NJW 1985, 450 (452)[auch Auswertung]; Hümmerich/Boecken/Düwell/*Welslau*, § 87 BetrVG Rn. 94; *Deyhle*, Compliance, S. 145; *Fitting*, § 87, Rn. 217.

1669 BAG, Beschl. v. 06.12.1983 – 1 ABR 43/81 = NJW 1984, 1476 (1483) [„anonyme technische Ermittlung von Informationen"]; Beschl. v. 14.09.1984 – 1 ABR 23/82 = NJW 1985, 450 (452) [„Auswertung von Verhaltens- und Leistungsdaten mittels einer technischen Einrichtung"]; *Deyhle*, Compliance, S. 147; *Fitting*, § 87, Rn. 218.

1670 ErfK/*Kania*, § 87 Rn. 48; GK-BetrVG/*Wiese/Gutzeit*, § 87 Rn. 510; *Kagan*, Ethikrichtlinien, S. 61; *Mengel*, Compliance, Kap. 2 Rn. 12; *Rein*, Ethikrichtlinie, S. 206; *Schneider*, Compliance, S. 208.

Gefahr für das Persönlichkeitsrecht des Angezeigten. Dasjenige des Whistleblowers wird erst tangiert, wenn – wie heute allerdings üblich[1671] – die Gesprächsdaten vom System aufgezeichnet werden. Eine Hotline, bei der das nicht geschieht, fällt deshalb nicht unter § 87 Abs. 1 Nr. 6 BetrVG.[1672]

4. § 102 Abs. 1 S. 1 BetrVG

Nicht nur bei Beendigungskündigungen, sondern auch bei Änderungskündigungen ist der örtliche Betriebsrat nach § 102 Abs. 1 S. 1 BetrVG zu hören.[1673] Unterbleibt dies, ist die Kündigung nach § 102 Abs. 1 S. 3 BetrVG unwirksam.

5. Mitbestimmungsfreiheit der Abmahnung

Gänzlich mitbestimmungsfrei ist hingegen der Ausspruch einer Abmahnung.[1674] Die Abmahnung wird von keinem Mitbestimmungstatbestand erfasst.[1675]

Da sie sich lediglich im Verhältnis des jeweiligen Arbeitnehmers zum Arbeitgeber auswirkt, fällt sie nach ganz h.M. als Arbeitsverhalten auch nicht unter § 87 Abs. 1 Nr. 1 BetrVG.[1676] Erst wenn eine Erklärung des Arbeitgebers gegenüber dem Arbeitnehmer über die Androhung der Kündigung hinaus einen Strafcharakter

---

1671 *Boldt*, Ethikregeln, S. 170; *Deyhle*, Compliance, S. 148; *Kagan*, Ethikrichtlinien, S. 63; *Leitner*, Ethik-Richtlinien, S. 193; *Zander*, Ethikrichtlinien, S. 221.

1672 *Boldt*, Ethikregeln, S. 169; *Deyhle*, Compliance, S. 148; *Kagan*, Ethikrichtlinien, S. 63; *Köstner*, Compliance, S. 177; *Schemmel/Ruhmannseder/Witzigmann*, Hinweisgebersysteme, S. 229 f. Rn. 220; *Triskatis*, Ethikrichtlinien, S. 225 f.; *Wagner*, Compliance, S. 92, 137; *ders.*, Ethikrichtlinien, S. 137; *Willemsen*, Ethikrichtlinien, S. 260; *Zander*, Ethikrichtlinien, S. 221; *Behrend/Kaufmann*, CR 2006, 642 (645); *Fahrig*, NJOZ 2010, 975 (979); *Kock*, MDR 2006, 673 (676); *Mengel*, CCZ 2008, 85 (90); *Mengel/Hagemeister*, BB 2006, 1386 (1392); *Neufeld/Knitter*, BB 2013, 821 (823); *Wisskirchen/Jordan/Bissels*, DB 2005, 2190 (2192).

1673 BAG, Urt. v. 29.03.1990 – 2 AZR 420/89 = NZA 1990, 894; Urt. v. 12.08.2010 – 2 AZR 945/08 = NZA 2011, 460 (462); APS/*Koch*, § 102 BetrVG Rn. 27; ErfK/*Kania*, § 102 BetrVG Rn. 1; Hümmerich/Boecken/Düwell/*Kühnreich*, § 102 BetrVG Rn. 3; Richardi/*Thüsing*, § 102 Rn. 12.

1674 BAG, Beschl. v. 17.09.2013 – 1 ABR 26/12 = NZA 2014, 269 (270); Beschl. v. 17.10.1989 – 1 ABR 100/88 = NZA 1990, 193 (195); Urt. v. 30.01.1979 – 1 AZR 342/76 = AP § 87 BetrVG 1972 Betriebsbuße Nr. 2; Beschl. v. 23.10.1984 – 1 AZR 126/81 = AP BetrVG 1972 § 87 Betriebsbuße Nr. 6; *Böhm*, Non-Compliance, S. 232 f.; *Fitting*, § 87 Rn. 65, 82; MüHdbArbR/*Matthes*, § 243 Rn. 24; *Rein*, Ethikrichtlinie, S. 204; Schaub/*Linck*, § 132 Abmahnung, Rn. 32; *Schneider*, Compliance, S. 90; *Wagner*, Ethikrichtlinien, S. 138; *Walker*, FS Kissel, S. 1207 (1223); *Neumann/Hampe*, DB 2014, 1258 (1260); *Reinhard*, NZA 2016, 1233 (1239).

1675 *Böhm*, Non-Compliance, S. 233; Grobys/Panzer-Heemeier/*Regh*, Abmahnung Rn. 27.

1676 *Rein*, Ethikrichtlinie, S. 204; *v. Hoyningen-Huene*, RdA 1990, 193 (202).

annimmt, kann eine mitbestimmungspflichtige Betriebsbuße vorliegen.[1677] Das setzt voraus, dass das gerügte Verhalten einen Verstoß gegen Ordnungsverhalten darstellt. Da aber auch die Einhaltung der betrieblichen Ordnung zu den arbeitsvertraglichen Pflichten des Arbeitnehmers gehört, besteht zwischen den Anknüpfungspunkten der Abmahnung und der Betriebsbuße eine Schnittmenge.[1678] Damit die Abmahnung nicht die Mitbestimmung bei der Betriebsbuße teilweise aushebeln kann, vertritt *Pfarr* gegen das BAG eine Erstreckung des Mitbestimmungsrechts: § 87 Abs. 1 Nr. 1 BetrVG solle auch auf solche Abmahnungen Anwendung finden, die Ordnungsverhalten rügen.[1679] Das Gegenargument hierzu hat aber das BAG selbst gegeben: § 102 Abs. 1 S. 1 BetrVG zeigt, dass der Betriebsrat nach dem Willen des Gesetzgebers vor Kündigungen nur ein Anhörungsrecht haben soll. § 87 Abs. 1 BetrVG gäbe ihm aber ein volles Mitbestimmungsrecht an der Kündigungsvoraussetzung Abmahnung.[1680]

§ 102 Abs. 1 S. 1 BetrVG wiederum wird seinerseits als abschließend erachtet und daher ebenfalls nicht auf die der Kündigung vorgeschaltete Abmahnung erstreckt.[1681] Zwar lässt sich die Abmahnung als erster Schritt auf dem Weg zu einer verhaltensbedingten Kündigung begreifen. Grund für das Anhörungserfordernis in § 102 Abs. 1 S. 1 BetrVG ist allerdings die drohende Entlassung des Arbeitnehmers mit der Folge der Erwerbslosigkeit. Ob aber jemals eine Kündigung erfolgen wird, steht bei Ausspruch einer Abmahnung noch gar nicht fest.[1682] Dass bereits eine Abmahnung erteilt wurde, muss dem Betriebsrat also erst dann mitgeteilt werden, wenn im unmittelbaren Vorfeld des Ausspruchs einer Kündigung die Anhörung nach § 102 Abs. 1 S. 1 BetrVG durchgeführt wird.[1683]

1677 BAG, Beschl. v. 17.10.1989 – 1 ABR 100/88 = AP BetrVG 1972 § 87 Betriebsbuße Nr. 12; Urt. v. 05.02.1986 – 5 AZR 564/84 = NZA 1986, 782 (783); Urt. v. 30.01.1979 – 1 AZR 342/76 = AP BetrVG 1972 § 87 Betriebsbuße Nr. 2; Küttner/*Kreitner*, Stichwort Betriebsbuße Rn 3.

1678 *Pflaum*, Abmahnung, S. 257; vgl. auch BAG, Beschl. v. 17.10.1989 – 1 ABR 100/88 = AP BetrVG 1972 § 87 Betriebsbuße Nr. 12; Urt. v. 30.01.1979 – 1 AZR 342/76 = AP BetrVG 1972 § 87 Betriebsbuße Nr. 2.

1679 *Pfarr*, Anm. zu BAG, Urt. v. 30.01.1979 – 1 AZR 342/76, AP BetrVG 1972 § 87 Betriebsbuße Nr. 2.

1680 BAG, Beschl. v. 17.10.1989 – 1 ABR 100/88 = AP BetrVG 1972 § 87 Betriebsbuße Nr. 12; Urt. v. 30.01.1979 – 1 AZR 342/76 = AP BetrVG 1972 § 87 Betriebsbuße Nr. 2; ebenso *Böhm*, Non-Compliance, S. 233; *Pflaum*, Abmahnung, S. 257.

1681 BAG, Beschl. v. 17.09.2013 – 1 ABR 26/12 = NZA 2014, 269 (270); *Böhm*, Non-Compliance, S. 233; *Schiefer*, DB 2013, 1785 (1789 f.); vgl. auch *Neumann/Hampe*, DB 2014, 1258 (1260).

1682 *Koffka*, Abmahnung, S. 122; vgl. *Pflaum*, Abmahnung, S. 264.

1683 BAG, Beschl. v. 17.09.2013 – 1 ABR 26/12 = NZA 2014, 269 (270); Düwell/*Braasch*, § 102 Rn. 64; Grobys/Panzer-Heemeier/*Regh*, Stichwort Abmahnung Rn. 27; *Hauer*, Abmahnung, S. 149 f.; vgl. *Pflaum*, Abmahnung, S. 265, 269.

Eine Sanktionsklausel, die sich lediglich auf einzelne Pflichten bezieht, hat mit der Abmahnung die rein faktische Warnfunktion gemeinsam.[1684] Sie ist daher mitbestimmungsrechtlich ebenso irrelevant wie die Abmahnung.[1685] Dass in ihr eine Auswahlentscheidung liegt, welche Klauseln der Richtlinie der Arbeitgeber für besonders wichtig hält, ändert nichts daran, dass bezüglich dieser Klauseln lediglich bestehende gesetzliche Instrumentarien (insbes. die Kündigung) in Aussicht gestellt werden. Und soweit diese Sanktionsklausel eine Kündigung vorbereitet, indem sie eine Abmahnung entbehrlich macht („vorwegnimmt"),[1686] greift § 102 Abs. 1 S. 1 BetrVG ebenso wenig wie bei einer Abmahnung.

6. Fazit

Bei jeder Klausel der Compliance-Richtlinie ist getrennt zu prüfen, ob an ihr Mitbestimmungsrechte des Betriebsrats bestehen. Die Frage ist von höchster Praxisrelevanz, denn die Missachtung der Mitbestimmung macht die Klausel unwirksam. Für den Ausspruch einer Abmahnung ist das Thema aber irrelevant, denn er unterliegt keinem Mitbestimmungstatbestand. Für die typische Sanktionsklausel, die sich auf die Wiederholung gesetzlicher Rechte beschränkt, gilt das gleiche und zwar unabhängig davon, ob sich die Sanktionsklausel auf die gesamte Richtlinie oder nur auf einzelne Klauseln bezieht. Selbst wenn im letzteren Fall eine Abmahnung „vorweggenommen" wird, hat der Betriebsrat an der Sanktionsklausel kein Mitbestimmungsrecht.

III. Fazit zur Einführung von Compliance-Richtlinien mit Sanktionsklauseln

Die typische deklaratorische Sanktionsklausel lässt sich also ohne individualrechtliche Hürden und ohne Mitbestimmung einführen. Über die deklaratorische Sanktionsklausel hinaus gibt es in Form der Vertragsstrafe (bei Arbeitsverhalten) und der Betriebsbuße (bei Ordnungsverhalten) interessante Gestaltungsmöglichkeiten. Im Zusammenhang mit Compliance-Richtlinien wird von diesen Möglichkeiten aber typischerweise kein Gebrauch gemacht. Sie bleiben daher Anekdoten. Allein praxisrelevant bleiben damit die gesetzlichen Sanktionsmöglichkeiten und dabei insbesondere die Kündigung. Sie soll daher nachfolgend betrachtet werden.

1684 S.u. G. II. 2. c. dd.
1685 So schon zur allgemeinen Sanktionsklausel oben F. II. 2. c.
1686 S.u. G. II. 2. c. dd.

G. Kündigung gestützt auf Richtlinienverstoß

Die Kündigung ist der Schleifstein, der das Schwert der Compliance-Richtlinie scharf macht. Denn Untersuchungen zeigen, dass sich Menschen nicht aus moralischen oder rechtlichen Erwägungen heraus disziplinieren lassen. Erst die Gefahr konkreter Folgen bei Fehlverhalten bringt also einen Arbeitnehmer dazu, die Richtlinie einzuhalten.[1687] Diese faktische Wirkung tritt unabhängig von der rechtlichen Wertung ein, dass die Kündigung nicht Sanktions-, sondern Präventionscharakter hat.[1688] Da Compliance im Unternehmen nur hergestellt werden kann, wenn die Belegschaft mitmacht, ist die Kündigung damit eine Methode der Unternehmensleitung in Ausführung ihrer Compliance-Pflicht.[1689]

Die Kündigung eines Arbeitsverhältnisses unterliegt im deutschen Recht indes engen Schranken. Zu beachten ist jedenfalls der allgemeine Kündigungsschutz nach dem KSchG. Für bestimmte Personengruppen gilt zudem ein erhöhter Sonderkündigungsschutz (z.B. Betriebsratsmitglieder, § 15 Abs. 1 S. 1 KSchG i.V.m. § 103 Abs. 1 BetrVG). Leitende Angestellte wiederum sind vom allgemeinen Kündigungsschutz faktisch ausgeschlossen. Für sie bleibt es bei einem bloßen Abfindungsschutz nach § 14 Abs. 2 KSchG.[1690] Denn nach dieser Norm unterliegt bei ihnen der Auflösungsantrag des Arbeitgebers gem. § 9 Abs. 1 S. 2 KSchG keinem Begründungserfordernis.[1691] Der Schwerpunktsetzung dieser Arbeit folgend, wird nachstehend ausschließlich der allgemeine Kündigungsschutz, der für den „normalen" Arbeitnehmer gilt, thematisiert.

I. Voraussetzungen der Kündigung wegen Richtlinienverstoßes

Bei Kündigungen unterscheidet man allgemein die ordentliche (fristgemäße[1692]) von der außerordentlichen (grds. fristlosen[1693]) Kündigung. Diese beiden Fälle sind im Folgenden zu trennen.

1687 Vgl. *Böhm*, Non-Compliance, S. 219; *Schneider*, Compliance, S. 228 f.

1688 S.u. G. I. 1. c. cc. und G. I. 2. b. dd.

1689 S.u. H.

1690 APS/*Biebl*, § 14 KSchG Rn. 4; *Kolbe*, NZA 2009, 228; vgl. auch v. Hoyningen-Huene/Linck/Krause/ *v. Hoyningen-Huene*, § 14 Rn. 31ff.

1691 Vgl. hierzu BAG, Urt. v. 19.04.2012 – 2 AZR 186/11 = NZA 2013, 27 (29 f.)

1692 Statt aller Moll/*Vossen*, § 43 Rn. 1.

1693 Statt aller Moll/*Reinartz*, § 44 Rn. 2.

Gemein ist beiden Fällen der Einstieg der Darstellung: In beiden Fällen muss zunächst ein Kündigungsgrund bestehen.[1694] Ein Verstoß gegen eine Richtlinienklausel scheidet an dieser Stelle *a priori* aus, wenn die Klausel den zuvor genannten rechtlichen Rahmen sprengt, also aus individual- oder kollektivrechtlichen Gründen unwirksam ist.[1695] Ebenso scheiden Sachverhalte aus, für die vertraglich die Kündigung ausgeschlossen wurde, was in der Praxis etwa bei Compliance-Officern[1696] oder Internal Investigations[1697] stattfindet.

1. Ordentliche Kündigung

Will der Arbeitgeber einem Arbeitnehmer ordentlich kündigen, so ist der Kündigungsgrund Voraussetzung dafür, dass die Kündigung sozial gerechtfertigt ist, § 1 Abs. 2 KSchG.[1698] Die soziale Rechtfertigung ist wiederum Wirksamkeitsvoraussetzung der Kündigung, § 1 Abs. 1 KSchG. Als Kündigungsgründe nennt § 1 Abs. 2 KSchG die personenbedingte, die verhaltensbedingte und die betriebsbedingte Kündigung.

a. Personenbedingte Kündigung

Personenbedingt kann dem Arbeitnehmer gekündigt werden, wenn er aus Gründen in seiner Person nicht mehr geeignet ist, die geschuldete Tätigkeit auszuüben.[1699] Anders als bei der verhaltensbedingten Kündigung geht es um Fälle, in denen der Arbeitnehmer den Mangel an Eignung selbst nicht mehr ändern kann.[1700]

aa. Compliance-Verstöße als personenbedingte Kündigungsgründe

Ein Fall aus dem Bereich Compliance ist etwa der eines Chefarztes eines Krankenhauses in der Trägerschaft der katholischen Kirche, der sich von seiner Frau scheiden ließ und wenige Jahre später erneut heiratete.[1701] Nach katholischem Kirchenrecht ist eine solche Wiederheirat ungültig.[1702] Gem. Art. 5 Abs. 5 S. 2 der Arbeitsverhältnisse-Grundordnung der Katholischen Kirche scheidet eine Weiterbeschäftigung

---

1694 Statt aller MüHdbArbR/*Richardi*, § 328 Rn. 21.

1695 *Rein*, Ethikrichtlinie, S. 276; *Hey/Christ*, MPR 2010, 189 (191); *Schröder/Schreier*, BB 2010, 2565 (2565, 2568); für Fälle unterlassener Mitbestimmung *Wisskirchen/Jordan/Bissels*, DB 2005, 2190 (2193).

1696 Dafür plädieren etwa *Krieger/Günther*, NZA 2010, 367 (371); *Illing/Umnuß*, CCZ 2009, 1 (6).

1697 *Schürrle/Olbers*, CCZ 2010, 178 (181 f.); *Stück*, MDR 2014, 1117 (1121).

1698 Vgl. auch MüHdbArbR/*Richardi*, § 328 Rn. 21.

1699 BAG, Urt. v. 08.09.2011 – 2 AZR 543/10 = NZA 2012, 443 (445); Moll/*Vossen*, § 43 Rn. 446; MüKo-BGB/*Hergenröder*, § 1 KSchG Rn. 123.

1700 Moll/*Vossen*, § 43 Rn. 447; MüKo-BGB/*Hergenröder*, § 1 KSchG Rn. 125.

1701 BAG, Urt. v. 08.09.2011 – 2 AZR 543/10 = NZA 2012, 443 (444).

1702 BAG, Urt. v. 08.09.2011 – 2 AZR 543/10 = NZA 2012, 443 (444).

eines kirchlichen Mitarbeiters nach Abschluss einer nach dem Glaubensverständnis und der Rechtsordnung der Kirche ungültigen Ehe jedenfalls dann aus, wenn sie unter öffentliches Ärgernis erregenden oder die Glaubwürdigkeit der Kirche beeinträchtigenden Umständen geschlossen wird. Zu der hierauf gestützten Kündigung des Arbeitnehmers hat das BAG selbst offen gelassen, ob dies wirklich eine personenbedingte und nicht vielmehr eine verhaltensbedingte Kündigung war.[1703] Allerdings hat das Gericht in der Vergangenheit in vergleichbaren Fällen die personenbedingte Kündigung angenommen,[1704] so etwa beim Kirchenaustritt eines in einer Einrichtung der Caritas beschäftigten Sozialpädagogen.[1705]

Ebenso personenbedingt wäre die Kündigung von Anlageberatern, nachdem die BaFin dessen Arbeitgeber gemäß § 87 Abs. 6 S. 1 Nr. 1 WpHG (bis 03.01.2018: § 34d Abs. 4 S. 1 WpHG a.F.) die Weiterbeschäftigung verboten hat.[1706] § 34d WpHG wurde in Reaktion auf die Finanzkrise im Jahre 2011 durch das AnsFuG eingefügt.[1707] Nach § 87 Abs. 6 S. 1 Nr. 1 WpHG kann die BaFin einem Wertpapierdienstleistungsunternehmen untersagen, einen Arbeitnehmer als Anlageberater zu beschäftigen, wenn davon auszugehen ist, dass diesem die nach § 87 Abs. 1 S. 1 und Abs. 2 S. 1 für die Tätigkeit erforderliche Sachkunde und Zuverlässigkeit verfügt. Durch das Verbot verliert der jeweilige Arbeitnehmer grds. die Eignung für diese Tätigkeit.[1708] Allerdings muss zudem davon auszugehen sein, dass der Mangel der Eignung für einen erheblichen Zeitraum anhalten wird.[1709] Denn die personenbedingte Kündigung fordert eine negative Zukunftsprognose.[1710] Und selbst wenn das Verbot einen solchen erheblichen Zeitraum umfassen sollte, muss der Arbeitnehmer nach § 1 Abs. 2 Nr. 1 b) KSchG soweit möglich an einem anderen Arbeitsplatz in demselben Betrieb oder in einem anderen Betrieb des Unternehmens

---

1703 BAG, Urt. v. 08.09.2011 – 2 AZR 543/10 = NZA 2012, 443 (444); die Interessenabwägung des BAG, nach der der Kündigung unwirksam sei, weil das durch Art. 8, 12 EMRK beschützte Interesse des Arbeitnehmers an seiner neuen Ehe das kirchliche Selbstverwaltungsrecht überwiege, ist verfassungswidrig, BVerfG, Beschl. v. 22.10.2014 – 2 BvR 661/12 = NZA 2014, 1387 (1400).

1704 *Plum*, RdA 2012, 373 (374) m.w.N.; dort etwa als repräsentatives Beispiel aufgeführt BAG, Urt. v. 31.10.1984 – 7 AZR 232/83 = NZA 1985, 215.

1705 BAG, Urt. v. 25.04.2013 – 2 AZR 579/12 = NZA 2013, 1131 (1132).

1706 *Eufinger*, RdA 2017, 223 (228); *Heitmann*, RdA 2017, 166 (167); *Rößler/Yoo*, BKR 2011, 377 (382).

1707 *Heitmann*, RdA 2017, 166 (166); *Rößler/Yoo*, BKR 2011, 377.

1708 *Heitmann*, RdA 2017, 166 (166); *Rößler/Yoo*, BKR 2011, 377 (382); vgl. auch *Rolf/Waskowski*, CB 2016, 479 (483); allgemein zur personenbedingte Kündigung nach behördlichem Beschäftigungsverbot APS/*Vossen*, § 1 KSchG Rn. 246.

1709 BAG, Urt. v. 24.03.2011 – 2 AZR 790/09 = NZA 2011, 1084 (1084 f.); *Heitmann*, RdA 2017, 166 (168); *Rößler/Yoo*, BKR 2011, 377 (382).

1710 LAG Nürnberg, Urt. v. 21.06.2006 – 4 (9) Sa 933/05 = NZA-RR 2007, 75; APS/*Vossen*, § 1 KSchG Rn. 139; ErfK/*Oetker*, § 1 KSchG Rn. 105; Hümmerich/Boecken/Düwell/*Holthausen*, § 1 KSchG Rn. 217; MüKo-BGB/*Hergenröder*, § 1 KSchG Rn. 127.

weiterbeschäftigt werden. Daher wird in solchen Fällen die personenbedingte Kündigung häufig doch nicht möglich sein.[1711]

Möglich ist die personenbedingte Kündigung beim Verlust der Fahrerlaubnis eines Berufskraftfahrers[1712] oder bei mehrjähriger Haftstrafe.[1713] Wie das BAG entschied, muss der Arbeitgeber sich nicht auf die vage Hoffnung einlassen, in einigen Jahren den Arbeitnehmer (z.B. wegen Überführung des Arbeitnehmers in den offenen Vollzug) wieder einsetzen zu können.[1714]

Nach diesem Überblick lässt sich konstatieren, dass die personenbedingte Kündigung im allgemeinen Themenkreis Compliance durchaus eine gewisse Rolle spielt. Allerdings besteht kein unmittelbarer Zusammenhang mit der Verletzung einer Compliance-Richtlinie.[1715] Ein mittelbarer Zusammenhang besteht allerdings insofern, als einige der typischerweise in Compliance-Richtlinien geregelten Themen gleichzeitig bis hin zur Freiheitsstrafe strafbewehrt sind.[1716] Diese Freiheitsstrafe wiederum kann – wie beschrieben – die personenbedingte Kündigung rechtfertigen.[1717]

bb. Sonderfall Verdachtskündigung

Einen unmittelbaren Zusammenhang zwischen Richtlinienverstößen und personenbedingter Kündigung stellt die sog. Verdachtskündigung her. Sie wird von der wohl h.L. als Unterfall der personenbedingten Kündigung eingeordnet.[1718]

Die Kündigung wegen eines dem Arbeitnehmer vorgeworfenen Fehlverhaltens erfordert nicht, dass der Arbeitgeber dem Arbeitnehmer das Fehlverhalten beweist. Für ihn greift – entgegen mancher öffentlicher Wahrnehmung – keine Unschuldsvermutung.[1719] Vielmehr kann die Kündigung nach ständiger Rechtsprechung des BAG bereits auf den dringenden Verdacht eines kündigungsrelevanten

---

1711 *Rößler/Yoo*, BKR 2011, 377 (382).

1712 St. Rspr., siehe nur BAG, Urt. v. 05.06.2008 – 2 AZR 984/06 = AP BGB § 626 Nr. 212; LAG Schleswig-Holstein, Beschl. v. 03.07.2014 – 5 Sa 27/14 = NZA-RR 2014, 582; APS/*Vossen*, § 1 KSchG Rn. 246; Schaub/*Linck*, § 131 Rn. 21, § 127 Rn. 102.

1713 BAG, Urt. v. 24.03.2011 – 2 AZR 790/09 = NZA 2011, 1084 (1084 f.); ErfK/*Oetker*, § 1 KSchG Rn. 172; Moll/*Vossen*, § 43 Rn. 497; Schaub/*Linck*, § 131 Rn. 30.

1714 BAG, Urt. v. 24.03.2011 – 2 AZR 790/09 = NZA 2011, 1084 (1086).

1715 Vgl. *Böhm*, Non-Compliance, S. 245; *Deyhle*, Compliance, S. 160; *Lelley*, Compliance, S. 62 f. Rn. 132; unter abstrakter Beschreibung des Ausnahmefalls von Religionskonflikten auch *Rein*, Ethikrichtlinie, S. 261 f.

1716 *Böhm*, Non-Compliance, S. 245; *Deyhle*, Compliance, S. 161.

1717 Im Ergebnis ebenso *Böhm*, Non-Compliance, S. 245; *Deyhle*, Compliance, S. 161.

1718 BeckOK-ArbR/*Rolfs*, § 1 KSchG Rn. 194 m.w.N.; *Deyhle*, Compliance, S. 163; Gallner/Mestwerdt/Nägele/*Denecke*, § 1 KSchG Rn. 630; KR/*Griebeling*/*Rachor*, § 1 KSchG Rn 393a; vgl. zudem Däubler/Hjort/Schubert/Wolmerath/*Bufalica*/*Roos*, § 1 KSchG Rn. 182; *Schulz*, ArbRAktuell 2016, 365 (366); a.A. *Boldt*, Ethikregeln, S. 298; Schaub/*Linck*, § 133 Rn. 1; siehe auch unten G. I. 1. a. bb.

1719 *Schulz*, ArbRAktuell 2016, 365 (365, 366).

Fehlverhaltens im vorgenannten Sinne gestützt werden.[1720] Im Bereich Compliance kann ein Verdacht etwa entstehen, wenn sich ein Arbeitnehmer im Rahmen von *internal investigations* weigert, seiner Auskunftspflicht nachzukommen[1721] oder die Ermittlungen nicht genau aufdecken, wer aus einer Gruppe von Verdächtigen welchen Beitrag geleistet hat.[1722] Das BAG stützt seine Rechtsprechung auf den Vertrauensverlust, der schon dadurch eintritt, dass ein entsprechender Vorwurf im Raume steht.[1723] Weitere Voraussetzungen die vollständige Ausermittlung der Tatsachengrundlage durch den Arbeitgeber und Anhörung des Arbeitnehmers.[1724]

Allerdings hat das BAG noch zudem entschieden, dass die Verdachtskündigung im Anwendungsbereich des KSchG auch als ordentliche Kündigung nur dann wirksam ist, wenn auch die Voraussetzungen für eine außerordentliche, fristlose Kündigung vorgelegen hätten.[1725] Denn ist dem Arbeitgeber die Weiterbeschäftigung des Arbeitnehmers bis zum Ablauf einer Kündigungsfrist zumutbar, dann ist sie ihm auch zumutbar, bis feststeht, ob sich die Verdachtsmomente erhärten.[1726]

Da die Verdachtskündigung daher inhaltlich als außerordentliche Kündigung zu qualifizieren ist, kann zum einen auf die zur außerordentlichen Kündigung erfolgenden Ausführungen verwiesen werden.[1727] Zum anderen kann es für den Themenkomplex der Compliance-Richtlinien bei der Feststellung verbleiben, dass Verstöße nicht notwendig nachgewiesen werden müssen. Da die Richtlinie an den inhaltlichen Anforderungen der Verdachtskündigung nichts ändert, unterbleibt eine weitere Darstellung.

b. Betriebsbedingte Kündigung/Druckkündigung

Betriebsbedingt kann dem Arbeitnehmer gekündigt werden, wenn infolge einer unternehmerischen Entscheidung sein Arbeitsplatz weggefallen ist.[1728] Zudem darf nach dem allgemeinen § 1 Abs. 2 Nr. 1 b) KSchG auch hier keine andere Weiterbeschäftigungsmöglichkeit im Unternehmen gegeben sein.[1729] Ein solcher

---

1720 BAG, Urt. v. 21.11.2013 – 2 AZR 797/11 = NZA 2014, 243 (244); Urt. v. 20.06.2013 – 2 AZR 546/12 = NZA 2014, 143 (145); Urt. v. 21.06.2012 – 2 AZR 694/11 = NZA 2013, 199 (200); vgl. auch den Rechtsprechungsüberblick bei BeckOK-ArbR/*Rolfs*, § 1 KSchG Rn. 193.

1721 *Göpfert/Merten/Siegrist*, NJW 2008, 1703 (1707); zur Auskunftspflicht s.o. C. II. 6. a.

1722 Vgl. *Bissels/Lützeler*, BB 2012, 189 (192).

1723 BAG, Urt. v. 20.06.2013 – 2 AZR 546/12 = NZA 2014, 143 (145); Urt. v. 21.06.2012 – 2 AZR 694/11 = NZA 2013, 199 (200).

1724 Statt aller BeckOK-ArbR/*Rolfs*, § 1 KSchG Rn. 205 f., 207 f.; *Schulz*, ArbRAktuell 2016, 365 (365).

1725 BAG, Urt. v. 21.11.2013 – 2 AZR 797/11 = NZA 2014, 243 (246).

1726 Vgl. BAG, Urt. v. 21.11.2013 – 2 AZR 797/11 = NZA 2014, 243 (245).

1727 S.u. G. I. 2.

1728 Statt aller MüKo-BGB/*Hergenröder*, § 1 KSchG Rn. 286 ff.

1729 Statt aller MüKo-BGB/*Hergenröder*, § 1 KSchG Rn. 303 ff.

Fall wird in der Literatur etwa angenommen, wenn Geschäftspartner, Kunden, Kollegen etc. ohne dass ein sonstiger Kündigungsgrund vorläge, die Entlassung eines Mitarbeiters verlangen, der einen Compliance-Verstoß begangen hat („echte Druckkündigung").[1730] Aber spezifisch in Bezug auf Compliance-Richtlinien wird der Fall einer betriebsbedingten Kündigung – von der betriebsbedingten Änderungskündigung zur Einführung einer Richtlinie[1731] einmal abgesehen – eher nicht vorliegen.[1732] Eine Ausnahme bildet ein Kündigungsverlangen des Betriebsrats gem. § 104 S. 1 BetrVG. Nach dieser Norm kann der Betriebsrat vom Arbeitgeber die Entlassung eines Arbeitnehmers verlangen, der durch „gesetzwidriges Verhalten" den Betriebsfrieden wiederholt ernstlich gestört hat. Das berechtigte Verlangen bildet einen ordentlichen betriebsbedingten Kündigungsgrund.[1733] Unter „gesetzwidriges Verhalten" lässt sich zwar nicht der bloße Verstoß gegen den Arbeitsvertrag, sehr wohl aber derjenige gegen eine Betriebsvereinbarung fassen.[1734] Insofern kann auch der Verstoß gegen eine Compliance-Richtlinie darunter fallen. Allerdings ist fraglich, inwiefern ein Verstoß gegen die Richtlinie den Betriebsfrieden stören kann. Soweit dies – etwa bei Mobbing[1735] – der Fall ist, ist regelmäßig auch ein verhaltensbedingter Kündigungsgrund gegeben.[1736] Der betriebsbedingten Kündigung soll daher an dieser Stelle nicht weiter nachgegangen werden.

c. *Verhaltensbedingte Kündigung*

Bei Verstößen gegen die bereits implementierte Richtlinie, kommt hingegen nur die verhaltensbedingte Kündigung in Betracht.[1737]

1730 *Eufinger*, RdA 2017, 223 (228); zur Druckkündigung nach Compliance-Verstößen *Deyhle*, Compliance, S. 165 ff.; *Benecke/Groß*, BB 2015, 693 (693); *Rolf/ Waskowski*, CB 2016, 479 (483); zur Druckkündigung als betriebsbedingter Kündigung MüKo-BGB/*Hergenröder*, § 1 KSchG Rn. 245, 326; insoweit ablehnend allerdings *Deyhle*, Compliance, S. 162.

1731 S.o. F. I. 1. c. bb.

1732 *Deyhle*, Compliance, S. 162 ; *Lelley*, Compliance, S. 62 Rn. 134; *Rein*, Ethikrichtlinie, S. 262; vgl. *Böhm*, Non-Compliance, S. 260.

1733 BAG, Urt. v. 28.03.2017 – 2 AZR 551/16 = NZA 2017, 985 (986).

1734 ErfK/*Kania*, § 104 BetrVG Rn. 2; Richardi/*Thüsing*, § 104 Rn. 3.

1735 Vgl. BAG, Beschl. v. 14.01.2015 – 7 ABR 95/12 = NZA 2015, 632 (634), wo die Anwendbarkeit von § 104 BetrVG auf Fälle des Mobbings bejaht wird.

1736 Siehe etwa zur sexuellen Belästigung nur LAG Niedersachsen, Urt. v. 25.11.2008 – 1 Sa 547/08 = NZA-RR 2009, 249 (251).

1737 *Jerusalem*, Compliance, S. 249 f., 252; *Rein*, Ethikrichtlinie, S. 262; *Schneider*, Compliance, S. 229; vgl. auch *Böhm*, Non-Compliance, S. 242; *Lelley*, Compliance, S. 219 Rn. 622; *Mengel*, Compliance, Kap. 5 Rn. 5; *Schmidt*, Compliance, S. 222; *Zander*, Ethikrichtlinien, S. 140; *Eisenbeis/Nießen*, FS Leinemann, S. 719.

aa. Kündigungsrelevantes Verhalten

Das Gesetz definiert nicht, was „Gründe, die [...] in dem Verhalten des Arbeitnehmers liegen" (§ 1 Abs. 2 S. 1 KSchG) sein sollen.[1738] In Abgrenzung von den personenbedingten Kündigungsgründen wird in Rechtsprechung und Literatur verlangt, dass es ein „steuerbares Verhalten" ist, also ein solches, das der Arbeitnehmer mit seinem Willen beeinflussen kann.[1739] Zur weiteren Konkretisierung vertrat das BAG ursprünglich die „Berührungstheorie", nach der ein Verhalten kündigungsrelevant war, wenn es „das Arbeitsverhältnis konkret beeinträchtigt".[1740] Dann allerdings kritisierte *Preis* ab Ende der 1980er Jahre diese Rechtsprechung, da die bloße Berührung auch weit vom Arbeitsverhältnis entfernte außerbetriebliche Verhaltensweisen noch zu Kündigungsgründen erkläre, sofern man sie nur irgendwie mit dem Arbeitsverhältnis gedanklich in Verbindung bringen kann.[1741] Das BAG nahm diese Kritik 1991 in einer Entscheidung deutlich zur Kenntnis, konnte die Frage aber offen lassen.[1742] *Preis* sprach sich damals dafür aus, ein Verhalten des Arbeitnehmers solle genau dann kündigungsrelevant sein, wenn es eine Vertragspflicht verletzt.[1743] Ohne die alte Rechtsprechung jemals ausdrücklich aufzugeben,[1744] ist das BAG der Ansicht von *Preis* gefolgt: In neueren Entscheidungen definierte das BAG das kündigungsrelevante Verhalten in der Art, dass „insbesondere" eine Verletzung vertraglicher Pflichten darunter falle.[1745] In der neuesten Rechtsprechung definiert das BAG den verhaltensbedingten Kündigungsgrund nun auch uneingeschränkt mit der Verletzung „der vertraglichen Haupt- und Nebenpflichten".[1746] Das umfasst sämtliche Pflichten, die den Arbeitnehmer aus dem Arbeitsverhältnis treffen,[1747] gleich ob sich diese aus dem Vertrag selbst, diesen konkretisierenden

---

1738 APS/*Vossen*, § 1 KSchG Rn. 265; Däubler/Hjort/Schubert/Wolmerath/*Markowski*, § 1 KSchG Rn. 221; MüKo-BGB/*Hergenröder*, § 1 KSchG Rn. 190.

1739 BAG, Urt. v. 03.11.2011 – 2 AZR 748/10 = NZA 2012, 607 (608); ErfK/*Oetker*, § 1 KSchG Rn. 188; v. Hoyningen-Huene/Linck/Krause/*Krause*, § 1 Rn. 313, 488; KR/*Griebeling/Rachor*, § 1 KSchG Rn. 267; MüKo-BGB/*Hergenröder*, § 1 KSchG Rn. 125, 190; SPV/*Preis*, § 2 Rn. 1197.

1740 BAG, Urt. v. 16.08.1991 – 2 AZR 604/90 = NZA 1993, 17 (19) m.w.N.; MüKo-BGB/*Hergenröder*, § 1 KSchG Rn. 191; *Preis*, Prinzipien, S. 464 f.; *ders.*, DB 1990, 630 (632).

1741 *Preis*, Prinzipien, S. 465; *ders.*, DB 1990, 630 (632).

1742 BAG, Urt. v. 16.08.1991 – 2 AZR 604/90 = NZA 1993, 17 (19 f.)

1743 *Preis*, Prinzipien, S. 465; *ders.*, DB 1990, 630 (632).

1744 Vgl. MüKo-BGB/*Hergenröder*, § 1 KSchG Rn. 191.

1745 BAG, Urt. v. 03.07.2003 – 2 AZR 235/02 = NZA 2004, 427 (428) m.w.N.; die neue in die Struktur der alten Rechtsprechung einarbeitend MüKo-BGB/*Hergenröder*, § 1 KSchG Rn. 191.

1746 BAG, Urt. v. 19.11.2015 – 2 AZR 217/15 = NZA 2016, 540 (542); Urt. v. 11.07.2013 – 2 AZR 994/12 = NZA 2014, 250 (251); Urt. v. 03.11.2011 – 2 AZR 748/10 = NZA 2012, 607 (608).

1747 MüKo-BGB/*Hergenröder*, § 1 KSchG Rn. 192; vgl. Däubler/Hjort/Schubert/Wolmerath/*Markowski*, § 1 KSchG Rn. 222; Gallner/Mestwerdt/Nägele/*Zimmermann*, § 1 KSchG Rn. 213; Hümmerich/Boecken/Düwell/*Holthausen*, § 1 KSchG Rn. 304 f.

Weisungen, Betriebsvereinbarungen, Tarifverträgen oder aus dem Gesetz ergeben.[1748] Damit steht fest, dass ein Verstoß gegen eine – verbindliche – Richtlinienklausel grds. einen verhaltensbedingten Kündigungsgrund darstellt.[1749] Die Regelung in der Richtlinie macht also ein Verhalten, dessen Pflichtwidrigkeit sonst ggf. erst kompliziert aus Normen wie §§ 241 Abs. 2, 242 BGB abgeleitet werden müsste, zum unbestreitbaren Kündigungsgrund.[1750] Dem Argument des Arbeitnehmers, es habe an einer klaren Regelung im Betrieb gefehlt,[1751] wird die Grundlage entzogen. Sollte ein dubioser Vorgesetzter dem Arbeitnehmer eine entsprechende Weisung erteilt haben, so nimmt auch das dem Verhalten nicht die grundsätzliche Kündigungsrelevanz. Denn verbindliche Richtlinien in Form von Vertragsklauseln, Betriebsvereinbarungen oder Tarifverträgen werden Teil des Arbeitsverhältnisses. Weisungen, die gegen sie verstoßen, überschreiten daher die Weisungsbefugnis des Arbeitgebers, § 106 S. 1 GewO.[1752] Gleiches gilt für Richtlinienklauseln, die ihrerseits durch Weisung eingeführt wurden, denn diese konkretisieren lediglich bestehende Pflichten aus dem Arbeitsverhältnis.[1753] Nur wenn der Vorgesetzte die bestehenden Pflichten in anderer Weise konkretisieren sollte als die Compliance-Richtlinie, genösse seine Weisung Vorrang vor der Richtlinie und nähme dem Richtlinienverstoß die Kündigungsrelevanz.[1754]

bb. Verschulden

Des Weiteren stellt das Verhalten grundsätzlich nur dann einen Kündigungsgrund dar, wenn den Arbeitnehmer auch ein Verschulden trifft.[1755] Denn, wie bereits beschrieben, ist für die verhaltensbedingte Kündigung nur ein steuerbares,

---

1748 Vgl. Däubler/Hjort/Schubert/Wolmerath/*Markowski*, § 1 KSchG Rn. 222 m.w.N.; Gallner/Mestwerdt/Nägele/*Zimmermann*, § 1 KSchG Rn. 213; Hümmerich/Boecken/Düwell/*Holthausen*, § 1 KSchG Rn. 305.

1749 LAG Hessen, Urt. v. 25.01.2010 – 17 Sa 21/09, Rn. 61, 75 = BeckRS 2011, 65288; *Boldt*, Ethikregeln, S. 292; *Deyhle*, Compliance, S. 159 f.; *Rein*, Ethikrichtlinie, S. 211, 263; *Stück*, AuA 2011, 618; *ders.*, CCZ 2011, 196 (197); vgl. auch *Mengel*, Compliance, Kap. 5 Rn. 17; *Schmidt*, Compliance, S. 222.

1750 *Deyhle*, Compliance, S. 159; *Mengel*, Compliance, Kap. 5 Rn. 1; *Weber*, Compliance, S. 88; *Benecke/Groß*, BB 2015, 693 (694); *Vogt*, NJOZ 2009, 4206 (4210); *Wisskirchen/Schumacher/Bissels*, BB 2012, 1473 (1477).

1751 So argumentiert etwa das LAG Köln, Urt. v. 30.09.1999 – 5 Sa 872/99 = NZA-RR 2001, 83 (84).

1752 *Böhm*, Non-Compliance, S. 244; *Deyhle*, Compliance, S. 229; *Benecke/Groß*, BB 2015, 693 (694).

1753 *Kolbe*, NZA 2009, 228 (230); vgl. auch oben F. I. 2. a.

1754 Deshalb zu weitgehend, nämlich für einen generellen Vorrang *Böhm*, Non-Compliance, S. 244 f.; *Deyhle*, Compliance, S. 229.

1755 Däubler/Hjort/Schubert/Wolmerath/*Markowski*, § 1 KSchG Rn. 231; ErfK/*Oetker*, § 1 KSchG Rn. 191; Hümmerich/Boecken/Düwell/*Holthausen*, § 1 KSchG Rn. 307; HWK/*Quecke*, § 1 KSchG Rn. 181; MüKo-BGB/*Hergenröder*, § 1 KSchG Rn. 193.

willensbeeinflusstes Verhalten des Arbeitnehmers kündigungsrelevant.[1756] Verletzt dieser aber willensgesteuert den Arbeitsvertrag, so gibt es dafür nur zwei denkbare Erklärungen: Entweder er tat dies vorsätzlich oder er war sorgfaltswidrig – also fahrlässig – im Irrtum darüber, dass ein Pflichtverstoß vorliegt.[1757] Nach § 276 BGB handelt der Arbeitnehmer in beiden Fällen kündigungsrelevant.[1758]

Nach Meinung von *Rolfs* ist ein Verschuldenserfordernis im Hinblick auf § 628 Abs. 1 S. 3 BGB abzulehnen, da diese Norm auch den Fall nennt, in dem der Dienstverpflichtete den Kündigungsgrund nicht zu vertreten hat.[1759] § 628 BGB gilt aber auch für freie Dienstverträge.[1760] Er zwingt daher noch nicht zum Umkehrschluss auch auf den Arbeitsvertrag. Er schließt insbesondere nicht aus, dass die Kündigung des sozial schutzwürdigeren Arbeitnehmers an strengeren Maßstäben zu messen ist, als die des bloßen freien Dienstverpflichteten. Ebenso gilt § 628 BGB für alle Fälle des § 626 BGB. Dass etwa die auf § 626 BGB gestützte personenbedingte Kündigung kein Verschulden voraussetzt, ist unstrittig.[1761] Schon deshalb kann aus der Norm kein zwingender Schluss für die auf § 626 BGB gestützte verhaltensbedingte Kündigung gezogen werden. Außerdem bezieht sich § 628 BGB eben nur auf außerordentliche Kündigungen nach §§ 626, 627 BGB. *Rolfs* argumentiert dazu, wenn die außerordentliche Kündigung nach § 626 BGB kein Verschuldenserfordernis kenne, so müsse dies erst recht für die ordentliche Kündigung nach § 1 KSchG gelten.[1762]

§ 626 BGB folgt aber einer anderen Systematik als § 1 KSchG. Insbesondere sind die Kündigungsarten (personenbedingt, betriebsbedingt und verhaltensbedingt) im Rahmen des § 626 BGB keine Tatbestandsmerkmale, sondern bloße Fallgruppen.[1763] Die Abgrenzung ist dort also weniger relevant als bei § 1 KSchG. Bei der ordentlichen Kündigung ist der Unterscheidung der Kündigungsgründe durch den Gesetzgeber sauber Rechnung zu tragen. Die Abgrenzung zwischen personen- und verhaltensbedingter Kündigung bei § 1 KSchG erfolgt aber gerade über die Willenssteuerung des Verhaltens und damit – wie soeben gezeigt – des Verschuldens.

1756 S.o. G. I. 1. c. aa.

1757 Vgl. *Eufinger*, DB 2016, 471 (475), nach dem Compliance-Verstöße vor dem Hintergrund der Schulungen zumeist vorsätzlich oder grob fahrlässig begangen werden.

1758 Däubler/Hjort/Schubert/Wolmerath/*Markowski*, § 1 KSchG Rn. 231; ErfK/*Oetker*, § 1 KSchG Rn. 191; Hümmerich/Boecken/Düwell/*Holthausen*, § 1 KSchG Rn. 308; MüKo-BGB/*Hergenröder*, § 1 KSchG Rn. 193.

1759 BeckOK-ArbR/*Rolfs*, § 1 KSchG Rn. 226.

1760 Statt aller ErfK/*Müller-Glöge*, § 628 BGB Rn. 3.

1761 BAG, Urt. v. 28.10.2010 – 2 AZR 688/09 = NZA-RR 2011, 155 (157); ErfK/*Oetker*, § 1 KSchG Rn. 99; Gallner/Mestwerdt/Nägele/*Gieseler*, § 626 BGB Rn. 66; Hümmerich/Boecken/Düwell/*Bröhl*, § 626 BGB Rn. 43a.

1762 BeckOK-ArbR/*Rolfs*, § 1 KSchG Rn. 226.

1763 MüKo-BGB/*Henssler*, § 626 Rn. 128; wohl auch ErfK/*Oetker*, § 1 KSchG Rn. 191 (bei § 626 BGB „ganz andere Tatbestandsmerkmale"); Gallner/Mestwerdt/Nägele/*Pfeiffer*, § 1 KSchG Rn. 170.

Somit ist das Verschuldenserfordernis in § 1 KSchG zur sauberen Abgrenzung der Kündigungsgründe geboten.[1764]

Ist hiernach also ein Verschulden des Arbeitnehmers erforderlich, so fragt sich im zweiten Schritt, welchen Einfluss eine Compliance-Richtlinie hierauf hat. Auch der bloße Rechtsirrtum über den Umfang seiner Pflichten ist grundsätzlich kündigungsrelevant.[1765] Das gilt nur dann nicht, wenn dem Arbeitnehmer ausnahmsweise keine Fahrlässigkeit vorgeworfen werden kann, weil er sich vorher ausreichend rechtlich informiert hat.[1766] Die dabei anzulegenden strengen Maßstäbe sind erst erfüllt, wenn der Arbeitnehmer davon ausgehen durfte, in einem Rechtsstreit zu gewinnen.[1767] Denn zur im Verkehr erforderlichen Sorgfalt gehört auch, in Zweifelsfällen die vom Arbeitgeber zur Verfügung gestellten Regelwerke zu lesen. Ist also eine Verhaltensweise durch die Compliance-Richtlinie untersagt, so ist ein Irrtum über diese Pflicht fahrlässig.[1768] Umgekehrt kann eine Kündigung am Verschulden scheitern, wenn eine ausreichende Regelung im Betrieb fehlte, der Arbeitnehmer daher davon ausgehen durfte, ein bestimmtes sozialadäquates Verhalten (etwa das Aufladen eines Handys im Betrieb)[1769] sei erlaubt.[1770] Genau dieses Argument wird durch die Regelung eines Fehlverhaltens in einer Compliance-Richtlinie im Keim erstickt; der Arbeitnehmer wird „bösgläubig" gemacht.[1771] Auch insofern hilft die Existenz einer Compliance-Richtlinie dem Arbeitgeber, gerichtsfeste Kündigungen auszusprechen. Anzumerken bleibt allerdings, dass trotz der besten Compliance-Richtlinie ein Verschulden ausscheiden kann, wenn sich der Arbeitgeber faktisch zu ihr in Widerspruch setzt, etwa indem er ihr widersprechende Weisungen erteilt.

1764 Gallner/Mestwerdt/Nägele/*Zimmermann*, § 1 KSchG Rn. 230; Hümmerich/Boecken/Düwell/*Holthausen*, § 1 KSchG Rn. 307; KR/*Fischermeier* § 626 BGB Rn. 146.

1765 Däubler/Hjort/Schubert/Wolmerath/*Markowski*, § 1 KSchG Rn. 232; ErfK/*Oetker*, § 1 KSchG Rn. 192; Hümmerich/Boecken/Düwell/*Holthausen*, § 1 KSchG Rn. 308; v. Hoyningen-Huene/Linck/Krause/*Krause*, § 1 Rn. 496; HWK/*Quecke*, § 1 KSchG Rn. 181; *Mengel*, Compliance, Kap. 5 Rn. 19; *Schmidt*, Compliance, S. 223; MüKo-BGB/*Hergenröder*, § 1 KSchG Rn. 194; *Benecke/Groß*, BB 2015, 693 (695).

1766 Däubler/Hjort/Schubert/Wolmerath/*Markowski*, § 1 KSchG Rn. 232; Hümmerich/Boecken/Düwell/*Holthausen*, § 1 KSchG Rn. 308; *Mengel*, Compliance, Kap. 5 Rn. 19; *Rein*, Ethikrichtlinie, S. 265; *Benecke/Groß*, BB 2015, 693 (695); im Ergebnis ebenso ErfK/*Oetker*, § 1 KSchG Rn. 192, MüKo-BGB/*Hergenröder*, § 1 KSchG Rn. 194; vgl. BAG, Urt. v. 12.04.1973 – 2 AZR 291/72 = AP BGB § 611 Direktionsrecht Nr. 24; v. Hoyningen-Huene/Linck/Krause/*Krause*, § 1 Rn. 496.

1767 BAG, Urt. v. 29.08.2013 – 2 AZR 273/12, Rn. 34 = BeckRS 2014, 66663.

1768 Vgl. *Rein*, Ethikrichtlinie, S. 265; vgl. auch Dieners/*Dieners/Lembeck*, Rn. 62, die dem Arbeitnehmer gar Kenntnis unterstellen wollen, wenn ein bestimmtes Verhalten zuvor in der Compliance-Richtlinie untersagt wurde.

1769 *Kreft*, FS Etzel, S. 231.

1770 LAG Köln, Urt. v. 30.09.1999 – 5 Sa 872/99 = NZA-RR 2001, 83 (84).

1771 *Eufinger*, RdA 2017, 223 (226); *Stück*, AuA 2011, 618; *ders.*, CCZ 2011, 196 (197); *ders.*, MDR 2014, 1117 (1121); vgl. auch *Schneider*, Compliance, S. 268.

Auch dann darf ggf. im Einzelfall der Arbeitnehmer annehmen, sein Verhalten sei erlaubt.[1772] Selbst wer ein Verschuldenserfordernis ablehnt, wird in diesen Fällen über das Verbot widersprüchlichen Verhaltens gem. § 242 BGB zur Unwirksamkeit der Kündigung gelangen.[1773]

cc. *Negative Zukunftsprognose/Wiederholungsgefahr*

Wie die personenbedingte Kündigung erfordert auch die verhaltensbedingte Kündigung eine negative Zukunftsprognose.[1774] Denn die Kündigung soll – vielleicht entgegen außerjuristischer Betrachtungsweise[1775] – nicht begangenes Unrecht sanktionieren, sondern künftigen Vertragsverletzungen vorbeugen.[1776] Die Zukunftsprognose ist dann negativ, wenn der Arbeitgeber damit rechnen muss, dass es auch in Zukunft zu Vertragsverletzungen des Arbeitnehmers kommen wird,[1777] also Wiederholungsgefahr besteht.[1778] Das ist insbesondere dann der Fall, wenn der Arbeitnehmer in der Vergangenheit bereits abgemahnt wurde und nun

---

1772 BAG, Urt. v. 21.06.2012 – 2 AZR 694/11 = NZA 2013, 199 (202); *Benecke/Groß*, BB 2015, 693 (695); *Rolf/Waskowski*, CB 2016, 479 (481); a.A. *Böhm*, Non-Compliance, S. 246.

1773 ArbG München, Urt. v. 02.10.2008 – 13 Ca 17197/07 = NZA-RR 2009, 134 (136) [Siemens-Korruptionstäter]; *Benecke/Groß*, BB 2015, 693 (695 f.); für eine einzelfallbezogene Betrachtung *Böhm*, Non-Compliance, S. 247; *Deyhle*, Compliance, S. 232; wohl auch *Kolbe*, NZA 2009, 228 (230).

1774 ErfK/*Oetker*, § 1 KSchG Rn. 196; Däubler/Hjort/Schubert/Wolmerath/*Markowski*, § 1 KSchG Rn. 233; Hümmerich/Boecken/Düwell/*Holthausen*, § 1 KSchG Rn. 326; MüKo-BGB/*Hergenröder*, § 1 KSchG Rn. 197; vgl. auch BAG, Urt. v. 11.07.2013 – 2 AZR 994/12 = NZA 2014, 250 (251); Urt. v. 03.11.2011 – 2 AZR 748/10 = NZA 2012, 607 (608).

1775 So für die Kündigung *Schöder*, Compliance, S. 211; so für Abmahnungen auch v. Hoyningen-Huene/Linck/*Krause*, § 1 KSchG Rn. 509.

1776 BAG, Urt. v. 10.06.2010 – 2 AZR 541/09 = NZA 2010, 1227 (1230)[„Emmely"]; Urt. v. 12.01.2006 – 2 AZR 21/05 = NZA 2006, 917 (921); LAG Hessen, Urt. v. 25.01.2010 – 17 Sa 21/09, Rn. 61 = BeckRS 2011, 65288; *Böhm*, Non-Compliance, S. 230; Däubler/Hjort/Schubert/Wolmerath/*Markowski*, § 1 KSchG Rn. 233; ErfK/*Oetker*, § 1 KSchG Rn. 196; *Kreft*, FS Etzel, S. 231; MüKo-BGB/*Hergenröder*, § 1 KSchG Rn. 197; *Schöder*, Compliance, S. 211, 314; *Eufinger*, RdA 2017, 223 (227, 229); daher Kritik am Begriff „Sanktionsklausel" übend *Schneider*, Compliance, S. 89.

1777 LAG Hessen, Urt. v. 25.01.2010 – 17 Sa 21/09, Rn. 61 = BeckRS 2011, 65288; Däubler/Hjort/Schubert/Wolmerath/*Markowski*, § 1 KSchG Rn. 233; ErfK/*Oetker*, § 1 KSchG Rn. 196; MüKo-BGB/*Hergenröder*, § 1 KSchG Rn. 197; vgl. auch BAG, Urt. v. 11.07.2013 – 2 AZR 994/12 = NZA 2014, 250 (251); Urt. v. 03.11.2011 – 2 AZR 748/10 = NZA 2012, 607 (608).

1778 LAG Nürnberg, Urt. v. 09.01.2007 – 7 Sa 79/06 = NZA-RR 2007, 357 (358); Hümmerich/Boecken/Düwell/*Holthausen*, § 1 KSchG Rn. 326; *Schöder*, Compliance, S. 29.

in vergleichbarer Art wieder seine Pflichten verletzt hat.[1779] Die Zukunftsprognose ist positiv, wenn mit gleichartigen Verstößen in Zukunft nicht mehr zu rechnen ist, etwa weil das einzige Opfer sexueller Belästigung im Betrieb inzwischen anderswo tätig ist.[1780]

dd. Vorherige Abmahnung/ Aufbrauch des „Vertrauenskapitals“

Dieser Gedanke ist auch umkehrbar, weswegen vor Ausspruch der verhaltensbedingten Kündigung in der Regel zunächst eine Abmahnung ausgesprochen werden muss.[1781] Erst wenn diese erfolglos bleibt, ist die Zukunftsprognose negativ.[1782] Eine klare Rechtsgrundlage für das Abmahnungserfordernis vor der ordentlichen verhaltensbedingten Kündigung gibt es nicht,[1783] seine grundsätzliche Existenz ist aber allgemein anerkannt. Ob eine Compliance-Richtlinie an diesem Erfordernis etwas zu ändern vermag, soll erst an späterer Stelle herausgehoben untersucht werden.[1784]

(1). Entbehrlichkeit der Abmahnung

Unabhängig von dieser speziellen Frage ist die Abmahnung schon allgemein entbehrlich, wenn entweder bereits im Vorfeld mit ihrer Wirkungslosigkeit zu rechnen

---

1779 BAG, Urt. v. 10.06.2010 – 2 AZR 541/09 = NZA 2010, 1227 (1231)[„Emmely“]; Urt. v. 12.01.2006 – 2 AZR 21/05 = NZA 2006, 917 (921); LAG Hessen, Urt. v. 25.01.2010 – 17 Sa 21/09, Rn. 61 = BeckRS 2011, 65288; Däubler/Hjort/Schubert/Wolmerath/*Markowski*, § 1 KSchG Rn. 235; ErfK/*Oetker*, § 1 KSchG Rn. 198; Hümmerich/Boecken/Düwell/*Holthausen*, § 1 KSchG Rn. 309, 326; MüKo-BGB/*Hergenröder*, § 1 KSchG Rn. 198.

1780 LAG Niedersachsen, Urt. v. 25.11.2008 – 1 Sa 547/08 = BeckRS 2009, 50580.

1781 BAG, Urt. v. 11.07.2013 – 2 AZR 994/12 = NZA 2014, 250 (251); Urt. v. 10.06.2010 – 2 AZR 541/09 = NZA 2010, 1227 (1233)[„Emmely“]; Urt. v. 12.01.2006 – 2 AZR 21/05 = NZA 2006, 917 (921); Däubler/Hjort/Schubert/Wolmerath/*Markowski*, § 1 KSchG Rn. 235; *Deyhle*, Compliance, S. 181; ErfK/*Oetker*, § 1 KSchG Rn. 199; Hümmerich/Boecken/Düwell/*Holthausen*, § 1 KSchG Rn. 309; MüKo-BGB/*Hergenröder*, § 1 KSchG Rn. 198.

1782 Däubler/Hjort/Schubert/Wolmerath/*Markowski*, § 1 KSchG Rn. 235; *Deyhle*, Compliance, S. 181; ErfK/*Oetker*, § 1 KSchG Rn. 80, 199; Hümmerich/Boecken/Düwell/*Holthausen*, § 1 KSchG Rn 309; *Kreft*, FS Etzel, S. 233; *Mengel*, Compliance, Kap. 5 Rn. 18; MüKo-BGB/*Hergenröder*, § 1 KSchG Rn. 198; Staudinger/*Preis*, § 626 BGB Rn. 193.

1783 *Deyhle*, Compliance, S. 183; *Rein*, Ethikrichtlinie, S. 211 ff.; *v. Hoyningen-Huene*, RdA 1990, 193 (195); *Walker*, NZA 1995, 601 (601 ff.); als „‚Erfindung‘ der Arbeitsgerichtsbarkeit“ bezeichnen die Abmahnung etwa: *Beckerle*, Abmahnung, S. 12; *Neumann/Hampe*, DB 2014, 1258; *Schiefer*, DB 2013, 1785; zu den historischen Wurzeln des Abmahnungserfordernisses ArbG Berlin, Urt. v. 09.05.2014 – 28 Ca 4045/14 = BeckRS 2014, 72315.

1784 S.u. G. II.

ist oder aber die Pflichtverletzung so schwer wiegt, dass dem Arbeitnehmer auch ohne Abmahnung klar sein musste, dass der Arbeitgeber ein solches Verhalten nicht hinnehmen wird.[1785] Das kommt aus der Reihe der typischen Richtlinienklauseln aufgrund der Schwere des Verstoßes etwa bei Bestechung und Bestechlichkeit[1786] in Betracht. Sexuelle Belästigung hingegen ist gem. § 12 Abs. 3 AGG grds. zunächst abzumahnen.[1787] Selbst beim Griff an die Brust einer Kollegin muss nach dem BAG die Abmahnung nicht in jedem Fall entbehrlich sein.[1788] In sehr schweren Fällen (z.B. bei Missbrauch einer Vorgesetztenstellung,[1789]) kann aber auch bei sexueller Belästigung die Abmahnung entbehrlich sein.[1790] Wenn demgegenüber auch Insiderhandel schon unabhängig von einer Compliance-Richtlinie als Fall der Entbehrlichkeit der Abmahnung gelten soll,[1791] so ist das wiederum kritisch zu sehen. Die Regeln des WpHG sind recht komplex und dem Laien in ihren Details unbekannt.[1792] Dass hier jeder Verstoß auch ohne vorherigen Hinweis eine Wiederherstellung des Vertrauensverhältnisses unmöglich machen soll,[1793] ist jedenfalls in dieser Allgemeinheit abzulehnen. Vielmehr sind gerade solche Fälle einer der Allgemeinheit unbekannten Rechtslage ein Hauptanwendungsfall von Compliance-Richtlinien.[1794] Ob allerdings eine Compliance-Richtlinie ihrerseits ein Fall der

---

1785 BAG, Urt. v. 11.07.2013 – 2 AZR 994/12 = NZA 2014, 250 (251); Urt. v. 10.06.2010 – 2 AZR 541/09 = NZA 2010, 1227 (1231)[„Emmely"]; Urt. v. 12.01.2006 – 2 AZR 21/05 = NZA 2006, 917 (921 f.); Däubler/Hjort/Schubert/Wolmerath/*Markowski*, § 1 KSchG Rn. 236, 244; ErfK/ *Niemann*, § 626 BGB Rn. 29c; MüKo-BGB/*Hergenröder*, § 1 KSchG Rn. 201; *Rein*, Ethikrichtlinie, S. 225 ff.;; *Schöder*, Compliance, S. 315; *Zander*, Ethikrichtlinien, S. 140 f.; *Eufinger*, RdA 2017, 223 (227); *Neumann/Hampe*, DB 2014, 1258 (1259).

1786 BAG, Urt. v. 21.06.2001 – 2 AZR 30/00 = NJOZ 2002, 508; LAG Köln, Urt. v. 25.09.2008 – 7 Sa 313/08 = BeckRS 2009, 68533; ErfK/ *Niemann*, § 626 BGB Rn. 98; *Mengel*, Compliance, Kap. 1 Rn. 126, Kap. 5 Rn. 11; MüKo-BGB/*Henssler*, § 626 Rn. 164; *Rein*, Ethikrichtlinie, S. 228; *Schmidt*, Compliance, S. 220;; *Schöder*, Compliance, S. 316; *Eufinger*, RdA 2017, 223 (227); *Stück*, MDR 2014, 1117 (1121); *Vogt*, NJOZ 2009, 4206 (4210).

1787 Vgl. auch unten H. III.

1788 BAG, Urt. v. 20.11.2014 – 2 AZR 651/13 = NZA 2015, 294(296).

1789 LAG Niedersachsen, Urt. v. 25.11.2008 – 1 Sa 547/08 = NZA-RR 2009, 249 (251) unter Bezug auf die – allerdings noch auf die mittlerweile vom BAG aufgegebene Abmahnungsfreiheit im Vertrauensbereich gestützte – Entscheidung BAG, Urt. v. 25.03.2004 – 2 AZR 341/03 = NJW 2004,3508.

1790 LAG Niedersachsen, Urt. v. 25.11.2008 – 1 Sa 547/08 = NZA-RR 2009, 249 (251); APS/ *Vossen*, § 1 KSchG Rn. 370–387; ErfK/*Müller-Glöge/Niemann*, § 626 BGB Rn. 130.

1791 *Mengel*, Compliance, Kap. 5 Rn. 11.

1792 So schon *Weber*, Compliance, S. 81; vgl. *Jerusalem*, Compliance, S. 151; *Mahnhold*, Compliance, S. 70; *Willemsen*, Ethikrichtlinien, S. 19; *Bachner/Lerch*, AiB 2005,229.

1793 *Mengel*, Compliance, Kap. 5 Rn. 11.

1794 Vgl. oben D. II. sowie die Liste der typischen Klauseln oben E. I.

Entbehrlichkeit der Abmahnung aufgrund vorheriger Information der Arbeitnehmer ist, wird später noch zu prüfen sein.[1795]

(2). „Emmely" und das „Vertrauenskapital"

Ein weiterer Aspekt des Abmahnungserfordernisses ist die Dauer der Betriebszugehörigkeit des Arbeitnehmers. Im Jahre 2010 entschied das BAG im Fall „Emmely", dass die Kündigung einer Supermarktkassiererin unwirksam sei, weil in Anbetracht ihrer langen Betriebszugehörigkeit eine vorherige Abmahnung erforderlich gewesen wäre.[1796] Die Kassiererin hatte zwei Pfandbons im Wert von zusammengerechnet 1,30 € entwendet.[1797] Das BAG bemerkte dazu, dass „[e]ine für lange Jahre ungestörte Vertrauensbeziehung zweier Vertragspartner [...] nicht notwendig schon durch eine erstmalige Vertrauensenttäuschung vollständig und unwiederbringlich zerstört"[1798] werde. Das bedeutet, der Arbeitnehmer baut durch längere anstandslose Arbeitsleistung ein sog. „Vertrauenskapital" auf.[1799] Dieses Vertrauenskapital muss zunächst aufgebraucht werden, bevor dem Arbeitnehmer gekündigt werden kann.[1800] Ein Fehltritt des Arbeitnehmers bewirkt in gewissem Maße den Aufbrauch des Vertrauenskapitals.[1801] Die Abmahnung stellt diesen Aufbrauch fest.[1802] Der Arbeitnehmer steht nun jemandem gleich, der erst seit kürzerer Zeit im Betrieb beschäftigt ist.[1803] Ereignet sich dann ein Vorfall, der bei einem solchen „dienstjüngeren" Arbeitnehmer ohne Abmahnung die Kündigung erlaubt, trifft das auch auf den Altgedienten zu, der sein Vertrauenskapital bereits zuvor verspielt hat. Für schwerere Fälle sind sich BAG und die überwiegende Literatur einig, dass auch der erste Verstoß das Vertrauenskapital komplett aufbraucht und ohne Abmahnung die sofortige Kündigung rechtfertigen kann.[1804] Bei heimlicher

---

1795 Siehe dazu unten den Themenkomplex in G. II.

1796 BAG, Urt. v. 10.06.2010 – 2 AZR 541/09 = NZA 2010, 1227 (1233)[„Emmely"].

1797 BAG, Urt. v. 10.06.2010 – 2 AZR 541/09 = NZA 2010, 1227 (1228)[„Emmely"].

1798 BAG, Urt. v. 10.06.2010 – 2 AZR 541/09 = NZA 2010, 1227 (1232)[„Emmely"].

1799 *Schöder*, Compliance, S. 290; *Fandel/Kock*, BB 2011, 61 (62); *Ritter*, NZA 2012, 19 (20); *ders.*, DB 2011, 175 (176); *Schrader*, NJW 2012, 342 (343); *Tiedemann*, ArbRB 2011, 93 (94).

1800 *Schöder*, Compliance, S. 290; *Fandel/Kock*, BB 2011, 61 (62); *Ritter*, NZA 2012, 19 (20); *ders.*, DB 2011, 175 (176); *Schrader*, NJW 2012, 342 (343); *Tiedemann*, ArbRB 2011, 93 (94).

1801 *Binkert*, NZA 2016, 721 (726).

1802 Sog. „Vertrauensvorratsbestimmungsfunktion", *Ritter*, DB 2011, 175 (175 f.); s.u. G. II. 1. c.

1803 *Ritter*, NZA 2012, 19 (20); *ders.*, DB 2011, 175 (177)[„neuer (nur, Anm. d. Verf.) zeitlich nicht mit dem Beginn des Arbeitsverhältnisses identischer Nullpunkt des Vertrauenskapitals"]

1804 *Rein*, Ethikrichtlinie, S. 227, 246; *Stoffels*, NJW 2011, 118 (122); vgl. BAG, Urt. v. 23.01.2014 – 2 AZR 638/13 = DB 2014, 1873 (1874); Urt. v. 09.06.2011 – 2 AZR 381/10 = NZA 2011, 1027 (1029); letzteres herangezogen als Beispiel für die Grenzen

Vorgehensweise nimmt das BAG einen solchen schweren Fall auch schon dann an, wenn nur ein geringer Vermögensschaden entstanden ist, so entschieden beim Diebstahl von zwei Zigarettenschachteln nach 18 jähriger Betriebszugehörigkeit[1805] bzw. bei Manipulation einer Kasse mit Entnahme von 3,25 EUR.[1806] Bislang nicht höchstrichterlich geklärt ist allerdings die Frage, in welchem Maße eine kleinere Pflichtverletzung das Vertrauenskapital aufbraucht.[1807] Die Frage an das BAG muss lauten: Gibt das Vertrauenskapital lediglich eine einzige „zweite Chance" nach einer Pflichtwidrigkeit[1808] oder wird durch jede solche das Vertrauenskapital entsprechend ihrer Schwere Stück für Stück aufgezehrt, bis es schließlich völlig verbraucht ist?

Letzteres überzeugt mehr.[1809] Das BAG argumentiert selbst, eine einzige Pflichtwidrigkeit sei nicht zwingend im Stande, ein jahrzehntelang aufgebautes Vertrauen auf einen Schlag zu zerstören.[1810] Im Verhältnis von Vertrauen und Schwere der Pflichtverletzung muss noch das Vertrauen überwiegen.[1811] Das kann auch bei mehreren kleineren Pflichtverletzungen, die sich nacheinander ereignen, noch der Fall sein. Entscheidend ist immer die Schwere des jeweiligen Einzelfalls.[1812] Eine vorherige Abmahnung, deren Gegenstand mit dem aktuellen Fehlverhalten überhaupt nicht vergleichbar ist (z.B. Zuspätkommen, nachdem bereits die Privatnutzung des Internets abgemahnt wurde), führt jedenfalls nicht zwingend zu dem Schluss, dass nunmehr das Vertrauenskapital aber aufgebraucht sei.[1813] Schwerer wiegen dagegen aufeinander folgende Pflichtverletzungen gleicher Art. Aufgrund der missachteten Warnfunktion der Abmahnung nach dem ersten Vorfall, wird man dem Arbeitnehmer bei einem gleichartigen Vorfall in aller Regel nicht mehr

---

des Vertrauenskapitals von *Preis*, Anm. z. BAG, Urt. v. 10.06.2010 – 2 AZR 541/09 = AP BGB § 626 Nr. 229 [„Emmely"] und Gallner/Mestwerdt/Nägele/*Gieseler*, § 626 BGB Rn. 99e;

1805 BAG, Urt. v. 21.06.2012 – 2 AZR 153/11 – juris, Rn. 20.

1806 BAG, Urt. v. 22.09.2016 – 2 AZR 848/15 = NZA 2017, 112(113).

1807 LAG Düsseldorf, Urt. v. 23.02.2011 – 12 Sa 1454/10, Rn. 81 – juris = BeckRS 2011, 70515; *Fandel/Kock*, BB 2011, 61 (62); *Binkert*, NZA 2016, 721(725).

1808 *Kleinebrink*, BB 2011, 2617 (2620).

1809 Vgl. LAG Berlin-Brandenburg, Urt. v. 07.11.2013 – 25 Sa 1077/13, Rn. 45 – juris [„ ‚Vertrauenskapital' wird allerdings reduziert"]; *Ritter*, NZA 2012, 19 (20); andeutend zudem *Fandel/Kock*, BB 2011, 61 (62), *Schrader*, NJW 2012, 342 (344, 346) sowie schon MüHdbArbR/*Berkowski*, § 114 Rn. 122, 138.

1810 BAG, Urt. v. 10.06.2010 – 2 AZR 541/09 = NZA 2010, 1227 (1232)[„Emmely"].

1811 LAG Berlin-Brandenburg, Urt. v. 07.11.2013 – 25 Sa 1077/13, Rn. 45 – juris; ähnlich *Tiedemann*, ArbRB 201, 94 (95) („Vertrauensrest"); vgl. auch BAG, Urt. v. 22.09.2016 – 2 AZR 848/15 = NZA 2017, 112(113).

1812 *Klösel*, CB 2015, 253(253).

1813 Vgl. LAG Düsseldorf, Urt. v. 01.07.2013 – 9 Sa 205/13, Rn. 44 – juris; *Bissels/Lützeler*, BB 2012, 189(191).

ein noch immer überwiegendes Vertrauen zubilligen können.[1814] So verneinte das LAG Rheinland-Pfalz das Vertrauenskapital in einem Fall, in dem ein Arbeitnehmer bereits wegen der Verwendung von Firmengeldern für private Zwecke zweimal abgemahnt wurde und nun eine private Materialbestellung auf Kosten seines Arbeitgebers vornahm.[1815] Dazu passt außerdem, dass das BAG jedenfalls für Fälle „systematischen Fehlverhaltens" daran festhält, dass auch für sich genommen geringe Verstöße die – im entschiedenen Fall sogar außerordentliche – Kündigung rechtfertigen können.[1816] Fällt der Arbeitnehmer ein zweites Mal auf und besteht zwischen beiden Vorfällen ein „innerer Zusammenhang", weil sie „aus demselben Bereich stammen", so fällt die Zukunftsprognose regelmäßig negativ aus.[1817]

Wenn vorgetragen wird, Vertrauen lasse sich nicht quantifizieren, sondern entfalle stets bei einem Vorfall,[1818] spiegelt das sicher die Ansicht vieler Arbeitgeber in der Praxis wider.[1819] Das BAG stellt aber nicht auf tatsächlich vorhandenes und ggf. zerstörtes Vertrauen des Arbeitgebers ab. Vielmehr sei ein „objektive[r] Maßstab" anzulegen.[1820] Daher sollte man eher von „Vertrauenswürdigkeit" oder „Verlässlichkeit" sprechen.[1821] Dass sich Verlässlichkeit aus langzeitiger korrekter Arbeitsleistung ergibt, leuchtet auch unmittelbar ein. Wenn das ArbG Köln ausführt, auch langjährige korrekte Pflichterfüllung könne nicht zu einem „Bonus" führen, weil sie selbstverständlich sei,[1822] so verkennt es, dass nicht die vergangene Pflichterfüllung Maßstab der Kündigung ist, sondern das zu erwartende Verhalten in der Zukunft.[1823] Rückschlüsse auf dieses lässt die bisherige Verlässlichkeit sehr wohl zu. *Kleinebrink* und *Tiedemann* ist allerdings zuzustimmen, dass den genannten

---

1814 *Bissels/Lützeler*, BB 2012, 189 (191); vgl. auch für den Parallelfall eines erneuten Beschäftigungsverbots aufgrund gleichartigen Fehlverhaltens *Rößler/Yoo*, BKR 2011, 377 (383); a.A. („...darum geht es auch gar nicht.") *Walker*, NZA 2011, 1 (4).

1815 LAG Rheinland-Pfalz, Urt. v. 18.10.2012 – 10 Sa 297/12, Rn. 35 – juris = BeckRS 2013, 65153.

1816 BAG, Urt. v. 09.06.2011 – 2 AZR 381/10 – = NZA 2011, 1027 (1029); dies ebenfalls heranziehend für die Grenzen des Vertrauenskapitals Gallner/Mestwerdt/Nägele/*Gieseler*, § 626 BGB Rn. 99e und *Preis*, Anm. z. BAG, Urt. v. 10.06.2010 – 2 AZR 541/09 = AP BGB § 626 Nr. 229 [„Emmely"].

1817 So für verbale und körperliche sexuelle Belästigungen BAG, Urt. v. 09.06.2011 – 2 AZR 323/10 = NZA 2011, 1342 (1345); allgemein *Rein*, Ethikrichtlinie, S. 265.

1818 *Schöder*, Compliance, S. 291; *Tiedemann*, ArbRB 2011, 93 (94); *Weller*, GWR 2010, 560; vgl. *Bengelsdorf*, FA 2011, 194 (198).

1819 Auch das ist im Übrigen nicht immer so, *Bauer*, FD-ArbR 2010, 304828; außerdem ist es ein offenes Geheimnis, dass leistungsstarken Arbeitnehmern nicht in jedem Fall eines Verstoßes gekündigt wurde, so *Klueß*, AuR 2010, 192 (193).

1820 BAG, Urt. v. 10.06.2010 – 2 AZR 541/09 = NZA 2010, 1227 (1232)[„Emmely"].

1821 *Mittag/Wroblewski*, AuR 2011, 72 (73 f.).

1822 ArbG Köln, Urt. v. 26.08.2010 – 6 Ca 1565/10 = BeckRS 2012, 72066; dem ohne Weiteres zustimmend *Schöder*, Compliance, S. 295 f.

1823 S.o. G. I. 1. c. cc.

Maßstab zu bestimmen, in der Praxis schwierig ist.[1824] Die Gerichte haben stets im Einzelfall zu prüfen, wie viele Jahre ein Arbeitsverhältnis beanstandungsfrei verlaufen sein muss, damit ein Vertrauenskapital entstanden ist, das die gegenständliche Pflichtverletzung übersteht. Das ArbG Frankfurt hielt 7 Jahre nicht für ausreichend.[1825] Das LAG Düsseldorf hingegen erkannte nach 14 Jahren[1826] und sogar schon nach 1,5 Jahren[1827] ein solches an. Die Vorhersage *Tiedemanns* aus dem Jahre 2011, es werde infolge der Emmely-Entscheidung zu einer unklaren Rechtsprechungslage kommen, hat sich also bewahrheitet.[1828] Dennoch ist eine derartige Einzelfallabwägung unter Berücksichtigung objektiver Umstände allemal interessengerechter, als das subjektive Vertrauen oder Nichtvertrauen des Arbeitgebers zum Maß erheben zu wollen.[1829] Wie *Preis* gezeigt hat, ist die Objektivierung von Vertrauenstatbeständen auch völlig typisch für das deutsche Recht.[1830] Der schließlich von *Bengelsdorf* betonte Schutz des verfassungsmäßig geschützten Eigentums des Arbeitgebers[1831] entfällt durch diese Vorgehensweise nicht völlig, sondern wird durch die genannte Abwägung von Betriebszugehörigkeit und Schwere der Pflichtverletzung in Ansatz gebracht.

ee. Abwägung/Verhältnismäßigkeit

Im letzten Schritt sind die Interessen von Arbeitgeber und Arbeitnehmer gegeneinander abzuwägen.[1832] Dabei wird eine Anleihe beim öffentlichen Recht genommen und der Grundsatz der Verhältnismäßigkeit herangezogen.[1833] Ist die Kündigung

---

1824 *Kleinebrink*, BB 2011, 2617 (2618)(„nicht mehr kalkulierbare[r] Abwägungsprozess“); *Tiedemann*, ArbRB 2011, 93 (94); vgl. auch *Preis*, AuR 2010, 242 (246).

1825 ArbG Frankfurt, Beschl. v. 30.05.2012 – 7 BV 168/12, Rn. 47 – juris.

1826 LAG Düsseldorf, Urt. vom 24.09.2012 – 9 Sa 1014/12, Rn. 139 – juris; insoweit in der Revisionsinstanz nicht beanstandet, BAG, Urt. v. 11.07.2013 – 2 AZR 994/12 – juris.

1827 LAG Düsseldorf, Urt. v. 01.07.2013 – 9 Sa 205/13, Rn. 44 – juris, Revision nicht zugelassen, Rn. 46.

1828 *Tiedemann*, ArbRB 2011, 93 (96); ähnlich *Schöder*, Compliance, S. 293; *Fandel/Kock*, BB 2011, 61 (62); *Walker*, NZA 2011, 1 (4).

1829 So *Bengelsdorf*, FA 2011, 194 (197), dies werde „von der Realität diktiert“.

1830 *Preis*, Prinzipien, S. 358; *Preis*, Anm. z. BAG, Urt. v. 10.06.2010 – 2 AZR 541/09 = AP BGB § 626 Nr. 229 [„Emmely“]; vgl. auch *Schöder*, Compliance, S. 292; *Kreft*, FS Etzel, S. 236.

1831 *Bengelsdorf*, FA 2011, 194 (198 f.).

1832 BAG, Urt. v. 11.07.2013 – 2 AZR 994/12 = NZA 2014, 250 (253); Urt. v. 27.09.2012 – 2 AZR 811/11 = NJOZ 2013, 718 (720); Däubler/Hjort/Schubert/Wolmerath/*Markowski*, § 1 KSchG Rn. 257; *Mengel*, Compliance, Kap. 5 Rn 20; MüKo-BGB/*Hergenröder*, § 1 KSchG Rn. 214; Schaub/*Linck*, § 133 Rn. 2, 9.

1833 BAG, Urt. v. 19.04.2012 – 2 AZR 186/11 = NZA 2013, 27 (29); *Deyhle*, Compliance, S. 180; ErfK/*Oetker*, § 1 KSchG Rn. 82; *Mengel*, Compliance, Kap. 5 Rn 20; *Hauer*, Abmahnung, S. 50; *Koffka*, Abmahnung, S. 44; MüKo-BGB/*Hergenröder*, § 1 KSchG Rn. 92, 97, 214; *Pflaum*, Abmahnung, S. 110; Schaub/*Linck*, § 133 Rn. 2; *Neumann/-Hampe*, DB 2014, 1258.

unverhältnismäßig angesichts des angeführten Kündigungsgrundes, ist die Kündigung nicht i.S.d. § 1 Abs. 2 KSchG durch den Kündigungsgrund „bedingt“.[1834]

(1). Zweck und Geeignetheit

Zweck der Kündigung ist die Prävention zukünftiger Vertragsverletzungen durch den Arbeitnehmer.[1835] Die Kündigung ist auch geeignet, diesen Zweck zu fördern, denn nach dem Zeitpunkt ihrer Wirksamkeit existiert kein Arbeitsverhältnis mehr, dessen Pflichten der Arbeitnehmer verletzen könnte.[1836]

(2). Erforderlichkeit

Zudem muss die Kündigung erforderlich sein, d.h. es dürfen keine milderen, gleich effektiven Mittel zur Prävention zukünftiger Vertragsverletzungen bestehen.[1837] Daran fehlt es etwa, wenn eine Umsetzung auf einen anderen Arbeitsplatz der Wiederholung der jeweiligen Pflichtverletzung aller Wahrscheinlichkeit nach vorbeugen kann.[1838] Das kommt etwa beim Mobbing bestimmter Kollegen in Betracht,[1839] etwa durch Versetzung in ein Einzelbüro.[1840] *A priori* nicht in Betracht kommen diese Mittel aber, wenn das Fehlverhalten unabhängig vom konkreten Arbeitsplatz ist.[1841] Und die meisten typischen Inhalte von Compliance-Richtlinien sind nicht arbeitsplatzbezogen.[1842] Man denke nur an Korruption, Insiderhandel oder mangelnde Vertraulichkeit. Allerdings weist *Triskatis* zu Recht darauf hin, dass der Fall anders liegt, wenn die Versetzung auf einen Arbeitsplatz möglich ist, an dem etwa

---

1834 *Bernstein*, Abmahnung, S. 32, 39; *Koffka*, Abmahnung, S. 43; *Kreft*, FS Etzel, S. 232; *Preis*, Prinzipien, S. 305; *ders.*; DB 1990, 685 (685); a.A. unter zu starker Betonung des Wortlauts *Pflaum*, Abmahnung, S. 108 f.; *Neumann/Hampe*, DB 2014, 1258.

1835 BAG, Urt. v. 19.02.2009 – 2 AZR 603/07 = NZA 2009, 894 (895); *Koffka*, Abmahnung, S. 47; vgl. *Preis*, Prinzipien, S. 311 f.; zudem s.o. G. I. 1. c. bb.

1836 *Schmidt*, Compliance, S. 224, 229.

1837 Gallner/Mestwerdt/Nägele/*Zimmermann*, § 1 KSchG Rn. 314; Hümmerich/Boecken/Düwell/*Holthausen*, § 1 KSchG Rn. 327; MüKo-BGB/*Hergenröder*, § 1 KSchG Rn. 92, 211; vgl. Däubler/Hjort/Schubert/Wolmerath/Markowski, § 1 KSchG Rn. 256.

1838 BAG, Urt. v. 31.03.1993 – 2 AZR 492/92 = NZA 1994, 409 (412); APS/*Vossen*, § 626 BGB Rn. 88; Däubler/Hjort/Schubert/Wolmerath/*Markowski*, § 1 KSchG Rn. 256; Hümmerich/Boecken/Düwell/*Holthausen*, § 1 KSchG Rn. 327; KR/*Fischermeier*, § 626 BGB Rn. 265 f.; *Mengel*, Compliance, Kap. 5 Rn. 24; MüKo-BGB/*Hergenröder*, § 1 KSchG Rn. 212; *Schmidt*, Compliance, S. 226; *Eufinger*, DB 2016, 471 (473).

1839 *Mengel*, Compliance, Kap. 6 Rn. 48; *Bieszk/Sadtler*, NJW 2007, 3382 (3383); vgl. auch KR/*Fischermeier*, § 626 BGB Rn. 306; KR/*Griebeling/Rachor*, § 1 KSchG Rn. 407; SPV/*Preis*, § 2 Rn. 1211.

1840 *Wank*, FS v. Hoyningen-Huene, S. 566.

1841 KR/*Fischermeier*, § 626 BGB Rn. 307; *Mengel*, Compliance, Kap. 5 Rn. 24; SPV/*Preis*, § 2 Rn. 1211.

1842 *Rein*, Ethikrichtlinie, S. 267; *Boldt*, Ethikregeln, S. 296.

kein Zugang zu Insiderwissen mehr besteht.[1843] Gleichwohl dürften solche Fälle die Ausnahme sein.[1844] Wer etwa als Vertriebsmanager eingestellt ist, kann ohne Vertragsänderung gar nicht in einem anderen Bereich beschäftigt werden, um ihn etwa von der Bestechung von Geschäftspartnern zu entfernen. Daher wird die Lösung in den von dieser Arbeit umfassten Fällen nur selten in einer Umsetzung liegen.[1845] Davon zu unterscheiden ist die Versetzung im Sinne der Weiterbeschäftigung auf einem anderen Arbeitsplatz nach Vertragsänderung.[1846] § 1 Abs. 2 S. 3 KSchG erklärt auch Kündigungen für sozial ungerechtfertigt, die erfolgen, obwohl die „Weiterbeschäftigung des Arbeitnehmers unter geänderten Arbeitsbedingungen möglich" wäre. In dem soeben genannten Beispiel des Vertriebsmanagers kann der Arbeitgeber also verpflichtet sein, ein Angebot auf Vertragsänderung zu erteilen,[1847] das die Beschäftigung an dem neuen Arbeitsplatz ermöglicht.

Auch das Erfordernis der Abmahnung wird – wenn es nicht ob seiner Bedeutung als eigener Prüfungspunkt geführt wird[1848] – oftmals hier verortet.[1849] Dogmatisch korrekt ist es dann allerdings bei der Angemessenheit angesiedelt, da die Abmahnung weniger effektiv darin ist, das kündigungsrelevante Verhalten zu beenden.[1850]

Kein milderes Mittel ist hingegen eine Betriebsbuße.[1851] Das lässt sich zwar nicht, wie vielfach angeführt,[1852] damit begründen, dass die Betriebsbuße lediglich sanktioniere und daher einen anderen Zweck verfolge als die Kündigung. Denn – wie gezeigt – verfolgt die Betriebsbuße zusätzlich auch den gleichen Präventionszweck wie die Kündigung.[1853] Der Betriebsrat gewänne über seine Mitbestimmung bei Betriebsbußen eine im Gesetz nicht vorgesehene zusätzliche Einflussnahmemöglichkeit auf die Kündigungsmöglichkeit, wenn man diese als mildere Mittel

---

1843 *Triskatis*, Ethikrichtlinien, S. 299.

1844 *Rein*, Ethikrichtlinie, S. 267 f., 274.

1845 Insoweit zutreffend *Rein*, Ethikrichtlinie, S. 267 f., 274; *Boldt*, Ethikregeln, S. 296.

1846 *Wank*, FS v. Hoyningen-Huene, S. 568.

1847 BAG, Urt. v. 27.09.1984 – 2 AZR 62/83 = AP KSchG 1969 § 2 Nr. 8; *Wank*, FS v. Hoyningen-Huene, S. 567.

1848 Wie hier etwa Hümmerich/Boecken/Düwell/*Holthausen*, § 1 KSchG Rn. 303 m.w.N.

1849 LAG Hessen, Urt. v. 25.01.2010 – 17 Sa 21/09, Rn. 61 – juris = BeckRS 2011, 65288; Hümmerich/Boecken/Düwell/*Holthausen*, § 1 KSchG Rn. 327; *Schmidt*, Compliance, S. 225; *Koffka*, Abmahnung, S. 50; *Pflaum*, Abmahnung, S. 153; vgl. zudem *Schöder*, Compliance, S. 314.

1850 Insoweit zutreffend. *v. Hoyningen-Huene*, RdA 1990, 193 (197, 202); a.A. *Pflaum*, Abmahnung, S. 153 f.

1851 Hümmerich/Boecken/Düwell/*Holthausen*, § 1 KSchG Rn. 327; *Preis*, Prinzipien, S. 460 f.; *ders.*, AuR 2010, 242 (246); *ders.*, DB 1990, 630 (634), 685 (686); a.A. *Schneider*, Compliance, S. 229; allg. zu Betriebsbußen s.o. F. I. 3. c.

1852 Hümmerich/Boecken/Düwell/*Holthausen*, § 1 KSchG Rn. 327; *Preis*, AuR 2010, 242 (246); *ders.*, DB 1990, 685 (686); differenzierter allerdings *Preis*, Prinzipien, S. 460 f.

1853 S.o. F. I. 3. c.

anerkennte.[1854] Wird eine Compliance-Richtlinie also als Betriebsbußenordnung implementiert,[1855] so führt dies zu einem Sanktionensystem neben den gesetzlichen Kündigungsrechten.[1856]

(3). Angemessenheit

Schließlich muss die Kündigung angemessen sein.[1857] Dies erfordert eine umfassende Würdigung aller in Betracht kommenden Interessen von Arbeitgeber und Arbeitnehmer im Einzelfall.[1858] Diese Prüfung ist unerlässlich, denn Rechtsprechung und Lehre betonen stets, dass es keine „absoluten Kündigungsgründe" gibt.[1859] Hier bringt die Praxis immer wieder kuriose Abwägungsgesichtsunkte hervor. So etwa das Argument der Konfliktscheue des Arbeitnehmers, das nach dem LAG Mecklenburg-Vorpommern einer verhaltensbedingten Kündigung wegen unterlassener Meldung von Kollegen an die Vorgesetzten entgegenstand.[1860] Derartige Argumente der Gerichte auf Ebene der Angemessenheit sind stark einzelfallbezogen und daher schwer zu antizipieren.[1861] Umso interessanter ist die Frage, inwieweit die Compliance-Richtlinie auf Ebene der Angemessenheit für den Arbeitgeber spricht.

(a). Auswirkung der Compliance-Richtlinie auf die Angemessenheit einer ordentlichen Kündigung

Besteht der Kündigungsgrund in der Verletzung einer Pflicht des Arbeitnehmers, die in der Compliance-Richtlinie dargelegt ist, so ist dieser Umstand in die

1854 BAG, Urt. v. 17.01.1991 – 2 AZR 375/90 = NZA 1991, 557 (560); APS/*Vossen*, § 626 BGB Rn. 90; Hümmerich/Boecken/Düwell/*Holthausen*, § 1 KSchG Rn. 327; MüKo-BGB/*Hergenröder*, § 1 KSchG Rn. 213; *Leßmann*, DB 1989, 1769 (1773); *Preis*, DB 1990, 685 (686).

1855 Zu dieser – wenn auch bislang nur theoretischen – Möglichkeit s.o. F. I. 3. c.

1856 Vgl. *Preis*, Prinzipien, S. 460 f.

1857 BAG, Urt. v. 26.01.1995 – 2 AZR 649/94 = NZA 1995, 517 (521); APS/*Vossen*, § 1 KSchG Rn. 274; Hümmerich/Boecken/Düwell/*Holthausen*, § 1 KSchG Rn. 328; Schaub/*Linck*, § 133 Rn. 9.

1858 So, allerdings die Interessenabwägung als eigenen Prüfungspunkt darstellend BAG, Urt. v. 23.03.1984 – 7 AZR 249/81 = NZA 1984, 287 (288); APS/*Vossen*, § 1 KSchG Rn. 274; Däubler/Hjort/Schubert/Wolmerath/*Markowski*, § 1 KSchG Rn. 257; ErfK/*Oetker*, § 1 KSchG Rn. 201; Hümmerich/Boecken/Düwell/*Holthausen*, § 1 KSchG Rn. 328; MüKo-BGB/*Hergenröder*, § 1 KSchG Rn. 214; Schaub/*Linck*, § 133 Rn. 9.

1859 BAG, Urt. v. 10.06.2010 – 2 AZR 541/09 = NZA 2010, 1227 (1231)[„Emmely"]; MüKo-BGB/*Hergenröder*, § 1 KSchG Rn. 214; 192; *Benecke*/*Groß*, BB 2015, 693 (694).

1860 LAG Mecklenburg-Vorpommern, Urt. v. 26.07.2016 – 2 Sa 385/15 = BeckRS 2016, 111709.

1861 *Adams*, DB 2017, 432.

Interessenabwägung einzubeziehen.[1862] Denn mit der Aufnahme in die Richtlinie stellt der Arbeitgeber klar, dass ihm die Einhaltung dieser Regel besonders wichtig ist.[1863] So führte das LAG Berlin-Brandenburg 2017 aus, der Alkoholkonsum eines Arbeitnehmers habe in der Interinteressenabwägung „Gewicht", weil der Arbeitgeber in seiner Arbeitsordnung ein Alkoholverbot geregelt habe.[1864] Das LAG Schleswig-Holstein hatte schon 2006 einen Fall zu entscheiden, in dem ein Arbeitnehmer zu seinem Arbeitgeber den Satz „Ist das Konzentrationslager oder was?" sagte.[1865] Anlass war, dass dem Arbeitnehmer eine Abmahnung wegen verspäteter Rückkehr aus dem Urlaub erteilt wurde. Das LAG entschied, gerade weil der Arbeitgeber durch Aufstellung seines „Firmencredo" Verunglimpfungen anderer Mitarbeiter habe verhindern wollen, wiege die Beleidigung hier besonders schwer. Daher müsse die Interessenabwägung zu Lasten des Arbeitnehmers ausfallen. Zwar ging es in dem Fall um eine außerordentliche Kündigung, doch lässt sich der Gedanke des LAG auf die ordentliche Kündigung übertragen:[1866] Hat der Arbeitgeber ein besonderes Interesse an der Einhaltung einer Regel und macht er dies auch noch in einem Regelwerk (wie z.B. einer Compliance-Richtlinie[1867]) deutlich, so wirkt sich dieser Umstand in der Interessenabwägung zu Lasten des Arbeitnehmers aus.[1868] Noch verstärkt wird diese Auswirkung, wenn der Arbeitgeber durch eine Sanktionsklausel zusätzlich deutlich macht, dass Verstöße gegen die Richtlinie auf jeden Fall nicht geduldet werden, sondern mit arbeitsrechtlichen Maßnahmen auf sie reagiert wird.[1869] Besonders deutlich wird der Einfluss der Richtlinie auf den Fall des LAG-Schleswig-Holstein, wenn man ihn mit einem Fall des LAG

1862 Moll/*Dendorfer-Ditges*, § 35 Rn. 273; *Rein*, Ethikrichtlinie, S. 269; *Zander*, Ethikrichtlinien, S. 151; *Bissels/Lützeler*, BB 2012, 189 (192); *Kleinebrink*, BB 2011, 2617 (2620); *Schuster/Darsow*, NZA 2005, 273 (277).

1863 *Boldt*, Ethikregeln, S. 291; *Rein*, Ethikrichtlinie, S. 269; *Bissels/Lützeler*, BB 2012, 189 (192); *Kleinebrink*, BB 2011, 2617 (2620); *Schuster/Darsow*, NZA 2005, 273 (277); vgl. auch *Schulz/Kuhnke*, BB 2012, 143 (149) [„Warneffekt"].

1864 LAG Berlin-Brandenburg, Urt. v. 02.05.2017 – 11 Sa 2062/16 = BeckRS 2017, 118128, Rn. 32.

1865 LAG Schleswig-Holstein, Urt. v. 29.08.2006 – 6 Sa 72/06 = BeckRS 2006, 43907.

1866 *Mengel*, Compliance, Kap. 5 Rn. 31; ebenso (die Entscheidung zitierend nachdem er den Gleichklang der Interessenabwägung bei ordentlicher und außerordentlicher Kündigung betont hat) *Deyhle*, Compliance, S. 193, 195; vgl. zudem die ordentliche Richtlinien-Kündigung des LAG Hessen, Urt. v. 25.01.2010 – 17 Sa 21/09 = BeckRS 2011, 65288.

1867 Das LAG selbst setzt schon a.a.O. das „Firmencredo" mit einer „Ethikrichtlinie" gleich; dem folgend *Deyhle*, Compliance, S. 195; *Mengel*, Compliance, Kap. 5 Rn 31.

1868 LAG Hessen, Urt. v. 25.01.2010 – 17 Sa 21/09 = BeckRS 2011, 65288; LAG Berlin-Brandenburg, Urt. v. 02.05.2017 – 11 Sa 2062/16 = BeckRS 2017, 118128, Rn. 32; *Boldt*, Ethikregeln, S. 297; *Deyhle*, Compliance, S. 195; *Rein*, Ethikrichtlinie, S. 269; *Zander*, Ethikrichtlinien, S. 151; *Klösel*, CB 2015, 253 (254).

1869 *Deyhle*, Compliance, S. 195; *Rein*, Ethikrichtlinie, S. 269, 274 f.; *Kleinebrink*, BB 2011, 2617 (2620).

Berlin-Brandenburg vergleicht, in dem ein Mitarbeiter die Arbeitsbedingungen seines Arbeitgebers mit denjenigen eines KZ verglich: Das Gericht sah den KZ-Vergleich von Art 5 Abs. 1 GG gedeckt.[1870] Eine im Unternehmen implementierte Richtlinie existierte in diesem Fall – mangels Erwähnung im Tatbestand – offenbar nicht.

(b). Das Problem der Bagatellkündigungen

Schon eingangs wurde der Fall Emmely beschrieben. Einer Kassiererin wurde gekündigt, weil sie Pfandbons im Wert von 1,30 € entwendet hatte.[1871] Dieser Fall löste eine landesweite Welle der Empörung aus: Ist es nicht schlechthin unangemessen, auf einen derart minimalen Verstoß gestützt, eine Angestellte zu entlassen?[1872]

Gemeint ist damit nicht die Berücksichtigung einer bis dahin evtl. lange Jahre beanstandungsfreien Arbeit der Angestellten – diese wurde bereits in Form des Vertrauenskapitals einzelfallbezogen berücksichtigt.[1873] Die Kritiker argumentieren vielmehr, dass in Fällen, in denen der Schaden für den Arbeitgeber sehr überschaubar geblieben ist, ein die Kündigung rechtfertigender Vertrauensverlust auch unabhängig davon, wie lange das Arbeitsverhältnis schon besteht, niemals angenommen werden kann.[1874] Bejahte man dies, machte man den Schaden des Arbeitgebers zum Wirksamkeitskriterium einer Kündigung.[1875] Genau dem hat das BAG aber im Emmely-Fall – weiterhin[1876] – eine Absage erteilt: Ein Vertrauensverlust könne auch schon mit geringen Vermögenseinbußen einhergehen.[1877] So entschied es auch das LAG Schleswig-Holstein für den Verzehr von Ware eines Lebensmittelmarktes im Wert von 80 Cent.[1878] Allenfalls bei evidenter

1870 LAG Berlin-Brandenburg, Beschl. v. 02.10.2014 – 10 TaBV 1134/14 = NZA-RR 2015, 125.

1871 S.o. G. I. 1. c. dd.

1872 Vgl. Däubler/Hjort/Schubert/Wolmerath/*Markowski*, § 1 KSchG Rn. 335; *Zypries*, ZRP 2010, 29, sowie die Nachweise bei *Rieble*, NJW 2009, 2101 (2103).

1873 S.o. G. I. 1. c. dd.

1874 Vgl. *Klueß*, NZA 2009, 337 (342).

1875 Zur Nichtexistenz eines solchen Tatbestandsmerkmals vgl. *Stoffels*, NJW 2011, 118 (122); zur rechtspolitischen Debatte um dessen Einführung vgl. *Birnbaum*, AuA 2010, 212.

1876 Schon die bisherige Rechtsprechung sprach sich gegen eine „Bagatellgrenze“ aus, *Schall*, RdA 2010, 225 unter Berufung auf BAG, Urt. v. 12.08.1999 – 2 AZR 923/98 = NZA 2000, 421 (424).

1877 BAG, Urt. v. 10.06.2010 – 2 AZR 541/09 = NZA 2010, 1227 (1230) [„Emmely“]; da „Emmely“ die von ihr rechtswidrig eingelöste Pfandbons zuvor von ihrem Vorgesetzen anvertraut wurden, stand der Gesichtspunkt des Vertrauensbruchs im Fall Emmely besonders im Vordergrund, vgl. *Schall*, RdA 2010, 225 (228).

1878 LAG Schleswig-Holstein, Urt. v. 10.11.2015 – 2 Sa 235/15 = BeckRS 2016, 66309, Rn. 28, 30.

Schadensfreiheit (z.B. formaler Diebstahl von Abfall) mag man dies im Einzelfall anders bewerten.[1879] Selbst manche Kritiker der Bagatellkündigungen argumentieren nicht allein mit der Schadenshöhe, sondern betonen ebenfalls die über eine gewisse Zeit gewachsene Vertrauensbeziehung.[1880] Dieses Verständnis ist auch richtig, denn Grund für eine Kündigung ist ja gerade nicht die Bestrafung des Arbeitnehmers, sondern der Umstand, dass der Arbeitgeber nicht mehr davon ausgehen kann, der Arbeitnehmer werde in Zukunft seine Arbeit anstandsfrei verrichten, die zuvor genannte negative Prognose.[1881] Die Geschehnisse in der Vergangenheit sind als solche irrelevant, sie dienen hier allein als Grundlage der Zukunftsprognose.[1882] Die gesamte Argumentation zum Thema Bagatellkündigungen gehört daher – jedenfalls[1883] – seit „Emmely" unter das Lemma Vertrauenskapital.

Die Ablehnung einer allgemeinen Bagatellgrenze ist auch für Kündigungen wegen Verstößen gegen die Compliance-Richtlinie beruhigend. Denn hätte die Rechtsprechung die Schadenshöhe als Kriterium anerkannt, wäre als nächstes die Frage zu beantworten gewesen, ob es eine solche allgemeine Erheblichkeitsschwelle, unterhalb derer der Arbeitgeber den Verstoß zu akzeptieren habe, nicht auch in anderen Bereichen gibt. Bei Compliance-Richtlinien wäre etwa an kleinere Imageschäden zu denken gewesen. Doch ist solchen Überlegungen durch das BAG die Grundlage entzogen. Eine allgemeine „Freigrenze" kennt das Kündigungsrecht nicht.[1884]

d. *Weitere Kündigungsvoraussetzungen*

Zudem sind weitere allgemeine Voraussetzungen zu beachten, die für alle ordentlichen Arbeitgeberkündigungen unabhängig vom Kündigungsgrund gelten. So sind die Fristen des § 622 BGB ebenso einzuhalten wie die von § 623 BGB geforderte Schriftform. Schließlich bedarf die Kündigungserklärung als geschäftsähnliche Handlung des Zugangs entsprechend § 130 Abs. 1 S. 1 BGB.[1885]

1879 Vgl. LAG Baden-Württemberg, Urt. v. 10.02.2010 – 13 Sa 59/09 = BeckRS 2010, 66411; *Schall*, NJW 2010, 1248 (1252) sowie *Blum*, ZRP 2010, 132.

1880 So etwa *Zypries*, ZRP 2010, 29.

1881 *Rieble*, NJW 2009, 2101 (2104, 2105), ebenso *Fandel/Kock*, BB 2011, 61.

1882 *Preis*, Prinzipien, S. 322; *ders.*, AuR 2010, 186 (187).

1883 In Teilen der Literatur wurde schon vor dieser Entscheidung verstanden, dass das relevante Kriterium die Vertrauensgrundlage des Arbeitsverhältnisses ist, vgl. etwa *Koffka*, Abmahnung, S. 93; *Pflaum*, Abmahnung, S. 171; *Preis*, Prinzipien, S. 458 f.; *ders.*, AuR 2010, 242 (245).

1884 So auch *Klösel*, CB 2015, 253 (253).

1885 BAG, Urt. v. 27.09.2012 – 2 AZR 955/11 = NJW 2013, 1323 (1324); Urt. v.09.06.2011 – 6 AZR 687/09 = NZA 2011, 847 (847 f.); Däubler/Hjort/Schubert/Wolmerath/*Fiebig/Bufalica*, Vor §§ 1 ff. KSchG Rn. 26; MüKo-BGB/*Hergenröder*, § 1 KSchG Rn. 40; Schaub/*Linck*, § 123 Rn. 30.

In kollektivrechtlicher Hinsicht ist das – bereits dargestellte[1886] – Mitbestimmungsrecht des Betriebsrats aus § 102 Abs. 1 S. 1 BetrVG zu beachten.

2. Außerordentliche Kündigung

Neben der ordentlichen Kündigung unter Wahrung der Fristen des § 622 BGB, bleibt dem Arbeitgeber die Möglichkeit, eine außerordentliche – und grds. fristlose – Kündigung aus wichtigem Grund nach § 626 BGB auszusprechen. Bei der außerordentlichen Kündigung genügt als Kündigungsgrund ein sog. „wichtiger Grund" (§ 626 BGB).[1887] Nach der 2-Stufen-Theorie des BAG erfolgt die Prüfung, wann ein solcher vorliegt, in zwei Schritten: Zunächst ist zu fragen, ob ein Grund „an sich", also losgelöst von den Umständen des jeweiligen Einzelfalls, geeignet ist, eine außerordentliche Kündigung zu rechtfertigen. In einem zweiten Schritt ist durch eine Interessenabwägung zu ermitteln, ob dieser Grund auch im vorliegenden Einzelfall zur Rechtfertigung der Kündigung ausreicht.[1888]

a. Wichtiger Grund „an sich"

Ein wichtiger Grund „an sich" liegt gemeinhin vor, wenn ein Sachverhalt vorliegt, der es dem Arbeitgeber objektiv unzumutbar macht, am Arbeitsverhältnis festzuhalten.[1889] Die Unterscheidung von personen-, verhaltens- und betriebsbedingter Kündigung kann der ordentlichen Kündigung entlehnt werden,[1890] bezeichnet hier allerdings keine Tatbestandsmerkmale, sondern nur Fallgruppen.[1891] Die größte Bedeutung kommt dabei dem verhaltensbedingten Kündigungsgrund zu.[1892] Wie gezeigt, ist das auch die Fallgruppe der typischen Richtlinien-Kündigung.[1893] Sie soll hier daher alleinig betrachtet werden.

Die außerordentliche verhaltensbedingte Kündigung hat mit ihrem ordentlichen Pendent gemeinsam, dass sie tatbestandlich eine Vertragsverletzung des Arbeitnehmers[1894] und eine negative Zukunftsprognose[1895] voraussetzt. Dabei kann

---

1886 S.o. F. II. 4.

1887 Vgl. auch MüHdbArbR/*Richardi*, § 328 Rn. 21.

1888 St. Rspr. BAG, Urt. v. 21.11.2013 – 2 AZR 797/11 = NZA 2014, 243 (244); zudem statt aller ErfK/*Niemann*, § 626 BGB Rn. 15 m.w.N.

1889 Vgl. APS/*Vossen*, § 626 BGB Rn. 22.

1890 BAG, Urt. v. 31.01.1996 – 2 AZR 158/95 = NZA 1996, 581 (584); APS/*Vossen*, § 626 BGB Rn. 61; *Deyhle*, Compliance, S. 167; Hümmerich/Boecken/Düwell/*Bröhl*, § 626 BGB Rn. 23; MüHdbArbR/*Wank*, § 98 Rn. 17; MüKo-BGB/*Henssler*, § 626 Rn. 128; Staudinger/*Preis*, § 626 Rn. 7, 55; *Preis*, Prinzipien, S. 483; *ders.* AuR 2010, 186 (188).

1891 S.o. G. I. 1. c. bb.

1892 APS/*Vossen*, § 626 BGB Rn. 62; Däubler/Hjort/Schubert/Wolmerath/*Griebeling*/*Herget*, § 626 BGB Rn. 86; *Deyhle*, Compliance, S. 168; Staudinger/*Preis*, § 626 Rn. 55.

1893 S.o. G. I. 1. c.

1894 Vgl. *Preis*, Prinzipien, S. 483 f.; *ders.*, AuR 2010, 186 (187).

1895 MüKo-BGB/*Henssler*, § 626 Rn. 109; vgl. *Preis*, Prinzipien, S. 486; *ders.*, AuR 2010, 186 (187).

es aber nicht bleiben, denn die außerordentliche Kündigung führt regelmäßig zur sofortigen Beendigung des Arbeitsverhältnisses[1896] und ist daher im Vergleich zur ordentlichen Kündigung die härtere Maßnahme. Es besteht also ein Stufenverhältnis zwischen ordentlicher und außerordentlicher Kündigung.[1897] Schon bei der Frage des Kündigungsgrundes „an sich" ist daher eine gewisse Abwägung durchzuführen. Sie hat zu klären, ob ein solches Fehlverhalten wie im vorliegenden Fall, etwa der Diebstahl einer geringwertigen Sache, typischerweise geeignet ist, die außerordentliche Kündigung zu rechtfertigen.[1898] Ist es also – um bei dem Beispiel zu bleiben – losgelöst vom vorliegenden Einzelfall im Fall des Diebstahls geringwertiger Sachen einem Arbeitgeber im Allgemeinen nicht mehr zuzumuten, den Arbeitnehmer bis zum Ablauf der ordentlichen Kündigungsfrist weiter zu beschäftigen? Diese Frage wäre – jedenfalls bei Arbeitnehmern mit Finanzverantwortung – zu bejahen.[1899]

Beim Verstoß gegen eine Compliance-Richtlinie kommt es darauf an, gegen welche Klausel verstoßen wurde.[1900] Der Verstoß gegen das Rauchverbot[1901] im Büro wird im Normalfall nicht ausreichen. Besteht allerdings aufgrund der Art der Örtlichkeit, an der geraucht wurde, eine Gefahr für Leib und Leben anderer, so liegt ein wichtiger Grund vor.[1902] Das hat das BAG etwa für den Produktionsraum einer Druckerei entschieden, weil im Betrieb erhöhte Brandgefahr bestand.[1903] Man sieht daran auch: Völlig losgelöst vom Einzelfall lässt sich selbst der wichtige Grund „an sich" nicht bestimmen. Die Frage ist vielmehr betriebsbezogen (Druckerei vs. sonstiger Betrieb) zu beantworten.[1904]

An sich geeignet sind auch die sexuelle Belästigung nach § 3 Abs. 4 AGG[1905] oder Verstöße gegen das Insiderhandelsverbot.[1906] Überhaupt nur in sehr seltenen Fällen hat die Rechtsprechung schon den Kündigungsgrund „an sich" verneint.[1907] Da die in einer Richtlinie aufgeführten Regeln für den Arbeitgeber typischerweise von

---

1896 S.u. G. I. 1. d.

1897 *Preis*, Prinzipien, S. 476, 483; *ders.*, AuR 2010, 186 (187 f.).

1898 BAG, Urt. v. 10.06.2010 – 2 AZR 541/09 = NZA 2010, 1227 (1229) [„Emmely"]; zum Fall sexueller Belästigung BAG, Urt. v. 09.06.2011 – 2 AZR 323/10 = NZA 2011, 1342 (1343).

1899 BAG, Urt. v. 10.06.2010 – 2 AZR 541/09 = NZA 2010, 1227 (1229 f.) [„Emmely"]; zustimmend *Stoffels*, NJW 2011, 118 (120).

1900 *Rein*, Ethikrichtlinie, S. 274.

1901 Auch ein solches findet man in Compliance-Richtlinien, s.o. E. II. 2. e.

1902 ErfK/*Niemann*, § 626 BGB Rn. 127.

1903 BAG, Urt. v. 27.09.2012 – 2 AZR 955/11 = NZA 2013, 425 (427 f.).

1904 Vgl. *Rein*, Ethikrichtlinie, S. 271, 274.

1905 BAG, Urt. v. 29.06.2017 – 2 AZR 302/16 = NZA 2017, 1121 (1122); Urt. v. 20.11.2014 – 2 AZR 651/13 = NZA 2015, 294 (295); Urt. v. 09.06.2011 – 2 AZR 323/10 = NZA 2011, 1342 (1343); vgl. Moll/*Reinartz*, § 44 Rn. 36.

1906 Vgl. *Jerusalem*, Compliance, S. 253.

1907 *Preis*, Prinzipien, S. 479; *ders.*, AuR 2010, 186 (188); *Stoffels*, NJW 2011, 118 (120).

besonderer Wichtigkeit sind, ist eine Verneinung bei diesen sogar noch unwahrscheinlicher. In aller Regel stellt der Verstoß gegen eine Compliance-Richtlinie daher einen wichtigen Grund „an sich“ dar.[1908]

b. Interessenabwägung

Aber es gibt im Rahmen von § 626 BGB keine „absoluten Kündigungsgründe“, die losgelöst von den Umständen des Einzelfalls stets die außerordentliche Kündigung erlaubten.[1909] Das gilt auch dann, wenn solche vertraglich vereinbart wurden.[1910] Daher kann eine Richtlinienklausel des Inhalts: „ein Verstoß gegen diese Regel zieht die außerordentliche Kündigung nach sich“, jedenfalls nicht derart wirken, dass die Prüfung des § 626 BGB entbehrlich würde.[1911]

aa. Erfordernis der Systematisierung

Liegt also „an sich“ ein Kündigungsgrund vor, so ist im zweiten Schritt zu prüfen, ob es dem Arbeitgeber unter Berücksichtigung aller Umstände des Einzelfalls nicht mehr zugemutet werden kann, den Arbeitgeber weiter zu beschäftigen.[1912] Dazu ist – schon nach dem Wortlaut des § 626 Abs. 1 BGB – eine Interessenabwägung durchzuführen. Der Wortlaut lässt aber offen, nach welchen Kriterien die Abwägung zu erfolgen hat. Solche zu finden, ist allerdings notwendig, da andernfalls richterliche Willkür im Sinne einer „Kadijustiz“ herrschte.[1913] Nachfolgend werden Kriterien beschrieben, die anerkannt sind und für die Thematik der Compliance-Richtlinien Bedeutung haben.

1908 Vgl. *Rein*, Ethikrichtlinie, S. 271 ff.; *Schöder*, Compliance, S. 287; *Benecke/Groß*, BB 2015, 693 (694).

1909 BAG, Urt. v. 10.06.2010 – 2 AZR 541/09 = NZA 2010, 1227 (1229); ErfK/*Niemann*, § 626 BGB Rn. 24; Hümmerich/Boecken/Düwell/*Bröhl*, § 626 BGB Rn. 20; *Rolf/Waskowski*, CB 2016, 479 (480).

1910 Dauner-Lieb/Langen/*Klappstein*, § 626 Rn. 26.

1911 *Schneider*, Compliance, S. 91; *Benecke/Groß*, BB 2015, 693 (694); vgl. auch *Eufinger*, RdA 2017, 223 (226); zu der Frage, ob solche Klauseln als „vorweggenommene Abmahnung“ wirken, sogleich G. II.

1912 Statt aller ErfK/ *Niemann*, § 626 BGB Rn. 16, 24 f.

1913 *Preis*, Anm. z. BAG, Urt. v. 10.06.2010 – 2 AZR 541/09 = AP BGB § 626 Nr. 229 [„Emmely“]; *Schall*, RdA 2010, 225 (228) [sonst „pures Billigkeitsrecht“]; vgl. auch APS/*Vossen* BGB § 626 Rn. 21; Hümmerich/Boecken/Düwell/*Bröhl*, § 626 BGB Rn. 85; MüHdbArbR/ *Wank*, § 98 Rn. 49; *Preis*, Prinzipien, S. 477 f.; *ders.*, AuR 2010, 186 (187); allgemein zu offenen Tatbeständen als modernem Fall der Kadijustiz *Pawlowski*, Methodenlehre für Juristen, S. 29 Rn. 50 f.

bb. Abmahnung

Eingangs empfiehlt es sich, das Erfordernis der Abmahnung hier vorweg zu prüfen. Denn kommt man zum Ergebnis, dass eine Abmahnung erforderlich gewesen wäre, aber nicht ausgesprochen wurde, ist die Prüfung damit beendet, die Kündigung schon allein deswegen unwirksam. Das Erfordernis einer Abmahnung folgt inzwischen ausdrücklich aus § 314 Abs. 2 S. 1 BGB, denn dieser schreibt für außerordentliche verhaltensbedingte Kündigungen die vorherige Abmahnung bindend vor.[1914]

Abzulehnen ist die Meinung von *Kortstock*, der vorträgt, § 314 BGB sei nach überwiegender Ansicht nicht auf Arbeitsverhältnisse anwendbar.[1915] Dogmatisch richtig ist indes, dass § 314 BGB insoweit von § 626 BGB verdrängt wird, wie er andere Regeln beinhaltet, etwa zur Ausschlussfrist.[1916] Zur Abmahnung hingegen fehlt eine solche verdrängende Spezialvorschrift, so dass § 314 Abs. 2 S. 1 BGB zur Anwendung kommt.[1917]

Es handelt sich bei § 314 Abs. 2 S. 1 BGB aber nur um eine Klarstellung durch die Schuldrechtsreform, inhaltliche Änderungen gingen damit nicht einher.[1918] Es kann also für die inhaltlichen Anforderungen – namentlich die Problematik des Vertrauenskapitals – an die Abmahnung auf die zur ordentlichen Kündigung gemachten Ausführungen verwiesen werden.[1919]

cc. Verschulden

Anders als die ordentliche verhaltensbedingte Kündigung,[1920] setzt die außerordentliche verhaltensbedingte Kündigung nach überwiegender Auffassung kein Verschulden des Arbeitnehmers am wichtigen Grund voraus.[1921] Denn § 628 Abs. 1 S. 2 BGB differenziere zwischen Kündigungen wegen vertragswidrigem und wegen

---

1914 BAG, Urt. v. 10.06.2010 – 2 AZR 541/09 = NZA 2010, 1227 (1231); Urt. v. 27.11.2008 – 2 AZR 675/07 = NZA 2009, 842 (843); Dauner-Lieb/Langen/*Klappstein*, § 626 Rn. 35; ErfK/ *Niemann*, § 626 BGB Rn. 29; KR/*Fischermeier*, § 626 BGB, Rn. 270; MüKo-BGB/*Henssler*, § 626 Rn. 89; Staudinger/*Preis*, § 626 Rn 105; offen lassend LAG Bremen, Urt. v. 18.11.2004 – 3 Sa 170/04 = BeckRS 2004, 42669.

1915 Nipperdey/*Kortstock*, Stichwort Abmahnung; ebenso *Rein*, Ethikrichtlinie, S. 212.

1916 Vgl. u. G. I. 2. c.

1917 KR/*Fischermeier*, § 626 BGB Rn. 270; *Schlachter*, NZA 2005, 433 (437).

1918 Däubler/Hjort/Schubert/Wolmerath/*Markowski*, § 1 KSchG Rn. 237; SPV/*Preis*, Rn. 1201; KR/*Fischermeier*, § 626 BGB Rn. 270; vgl. auch BAG, Urt. v. 10.06.2010 – 2 AZR 541/09 = NZA 2010, 1227 (1231) ["gesetzgeberische Bestätigung"]; Dauner-Lieb/Langen/*Klappstein*, § 626 Rn. 35; ErfK/ *Niemann*, § 626 BGB Rn. 29; *Kreft*, FS Etzel, S. 233 f.; MüKo-BGB/*Henssler*, § 626 Rn. 89 f.

1919 S.o. G. I. 1. c. dd.; zum Gleichklang vgl. auch *Kreft*, FS Etzel, S. 233.

1920 S.o. G. I. 1. c. bb.

1921 BAG, Urt. v. 21.01.1999 – 2 AZR 665/98 = AP BGB § 626 Nr. 151; MüKo-BGB/*Henssler*, § 626 Rn. 84, 104.

nicht vertragswidrigem Verhalten.[1922] Das mangelnde Verschulden wird dann in der Interessenabwägung berücksichtigt.[1923] Im Regelfall wird ein schuldloses Verhalten des Arbeitnehmers diese zu seinen Gunsten, also gegen die Kündigung, ausfallen lassen.[1924]

Aber schon in Zusammenhang mit dem Verschuldenserfordernis der ordentlichen Kündigung wurde dargestellt, dass der Umkehrschluss aus § 628 BGB nicht zwingend ist, da diese Norm auch freie Dienstverträge erfasst.[1925] Das weitere obige Argument, man müsse die Kündigungsgründe exakt voneinander trennen, verfängt hier weniger,[1926] da die Kündigungsgründe – wie ebenfalls schon genannt – im Rahmen des § 626 BGB nur Fallgruppen bilden, die die Rechtsprechung herausgearbeitet hat.[1927] In logisch-systematischer Hinsicht spricht auch der Vergleich mit § 543 Abs. 1 BGB gegen ein Verschuldenserfordernis, denn dort wird bei ansonsten parallelem Wortlaut das Verschulden als Kriterium explizit genannt.

Allerdings ist entscheidend das Stufenverhältnis von ordentlicher und außerordentlicher Kündigung zu beachten. Die außerordentliche Kündigung ist ein „wesensgleiches Mehr" zur ordentlichen Kündigung.[1928] Daher kann es nicht angehen, dass es Fälle geben soll, in denen eine ordentliche verhaltensbedingte Kündigung mangels Verschulden ausscheidet, eine außerordentliche Kündigung aber möglich bleibt. Daher muss das Verschuldenserfordernis aus § 1 KSchG hierher übertragen werden.[1929]

Schon im Zusammenhang mit der ordentlichen Kündigung wurde gezeigt, dass die Existenz einer Compliance-Richtlinie die Annahme eines Verschuldens des Arbeitnehmers an einem in der Richtlinie untersagten Verhalten unterstützt.[1930] Nimmt man – wie hier vertreten – ein Verschuldenserfordernis auch

---

1922 BAG, Urt. v. 21.01.1999 – 2 AZR 665/98 = AP BGB § 626 Nr. 151; BeckOK-ArbR/*Rolfs*, § 1 KSchG Rn. 226; MüKo-BGB/*Henssler*, § 626 Rn. 104.

1923 BAG, Urt. v. 21.01.1999 – 2 AZR 665/98 = AP BGB § 626 Nr. 151; BeckOK-BGB/*Fuchs*, § 626 Rn. 8; Dauner-Lieb/Langen/*Klappstein*, § 626 Rn. 43; Gallner/Mestwerdt/Nägele/*Gieseler*, § 626 BGB Rn. 67, 95; MüKo-BGB/*Henssler*, § 626 Rn. 81, 104; *Schöder*, Compliance, S. 307 f.

1924 Das BAG spricht von „Extremfällen", siehe nur BAG, Urt. v. 21.01.1999 – 2 AZR 665/98 = AP BGB § 626 Nr. 151; Gallner/Mestwerdt/Nägele/*Gieseler*, § 626 BGB Rn. 95 [„Ausnahmefälle"].

1925 S.o. G. I. 1. c. bb.

1926 Es ist aber – etwa im Blick auf das Abmahnerfordernis – auch nicht völlig unerheblich, so wird das Abgrenzungsargument auch bei § 626 BGB durchaus angeführt, etwa bei Staudinger/*Preis*, § 626 Rn. 65.

1927 S.o. G. I. 1. c. bb.

1928 Gallner/Mestwerdt/Nägele/*Zimmermann*, § 1 KSchG Rn. 341.

1929 Gallner/Mestwerdt/Nägele/*Zimmermann*, § 1 KSchG Rn. 341; dies/*Gieseler*, § 626 BGB Rn. 67; ähnlich Däubler/Hjort/Schubert/Wolmerath/*Griebeling*/*Herget*, § 626 BGB Rn. 60; im Ergebnis ebenfalls Dauner-Lieb/Langen/*Klappstein*, § 626 Rn. 43.

1930 S.o. G. I. 1. c. bb.

im Rahmen von § 626 BGB an, so sind obige Erwägungen ohne Weiteres übertragbar.

Dieselben Erwägungen gelten hier aber selbst dann, wenn man dem Abwägungsansatz der Rechtsprechung folgt. Denn wenn ein Gericht das Schlagwort Verschulden in die Interessenabwägung einbringt, so wird es bei Vorhandensein einer Richtlinie unter diesem Schlagwort eher eine Gewichtung zulasten des Arbeitnehmers vornehmen.

Anders ausgedrückt: Auch im Rahmen von § 626 BGB kann sich der Arbeitnehmer nicht mehr mit dem Argument verteidigen, das Verbotensein oder auch nur die Schwere eines Verstoßes seien ihm unbekannt gewesen.

dd. Negative Zukunftsprognose/Wiederholungsgefahr

Wie bei der ordentlichen Kündigung, so beruht auch die außerordentliche verhaltensbedingte Kündigung nicht auf einem Strafzweck, sondern einer negativen Zukunftsprognose.[1931] Es kann auf die zur ordentlichen Kündigung gemachten Ausführungen verwiesen werden.[1932]

ee. Verhältnismäßigkeit

Wichtigste Methode zur Objektivierung der Abwägung ist der Grundsatz der Verhältnismäßigkeit.[1933]

(1). Zweck und Geeignetheit

Die außerordentliche verhaltensbedingte Kündigung dient dem Zweck, zukünftige Vertragsverletzungen zu verhindern. Sie erfüllt ihn, indem sie das Arbeitsverhältnis sofort – oder zumindest zeitnah[1934] – beendet.[1935]

(2). Erforderlichkeit

Unter dem Aspekt der Erforderlichkeit ist zu prüfen, ob mit der außerordentlichen Kündigung im vorliegenden Fall das mildeste von gleich effektiven Mitteln gewählt wurde. Dabei gelten die zur ordentlichen Kündigung gemachten Ausführungen und milderen Mittel auch hier. Das einzige mildere Mittel, das allein bei

---

1931 Vgl. zum Gleichklang nur *Preis*, Prinzipien, S. 483; *ders.*, DB 1990, 630,(634).

1932 S.o. G. I. 1. c.cc.

1933 Vgl. BAG, Urt. v. 27.09.2012 – 2 AZR 955/11 = NJW 2013, 1323 (1325); Urt. v. 09.06.2011 – 2 AZR 323/10 = NZA 2011, 1342 (1344); *Deyhle*, Compliance, S. 180; *Pflaum*, Abmahnung, S. 111; *Preis*, Prinzipien, S. 309 f.; *ders.*, AuR 2010, 186 (187); *Neumann/Hampe*, DB 2014, 1258.

1934 Zur Rechtsfolge der außerordentlichen Kündigung s.u. G. I. 2. d.

1935 So schon oben G. I. 1. c. ee.(1).

der außerordentlichen Kündigung zu prüfen ist, ist die ordentliche Kündigung.[1936] Dabei ist von einer Weiterbeschäftigung des Arbeitnehmers auszugehen. Denn eine ordentliche Kündigung verbunden mit einer Freistellung des Arbeitnehmers von der Arbeitspflicht, ist keine „Fortsetzung des Dienstverhältnisses" i.S.d. § 626 Abs. 1 BGB.[1937] Sie kommt daher als milderes Mittel nicht in Betracht.[1938]

(3). Angemessenheit

Unter dem Gesichtspunkt der Angemessenheit der Kündigung ist schließlich eine umfassende Interessenabwägung vorzunehmen. Sie hat die Frage zu klären, ob dem Arbeitgeber die Weiterbeschäftigung des Arbeitnehmers – zumindest bis Ablauf der ordentlichen Kündigungsfrist – nicht mehr zuzumuten ist, weil die Zukunftsprognose negativ ausfällt.[1939] Da die Abwägung umfassend zu sein hat, lassen sich die Umstände, die hier zu berücksichtigen sind, nicht abschließend aufzählen.[1940]

Wer das Verschulden nicht – wie hier vertreten[1941] – als eigene Wirksamkeitsanforderung der Kündigung sieht, der muss es hier thematisieren. Verstöße gegen eine Compliance-Richtlinie werden aber in aller Regel ohnehin nicht am Verschulden scheitern.[1942] Allerdings ist – auch bei Rechtsirrtümern – der im Einzelfall festzustellende Grad des Verschuldens in die Abwägung einzubeziehen.[1943] Denn wenn der Arbeitnehmer nur irrtümlich rechtswidrig handelt, stellt sich im Einzelfall die Frage, ob nach Aufklärung über die Rechtslage wirklich noch eine Wiederholung zu befürchten ist.[1944]

1936 APS/*Vossen*, § 626 BGB Rn. 90; *Boldt*, Ethikregeln, S. 297; KR/*Fischermeier*, § 626 BGB Rn. 266; *Preis*, AuR 2010, 186 (188); *ders.*, DB 1990, 685 (689); vgl. auch *Preis*, Prinzipien, S. 309 f., 476, 483; *Schmidt*, Compliance, S. 229.

1937 BAG, Urt. v. 11.03.1999 – 2 AZR 507/98 = NZA 1999, 587 (590); APS/*Vossen*, § 626 BGB Rn. 89.

1938 BAG, Urt. v. 05.04.2001 – 2 AZR 217/00 = NZA 2001, 837 (839); Urt. v. 11.03.1999 – 2 AZR 507/98 = NZA 1999, 587 (590); APS/*Vossen*, § 626 BGB Rn. 89; Hümmerich/Boecken/Düwell/*Bröhl*, § 626 BGB Rn. 84; unter Ausklammerung „atypische[r] Fälle" Gallner/Mestwerdt/Nägele/*Gieseler*, § 626 BGB Rn. 90; ähnlich Däubler/Hjort/Schubert/Wolmerath/*Griebeling*/*Herget*, § 626 BGB Rn. 78.

1939 BAG, Urt. v. 09.06.2011 – 2 AZR 323/10 = NZA 2011, 1342 (1344 f.); Urt. v. 10.06.2010 – 2 AZR 541/09 = NZA 2010, 1227 (1231).

1940 BAG, Urt. v. 27.09.2012 – 2 AZR 955/11 = NJW 2013, 1323 (1325); Urt. v. 10.06.2010 – 2 AZR 541/09 = NZA 2010, 1227 (1231); kritisch *Preis*, AuR 2010, 242 (246 f.).

1941 S.o. G. I. 2. b. cc.

1942 S.o. G. I. 2. b. cc.

1943 BAG, Urt. v. 29.08.2013 – 2 AZR 273/12 = NJW 2014, 1323 (1326); Urt. v. 14.02.1996 – 2 AZR 274/95 = NZA 1996, 873 (874); Däubler/Hjort/Schubert/Wolmerath/*Griebeling*/*Herget*, § 626 BGB Rn. 83; Dauner-Lieb/Langen/*Klappstein*, § 626 BGB Rn. 31; ErfK/ *Niemann*, § 626 BGB Rn. 40; MüKo-BGB/*Henssler*, § 626 Rn. 81; Gallner/Mestwerdt/Nägele/*Gieseler*, § 626 BGB Rn. 95; Hümmerich/Boecken/Düwell/*Bröhl*, § 626 BGB Rn. 86; *Schöder*, Compliance, S. 307.

1944 *Schlachter*, NZA 2005, 433 (434).

Streng rechtsdogmatisch gehört hierher auch das Erfordernis der Abmahnung, denn sie ist im Vergleich zur Kündigung ein milderes Mittel.[1945] Wer die Abmahnung also nicht – wie hier vertreten – ob ihrer Bedeutung eingangs geprüft hat, muss es spätestens hier tun.[1946] Wenn vertreten wird, die Abmahnung sei im Verhältnis zur Kündigung kein milderes Mittel, weil sie auf den Fortbestand des Arbeitsverhältnisses gerichtet ist,[1947] wird verkannt, dass sie trotzdem mit der Kündigung den Zweck der Prävention weiterer Pflichtverletzungen teilt.[1948] Dass sie trotzdem nicht schon ein Prüfungsgegenstand der Erforderlichkeit ist, liegt daran, dass sie weniger effektiv ist, als die Kündigung.[1949]

Ein wesentlicher Gesichtspunkt ist in jedem Fall die Schwere der Vertragsverletzung und ihre Folgen für den Arbeitgeber.[1950] Eine pauschale Ausklammerung geringwertiger Vermögensdelikte ist mit dem Grundprinzip der freien Interessenabwägung unvereinbar.[1951] Anders als beim Verschulden, zwingt auch die Situation bei der ordentlichen Kündigung nicht zu einem Erst-Recht-Schluss,[1952] denn eine Ausklammerung wegen Geringwertigkeit gibt es auch bei der ordentlichen Kündigung nicht.[1953] Wie bereits zur ordentlichen Kündigung beschrieben, wird man eine Vertragsverletzung schwerer werten müssen, wenn sie bereits in einer Compliance-Richtlinie aufgeführt wurde.[1954] In der dort schon zitierten Entscheidung des LAG Schleswig-Holstein verwandte das Gericht einen Großteil seiner Entscheidungsgründe auf den Kündigungsgrund „an sich", um sodann nur einen Absatz auf die Interessenabwägung zu verwenden. Das Gericht ließ dann die Abwägung zu Lasten des Arbeitnehmers ausfallen, weil dieser „das Firmencredo

---

1945 Zur Einordnung als milderes Mittel BAG, Urt. v. 19.04.2012 – 2 AZR 186/11 = NZA 2013, 27 (29); Urt. v. 23.10.2008 – 2 AZR 483/07 = NZA-RR 2009, 362 (366); APS/*Vossen*, § 626 BGB Rn. 88; ErfK/ *Niemann*, § 626 BGB Rn. 29; Gallner/Mestwerdt/Nägele/*Gieseler*, § 626 BGB Rn. 89; *Koffka*, Abmahnung, S. 50; *Mengel*, Compliance, Kap. 5 Rn. 24; *Pflaum*, Abmahnung, S. 153; *Rein*, Ethikrichtlinie, S. 266; vgl. zudem *Hauer*, Abmahnung, S. 50, 58.

1946 Siehe schon zur ordentlichen Kündigung oben G. I. 1. c. ee. (2).

1947 MüHdbArbR/*Berkowski*, § 114, Rn. 121; *v. Hoyningen-Huene*, RdA 1990, 193 (197).

1948 Vgl. für die Abmahnung unten G. II. 1. a. b. und für die Kündigung oben G. I. 1. c. cc.

1949 S.o. G. I. 1. c. ee. (2).

1950 BAG, Urt. v. 27.09.2012 – 2 AZR 955/11 = NJW 2013, 1323 (1325); ähnlich Urt. v. 09.06.2011 – 2 AZR 323/10 = NZA 2011, 1342 (1343, 1344); ErfK/ *Niemann*, § 626 BGB Rn. 41; Gallner/Mestwerdt/Nägele/*Gieseler*, § 626 BGB Rn. 95; *Jerusalem*, Compliance, S. 252; *Mengel*, Compliance, Kap. 5 Rn. 25; MüKo-BGB/*Henssler*, § 626 Rn. 81.

1951 BAG, Urt. v. 10.06.2010 – 2 AZR 541/09 = NZA 2010, 1227 (1230); Staudinger/*Preis*, § 626 BGB Rn. 192 f.; *Fuhlrott*, ArbRAktuell 2010, 541 (543); vgl. auch ErfK/ *Niemann*, § 626 BGB Rn. 46.

1952 Zum Erst-Recht-Schluss beim Verschuldenserfordernis s.o. G. I. 2. b. cc.

1953 S.o. G. I. 1. c. ee. (3) (b).

1954 S.o. G. I. 1. c. ee. (3) (a).

mit ‚Füßen getreten'" habe.[1955] Das zeigt eindrücklich, welch starken Einfluss die Kodifizierung eines Fehlverhaltens in einer Compliance-Richtlinie haben kann.

Neben der durch die Richtlinie indizierten Schwere des Fehlverhaltens im Allgemeinen lässt sich noch mit einem Reputationsschaden argumentieren. Wird der Ruf des Arbeitgebers geschädigt, so wirkt sich das anerkanntermaßen zu Lasten des Arbeitnehmers aus.[1956] Und Compliance-Richtlinien werden gerade auch deshalb implementiert, um das Unternehmensimage zu heben.[1957]

Das Vorhandensein einer Compliance-Richtlinie lässt somit auch bei der außerordentlichen Kündigung unter mehreren Gesichtspunkten die entscheidende Interessenabwägung zu Lasten des Arbeitnehmers ausfallen.

c. Ausschlussfrist des § 626 Abs. 2 BGB

§ 626 Abs. 2 S. 1 BGB regelt, dass die außerordentliche Kündigung nur innerhalb von zwei Wochen erfolgen kann. Ein Rückgriff auf die allgemeine Norm des § 314 Abs. 3 BGB („angemessene Frist") ist unzulässig.[1958] Nach § 626 Abs. 2 S. 2 BGB beginnt die Frist mit dem Zeitpunkt, in dem der Kündigungsberechtigte von den für die Kündigung maßgebenden Tatsachen Kenntnis erlangt. Das wird oft erst nach Ausforschung des Sachverhalts – z.B. durch eine Anhörung des Arbeitnehmers – der Fall sein.[1959] Eine Hemmung der Frist kommt daher häufig bei Internal Investigations in Betracht,[1960] allerdings nur so lang wie zur Aufklärung des Kündigungssachverhalts nötig. Nicht dagegen ist es möglich, durch ausufernde Internal Investigations die Frist leerlaufen zu lassen.[1961] Gar keine Hemmung bewirkt hingegen die noch ausstehende Betriebsratsanhörung nach § 102 Abs. 1 S. 1 BetrVG.[1962]

1955 LAG Schleswig-Holstein, Urt. v. 29.08.2006 – 6 Sa 72/06 = BeckRS 2006, 43907 [III. der Gründe].

1956 LAG München, Urt. v. 14.04.2005 – 4 Sa 1203/04 = BeckRS 2009, 68264; Gallner/Mestwerdt/Nägele/*Gieseler*, § 626 BGB Rn. 95; *Jerusalem*, Compliance, S. 252; *Rein*, Ethikrichtlinie, S. 268; *Schöder*, Compliance, S. 308 f.; *Klösel*, CB 2015, 253 (254); vgl. auch LAG Bremen, Urt. v. 18.11.2004 – 3 Sa 170/04 = BeckRS 2004, 42669.

1957 S.o. D. II.

1958 MüKo-BGB/*Gaier*, § 314 Rn. 9.

1959 BAG, Urt. v. 27.01.2011 – 2 AZR 825/09 = NZA 2011, 798 (799); Urt. v. 25.11.2010 – 2 AZR 171/09 = NZA-RR 2011, 177 (178 f.); LAG Schleswig-Holstein, Urt. v. 29.08.2006 – 6 Sa 72/06 = BeckRS 2006, 43907; APS/*Vossen*, § 626 BGB Rn. 127; ErfK/ *Niemann*, § 626 BGB Rn. 211; Hümmerich/Boecken/Düwell/*Bröhl*, § 626 BGB Rn. 100 f.; *Mengel*, Compliance, Kap. 5 Rn. 28; Moll/*Reinartz*, § 44 Rn. 125; *Schöder*, Compliance, S. 325; Staudinger/*Preis*, § 626 Rn. 290; *Bissels/Lützeler*, BB 2012, 189 (192); *Heinemeyer/Thomas*, BB 2012, 1218 (1220).

1960 Vertiefend hierzu *Schöder*, Compliance, S. 325; *Heinemeyer/Thomas*, BB 2012, 1218.

1961 LAG Hamm, Urt. v. 15.07.2014 – 7 Sa 94/14 = BeckRS 2014, 71879, dort II. B. 3. b. cc.; vgl. auch *Klösel*, CB 2015, 253 (255).

1962 ErfK/ *Niemann*, § 626 BGB Rn. 224; *Mengel*, Compliance, Kap. 5 Rn. 26; *Bissels/Lützeler*, BB 2012, 189 (192).

Kündigungsberechtigter ist nicht nur der Arbeitgeber persönlich, sondern auch jede Person, die berechtigt ist, für den Arbeitgeber die Kündigung auszusprechen.[1963] Das kann sich aus einer generellen Vertretungsmacht (etwa eines Mitglieds des Leitungsorgans einer Gesellschaft) ergeben oder daraus, dass der Arbeitgeber eine Person gerade für die Ausübung des Kündigungsrechts bevollmächtigt hat.[1964] Zudem fasst das BAG – bei mangelnder Betriebsorganisation – unter den Begriff noch nicht vertretungsberechtigte, die aufgrund ihrer faktischen Stellung im Betrieb einen Kündigungssachverhalt derart auszuforschen im Stande sind, dass sich die Tätigkeit des eigentlich Kündigungsberechtigten im Leisten der Unterschrift erschöpft.[1965] Chaos im Unternehmen – oder gar bewusste Fehlorganisation[1966] – soll nicht durch Fristverlängerung belohnt werden.[1967] Ob angesichts dieses Schutzzwecks der Fall des externen Compliance-Beauftragten, der als Einziger vom Kündigungssachverhalt Kenntnis hat, hierunter fällt, erscheint fraglich.[1968]

Die Kenntnis schon einer der vorgenannten Personen bringt im Regelfall die Frist zum Laufen. Insbesondere bei Kollegialorganen (GmbH-Geschäftsführung, AG-Vorstand) kommt dies zum Tragen.[1969]

Ist die Frist des § 626 Abs. 2 BGB abgelaufen, so bleibt dem Arbeitgeber allerdings immer noch die Möglichkeit, das Arbeitsverhältnis auf denselben Sachverhalt gestützt ordentlich nach § 1 KSchG zu kündigen.[1970]

d. Rechtsfolge: Fristlose Kündigung vs. Auslauffrist

Sind die Voraussetzungen des § 626 BGB erfüllt, so hat der Arbeitgeber nach § 626 Abs. 1 S. 1 BGB eigentlich das Recht, die Kündigung „ohne Einhaltung einer Kündigungsfrist", sprich fristlos, zu erklären. In der Praxis entspricht dies aber oftmals nicht exakt dem Wunsch des Arbeitgebers. Der Gekündigte muss ggf. noch

---

1963 BAG, Urt. v. 06.07.1972 – 2 AZR 386/71 = AP BGB § 626 Ausschlußfrist Nr. 3; ErfK/*Niemann*, § 626 BGB Rn. 205; *Mengel*, Compliance, Kap. 5 Rn. 26; MüKo-BGB/*Henssler*, § 626 Rn. 291.

1964 BAG, Urt. v. 23.10.2008 – 2 AZR 388/07 = AP BGB § 626 Nr. 217; *Deyhle*, Compliance, S. 168; ErfK/ *Niemann*, § 626 BGB Rn. 205; MüKo-BGB/*Henssler*, § 626 Rn. 291; *Klösel*, CB 2015, 253 (255).

1965 BAG, Urt. v. 23.10.2008 – 2 AZR 388/07 = AP BGB § 626 Nr. 217; *Deyhle*, Compliance, S. 169; ErfK/ *Niemann*, § 626 BGB Rn. 206; MüKo-BGB/*Henssler*, § 626 Rn. 293.

1966 *Heinemeyer/Thomas*, BB 2012, 1218 (1219).

1967 Vgl. *Holzhauser*, Compliance, S. 15, der hierin eine Strafe für „Organisationsdefizite oder Umgehungsfälle" sieht.

1968 Dies andenkend und auf eine einzelfallbezogene Lösung verweisend *Deyhle*, Compliance, S. 170.

1969 MüKo-BGB/*Henssler*, § 626 Rn. 300; vgl. auch ErfK/*Niemann*, § 626 BGB Rn. 207.

1970 BAG, Urt. v. 15.08.2002 – 2 AZR 514/01 = NZA 2003, 795; Dauner-Lieb/Langen/*Klappstein*, § 626 BGB Rn. 81; ErfK/ *Niemann*, § 626 BGB Rn. 222; ErfK/*Oetker*, § 1 KSchG Rn. 188.

laufende Aufgaben an seinen Nachfolger übergeben bzw. diesen allgemein einarbeiten. Schon um dem Rechnung zu tragen, ist anerkannt, dass der Arbeitgeber – ohne dazu verpflichtet zu sein – eine Auslauffrist gewähren kann.[1971] Nach h.M. ist der Arbeitnehmer allerdings berechtigt, bei Ausspruch einer auf § 626 BGB gestützten Kündigung auf die sofortige Beendigung des Arbeitsverhältnisses zu bestehen.[1972] Zudem sollte die Auslauffrist so kurz wie möglich gestaltet werden, denn andernfalls könnte ein Gericht daraus schlussfolgern, dass die Weiterbeschäftigung des Arbeitnehmers zumutbar gewesen wäre.[1973]

II. Vorweggenommene Abmahnung durch Sanktionsklausel?

Die Voraussetzungen der Kündigung wegen Richtlinienverstoßes wurden soeben dargestellt. Offen geblieben ist dabei aber noch die Frage ob die Richtlinie auch das Erfordernis einer vorherigen Abmahnung beeinflusst. Dieser Frage soll nunmehr nachgegangen werden.

Denn es wird im Schrifttum durchaus vertreten, dass eine Compliance-Richtlinie als sogenannte „vorweggenommene Abmahnung" wirken kann.[1974] Eine solche „vorweggenommene" Abmahnung durch die Compliance-Richtlinie oder Teile davon – etwa eine wie auch immer geartete Sanktionsklausel – ist aber nur dann anzuerkennen, wenn sie die Funktionen, denen eine Abmahnung dient, zumindest ähnlich gut wie die normale Abmahnung erfüllt und auch keine sonstigen rechtlichen Argumente gegen sie sprechen.[1975]

1. Funktionen einer Abmahnung

Daher sind zunächst einmal diese Funktionen darzustellen, bevor in einem zweiten und dritten Schritt geprüft wird, ob eine „vorweggenommene Abmahnung"

1971 BAG, Urt. v. 13.04.2000 – 2 AZR 259/99 = NZA 2001, 277 (279); Däubler/Hjort/Schubert/Wolmerath/*Griebeling*/*Herget*, § 626 BGB Rn. 34; ErfK/ *Niemann*, § 626 BGB Rn. 188; Hümmerich/Boecken/Düwell/*Bröhl*, § 626 BGB Rn. 11; Staudinger/*Preis*, § 626 Rn. 252.

1972 BAG, Urt. v. 08.08.2002 – 8 AZR 574/01 = BeckRS 2002 30276903; Staudinger/*Preis*, § 626 Rn. 252; a.A. Däubler/Hjort/Schubert/Wolmerath/*Griebeling*/*Herget*, § 626 BGB Rn. 35; ErfK/ *Niemann*, § 626 BGB Rn. 189.

1973 Zu dieser Gefahr Hümmerich/Boecken/Düwell/*Bröhl*, § 626 BGB Rn. 11; MüKo-BGB/*Henssler*, § 626 BGB Rn. 332 m.w.N.

1974 *Deyhle*, Compliance, S. 191; *Lelley*, Compliance, S. 53 f. Rn. 106; *Mengel*, Compliance, Kap. 1 Rn. 9, 125; *Rein*, Ethikrichtlinie, S. 253 ff.; offen lassend *Schneider*, Compliance, S. 265; *Strothmeyer*, Compliance, S. 173 f.

1975 So schon im Ansatz gleich *Deyhle*, Compliance, S. 183 ff.; *Mengel*, Compliance, Kap. 1 Rn. 9, 125; *Rein*, Ethikrichtlinie, S. 216 ff.; *Schneider*, Compliance, S. 262 ff.; *Strothmeyer*, Compliance, S. 173; *Zander*, Ethikrichtlinien, S. 143 ff.

im Allgemeinen und im Spezialfall der Compliance-Richtlinie diese Funktionen gleichwertig erfüllt.

a. *Hinweisfunktion*

Zunächst muss die Abmahnung das pflichtwidrige Verhalten, auf das sie sich bezieht, bezeichnen. Sie muss den zugrunde liegenden Sachverhalt so genau wie möglich schildern.[1976] Sodann muss sie erklären, dass der Arbeitnehmer durch dieses Verhalten seine Pflichten aus dem Arbeitsverhältnis verletzt hat.[1977] Dadurch soll dem Arbeitnehmer am Beispiel des in Bezug genommenen Sachverhaltes verdeutlicht werden, dass derartiges Fehlverhalten nicht mit seinen Pflichten aus dem Arbeitsverhältnis zu vereinen ist.[1978] Der Gedanke dabei ist letztlich, dass Verstöße oftmals – zumindest vorgeblich[1979] – auf bloßer Unwissenheit über die genauen Grenzen des bestehenden Pflichtenkanons beruhen.[1980] Man hofft, nach Erhalt einer Abmahnung werde der Arbeitnehmer ein Einsehen haben und zukünftig nicht mehr derartig seine Pflichten verletzen.[1981]

Die ganz h.M. fordert für die Hinweisfunktion, dass die Abmahnung ein konkretes Fehlverhalten bezeichnet.[1982] Konkret ist ein Fall aber begrifflich nur dann

---

1976 Däubler/Hjort/Schubert/Wolmerath/*Markowski*, § 1 KSchG Rn. 238; Gallner/Mestwerdt/Nägele/*Zimmermann*, § 1 KSchG Rn. 247; Hümmerich/Boecken/Düwell/*Holthausen*, § 1 KSchG Rn. 15; *Neumann/Hampe*, DB 2014, 1258 (1259).

1977 BAG, Urt. v. 27.11.2008 – 2 AZR 675/07 = NZA 2009, 842 (843); ErfK/*Niemann*, § 626 BGB Rn. 29a; MüKo-BGB/*Hergenröder*, § 1 KSchG Rn. 199.

1978 APS/*Vossen*, § 626 BGB Rn. 84; *Zander*, Ethikrichtlinien, S. 147.

1979 *Bissels/Lützeler*, BB 2012, 189 (192).

1980 BAG, Urt. v. 21.05.1992 – 2 AZR 551/91 = NZA 1992, 1028 (1030); Urt. v. 31.08.1989 – 2 AZR 13/89 = NZA 1990, 433 (434); Gallner/Mestwerdt/Nägele/*Zimmermann*, § 1 KSchG Rn. 247; vgl. auch Dauner-Lieb/Langen/*Klappstein*, § 626 Rn. 38; *Rein*, Ethikrichtlinie, S. 221 f.

1981 APS/*Vossen*, § 626 BGB Rn. 84; Däubler/Hjort/Schubert/Wolmerath/*Bufalica/Roos*, § 1 KSchG Rn. 65; Gallner/Mestwerdt/Nägele/*Zimmermann*, § 1 KSchG Rn. 247; *Hauer*, Abmahnung, S. 96; *Koffka*, Abmahnung, S. 53; *Rein*, Ethikrichtlinie, S. 216; *Zander*, Ethikrichtlinien, S. 144; Staudinger/*Preis*, § 626 Rn. 117; *Neumann/Hampe*, DB 2014, 1258.

1982 BAG, Urt. v. 19.04.2012 – 2 AZR 258/11 = NZA-RR 2012, 567 (568); LAG Düsseldorf, Urt. v. 15.08.2012 – 12 Sa 697/12 = BeckRS 2012, 76085; Boecken/Düwell/Diller/Hanau/*Kerwer*, § 1 KSchG Rn. 808; Däubler/Hjort/Schubert/Wolmerath/*Markowski*, § 1 KSchG Rn. 238; Gallner/Mestwerdt/Nägele/*Zimmermann*, § 1 KSchG Rn. 272; KR/*Fischermeier*, § 626 BGB Rn. 287; *Mengel*, Compliance, Kap. 5 Rn. 7; Moll/*Ulrich*, § 43 Rn. 309; ders./*Eisenbeis*, § 18 Rn. 3; MüKo-BGB/*Henssler*, § 626 Rn. 94; Schaub/*Linck*, § 132 Rn. 10; *Schneider*, Compliance, S. 262; v. Hoyningen-Huene/Linck/Krause/*Krause*, § 1 Rn. 530; *Adam*, AuR 2001, 41 (42); *Neumann/Hampe*, DB 2014, 1258 (1259); *Schiefer*, DB 2013, 1785 (1787); *Wisskirchen/Schumacher/Bissels*, BB 2012, 1473 (1475).

bestimmt, wenn er in dieser Bestimmtheit einen einmaligen Einzelfall darstellt. Es kann insofern auf die Kriterien verwiesen werden, nach denen im allgemeinen Verwaltungsrecht der Verwaltungsakt von der Rechtsnorm unterschieden wird.[1983] Praktisch bedeutet das, dass der Arbeitgeber auf ein Fehlverhalten hinweisen muss, das sich im Betrieb bereits ereignet hat. Eine allgemeinere Umschreibung einer Verhaltensweise, die sich so auch mehrfach ereignen könnte, ist dagegen nicht konkret.

Eine solche abstrakte Umschreibung kann aber auch nach diesem Verständnis eine Abmahnung entbehrlich machen, wenn ihm eine ausreichende Warnfunktion innewohnt – dazu sogleich.[1984]

Gegen das Erfordernis eines konkreten Hinweises wendet sich jüngst aber *Rein*. Er ist der Ansicht, auch der Hinweis auf ein nur abstrakt beschriebenes Fehlverhalten genüge der Hinweisfunktion. Die Erinnerung des Arbeitnehmers an seine bestehenden Pflichten erfordere keine konkrete Nennung eines Fehlverhaltens. Dieser könne vielmehr auch aus einem abstrakten Hinweis ersehen, worin sein Fehler lag.[1985] Dies ergebe sich auch aus einem Vergleich der Hinweisfunktion mit dem arbeitgeberischen Weisungsrecht. Der Arbeitgeber stelle durch den abstrakten Hinweis klar, solches Verhalten in Zukunft nicht mehr tolerieren zu wollen.[1986]

Dieser Vergleich übersieht aber die unterschiedlichen Zwecke der beiden Rechtsinstitute:

Die Weisung dient dazu, dem Arbeitnehmer im Einzelfall einen Arbeitsauftrag zu erteilen. Sie bestimmt näher, was im Arbeitsvertrag noch sehr allgemein gehalten war. Das Rechtsinstitut der Weisung gebietet daher auch eine gewisse inhaltliche Bestimmtheit. Eine völlig vage Weisung ist daher unwirksam.[1987] Das verbietet aber nicht, dass auch noch die Weisung ihrerseits dem Arbeitnehmer Wertungsspielräume belässt.[1988] Nach § 106 S. 1 GewO muss der Arbeitgeber die Pflichten nur „näher bestimmen“. Ist die Weisung interpretabel, so muss der Arbeitgeber jede vertretbare Interpretation seiner Weisung als Erfüllung der Arbeitspflicht gegen sich gelten lassen. Damit setzt sich der Arbeitgeber lediglich eigenverantwortlich dem Risiko aus, dass der Arbeitnehmer ein Arbeitsergebnis als vertragsgemäß abliefert, auch wenn es nicht exakt den Vorstellungen des Arbeitgebers entspricht. Die Bestimmtheit der Weisung – wo man sie findet – liegt daher weniger in der Erfüllung rechtlicher Vorgaben, als im praktischen Eigeninteresse des Arbeitgebers begründet.

1983 Siehe dazu nur *Forsthoff*, VerwR, S. 200 f.

1984 S.u. G. II. 2.b.cc.

1985 *Rein*, Ethikrichtlinie, S. 217, 231.

1986 *Rein*, Ethikrichtlinie, S. 217, 231; *Schrader*, NJW 2012, 342 (346).

1987 LAG Köln, Urt. v. 09.01.2007 – 9 Sa 1099/06 = NZA-RR 2007, 343 (345).

1988 Vgl. auch die Stellenbeschreibung, die das LAG Köln als hinreichend bestimmt ansah LAG Köln, Urt. v. 09.01.2007 – 9 Sa 1099/06 = NZA-RR 2007, 343 (343, 345).

Die Hinweisfunktion der Abmahnung hat einen anderen Zweck. Sie soll – wie bereits eingangs gesagt – dem Arbeitnehmer erklären, welches Verhalten vertragswidrig war, damit sich ein gleichartiger Verstoß nicht wiederholt. Erfolgte dieser Hinweis abstrakt – und damit unbestimmter – ist der Erkenntnisgewinn des Arbeitnehmers geringer, weil er die (dem Nichtjuristen fremde) Subsumtion noch selbst leisten muss. Doch dies läge im praktischen Eigeninteresse des Arbeitgebers. Denn er müsste nicht erst warten, bis ein konkretes Fehlverhalten im Betrieb passiert ist, an dessen Beispiel man ein Fehlverhalten aufzeigen kann. Er könnte vielmehr unter Verweis auf die abstrakte Abmahnung ohne Weiteres die Kündigung erklären. Schon hierin liegt also ein Unterschied zur Weisung: Während der Arbeitgeber bei der Weisung bemüht sein wird, Unklarheiten zu vermeiden, können sie ihm hier im Hinblick auf zukünftige Kündigungen nur recht sein. Der entscheidende Unterschied zur Weisung liegt zudem im Interpretationsrisiko. Bei der Weisung liegt das Risiko einer Fehlinterpretation des Arbeitnehmers beim Arbeitgeber. Denn solang die Interpretation vertretbar war, muss dieser das Arbeitsergebnis als vertragsgemäß anerkennen. Bei der Hinweisfunktion der Abmahnung läge das Interpretationsrisiko beim Arbeitnehmer. Subsumiert er zu restriktiv unter die abstrakte Regel, so kann ihm ohne Abmahnung dafür gekündigt werden. Solche Fälle sind auch schon praktisch geworden: Dem Durchschnittsbürger ist nicht klar, dass es ein Vermögensdelikt darstellt, wenn man zur Entsorgung vorgesehenes Essen des Arbeitgebers aufisst, anstatt es in den Müll zu werfen.[1989]

Also sind die beiden Rechtsinstitute aufgrund ihrer unterschiedlichen Risikoverteilung nicht miteinander vergleichbar.[1990] Daher kann aus der Anerkennung unbestimmter Weisungen kein Schluss auf die Bestimmtheit der Hinweisfunktion gezogen werden. *Reins* Ansatz ist damit die argumentative Grundlage entzogen.

Schließlich verwischte ein solches Verständnis auch die dogmatische Grenze zwischen solchen Erklärungen, die (aufgrund konkreten Hinweises) als Abmahnung zu verstehen sind und solchen, die (aufgrund bloßen abstrakten Hinweises) allenfalls die Entbehrlichkeit einer solchen begründen können. Auf letzteren Gedanken wird nachfolgend noch einzugehen sein.[1991]

Auch soweit in der jüngeren Literatur die Verdachtsabmahnung anerkannt wird,[1992] so wird gleichzeitig ausgesagt, dass diese – als Minus zur Verdachtskündigung – einen dringenden Verdacht voraussetzt.[1993] Dringend ist ein Verdacht aber wiederum nur, wenn er sich auf konkrete objektive Verdachtsmomente stützt.[1994]

1989 Vgl. ArbG Lörrach, Urt. v. 16.10.2009 – 4 Ca 248/09, juris sowie oben C. II. 5.

1990 So schon *v. Hoyningen-Huene*, RdA 1990, 193 (203); vgl. auch *Adam*, AuR 2001, 41.

1991 Dies wird nachfolgend anhand der Rechtsprechungsentwicklung skizziert, s.u. G. II. 2. b.

1992 *Kleinebrink*, Abmahnung, S. 158; *Ritter*, NZA 2012, 19; dagegen *Beckerle*, Abmahnung, S. 109, 3.2.44.

1993 *Kleinebrink*, Abmahnung, S. 158; *Ritter*, NZA 2012, 19 (21).

1994 BAG, Urt. v. 20.06.2013 – 2 AZR 546/12 = NZA 2014, 143 (145); Urt. v. 21.06.2012 – 2 AZR 694/11 = NZA 2013, 199 (200); *Ritter*, NZA 2012, 19 (21).

Der h.M. ist daher zuzustimmen. Der Hinweisfunktion gerecht wird eine als Abmahnung bezeichnete Erklärung nur, wenn sie sich auf konkrete Tatsachen stützt.

b. Warnfunktion

In Abgrenzung zur bloßen Ermahnung, die es bei der Hinweisfunktion allein belässt, erfüllt die Abmahnung zudem eine Warnfunktion.[1995] Die Abmahnung muss daher den Hinweis enthalten, dass gleichartiges Fehlverhalten in Zukunft die Kündigung des Arbeitsverhältnisses nach sich ziehen kann.[1996] Unklar ist, ob auch eine weniger präzise Formulierung („arbeitsrechtliche Schritte“[1997]) der Warnfunktion genügt. Das BAG hat stets den Obersatz aufgestellt, die Abmahnung müsse dem Arbeitnehmer – lediglich – verdeutlichen, dass „anderenfalls der Inhalt oder der Bestand des Arbeitsverhältnisses gefährdet sei“.[1998] „Arbeitsrechtliche Konsequenzen“ genügten folglich; der Arbeitnehmer müsse dann mit allen denkbaren Konsequenzen bis hin zur Kündigung rechnen.[1999] Zu zurückhaltend ist demgegenüber die Gegenansicht, die fordert, der Arbeitnehmer müsse ausdrücklich auf die Gefahr einer Kündigung hingewiesen werden.[2000] Wenn von Konsequenzen arbeitsrechtlicher Art die Rede ist, wird der Laie kaum an etwas anderes als die Kündigung denken, da die übrigen arbeitsrechtlichen Methoden (z.B. die Versetzung) in der Laiensphäre deutlich im Hintergrund stehen. Dem BAG ist daher zuzustimmen. Ebenfalls zuzustimmen ist dem BAG, wenn es die noch allgemeinere

---

1995 APS/*Vossen*, § 1 KSchG Rn. 394; BeckOK-BGB/*Fuchs*, § 626 BGB Rn. 9; MüKo-BGB/*Hergenröder*, § 1 KSchG Rn. 198; Staudinger/*Preis*, § 626 BGB Rn. 110; vgl. auch Däubler/Hjort/Schubert/Wolmerath/*Markowski*, § 1 KSchG Rn. 239; Nipperdey/*Kortstock*, Stichwort: Abmahnung.

1996 BAG, Urt. v. 27.11.2008 – 2 AZR 675/07 = NZA 2009, 842 (843); Urt. v. 21.05.1992 – 2 AZR 551/91 = NZA 1992, 1028 (1030); BeckOK-BGB/*Fuchs*, § 626 BGB Rn. 9; ErfK/*Niemann*, § 626 BGB Rn. 29a; Gallner/Mestwerdt/Nägele/*Zimmermann*, § 1 KSchG Rn. 244; Hümmerich/Boecken/Düwell/*Holthausen*, § 1 KSchG Rn. 313; MüKo-BGB/*Hergenröder*, § 1 KSchG Rn. 199; *Neumann/Hampe*, DB 2014, 1258 (1258, 1259).

1997 BAG, Urt. v. 19.04.2012 – 2 AZR 258/11 = NZA-RR 2012, 567; ErfK/*Niemann*, § 626 BGB Rn. 29a; Gallner/Mestwerdt/Nägele/*Zimmermann*, § 1 KSchG Rn. 244; Hümmerich/Boecken/Düwell/*Holthausen*, § 1 KSchG Rn. 313.

1998 BAG, Urt. v. 19.04.2012 – 2 AZR 258/11 = NZA-RR 2012, 567; Urt. v. 31.01.1985 – 2 AZR 486/83 = AP MuSchG 1968 § 8a Nr. 6.

1999 BAG, Urt. v. 19.04.2012 – 2 AZR 258/11 = NZA-RR 2012, 567 (569); ErfK/*Niemann*, § 626 BGB Rn. 29a; Gallner/Mestwerdt/Nägele/*Zimmermann*, § 1 KSchG Rn. 244; *Schiefer*, DB 2013, 1785 (1788); vgl. *Neumann/Hampe*, DB 2014, 1258 (1258, 1259).

2000 So vertreten es Däubler/Hjort/Schubert/Wolmerath/*Markowski*, § 1 KSchG Rn. 240; Hümmerich/Boecken/Düwell/*Holthausen*, § 1 KSchG Rn. 313; Moll/*Dendorfer-Ditges*, § 35 Rn. 265; *Zander*, Ethikrichtlinien, S. 149.

Formulierung „rechtliche Schritte“ nicht ausreichen lässt.[2001] „Rechtliche Schritte“ müssen nicht arbeitsrechtlicher Natur sein, in Betracht kommen etwa auch eine Strafanzeige oder eine Schadensersatzforderung.

c. *Dokumentationsfunktion*

Schließlich hat die Abmahnung auch eine Dokumentationsfunktionsfunktion.[2002] Im späteren Kündigungsschutzprozess muss der Arbeitgeber beweisen, dass er den Arbeitnehmer vor Ausspruch der Kündigung einschlägig abgemahnt hat,[2003] denn es handelt sich um eine ihm günstige Tatsache.[2004] Das wäre grundsätzlich auch bei einer mündlichen Abmahnung durch Zeugenaussagen denkbar.[2005] Allerdings finden Personalgespräche, in deren Rahmen es zum Ausspruch einer Abmahnung kommen könnte, typischerweise als Vier-Augen-Gespräch hinter geschlossenen Türen statt. Es existiert daher als einziger Zeuge derjenige, der die Abmahnung ausgesprochen hat. Bei entgegenstehender Aussage des Arbeitnehmers hinge der Ausgang des Prozesses dann von der richterlichen Beweiswürdigung des § 286 Abs. S. 1 ZPO ab – mit entsprechend ungewissem Ergebnis. In der Praxis scheitert diese Beweisführung oftmals.[2006] Eine schriftliche Abmahnung mit Empfangsbestätigung des Arbeitnehmers, die als Urkundsbeweis in das Verfahren eingebracht werden kann, schafft dagegen Klarheit darüber, dass eine Abmahnung erteilt wurde.[2007]

Diese Erwägungen werden durch die neue Dogmatik der Abmahnung seit der Emmely-Entscheidung noch verstärkt. Der Arbeitgeber muss im Zweifel darlegen und beweisen, dass das Vertrauenskapital des Arbeitnehmers durch Fehlverhalten aufgebraucht wurde. Auch das wird ihm leichter fallen, wenn er einschlägige

---

2001 Das BAG hat diese Formulierung einer ordnungsgemäßen Abmahnung gegenübergestellt, so BAG, Urt. v. 19.04.2012 – 2 AZR 258/11 = NZA-RR 2012, 567 (569) unter Bezug auf BAG, Urt. v. 15.03.2001 – 2 AZR 147/00, BeckRS 2001, 41088.

2002 BAG, Urt. v. 19.07.2012 – 2 AZR 782/11 = NZA 2013, 91 (92); BeckOK-BGB/*Fuchs*, § 626 Rn. 9; Gallner/Mestwerdt/Nägele/*Zimmermann*, § 1 KSchG Rn. 248; Hümmerich/Boecken/Düwell/*Holthausen*, § 1 KSchG Rn. 316; Moll/*Eisenbeis*, § 18 Rn. 5; MüHdbArbR/*Berkowsky*, § 114 Rn. 123; MüKo-BGB/*Hergenröder*, § 1 KSchG Rn. 199.

2003 Gallner/Mestwerdt/Nägele/*Zimmermann*, § 1 KSchG Rn. 313; HWK/*Quecke*, § 1 KSchG Rn. 211; KR/*Griebeling*, § 1 KSchG Rn. 403; Moll/*Eisenbeis*, § 18 Rn. 5; *Schöder*, Compliance, S. 321; v. Hoyningen–Huene/Linck/Krause/*Krause*, § 1 Rn. 560.

2004 Für die ordentliche Kündigung klärt dies schon § 1 Abs. 2 S. 4 KSchG, denn es handelt sich bei der Abmahnung – wie oben unter G. I. 1. c. dd. gezeigt – um eine Tatsache, die die Kündigung bedingt.

2005 *Bernstein*, Abmahnung, S. 75; Boecken/Düwell/Diller/Hanau/*Kerwer*, § 1 KSchG Rn. 808.

2006 Boecken/Düwell/Diller/Hanau/*Kerwer*, § 1 KSchG Rn. 807.

2007 Gallner/Mestwerdt/Nägele/*Zimmermann*, § 1 KSchG Rn. 248; vgl. auch Moll/*Eisenbeis*, § 18 Rn. 5; MüKo-BGB/*Hergenröder*, § 1 KSchG Rn. 199; *Schöder*, Compliance, S. 321; *Ritter*, NZA 2012, 19 (20).

Abmahnungen vorlegen kann.[2008] *Ritter* spricht hier gar von einer neuen „Vertrauensvorratsbestimmungsfunktion" der Abmahnung.[2009] Besser sollte hier aber, wenn überhaupt, dann von einer „Vertrauensvorratsfeststellungsfunktion" gesprochen werden. Denn der Aufbrauch des Vertrauenskapitals passiert nicht erst durch die Erteilung der Abmahnung,[2010] sondern schon durch den Vorfall selbst.[2011] Der Aufbrauch des Vertrauenskapitals wird durch die Abmahnung lediglich dokumentiert.[2012] Bei dem Vorgenannten handelt es sich also der Sache nach um einen Unterfall der Dokumentationsfunktion.[2013]

d. Rechtsfolgen fehlender Funktionen

Fehlt es an der Hinweis- oder der Warnfunktion, so ist die Abmahnung als solche unwirksam.[2014] Es liegt dann – ungeachtet eventueller anderer Rechtsfolgen, die die als „Abmahnung" bezeichnete Erklärung sonst noch hervorrufen kann – gar keine Abmahnung im Rechtssinne vor.[2015] Die mangelnde Dokumentationsfunktion macht die Abmahnung hingegen nicht unwirksam.[2016] Es steht dem Arbeitgeber vielmehr frei, den Arbeitnehmer lediglich mündlich abzumahnen.[2017] Es gibt auch keinen Grund, den Arbeitgeber, der selbst auf die Dokumentationsfunktion verzichtet, im Kündigungsschutzprozess mit der Unwirksamkeit der Abmahnung

2008 Insoweit zutreffend *Ritter*, NZA 2012, 19 (20); *ders.*, DB 2011, 175 (175); vgl. auch *Kleinebrink*, BB 2011, 2617 (2621) sowie schon oben G. I. 1. c. dd.

2009 *Ritter*, NZA 2012, 19 (21); *ders.*, DB 2011, 175 (175 f.); ihm folgend *Schrader/Dohnke*, NZA-RR 2012, 617 (618); *Schrader*, NJW 2012, 342 (345).

2010 So aber *Ritter*, NZA 2012, 19 (20) [„...reduzieren Abmahnungen..."]; *ders.*, DB 2011, 175 (177); *Schrader*, NJW 2012, 342 (345); anklingend bei *Preis*, Prinzipien, S. 456; *ders.*, DB 1990, 685 (688).

2011 BAG, Urt. v. 10.06.2010 – 2 AZR 541/09 = NZA 2010, 1227 (1232)[„Emmely"]; *Salamon/Rogge*, NZA 2013, 363 (365).

2012 BAG, Urt. v. 19.07. 2012 – 2 AZR 782/11 = NZA 2013, 91 (93); MüHdbArbR/*Berkowski*, § 114 Rn. 137; *Ritter*, NZA 2012, 19 (20) [„Vertrauensauszahlungsquittung"]; insoweit zutreffend auch *Schrader/Dohnke*, NZA-RR 2012, 617 (618).

2013 So schon zutreffend *Kort*, FS v. Hoyningen-Huene, S. 206; *Salamon/Rogge*, NZA 2013, 363 (365).

2014 BAG, Urt. v. 19.04.2012 – 2 AZR 258/11 = NZA-RR 2012, 567 (569); Däubler/Hjort/Schubert/Wolmerath/*Markowski*, § 1 KSchG Rn. 237; Gallner/Mestwerdt/Nägele/*Zimmermann*, § 1 KSchG Rn. 243.

2015 *Pflaum*, Abmahnung, S. 26, 230; *Rein*, Ethikrichtlinie, S. 215; vgl. auch *Bernstein*, Abmahnung, S. 10 f.; *Koffka*, Abmahnung, S. 55; vgl. zudem *Hauer*, Abmahnung, S. 88.

2016 Moll/*Eisenbeis*, § 18 Rn. 5; *Wisskirchen/Schumacher/Bissels*, BB 2012, 1473 (1474); vgl. auch Gallner/Mestwerdt/Nägele/*Zimmermann*, § 1 KSchG Rn. 243, 248.

2017 LAG Schleswig-Holstein, Urt. v. 29.08.2006 – 6 Sa 72/06; *Beckerle*, Abmahnung, S. 139; *Hauer*, Abmahnung, S. 103; *Koffka*, Abmahnung, S. 109; *Pflaum*, Abmahnung, S. 210.

zu bestrafen. Denn diese schützt allein ihn selbst, nämlich seine Beweisführung im Kündigungsschutzprozess.[2018] Anders verhält sich dies nur, wenn im Arbeitsvertrag oder einer Betriebsvereinbarung für Abmahnungen die Schriftform vereinbart wurde, denn dies erzeugt einen Vertrauenstatbestand zu Gunsten des Arbeitnehmers.[2019] Zudem verhielte sich der Arbeitnehmer entgegen Treu und Glauben widersprüchlich, wenn er in dem – in der Praxis stets von ihm gestellten – Arbeitsvertrag für die Abmahnung Schriftform vereinbart, dann aber eine mündliche Abmahnung gelten lassen will.

Für das Rechtinstitut „vorweggenommene Abmahnung“ heißt das also zusammenfassend, dass es jedenfalls Hinweis- und Warnfunktion erfüllen muss, wenn es sich dabei um eine Abmahnung handeln soll.[2020]

2. Die „vorweggenommene Abmahnung“ in Rechtsprechung und Literatur ohne Berücksichtigung von Emmely

Im Anschluss wird nun unter Rückgriff auf einschlägige Fälle aus der bisherigen Rechtsprechung und einschlägige Literaturmeinungen geprüft, ob und ggf. in welcher Form die Figur der „vorweggenommenen Abmahnung“ anzuerkennen ist. Dies soll zunächst unter Ausklammerung der spezifischen Neuerungen durch die Emmely-Entscheidung des BAG erfolgen.

a. Grundgedanken zur Vorwegnahme

Eingangs ist dabei die – bereits genannte[2021] – Wertung zu berücksichtigen, dass die Abmahnung bei schweren Pflichtverletzungen entbehrlich ist. In solchen Fällen musste dem Arbeitnehmer auch ohne Warnung durch eine Abmahnung klar ein, dass arbeitsrechtliche Sanktionen folgen würden.[2022] Die Prämisse der Warnfunktion, dass der Arbeitnehmer im Zweifel nur aus Unkenntnis seine Pflichten verletzt hat,[2023] ist hier von vornherein nicht gegeben. Daher kann die Warnfunktion nicht mehr ihre Wirkung entfalten. Ohne Warnfunktion wiederum ist die Abmahnung sinnlos und daher entbehrlich.[2024] Die „Vorwegnahme“ läge im

---

2018 *Hauer*, Abmahnung, S. 103; *Koffka*, Abmahnung, S. 109; *Pflaum*, Abmahnung, S. 210; vgl. *Beckerle*, Abmahnung, S. 16, 139; *Wisskirchen/Schumacher/Bissels*, BB 2012, 1473 (1475); a.A. wohl *Bernstein*, Abmahnung, S. 63.

2019 Vgl. Moll/*Eisenbeis*, § 18 Rn. 5.

2020 So auch *Rein*, Ethikrichtlinie, S. 215 f., 230.

2021 S.o. G. I. 1. c. dd.

2022 BAG, Urt. v. 19.04.2012 – 2 AZR 258/11 = NZA-RR 2012, 567 (568).

2023 S.o. G. II. 1. b.

2024 BAG, Urt. v. 18.05.1994 – 2 AZR 626/93 = NZA 1995, 65; Staudinger/*Preis*, § 626 Rn. 117; *Becker-Schaffner*, DB 1985, 650 (651); *Preis*, Prinzipien, S. 457; *ders.*, DB 1990, 685 (688); vgl. auch LAG Rheinland-Pfalz, Urt. v. 16.03.2005 – 9 Sa 961/04 = BeckRS 2005, 41784; MüKo-BGB/*Henssler*, § 626 Rn. 99.

Fall der Compliance-Richtlinie dann darin, dass die Nennung von arbeitsrechtlichen Folgen für den beschriebenen Sachverhalt diesen zu einer schwerwiegenden Pflichtverletzung im vorgenannten Sinne machte.[2025] Das bedeutete, schon in der Nennung eines einschlägigen Fehlverhaltens in der Richtlinie läge eine Warnung, die eine erneute Warnung durch die Abmahnung entbehrlich machte.[2026]

b. Entwicklung der Rechtsprechung

aa. LAG Hamm 1982: Aushang macht Abmahnung entbehrlich

So entschied das LAG Hamm in einem Urteil aus dem Jahre 1982, dass eine Abmahnung vor Ausspruch einer verhaltensbedingten Kündigung entbehrlich ist, wenn der Arbeitnehmer nicht damit rechnen konnte, dass der Arbeitgeber ein solches Verhalten dulden würde.[2027] In dem Fall hatte der Arbeitgeber durch einen Aushang im Betrieb das Verhalten bei Krankmeldungen geregelt. Nach dem LAG Hamm liegt demnach in einem Aushang eine hinreichende Warnung, die nicht in Form einer Abmahnung wiederholt oder verstärkt zu werden braucht.[2028]

bb. LAG Köln 1999: Aushang ist eine Abmahnung

Das LAG Köln hatte im Jahre 1999 ebenfalls einen Aushang zu bewerten. Nach Diebstählen im Betrieb wies der Arbeitgeber darauf hin, dass derartige Zuwiderhandlungen zukünftig „personelle Maßnahmen bis hin zur Kündigung“ nach sich zögen.[2029] Das LAG Köln bewertete den Aushang aber anders als 1982 das LAG Hamm, nämlich als Abmahnung („Abmahnung an den, den es angeht“).[2030]

Das heißt zum einen: Es werde ein Fehlverhalten missbilligt und für den Wiederholungsfall rechtliche Schritte angedroht.[2031] Dem ist zuzustimmen. Hinweis (auf die erfolgten Diebstähle) und Warnung (vor rechtlichen Schritten) sind – wie bereits genannt[2032] – die einzigen notwendigen Funktionen der Abmahnung.

Zum anderen entschied das LAG, eine Abmahnung müsse nicht persönlich an den Zuwiderhandelnden adressiert sein.[2033] Auch das ist ersichtlich: Bereits

---

2025 *Deyhle*, Compliance, S. 187; *Schöder*, Compliance, S. 321; vgl. zudem *Hauer*, Abmahnung, S. 79 („[…] wobei nicht auszuschließen ist, daß gerade die bewußte Zuwiderhandlung […] den Charakter eines schweren Verstoßes geben kann.“).

2026 S.u. G. II. 2. c. aa.

2027 LAG Hamm, Urt. v. 16.12.1982 – 10 Sa 965/82 = BB 1983, 1601 f.

2028 Vgl. *Koffka*, Abmahnung, S. 116; *Pflaum*, Abmahnung, S. 177; *Rein*, Ethikrichtlinie, S. 231 f.; *Zander*, Ethikrichtlinien, S. 143.

2029 LAG Köln, Urt. v. 06.08.1999 – 11 Sa 1085/98 = NZA-RR 2000, 24.

2030 LAG Köln, Urt. v. 06.08.1999 – 11 Sa 1085/98 = NZA-RR 2000, 24 (25).

2031 LAG Köln, Urt. v. 06.08.1999 – 11 Sa 1085/98 = NZA-RR 2000, 24.

2032 S.o. G. II. 1. d.

2033 LAG Köln, Urt. v. 06.08.1999 – 11 Sa 1085/98 = NZA-RR 2000, 24.

dargestellt wurde, dass die Abmahnung nicht notwendig eine Dokumentationsfunktion erfüllen muss.[2034] Demnach genügt es, wenn die Abmahnung dem betreffenden Arbeitnehmer in irgendeiner Form zur Kenntnis gebracht wird. Das ist durch den Aushang sichergestellt.[2035] Denkbares Gegenargument wäre dann noch, dass somit auch alle anderen Arbeitnehmer des Betriebes abgemahnt werden, ohne dass ihnen ein Fehlverhalten zur Last gelegt werden kann.[2036] Allerdings beinhaltet der Aushang auch gar keinen Vorwurf an die Unbeteiligten. Insbesondere geht der Aushang – im Unterschied zur persönlichen Abmahnung – nicht in die Personalakte der Mitarbeiter ein.[2037] Dass sie nun alle über diesen Sachverhalt abgemahnt wurden, macht lediglich vor einer späteren einschlägigen Kündigung die erneute Abmahnung entbehrlich, weil sie vor den arbeitsrechtlichen Rechtsfolgen gewarnt wurden.[2038] Zu diesem Ergebnis kam aber auch schon das LAG Hamm 1982, indem es eine Fallgruppe der Entbehrlichkeit der Abmahnung bemühte.[2039] Eine Benachteiligung der Unbeteiligten ist daher nicht ersichtlich.

Dass das LAG Köln hier überhaupt von einer Abmahnung durch den Aushang und nicht etwa wegen des Aushanges von der Entbehrlichkeit einer solchen ausging, erklärt sich dadurch, dass hier ein konkreter Sachverhalt (die konkret vorgefallenen Diebstähle) in Bezug genommen wurde. Dadurch erfüllte der Aushang die für die Annahme eine Abmahnung nötige Hinweisfunktion.[2040] Dem LAG Hamm lag hingegen ein Aushang vor, der ein abstrakt beschriebenes Verhalten beinhaltete. Ein solcher kann keine Hinweisfunktion erfüllen, da diese gerade voraussetzt, dass ein konkreter Sachverhalt in Bezug genommen wird. Da Compliance-Richtlinien ebenfalls abstrakt beschriebene Sachverhalte enthalten, können sie also nie eine Abmahnung im eigentlichen Sinne enthalten.[2041]

2034 S.o. G. II. 1. d.

2035 Vgl. *Beckerle*, Abmahnung, S. 145; zur Formfreiheit der Abmahnung s.o. G. II. 1. c.

2036 So etwa HWK/*Quecke*, § 1 KSchG Rn. 192.

2037 So schon *Rein*, Ethikrichtlinie, S. 252; *Kort*, FS v. Hoyningen-Huene, S. 216.

2038 *Rein*, Ethikrichtlinie, S. 233; vgl. auch *Hey/Christ*, MPR 2010, 189 (192).

2039 S.o. G. II. 2. b. aa.

2040 So schon *Zander*, Ethikrichtlinien, S. 146 f.; vgl. zudem oben G. II. 1. a.

2041 *Deyhle*, Compliance, S. 189; *Wagner*, Ethikrichtlinien, S. 138; vgl. Boecken/Düwell/Diller/Hanau/*Kerwer*, § 1 KSchG Rn. 808; Gallner/Mestwerdt/Nägele/*Zimmermann*, § 1 KSchG Rn. 272; *Hauer*, Abmahnung, S. 107 f.; *Koffka*, Abmahnung, S. 116; *Kort*, FS v. Hoyningen-Huene, S. 216; Moll/*Eisenbeis*, § 18 Rn. 20; *Pflaum*, Abmahnung, S. 179; *Schneider*, Compliance, S. 261 [Unterscheidung der „vorweggenommenen" und der „vorsorglichen" Abmahnung]; *Preis*, AuR 2010, 242 (245); a.A. *Rein*, Ethikrichtlinie, S. 217, 229, 231; *Wisskirchen/Schumacher/Bissels*, BB 2012, 1473 (1475); dazu s.o. G. II. 1. a.

Vielmehr bleibt es dabei, dass die Compliance-Richtlinie lediglich in Betracht kommt, die Abmahnung entbehrlich zu machen. Daher sollte der Begriff der Vorwegnahme der Abmahnung ersetzt werden durch denjenigen der Entbehrlichkeit der Abmahnung.[2042]

cc. LAG Hamm 1996 und BAG 2001: „Vorwegnahme" bedeutet in Wahrheit Entbehrlichkeit

Diesen Gedanken bestätigt die Entscheidung des LAG Hamm aus dem Jahre 1996. Dort heißt es, eine „vorweggenommene Abmahnung" könne eine Abmahnung nach einem Vorfall „ausnahmsweise ersetzen" und „als Kündigungsvoraussetzung entbehrlich machen".[2043] Zu kritisieren ist dann nur noch die Begrifflichkeit: Wenn eine Abmahnung entbehrlich ist, dann wird sie nicht vorweggenommen.[2044] Das setzte, um es noch einmal zu betonen, jedenfalls die Anprangerung eines konkreten Sachverhalts voraus.[2045]

In dem vom LAG Hamm zu entscheidenden Fall lag diese Voraussetzung sogar vor: Der Arbeitgeber hatte einen Urlaubsantrag abgelehnt und für den Fall der eigenmächtigen Selbstbeurlaubung die Kündigung angedroht. Dann aber nennt das LAG Hamm als Fälle einer „vorweggenommenen Abmahnung" den „Hinweis in einer Arbeitsordnung oder durch Aushang oder im Arbeitsvertrag oder in einem Einzelschreiben". Ein Aushang kann eine Abmahnung darstellen.[2046] Arbeitsordnung und Arbeitsvertrag umfassen aber stets nur abstrakte Darstellungen denkbarer Fälle. In diesen Fällen kann also von einer „Vorwegnahme" keine Rede sein. Nachdem bereits zuvor in dieser Arbeit die große inhaltliche Schnittmenge von Arbeitsordnung und Compliance-Richtlinie festgestellt wurde,[2047] ist zu diesen in der Entscheidung genannten Fällen auch derjenige der Compliance-Richtlinie zu addieren.[2048]

2042 So schon *Böhm*, Non-Compliance, S. 251; vgl. auch Boecken/Düwell/Diller/Hanau/*Kerwer*, § 1 KSchG Rn. 808; *Schmidt*, Compliance, S. 221; *Hamann/Rudnik*, JA 2015, 901 (908 f.).

2043 LAG Hamm, Urt. v. 12.09.1996 – 4 Sa 486/96 = JurionRS 1996, 15786 unter Berufung auf die – dort nur im 2. Leitsatz gemachten – Ausführungen des LAG Köln, Urt. v. 12.11.1993 = LAGE § 1 KSchG Verhaltensbedingte Kündigung Nr. 40.

2044 Vgl. *Böhm*, Non-Compliance, S. 251; Schaub/*Linck*, § 132 Rn. 18; *Schmidt*, Compliance, S. 221; SPV/*Preis*, § 2 Rn. 1207, 1207b; a.A. ohne nähere Ausführungen Küttner/*Eisemann*, Stichwort Abmahnung Rn. 19; *Kleinebrink*, ArbRB 2012, 247 (249 f.).

2045 S.o. G. II. 2. b. bb

2046 S.o. G. II. 2. b. bb.

2047 S.o. E. III. 2.

2048 Vgl. die Übertragung der auch in Bezug auf Arbeitsordnungen ergangenen Rechtsprechung auf die Compliance-Richtlinie bei *Rein*, Ethikrichtlinie, S. 232 f.; *Kleinebrink*, BB 2011, 2617 (2619); *Wisskirchen/Schumacher/Bissels*, BB 2012, 1473 (1475).

Das BAG hat im Jahre 2001 diese Entscheidung des LAG Hamm in Bezug genommen[2049] und sie damit (jedenfalls im Ergebnis) höchstrichterlich anerkannt.[2050]

Das LAG Berlin-Brandenburg hat wiederum diese BAG-Entscheidung im Jahre 2010 in Bezug genommen. Es wird die vorgenannte Rechtsfigur mit einer „echten Abmahnung“ verglichen.[2051] Wenn in dieser Entscheidung gleichwohl von einer „antizipierten Abmahnung“ die Rede ist, darf man wiederum von einer sprachlichen Ungenauigkeit ausgehen. Inhaltlich wurde hier ein weiteres Mal bestätigt, dass es eben nicht um die Vorwegnahme oder Antizipation einer Abmahnung handelt, sondern um eine Fallgruppe der Entbehrlichkeit derselben aufgrund vorangegangener Warnung.

Zudem trifft diese Entscheidung die – durch den Verfasser bereits zuvor getätigte[2052] – Feststellung, dass einem Text, der eine Abmahnung in Zukunft entbehrlich machen soll, „nicht ohne weiteres dieselbe Warn- und Rügefunktion wie eine[r] echte[n] Abmahnung“[2053] zukommt.

dd. LAG Berlin 2002: Mangelnde Warnfunktion im Einzelfall

Das vertrat das damalige[2054] LAG Berlin bereits im Jahre 2002. Zwar ließ das Gericht ausdrücklich offen, ob der Entscheidung des LAG Hamm von 1982 zu folgen ist. Jedenfalls habe es in casu an der Warnfunktion gefehlt. Die streitgegenständliche „Betriebsanweisung Kassieren“ habe für den Fall von Verstößen gegen ihre Regelungen lediglich angedroht, es könne die Betriebsratsanhörung für eine Kündigung eingeleitet werden. Der Arbeitgeber, so das LAG, gehe also selbst davon aus, dass nicht in jedem Fall einer Übertretung eine Kündigung in Betracht komme. In der Praxis seien derartige Fälle oftmals sogar ohne Abmahnung geblieben. Eine Kündigung komme also nur in schwerwiegenden Fällen der in der Betriebsanweisung beschriebenen Art in Betracht.[2055]

ee. LAGe Hamm und Köln 2008: Betriebsordnung und Arbeitsvertrag

Im Jahre 2008 entschied das LAG Hamm dann auch einen hierzu passenden Fall. Ein Arbeitnehmer hatte eigenmächtig den Urlaub angetreten. Die Betriebsordnung des Arbeitgebers untersagte dies aber ausdrücklich. Das Gericht zog diesen

---

2049 BAG, Urt. v. 05.04.2001 – 2 AZR 580/99 = NZA 2001, 893 (898).

2050 *Boldt*, Ethikregeln, S. 295; *Lelley*, Compliance, S. 54 Rn. 106; *Mengel*, Compliance, Kap. 1 Rn. 125; *Strothmeyer*, Compliance, S. 172; *Schuster/Darsow*, NZA 2005, 273 (277).

2051 LAG Berlin-Brandenburg, Urt. v. 26.11.2010 – 10 Sa 1823/10 = BeckRS 2011, 65671.

2052 S.o. G. II. 2. b. bb.

2053 LAG Berlin-Brandenburg, Urt. v. 26.11.2010 – 10 Sa 1823/10 = BeckRS 2011, 65671.

2054 Zum 01.01.2007 wurden die vormaligen LAGe Berlin und Brandenburg zum LAG Berlin-Brandenburg vereinigt, Art. 1 Abs. 1 Nr. 4 Fachobergerichte-Staatsvertrag Berlin/Brandenburg.

2055 LAG Berlin Urt. v. 09.07.2002 – 7 Sa 40/02 = JurionRS 2002, 26524, Rn. 45.

Umstand heran, um zu begründen, dass der Arbeitnehmer nicht damit rechnen konnte, der Arbeitgeber werde es bei einer Abmahnung belassen. Vielmehr sei die Kündigung nunmehr ohne ein solche wirksam.[2056]

Das bestätigt das hier gefundene Ergebnis, dass die deutliche Nennung eines Fehlverhaltens in einem abstrakten Werk – wie hier der Betriebsordnung – die Abmahnung entbehrlich machen kann. Allerdings ist entkräftigend anzumerken, dass in diesem Fall der Arbeitnehmer auch schon zuvor in einem ähnlichen Fall abgemahnt worden war.[2057]

Das LAG Köln entschied ebenfalls im Jahre 2008 den Fall eines Berufskraftfahrers, der unter Alkoholeinfluss gefahren war. Das Gericht entschied, dass die Bezeichnung des Alkoholverbots im Arbeitsvertrag eine spätere Abmahnung entbehrlich mache. Zudem sei er im Rahmen von jährlichen Sicherheitsschulungen auf die Wichtigkeit des Verbots aufmerksam gemacht worden.[2058]

ff. LAG Schleswig-Holstein 2006: Firmencredo

Zu nennen ist des Weiteren die Entscheidung des LAG Schleswig-Holstein aus dem Jahre 2006, die bereits in Zusammenhang mit der Darstellung der Interessenabwägung bei richtliniengestützten Kündigungen erwähnt wurde.[2059] Zur vorweggenommenen Abmahnung sagt die Entscheidung ausdrücklich zwar nichts aus – in dem zu entscheidenden Fall war der Verstoß so schwerwiegend, dass eine Abmahnung schon nach allgemeinen Kriterien entbehrlich war. Allerdings stellt das Gericht im Rahmen der Ausführungen zur Interessenabwägung fest, dass der Arbeitnehmer die Schwere des Pflichtverstoßes schon daran hätte erkennen müssen, dass der Arbeitgeber ihn in seinem „Firmencredo" (= Compliance-Richtlinie[2060]) aufführte.[2061] Der Gedanke, dass die Nennung in einer Compliance-Richtlinie den Verstoß zu einem schwerwiegenden macht, findet sich also auch hier wieder.

gg. LAG Hessen 2010: Compliance-Richtlinie

In der Entscheidung des LAG Hessen ist ausdrücklich eine Compliance-Richtlinie im Unternehmen implementiert. Das Gericht lässt aber letztlich offen, welche Auswirkungen diese auf das Abmahnungserfordernis habe. Jedenfalls daraus, dass der Arbeitnehmer im Anschluss versuchte, den Verstoß gegen die Richtlinie zu verschleiern, folge die Entbehrlichkeit der Abmahnung.[2062] Wenn *Stück* in einer Urteilsanmerkung die Entscheidung so interpretiert, die Richtlinie mache

2056 LAG Hamm, Urt. v. 11.9.2008 – 15 Sa 490/08 – juris, Rn. 81.
2057 LAG Hamm, Urt. v. 11.9.2008 – 15 Sa 490/08 – juris, Rn. 3 ff.
2058 LAG Köln, Urt. v. 19.03.2008 – 7 Sa 1369/07 – juris, Rn. 72.
2059 S.o. G. I. 1. c. ee. (3). (a).
2060 S.o. G. I. 1. c. ee. (3). (a).
2061 LAG Schleswig-Holstein, Urt. v. 29.08.2006 – 6 Sa 72/06 = BeckRS 2006, 43907.
2062 LAG Hessen, Urt. v. 25.01.2010 – 17 Sa 21/09 = BeckRS 2011, 6528.

den Arbeitnehmer „bösgläubig" und daraus folge die Entbehrlichkeit der Abmahnung,[2063] ist das insofern ungenau. Allerdings widerspricht diese Interpretation auch nicht den Entscheidungsgründen, respektive das LAG Hessen auch nicht den übrigen Entscheidungen.

hh. Fazit

Bereits vor der Emmely-Entscheidung von 2010 wurde das Rechtsinstitut der „vorweggenommenen Abmahnung" von der Rechtsprechung herangezogen. Gegenstand der „Vorwegnahme" waren teils Hinweise auf konkrete Sachverhalte, etwa durch einen Aushang nach einem Vorfall. Aber auch Werke, die Sachverhalte abstrakt beschreiben, finden sich hier. Eine abstrakte Beschreibung kann allerdings die Hinweisfunktion der Abmahnung nicht erfüllen. Daher wird in diesen Fällen in Wahrheit keine Abmahnung vorweggenommen. Andererseits kommt auch diesen Werken – bei hinreichender Bestimmtheit und Ausführung – eine Warnfunktion zu. Sind diese Voraussetzungen gegeben, liegt daher eine Fallgruppe der Entbehrlichkeit der Abmahnung vor. Diese Argumentation wurde in jüngerer Zeit auch explizit auf Klauseln in Compliance-Richtlinien angewendet.

c. Die Meinungen der Literatur zu Compliance-Richtlinien vor/ ohne Emmely

Eine weitere Annäherung an die Problematik erfolgt unter Kommentierung der Auffassungen, die die auf Compliance-Richtlinien spezialisierte Literatur enthält.

aa. Stets hinreichende Warnfunktion?

Die Literatur, die sich mit Compliance-Richtlinien befasst, sieht sich in Einklang mit der aufgezeigten Rechtsprechung. So übertragen mehrere Literaturstimmen das BAG-Urteil von 2001[2064] auf Compliance-Richtlinien. Die Sanktionsklauseln in den Richtlinien könnten als vorweggenommene Abmahnung wirken und daher eine Abmahnung nach einem Fehlverhalten entbehrlich machen. Denn durch die Richtlinie und die Sanktionsklausel zeige der Arbeitgeber auf, welches Verhalten ihm kündigungsrelevant erscheint.[2065]

Nach dieser Ansicht kommt also der Compliance-Richtlinie mit ihrer Sanktionsklausel in jedem Fall eine hinreichende Warnfunktion bezüglich ihres gesamten Inhalts zu. Dem kann so pauschal aber nicht gefolgt werden. Denn dieser Ansicht

2063 *Stück*, AuA 2011, 618.
2064 S.o. G. II. 2. b. cc.
2065 *Lelley*, Compliance, S. 54 Rn. 106; *Schöder*, Compliance, S. 321; *Schuster/Darsow*, NZA 2005, 273 (277); ebenso für den Fall einer Betriebsvereinbarung *Kleinebrink*, ArbRB 2012, 247 (249 f.); in einem ersten Gedankenschritt auch *Deyhle*, Compliance, S. 187.

liegt der Gedanke zu Grunde, dass die Veröffentlichung der Richtlinie bereits zu einer Warnung der Arbeitnehmer führe. Ohne Weiteres ist aber gar nicht sichergestellt, dass diese die Richtlinie überhaupt lesen. Das ist schließlich bei der Einführung durch Vertrag auch der Grund, weshalb eine strenge Klauselkontrolle nach § 307 Abs. 1 BGB erfolgt.[2066] Dort begnügt man sich im Anschluss noch damit, dass Klauseln, die weder überraschend noch unangemessen benachteiligend sind, auch ohne Kenntnisnahme durch die Arbeitnehmer Vertragsbestandteil werden. Eine Warnung, wie sie eine Abmahnung hervorrufen soll,[2067] erfordert aber, dass sichergestellt ist, dass die Abmahnung bei dem Arbeitnehmer ein bleibendes Störgefühl bezüglich seines Fehlverhaltens erzeugt. Die Abmahnung soll eben nicht nur wie die Willenserklärung eine Rechtsfolge herbeiführen.[2068] Sie soll auch nicht nur wie die Mahnung des § 284 BGB eine einzelne bereits vertraglich bestimmte Leistungserbringung befördern[2069] und auch nicht wie die Kündigungserklärung bloß das Ende des Arbeitsverhältnisses herbeiführen.[2070] Sie soll beim Arbeitnehmer eine nachhaltige Verhaltensänderung bewirken.[2071] Dazu muss der Arbeitnehmer verstehen, worin sein Fehlverhalten lag. Und das erfordert im Regelfall die Kenntnisnahme des Inhalts der Abmahnung.[2072]

bb. Nie hinreichende Warnfunktion?

Zu weit geht andererseits aber auch die Ansicht, nach der eine Sanktionsklausel die Abmahnung nie entbehrlich machen könne.

(1). Stets mangelnde Konkretisierung des Fehlverhaltens

Es fehle nach diesen Autoren eben stets an der Anprangerung eines konkreten Fehlverhaltens.[2073] Dem ist entgegenzuhalten, dass sehr wohl Fälle denkbar sind, in

---

2066 S.o. F. I. 1. a. bb.

2067 S.o. G. II. 1. b.

2068 *Koffka*, Abmahnung, S. 101 f.; diesen Unterschied übersieht *Beckerle*, Abmahnung, S. 143 f.

2069 Diesen Unterschied übersehen *Hauer*, Abmahnung, S. 111; *Koffka*, Abmahnung, S. 102; *Pflaum*, Abmahnung, S. 15, 211; aus diesem Grund eröffnet eine bloße Mahnung auch nicht die Kündigungsmöglichkeit, insoweit richtig, *Hauer*, Abmahnung, S. 94, 101.

2070 Diesen Unterschied übersehen *Bernstein*, Abmahnung, S. 80, *Hauer*, Abmahnung, S. 111.

2071 S.o. G. II. 1. a.

2072 BAG, Urt. v. 09.08.1984 – 2 AZR 400/83 = NZA 1985, 124 (125); *Deyhle*, Compliance, S. 184 f.; MüHdbArbR/*Berkowsky*, § 114 Rn. 143; *Adam*, AuR 2001, 41 (43); vgl. auch KR/*Fischermeier*, § 626 BGB Rn. 283; a.A. allerdings *Beckerle*, Abmahnung, S. 143 f.; *Bernstein*, Abmahnung, S. 76, 80; *Hauer*, Abmahnung, S. 111; *Koffka*, Abmahnung, S. 112 ff.; *Pflaum*, Abmahnung, S. 212 ff.; *v. Hoyningen-Huene*, RdA 1990, 193 (207).

2073 *Fahrig*, Verhaltenskodex, S. 60; *Schneider*, Compliance, S. 262 f.; *Wagner*, Ethikrichtlinien, S. 138; *ders.* Compliance, S. 92; vgl. auch *Beckerle*, Abmahnung, S. 152 f.; Gallner/Mestwerdt/Nägele/*Fiebig*/*Zimmermann*, § 1 KSchG Rn. 272; *Koffka*,

denen die Richtlinie ein bestimmtes Fehlverhalten aus der Masse ihrer Regelungen heraushebt und speziell dafür mit Kündigung droht. Ein Beispiel dafür gab die Richtlinie der Fresenius Medical Care AG & Co. in ihrer Fassung vom Juli 2002, die „Konsum, Besitz, Kauf oder Verkauf von illegalen Drogen während der Arbeitszeit oder auf dem Betriebsgelände" untersagte und spezifisch dafür „arbeitsrechtliche Konsequenzen bis hin zu einer fristlosen Kündigung" androht.[2074] Diese Formulierung ist hinreichend bestimmt für die Entbehrlichkeit einer späteren Abmahnung, denn detaillierter formuliert sind Straftatbestände in der Regel auch nicht. Bestimmte Straftaten gegen das Vermögen des Arbeitgebers sind aber – vorbehaltlich Emmely[2075] – als Fallgruppen der Entbehrlichkeit der Abmahnung anerkannt.[2076] Die Tatsache dass kein konkreter Einzelfall in Bezug genommen wird, ist für die Entbehrlichkeit der Abmahnung insofern typisch – und grenzt sie zudem von der echten „vorweggenommenen" Abmahnung ab.[2077]

(2). Das Problem des Zeitablaufs gebietet Beschränkung

Wenn *Schneider* und *Zander* darauf abstellen, die Warnfunktion der Sanktionsklausel verliere dadurch an Gewicht, dass zwischen ihrer Bekanntgabe und dem kündigungsrelevanten Ereignis einige Zeit vergeht,[2078] so wird ein ganz wesentlicher Aspekt übersehen: Die Richtlinie wird dem Arbeitnehmer nicht nur einmal bekannt gegeben und ist danach unerreichbar für ihn. Sie ist vielmehr jederzeit einsehbar, sei es dass der Arbeitnehmer ein Exemplar erhalten hat, sei es das sie im Intranet des Unternehmens abgerufen werden kann. Der Arbeitnehmer hat – als Nebenpflicht aus § 241 Abs. 2 BGB – dafür zu sorgen, das ihm alle im Betrieb geltenden Regelwerke geläufig sind.[2079] Bei Bedarf muss er sie erneut lesen. Es verhält sich mit der Richtlinie daher nicht anders als mit einem staatlichen Gesetz. *Schneider* und *Zander* erkennen selbst an, dass Bestechung ein Fall der Entbehrlichkeit der Abmahnung ist.[2080] So sieht es auch die ganz

---

Abmahnung, S. 116; Moll/*Eisenbeis*, $ 18 Rn. 20; *Pflaum*, Abmahnung, S. 178 f., 201; *Zander*, Ethikrichtlinien, S. 145, 146, 148; *Preis*, AuR 2010, 242 (245).

2074 RiLi Fresenius Medical Care, S. 23 in der Fassung vom Juli 2002 [zuletzt abgerufen am 22.08.2013].

2075 Zum Einfluss der Emmely –Entscheidung auf die Entbehrlichkeit der Abmahnung sogleich G. II. 3.

2076 Vgl. etwa *Schmidt*, Compliance, S. 220; *Mengel*, Compliance, Kap. 5 Rn. 11; MüKo-BGB/*Hergenröder*, § 1 KSchG Rn. 278; zu allgemeinen Fällen der Entbehrlichkeit G. I. 1. c. dd. (1).

2077 Vgl. oben G. II. 1. a. und G. II. 2. b. bb.

2078 *Schneider*, Compliance, S. 264; *Zander*, Ethikrichtlinien, S. 150; vgl. hierzu auch Rotsch/*Moosmayer*, § 34 A. Rn. 61.

2079 Vgl. *Kleinebrink*, Abmahnung, S. 149; Gegen die Sanktionierbarkeit – und damit Pflicht zur – Kenntnisnahme aber *Süßbrich*/*Rütz*, Compliance, S. 228.

2080 *Schneider*, Compliance, S. 259; *Zander*, Ethikrichtlinien, S. 141.

h.M.[2081] Diesem Ergebnis kann man auch nicht entgegenhalten, der Arbeitnehmer habe das Strafgesetzbuch schon lange Zeit nicht mehr eingesehen.

Die Warnung mag weniger eindrücklich sein, als sie es wäre, wenn der Arbeitnehmer selbst gerade zuvor einen Fehltritt begangen hätte.[2082] Auch wird in der Literatur betont, dem Arbeitnehmer müsse Gelegenheit zur Bewährung gegeben werden.[2083] Aber dieses Argument ist hier unbillig. Es bedeutete hier in letzter Konsequenz, dass der Arbeitnehmer immer wider besseres Wissen einen ersten Fehltritt „frei hat".[2084] Denn der Gedanke der Entbehrlichkeit der Abmahnung beruht letztlich immer darauf, dass dem Arbeitnehmer auch ohne eigenen Fehltritt klar sein muss, dass ein solches Fehlverhalten nicht tolerabel ist.[2085] Ist das der Fall, so muss dem Arbeitnehmer auch keine Gelegenheit mehr gegeben werden, sich zu bewähren.[2086]

Zur Veranschaulichung: Der Arbeitgeber muss sich nicht erst einmal bestehlen lassen, bevor er seinen Arbeitnehmer dafür abmahnen und ihm beim nächsten Mal kündigen kann. Der Arbeitnehmer kann nicht damit gehört werden, er habe eben einmal selbst erleben müssen, was ein Diebstahl ist und dass er nicht toleriert wird. Vielmehr wird ein verständiger Arbeitgeber dies als Schutzbehauptung abtun.

Auch die Rechtsprechung lässt es zur Entbehrlichkeit einer Abmahnung allgemein genügen, dass die Regel dem Arbeitnehmer „erkennbar" war.[2087] Es gibt also Fälle, in denen die Unkenntnis des Arbeitnehmers von der rechtlichen Bewertung eines bestimmten Verhaltens nicht mehr schutzwürdig ist, weil ihm – sei es durch ihre Bekanntheit als Straftatbestand, sei es durch besondere Betonung in einer Richtlinie – die Regel besonders deutlich gemacht wurde. Es ist von einem Arbeitnehmer sodann zu erwarten, dass er, wenn die Verletzung einer solchen Regel bevorstehen sieht, ein Störgefühl hat und das einschlägige Regelwerk konsultiert.

2081 BAG, Urt. v. 21.06.2001 – 2 AZR 30/00 = NJOZ 2002, 508; LAG Köln, Urt. v. 25.09.2008 – 7 Sa 313/08 = BeckRS 2009, 68533; APS/*Vossen*, § 626 BGB Rn. 259a; *Mengel*, Compliance, Kap. 1 Rn. 126, Kap. 5 Rn. 11; MüKo-BGB/*Henssler*, § 626 Rn. 164; *Rein*, Ethikrichtlinie, S. 228; *Schöder*, Compliance, S. 316; *Schmidt*, Compliance, S. 220; *Vogt*, NJOZ 2009, 4206 (4210).

2082 Vgl. BAG, Urt. v. 27.09.2012 – 2 AZR 955/11 = NZA 2013, 425 (428); *Hauer*, Abmahnung, S. 108; *Koffka*, Abmahnung, S. 116; *Pflaum*, Abmahnung, S. 179; *Schneider*, Compliance, S. 261 (mangelnde „Individualität").

2083 *Boldt*, Ethikregeln, S. 295 f.; *Hauer*, Abmahnung, S. 88, 104, 108; Moll/*Eisenbeis*, § 18 Rn. 20; *Pflaum*, Abmahnung, S. 178; *Schneider*, Compliance, S. 263; v. Hoyningen-Huene/Linck/*Krause*, § 1 KSchG Rn. 510; *Zander*, Ethikrichtlinien, S. 144.

2084 So schon *Schöder*, Compliance, S. 321; *Wisskirchen/Schumacher/Bissels*, BB 2012, 1473 (1474).

2085 BAG, Urt. v. 12.01.2006 – 2 AZR 179/05 = NZA 2006, 980 (984); *Rein*, Ethikrichtlinie, S. 242 f.; *Schöder*, Compliance, S. 322.

2086 Zutreffend *Deyhle*, Compliance, S. 189; *Rein*, Ethikrichtlinie, S. 24; *Schöder*, Compliance, S. 321.

2087 BAG, Urt. v. 19.04.2012 – 2 AZR 258/11 = NZA-RR 2012, 567 (568).

Da das Störgefühl ihn auf ein Regelwerk (in unseren Fällen also die Richtlinie) verweist, kommt bezüglich der Details der Regel keine Abmilderung der Warnung durch Zeitablauf zu Stande.

Ein solches Störgefühl wird man aber nur erzeugen können, wenn die Entbehrlichkeit der Abmahnung auf eine überschaubare Anzahl von Klauseln beschränkt wird. Eine geringere Anzahl Regeln ist naturgemäß eindrücklicher. Nur bei einer überschaubaren Anzahl in Bezug genommener Klauseln kann von einem Arbeitnehmer billigerweise erwartet werden, dass er ein nachhaltiges Störgefühl bezüglich des Inhalts dieser Klauseln entwickelt.[2088] Das Argument des Zeitablaufs ist also insofern stichhaltig, als es zur Beschränkung der Sanktionsklausel auf einzelne (dem Arbeitgeber besonders wichtige) Klauseln zwingt.

Denkbar ist allerdings noch eine zweite Vorgehensweise, mit der sich ggf. ein Störgefühl auch größerer Teile der Richtlinie erzielen lässt: *Rein* umschreibt den Fall, dass die Richtlinie im Unternehmen laufend umgesetzt wird. Sie verbleibt also nicht im Intranet und wird nur in seltenen Problemfällen, in denen das Störgefühl „anschlägt", konsultiert. Vielmehr sind die Abläufe im Unternehmen so gestaltet, dass die Richtlinie oder bestimmte Teile ihres Inhalts andauernd ausgeführt werden. *Rein* beschreibt dazu, die Richtlinie „aktualisier[e]" sich laufend.[2089] Nun, solche Fälle mag es geben. Bei der typisierenden Betrachtung, die einer Arbeit wie der vorliegenden zu Grunde liegt, sind sie aber außen vor zu lassen. Der Normalfall in deutschen Unternehmen wird darin bestehen, dass die Richtlinie eher selten gelesen wird. Soll sie sich also „aktualisieren", so wird man dies typischerweise (Ausnahmen bleiben denkbar) nur auf zwei Arten erreichen können: Entweder es wird anlassbezogen auf die Richtlinie und ihre Nichteinhaltung hingewiesen. Das kann durch Abmahnung oder Ermahnung geschehen – etwa bei einem Compliance-Audit. Oder aber, das Störgefühl bringt den Arbeitnehmer selbst darauf, das Problem nachzuschlagen. Letzteres erreicht der Arbeitgeber – wie ausgeführt – nur durch eine Beschränkung der Sanktionsklausel auf besonders wichtige Klauseln.

(3). Die Gefahr der Aushebelung gebietet Beschränkung

Auch um das Abmahnungserfordernis nicht grundsätzlich in Frage zu stellen, muss es sich dabei um schwerwiegende Sonderfälle handeln. Denn andernfalls würde der Arbeitgeber einfach etliche Pflichten in den Vertrag aufnehmen. Die Abmahnung wäre bei jedem Verstoß gegen den Arbeitsvertrag entbehrlich mit dem Argument, der Arbeitnehmer sei durch die Nennung der Pflicht im Arbeitsvertrag ausreichend gewarnt gewesen. Es würde also die Entbehrlichkeit der Abmahnung zur Regel und die Erforderlichkeit zur Ausnahme. Das Abmahnungserfordernis

2088 Vgl. *Deyhle*, Compliance, S. 191 [„Die besondere Bedeutung der einzuhaltenden Pflicht muss für den Arbeitnehmer erkennbar sein."]; *Koffka*, Abmahnung, S. 116.
2089 *Rein*, Ethikrichtlinie, S. 222.

wäre ausgehebelt.[2090] § 314 Abs. 2 BGB zeigt aber – jedenfalls für die außerordentliche Kündigung –, dass dies nicht der Wertung des Gesetzgebers entspräche.[2091] Das BAG wendet den in § 314 Abs. 2 BGB zum Ausdruck kommenden Rechtsgedanken indes auch im Bereich der ordentlichen Kündigung an,[2092] so dass dort nichts anderes gilt.

Diese Gefahr beschreiben auch *Triskatis*[2093] und *Zander*.[2094] Zutreffend lassen sie die „vorweggenommene Abmahnung" durch eine Richtlinie daran scheitern, dass die Richtlinie keinen konkreten Sachverhalt in Bezug nimmt.[2095] Zutreffend ist dagegen die Ansicht, eine Sanktionsklausel in einer Compliance-Richtlinie mache die Abmahnung nur dann entbehrlich, wenn auf einzelne Pflichten Bezug genommen wird.[2096] Die Beschränkung auf speziell herausgestellte Pflichten beugt auch der Gefahr der Aushebelung des Abmahnungserfordernisses vor.[2097]

Außerdem weisen verschiedene Literaturstimmen zu Recht darauf hin, dass es natürlich Pflichten des Arbeitnehmers gibt, die zwar in der Compliance-Richtlinie genannt sind, aber auch unabhängig davon schon so schwer wiegen, dass sie vor Ausspruch einer Kündigung nicht abgemahnt werden müssen.[2098] Dieser Aspekt wurde auch in dieser Arbeit bereits angesprochen.[2099] Da er aber mit der Thematik der Compliance-Richtlinien nicht spezifisch verbunden ist, soll er hier nicht weiter vertieft werden.

2090 *Beckerle*, Abmahnung, S. 152; *Bernstein*, Abmahnung, S. 63; *Böhm*, Non-Compliance, S. 250 f.; Boecken/Düwell/Diller/Hanau/*Kerwer*, § 1 KSchG Rn. 808; *Boldt*, Ethikregeln, S. 295 f.; *Fahrig*, Verhaltenskodex, S. 60; *Koffka*, Abmahnung, S. 116; *Pflaum*, Abmahnung, S. 179; *Rein*, Ethikrichtlinie, S. 241; *Schneider*, Compliance, S. 263; *Schöder*, Compliance, S. 322; *Strothmeyer*, Compliance, S. 173 f.; *Triskatis*, Ethikrichtlinien, S. 228; *Zander*, Ethikrichtlinien, S. 144 f.; *Eisenbeis/Nießen*, FS Leinemann, S. 697 (720); *Eufinger*, RdA 2017, 223 (227); *Wisskirchen/Schumacher/Bissels*, BB 2012, 1473 (1473, 1476 f.).

2091 Zur Anwendung des § 314 Abs. 2 BGB auf die Abmahnung im Arbeitsrecht s.o. G. I. 2. b. bb.

2092 Vgl. nur BAG, Urt. v. 19.11.2015 – 2 AZR 217/15 = NZA 2016, 540 (542).

2093 *Triskatis*, Ethikrichtlinien, S. 228.

2094 *Zander*, Ethikrichtlinien, S. 144 f.

2095 *Triskatis*, Ethikrichtlinien, S. 227 f.; *Zander*, Ethikrichtlinien, S. 145, 146, 148.

2096 *Mengel*, Compliance, Kap. 5 Rn. 9; *Rein*, Ethikrichtlinie, S. 254; *Schmidt*, Compliance, S. 221; *Strothmeyer*, Compliance, S. 174; *Eufinger*, RdA 2017, 223 (227); *Mengel/Hagemeister*, BB 2007, 1386 (1392); *Mengel*, CCZ 2008, 85 (86).

2097 *Rein*, Ethikrichtlinie, S. 241; *Schöder*, Compliance, S. 322; *Eufinger*, RdA 2017, 223 (227).

2098 *Böhm*, Non-Compliance, S. 248; *Mengel*, Compliance, Kap. 5 Rn. 11; *Rein*, Ethikrichtlinie, S. 225 ff.; *Schmidt*, Compliance, S. 221; *Schöder*, Compliance, S. 322; *Strothmeyer*, Compliance, S. 172; *Triskatis*, Ethikrichtlinien, S. 227; *Mengel/Hagemeister*, BB 2007, 1386 (1392); vgl. auch *Eufinger*, RdA 2017, 223 (230).

2099 S.o. G. I. 1. c. dd.

Boldt sieht ebenfalls die Gefahr der Aushebelung des Abmahnungserfordernisses.[2100] Allerdings verortet sie diesen Gedanken bei der Frage der Zulässigkeit einer Abmahnung. Dem liegt das – hier bereits abgelehnte[2101] – Verständnis der vorweggenommenen Abmahnung als Abmahnung und nicht deren Entbehrlichkeit zu Grunde.

Insoweit zutreffend zieht *Boldt* aber aus der Gefahr der Aushebelung den Schluss, dass eine pauschale Sanktionsklausel am Ende der Compliance-Richtlinie[2102] nicht die Abmahnung entbehrlich machen kann. Leider übersieht sie dann, dass es auch Sanktionsklauseln gibt, die sich nur auf einzelne spezielle Verhaltensvorgaben beziehen.[2103] Wenn die Richtlinie aber hinreichend konkret herausstellt, dass diese oder jene Verhaltensweise zu dem genannten Kanon der schwerwiegenden Sonderfälle zählt, besteht die Gefahr der Aushebelung nicht.[2104]

cc. Maßstab der Beschränkung

Damit wird schließlich die Frage aufgeworfen, wonach sich bestimmt, ob eine in der Compliance-Richtlinie genannte Verhaltenspflicht im vorgenannten Sinne einen Sonderfall darstellt.

(1). Nicht unverbindliche Inhalte

Richtig ist dabei zunächst der Einwand einiger Literaturstimmen, dass auf keinen Fall solche Inhalte der Richtlinie gemeint sein können, die als bloße unverbindliche Empfehlungen gemeint sind.[2105] Der Arbeitgeber verhält sich widersprüchlich, wenn er gleichwohl deren Einhaltung unterstreicht. Allerdings befassen sich die Literaturmeinungen mit allgemeinen Sanktionsklauseln, die sich auf die gesamte Richtlinie beziehen. Dass ein Arbeitgeber ausgerechnet die Klauseln, die er als bloße Empfehlung formuliert hat, mit einer speziellen Sanktionsklausel bewehrt, ist äußerst unwahrscheinlich.

(2). Freies „Bestimmungsrecht" des Arbeitgebers vs. Verhältnismäßigkeit

Ein denkbarer Ansatz wäre nun, dem Arbeitgeber eine freies „Bestimmungsrecht" zuzubilligen, welche Klauseln zu besonders wichtigen erklären will. Niemand kann schließlich besser als die Unternehmensleitung beurteilen, welches Fehlverhalten von Arbeitnehmern für das konkrete Unternehmen besonders schädlich ist.

2100 *Boldt*, Ethikregeln, S. 296, 319.
2101 S.o. G. I. 2. b. cc.
2102 S.o. E. I. 7. b.
2103 S.o. E. I. 7. b.
2104 *Rein*, Ethikrichtlinie, S. 241; *Schöder*, Compliance, S. 322; *Eufinger*, RdA 2017, 223 (227).
2105 *Böhm*, Non-Compliance, S. 249.

(a). Allgemeiner Einwand: Verhältnismäßigkeit

Allerdings wird in der Rechtsprechung und der überwiegenden Literatur der Grundsatz der Verhältnismäßigkeit betont. Dieser durchziehe als allgemeines Grundprinzip das gesamte Kündigungsrecht und gebiete, dass die Entbehrlichkeit der Abmahnung nur in schwerwiegenden Fällen in Betracht kommt.[2106] Denn die Entbehrlichkeit der Abmahnung hat zur Folge, dass bereits ein erster Verstoß gegen eine Verhaltensregel zur Kündigung führen kann, was bei Verstößen mit weniger schweren Auswirkungen unangemessen erscheine.[2107] Bei der Prüfung der Verhältnismäßigkeit legt ein Gericht aber einen objektiven Maßstab an.[2108] Das könnte also einem subjektiven Bestimmungsrecht des Arbeitgebers entgegen stehen.

Die Verhältnismäßigkeitsprüfung führte nicht lediglich zu den Fällen, in denen eine Abmahnung auch ohne Compliance-Richtlinie entbehrlich ist. Denn dafür fordert das BAG, dass „es sich um eine so schwere Pflichtverletzung handelt, dass eine Hinnahme durch den Arbeitgeber offensichtlich – auch für den Arbeitnehmer erkennbar – ausgeschlossen ist".[2109] Nicht in jedem Fall, in dem es nachvollziehbar ist, dass ein Arbeitgeber eine Regel besonders betont, ist dem Arbeitnehmer diese Bedeutung aber auch offensichtlich. Vielmehr gibt es auch Fälle, in denen ohne Nennung in der Richtlinie nicht ohne Weiteres davon ausgegangen werden kann, dass der Arbeitnehmer die Regel kennt. Beispiele sind etwa Regeln des Wertpapierhandelsrechts, der Anti-Korruption oder auch des Kartellrechts.[2110] Wären diese Regeln evident, wären die Compliance-Bemühungen der Unternehmen weitgehend sinnentleert. Trotzdem also die Richtlinie nur in bestimmten Fällen die Abmahnung entbehrlich machen kann, ist sie dennoch nicht völlig wirkungslos.

2106 BAG, Urt. v. 19.04.2012 – 2 AZR 258/11 = NZA-RR 2012, 567 (568); *Mengel*, Compliance, Kap. 5 Rn. 10; Moll/*Eisenbeis*, § 18 Rn. 20; *Rein*, Ethikrichtlinie, S. 237, 241; *Schneider*, Compliance, S. 263; *Kreft*, FS Etzel, S. 233; *Weber*, Compliance, S. 88; ähnlich *Böhm*, Non-Compliance, S. 248, 250; *Schmidt*, Compliance, S. 221; *Strothmeyer*, Compliance, S. 173 f.; *Kleinebrink*, BB 2011, 2617 (2620).

2107 *Böhm*, Non-Compliance, S. 250; *Fahrig*, Verhaltenskodex, S. 59 f.; *Rein*, Ethikrichtlinie, S. 241; *Schmidt*, Compliance, S. 221 f.; *Schneider*, Compliance, S. 263; *Strothmeyer*, Compliance, S. 173 f.; *Eisenbeis/Nießen*, FS Leinemann, S. 697 (720); vgl. *Preis*, AuR 2010, 242.

2108 Vgl. APS/*Vossen*, § 626 BGB Rn. 90; Gallner/Mestwerdt/Nägele/*Pfeiffer*, § 1 KSchG Rn. 177; MüKo-BGB/*Hergenröder*, § 1 KSchG Rn. 212; Staudinger/*Preis*, § 626 Rn. 88.

2109 BAG, Urt. v. 19.04.2012 – 2 AZR 258/11 = NZA-RR 2012, 567 (568).

2110 Zu letzteren ebenso Krieger/Schneider/*Kremer/Klahold*, § 25 Rn. 25.31; *Bürkle*, BB 2005, 565 (566); dies sind auch typische Inhalte vom Compliance-Richtlinie, s.o. E. I. 2. d., E. I. 2. e. und E. I. 3. d.

(b). Besonderer Einwand: Absolute Kündigungsgründe

Dagegen wird teilweise vorgebracht, die Entbehrlichkeit der Abmahnung in Fällen der Nennung in der Compliance-Richtlinie anzunehmen, schaffe absolute Kündigungsgründe.[2111] Richtig daran ist, dass es absolute Kündigungsgründe nicht geben darf[2112] und auch eine Compliance-Richtlinie nicht die Prüfung der Verhältnismäßigkeit der Kündigung entbehrlich machen darf.[2113] Aber nur, weil eine Compliance-Richtlinie ein bestimmtes Fehlverhalten besonders betont, wird nicht die Prüfung der weiteren – oben dargestellten[2114] – Kündigungsvoraussetzungen entbehrlich. Diese Prüfung findet auf jeden Fall weiterhin statt.[2115] Die Betonung kann lediglich dazu führen, dass, wenn alle Kündigungsvoraussetzungen außer der Abmahnung vorliegen, die Kündigung auch nicht an der fehlenden Abmahnung scheitert.

(c). Erheblichkeit dieser Einwände

Mit letzteren Ausführungen scheinen zunächst die Einwände der Literatur auch allgemein zu Fall gebracht. In jedem Fall muss geprüft werden, ob die Kündigung als solche verhältnismäßig ist.[2116] Damit müsste man, so scheint es, doch nicht auch noch die Fallgruppen, die der Arbeitgeber für die Entbehrlichkeit der Abmahnung auserkoren hat, der Verhältnismäßigkeitsprüfung unterziehen.

So gibt es in der Literatur analog auch Stimmen, die vertreten, der Ausspruch einer Abmahnung sei gerade nicht am Grundsatz der Verhältnismäßigkeit zu messen. Der Hinweis auf vertragswidriges Verhalten müsse dem Arbeitgeber stets gestattet sein.[2117] Die Warnung vor einer Kündigung wiederum sei stets berechtigt, da jede Vertragsverletzung – und sei es nur in Kumulation mit weiteren Verstößen – zum Kündigungsgrund werden könne.[2118] Ersteres ist zweifelsohne

---

2111 *Böhm*, Non-Compliance, S. 251; vgl. auch die Argumentation bei *Beckerle*, Abmahnung, S. 152 f.; *Mengel*, Compliance, Kap. 5 Rn. 10; *Pflaum*, Abmahnung, S. 180 („Zulassung einer vorweggenommenen Abmahnung […] ebenso wie […] absolute Kündigungsgründe abzulehnen“).

2112 S.o. zur ordentlichen Kündigung G. I. 1. c. ee. (3); zur außerordentlichen Kündigung G. I. 2. b.

2113 *Schneider*, Compliance, S. 91, 263; vgl. auch *Rein*, Ethikrichtlinie, S. 268 f., 274 f.

2114 S.o. G. I.

2115 *Deyhle*, Compliance, S. 186, 190; *Rein*, Ethikrichtlinie, S. 237, 244 f.; *Walker*, NZA 1995, 601 (605).

2116 *Deyhle*, Compliance, S. 186; *Rein*, Ethikrichtlinie, S. 237, 244 f.; *Walker*, NZA 1995, 601 (605).

2117 *Buchner*, RdA 2003, 175 (177); *Walker*, NZA 1995, 601 (605); vgl. auch LAG Schleswig-Holstein, Urt. v. 29.11.2005 – 2 Sa 350/05 = NZA-RR 2006, 180; *Beckerle*, Abmahnung, S. 219 ff.; ErfK/*Niemann*, § 626 BGB Rn. 34.

2118 *Berkowski*, NZA-RR 2001, 57 (74); *Buchner*, RdA 2003, 175 (177); *Walker*, NZA 1995, 601 (605).

richtig, hier aber auch irrelevant, da der Sanktionsklausel ja gerade keine Hinweisfunktion zukommt.[2119] Letzteres begegnet erheblichen Bedenken. Denn – wie beschrieben[2120] – kann etwa eine zu große Menge gleichzeitig in eine Warnung aufgenommener Regeln die Warnung untauglich machen. Das erwähnte Störgefühl stellt sich beim Arbeitnehmer nicht ein. Eine Warnung, die aber ihren Zweck nicht erfüllt, kann man nicht pauschal als „berechtigt" billigen, wenn auch jede der Regeln für sich eine Vertragspflicht darstellt.

Dagegen misst die h.M. die Abmahnung am Grundsatz der Verhältnismäßigkeit.[2121] Dieser bildet einen Unterfall des § 242 BGB.[2122] Diese Norm wird über ihren Wortlaut hinaus nicht nur auf die Leistungserbringung im Schuldverhältnis, sondern allgemein auf die Ausübung von Rechten angewandt.[2123] Es spielt also für die Anwendbarkeit des § 242 BGB keine Rolle, dass der Ausspruch einer Abmahnung nicht in Erfüllung eines Vertrages geschieht (sondern in Reaktion auf eine mangelhafte Erfüllung durch den anderen Teil). Vielmehr ist § 242 BGB auch der Grund dafür, dass die Abmahnung am Grundsatz der Verhältnismäßigkeit zu messen ist.[2124] Gleiches muss dann aber auch für eine Sanktionsklausel gelten, die die Abmahnung bezüglich der Inhalte, auf die sie verweist, entbehrlich machen soll. Denn sie führt den gleichen rechtlichen Zustand herbei wie die Abmahnung: Sie ebnet der Kündigung ohne (erneute) Abmahnung den Weg.[2125]

Letztlich muss die Frage der Verhältnismäßigkeit einer Abmahnung hier aber auch nicht vertieft werden. Denn zur Anwendbarkeit des Verhältnismäßigkeitsgrundsatzes gelangt man für die hier allein interessierende Entbehrlichkeit der

---

2119 S.o. G. II. 2. b. bb.

2120 S.o. G. II. 2. c. bb. (2).

2121 BAG, Urt. v 13.11.1991 – 5 AZR 74/91 = AP BGB § 611 Abmahnung Nr. 7; Urt. v. 30.05.1996 – 6 AZR 537/95 = AP BGB § 611 Nebentätigkeit Nr. 2; Gallner/Mestwerdt/Nägele/*Zimmermann*, § 1 KSchG Rn. 280; KR/*Fischermeier*, § 626 BGB Rn. 293; MüKo-BGB/*Henssler*, § 626 Rn. 95; *Pflaum*, Abmahnung, S. 327 f.; *Zander*, Ethikrichtlinien, S. 150; *Adam*, AuR 2001, 41 (42); *v. Hoyningen-Huene*, RdA 1990, 193 (198).

2122 MüKo-BGB/*Schubert*, § 242 Rn. 450; Staudinger/*Looschelders/Olzen*, § 242 Rn. 277; vgl. auch *Adam*, AuR 2001, 41 (42) [Der Grundsatz der Verhältnismäßigkeit präge als Verfassungsprinzip die gesamte Rechtsordnung]; vgl. auch *Pflaum*, Abmahnung, S. 92 f.; kritisch in Bezug auf Kündigungen angesichts der dortigen umfassenden Interessenabwägung *Preis*, Prinzipien, S. 202, 277.

2123 Dauner-Lieb/Langen/*Krebs*, § 242 Rn. 1; Staudinger/*Looschelders/Olzen*, § 242 Rn. 213 f.; vgl. auch MüKo-BGB/*Schubert*, § 242 Rn. 92, 202; Palandt/*Grüneberg*, § 242 Rn. 1.

2124 Herleitend aus § 242 BGB BAG, Urt. v. 23.04.1986 – 5 AZR 340/85 = BeckRS 2009, 54794; für eine Missbrauchskontrolle nach § 242 BGB *Pflaum*, Abmahnung, S. 92 f., 327; herleitend aus einer Gesamtschau vieler BGB-Normen v. Hoyningen-Huene/Linck/Krause/*Krause*, § 1 Rn. 506.

2125 *Deyhle*, Compliance, S. 186, 189 f.

Abmahnung schon durch folgende dogmatische Überlegung: Ob eine Abmahnung entbehrlich ist, kann nie pauschal beantwortet werden. Diese Frage wird erst dann beantwortet, wenn die Kündigung ohne vorhergehende Abmahnung erklärt wurde. Dann hat – Klageerhebung unterstellt – ein Gericht die Rechtmäßigkeit der Kündigung zu prüfen. Und in diesem Rahmen erst wird festgestellt, ob die Kündigung trotz der fehlenden Abmahnung wirksam ist. Dazu muss das Gericht eine umfassende Interessenabwägung durchführen, die ihrerseits anerkanntermaßen auf dem Grundsatz der Verhältnismäßigkeit fußt.[2126] Nur aufgrund ihrer Bedeutung wird die Frage, ob eine vorherige Abmahnung erforderlich war – und ggf., ob diese erfolgt ist – als eigener Prüfungspunkt gerne vorweg geprüft.[2127] Inhaltlich ist sie aber trotzdem Teil der Interessenabwägung.[2128] Die Verhältnismäßigkeit der Entbehrlichkeit der Abmahnung ist damit ein Teil der Verhältnismäßigkeitsprüfung der Kündigung.

An einer Verhältnismäßigkeitsprüfung, wie sie die h.M. auch zur Entbehrlichkeit der Abmahnung vornimmt,[2129] führt mithin kein Weg vorbei. Das hat der Gesetzgeber für die außerordentliche Kündigung auch mit §§ 314 Abs. 2 S. 2, 323 Abs. 2 Nr. 3 BGB a.F. bestätigt.[2130] Zum 13.06.2014 wurde der bisherige Wortlaut des § 323 Abs. 2 S. 2 Nr. 3 BGB[2131] für den Fall der Entbehrlichkeit der Abmahnung vor Kündigung eines Dauerschuldverhältnisses im neuen § 314 Abs. 2 S. 3 BGB übernommen.[2132] Es ist davon auszugehen, dass das BAG aus diesem Wortlaut weiterhin den Grundsatz der Verhältnismäßigkeit ablesen wird,[2133] denn der Gesetzgeber wollte für den Fall der Abmahnung die bisherige Rechtslage aufrechterhalten.[2134]

2126 S.o. G. I. 1. c. ee. zur ordentlichen und G. I. 2. b. ee. zur außerordentlichen Kündigung.

2127 S.o. G. I. 1. c. ee. zur ordentlichen und G. I. 2. b. bb. zur außerordentlichen Kündigung.

2128 LAG Schleswig-Holstein, Urt. v. 29.11.2005 – 2 Sa 350/05 = NZA-RR 2006, 180; *Bernstein*, Abmahnung, S. 44; *Schneider*, Compliance, S. 263; vgl. auch *Hauer*, Abmahnung, S. 50; *Koffka*, Abmahnung, S. 77; *Pflaum*, Abmahnung, S. 247; *Preis*, Prinzipien, S. 259, 269.

2129 Siehe oben G. II. 2. c. cc. (2). (a).

2130 BAG, Urt. v. 23.01.2014 – 2 AZR 638/13 = NZA 2014, 965 (966); Urt. v. 23.06.2009 – 2 AZR 103/08 = NZA 2009, 1198 (1202); Urt. v. 18.09.2008 – 2 AZR 827/06 = NZA-RR 2009, 393; Urt. v. 19.04.2007 – 2 AZR 180/06 = NZA-RR 2007, 571 (576); LAG Düsseldorf, Urt. v. 15.08.2012 – 12 Sa 697/12 = BeckRS 2012, 76085; LAG Berlin-Brandenburg, Urt. v. 30.3. 2012 – 10 Sa 2272/11 = NZA-RR 2012, 353 (354); MüKo-BGB/*Henssler*, § 626 Rn. 90; *Kreft*, FS Etzel, S. 233 f.; *Schiefer*, DB 2013, 1785; vgl. ErfK/ *Niemann*, § 626 BGB Rn. 29c, 29d; *Mittag/ Wroblewski*, AuR 2011, 72 (73).

2131 Entbehrlichkeit der Fristsetzung, wenn „besondere Umstände vorliegen, die unter Abwägung der beiderseitigen Interessen den sofortigen Rücktritt rechtfertigen."

2132 BGBl. 2013 Teil I Nr. 58, S. 3548, 3662.

2133 So vor der Änderung BAG, Urt. v. 23.01.2014 – 2 AZR 638/13 = NZA 2014, 965 (966) sowie nach der Änderung für einen Altfall BAG, Urt. v. 19.11.2015 – 2 AZR 217/15 = NZA 2016, 540 (542); diese Rechtsprechung auf § 314 Abs. 2 S. 3 BGB anwendend BAG, Urt. v. 01.06.2017 – 6 AZR 720/15 = NZA 2017, 1332 (1338).

2134 BT-Drs. 17/13951, S. 64.

(d). Anwendung des Grundsatzes der Verhältnismäßigkeit

Zur Anwendung des Grundsatzes der Verhältnismäßigkeit ist auf die in weiten Teilen zutreffenden Ausführungen von *Rein* hinzuweisen. Zwar geht *Rein* davon aus, dass es sich bei der „Vorwegnahme“ der Abmahnung um eine Abmahnung handelt.[2135] Jedoch gelangt er dadurch ebenfalls zur Prüfung des Grundsatzes der Verhältnismäßigkeit, so dass seine Ausführungen insofern übertragbar sind. Sie bedürfen jedoch in Teilen der Ergänzung und der Modifikation:

(aa). Zweck, Geeignetheit und Erforderlichkeit

Legitimer Zweck der Sanktionsklausel ist nach *Rein* die Vorbereitung der Kündigung.[2136] Der Zweck der Kündigung ist die Verhinderung weiterer Pflichtverletzungen durch den Arbeitnehmer.[2137] Das bedeutet, Zweck der Sanktionsklausel ist ebenfalls die Verhütung weiterer Pflichtverletzungen.[2138] Die Sanktionsklausel erleichtert die Kündigung und ist daher geeignet, diese Zwecke zu fördern.[2139]

Erforderlich ist das mildeste Mittel von gleich effektiven. Die Abmahnung ist ein milderes Mittel als ihre Entbehrlichkeit aufgrund einer Sanktionsklausel. Denn nicht bereits der erste Verstoß gegen die Compliance-Richtlinie führte dann zur Kündigung.[2140] Der Arbeitnehmer hätte „einen Fehltritt frei“.[2141] Allerdings ermöglicht die Sanktionsklausel die sofortige Kündigung nach einem Richtlinienverstoß. Die Kündigung wiederum beugt zukünftigen Pflichtverletzungen dieses Arbeitnehmers ein für allemal vor. Die Abmahnung beinhaltet stets das Risiko eines erneuten Fehltrittes desselben Arbeitnehmers. Daher ist im Ergebnis *Rein* zuzustimmen, dass die Abmahnung nicht gleich effektiv, die Sanktionsklausel mithin erforderlich ist.[2142]

(bb). Angemessenheit

Des Weiteren ist *Rein* darin zu folgen, dass der Schwerpunkt der Verhältnismäßigkeitsprüfung auf der Angemessenheit der Sanktionsklausel mit – nach hiesiger Ansicht – entbehrlicher Abmahnung liegt und mittels umfassender Interessenabwägung durchzuführen ist.[2143]

2135 Siehe bereits oben G. II. 1. a.
2136 *Rein*, Ethikrichtlinie, S. 238.
2137 S.o. G. I. 1. c. ee. (1).
2138 Für einen Gleichklang der Zwecke von Abmahnung und Kündigung schon oben G. I. 2. b. ee. (2)
2139 *Rein*, Ethikrichtlinie, S. 238.
2140 *Rein*, Ethikrichtlinie, S. 239.
2141 Vgl. *Böhm*, Non-Compliance, S. 250; *Schneider*, Compliance, S. 263; *Triskatis*, Ethikrichtlinien, S. 228.
2142 *Rein*, Ethikrichtlinie, S. 239; so auch schon *Boldt*, Ethikregeln, S. 294.
2143 *Rein*, Ethikrichtlinie, S. 239.

(α). Angemessenheit des in Bezug genommenen Umfangs

Daraus folgt einmal, dass auch der Umfang der von der Sanktionsklausel in Bezug genommenen Richtlinieninhalte noch als angemessen zu werten sein muss. Sonst wird das bereits erwähnte Störgefühl[2144] nicht erzeugt werden können.[2145]

Welcher Umfang an in Bezug genommen Klauseln die Grenze der Angemessenheit bildet, lässt sich nicht pauschal beantworten.[2146] Ein Gericht hätte im Einzelfall zu klären, ob angesichts des Umfangs der Inbezugnahme noch von den Arbeitnehmern erwartet werden konnte, bezüglich aller dieser Klauseln ein Störgefühl entwickelt zu haben. Hierfür spielt nicht zuletzt auch die Komplexität der Inhalte eine Rolle. Selbst wenn die Arbeitnehmer über eine Problematik hinreichend informiert wurden, so bleiben oft Grenzfälle übrig, in denen dennoch nicht erwartet werden konnte, dass dem Arbeitnehmer klar war, dass auch dieser Grenzfall unter die in der Richtlinie erklärte Problematik fällt. Ein simples Beispiel: Wer über Diebstahl aufgeklärt wurde, muss noch lange nicht wissen, dass auch die Mitnahme von Müll darunter fallen kann.[2147] Nimmt man allerdings alle diese Sonderfälle in die Klausel auf, so verringert das naturgemäß die Gesamtanzahl der Klauseln, die abmahnungsersetzend in Bezug genommen werden können.

Für die Praxis ist diese Unsicherheit ernüchternd.[2148] Wohl auch um insofern „auf Nummer sicher zu gehen" beschränken sich die in dieser Arbeit untersuchten Richtlinien sehr stark: Nur ganz vereinzelt fanden sich Klauseln, die mit Sanktionsklauseln speziell bewehrt wurden.[2149] Zu versuchen, die Grenze auszureizen, kann auch keinem Unternehmen seriös geraten werden. Der Praktiker begibt sich auf sehr unsicheres Terrain, wenn er bezüglich mehr als nur „einer Handvoll" Klauseln versuchte, die Abmahnung entbehrlich zu machen. Denn ist der angemessene Umfang einmal überschritten, funktioniert die Entbehrlichkeit der Abmahnung bezüglich keines der in Bezug genommenen Inhalte mehr.

Umso wichtiger ist daher die korrekte Auswahl der in Bezug zu nehmenden Klauseln. Dieser Frage ist nun noch nachzugehen.

2144 Vgl. dazu oben G. II. 2. c. bb. (2).

2145 Vgl. *Deyhle*, Compliance, S. 191 [„Die besondere Bedeutung der einzuhaltenden Pflicht muss für den Arbeitnehmer erkennbar sein."]; *Koffka*, Abmahnung, S. 116; *Schöder*, Compliance, S. 322.

2146 Sehr schön formuliert findet man das bei Gallner/Mestwerdt/Nägele/*Zimmermann*, § 1 KSchG Rn. 272 (Es verbiete sich „jede schematische Lösung."); vgl. auch *Rein*, Ethikrichtlinie, S. 249 f.; *Preis*, AuR 2010, 242 (245).

2147 Der „Maultaschen-Fall" etwa wurde hierzu bereits genannt, s.o. G. II. 2. c. bb. (2).

2148 Vgl. *Bissels/Lützeler*, BB 2012, 189 (191).

2149 S.o. E. I. 7. b.

(β). Angemessenheit des in Bezug genommenen Inhalts

Aus dem Erfordernis der Angemessenheit folgt auch, dass die Sanktionsklausel inhaltlich nicht ganz unerhebliche Pflichten umfassen darf.[2150] Bei objektiven Kleinigkeiten hat niemand ein Störgefühl. Allerdings ist bei der Compliance-Richtlinie eines Unternehmens, in die typischerweise nur die wichtigsten Verhaltenspflichten aufgenommen werden, auch nicht davon auszugehen, dass man objektive Kleinigkeiten mit einer speziellen Sanktionsklausel bewehren würde.

Entscheidender ist daher die Frage, ob der Grundsatz der Verhältnismäßigkeit dem Arbeitgeber noch nähere Vorgaben macht, welche Klauseln er durch die Richtlinie vom Abmahnungserfordernis freistellen kann. Bei der Prüfung der Verhältnismäßigkeit legt ein Gericht einen objektiven Maßstab an.[2151] Das könnte einem subjektiven Bestimmungsrecht des Arbeitgebers bezüglich der von der Sanktionsklausel in Bezug genommenen Klauseln entgegen stehen. Dann würde die Entbehrlichkeit der Abmahnung auf solche Fälle beschränkt bleiben, die objektiv – nicht nach der subjektiven Einschätzung des jeweiligen Arbeitgebers – besonders schwerwiegend sind.

Schneider denkt das an bei Fehltritten, die die Eigenart des Betriebs mit sich bringt.[2152] So eng würde man es aber gar nicht ziehen müssen. Es genügte, dass sich das Herausheben der konkreten Pflicht objektiv als angemessen darstellt. Dazu muss die Pflicht für dieses Unternehmen von herausgehobener Bedeutung sein.[2153] Ob das auf der spezifischen Eigenart des Unternehmens beruht oder aber für viele Unternehmen allgemein sehr wichtig ist, spielt dagegen keine Rolle. Verstöße gegen das Kartellrecht etwa betreffen größere Unternehmen allgemein. Aufgrund der enormen Bußgelder in der jüngeren Vergangenheit[2154] dürfte die Beachtung dieser Regeln aber auch für jedes entsprechend große Unternehmen von herausgehobener Wichtigkeit sein.

2150 *Deyhle*, Compliance, S. 191; *Rein*, Ethikrichtlinie, S. 240; so auch Grobys/Panzer-Heemeier/*Mengel*, Compliance Rn. 25; *Mengel*, Compliance, Kap. 5 Rn. 10; *Strothmeyer*, Compliance, S. 90; vgl. auch BAG, Urt. v. 23.04.1986 – 5 AZR 340/85 = BeckRS 2009, 54794; Gallner/Mestwerdt/Nägele/*Zimmermann*, § 1 KSchG Rn. 281; KR/*Fischermeier*, § 626 BGB Rn. 293; Moll/*Dendorfer-Ditges*, § 35 Rn. 267; MüKo-BGB/*Henssler*, § 626 Rn. 95; *Zander*, Ethikrichtlinien, S. 151; sehr restriktiv *Böhm*, Non-Compliance, S. 234 [„nur in krassen Ausnahmefällen"].

2151 Vgl. APS/*Vossen*, § 626 BGB Rn. 90; Gallner/Mestwerdt/Nägele/*Pfeiffer*, § 1 KSchG Rn. 177; MüKo-BGB/*Hergenröder*, § 1 KSchG Rn. 212; Staudinger/*Preis*, § 626 Rn. 88.

2152 *Schneider*, Compliance, S. 265.

2153 Küttner/*Eisemann*, Stichwort: Abmahnung Rn. 19; *Mengel*, Compliance, Kap. 1 Rn. 125 f., Kap. 5 Rn. 10; *Rein*, Ethikrichtlinie, S. 248 ff.; *Weber*, Compliance, S. 88; *Mengel*, CCZ 2008, 85 (86); *Mengel/Hagemeister*, BB 2007, 1386 (1992); *Vogt*, NJOZ 2009, 4206 (4210); *v. Steinau-Steinrück/Glanz*, NJW-Spez. 2008, 146 (147); *Wisskirchen/Schumacher/Bissels*, BB 2012, 1473 (1474); vgl. auch *Schöder*, Compliance, S. 323.

2154 Siehe dazu bereits oben C. II. 1. b. und E. I. 2. d.

Andere Stimmen in der Literatur lassen es aber genügen, dass die Sanktionsklausel bestimmte einzelne Klauseln in Bezug nimmt.[2155] Das hieße, der Grundsatz der Verhältnismäßigkeit machte keine inhaltlichen Vorgaben, welche der Klauseln das sein müssen. Es müssten dann – theoretisch – nicht die objektiv schwerwiegendsten der Verhaltenspflichten aus der Richtlinie sein. Insoweit gäbe es also doch das „Bestimmungsrecht".

Letztere Ansicht überzeugt mehr. Die von der Sanktionsklausel in Bezug genommenen Inhalte sind nur dem Umfang nach, nicht auch dem Inhalt nach zu begrenzen. Andernfalls ergäbe sich ein Widerspruch: Die Sanktionsklausel erfüllt, wenn sie dem Umfang nach ausreichend beschränkt ist, die Warnfunktion.[2156] Wenn aber die Warnfunktion schon erfüllt ist, dann wäre eine Abmahnung – als milderes Mittel zur Kündigung – sinnlos, da sie den Arbeitnehmer auch nicht mehr warnen kann, als das die Sanktionsklausel schon getan hat.

Der Grundsatz der Verhältnismäßigkeit wird hinsichtlich der Schwere der Pflichtverletzung auch nicht völlig obsolet. Denn, auch wenn die Frage der Entbehrlichkeit der Abmahnung ein Teil der Interessenabwägung der „Richtlinien-Kündigung" ist, so erschöpft sich die Abwägung doch nicht darin. Auch wenn eine „Richtlinien-Kündigung" ohne Abmahnung wirksam ist, so entscheidet der Grundsatz der Verhältnismäßigkeit immer noch über die Frage, ob die Kündigung als außerordentliche oder nur als ordentliche Kündigung wirksam ist.[2157] Insofern ist der Annahme entgegenzutreten, es bestünde die Gefahr, dass der Grundsatz der Verhältnismäßigkeit durch die Sanktionsklausel aufgehoben würde.[2158] Davon kann zudem auch wegen der Beschränkung dem Umfang nach[2159] keine Rede sein.

Entscheidendes Argument für die Entbehrlichkeit der Abmahnung bleibt die Erzeugung eines Störgefühls.[2160] Dafür müssen die Regeln dem Arbeitnehmer hinreichend deutlich gemacht werden. Das ist bei schweren Verstößen (z.B. gängigen Straftaten) schon unabhängig von einer Richtlinie gegeben. Die Richtlinie erreicht das Störgefühl wiederum allein durch die Betonung einzelner besonders herausgestellter Pflichten. Dass das ihrerseits objektiv besonders schwerwiegende Pflichten sein müssten, entbehrt also jeder Grundlage. Vielmehr lässt sich umschreiben, dass ein schwerer Verstoß gerade auch ein solcher ist, auf den der Arbeitnehmer – etwa

2155 *Deyhle*, Compliance, S. 190, 191; Moll/*Dendorfer-Ditges*, § 35 Rn. 266; *Bissels/Lützeler*, BB 2012, 189 (191); *Kleinebrink*, BB 2011, 2617 (2620); *Schuster/Darsow*, NZA 2005, 273 (277); wohl auch Grobys/Panzer-Heemeier/*Mengel*, Compliance, Rn. 21; *Schmidt*, Compliance, S. 221 f.

2156 S.o. G. II. 2. c. bb.

2157 Vgl. oben G. I. 2. b. ee. (2).

2158 LAG Baden-Württemberg, Urt. v. 11.07.2013 – 3 Sa 129/12 = CCZ 2014, 47 [Untreue].

2159 S.o. G. II. 2. c. cc. (2). (d). (bb). (α).

2160 S.o. G. II. 2. c. bb. (2).

in Form der speziellen Sanktionsklausel – im Voraus ausdrücklich hingewiesen wurde.[2161]

(e). Keine Verkürzung des Rechtsschutzes des Arbeitnehmers

Weitere Gegenargumente sind nicht ersichtlich. Insbesondere führt die Entbehrlichkeit der Abmahnung nicht zu einer Verkürzung des Rechtsschutzes des Arbeitnehmers.[2162] Denn außer der weiterhin gegebenen Möglichkeit der Kündigungsschutzklage „verliert" der Arbeitnehmer allenfalls den Anspruch auf Entfernung einer Abmahnung aus der Personalakte. Dieser ist hier aber auch nicht erforderlich, da die Sanktionsklausel ja gar nicht zur Personalakte genommen wird.[2163]

dd. Aussehen der abmahnungsersetzenden Klausel

Damit stellt sich abschließend die Frage, wie denn nun eine Sanktionsklausel aussehen muss, um den herausgearbeiteten Kriterien gerecht zu werden. Dabei sind zwei Varianten denkbar, die „spezielle Sanktionsklausel" zu gestalten: In der einen Variante wird an die jeweilige Verhaltenspflicht ein Passus angefügt.[2164] In der anderen Variante wird am Ende der Richtlinie ein Passus angefügt, der sich allein auf die besonders wichtigen Klauseln bezieht.[2165] Das ist nur eine Frage der Verweisungstechnik und für die Qualifikation als spezielle Sanktionsklausel nicht weiter relevant. Allerdings besteht bei der ersten Variante die Gefahr, dass die Klausel – wenn sie per Arbeitsvertrag eingeführt wird – als überraschende Klausel nach § 305c Abs. 1 BGB zu werten wäre.[2166] Auch bei der bloßen Wiedergabe gesetzlicher Rechte ist die Einbeziehungskontrolle zu beachten. Das ergibt sich schon im Umkehrschluss aus § 307 Abs. 3 S. 1 BGB, der für solche Inhalte von AGB nur die Inhaltskontrolle ausschließt.[2167] Eine von der Rechtsprechung anerkannte Fallgruppe des § 305c Abs. 1 BGB ist es aber, wenn eine Klausel an einem Ort in den AGB „versteckt" steht, an der mit ihr nicht gerechnet werden musste.[2168] Ob dies etwa für Vertragsstrafenklauseln ebenfalls gilt, wird in der Rechtsprechung unterschiedlich bewertet.[2169] Und ob ein Arbeitnehmer mitten in

---

2161 So schon oben G. II. 2. b. ff.; vgl. zudem *Deyhle*, Compliance, S. 187; *Hauer*, Abmahnung, S. 79 („... wobei nicht auszuschließen ist, daß gerade die bewußte Zuwiderhandlung [...] den Charakter eines schweren Verstoßes geben kann.").

2162 So etwa *Beckerle*, Abmahnung, S. 153; *Bernstein*, Abmahnung, S. 63; *Pflaum*, Abmahnung, S. 180.

2163 So schon ausführlich *Rein*, Ethikrichtlinie, S. 252.

2164 Diese Variante findet man teils in der Praxis, s.o. E. I. 7. b.

2165 Dies empfiehlt *Rein*, Ethikrichtlinie, S. 250.

2166 Dafür *Schöder*, Compliance, S. 200.

2167 Vgl. Dauner-Lieb/Langen/*Kollmann*, § 307 Rn. 76.

2168 S.o. F. I. 1. a. bb.

2169 S.o. F. I. 1. d. bb.

einer Compliance-Richtlinie mit einer Sanktionsklausel rechnen muss, ist durch die Rechtsprechung noch gar nicht geklärt. Aufgrund dieser Unklarheit ist, was die Verweisungstechnik angeht, eher zu einer speziellen Sanktionsklausel zu raten, die von zentraler Stelle aus auf alle diejenigen Pflichten verweist, bezüglich derer die Abmahnung entbehrlich sein soll.

Damit im Umkehrschluss nicht die allgemeine Sanktionsklausel als wertlos erscheint, könnte man etwa in einem ersten Abschnitt der Richtlinie mit den Standardklauseln beginnen und diesen Abschnitt mit der allgemeinen Sanktionsklausel schließen. Sodann schlössen sich die besonders herauszustellenden Klauseln an – ggf. noch besonders bezeichnet als „schwere Compliance-Verstöße"[2170] „goldene Regeln", „Grundprinzipien, „10 Gebote" etc. – und an deren Ende steht dann die besondere Sanktionsklausel. Gestaltungsmöglichkeiten gibt es im Detail sicherlich viele. Das Grundprinzip sollte aber idealerweise dem beschriebenen Aufbau entsprechen.

Was die Formulierung des Passus angeht, so muss diese den Kriterien genügen, die für die Warnfunktion der Abmahnung dargestellt werden.[2171] Die Beschreibung „arbeitsrechtliche Konsequenzen bis bin zur Kündigung" dürfte demgemäß genügen.[2172]

Schließlich ist zu berücksichtigen, dass die Wertung der speziellen Sanktionsklausel als hinreichende Warnung auf dem Gedanken beruht, dass den Arbeitnehmern die Klausel hinreichend deutlich erkennbar war.[2173] Der bloße Zugang reicht – wie es insoweit auch die h.M. zur Abmahnung fordert[2174] – nicht aus. Also ist es aus Gründen der Beweisbarkeit unerlässlich, dass sich der Arbeitgeber die Kenntnisnahme der speziellen Sanktionsklausel und der von ihr in Bezug genommenen Inhalte abzeichnen lässt.[2175]

d. Fazit

Eine Abmahnung muss zu ihrer Wirksamkeit zwei Funktionen erfüllen: Sie muss den Arbeitnehmer auf ein konkretes Fehlverhalten hinweisen (Hinweisfunktion) und klarstellen, dass gleichartiges Fehlverhalten in Zukunft arbeitsrechtliche Folgen nach sich ziehen kann (Warnfunktion).

Die Klauseln einer Compliance-Richtlinie beschreiben Fehlverhalten nur abstrakt. Daher kommt ihnen keine Hinweisfunktion zu. Sofern also im Zusammenhang mit Compliance-Richtlinien von einer „vorweggenommenen Abmahnung"

2170 *Eufinger*, DB 2016, 471 (474).

2171 So mit Formulierungsbeispielen *Wisskirchen/Schumacher/Bissels*, BB 2012, 1473 (1476).

2172 S.o. G. II.1.b.

2173 S.o. G. II. 2. c. bb. (2).

2174 S.o. G. II. 2. c. aa.

2175 *Deyhle*, Compliance, S. 192; dazu auch schon oben F. I. 2. b.

die Rede ist, stimmt die Begrifflichkeit nicht. Mangels Hinweisfunktion enthält eine Compliance-Richtlinie keine Abmahnung.

Allerdings kommt auch der abstrakten Klausel eine gewisse Warnfunktion zu, sofern die Richtlinie Konsequenzen für ein Fehlverhalten androht. Daher kann eine Compliance-Richtlinie unter Umständen eine Abmahnung vor Ausspruch einer auf sie gestützten verhaltensbedingten Kündigung entbehrlich machen. In diesem Sinne ist auch die Mehrzahl der zur „vorweggenommenen Abmahnung“ ergangenen Rechtsprechung zu verstehen.

Allerdings sehen viele Compliance-Richtlinien nur eine Sanktionsklausel vor, die Konsequenzen für Verstöße gegen sämtliche Inhalte der Richtlinie pauschal androht. Die Warnfunktion, die einer solchen pauschalen Klausel zukommt, ist aber zu schwach im Vergleich mit einer normalen Abmahnung und käme zudem einer weitgehenden Abschaffung des Abmahnungserfordernisses gleich.

Daher kann eine Sanktionsklausel die Abmahnung nur dann entbehrlich machen, wenn sie sich lediglich auf einzelne, aus der Masse der Richtlinien-Regelungen herausgehobenen Pflichten bezieht. Diese Pflichten dürfen nicht von völlig untergeordneter Bedeutung sein, im Übrigen ist der Arbeitgeber aber in ihrer Auswahl frei („Bestimmungsrecht“). Der Umfang der in Bezug genommenen Klauseln muss hingegen dem Grundsatz der Verhältnismäßigkeit entsprechen.

Soll die Compliance-Richtlinie also Teile ihres Inhalts vom Abmahnungserfordernis befreien, so muss sie eine spezielle Sanktionsklausel enthalten, die einzelne ihrer Klauseln in Bezug nimmt und für deren Übertretung „arbeitsrechtliche Konsequenzen bis zur Kündigung“ androht.

3. Die „vorweggenommene Abmahnung“ durch die Compliance-Richtlinie nach Emmely

Im Anschluss ist nun zu fragen, ob die Emmely-Entscheidung an dem oben gefundenen Ergebnis etwas ändert.

a. BAG 2010: Neuerungen durch die Emmely-Entscheidung

Dazu muss man sich zunächst vergegenwärtigen, welche Neuerungen diese Entscheidung überhaupt mit sich gebracht hat. Nur das kann überhaupt Einfluss auf die Frage haben, ob das obige Ergebnis zur Entbehrlichkeit der Abmahnung auch weiterhin gilt.

Die neue Emmely-Dogmatik beinhaltet drei Thesen:

1. Der Arbeitnehmer baut durch langjähriges Wohlverhalten ein Vertrauenskapital auf, das durch ein einmaliges Fehlverhalten nicht unbedingt komplett aufgezehrt wird.[2176]

2176 BAG, Urt. v. 10.06.2010 – 2 AZR 541/09 = NZA 2010, 1227 (1232); zudem s.o. G. I. 1. c. dd. (2).

2. Der Aufbrauch des Vertrauenskapitals geschieht durch den Vorfall als solchen (nicht etwa erst durch die Abmahnung).[2177]
3. Die Abmahnung stellt den Aufbrauch des Vertrauenskapitals lediglich deklaratorisch fest.[2178]

Eben letztere Feststellung fällt weg, wenn aufgrund ihrer Entbehrlichkeit eine Abmahnung nicht mehr ausgesprochen wird. Es wurde aber bereits dargestellt, dass es sich bei dieser „Vertrauensvorratsbestimmungsfunktion" um einen Unterfall der Dokumentationsfunktion handelt.[2179] Ebenfalls dargestellt wurde aber, dass die Dokumentationsfunktion der Abmahnung lediglich fakultativ ist.[2180] Man kann also nicht etwa argumentieren, eine Entbehrlichkeit der Abmahnung scheitere „nach Emmely" daran, dass dann nichts mehr das verminderte Vertrauenskapital feststellte.[2181]

Das Erfordernis des aufgebrauchten Vertrauenskapitals besteht also völlig unabhängig von dem Erfordernis der Abmahnung.[2182] Verfehlt ist auch die Ansicht, soweit der Arbeitnehmer (etwa durch eine „vorweggenommene Abmahnung") hinreichend gewarnt sei, könne er kein Vertrauenskapital aufbauen.[2183] Denn gemeint ist nicht das Vertrauen des Arbeitnehmers darin, korrekt zu handeln.[2184] Dieses Unwissen zu beseitigen, war schon vor Emmely eine Funktion der Abmahnung.[2185] Das Vertrauenskapital beruht viel weitergehender auf dem Gedanken, dass durch eine einmalige Pflichtverletzung begrenzten Ausmaßes die Verlässlichkeit des Arbeitnehmers nicht auf null reduziert wird.[2186]

Das bedeutet, dass es Fälle geben kann, in denen die Compliance-Richtlinie die Abmahnung als solche entbehrlich macht, das Vertrauenskapital aber noch nicht aufgebraucht ist. Dann liefe die Sanktionsklausel faktisch leer.[2187] Der Arbeitgeber wäre damit faktisch genötigt, die – für sich genommen für die spätere Kündigung entbehrliche – Abmahnung trotzdem zu erteilen, um später den Aufbrauch des Vertrauenskapitals nachweisen zu können.[2188]

Ein (fiktives) Beispiel: Ein Supermarkt führt eine Compliance-Richtlinie ein, in der unter anderem der Diebstahl durch Mitarbeiter geregelt wird. Da das – faktische,

---

2177 S.o. G. I. 1. c. dd. (2).
2178 S.o. G. I. 1. c. dd. (2).
2179 S.o. G. II. 1. c.
2180 S.o. G. II. 1. d.
2181 Im Ergebnis wie hier *Rein*, Ethikrichtlinie, S. 247.
2182 *Kleinebrink*, BB 2011, 2617 (2618); vgl. auch die zweistufige Prüfung bei BAG, Urt. v. 23.01.2014 – 2 AZR 638/13 = DB 2014, 1873 (1874), dort. Rn. 18 und 21.
2183 *Kleinebrink*, BB 2011, 2617 (2619, 2620).
2184 So aber *Kleinebrink*, BB 2011, 2617 (2619, 2620).
2185 S.o. G. II. 1. a.
2186 S.o. G. I. 1. c. dd. (2).
2187 Vgl. *Kleinebrink*, BB 2011, 2617 (2619).
2188 Moll/*Eisenbeis*, § 18 Rn. 19; vgl. *Walker*, NZA 2011, 1 (4).

nicht das vom BAG angesetzte objektive – Vertrauen des Marktleiters in seine Angestellten sehr davon abhängt, dass diese keine Diebstähle begehen, erscheint es verhältnismäßig, in der Compliance-Richtlinie den (auch Bagatell-) Diebstahl zur besonderen Pflicht im vorgenannten Sinne mit entbehrlicher Abmahnung zu erheben.[2189] Aber von genau so einem Fall ist das BAG im Emmely-Urteil ausgegangen[2190] und hat das Vertrauenskapital überwiegen lassen.

Solche Fälle werden aber die Ausnahme bleiben. Denn die Fallgruppe der Entbehrlichkeit der Abmahnung ist nach dem Grundsatz der Verhältnismäßigkeit auf eine begrenzte Anzahl Fälle zu beschränken.[2191] Dass der Arbeitnehmer in diesen begrenzten Kanon dann ausgerechnet Bagatellfälle aufnimmt, ist doch eher unwahrscheinlich. Das Vertrauenskapital verhindert aber tendenziell nur in Bagatellfällen die sofortige Kündigung.[2192] Anderslautenden Befürchtungen im unmittelbaren Nachgang der Emmely-Entscheidung[2193] hat das BAG schon bald die Grundlage entzogen. Schwerere Fälle führen auch im Emmely-System dazu, dass schon der erste Verstoß das Vertrauenskapital komplett verbraucht.[2194]

Also zeigt das Institut der Sanktionsklausel mit der Folge der Entbehrlichkeit der Abmahnung im Grundsatz weiterhin Wirkung.

b. LAG Baden-Württemberg 2010: Betriebsversammlung

Ein hierzu passendes Praxisbeispiel gibt das LAG Baden-Württemberg: Einem Arbeitnehmer wird nach fast 30jähriger Betriebszugehörigkeit außerordentlich gekündigt, weil er im Betrieb seines Arbeitgebers, eines Großhändlers, einen Taschenkalender im Wert von 8,99 € entwendet hatte.[2195] Das LAG hielt eine Abmahnung für entbehrlich, weil der Arbeitgeber zuvor in „schriftlichen und

---

2189 Praktisch wurde bislang die „Abmahnung für den, den es angeht" in einem solchen Fall: LAG Köln, Urt. v. 06.08.1999 – 11 Sa 1085/98 = NZA-RR 2000, 24; vgl. schon oben G. II. 2. b. bb.

2190 Diese Annahme lag der Emmely-Entscheidung zugrunde, auch wenn man an der Qualifikation als Diebstahl zu Lasten des Arbeitgebers *in casu* zweifeln kann, vgl. *Schall*, RdA 2010, 225 (227 f.).

2191 S.o. G. II. 2. c. cc. (2). (d). (bb). (α).

2192 S.o. G. I. 1. c. dd. (2).

2193 So etwa *Kleinebrink*, BB 2011, 2617 (2619) nach dem überschießenden Gehorsam in LAG Berlin-Brandenburg, Urt. v. 16.09.2010 – 2 Sa 509/10 = NZA-RR 2010, 633 (636) [Betrug über 166,10 €].

2194 *Rein*, Ethikrichtlinie, S. 246; *Stoffels*, NJW 2011, 118 (122); vgl. BAG, Urt. v. 23.01.2014 – 2 AZR 638/13 = DB 2014, 1873 (1874); Urt. v. 09.06.2011 – 2 AZR 381/10 = NZA 2011, 1027 (1029); letzteres herangezogen als Beispiel für die Grenzen des Vertrauenskapitals von *Preis*, Anm. z. BAG, Urt. v. 10.06.2010 – 2 AZR 541/09 = AP BGB § 626 Nr. 229 [„Emmely"] und Gallner/Mestwerdt/Nägele/*Gieseler*, § 626 BGB Rn. 99e; siehe auch schon oben G. I. 1. c. dd. (2).

2195 LAG Baden-Württemberg, Urt. v. 30.09.2010 – 21 Sa 26/10 = NZA-RR 2011, 76 (78).

mündlichen Äußerungen des Arbeitgebers, wie etwa durch eine Betriebsversammlung zum Thema Diebstahl und Betrug“ die Schwere solcher Verstöße deutlich gemacht hatte.[2196] Die oben[2197] dargestellte Rechtsprechung zur Entbehrlichkeit der Abmahnung findet damit – auch „nach Emmely“ – ihre Fortsetzung.[2198]

Dabei weist *Hunold*[2199] zu Recht darauf hin, dass der Arbeitnehmer hier eine Betriebszugehörigkeit von 28 Jahren hatte. Insofern zeigt sich das LAG Baden-Württemberg von der Emmely-Entscheidung unbeeindruckt.

c. LAG Hamm 2011: Aushang reicht nicht (mehr) als Warnung

Skeptischer zeigte sich das LAG Hamm.[2200] Es sollte einem Arbeitnehmer gekündigt werden, der vertragswidrig Arbeitspausen nicht im Zeiterfassungssystem verbuchte. Die Pflicht hierzu wurde in einem Aushang beschrieben. Das LAG Hamm verstellte sich aber der Ansicht, durch diesen Aushang sei eine Abmahnung entbehrlich geworden. Dem Aushang komme keine hinreichende Warnfunktion zu. Nur weil der Arbeitnehmer durch eine vorweggenommene Abmahnung nicht von zukünftigem Fehlverhalten abgehalten wurde, bedeute das nicht, dass auch eine individuelle Abmahnung dazu außer Stande gewesen wäre.

Das bedeutet eine Abkehr des LAG Hamm von seiner ursprünglichen Rechtsprechung, nach der gerade der Betriebsaushang abmahnungsersetzend wirken konnte.[2201] Die Gründe dafür sind nicht nachvollziehbar.[2202] Das LAG führt auch noch aus, der Arbeitnehmer habe den Aushang wohl „nicht ernst genommen“![2203] Das heißt, das LAG beharrt auf dem Abmahnungserfordernis selbst dann noch, wenn dem Arbeitnehmer seine Pflichtverletzung bewusst war, er sie aber als unbedeutend abtat. Warum aber sollte der Arbeitgeber Verhaltensmaßstäbe ausdrücklich per Aushang bekannt geben, wenn er diese als unbedeutend wertete? Das erscheint absurd.[2204] Es bleibt deshalb dabei: Der Arbeitnehmer, der seine Pflichten kennt, bedarf keiner erneuten Warnung durch eine Abmahnung.

Ob die Emmely-Entscheidung für diese Rechtsprechungsänderung von Bedeutung war, muss offen bleiben. Die zeitliche Nähe der beiden Entscheidungen ist indes auffallend.[2205]

2196 LAG Baden-Württemberg, Urt. v. 30.09.2010 – 21 Sa 26/10 = NZA-RR 2011, 76.
2197 S.o. G. II. 2. b.
2198 Vgl. auch *Wisskirchen/Schumacher/Bissels*, BB 2012, 1473 (1475); *Kleinebrink*, BB 2011, 2617 (2619), die sich auch nach Emmely noch auf diese Rechtsprechung berufen.
2199 *Hunold*, NZA-RR 2011, 561 (568).
2200 LAG Hamm, Urt. v. 17.03.2011 – 8 Sa 1854/10 –, juris.
2201 S.o. G. II. 2. b. aa.
2202 So auch knapp *Hunold*, NZA-RR 2011, 561 (567).
2203 LAG Hamm, Urt. v. 17.03.2011 – 8 Sa 1854/10 –, juris, Rn. 36.
2204 So auch *Schrader*, NJW 2012, 342 (346 f.) [„ersichtlich unzutreffend“].
2205 Andeutend *Hunold*, NZA-RR 2011, 561 (568).

d. LAG Berlin-Brandenburg 2012: Sanktionsklausel reicht nicht

Gewohnt ablehnend fällt eine neuere Entscheidung des LAG Berlin-Brandenburg[2206] aus. Die Arbeitnehmerin verbuchte ihre Arbeitszeiten im betrieblichen Zeiterfassungssystem zu ihren Gunsten falsch. Sie verstieß damit gegen eine im Betrieb implementierte Richtlinie, die die Zeiterfassung regelte und für den Verstoß Konsequenzen androhte. Wörtlich hieß es dort: „Jeder Missbrauch, der im Zusammenhang mit dieser Gleitzeitregelung – insbesondere unrichtiges Erfassen des Arbeitsbeginns oder -endes oder der Pausenzeiten – festgestellt wird, stellt einen Grund zur fristlosen Kündigung des Arbeitsverhältnisses dar."[2207]

Das kommt einer auf Einzelfälle beschränkten Sanktionsklausel schon recht nahe. Unterschiede bestehen insofern, als diese Klausel allein die außerordentliche Kündigung androht und andere arbeitsrechtliche Instrumente außen vor lässt. Zudem bezog sich diese Klausel eben nicht nur auf den Einzelfall der unrichtigen Erfassung von Arbeitszeiten, sondern auf die gesamte Gleitzeitregelung.

Dem LAG Berlin-Brandenburg genügte diese Klausel nicht zu einer ausreichenden Warnfunktion. In den sechs Jahren seit ihrem Erlass sei auf die Richtlinie in keiner Weise mehr hingewiesen worden. Daher sei die Sanktionsklausel der Arbeitnehmerin bei ihrem Verstoß „nicht aktuell präsent" gewesen.[2208] Daher führe die 19-jährige Betriebszugehörigkeit der Arbeitnehmerin in der Abwägung zu dem Überwiegen ihrer Interessen. Eine Abmahnung hielt das Gericht daher nicht für entbehrlich.[2209]

Die Entscheidung ist in vielerlei Hinsicht beachtlich. Gerade letztere Argumentation erinnert doch stark an die Emmely-Dogmatik – auch wenn das Wort „Vertrauenskapital" nicht fällt. Zudem wird hier einmal eine Klausel aufgegriffen, die von der Formulierung her einer speziellen Sanktionsklausel im Sinne dieser Arbeit nahe kommt – sie wird in ihrer Zielsetzung, eine Abmahnung entbehrlich zu machen, aber leider direkt verworfen.

Abgemildert wird dieses Ergebnis allerdings dadurch, dass das LAG Berlin-Brandenburg seine frühere Rechtsprechung[2210] in Bezug nimmt und weiterhin vertritt, im Einzelfall könne eine Richtlinie die Abmahnung sehr wohl entbehrlich machen.[2211] Dass die Berliner Richter jetzt die Emmely-Dogmatik derart in Ansatz

---

2206 LAG Berlin-Brandenburg, Urt. v. 30.03.2012 – 10 Sa 2272/11 = NZA-RR 2012, 353.

2207 LAG Berlin-Brandenburg, Urt. v. 30.03.2012 – 10 Sa 2272/11 = NZA-RR 2012, 353.

2208 LAG Berlin-Brandenburg, Urt. v. 30.03.2012 – 10 Sa 2272/11 = NZA-RR 2012, 353 (355).

2209 LAG Berlin-Brandenburg, Urt. v. 30.03.2012 – 10 Sa 2272/11 = NZA-RR 2012, 353 (355).

2210 Die in Bezug genommene Entscheidung wurde bereits oben (G. II. 2. b. cc.) dargestellt: LAG Berlin-Brandenburg, Urt. v. 26.11.2010 – 10 Sa 1823/10 = BeckRS 2011, 65671.

2211 LAG Berlin-Brandenburg, Urt. v. 30.03.2012 – 10 Sa 2272/11 = NZA-RR 2012, 353 (355).

bringen, ist vielleicht einer gewissen Schockwirkung geschuldet: Schließlich war es das LAG Berlin-Brandenburg, dessen Entscheidung einst im Fall Emmely aufgehoben wurde – und das bei einer Rechtslage, die bis dato reichlich geklärt schien. Wenn das LAG Berlin-Brandenburg von mangelnder Präsenz spricht, dann ist damit letztlich der gleiche Gedanke gemeint, der in dieser Arbeit Störgefühl genannt wird. Die Berliner Richter legen hier strengere Anforderungen an, als sachgerecht erscheint. Sie – also das Argument des Zeitablaufs – aus dem Weg zu räumen gelingt wohl nur durch regelmäßige Compliance-Schulungen[2212] über den Inhalt der Richtlinie. Das entspricht der Argumentation eines Teils der Literatur, der ebenfalls nur bei regelmäßigen Schulungen die hinreichende Warnfunktion selbst einer speziellen Sanktionsklausel anerkennen will.[2213]

Unklar ist noch, wie oft die Schulungen stattfinden müssen, um den Arbeitnehmern die Regeln „präsent" zu halten. Im Hinblick auf die bisherige Ansicht, nach der eine Abmahnung regelmäßig nach 2 bis 3 Jahren ihre Warnfunktion verliert,[2214] wird man diesen Zeitraum nicht überschreiten dürfen.[2215] Zwar gibt es eine neuere Ansicht, die vertritt, der bislang nach dieser Zeit anerkannte Entfernungsanspruch des Arbeitnehmers sei nach Emmely nicht mehr zu halten, weil der Arbeitgeber die alten Abmahnungen benötige, um den Aufbrauch des Vertrauenskapitals zu beweisen.[2216] Am Verlust der Warnfunktion nach dieser Zeit ändert das aber nichts; dafür gelten unstrittig die bisherigen Maßstäbe.[2217]

e. LAG Düsseldorf 2012: Einzelfall

Etwas offener argumentierte das LAG Düsseldorf. Ob eine vorweggenommene Abmahnung die individuelle Abmahnung entbehrlich mache, sei aufgrund §§ 314 Abs. 2, 323 Abs. 2 BGB stets nur im Einzelfall zu klären. In der Regel sei aber nicht von Entbehrlichkeit auszugehen, da an eine Erfüllungsverweigerung i.S.d. § 323 Abs. 2 BGB strenge Anforderungen zu stellen seien.[2218]

2212 Siehe dazu oben C. II. 5.

2213 *Schmidt*, Compliance, S. 221; *Schulz/Kuhnke*, BB 2012, 143 (149) *Wisskirchen/Schumacher/Bissels*, BB 2012, 1473 (1475); vgl. *Rein*, Ethikrichtlinie, S. 222; siehe auch schon oben G. II. 2. c. bb.(2).

2214 Däubler/Hjort/Schubert/Wolmerath/*Markowski*, § 1 KSchG Rn. 249 m.w.N.; so auch *Schulze/Schreck*, AiB 2013, 94; vgl. zudem *Kort*, FS v. Hoyningen-Huene, S. 203.

2215 Schulungen alle 2 Jahre sind in der Praxis auch üblich, *Stück*, MDR 2014, 1117 (1119).

2216 *Kort*, FS v. Hoyningen-Huene, S. 208; *Stück*, AuA 2013, 374 (375); Tschöpe/*Rinck*, Teil 3 E Rn. 176; vertiefend hierzu *Ritter*, DB 2011, 175 (176 f.) sowie *Schrader*, NJW 2012, 342 (344); zustimmend *Schiefer*, DB 2013, 1785 (1789).

2217 *Schrader*, NZA 2011, 180 (182); vgl. zudem BAG, Urt. v. 19.07.2012 – 2 AZR 782/11 = NZA 2013, 91 (92 f.); Moll/*Ulrich*, § 43 Rn. 316; *Schiefer*, DB 2013, 1785 (1789, 1791); *Schrader/Dohnke*, NZA-RR 2012, 617 (618); *Stück*, AuA 2013, 374 (375).

2218 LAG Düsseldorf, Urt. v. 15.08.2012 – 12 Sa 697/12 = BeckRS 2012, 76085.

Dem ist entgegen zu halten, dass der offene Wortlaut des § 323 Abs. 2 Nr. 3 BGB es durchaus erlaubt, in Anwendung des Grundsatzes der Verhältnismäßigkeit die dem Umfang nach stark begrenzte Sanktionsklausel als Fall der Entbehrlichkeit der Abmahnung anzuerkennen.[2219] Die Herausstellung einzelner Pflichten wäre dann eben ein „besonderer Umstand" im Sinne dieser Norm.[2220]

f. LAG Schleswig-Holstein 2013, LAG Köln 2015 und LAG Berlin-Brandenburg 2017: Die Frage bleibt offen

2013 entschied das LAG Schleswig-Holstein, bei mehrfach zuvor erfolgten Belehrungen spräche „viel dafür", von der Entbehrlichkeit einer Abmahnung auszugehen, da der Arbeitnehmer gewusst habe, wie sein Arbeitgeber das betreffende Fehlverhalten bewertete.[2221] Dem LAG Köln lag 2015 ein Fall vor, in dem eine Compliance-Richtlinie uneindeutige Inhalte hatte. Das LAG entscheidet konsequent, dass „schon" diese Unsicherheit es verbiete, von einer Entbehrlichkeit der Abmahnung auszugehen.[2222] Ebenso lässt es das LAG Berlin-Brandenburg 2017 für die Entbehrlichkeit der Abmahnung nicht genügen, wenn eine Arbeitsordnung und eine Betriebsvereinbarung ein Rauchverbot enthalten ohne gleichzeitig auf arbeitsrechtliche Folgen bei Verstoß hinzuweisen.[2223] Ob *Spielberger* Recht hat, wenn er zu der Entscheidung kommentiert, die Aufnahme einer „Abmahnung" in die Verbotsklausel hätte das Gericht zu keiner anderen Entscheidung bewogen,[2224] muss offen bleiben. Schließlich hatte das LAG Berlin-Brandenburg auch 2012 – also nach Emmely – noch die Entbehrlichkeit der Abmahnung mittels Richtlinie in bestimmten Fällen für denkbar gehalten.[2225] Insofern muss es für diese Frage keine Bedeutung haben, dass das LAG Berlin-Brandenburg nun abermals den Einfluss der Arbeitsordnung auf die Interessenabwägung abschwächt und dabei auf die Emmely-Grundsätze verweist.[2226] Ähnlich zu bewerten ist eine Entscheidung des LAG Hessen aus dem Jahre 2017, in der das Gericht beim Verstoß gegen eine Arbeitsordnung die Abmahnung nicht für entbehrlich hielt und zur Begründung auf die Emmely-Grundsätze verwies.[2227]

2219 S.o. G. II. 2. c. cc. (2). (c) und (d).

2220 Dagegen aber pauschal *Schneider*, Compliance, S. 264.

2221 LAG Schleswig-Holstein, Urt. v. 18.12.2013 – 6 Sa 203/13 = BeckRS 2014, 67134.

2222 LAG Köln, Urt. v. 22.10.2015 – 7 Sa 431/15 = BeckRS 2016, 68241, Rn. 55 f.

2223 LAG Berlin-Brandenburg, Urt. v. 02.05.2017 – 11 Sa 2062/16 = BeckRS 2017, 118128, Rn. 27.

2224 *Spielberger*, ArbRAktuell 2017, 418.

2225 S.o. G. II. 3. d.

2226 LAG Berlin-Brandenburg, Urt. v. 02.05.2017 – 11 Sa 2062/16 = BeckRS 2017, 118128, Rn. 32.

2227 LAG Hessen, Urt. v. 05.05.2017 – 14 Sa 608/16 = BeckRS 2017, 126703, Rn. 27 f.

So wenig sich die vorgenannten Entscheidungen für die hier interessierende Rechtsfrage also festlegen, so deutlich machen sie doch auch, dass die Frage keineswegs als „abgehakt" gelten kann.

g. LAG Schleswig-Holstein 2017: Harte Worte mit unklaren Folgen

Deutliche Worte findet dagegen das LAG Schleswig-Holstein in zwei parallelen Entscheidungen aus dem Jahr 2017 zu einer Dienstwagenvereinbarung mit Verbot der Privatnutzung. In dem vom Arbeitnehmer unterschriebenen Text hieß es wörtlich: „Private Fahren, d. h. Fahrten ohne dienstliche Veranlassung, sind mit Dienstfahrzeugen strengstens untersagt. Ich bin darüber belehrt worden, dass ein Verstoß gegen diese Anordnung arbeitsrechtliche Folgen (Ermahnung/Abmahnung/Kündigung/o. a.) haben wird."[2228] Eine Formulierung also, wie man sie auch bei speziellen Sanktionsklauseln findet.

Das Gericht führt dazu aus, eine „vorweggenommene Abmahnung" durch „Aushang am Schwarzen Brett', Rundschreiben oder im Arbeitsvertrag" erfülle keine der normalen Abmahnung vergleichbare Warnfunktion. Denn die Warnfunktion verliere durch Zeitablauf „an Gewicht" und müsse dann ggf. neu ausgesprochen werden.[2229] Dem lässt sich schon entgegenhalten, dass dieses Problem auch bei der Abmahnung besteht.[2230] Zudem verkennt es den Gedanken des LAG Berlin-Brandenburg aus dem Jahre 2012, dass die Warnfunktion – etwa durch Schulungen – aktuell gehalten werden kann.[2231] Es ist insofern nicht ausgeschlossen, dass das LAG Schleswig-Holstein den Fall einer Compliance-Richtlinie anders entscheiden würde, wenn diese entsprechend von Compliance-Schulungen begleitet wurde. Denn auch die aktuellen Entscheidungen erkennen die „vorweggenommene Abmahnung" immerhin noch für den Fall an, in dem das kündigungsrelevante Verhalten „zeitnah" nach der „vorweggenommenen Abmahnung" passiert.[2232] Insofern stellen die neuen Entscheidungen noch nicht zwangsläufig einen vollständigen Bruch mit der Entscheidung von 2006 zum „Firmencredo"[2233] dar. Dies gilt umso mehr, als die einschlägigen Entscheidungen aus 2006 und 2014 jeweils von der 6. Kammer, die jetzigen beiden hingegen von der 5. Kammer des

---

2228 LAG Schleswig-Holstein, Urt. v. 29.06.2017 – 5 Sa 5/17 = BeckRS 2017, 125615, Rn. 2; LAG Schleswig-Holstein, Urt. v. 24.07.2017 – 5 Sa 5/17 = BeckRS 2017, 125792, Rn. 2.

2229 LAG Schleswig-Holstein, Urt. v. 29.06.2017 – 5 Sa 5/17 = BeckRS 2017, 125615, Rn. 34; LAG Schleswig-Holstein, Urt. v. 24.07.2017 – 5 Sa 5/17 = BeckRS 2017, 125792, Rn. 36.

2230 *Köhler*, DB 2018, 67.

2231 S.o. G. II. 3. d.

2232 LAG Schleswig-Holstein, Urt. v. 29.06.2017 – 5 Sa 5/17 = BeckRS 2017, 125615, Rn. 35; LAG Schleswig-Holstein, Urt. v. 24.07.2017 – 5 Sa 5/17 = BeckRS 2017, 125792, Rn. 37.

2233 S.o. G. II. 2. b. ff.

LAG Schleswig-Holstein gesprochen wurden, Personenidentität der Richter also unwahrscheinlich ist.

Insofern fehlt es weiterhin an einer klaren LAG-Rechtsprechungslinie zur abschließenden Bewertung des Abmahnungserfordernisses bei hinreichend bestimmter Sanktionsklausel. Eine klärende Entscheidung des BAG zur „vorweggenommenen Abmahnung" durch Sanktionsklauseln wäre wünschenswert.

h. Fazit

Vergleicht man die alte mit der neuen Rechtsprechung, so zeigt sich, dass nur das LAG Hamm seine Rechtsprechung eindeutig und grundlegend verändert hat. Obwohl die Emmely-Entscheidung eigentlich nicht dazu gezwungen hätte, den Einfluss der speziellen Sanktionsklausel auf die Entbehrlichkeit einer Abmahnung zu überdenken, ist die Rechtsprechung in diesem Bereich gleichwohl im Detail strenger geworden. Andererseits behält sich die Rechtsprechung noch genug an Einzelfallabwägung vor, dass der Entbehrlichkeit der Abmahnung durch die Sanktionsklausel selbst für die Praxis (noch) nicht gänzlich die Grundlage entzogen ist.

In der Praxis indes führt an laufenden Compliance-Schulungen kein Weg mehr vorbei, soll nicht auf die Entbehrlichkeit der Abmahnung vollends verzichtet werden. Alles andere ist mit einem unkalkulierbaren Risiko verbunden.

III. Fazit zur Richtlinien-Kündigung

Die ordentliche Kündigung wegen Richtlinienverstoßes ist typischerweise eine verhaltensbedingte Kündigung. Die Existenz der Richtlinie wirkt sich verschiedentlich auf diese Kündigung aus: Die Inhalte der Richtlinie werden als kündigungsrelevantes Verhalten definiert. Ein Rechtsirrtum über Pflichten, die auch in der Richtlinie beschrieben sind, ist in der Regel vom Arbeitnehmer verschuldet. Die strittige Frage, ob das Verschulden ein Wirksamkeitserfordernis der Kündigung oder nur ein Gesichtspunkt der Interessenabwägung ist, wird umschifft. Schließlich verschiebt der Umstand, dass der Arbeitgeber bestimmte Pflichten in einer Richtlinie besonders hervorhebt und ggf. auch noch mit einer Sanktionsklausel bewehrt, die Interessenabwägung zu Gunsten des Arbeitgebers.

Für die außerordentliche Kündigung gelten die gleichen Grundsätze: Die Inhalte einer Compliance-Richtlinie werden in aller Regel wichtige Gründe „an sich" sein. Ein Irrtum über ihren Inhalt oder ihre Reichweite ist regelmäßig vom Arbeitnehmer verschuldet. Die Interessenabwägung fällt eher zu Gunsten des Arbeitgebers aus, als das ohne Richtlinie der Fall gewesen wäre.

Die Richtlinie erfüllt die Warnfunktion, nicht aber die Hinweisfunktion einer Abmahnung. Sie ist daher nicht im Stande, als Abmahnung zu fungieren. Möglich ist dagegen, dass eine Abmahnung durch die Sanktionsklausel einer Compliance-Richtlinie entbehrlich wird. Soweit die Rechtsprechung auch in Bezug auf abstrakte Werke eine „vorweggenommene Abmahnung" anerkannt hat, wurde ganz überwiegend so argumentiert. Aber auch diesen Effekt kann der Arbeitgeber nur erzielen, wenn er eine Sanktionsklausel wählt, die nicht pauschal die gesamte Richtlinie, sondern lediglich einzelne Verhaltenspflichten in Bezug nimmt.

Dennoch erleichtert die Richtlinie dem Arbeitgeber also die ordentliche ebenso wie die außerordentliche Kündigung unliebsamer Arbeitnehmer in Bezug auf sämtliche ihrer Inhalte zu Gunsten des Arbeitgebers. Den eingangs[2234] dargestellten Interessen des Arbeitgebers an der Implementierung einer Compliance-Richtlinie ist daher ein erleichtertes Personalmanagement anzufügen.[2235]

2234 S.o. D. II.

2235 In diese Richtung schon denkend *Bock*, Compliance, S. 729; *Rein*, Ethikrichtlinie, S. 255.

H. Annex: Rechtspflicht des Arbeitgebers zur Kündigung

Nachdem nun erhellt wurde, unter welchen Bedingungen die Kündigung wegen Richtlinienverstoßes möglich ist, stellt sich ergänzend abschließend die interessante Frage, ob die Unternehmensleitung auch verpflichtet ist, eine solche auszusprechen. Diese Frage aufzuwerfen, mag auf den ersten Blick verblüffen, denn man sollte meinen, ein Unternehmer wolle Mitarbeiter, die Compliance-Verstöße begehen, stets möglichst schnell aus seinen Reihen entfernen. Doch Ausnahmen sind denkbar. Auf einen hochqualifizierten Mitarbeiter, der stets gute Arbeitsergebnisse abgeliefert hat, verzichtet man ungern.[2236] Zudem darf man es wohl als offenes Geheimnis bezeichnen, dass auch persönliche Bindungen der Akteure von Einfluss sein können. Die Frage einer Kündigungspflicht ist daher nicht allein theoretischer Natur.[2237]

Eine Pflicht, den drohenden Worten auch Taten folgen zu lassen, kann vor allem aus der Compliance-Pflicht der Unternehmensleistung folgen. Diese fußt – außerhalb der Finanz- und Versicherungsbranche und anderer Spezialtatbestände – auf § 130 OWiG sowie der gesellschaftsrechtlichen Sorgfalts- und Legalitätspflicht.[2238] Nachdem eingangs der Gleichklang der Compliance-Pflicht in AG und GmbH aufgezeigt wurde,[2239] soll hier zur Vermeidung von Redundanz allein auf den Vorstand einer Aktiengesellschaft eingegangen werden.

Prämisse der Prüfung ist jeweils die arbeitsrechtliche Zulässigkeit der Kündigung. Soweit diese nicht gegeben ist, scheitert jede auf sie gerichtete Pflicht wegen rechtlicher Unmöglichkeit an § 275 Abs. 1 BGB.[2240]

I. Sorgfalts- und Legalitätspflicht

Die Legalitätspflicht des § 93 Abs. 1 S. 1 AktG verpflichtet den Vorstand, auf Gesetzesverstöße im Unternehmen zu reagieren. Der Vorstand muss dafür sorgen, dass der betreffende Mitarbeiter in Zukunft keine Compliance-Verstöße mehr begeht.[2241]

2236 Hauschka/*Mengel*, § 39 Rn. 110; vgl. auch *Schöder*, Compliance, S. 249, sowie die Zusammenstellung bei *Klueß*, AuR 2010, 192 (193) m.w.N.

2237 Eindrücklich insofern *Schürrle/Olbers*, CCZ 2010, 102 (103).

2238 S.o. C. II. 1. b. und c.

2239 S.o. C. II. 1. b. ff.

2240 So für § 130 OWiG Krenberger/Krumm/*Bohnert/Krenberger/Krumm*, § 130 Rn. 20; KK-OWiG/*Rogall*, § 130 Rn. 65.

2241 *Böhm*, Non-Compliance, S. 222; *Göpfert/Merten/Siegrist*, NJW 2008, 1703 (1704); *Kolbe*, NZA 2009, 228 (231); vgl. auch *U. Schneider*, ZIP 2003, 645 (650); *Schockenhoff*, NZG 2015, 409 (411).

Lässt man die Versetzung auf einen Arbeitsplatz, der etwa korruptives Verhalten mangels Außenkontakts nicht mehr ermöglicht, außer Betracht, so wird dies in vielen Fällen die Abmahnung oder Kündigung des Mitarbeiters erfordern.[2242] So warf auch das LG München I dem ehemaligen Siemens-Vorstand *Neubürger* unter andrem vor, nach Bekanntwerden mehrerer Korruptionssachverhalte keine „personelle[n] Konsequenzen gezogen" zu haben.[2243] Wie bereits dargestellt wurde, kommt dem Vorstand aber bei der Erfüllung seiner Sorgfaltspflicht ein Ermessensspielraum zu. Nur völlige Untätigkeit verletzt per se die Legalitätspflicht.[2244]

Wenn der Compliance-Verstoß eine gewisse (vor allem finanzielle) Erheblichkeitsschwelle nicht überschreitet, soll der Vorstand aber auch untätig bleiben dürfen.[2245] Das würde etwa Fälle sexueller Belästigung betreffen, denn Compliance-Verstöße in diesem Bereich wirken sich nicht unmittelbar vermögensmindernd aus. Gleiches soll gelten, wenn der Schaden durch eine „Sanktion" größer wäre als ihr Nutzen, etwa weil dadurch ein bislang geheim gehaltener Compliance-Verstoß öffentlich bekannt würde.[2246]

Die alleinige Anknüpfung an die finanziellen Auswirkungen ist jedoch auch bedenklich: Liegt ein kündigungsrelevanter Sachverhalt vor und bleibt der Arbeitgeber trotzdem untätig, so kann dies bei einem Arbeitnehmer den Eindruck erzeugen, der Arbeitgeber nehme die Durchsetzung der betreffenden Pflicht nicht allzu wichtig.[2247] Dies kann in Fällen, die aufgrund evidenter Pflichtverletzung an sich keine Abmahnung erfordern, bei einem erneuten Verstoß doch eine Abmahnung erforderlich machen, um dem Arbeitnehmer die Kündigungsrelevanz des Sachverhalts vor Augen zu führen.[2248] Auch die Warnfunktion bereits erteilter

---

2242 *Hauschka*, ZIP 2004, 877 (881); allgemein für arbeits- und zivilrechtliche Konsequenzen als Voraussetzung der Prävention *Schmidt*, Kriminalistik 2013, 134 (141); vgl. zudem *Böhm*, Non-Compliance, S. 221 f. [Fälle von „Vergabesperre bzw. (...) Boykott"]; *Eufinger*, RdA 2017, 223 (224) [„bei schwerwiegenden Gesetzesverstößen"].

2243 LG München I, Urt. v. 10.12.2013 – 5 HK O 1387/10 = NZG 2014, 345 (348) [„Neubürger"].

2244 S.o. C. II. 1. b. bb.

2245 *Mengel*, Compliance, Kap. 5 Rn. 50, 54; vgl. auch *Deyhle*, Compliance, S. 242.

2246 *Schockenhoff*, NZG 2015, 409 (411).

2247 BGH, Beschl. v. 25.06.1985 – KRB 2/85 (KG) = NStZ 1986, 34 (35) [„Brückenbau Hopener Mühlenbach"]; Hauschka/*Pelz*, § 5 Rn. 31; Krieger/Schneider/*Kremer/Klahold*, § 21 Rn. 70; *Moosmayer*, Compliance, Rn. 338, 340; *Bussmann/Matschke*, CCZ 2009, 132 (136); *Eufinger*, RdA 2017, 223 (224); vgl. zudem *Fruck*, Compliance, S. 101; KK-OWiG/*Rogall*, § 130 Rn. 66; *Reichert/Ott*, ZIP 2009, 2173 (2178); *Pampel*, BB 2007, 1636 (1637 f.).

2248 BAG, 29.07.1976 – 3 AZR 50/75 = AP KSchG § 1 Verhaltensbedingte Kündigung Nr. 9 („ArbGeb. setzt sich in Widerspruch"); Staudinger/*Preis*, § 626 BGB Rn. 109; vgl. auch *Böhm*, Non-Compliance, S. 258 („Richtungswechsel" durch Compliance-Richtlinie); KR/*Friedrich/Lipke*, § 242 BGB Rn. 29 f.

Abmahnungen kann deshalb verloren gehen, wenn der Arbeitgeber kündigungsrelevante Sachverhalte ignoriert oder aber immer wieder abmahnt ohne schließlich eine Kündigung auszusprechen.[2249] Folgerichtig geht auch die Warnfunktion einer speziellen Sanktionsklausel verloren, wenn die in ihr angedrohte Kündigung trotz Compliance-Verstoßes nicht ausgesprochen wird.[2250] Der Verzicht auf Abmahnung oder Kündigung bei Sachverhalten mit geringem Vermögensschaden kann also zu einer Selbstbindung des Arbeitgebers führen, die später bei sachlich vergleichbaren aber „teureren" Verstößen ohne (erneute) Abmahnung den Weg zur Kündigung verbaut.[2251] Einen solchen Zustand eintreten zu lassen, kann man aber nur in Ausnahmefällen noch der „Sorgfalt eines ordentlichen und gewissenhaften Geschäftsleiters" (§ 93 Abs. 1 S. 1 AktG) zuordnen. Daraus ist der Schluss zu ziehen: Auch in Fällen geringer Vermögensrelevanz des Verstoßes ist der betreffende Mitarbeiter im Regelfall zumindest zu ermahnen.[2252] Verstöße, die bei Wiederholung schwerwiegend genug für eine Kündigung wären, sind abzumahnen. Die letzte Abmahnung vor der Kündigung muss herausragend „scharf" formuliert werden, um die Warnfunktion zu erreichen.[2253]

Hingegen geht der Ansatz von *Hauschka* und *Greeve* zu weit, der Arbeitgeber müsse stets mit der härtesten denkbaren Maßnahme reagieren, selbst dann wenn diese arbeitsrechtlich nicht durchsetzbar ist.[2254] Diese Vorstellung wiederspricht schon der Schadensabwendungspflicht, die ebenfalls aus § 93 Abs. 1 S. 1 AktG folgt.[2255] Denn bewusst eine rechtswidrige Kündigung auszusprechen, führt nur zur Zahlung von Anwaltshonoraren, ohne dass das Unternehmen letztlich etwas davon hat.[2256] Aber auch in Fällen, in denen etwa die außerordentliche Kündigung rechtlich möglich ist, ist sie nicht immer sinnvoll.[2257] So gibt es Fälle, in denen es

2249 BAG, Urt. v. 27.09.2012 – 2 AZR 955/11 = NZA 2013, 425 (428); Urt. v. 16.09.2004 – 2 AZR 406/03 = NZA 2005, 459 („leere Drohung"); *Beckerle*, Abmahnung, S. 134, 166; Dauner-Lieb/Langen/*Klappstein*, § 626 BGB Rn. 28; Grobys/Panzer-Heemeier/*Regh*, Stichwort Abmahnung Rn. 11; *Hauer*, Abmahnung, S. 130; *Rein*, Ethikrichtlinie, S. 222; *v. Hoyningen-Huene*, RdA 1990, 193 (208).

2250 E contrario ex *Böhm*, Non-Compliance, S. 258 f.; herleitend aus dem Verbot widersprüchlichen Verhaltens in § 242 BGB *Rein*, Ethikrichtlinie, S. 258, 260; *Schneider*, Compliance, S. 264 f.

2251 *Böhm*, Non-Compliance, S. 258 f.; *Schiefer*, DB 2013, 1785 (1791); vgl. *Mengel*, Compliance, Kap. 5 Rn. 14, 48, 54; *Hauschka*, ZIP 2004, 877 (882).

2252 *Fuhlrott/Hoppe*, AuA 2011, 76 (78); vgl. auch Hauschka/*Pelz*, § 5 Rn. 31 [„Pflicht zum Einschreiten" um die Annahme einer „Duldung" zu vermeiden].

2253 APS/*Vossen*, § 1 KSchG Rn. 430a; Grobys/Panzer-Heemeier/*Regh*, Stichwort Abmahnung Rn. 11; *Schneider*, Compliance, S. 264; *Neumann/Hampe*, DB 2014, 1258 (1261); *Schiefer*, DB 2013, 1785 (1791); *Schulze/Schreck*, AiB 2013, 94.

2254 *Hauschka/Greeve*, BB 2007, 165 (171 f.).

2255 Siehe zur Schadensabwendungspflicht schon oben C. II. 1. b. bb.

2256 *Schmittlein*, Compliance, § 2 Rn. 305; allgemeiner [„entgegen des Unternehmensinteresses"] auch *Schöder*, Compliance, S. 219.

2257 *Müller*, Compliance, S. 162 f.; *Eufinger*, RdA 2017, 223 (229).

sinnvoller ist, den Arbeitnehmer noch eine Weile im Unternehmen zu halten, um ihn etwa bei internen Untersuchungen noch befragen zu können.[2258] Enthält der Arbeitsvertrag kein nachvertragliches Wettbewerbsverbot (§ 74 Abs. 1 HGB), so ist dem Arbeitnehmer sofort mit Ausscheiden erlaubt, zu seinem bisherigen Arbeitgeber in Wettbewerb zu treten.[2259] Auch das liegt in der Praxis nicht immer im Interesse des Unternehmens. Eine Pflicht zur schärfsten Reaktion ist daher weder sinnvoll, noch dem Einzelfall angemessen.[2260]

Vielmehr bleibt dem Vorstand grds. auch bei der Reaktion auf begangene Compliance-Verstöße sein Ermessensspielraum, ob er ermahnt, abmahnt, kündigt oder – falls möglich und erfolgversprechend – auf andere Weise (etwa durch Versetzung oder Schadensersatzforderungen) tätig wird.[2261] Eine spezifische Pflicht zur Kündigung liegt in der Sorgfaltspflicht daher nicht. Wohl aber liegt in der Möglichkeit, das hier bestehende Haftungsrisiko zu mindern, eine gewichtige Motivation der Geschäftsleitung, auf Compliance-Verstöße mit der Kündigung zu reagieren.[2262]

II. § 130 OWiG

Schon an früherer Stelle wurde die Parallele zwischen § 130 OWiG und der gesellschaftsrechtlichen Legalitätspflicht aufgezeigt.[2263] Damit in Einklang wird in der Literatur angenommen, zu den „erforderlichen Aufsichtsmaßnahmen" des § 130 OWiG gehöre auch, auf Rechtsverstöße im Unternehmen mit „Sanktionen" zu reagieren.[2264] Hier kämen dann auch arbeitsrechtliche Maßnahmen, namentlich

---

2258 Hauschka/*Lampert*, 2. Aufl. 2010, § 9 Rn. 33; *Eufinger*, RdA 2017, 223 (229); *Göpfert/Merten/Siegrist*, NJW 2008, 1703 (1704); ähnlich *Schöder*, Compliance, S. 218.

2259 Statt aller ErfK/*Oetker*, § 74 HGB Rn. 1.

2260 So schon *Schmittlein*, Compliance, § 2 Rn. 304; *Schöder*, Compliance, S. 218; *Reichert/Ott*, ZIP 2009, 2173 (2178).

2261 *Böhm*, Non-Compliance, S. 221 f.; *Deyhle*, Compliance, S. 242; *Müller*, Compliance, S. 162; *Schöder*, Compliance, S. 218; Spindler/Stilz/*Fleischer*, § 91 Rn. 58; *Strothmeyer*, Compliance, S. 180; *Reichert/Ott*, ZIP 2009, 2173 (2177 f.); *Fleischer*, NZG 2014, 321 (324); *Simon/Merkelbach*, AG 2014, 318 (320); vgl. Krieger/Schneider/*Kremer/Klahold*, § 25 Rn. 25.50.

2262 Vgl. *Böhm*, Non-Compliance, S. 221 f.; *Deyhle*, Compliance, S. 241; *Köstner*, Compliance, S. 33; *Hauschka*, DB 2006, 1143 (1145).

2263 S.o. C. II. 1. c. cc. (1).

2264 KK-OWiG/*Rogall*, § 130 Rn. 40, 42, 65; *Lelley*, Compliance, S. 24 ; Rotsch/*Rotsch*, § 4 Rn. 31, ders./*Bock*, § 8 Rn. 36 ff.; *Schmidt*, Compliance, S. 70; *Schöder*, Compliance, S. 220, 221 ; *Eufinger*, DB 2016, 471 (471, 472); *Kremer/Klahold*, ZGR 2010, 113 (142); *Liese*, BB-Spez. 2008, 17 (22); *Schockenhoff*, NZG 2015, 409 (411); *v. Steinau-Steinrück*, NJW-Spez. 2008, 146 (147); *Reichert/Ott*, ZIP 2009, 2173 (2178); vgl. auch *Fruck*, Compliance, S. 101; Hauschka/*Pelz*, § 5 Rn. 31; Krieger/Schneider/*Kremer/Klahold*, § 25 Rn. 25.50.

Abmahnung und Kündigung, in Betracht.[2265] Für welche Maßnahme sich die Unternehmensleitung entscheidet, steht auch hier grundsätzlich in ihrem Ermessen, welches im Grundsatz der Verhältnismäßigkeit seine Schranke findet.[2266]

Dieses Ergebnis ist auch nachvollziehbar. Der Begriff der „Aufsicht" nach § 130 OWiG umfasst notwendig auch die Reaktion auf Verstöße.[2267] Denn die Aufsicht hat den Zweck, Straftaten und Ordnungswidrigkeiten im Unternehmen vorzubeugen.[2268] Dieses Ziel wird man nicht erreichen können, wenn die Unternehmensleitung nach solchen Taten regelmäßig Gnade walten lässt. Vielmehr müssen sie regelmäßig arbeitsrechtliche Maßnahmen nach sich ziehen, damit die Compliance-Bemühungen des Unternehmens ernst genommen werden.[2269] Ziel muss es sein, dass die drohenden persönlichen Konsequenzen den Arbeitnehmer von Verstößen abschrecken.[2270] Die Aussicht, nach einer Straftat arbeitslos zu werden – und ggf. noch wegen der Vorstrafe keine Anstellung mehr zu finden –, dürfte ein gewichtiges Interesse der Arbeitnehmer begründen, keine Straftaten zu begehen. Zudem erfordert die Aufsicht insbesondere, dass Folgen wahr gemacht werden, wenn sie zuvor in (Compliance-) Richtlinien des Unternehmens angedroht wurden.[2271] Denn hier besteht ansonsten die zuvor genannte Problematik der Selbstbindung.[2272]

Der Grundsatz der Verhältnismäßigkeit kommt im Wortlaut des § 130 Abs. 1 OWiG hinreichend deutlich zum Ausdruck: Zu leisten sind eben nur Aufsichtsmaßnahmen, „die erforderlich sind". Eine „gehörige Aufsicht" ist nur eine solche,

---

2265 Krenberger/Krumm/*Bohnert/Krenberger/Krumm*, § 130 Rn. 20; KK-OWiG/*Rogall*, § 130 Rn. 40, 65; Krieger/Schneider/*Kremer/Klahold*, § 25 Rn. 25.50; Rotsch/*Bock*, § 8 Rn. 37; *Reichert/Ott*, ZIP 2009, 2173 (2179); vgl. auch *Fruck*, Compliance, S. 101.

2266 KK-OWiG/*Rogall*, § 130 Rn. 66; vgl. auch *Fruck*, Compliance, S. 26 f.; Rotsch/*Bock*, § 8 Rn. 23.

2267 *Fruck*, Compliance, S. 25, 101; KK-OWiG/*Rogall*, § 130 Rn. 66; vgl. auch Krieger/Schneider/*Kremer/Klahold*, § 25 Rn. 25.50; Rotsch/*Bock*, § 8 Rn. 36; *Eufinger*, DB 2016, 471 (471).

2268 S.o. C. II. 1. c. cc. (1).

2269 BGH, Beschl. v. 25.06.1985 – KRB 2/85 (KG) = NStZ 1986, 34 (35) [„Brückenbau Hopener Mühlenbach"]; *Fruck*, Compliance, S. 101; KK-OWiG/*Rogall*, § 130 Rn. 66; Krieger/Schneider/*Kremer/Klahold*, § 25 Rn. 25.50; *Moosmayer*, Compliance, Rn. 338, 340; *Bussmann/Matschke*, CCZ 2009, 132 (136); *ders.*, DB 2006, 1143 (1145); *Eufinger*, DB 2016, 471 (473); *Liese*, BB-Spez. 2008, 17 (22); *Reichert/Ott*, ZIP 2009, 2173 (2178); *Pampel*, BB 2007, 1636 (1637 f.).

2270 KG Berlin, Beschl. v. 26.08.1985 – 3 Ws (B) 101/85 –, juris; *Schöder*, Compliance, S. 221, 222; vgl. auch BGH, Beschl. v. 25.06.1985 – KRB 2/85 (KG) = NStZ 1986, 34 [„Brückenbau Hopener Mühlenbach"].

2271 *Bussmann/Matschke*, CCZ 2009, 132 (136); allgemein auch *Eufinger*, RdA 2017, 223 (224); *v. Busekist/Hein*, CCZ 2012, 41 (46), letztere gestützt auf die Andeutung in BGH, Beschl. v. 25.06.1985 – KRB 2/85 = NStZ 1986, 34 (35) [„Brückenbau Hopener Mühlenbach"].

2272 Siehe zur Selbstbindung schon soeben H. I.

die angemessen ist.[2273] Insbesondere in Bagatellfällen wäre etwa eine Kündigung arbeitsrechtlich oftmals auch gar nicht ohne weiteres möglich.[2274] Ebenso kann es einem Unternehmen unzumutbar sein, etwa eine Strafanzeige zu erstatten,[2275] allein schon weil hierdurch sensible Interna in einen – gem. § 169 Abs. 1 S. 1 GVG grds. öffentlichen – Strafprozess gerieten.

Wie § 93 Abs. 1 S. 1 AktG beinhaltet auch § 130 OWiG zwar eine Pflicht der Unternehmensleitung, auf Verstöße überhaupt zu reagieren.[2276] Eine spezifische Pflicht, die Kündigung auszusprechen, folgt daraus aber nicht.[2277] Aus praktischer Sicht motiviert § 130 OWiG dennoch zum Ausspruch von Kündigungen, da dies die Strafverfolgungsbehörden zur Milderung des zu verhängenden Bußgeldes motivieren kann.[2278] Diese Motivation ist tendenziell stark, denn ob der Unbestimmtheit des Begriffs der „gehörigen Aufsicht" ist § 130 OWiG mit den Worten *Bocks* „ein haftungsrechtliches Damokles-Schwert".[2279]

III. § 12 Abs. 3 AGG

Weiterhin sei noch auf eine Spezialnorm eingegangen: § 12 Abs. 3 AGG verpflichtet den Arbeitgeber zum Eingreifen, wenn Mitarbeiter gegen das Benachteiligungsverbot des § 7 Abs. 1 AGG verstoßen. Anknüpfungspunkt der Benachteiligung muss dafür einer der in § 1 AGG genannten Gründe sein: „Rasse", ethnische Herkunft, Geschlecht, Religion/Weltanschauung, Behinderung, Alter oder sexuelle Identität. Praktisch geworden sind dabei vor allem Fälle sexueller Belästigung.[2280] Aus der Vielzahl der Fälle, die deutsche Arbeitsgerichte bereits beschäftigt haben, seien als anschauliche Beispiele nur genannt: Das Aufhängen pornografischer Bilder am Arbeitsplatz,[2281] der Ausspruch anzüglicher Bemerkungen[2282] bzw.

2273 *Bock*, Compliance, S. 464 f.; Krieger/Schneider/*Schücking* § 41 Rn. 41.37; KK-OWiG/*Rogall*, § 130 Rn. 51; Rotsch/*Bock*, § 8 Rn. 14 f.; vgl. auch *Fruck*, Compliance, S. 26 f.; Krenberger/Krumm/*Bohnert/Krenberger/Krumm*, § 130 Rn. 23.

2274 Siehe nur oben zum Problem des Vertrauenskapitals G. I. 1. c. dd. (2).

2275 Rotsch/*Bock*, § 8 Rn. 37; *Bussmann/Matschke*, CCZ 2009, 132 (136).

2276 Krenberger/Krumm/*Bohnert/Krenberger/Krumm*, § 130 OWiG Rn. 20 f.; KK-OWiG/*Rogall*, § 130 Rn. 40; Rotsch/*Bock*, § 8 Rn. 36; *Schöder*, Compliance, S. 221; *Eufinger*, RdA 2017, 223 (224).

2277 Vgl. Rotsch/*Bock*, § 8 Rn. 23, 36; ebenso aus kartellrechtlicher Sicht *Riechers*, Compliance, S. 165.

2278 *Schaefer/Baumann*, NJW 2011, 3601 (3604); mutmaßend auch *Bock*, Compliance, S. 729.

2279 *Bock*, Compliance, S. 454.

2280 MüKo-BGB/*Thüsing*, § 12 AGG Rn. 7; vgl. auch *Linde*, AuR 2018, 123 („knapp 1000 überprüfte[...] Urteile[...] aller Gerichtszweige").

2281 BAG, Urt. v. 09.06.2011 – 2 AZR 323/10 = NZA 2011, 1342 (1343).

2282 BAG, Urt. v. 29.06.2017 – 2 AZR 302/16 = NZA 2017, 1121 (1123); Urt. v. 09.06.2011 – 2 AZR 323/10 = NZA 2011, 1342 (1343); LAG Niedersachsen, Urt. v. 25.11.2008 – 1 Sa 547/08 = NZA-RR 2009, 249 (250 f.).

„Komplimente"[2283] oder gar unsittliche Berührungen („Grapschen") von Kolleginnen/Kollegen.[2284] „Tatort" kann dabei jede Veranstaltung mit Betriebsbezug sein, namentlich auch Weihnachtsfeiern, Dienstreisen oder Betriebsausflüge.[2285] Darüber hinaus wendet das BAG § 12 Abs. 3 AGG analog auch auf sonstige Belästigungen an, die nicht auf einem Kriterium des § 1 AGG beruhen („Mobbing").[2286] Denn § 12 Abs. 3 AGG sei nur eine spezialgesetzliche Ausprägung der allgemeinen Fürsorgepflicht.[2287]

Als Rechtsfolge des § 12 Abs. 3 AGG muss der Arbeitgeber in Reaktion auf die Belästigung „die im Einzelfall geeigneten, erforderlichen und angemessenen Maßnahmen zur Unterbindung der Benachteiligung [...] ergreifen." Welches Reaktionsmittel zur Anwendung kommt, bestimmt sich also nach dem Grundsatz der Verhältnismäßigkeit.[2288] Das eröffnet einen gewissen Entscheidungsspielraum für die Unternehmensleitung,[2289] jedoch nur unter gleich geeigneten Mitteln.[2290] Die Norm nennt exemplarisch „Abmahnung, Umsetzung, Versetzung oder Kündigung." Die Aufzählung war aber nicht als abschließend gedacht.[2291]

Hiernach ergibt sich aus § 12 Abs. 3 AGG nur dann eine Pflicht zur Kündigung, wenn diese die einzige verhältnismäßige Maßnahme wäre.[2292] In der Rechtsprechung ist in diesem Zusammenhang aber zu Recht von „Extremfällen" die Rede.[2293]

2283 *Linde*, AuR 2018, 123.

2284 BAG, Urt. v. 29.06.2017 – 2 AZR 302/16 = NZA 2017, 1121 (1122); Urt. v. 20.11.2014 – 2 AZR 651/13 = NZA 2015, 294 (296); LAG Hamm, Urt. v. 22.10.1996 – 6 Sa 730/96 = NZA 1997, 769 (770); ArbG Lübeck, Urt. v. 02.11.2000 – 1 Ca 2479/00 = NZA-RR 2001, 140.

2285 Siehe nur ErfK/*Schlachter*, § 12 AGG Rn. 1.

2286 BAG, Urt. v. 25.10.2007 – 8 AZR 593/06 = NZA 2008, 223 (226); *Mengel*, Compliance, Kap. 6 Rn. 47.

2287 BAG, Urt. v. 25.10.2007 – 8 AZR 593/06 = NZA 2008, 223 (226).

2288 BAG, Urt. v. 20.11.2014 – 2 AZR 651/13 = NZA 2015, 294 (296); Urt. v. 09.06.2011 – 2 AZR 323/10 = NZA 2011, 1342 (1344); Urt. v. 25.10.2007 – 8 AZR 593/06 = NZA 2008, 223 (226); BeckOK-ArbR/*Roloff*, § 12 AGG Rn. 12; Däubler/Hjort/Schubert/Wolmerath/*Braun*, § 12 AGG Rn. 10; ErfK/*Schlachter*, § 12 AGG Rn. 3; MüKo-BGB/*Thüsing*, § 12 AGG Rn. 5; *Köhler/Koops*, BB 2015, 2807 (2811); *Linde*, AuR 2018, 123 (124).

2289 BAG, Urt. v. 20.11.2014 – 2 AZR 651/13 = NZA 2015, 294 (296); BeckOK-ArbR/Roloff, § 12 AGG Rn. 12; *Böhm*, Non-Compliance, S. 223; Hümmerich/Boecken/Düwell/*v. Steinau-Steinrück/Schneider*, § 12 AGG Rn. 6; MüKo-BGB/*Thüsing*, § 12 AGG Rn. 6; *Bonanni*, ArbRB 2013, 82 (84); *Köhler/Koops*, BB 2015, 2807 (2811).

2290 ErfK/*Schlachter*, § 12 AGG Rn. 3 f.; *Linde*, AuR 2018, 123 (124).

2291 BT-Drucks 16/1780, S. 37; Däubler/Hjort/Schubert/Wolmerath/*Braun*, § 12 AGG Rn. 9; ErfK/*Schlachter*, § 12 AGG Rn. 3; Hümmerich/Boecken/Düwell/*v. Steinau-Steinrück/Schneider*, § 12 AGG Rn. 6; *Köhler/Koops*, BB 2015, 2807 (2811).

2292 Däubler/Hjort/Schubert/Wolmerath/*Braun*, § 12 AGG Rn. 12; *Mengel*, Compliance, Kap. 5 Rn. 49; *dies.*, CCZ 2008, 85 (88); *Köhler/Koops*, BB 2015, 2807 (2811, 2812); *Linde*, AuR 2018, 123 (126); ebenso, allerdings aus § 12 Abs. 4 AGG herleitend *Haußmann/Merten*, NZA 2015, 258.

2293 LAG Niedersachsen, Urt. v. 25.11.2008 – 1 Sa 547/08 = NZA-RR 2009, 249 (251).

Es handelt sich insbesondere um Wiederholungsfälle, in denen andere Maßnahmen nicht verhindern konnten, dass der Arbeitnehmer erneut belästigt.[2294] In der Rechtsprechung zu erstmaligen Vorfällen wurde dieses Kriterium – soweit ersichtlich – noch nie bejaht.[2295] Schon gar nicht schafft § 12 Abs. 3 AGG einen eigenständigen – neben § 626 BGB und § 1 KSchG stehenden – Kündigungsgrund.[2296]

Damit ergibt sich auch aus § 12 Abs. 3 AGG keine pauschale Pflicht zur Kündigung.[2297]

IV. § 104 S. 1 BetrVG

Abschließend ist § 104 S. 1 BetrVG zu nennen. Nach dieser Norm kann der Betriebsrat die Kündigung eines Arbeitnehmers verlangen, wenn dieser etwa durch gesetzwidriges Verhalten den Betriebsfrieden wiederholt ernstlich gestört hat. Es handelt sich um einen Anspruch des Betriebsrats gegen den Arbeitgeber, den dieser gem. § 104 S. 2 BetrVG auch mittels Zwangsgeld gerichtlich durchsetzen kann. Unter „gesetzwidriges Verhalten" fällt neben einem Verstoß gegen ein Gesetz auch ein Verstoß gegen eine Betriebsvereinbarung, also ggf. auch eine Compliance-Richtlinie.[2298] Der Anspruch besteht unabhängig davon, ob nach KSchG ein Kündigungsgrund vorliegt.[2299] Vielmehr erzeugt das Kündigungsverlangen bereits selbst einen betriebsbedingten Kündigungsgrund.[2300] Voraussetzung des Entlassungsverlangens ist allerdings schon nach dem Wortlaut eine wiederholte ernstliche Störung des Betriebsfriedens, was in der Praxis eine hohe Hürde darstellt.[2301] Zudem gilt – als ungeschriebene Voraussetzung – der Grundsatz der Verhältnismäßigkeit[2302] und es verbleibt dem Arbeitgeber die Wahl, wie er den Arbeitnehmer entlässt, etwa durch Kündigung oder Aufhebungsvertrag.[2303] Dennoch statuiert die Norm immerhin eine Entlassungspflicht des Arbeitgebers, wenngleich derartige Fälle in der Praxis Seltenheitswert genießen.[2304]

2294 So in BAG, Urt. v. 09.06.2011 – 2 AZR 323/10 –, juris, Rn. 39 = NZA 2011, 1342 (1345); so auch *Baeck/Winzer*, NZG 2011, 1418; vgl. auch Däubler/Hjort/Schubert/Wolmerath/*Braun*, § 12 AGG Rn. 10; ErfK/*Schlachter*, § 12 AGG Rn. 3.

2295 ablehnend etwa LAG Rheinland-Pfalz, Urt. v. 08.11.2013 – 9 Sa 23/13 = BeckRS 2014, 65495; vgl. auch *Linde*, AuR 2018, 123 (124), wo Rechtsprechung nur zu Widerholungsfällen genannt wird.

2296 ErfK/*Schlachter*, § 12 AGG Rn. 3; *Bonanni*, ArbRB 2013, 82 (84).

2297 Vgl. BAG, Urt. v. 25.10.2007 – 8 AZR 593/06 = NZA 2008, 223 (226); LAG Niedersachsen, Urt. v. 25.11.2008 – 1 Sa 547/08 = NZA-RR 2009, 249 (251).

2298 S.o. G. I. 1. b.

2299 BAG, Urt. v. 28.03.2017 – 2 AZR 551/16 = NZA 2017, 985 (987).

2300 BAG, Urt. v. 28.03.2017 – 2 AZR 551/16 = NZA 2017, 985 (986).

2301 *Jesgarzewski*, BB 2017, 1919.

2302 BAG, Urt. v. 28.03.2017 – 2 AZR 551/16 = NZA 2017, 985 (987); ErfK/*Kania*, § 104 BetrVG Rn. 4; Richardi/*Thüsing*, § 104 Rn. 15.

2303 *Kühnreich*, DB 2017, 1848.

2304 *Jesgarzewski*, BB 2017, 1919.

V. Fazit zur Kündigungspflicht

Somit ist festgestellt, dass sich weder aus § 93 Abs. 1 S. 1 AktG, noch aus § 130 OWiG oder aus § 12 Abs. 3 AGG ohne weiteres eine Pflicht ergibt, einem Mitarbeiter nach einem Compliance-Verstoß die Kündigung auszusprechen. Allerdings ergibt sich aus diesen Normen jeweils eine Pflicht, überhaupt (und verhältnismäßig) auf Verstöße zu reagieren. In der aus diesen Normen drohenden Haftung bei unzureichenden Maßnahmen besteht ein erhebliches Rechtsrisiko. Insofern besteht in diesen Fällen regelmäßig ein Interesse der Unternehmensleitung am Ausspruch der Kündigung, das bis zu einem „faktischen Zwang"[2305] reichen kann.

So ist es auch nicht ratsam, die Compliance-Richtlinie zu einem „Papiertiger" verkommen zu lassen. Denn der Verzicht auf den Ausspruch der Kündigung trotz Vorliegen eines Kündigungsgrundes kann zu der genannten Selbstbindung führen, die in Zukunft Kündigungen aus diesem Grund ohne (erneute) Abmahnung unzulässig macht. Andererseits kann ein Interesse des Unternehmens bestehen, dem Arbeitnehmer nicht sogleich zu kündigen, etwa wegen der Befragungsmöglichkeit bei internen Ermittlungen.[2306] Insofern ist die per Sanktionsklausel herbeigeführte Entbehrlichkeit der Abmahnung ein zweischneidiges Schwert. Ein Umstand, den Unternehmen vor der Implementierung einer solchen Klausel bedenken sollten.

Eine echte Pflicht zur Entlassung des Arbeitnehmers folgt dagegen in dessen seltenen Fällen aus § 104 S. 1 BetrVG.[2307]

2305 Hauschka/*Mengel*, § 39 Rn 110; *Mengel*, Compliance, Kap. 5 Rn. 3; vgl. dazu auch *Schaefer/Baumann*, NJW 2011, 3601 (3604f.).

2306 S.o. H. I.

2307 S.o. H. IV.

Ergebnisse der Untersuchung

Die Arbeit hat die arbeitsrechtlichen Aspekte der Durchsetzung von Compliance im Unternehmen aufgezeigt. Sie kommt zu dem Ergebnis, dass die Compliance-Bemühungen der Unternehmen, speziell die Einführung von Compliance-Richtlinien, die Durchsetzung der Compliance im Unternehmen fördern, indem sie Kündigungen nach Compliance-Verstößen erleichtern.

Im Einzelnen:

Zunächst hat die Arbeit einige Vorfragen geklärt. So wurde die Geschichte von Compliance-Richtlinie und Arbeitsordnung dargestellt **(B.)**. Die Geschichte der freiwilligen Arbeitsordnung reicht zurück bis ins 18. Jahrhundert. Auf diese freiwilligen Arbeitsordnungen auf arbeitsvertraglicher Grundlage folgten 1891 im Deutschen Reich §§ 134a ff. GewO, die den Erlass einer Arbeitsordnung unter Mitwirkung einer Aufsichtsbehörde vorschrieben. Strittig war deshalb, ob diese Arbeitsordnung zivilrechtlich als Vertragsbestandteil oder öffentlich-rechtlich als Gesetz einzuordnen war. In der erforderlichen Gelegenheit der Arbeiter zur Stellungnahme lag ein Vorgänger der betrieblichen Mitbestimmung. Das Betriebsrätegesetz von 1920 sah die Arbeitsordnung als Betriebsvereinbarung vor. Der Streit um die Rechtsnatur der Arbeitsordnung setzte sich als Streit um die Rechtsnatur der Betriebsvereinbarung fort. Im Nationalsozialismus wird das Betriebsverfassungsrecht durch das Gesetz zur Ordnung der nationalen Arbeit umgestaltet. Die Betriebsordnung wird einseitig vom Betriebsführer als öffentlich-rechtliche Satzung erlassen. Eine betriebliche Mitbestimmung gibt es nicht mehr. In den volkseigenen Betrieben der DDR lebte die obligatorische Arbeitsordnung weiter. Erlassen wurde sie einseitig vom Betriebsleiter, weshalb man sie weiterhin als Rechtsnorm wertete. Inhaltlich diente die DDR-Arbeitsordnung der „sozialistischen Moral und Ethik" bzw. der „sozialistischen Arbeitsdisziplin", also wie im Nationalsozialismus der staatlichen Propaganda. In der BRD war und ist die Arbeitsordnung nicht mehr gesetzlich geregelt. Als Bestandteil des Arbeitsvertrages oder einer Betriebsvereinbarung existiert sie aber bis heute fort, wobei übliche Regelungsform die Betriebsvereinbarung ist. Der Streit um die Rechtsnatur setzte sich hier noch bis in die 70er Jahre fort. Dann setzte sich die Auffassung durch, dass es sich bei der Betriebsvereinbarung um eine rechtsgeschäftliche Vereinbarung handelt.

Nachdem die Geschichte von Arbeitsordnung und Compliance-Richtlinie dargestellt war, ging die Arbeit der Frage nach, was eine Compliance-Richtlinie eigentlich ist und welche Gemeinsamkeiten sie mit der Arbeitsordnung hat.

Der Begriff „Compliance-Richtlinie" steht in der Literatur neben weiteren, denen er aber vorzuziehen ist **(C. I.)**. Denn der Begriff „Ethikrichtlinie" verschleiert, dass es eher um wirtschaftliche Interessen der Unternehmen geht. Der Begriff „Verhaltenskodex" wiederum greift zu kurz, denn Richtlinien enthalten neben Verhaltensvorgaben auch bloße Absichtserklärungen im Sinne von „Corporate Social Responsibility". Der Begriff der „Compliance" hingegen meint die Einhaltung gesetzlicher und unternehmensinterner Maßstäbe. Er nahm in der Medizin seinen Anfang und sickerte über die Themen Wettbewerbsrecht und Insiderhandel in den USA langsam in die Rechtssprache ein. Durch die Finanzbranche auch nach Deutschland gelangt, erweiterte sich Compliance mit der Zeit auf die Einhaltung von Gesetzen im Allgemeinen. In jüngerer Zeit werden auch außerrechtliche Maßstäbe und Werte mit darunter gefasst. Damit passt der Begriff der Compliance am besten auf das hier behandelte Phänomen: Es sollte von der „Compliance-Richtlinie" die Rede sein.

Zum weiteren Verständnis musste der wirtschaftliche Rahmen der Einführung von Compliance-Richtlinien geklärt werden **(C. II. 2.)**: Die Richtlinie ist nämlich nur ein Baustein von mehreren in den organisatorischen Bemühungen der Unternehmen um Compliance, dem „Compliance-Management-System" (CMS). Als organisatorische Standardelemente eines CMS lassen sich ausmachen:

- Ein auf Compliance spezialisiertes Mitglied der Unternehmensleitung,
- eine Compliance-Abteilung mit einem Chief-Compliance-Officer („CCO") an der Spitze,
- Richtlinien, Leitlinien etc., deren Bandbreite von bloßen Unternehmenswerten bis hin zu echten Verhaltensvorgaben reicht,
- regelmäßige Compliance-Schulungen und ständige Beratungsangebote,
- Compliance-Audits, die das CMS regelmäßig auf seine Funktion überprüfen, sowie interne Untersuchungen nach Vorfällen und
- eine Whistleblowing-Hotline, über die Arbeitnehmer – ggf. anonym – Compliance-Verstöße von Kollegen melden können.

Eine explizite Rechtspflicht zur Errichtung eines bestimmten CMS gibt es dagegen nicht **(C. II. 1.)**. Rechtliche Anknüpfungspunkte finden sich zunächst in der Finanzbranche. Nach Art. 22 Abs. 2 Delegierten Verordnung (EU) 2017/565 ist in Wertpapierdienstleistungsfirmen eine Compliance-Funktion einzurichten. § 25a Abs. 1 KWG und §§ 23 ff. VAG fordern eine ordnungsgemäße Geschäftsorganisation die die Einhaltung der zu beachtenden Gesetze gewährleistet, was ebenfalls auf ein CMS hinausläuft. Abseits der Spezialregeln für bestimmte Branchen gibt es aber keine allgemeine Vorschrift, die ein CMS fordern würde, wenngleich sich Anknüpfungspunkte für ein solches finden. § 91 Abs. 2 AktG verpflichtet den Vorstand einer Aktiengesellschaft, geeignete Maßnahmen gegen Risiken zu ergreifen, die den Fortbestand der Gesellschaft gefährden. Das trifft wegen teils sehr hoher Bußgelder nur (aber immerhin) auf manche Compliance-Verstöße zu. Die Norm beschreibt also zumindest den Kern eines CMS. Aus § 93 Abs. 1 S. 1 AktG folgt die Pflicht des Vorstands, sich selbst rechtmäßig zu verhalten (Legalitätspflicht) sowie Vorkehrungen zu treffen, dass dies auch die übrigen Unternehmensangehörigen tun (Legalitätskontrollpflicht). Wie der Vorstand das allerdings sicherstellt, steht in seinem Ermessen. Je kleiner das Unternehmen ist, desto eher kann auf ein umfangreiches CMS mit den obigen typischen Elementen verzichtet werden. Ein derart ausgeprägtes CMS ist damit nur eine von mehreren Möglichkeiten, § 93 Abs. 1 S. 1 AktG gerecht zu werden. Die Sorgfaltspflicht eines GmbH-Geschäftsführers nach § 43 Abs. 1 GmbHG entspricht derjenigen des AG-Vorstands. Daher gilt das für die AG gefundene Ergebnis ebenso für die GmbH. Entsprechend dem Willen des Gesetzgebers erzeugt § 91 Abs. 2 AktG eine „Ausstrahlungswirkung" auf die GmbH. Die für die AG aus dieser Norm folgende Pflicht ergibt sich daher für die GmbH aus § 43 Abs. 1 GmbHG.

Eine weitere Motivation für Unternehmensleitungen, ein CMS zu implementieren, folgt aus haftungs- und strafrechtlichen Risiken. Ein Verstoß gegen § 93 Abs. 1 S. 1 AktG führt zur Haftung des Vorstands nach § 93 Abs. 2 S. 1 AktG. Gleiches gilt in der GmbH nach § 43 Abs. 2 GmbHG. Die Unsicherheit darüber, welche Compliance-Maßnahmen ein Gericht in einem Haftungsprozess ggf. nicht mehr als ausreichend ansehen würde, motiviert die Unternehmen zu überschießendem Gehorsam. Verstärkt wird diese Entwicklung durch die strafrechtliche Diskussion, inwieweit Leitungsorganen von Gesellschaften eine Garantenstellung zukommt. Das gilt in besonderem Maße, seit der BGH 2009 die Garantenstellung von Compliance-Beauftragten angenommen hat.

Ebenso bedrohlich wie die gesellschaftsrechtliche Haftung ist der Bußgeldtatbestand des § 130 OWiG. Er fordert zur Verhinderung von Straftaten und Ordnungswidrigkeiten erforderliche Aufsichtsmaßnahmen. Es besteht eine gewisse Rechtsunsicherheit, was genau das bedeutet. Auf der Rechtsfolgenseite stehen aber Bußgelder von bis zu 10 Mio. € nach §§ 130 Abs. 3 S. 2, 30 Abs. 2 S. 3 OWiG zzgl. eines ggf. noch deutlich höheren Abschöpfungsteils nach § 17 Abs. 4 S. 2 OWiG. Auch hierin liegt eine Motivation zu strenger Compliance.

Eine Herleitung von Compliance-Pflichten aus einer Gesamtanalogie zu diversen Spezialvorschriften scheitert schon an der Planwidrigkeit der Regelungslücke. Auch die Vergleichbarkeit der Sachverhalte darf bezweifelt werden.

In den USA börsennotierte Unternehmen sowie ihre – auch ausländischen – Töchter verpflichtet der *Sarbanes Oxley Act* (SOX) u.a. zur Einführung einer Whistleblowing-Hotline und eines Compliance-Officers. Ein *code of ethics* für Arbeitnehmer mit Finanzverantwortung muss nach dem Prinzip *comply or explain* eingeführt werden. Das *Listed Company Manual* der NYSE verpflichtet alle an der NYSE gelisteten Unternehmen einen sog. *Code of Business Conduct and Ethic*" zu besitzen.

Damit war geklärt, was ein CMS ist, aus welchen Elementen es typischerweise besteht und dass es vorwiegend Haftungsrisiken sind, die Unternehmen zur Einführung eines CMS im Allgemeinen motivieren. Sodann hat die Arbeit geklärt, worin im Besonderen die Motivation der Unternehmen zur Einführung der Compliance-Richtlinie als Teil eines CMS liegt **(D.)**.

Sie besteht nicht in einer Rechtspflicht **(D. I.)**, denn außerhalb der zuvor genannten exterritorialen Regeln der USA gibt es in Deutschland gerade keine Rechtspflicht für ein Unternehmen, eine Compliance-Richtlinie einzuführen. Die Richtlinie hilft indes dabei, den Anforderungen der unter C. genannten Pflichten aus deutschem Recht nachzukommen. Wenn etwa die Legalitätspflicht es umfasst, das Unternehmen so zu organisieren, dass Compliance-Verstößen vorgebeugt wird, dann ist die Richtlinie ein Schritt in die richtige Richtung, indem sie etwa aufklärt, wann ein Compliance-Verstoß vorliegt. Gleiches gilt, wenn § 130 OWiG unter anderem fordert, dass Straftaten und Ordnungswidrigkeiten durch Aufklärung vorgebeugt wird. Es gilt auch für die von § 12 Abs. 1 S. 1 AGG geforderten erforderlichen Maßnahmen zum Schutz vor Benachteiligungen: Die Norm fordert keine Compliance-Richtlinie, enthält diese aber eine Klausel über Anti-Diskriminierung, so ist dies eine Maßnahme im Sinne der Norm.

Eine Motivation zur Einführung von Compliance-Richtlinien bilden zudem mehrere wirtschaftliche Interessen der Unternehmen **(D. II.)**. Insbesondere verspricht man sich eine Verbesserung des Unternehmensimages. Zudem soll einer Erwartungshaltung des Marktes entsprochen werden, die hinsichtlich eines Bekenntnisses zu grundlegenden Werten besteht. Aber auch die Information der Arbeitnehmer über die rechtlichen Anforderungen – und damit die Prävention von Verstößen – ist beabsichtigt. Die Richtlinie soll verhindern, dass Compliance-Verstöße aus der bloßen Unkenntnis komplexer Rechtsmaterien, wie etwa des Insiderrechts oder des Kartellrechts, entstehen.

Nachdem nun Motivation und Kontext der Compliance-Richtlinie geklärt waren, konnte der Frage nachgegangen werden, worin die inhaltlichen Übereinstimmungen von Compliance-Richtlinie und Arbeitsordnung liegen **(E.)**. Ein inhaltlicher Vergleich von Compliance-Richtlinien deutscher (Groß-) Unternehmen zeigt ein recht homogenes Bild **(E. I.)**. Zumeist werden die gleichen Themen behandelt, so unter anderem Kartellrecht, Insiderrecht, Korruptionsdelikte oder Umgang mit Interessenkonflikten. Aber auch außerrechtliche Inhalte wie der sparsame Umgang mit Ressourcen und die Pflege des Unternehmensimages konnten festgestellt werden. Gegenüber bloßen Programmsätzen überwiegen die Verhaltensvorgaben. „Sanktionsklauseln" finden sich zumeist als pauschale Androhung arbeitsrechtlicher Konsequenzen am Ende der Richtlinie. Teilweise fanden sich aber auch Klauseln, die für den Verstoß gegen eine bestimmte Klausel der Richtlinie Konsequenzen androhen.

Compliance-Richtlinien sind eine Weiterentwicklung der Arbeitsordnung, deren Geschichte unter A. dargestellt wurde und für die sich ebenfalls typische Inhalte ausmachen lassen (**E. II.**). Im Gegensatz zur Arbeitsordnung enthält aber die Compliance-Richtlinie nur noch formelle Arbeitsbedingungen, also Regelungen zur Ordnung des Betriebs. Materielle Arbeitsbedingungen, wie Arbeitszeiten, Krankheit, Arbeitsverhinderung und Urlaub sowie das arbeitgeberische Weisungsrecht sind heute umfangreich gesetzlich geregelt. Bei den formellen Arbeitsbedingungen bestehen aber einige inhaltliche Parallelen zur Compliance-Richtlinie. So wurden schon in historischen Arbeitsordnungen Interessenkonflikte geregelt, die Annahme von Schmiergeldern untersagt und sexueller Belästigung vorgebeugt. Wesentlicher Unterschied ist die Wirkrichtung: Während die Compliance-Richtlinie neben den genannten internen Zwecken gerade auch die Außenwirkung des Unternehmens befeuern soll, sollte die Arbeitsordnung allein intern das Verhalten der Arbeiter steuern.

Um die kündigungsrechtlichen Fragen behandeln zu können, musste die Arbeit als letzte Vorfrage klären, in welchen rechtlichen Formen allgemein

Compliance-Richtlinien und besonders Sanktionsklauseln im Unternehmen eingeführt werden können **(F.)**. Es kommen grds. vier rechtliche Formen in Betracht: Arbeitsvertrag, Weisungsrecht, Betriebsvereinbarung und Tarifvertrag, wobei im Einzelfall klauselspezifisch zu beurteilen ist, welcher Form der Vorzug gebührt.

Der Arbeitsvertrag erlaubt die Einführung einer Vielzahl von Klauseln. Wegen der AGB-Kontrolle nach § 307 Abs. 1 S. 1 BGB unter Berücksichtigung der mittelbaren Drittwirkung der Grundrechte ist auf einen angemessenen Ausgleich zwischen den Interessen von Arbeitgeber und Arbeitnehmer zu achten. Allerdings ist zur Einführung einer Compliance-Richtlinie als Vertragsbestandteil stets eine Einigung mit dem Arbeitnehmer nötig. Eine stillschweigende Annahme durch den Arbeitnehmer ist abzulehnen, denn eine solche erlaubt die Rechtsprechung nur, wenn eine Vertragsänderung „unmittelbar und sogleich bei der Arbeit praktisch wird". Die Inhalte einer Compliance-Richtlinie treten dem Arbeitnehmer aber nicht derart unmittelbar vor Augen. Eine Änderungskündigung wiederum unterliegt den strengen Voraussetzungen des dringenden betrieblichen Erfordernisses und der Verhältnismäßigkeit.

Eine Sanktionsklausel, die nur „arbeitsrechtliche Konsequenzen", „Kündigung", „Abmahnung" etc. androht, geht nicht über die bereits bestehenden gesetzlichen Instrumente hinaus und unterliegt daher keiner AGB-Kontrolle. Die Einführung der Richtlinie als Teil des Arbeitsvertrags erlaubt allerdings auch die Vereinbarung von Vertragsstrafen. Voraussetzung ist, dass sich die Vertragsstrafe nur auf die Verletzung von Klauseln bezieht, die Arbeitsverhalten regeln, also solche, die unmittelbar die Vertragserfüllung betreffen, nicht das darüber hinausgehende Zusammenwirken der Arbeitnehmer im Betrieb. Letzteres, die Ordnung des Betriebs kann nur Gegenstand einer Betriebsbußenordnung in Form einer Betriebsvereinbarung sein. Sie muss zudem ein Verschulden des Arbeitnehmers voraussetzen und der Höhe nach in einem angemessenen Verhältnis zum Gehalt des Arbeitnehmers stehen. Ist die Vertragsstrafe mithin auch eine interessante Gestaltungsmöglichkeit, praktisch relevant ist sie im Zusammenhang mit Compliance-Richtlinien nach Kenntnis des Verfassers derzeit nicht.

Das Weisungsrecht des Arbeitgebers nach § 106 GewO erlaubt nur eine Konkretisierung bestehender Vertragsklauseln. Daher könnte so nur ein Teil der typischen Richtlinienklauseln wirksam eingeführt werden, etwa Regeln zum Arbeitsschutz. Da sich die Weisung zudem in den Grenzen billigen Ermessens halten muss, sind auch hier die Grundrechte von Arbeitgeber und Arbeitnehmer im Einzelfall gegeneinander abzuwägen.

Sanktionsklauseln haben – entgegen einer teilweise vertretenen Ansicht in der Literatur – nichts mit dem Weisungsrecht zu tun. Ein Hinweis auf ohnehin bestehende arbeitsrechtliche Reaktionsmöglichkeiten (Abmahnung, Kündigung) ist jederzeit auch einseitig möglich. Die Voraussetzungen des § 106 GewO müssen dazu nicht vorliegen.

Die typischen Klauseln einer Richtlinie können als Betriebsvereinbarung implementiert werden. Die weite Regelungskompetenz der Betriebsparteien entspricht dem Willen des historischen Gesetzgebers. Die Literaturauffassung, nach der die Kompetenz auf Fälle von Mitbestimmungstatbeständen und darüber hinaus auf soziale Angelegenheiten zu beschränken sei, ist daher abzulehnen.

Eine Betriebsvereinbarung darf auch eine deklaratorische Sanktionsklausel umfassen, die nur auf bestehende Rechte hinweist. Als zusätzliche Gestaltungsmöglichkeit kann die Betriebsvereinbarung als Betriebsbußenordnung für bestimmte Verstöße gegen Regeln der Ordnung des Betriebs Betriebsbußen festsetzen. Es werden also gerade die Klauseln erfasst, die eine Vertragsstrafe im Arbeitsvertrag nicht umfassen darf. Als Betriebsbußen kommen in Betracht: Verwarnungen/Verweise, Beförderungssperren, Versetzung, Entzug von Vergünstigungen sowie – als ultima ratio – auch Geldstrafen.

Die typischen Inhalte von Compliance-Richtlinien können in einem Tarifvertrag geregelt werden. Im Grundsatz findet dieser aber nur auf solche Arbeitnehmer Anwendung, die Mitglieder der abschließenden Gewerkschaft sind. Eine Erstreckung auf den Rest der Belegschaft kann durch eine Bezugnahmeklausel im Arbeitsvertrag erfolgen. Dies erfordert aber wieder eine Vertragsänderung. Ohne Vertragsänderung gelten nur Betriebsnormen nach § 3 Abs. 2 TVG für alle Arbeitnehmer des den Tarifvertrag abschließenden Arbeitgebers. Das sind aber nur solche Klauseln, die sinnvoll nur betriebseinheitlich gelten können, wie etwa solche zum Arbeitsschutz. Typische Inhalte von Arbeitsverträgen, wie etwa Nebentätigkeitsverbote, sind dagegen keine Betriebsnormen. Wie das Weisungsrecht, so ist auch der Tarifvertrag nur bedingt zur Einführung einer Compliance-Richtlinie geeignet.

An diversen typischen Klauseln einer Compliance-Richtlinie bestehen Mitbestimmungsrechte des Betriebsrats **(F. II.)**, etwa aus § 87 Abs. 1 Nr. 1 oder Nr. 6 BetrVG. § 87 Abs. 1 Nr. 1 BetrVG ist auch einschlägig bei Betriebsbußen. Mitbestimmungsfrei ist dagegen die Abmahnung. Gleiches gilt für die Sanktionsklausel in einer Compliance-Richtlinie selbst dann, wenn diese so gestaltet ist, dass sie eine Abmahnung entbehrlich machen kann.

Nach Klärung der rechtlichen Formen für die Implementierung von Compliance-Richtlinien und deren Anforderungen konnte sich die Arbeit ihrem Kern zuwenden, dem Kündigungsrecht **(G.)**. Hier zeigt sich nun, dass sich die Existenz einer Compliance-Richtlinie im Betrieb auch auf die soziale Rechtfertigung von auf sie gestützten ordentlichen oder außerordentlichen Kündigungen auswirkt.

Zur ordentlichen Kündigung **(G. I. 1.)** gilt zunächst: Ist die betreffende Richtlinienklausel rechtswirksam implementiert worden, so ist der Verstoß gegen sie ein verhaltensbedingter Kündigungsgrund nach § 1 Abs. 2 S. 1 KSchG. Ein personenbedingter Kündigungsgrund besteht im Zusammenhang mit Compliance etwa, wenn der Arbeitnehmer eine für seine Arbeit nötige behördliche Genehmigung verliert oder eine Freiheitsstrafe verbüßen muss. Ein betriebsbedingter Kündigungsgrund wiederum kann vorliegen, wenn Geschäftspartner, Kunden oder Kollegen die Kündigung eines Arbeitnehmers verlangen („Druckkündigung"). Mit Compliance-Richtlinien stehen diese Fälle allerdings in keinem unmittelbaren Zusammenhang, es sei denn dass der Betriebsrat gem. § 104 S. 1 BetrVG die Entlassung verlangt.

Ein verhaltensbedingter Kündigungsgrund setzt neben dem kündigungsrelevanten Verhalten ein Verschulden des Arbeitnehmers voraus. Die Compliance-Richtlinie sorgt regelmäßig dafür, dass ein solches vorliegt, denn sie macht den Arbeitnehmer bösgläubig. Unkenntnis von Richtlinienklauseln ist in der Regel zumindest fahrlässig. Hier hilft die Richtlinie dem Arbeitgeber, ein Tatbestandsmerkmal der Kündigung zu erfüllen. Abschließend entscheidet eine Interessenabwägung nach dem Grundsatz der Verhältnismäßigkeit über die Wirksamkeit der Kündigung. War ein Fehlverhalten in der Compliance-Richtlinie beschrieben, so wirkt sich das in der Abwägung zu Lasten des Arbeitnehmers aus. Auch das nützt dem im Kündigungsschutzprozess beweisbelasteten Arbeitgeber.

Für die außerordentliche Kündigung **(G. I. 2.)** nach § 626 BGB gelten insoweit die gleichen Prinzipien: Zur Klärung der Frage, ob ein wichtiger Grund „an sich" vorliegt, empfiehlt sich eine Anknüpfung an die Kündigungsgründe des § 1 Abs. 2 KSchG. Daher fällt die auf einen Richtlinienverstoß gegründete Kündigung als verhaltensbedingte Kündigung darunter. Die außerordentliche verhaltensbedingte Kündigung setzt im Wege des Erst-Recht-Schlusses ebenfalls ein Verschulden voraus. Die Richtlinie hilft im soeben dargestellten Sinne dabei, dieses zu bejahen. Wie bei der ordentlichen Kündigung, so wirkt sich auch hier bei der Angemessenheitsprüfung zu Lasten des Arbeitnehmers aus, wenn sein Fehlverhalten zuvor in einer Compliance-Richtlinie genannt war.

Aufgrund seiner Komplexität hat die Arbeit das – bei beiden Kündigungsarten bestehende – Erfordernis einer Abmahnung sodann getrennt thematisiert **(G. II.)**. Eine wirksame Abmahnung erfordert zumindest zweierlei: Die Abmahnung muss dem Arbeitnehmer den konkreten Sachverhalt nennen, auf den sie sich bezieht (Hinweisfunktion) und deutlich machen, dass im Wiederholungsfall arbeitsrechtliche Konsequenzen drohen (Warnfunktion). Eine Warnfunktion ist in der bisherigen Rechtsprechung für Betriebsaushänge, Inhalte des Arbeitsvertrages sowie für Inhalte einer Arbeitsordnung anerkannt. Richtigerweise ist die Warnfunktion – unter bestimmten Voraussetzungen – auch auf die Compliance-Richtlinie zu übertragen. Eine Hinweisfunktion kann eine Richtlinie, die das kündigungsrelevante Verhalten naturgemäß nur abstrakt beschreiben kann, aber nicht haben. Daher ist der Begriff „vorweggenommene Abmahnung" abzulehnen. Die Diskussion dreht sich in Wahrheit um eine Fallgruppe der Entbehrlichkeit der Abmahnung. Soll das Abmahnerfordernis vor Ausspruch der verhaltensbedingten Kündigung nicht völlig entfallen, darf die Entbehrlichkeit der Abmahnung nur in Bezug auf eine begrenzte Anzahl von Richtlinienklausel angenommen werden. Hierfür spricht zudem das Problem des Zeitablaufs: Denn der Arbeitnehmer kann sich nur in begrenztem Umfang Richtlinieninhalte merken. Nur bei einer begrenzten Anzahl von Klauseln kann bei ihm auch nach einiger Zeit noch ein Störgefühl erwartet werden, das ihn im Zweifelsfall veranlasst, die Regelung nachzuschlagen. Allerdings könnte dem Problem des Vergessens auch durch laufende Schulungen begegnet werden. Maßstab der Begrenzung der abmahnungsersetzenden Klauseln ist der Grundsatz der Verhältnismäßigkeit, der abschließend über die Wirksamkeit einer Kündigung entscheidet. Er fordert eine Begrenzung allein in Bezug auf den

Umfang, nicht in Bezug auf den Inhalt der Klauseln. Nur gänzlich unerhebliche Inhalte wären generell nicht in der Lage, ein Störgefühl zu erzeugen. Dieses Ergebnis lässt sich für die außerordentliche Kündigung zudem aus § 314 Abs. 2 S. 3 BGB ableiten. Die Entscheidung des BAG in Sachen „Emmely" hat an diesen Grundsätzen dogmatisch nichts verändert, da sie lediglich eben derartige Bagatellfälle erfasst. Allerdings lässt sich als faktische Folge dieser Entscheidung feststellen, dass die Rechtsprechung in Bezug auf die Entbehrlichkeit der Abmahnung tendenziell restriktiver geworden ist. Andererseits steht auch die aktuelle Rechtsprechung der hier vertretenen Ansicht weiterhin nicht explizit entgegen.

Somit ließ sich zeigen, dass die Existenz der Compliance-Richtlinie im Betrieb die Kündigung nach einem in der Richtlinie beschriebenen Compliance-Verstoß erleichtert und ggf. auch vom Abmahnungserfordernis befreit.

Als Annex **(H.)** erlaubte der bis hierhin erlangte Forschungsstand die Beleuchtung eines abschließenden weiteren Aspekts: Den Arbeitgeber trifft nach einem Compliance-Verstoß keine Pflicht zum Ausspruch einer Kündigung. Die Legalitätspflicht des § 93 Abs. 1 S. 1 AktG ist erst bei völliger Untätigkeit stets verletzt. Das gilt regelmäßig auch bei Verstößen mit geringem Vermögensschaden, denn andernfalls riskierte der Vorstand den Verlust der Warnfunktion erteilter Abmahnungen oder einer Sanktionsklausel. Bei der Art und Weise der Reaktion kommt dem Vorstand aber ein Ermessen zu. Gleiches gilt für § 130 OWiG. Als Spezialnorm fordert § 12 Abs. 3 AGG ein Eingreifen des Arbeitgebers bei Benachteiligungen wegen eines in § 1 AGG genannten Grundes. Das BAG erweitert über § 241 Abs. 2 BGB diese Pflicht auch auf alle anderen Arten von Benachteiligungen („Mobbing"). Die Art des Eingriffs bestimmt sich aber nach dem Grundsatz der Verhältnismäßigkeit. Nur in „Extremfällen" fordert dies eine Kündigung. Ebenfalls nur in Ausnahmefällen kommt ein Entlassungsverlangen des Betriebsrats gem. § 104 S. 1 BetrVG als Pflicht zur Kündigung in Betracht.

Literaturverzeichnis

Acker, Wendelin — Vorstand/Geschäftsführer muss für funktionierendes Compliance-System sorgen
In: Immobilien- und Baurecht 2014, S. 309
(zit.: *Acker*, IBR 2014, 309)

Adam, Roman — Grundfragen der Abmahnung im Arbeitsverhältnis
In: Arbeit und Recht 2010, S. 41 ff.
(zit.: *Adam*, AuR 2001, 41)

Adams, Annika — Konfliktscheue gegenüber Kollegen als Rechtfertigung für Fehlverhalten des Arbeitnehmers?
In: Der Betrieb 2017, S. 432
(zit.: *Adams*, DB 2017, 432)

„Aktionäre könnten schon bald mehr Macht bekommen" — „Aktionäre könnten schon bald mehr Macht bekommen" – Noch vor der Wahl könnte ein Gesetz verabschiedet werden, das den Hauptversammlungen das letzte Wort über die Vergütung von Managern gibt.
In: Frankfurter Allgemeine Zeitung, Nr. 57 v. 08.03.2013, S. 14.
(zit.: „Aktionäre könnten schon bald mehr Macht bekommen", FAZ, Nr. 57 v. 08.03.2013, S. 14)

Altmeppen, Holger — Die Auswirkungen des KonTraG auf die GmbH
In: Zeitschrift für Unternehmens- und Gesellschaftsrecht 1999, S. 291 ff.
(zit.: *Altmeppen*, ZGR 1999, 291)

Altmeppen, Holger — Haftung für Delikte „aus dem Unternehmen", dargestellt am Fall „Dieselgate"
In: Zeitschrift für Wirtschaftsrecht 2016, S. 97 ff.
(zit.: *Altmeppen*, ZIP 2016, 97)

Ascheid, Reiner
Preis, Ulrich
Schmidt, Ingrid — Kündigungsrecht
5. Auflage
München 2017
(zit.: APS/*Bearbeiter*)

Bachmann, Gregor — Compliance – Rechtsgrundlagen und offene Fragen
In: *Bachmann, Gregor[Hrsg.]/Baums, Theodor[Hrsg.]/Goette, Wulf [Hrsg.]* Gesellschaftsrecht in der Diskussion 2007 – Jahrestagung der Gesellschaftsrechtlichen Vereinigung (VGR)
Köln 2007
(zit.: *Bachmann*, Compliance)

Bachmann, Gregor — Anmerkung zu LG München I, Urt. v. 10.12.2013 – 5 HK O 1387/10
In: Zeitschrift für Wirtschaftsrecht 2014, S. 579 ff.
(zit.: *Bachmann*, ZIP 2014, 579)

Bachmann, Gregor — Die Geschäftsleiterhaftung im Fokus von Rechtsprechung und Rechtspolitik
In: Betriebs-Berater 2015, S. 771 ff.
(zit.: *Bachmann*, BB 2015, 771)

Bachner, Michael
Lerch, Sascha — Ethik- und Verhaltensrichtlinien – Mitbestimmungsrechte des Betriebsrats
In: Arbeitsrecht im Betrieb 2005, S. 229 ff.
(zit.: *Bachner/Lerch*, AiB 2005, 229)

Baeck, Ulrich
Winzer, Thomas — Anmerkung zu BAG, Urt. v. 09.06.2011 – 2 AZR 323/10
In: Neue Zeitschrift für Gesellschaftsrecht 2011, S. 1418
(zit.: *Baeck/ Winzer*, NZG 2011, 1418)

Bamberger, Heinz Georg
Roth, Herbert — Beck 'scher Online-Kommentar BGB
46. Edition
München 2018
(zit.: BeckOK-BGB/*Bearbeiter*)

Bauer, Jobst-Hubertus — Anmerkung zu BAG, Urteil vom 10.06.2010 – 2 AZR 541/09
In: Fachdienst Arbeitsrecht 2010, 304828
(zit.: *Bauer*, FD-ArbR 2010, 304828)

Bauer, Jobst-Hubertus — Kartellrechtliche Vorfragen bei den Arbeitsgerichten? – Anm. zu BAG, Urt. v. 29.06.2017 – 8 AZR 189/15
(zit.: *Bauer*, ArbRAktuell 2017, 374)

Bauer, Jobst-Hubertus [Hrsg.]
Lingemann, Stefan [Hrsg.]
Diller, Martin [Hrsg.]
Haußmann, Katrin [Hrsg.] — Anwalts-Formularbuch Arbeitsrecht
6. Auflage
Köln 2017
(zit.: Bauer/Lingemann/Diller/Haußmann/*Bearbeiter*)

Baur, Alexander
Holle, Maximilian — Bußgeldregress im Kapitalgesellschaftsrecht nach der (Nicht-)Entscheidung des BAG
In: Zeitschrift für Wirtschaftsrecht 2018, S. 459 ff.
(zit.: *Baur/Holle*, ZIP 2018, 459)

de Beauregard, Paul Melot — Keine Rückgriffsmöglichkeit des Unternehmens bei Kartellstrafen
Anmerkung zu LAG Düsseldorf, (Teil-)Urt. v. 20.01.2015 – 16 Sa 459/14
In: Der Betrieb 2015, S. 928 f.
(zit.: *De Beauregard*, Anm. z. LAG Düsseldorf, (Teil-)Urt. v. 20.01.2015 – 16 Sa 459/14, DB 2015, 928)

Becker, Friedrich [Begr.]
Bader, Peter
Etzel, Gerhard
KR – Gemeinschaftskommentar zum Kündigungsschutzgesetz und zu sonstigen kündigungsschutzrechtlichen Vorschriften
11. Auflage
Köln 2016
(zit.: KR/*Bearbeiter*)

Becker-Schaffner, Reinhard
Die Abmahnung im Arbeitsrecht in der Rechtsprechung
In: Der Betrieb 1985, S. 650 ff.
(zit.: *Becker-Schaffner*, DB 1985, 650)

Beckerle, Klaus
Die Abmahnung – Wirksam und rechtssicher umsetzen – über 50 konkrete Fälle
12. Auflage
Freiburg/München 2015
(zit.: *Beckerle*, Abmahnung)

Beckmann, Martin
Haftung für mangelhafte Compliance-Organisation: Ein Thema auch für GmbH-Geschäftsführer
In: GmbH-Report 2014, S. R113 f.
(zit.: *Beckmann*, GmbHR 2014, R113)

Beckmann, Martin
Anmerkung zu LG München I, Urt. v. 10.12.2013 – 5 HK O 1387/10
In: Zeitschrift für Wirtschaftsrecht und Haftung 2014, S. 199 f.
(zit.: *Beckmann*, ZWH 2014, 199)

Behrend, Markulf
Kaufmann, Mario
Whistleblowing-Hotlines aus arbeits- und datenschutzrechtlicher Sicht – Lösungswege im Unternehmen
In: Computer und Recht 2006, S. 642 ff.
(zit.: *Behrend/Kaufmann*, CR 2006, 642)

Benecke, Martina
Groß, Nadja
Druck von Dritten nach Compliance-Verstößen
In: Betriebs-Berater 2015, S. 693 ff.
(zit.: *Benecke/Groß*, BB 2015, 693)

Bengelsdorf, Peter
Bagatelldelikte nach dem Verfahren Emmely
In: Fachanwalt Arbeitsrecht 2011, S. 194 ff.
(zit.: *Bengelsdorf*, FA 2011, 194)

Bensinger, Günter
Muster einer Arbeitsordnung und anderer Betriebsvereinbarungen über soziale Angelegenheiten
2. Auflage
Stuttgart/München/Hannover 1982
(zit.: *Bensinger*, Arbeitsordnung)

Benz, Jochen
Klindt, Thomas
Compliance 2020 – ein Blick in die Zukunft
In: Betriebs-Berater 2010, S. 2977 ff.
(zit.: *Benz/Klindt*, BB 2010, 2977)

Berghoff, Hartmut
Rauh, Cornelia
Korruption rechnet sich nicht – Bestechende unternehmen verlieren oft Geld und die Kontrolle über die Finanzströme und die Loyalität ihrer Mitarbeiter
In: Frankfurter Allgemeine Zeitung, Nr. 30 v. 05.02.2013, S. 12
(zit.: *Berghoff/Rauh*, FAZ, Nr. 30 v. 05.02.2013, S. 12)

Bergmoser, Ulrich
Theusinger, Ingo
Gushurst, Klaus-Peter
Corporate Compliance – Grundlagen und Umsetzung
In: Betriebs-Berater Spezial 2008, S. 1 ff.
(zit.: *Bergmoser/Theusinger/Gushurst*, BB Spez. 2008, 1)

Berkowsky, Wilfried
Änderungskündigung, Direktionsrecht und Tarifvertrag – Zur Dogmatik der „überflüssigen Änderungskündigung"
In: Neue Zeitschrift für Arbeitsrecht 1999, S. 293 ff.
(zit.: *Berkowsky*, NZA 1999, 293)

Berkowsky, Wilfried
Die verhaltensbedingte Kündigung – Teil 2
In: Neue Zeitschrift für Arbeitsrecht Rechtsprechungs-Report 2001, S. 57 ff.
(zit.: *Berkowsky*, NZA-RR 2001, 57)

Berndt, Thomas
Hoppler, Ivo
Whistleblowing – ein integraler Bestandteil effektiver Corporate Governance
In: Betriebs-Berater 2005, S. 2623 ff.
(zit.: *Berndt/Hoppler*, BB 2005, 2623)

Bernhard, Marion
Bullinger, Winfried
Aufklärung von Compliance-Verstößen – Krisenmanagement und Umgang mit Mitarbeitern als Wissensträgern
In: Compliance-Berater 2016, S. 205 ff.
(zit.: *Bernhard/Bullinger*, CR 2016, 205)

Bernstein, Rainer
Die Abmahnung im System des Kündigungsschutzes
München 1992
(zit.: *Bernstein*, Abmahnung)

Beschorner, Thomas
Der Wahnsinn hat Methode
In: Zeit Online v. 14.06.2018
https://www.zeit.de/wirtschaft/2018-06/volkswagen-abgasskandal-bussgeld-deutschland [zuletzt abgerufen am 31.08.2018]
(zit.: *Beschorner*, Der Wahnsinn hat Methode, Zeit Online v. 14.06.2018)

Bieszk, Dorothea
Sadtler, Susanne
Mobbing und Stalking: Phänomene der modernen (Arbeits-) Welt und ihre Gegenüberstellung
In: Neue Juristische Wochenschrift 2007, S. 3382 ff.
(zit.: *Bieszk/Sadtler*, NJW 2007, 3382)

Bings, Sophie Luise — Änderungen des DCGK betreffen Compliance Management Systeme
In: Corporate Compliance Zeitschrift 2017, S. 118 ff.
(zit.: *Bings*, CCZ 2017, 118)

Binkert, Gerhard — Die Rechtsprechung zur Entbehrlichkeit der Abmahnung vor verhaltensbedingten Kündigungen – Überlegungen zur Dogmatik
In: Neue Zeitschrift für Arbeitsrecht 2016, S. 721 ff.
(zit.: *Binkert*, NZA 2016, 721)

Birnbaum, Monika — Sollen Bagatellgrenzen für Kündigungen eingeführt werden?
In: Arbeit und Arbeitsrecht 2010, S. 212 f.
(zit.: *Birnbaum*, AuA 2010, 212)

Bissels, Alexander
Lützeler, Martin — Compliance-Verstöße im Ernstfall: Der Weg zu einer verhaltensbedingten Kündigung
In: Betriebs-Berater 2012, S. 189 ff.
(zit.: *Bissels/Lützeler*, BB 2012, 189)

Bitzer, Friedrich — Der freie Arbeitsvertrag und die Arbeitsordnungen
Stuttgart 1872
(zit.: *Bitzer*, Arbeitsordnungen)

Blassl, Johannes Sebastian — Whistleblowing des Compliance-Officers
In: Compliance-Berater 2016, S. 298 ff.
(zit.: *Blassl*, CB 2016, 298)

Blassl, Johannes Sebastian — Umgehung von Compliance als tatbestandausschließender Exzess bei § 130 OWiG
In: Corporate Compliance Zeitschrift 2016, S. 201 ff.
(zit.: *Blassl*, CCZ 2016, 201)

Blomeyer, Wolfgang — Das Günstigkeitsprinzip in der Betriebsverfassung – Die Betriebsvereinbarung zwischen Individual- und Tarifvertrag
In: Neue Zeitschrift für Arbeitsrecht 1996, 337 ff.
(zit.: *Blomeyer*, NZA 1996, 337)

Blum, Volker — Bagatellen rechtfertigen keine fristlose Kündigung
In: Zeitschrift für Rechtspolitik 2010, S. 132
(zit.: *Blum*, ZRP 2010, 132)

Bock, Dennis — Criminal Compliance
Baden-Baden 2011
(zit.: *Bock*, Compliance)

Bockslaff, Klaus — Die eventuelle Verpflichtung zur Errichtung eines sicherungstechnischen Risikomanagements durch das KonTraG
In: Neue Zeitschrift für Versicherung und Recht 1999, S. 104 ff.
(zit.: *Bockslaff*, NVersZ 1999, 104)

Boecken, Winfried
Düwell, Franz Josef
Diller, Martin
Hanau, Hans — Gesamtes Arbeitsrecht
1. Auflage
Baden-Baden 2016
(zit.: Boecken/Düwell/Diller/Hanau/*Bearbeiter*)

Böhm, Wolf-Tassilo — Non-Compliance und Arbeitsrecht
Baden-Baden 2011
(zit.: *Böhm*, Compliance)

Böhlhoff, Heinz — Die Betriebsordnung als Ausdruck nationalsozialistischen Rechtsdenkens im Gegensatz zu ihren Vorläufern
Marburg 1936
(zit.: *Böhlhoff*, Betriebsordnung)

Bohnert, Joachim
Krenberger, Benjamin
Krumm, Carsten — OWiG – Kommentar zum Ordnungswidrigkeitengesetz
5. Auflage
München 2018
(zit.: Bohnert/Krenberger/Krumm)

Boldt, Petra — Ethikregeln als verbindlicher Verhaltensmaßstab für die Arbeitsverhältnisse in deutschen Unternehmen
Frankfurt am Main 2008
(zit.: *Boldt*, Ethikregeln)

Bonanni, Andrea — Sexuelle Belästigung am Arbeitsplatz – Pflichten und Handlungsoptionen der Arbeitgeber
In: ArbeitsRechtsBerater 2013, S. 82 ff.
(zit.: *Bonanni*, ArbRB 2013, 82)

Boos, Karl-Heinz
Fischer, Reinfrid
Schulte-Mattler, Hermann — Kreditwesengesetz
Kommentar zu KWG und Ausführungsvorschriften
5. Auflage
München 2016
(zit.: Boos/Fischer/Schulte-Mattler/*Bearbeiter*)

Borgmann, Bernd — Ethikrichtlinien und Arbeitsrecht
In: Neue Zeitschrift für Arbeitsrecht 2003, S. 352 ff.
(zit.: *Borgmann*, NZA 2003, 352)

Brandts, Franz — Fabrikordnung für die Fabrik von F. Brandts zu M. Gladbach
Mönchengladbach 1882
(zit.: FO F. Brandts 1882)

Brandts, Franz — Fabrikordnung für die Fabrik von F. Brandts zu M. Gladbach
Mönchengladbach 1885
(zit.: FO F. Brandts 1885)

Bubrowski, Helene — Verrat aus Überzeugung – Für Unternehmen werden interne Hinweisgeber immer wichtiger. Doch Mitarbeiter, die Missstände aufdecken, stehen in Deutschland immer noch in der Schmuddelecke
In: Frankfurter Allgemeine Zeitung Nr. 14 v. 17./18.01.2015, S. C2
(zit.: *Bubrowski*, FAZ Nr. 14 v. 17./18.01.2015, S. C2)

Buchner, Herbert — Anmerkung zu BAG, Urteil vom 11.12.2001 – 9 AZR 464/00
In: Recht der Arbeit 2003, S. 177 ff.
(zit.: *Buchner*, RdA 2003, 175)

Budras, Corinna — Verrat in der U-Bahn – Geschäftsgeheimnisse können Milliarden wert sein, besonders wenn es um technische Innovationen geht. Doch viele Mitarbeiter gehen damit zu sorglos um.
In: Frankfurter Allgemeine Zeitung, Nr. 208 v. 07./08.09.2013, S. C 2.
(zit.: *Budras*, FAZ, Nr. 208 v. 07./08.09.2013, S. C 2)

Bunting, Nikolaus — Konzernweite Compliance – Pflicht oder Kür?
In: Zeitschrift für Wirtschaftsrecht 2012, S. 1542 ff.
(zit.: *Bunting*, ZIP 2012, 1542)

Bürkle, Jürgen — Weitergabe von Informationen über Fehlverhalten in Unternehmen (Whistleblowing) und Steuerung auftretender Probleme durch ein Compliance-System
In: Der Betrieb 2004, S. 2158 ff.
(zit.: *Bürkle*, DB 2004, 2158)

Bürkle, Jürgen — Corporate Compliance – Pflicht oder Kür für den Vorstand der AG?
In: Betriebs-Berater 2005, S. 565 ff.
(zit.: *Bürkle*, BB 2005, 565)

Büttner, Friedrich — Die Betriebsordnung nach dem Gesetz zur Ordnung der nationalen Arbeit
Leipzig 1938
(zit.: *Büttner*, Betriebsordnung)

Von Busekist, Konstantin
Hein, Oliver — Der IDW PS 980 und die allgemeinen rechtlichen Mindestanforderungen an ein wirksames Compliance Management System (1) – Grundlagen, Kultur und Ziele
In: Corporate Compliance Zeitschrift 2012, S. 41 ff.
(zit.: *Von Busekist/Hein*, CCZ 2012, 41)

Von Busekist, Konstantin
Schlitt, Christian
Der IDW PS 980 und die allgemeinen rechtlichen Mindestanforderungen an ein wirksames Compliance Management System (2) – Risikoermittlungspflicht
In: Corporate Compliance Zeitschrift 2012, S. 86 ff.
(zit.: *Von Busekist/Schlitt*, CCZ 2012, 86)

Von Busekist, Konstantin
Keuten, Nils Christian
Zur Einrichtung eines Compliance-Ausschusses im Aufsichtsrat
In: Corporate Compliance Zeitschrift 2016, S. 119 ff.
(zit.: *Von Busekist/Keuten*, CCZ 2016, 119)

Bussmann, Kai
Matschke, Sebastian
Die Zukunft der unternehmerischen Haftung bei Compliance-Verstößen
In: Corporate Compliance Zeitschrift 2009, S. 132 ff.
(zit.: *Bussmann/Matschke*, CCZ 2009, 132)

Cauers, Lutz
Haas, Klaus
Jakob, Alexander
Kremer, Friedhelm
Schartmann, Bernd
Welp, Oliver
Ist der gegenwärtig viel diskutierte Begriff „Compliance" nur alter Wein in neuen Schläuchen?
In: Der Betrieb 2008, S. 2717 ff.
(zit.: *Cauers/Haas/Jakob/Kremer/Schartmann/Welp*, DB 2008, 2717)

Chandna-Hoppe, Katja
Beweisverwertung bei digitaler Überwachung am Arbeitsplatz unter Geltung des BDSG 2018 und der DS-GVO – Der gläserne Arbeitnehmer?
In: Neue Zeitschrift für Arbeitsrecht 2018, S. 614 ff.
(zit.: *Chandna-Hoppe*, NZA 2018, 614)

Dann, Matthias
Schmidt, Kerstin
Im Würgegriff der SEC? – Mitarbeiterbefragungen und die Selbstbelastungsfreiheit
In: Neue Juristische Wochenschrift 2009, S. 1851 ff.
(zit.: *Dann/Schmidt*, NJW 2009, 1851)

Däubler, Wolfgang
Zur Wirksamkeit von Ethikrichtlinien – Ein Wolf im Schafspelz?
In: Der Betriebsrat 2005, S. 25 ff.
(zit.: *Däubler*, dbr 2005, 25)

Däubler, Wolfgang
Soft law und kollektives Arbeitsrecht
Wittenberg-Prozess – Verhaltensrichtlinien von Unternehmen – Ehrenkodex für Betriebsräte
In: Beilage zur Neuen Zeitschrift für Arbeitsrecht 2011, S. 42 ff.
(zit.: *Däubler*, NZA-Beil. 2011, 42)

Däubler, Wolfgang *Hjort, Jens Peter* *Schubert, Michael* *Wolmerath, Martin [Hrsg.]*	Arbeitsrecht Individualarbeitsrecht mit kollektivrechtlichen Bezügen 4. Auflage Baden-Baden 2017 (zit.: Däubler/Hjort/Schubert/Wolmerath/*Bearbeiter*)
Dauner-Lieb, Barbara [Hrsg.] *Langen, Werner [Hrsg.]*	Nomos Kommentar BGB Band II – Schuldrecht 3. Auflage Baden-Baden 2016 (zit.: Dauner-Lieb/Langen/*Bearbeiter*)
Delor, Karl	Die gewerbliche Arbeitsordnung nach geltendem Recht Düren 1932 (zit.: *Delor*, Arbeitsordnung)
Demmler, H. *[Autorenkollektiv]*	Unser neues Gesetzbuch der Arbeit Berlin 1961 (zit.: *Demmler*, Unser neues Gesetzbuch der Arbeit)
Deutscher, Jörg	Zur Strafbarkeit des Compliance Officer – erhöhte Berufsrisiken nach dem Urteil des BGH vom 17.7.2009 = WM 2009, 1882 In: Wertpapier-Mitteilungen 2010, S. 1387 ff. (zit.: *Deutscher*, WM 2010, 1387)
Deyhle, Matthias	Arbeitsrechtliche Compliance und die Auswirkungen auf das Kündigungsrecht Frankfurt am Main 2015 (zit.: *Deyhle*, Compliance)
Diehn, Thomas	AGB-Kontrolle von arbeitsrechtlichen Verweisungsklauseln In: Neue Zeitschrift für Arbeitsrecht 2004, S. 129 ff. (zit.: *Diehn*, NZA 2004, 129)
Dieners, Peter [Hrsg.]	Handbuch Compliance im Gesundheitswesen 3. Auflage München 2010 (zit.: Dieners/*Bearbeiter*)
Dieterich, Thomas [Begr.] *Hanau, Peter [Begr.]* *Schaub, Günter [Begr.]* *Müller-Glöge, Rudi [Hrsg.]* *Preis, Ulrich [Hrsg.]* *Schmidt, Ingrid [Hrsg.]*	Erfurter Kommentar zum Arbeitsrecht 18. Auflage München 2018 (zit.: ErfK/*Bearbeiter*)
Diller, Martin	Der Arbeitnehmer als Informant, Handlanger und Zeuge im Prozess des Arbeitgebers gegen Dritte In: Der Betrieb 2004, S. 313 ff. (zit.: *Diller*, DB 2004, 313)

Dölling, Dieter [Hrsg.]	Handbuch der Korruptionsprävention München 2007 (zit.: Dölling/*Bearbeiter*)
Dreher, Meinrad	Die Vorstandsverantwortung im Geflecht von Risikomanagement, Compliance und interner Revision In: *Kindler, Peter [Hrsg.]/Koch, Jens [Hrsg.]/Ulmer, Peter [Hrsg.]/Winter, Martin [Hrsg.]* Festschrift für Uwe Hüffer zum 70. Geburtstag München 2010 (zit.: *Dreher*, FS Hüffer)
Dreier, Horst [Hrsg.]	Grundgesetz Band 1 Präambel, Artikel 1 – 19 3. Auflage Tübingen 2013 (zit.: Dreier/*Bearbeiter*)
Drygala, Tim *Drygala, Anja*	Wer braucht ein Frühwarnsystem? In: Zeitschrift für Wirtschaftsrecht 2000, S. 297 ff. (zit.: *Drygala/Drygala*, ZIP 2000, 297)
Dudenredaktion	Duden – Die deutsche Rechtschreibung Band 1 22. Auflage Mannheim/Leipzig/Wien/Zürich 2000 (zit.: Duden)
Dürselen, Karl *Schulte-Mattler, Hermann*	Die 5. MaRisk-Novelle im Überblick – Teil I In: Wertpapier-Mitteilungen 2018, S. 1237 ff. (zit.: *Dürselen/Schulte-Mattler*, WM 2018, 1237)
Düwell, Franz Josef [Hrsg.]	Betriebsverfassungsgesetz Handkommentar 5. Auflage Baden-Baden 2018 (zit.: Düwell/*Bearbeiter*)
Düwell, Franz Josef	Beschäftigtendatenschutz nach der Umsetzung der Datenschutz-Grundverordnung: Viele Änderungen und wenig Neues In: Neue Zeitschrift für Arbeitsrecht 2017, S. 1081 ff. (zit.: *Düwell*, NZA 2017, 1081)
Dzida, Boris	Die Mitbestimmung des Konzernbetriebsrats bei Ethik-Richtlinien In: Neue Zeitschrift für Arbeitsrecht 2008, S. 1265 ff. (zit.: *Dzida*, NZA 2008, 1265)

Ebel, Wilhelm
Gewerbliches Arbeitsvertragsrecht im deutschen Mittelalter
Weimar 1934
(zit.: *Ebel*, Mittelalter)

Ebel, Wilhelm
Quellen zur Geschichte des deutschen Arbeitsrechts (bis 1849)
Göttingen 1964
(zit.: *Ebel*, Quellen)

Ebenroth, Carsten Thomas [Begr.]
Boujong, Karlheinz [Begr.]
Joost, Detlev [Begr./Hrsg.]
Strohn, Lutz [Hrsg.]
Handelsgesetzbuch
Band 1 – §§ 1 – 342e
3. Auflage
München 2014
Band 2 – §§ 343 – 375h Transportrecht, Bank- und Börsenrecht
3. Auflage
München 2015
(zit.: Ebenroth/Boujong/Joost/Strohn/*Bearbeiter*)

Eisele, Dieter
Insiderrecht und Compliance
In: Zeitschrift für Wirtschafts- und Bankrecht – Wertpapier Mitteilungen 1993, S. 1021 ff.
(zit.: *Eisele*, WM 1993, 1021)

Eisenbeis, Ernst
Nießen, Christoph
Auf Kollisionskurs: Ethikrichtlinien nach US-amerikanischem Vorbild und deutsches Arbeitsrecht
In:
Düwell, Franz [Hrsg.]
Bewegtes Arbeitsrecht
Festschrift für Wolfgang Leinemann zum 70. Geburtstag
München 2006
(zit.: *Eisenbeis/Nießen*, FS Leinemann)

Ellscheid, Günter
Recht und Moral
In: *Hassemer, Winfried*; *Neumann, Ulfrid*; *Saliger, Frank*
Einführung in Rechtsphilosophie und Rechtstheorie der Gegenwart
9. Auflage
Heidelberg 2016
(zit.: *Ellscheid*, Recht und Moral)

Engelmann, Ernst
Die rechtliche Natur der Arbeitsordnung nach altem und neuem Arbeitsrecht
Göttingen 1922
(zit.: *Engelmann*, Arbeitsordnung)

Epping, Volker
Lenz, Sebastian
Leydecker, Philipp
Grundrechte
7. Auflage
Berlin/Heidelberg 2017
(zit.: *Epping*, GR)

Eufinger, Alexander
Arbeitsrechtliche Aspekte der Aufklärung von Compliance-Verstößen
In: Betriebs-Berater 2016, S. 1973 ff.
(zit.: *Eufinger*, BB 2015, 1973)

Eufinger, Alexander
Arbeitsrechtliche Beweisverwertungsverbote und unternehmensinterne Untersuchungen – Compliance, Haftungsrisiken und Aufklärungsinteresse vs. Datenschutz und Persönlichkeitsrecht des Arbeitnehmers
In: Der Betrieb 2017, S. 1266 f.
(zit.: *Eufinger*, DB 2017, 1266)

Eufinger, Alexander
Die neue CSR-Richtlinie – Erhöhung der Unternehmenstransparenz in Sozial- und Umweltbelangen
In: Europäische Zeitschrift für Wirtschaftsrecht 2015, S. 424 ff.
(zit.: *Eufinger*, EuZW 2015, 424)

Eufinger, Alexander
Personelle Selbstreinigung nach Compliance-Verstößen – Kündigungen, Schadensliquidation und Amnestieregelungen im Spannungsfeld –
In: Der Betrieb 2016, S. 471 ff.
(zit.: *Eufinger*, DB 2016, 471)

Eufinger, Alexander
Rechtliche Aspekte Compliance-indizierter Sanktionsmechanismen im Arbeitsverhältnis
In: Recht der Arbeit 2017, S. 223 ff.
(zit.: *Eufinger*, RdA 2017, 223)

Eufinger, Alexander
Zu den historischen Ursprüngen der Compliance
In: Corporate Compliance Zeitschrift 2012, S. 21 ff.
(zit.: *Eufinger*, CCZ 2012, 22)

Fahrig, Stephan
Die Einführung eines Verhaltenskodexes und das Whistleblowing
Baden-Baden 2010
(zit.: *Fahrig*, Verhaltenskodex)

Fahrig, Stephan
Verhaltenskodex und Whistleblowing im Arbeitsrecht
In: Neue Juristische Online-Zeitschrift 2010, S. 975 ff.
(zit.: *Fahrig*, NJOZ 2010, 975)

Fandel, Stefan
Kock, Martin
Das Vertrauenskapital macht den Ausgang von Kündigungsschutzverfahren ungewiss
In: Betriebs-Berater 2011, S. 61 ff.
(zit.: *Fandel/Kock*, BB 2011, 61)

Fink, Jörn Ulrich — MiFID II – Neuerungen zu den Organisationspflichten der Compliance-Funktion
In: Compliance Berater 2018, 133
(zit.: *Fink*, CB 2018, 133)

Fissenewert, Peter [Hrsg.] — Compliance für den Mittelstand
2. Auflage
München 2018
(zit.: *Fissenewert*, Compliance)

Fissenewert, Peter — Compliance für den Mittelstand
In: Neue Zeitschrift für Gesellschaftsrecht 2015, S. 1009 ff.
(zit.: *Fissenewert*, NZG 2015, 1009)

Fitting, Karl [Begr.]
Engels, Gerd
Schmidt, Ingrid
Trebinger, Yvonne
Linsenmaier, Wolfgang — Betriebsverfassungsgesetz
Handkommentar
29. Auflage
München 2018
(zit.: *Fitting*)

Flatow, Georg — Betriebsvereinbarung und Arbeitsordnung
Mannheim/Berlin/Leipzig 1921
(zit.: *Flatow*, Betriebsvereinbarung)

Fleischer, Holger [Hrsg.] — Handbuch des Vorstandsrechts
1. Auflage
München 2006
(zit.: Fleischer/*Bearbeiter*, VorstandsR)

Fleischer, Holger — Vorstandsverantwortlichkeit und Fehlverhalten von Unternehmensangehörigen – Von der Einzelüberwachung zur Errichtung einer Compliance-Organisation
In: Die Aktiengesellschaft 2003, S. 291 f.
(zit.: *Fleischer*, AG 2003, 291)

Fleischer, Holger — Vorstandspflichten bei rechtwidrigen Hauptversammlungsbeschlüssen
In: Betriebs-Berater 2005, S. 2025 ff.
(zit.: *Fleischer*, BB 2005, 2025)

Fleischer, Holger — Corporate Compliance im aktienrechtlichen Unternehmensverbund
In: Corporate Compliance Zeitschrift 2008, S. 1 ff.
(zit.: *Fleischer*, CCZ 2008, 1)

Fleischer, Holger — Zur ergänzenden Anwendung von Aktienrecht auf die GmbH
In: GmbH-Rundschau 2008, S. 673 ff.
(zit.: *Fleischer*, GmbHR 2008, 673)

Fleischer, Holger — Aktienrechtliche Compliance-Pflichten im Praxistest: Das Siemens/Neubürger-Urteil des LG München I
In: Neue Zeitschrift für Gesellschaftsrecht 2014, S. 321 ff.
(zit.: *Fleischer*, NZG 2014, 321)

Fleischer, Holger — Ehrbarer Kaufmann – Grundsätze der Geschäftsmoral – Reputationsmanagement: Zur „Moralisierung" des Vorstandsrechts und ihren Grenzen
In: Der Betrieb 2017, S. 2015 ff.
(zit.: *Fleischer*, DB 2017, 2015)

Forsthoff, Ernst — Lehrbuch des Verwaltungsrechts – Allgemeiner Teil
10. Auflage
München 1973
(zit.: *Forsthoff*, VerwR)

Freutel, Adolf — Rechtsnatur und Rechtsinhalt der Arbeitsordnung
Greifswald 1919
(zit.: *Freutel*, Arbeitsordnung)

Fritz, Hans-Joachim — Whistleblowing – Denunziation oder Wettbewerbsvorteil? – Inhalt und Grenzen des Whistleblowings im Rahmen von Corporate Compliance
In:
Maschmann, Frank [Hrsg.]
Corporate Compliance und Arbeitsrecht
1. Auflage
Baden-Baden 2009
(zit.: *Fritz*, Compliance)

Fruck, Angela — Aufsichtspflichtverletzung gemäß § 130 OWiG durch Korruption und Compliance als interne Korruptionsbekämpfung
Köln 2010
(zit.: *Fruck*, Compliance)

Früh, Andreas — Legal & Compliance – Abgrenzung oder Annäherung (am Beispiel einer Bank)
In: Corporate Compliance Zeitschrift 2010, S. 121 ff.
(zit.: *Früh*, CCZ 2010, 121)

Fuhlrott, Michael — Die im Verhalten begründete Kündigung nach „Emmely" – Alles bleibt beim Alten
In: Arbeitsrecht Aktuell 2010, S. 1323 ff.
(zit.: *Fuhlrott*, ArbRAktuell 2010, 541)

Fuhlrott, Michael; *Hoppe, Christian* — Gewusst wie – Richtig abmahnen
In: Arbeit und Arbeitsrecht 2011, S. 78 ff.
(zit.: *Fuhlrott/Hoppe*, AuA 2011, 78)

Gallner, Inken [Hrsg.] *Mestwerdt, Wilhelm [Hrsg.]* *Nägele, Stefan [Hrsg.]*	Kündigungsschutzrecht Handkommentar 6. Auflage Baden-Baden 2018 (zit.: Gallner/Mestwerdt/Nägele/*Bearbeiter*)
Gaschler, Patrick	Whistle Blower Systeme – Unternehmen im Spannungsfeld von Pflicht und Risiken In: Compliance-Berater 2018, S. 81 ff. (zit.: *Gaschler*, CB 2018, 81)
Gerbrecht, Gustav Adolf	Gegenstand und rechtliche Bedeutung der Arbeitsordnungen (GewO § 134a ff.) Leipzig 1910 (zit.: *Gerbrecht*, Arbeitsordnung)
Gerig, Martin *Tsesis, Alexandra*	Interessenvertretung und Compliance In: Corporate Compliance Zeitschrift 2015, S. 268 ff. (zit.: *Gerig/Tsesis*, CCZ 2015, 268)
Goerrig, Emmy	Arbeitsordnung, Betriebsvereinbarung und Tarifvertrag Köln 1925 (zit.: *Goerrig*, Arbeitsordnung)
Goette, Wulf [Hrsg.] *Habersack, Mathias [Hrsg.]*	Münchener Kommentar zum Aktiengesetz Band 2 – §§ 76 – 117, MitbestG, DrittelbG 4. Auflage München 2014 (zit.: MüKo-AktG/*Bearbeiter*)
Goller, Karl	Der Erlaß der Betriebsordnung Köln 1936 (zit.: *Goller*, Betriebsordnung)
Göpfert, Burkart *Merten, Frank* *Siegrist, Carolin*	Mitarbeiter als „Wissensträger“ Ein Beitrag zur aktuellen Compliance-Diskussion In: Neue Juristische Wochenschrift 2008, S. 1703 ff. (zit.: *Göpfert/Merten/Siegrist*, NJW 2008, 1703)
Görling, Helmut [Hrsg.] *Inderst, Cornelia [Hrsg.]* *Bannenberg, Britta [Hrsg.]*	Compliance Aufbau – Management – Risikobereiche 1. Auflage Heidelberg 2010 (zit.: Görling/Inderst/Bannenberg/*Bearbeiter* [1. Aufl. 2010])

Götz, Heinrich
Die Pflicht des Aufsichtsrats zur Haftbarmachung von Vorstandsmitgliedern
Besprechung des ARAG–Urteils des BGH
In: Neue Juristische Wochenschrift 1997, S. 3275 ff.
(zit.: *Götz*, NJW 1997, 3275)

Gößwein, Georg
Hohmann, Olaf
Modelle der Compliance-Organisation in Unternehmen – Wider den Chief Compliance Officer als „Überoberverantwortungsnehmer“
In: Betriebs-Berater 2011, S. 963 ff.
(zit.: *Gößwein/Hohmann*, BB 2011, 963)

Grobys, Marcel [Hrsg.]
Panzer, Andreas [Hrsg.]
StichwortKommentar
Arbeitsrecht
3. Auflage
Baden-Baden 2018
(zit.: Grobys/Panzer-Heemeier/*Bearbeiter*, Stichwort)

Groß, Bernd
Auch den Unternehmen selbst drohen harte Strafen
In: Frankfurter Allgemeine Zeitung Nr. 276 v. 27.11.2013, S. 19
(zit.: *Groß*, FAZ Nr. 276 v. 27.11.2013, S. 19)

Groß, Nadja
Platzer, Matthias
Whistleblowing: Keine Klarheit beim Umgang mit Informationen und Daten
In: Neue Zeitschrift für Arbeitsrecht 2017, S. 1097
(zit.: *Groß/Platzer*, NZA 2017, 1097)

Groß, Peter
Rechtsabteilung und Compliance – ein systemischer Widerspruch?
In: Compliance-Berater 2013, S. 270 f.
(zit.: *Groß*, CB 2013, 270)

„Großbanken müssen 1,71 Milliarden Euro Kartellstrafe zahlen“
„Großbanken müssen 1,71 Milliarden Euro Kartellstrafe zahlen“
In: Frankfurter Allgemeine Zeitung Nr. 283 v. 05.12.13, S. 1
(zit.: „Großbanken müssen 1,71 Milliarden Euro Kartellstrafe zahlen“, FAZ Nr. 283 v. 05.12.13, S. 1)

Grunewald, Barbara
Die Abwälzung von Bußgeldern, Verbands- und Vertragsstrafen im Wege des Regresses
In: Neue Zeitschrift für Gesellschaftsrecht 2016, S. 1121 ff.
(zit.: *Grunewald*, NZG 2016, 1121)

Grützner, Thomas [Hrsg.]
Jakob, Alexander [Hrsg.]
Compliance von A-Z
2. Auflage
München 2015
(zit.: Grützner/Jakob/*Bearbeiter*, Stichwort)

Grützner, Thomas
Behr, Nicolai
Effektives Compliance Programm verhindert Bestrafung von Investmentbank wegen Verstößen gegen FCPA
In: Corporate Compliance Zeitschrift 2013, S. 71 ff.
(zit.: *Grützner/Behr*, CCZ 2013, 71)

Grützner, Thomas
LG München I: Die Einrichtung eines funktionierenden Compliance-Systems
gehört zur Gesamtverantwortung des Vorstands – BB-Kommentar
In: Betriebs-Berater 2014, S. 850 ff.
(zit.: *Grützner*, BB 2014, 850)

Grützner, Thomas
Unternehmensstrafrecht vs. Ordnungswidrigkeitenrecht
In: Corporate Compliance Zeitschrift 2015, S. 56 ff.
(zit.: *Grützner*, CCZ 2015, 56)

Haag, Oliver
Acikgöz, Sibel
Compliance-Management im Unternehmen – Notwendigkeit oder Rechtspflicht?
In: Compliance-Berater 2016, S. 265 ff.
(*Haag/Acikgöz*, CB 2016, 265)

Hafenrichter, Hermann
Die Arbeitsordnung
Marburg 1922
(zit.: *Hafenrichter*, Arbeitsordnung)

Hamann, Wolfgang
Rudnik, Tanja
Ethikrichtlinien im Arbeitsrecht
Juristische Ausbildung 2015, S. 901 ff.
(zit.: *Hamann/Rudnik*, JA 2015, 901)

Hanel, Werner
Der staatliche Einfluss auf die Betriebsordnung gemäß § 16 AOG
Köln 1937
(zit.: *Hanel*, Betriebsordnung)

Hank, Rudolf
Die Rechtswirkungen der Betriebsordnung nach dem Gesetz zur Ordnung der nationalen Arbeit vom 20. Januar 1934
Gießen 1937
(zit.: *Hank*, Betriebsordnung)

Harbarth, Stephan
Brechtel, Micha
Rechtliche Anforderungen an eine pflichtgemäße Compliance-Organisation im Wandel der Zeit
In: Zeitschrift für Wirtschaftsrecht 2016, S. 241 ff.
(zit.: *Harbarth/Brechtel*, ZIP 2016, 241)

Hastenrath, Katharina
Möglichkeiten und Grenzen der Pflichtendelegation an den (Chief) Compliance Officer
In: Compliance-Berater 2016, S. 6 ff.
(zit.: *Hastenrath*, CB 2016, 6)

Hauer, Ulrich — Die Abmahnung im Arbeitsverhältnis
Baden-Baden 1990
(zit.: *Hauer*, Abmahnung)

Hauschka, Christoph — Compliance – Praktische Erfahrungen und Thesen
In:
Bachmann, Gregor[Hrsg.]/Baums, Theodor[Hrsg.]/Goette, Wulf [Hrsg.] Gesellschaftsrecht in der Diskussion 2007 – Jahrestagung der Gesellschaftsrechtlichen Vereinigung (VGR)
(zit.: *Hauschka*, Compliance)

Hauschka, Christoph — Compliance, Compliance-Manager, Compliance-Programme: Eine geeignete Reaktion auf gestiegene Haftungsrisiken für Unternehmen und Management?
In: Neue Juristische Wochenschrift 2004, S. 257 ff.
(zit.: *Hauschka*, NJW 2004, 257 ff.)

Hauschka, Christoph — Die Voraussetzungen für ein effektives Compliance System i. S. von § 317 Abs. 4 HGB
In: Der Betrieb 2006, S. 1143 ff.
(zit.: *Hauschka*, DB 2006, 1143)

Hauschka, Christoph — Compliance am Beispiel der Korruptionsbekämpfung – Eine Erwiderung aus der Praxis auf Uwe H. Schneiders Vorschläge, ZIP 2003, 645
In: Zeitschrift für Wirtschaftsrecht 2004, S. 877 ff.
(zit.: *Hauschka*, ZIP 2004, 877)

Hauschka, Christoph
Greeve, Gina — Compliance in der Korruptionsprävention – was müssen, was sollen, was können die Unternehmen tun?
In: Betriebs-Berater 2007, S. 165 ff.
(zit.: *Hauschka/Greeve*, BB 2007, 165)

Hauschka, Christoph [Hrsg.]
Moosmayer, Klaus [Hrsg.]
Lösler, Thomas [Hrsg.] — Corporate Compliance
Handbuch der Haftungsvermeidung in Unternehmen
3. Auflage
München 2016
(zit.: Hauschka/*Bearbeiter*)

Haußmann, Katrin
Merten, Frank — „Kündigungspflicht“ und ihre arbeitsrechtliche Umsetzung
In: Neue Zeitschrift für Arbeitsrecht 2015, S. 258 ff.
(zit.: *Haußmann/Merten*, NZA 2015, 258)

Heidemann, Ralf
Hüsemann, Lars — Whistleblowing – Handlungsmöglichkeiten des Betriebsrats und ein neues Gesetz?
In: Arbeitsrecht im Betrieb 2012, S. 640 ff.
(zit.: *Heidemann/Hüsemann*, AiB 2012, 640)

Heinemeyer, Ilka
Thomas, Holger
Compliance: Die Einhaltung der Zweiwochenfrist bei Ausspruch fristloser Kündigungen im Rahmen von unternehmensinternen Ermittlungen
In: Betriebs-Berater 2012, S. 1218
(zit.: *Heinemeyer/Thomas*, BB 2012, 1218)

Heitmann, Hendrik
Die Arbeitgeberkündigung eines Anlageberaters
In: Recht der Arbeit 2017, S. 166 ff.
(zit.: *Heitmann*, RdA 2017, 166)

Heldmann, Sebastian
Betrugs- und Korruptionsbekämpfung zur Herstellung von Compliance – Arbeits- und datenschutzrechtliche Sicht
In: Der Betrieb 2010, S. 1235
(zit.: *Heldmann*, DB 2010, 1235)

Hemeling, Peter
Compliance im Erst- und Rückversicherungsunternehmen
In: Corporate Compliance Zeitschrift 2010, S. 21 ff.
(zit.: *Hemeling*, CCZ 2010, 21)

Henssler, Martin [Hrsg.]
Strohn, Lutz [Hrsg.]
Gesellschaftsrecht
3. Auflage
München 2016
(zit.: Henssler/Strohn/*Bearbeiter*)

Henssler, Martin [Hrsg.]
Willemsen, Heinz Josef [Hrsg.]
Kalb, Heinz-Jürgen [Hrsg.]
Arbeitsrecht
Kommentar
8. Auflage
Köln 2018
(zit.: HWK/*Bearbeiter*)

Henssler, Martin
Schneider, David
Besprechung des Beschlusses, BAG v. 22.07.2008 – 1 ABR 40/07
In: Recht der Arbeit 2009, S. 318 ff.
(zit.: *Henssler/Schneider*, RdA 2009, 318)

Hess, Harald
Worzalla, Michael
Glock, Dirk
Nicolai, Andrea
Rose, Franz-Josef
Huke, Kristina
BetrVG – Kommentar
10. Auflage
Köln 2018
(zit.: HWGNRH/*Bearbeiter*)

Hey, Thomas
Christ, Peter
Compliance ist (auch) ein arbeitsrechtliche Thema – zugleich Anmerkung zu dem Urteil des Hessischen Landesarbeitsgerichts vom 15. Januar 2010 – 17 SA 21/09
In: MedizinProdukteRecht 2010, S. 189 ff.
(zit.: *Hey/Christ*, MPR 2010, 189)

Hitze, Franz [Hrsg.]
Normal-Arbeitsordnung
Köln 1892
(zit.: *Hitze*, Normal-Arbeitsordnung)

Hitze, Franz
Arbeitszeit und Arbeitsleistung
In: Arbeiterwohl 2.1882, S. 201 ff.
(zit.: *Hitze*, AW 2.1882, 201 ff.)

Hjort, Jens Peter
Compliance – Nur Spielwiese für Betriebsräte?
In: Arbeitsrecht im Betrieb 2010, S. 262
(zit.: *Hjort*, AiB 2010, 262)

Hoffmann, Andreas
Schieffer, Anita
Pflichten des Vorstands bei der Ausgestaltung einer ordnungsgemäßen Compliance-Organisation
In: Neue Zeitschrift für Gesellschaftsrecht 2017, S. 401 ff.
(zit.: *Hoffmann/Schieffer*, NZG 2017, 401)

Hofmann, Günter
Die Betriebsordnung
Rechtliche Grundlagen und praktische Ausgestaltung
Frankfurt a. M. 1938
(zit.: *Hofmann*, Betriebsordnung)

Hohmuth, Markus
Die arbeitsrechtliche Implementierung von Compliance-Pflichten
In: Betriebs-Berater 2014, S. 3061 ff.
(zit.: *Hohmuth*, BB 2014, 3061)

Hölters, Wolfgang [Hrsg.]
Aktiengesetz
Kommentar
3. Auflage
München 2017
(zit.: Hölters/*Bearbeiter*)

Holtbrügge, Dirk
Autos bauen auf Chinesisch
In: Zeit Campus Nr. 3, Mai/Juni 2013, S. 8 ff.
(zit.: *Holtbrügge*, Zeit Campus Nr. 3, Mai/Juni 2013, S. 8)

Holzhauser, Guido
Compliance: Must have or nice to have – Gesellschafts- und kapitalmarktrechtliche Grundlagen von Compliance
In:
Holzhauser, Guido/Sutter, Carolin
Interdisziplinäre Aspekte von Compliance
Baden-Baden 2011
(zit.: *Holzhauser*, Compliance)

V. Hoyningen-Huene, Gerrick
Linck, Rüdiger
Krause, Rüdiger
Kündigungsschutzgesetz – Kommentar
15. Auflage
München 2013
(zit.: V. Hoyningen-Huene/Linck/Krause/*Bearbeiter*)

V. Hoyningen-Huene, Gerrick
Die Abmahnung im Arbeitsrecht
In: Recht der Arbeit 1990, S. 193 ff.
(zit.: *V. Hoyningen-Huene*, RdA 1990, 193)

Hromadka, Wolfgang	Die Arbeitsordnung im Wandel der Zeit: dargest. am Beispiel der Hoechst AG Köln/ Berlin/Bonn/München 1979 (zit.: *Hromadka*, Arbeitsordnung)
Hromadka, Wolfgang	Arbeitsordnung und Arbeitsverfassung In: Zeitschrift für Arbeitsrecht 1979, S. 203 ff. (zit.: *Hromadka*, ZfA 1979, 203)
Hromadka, Wolfgang	Die ablösende Betriebsvereinbarung ist wieder da! In: Neue Zeitschrift für Arbeitsrecht 2013, S. 1061 ff. (zit.: *Hromadka*, NZA 2013, 1061)
Hromadka, Wolfgang	Entgeltänderung durch Betriebsvereinbarung? In: Neue Zeitschrift für Arbeitsrecht – Beilage 2014, S. 136 ff. (zit.: *Hromadka*, NZA-Beil. 2014, 136)
Hümmerich, Klaus [Hrsg.] *Boecken, Winfried [Hrsg.]* *Düwell, Franz Josef [Hrsg.]*	Arbeitsrecht Kommentar 2. Auflage Baden-Baden 2010 (zit.: Hümmerich/Boecken/Düwell/*Bearbeiter*)
Hunold, Wolf	Rechtsprechung zur Kündigung wegen Vertrauensbruchs nach „Emmely“ In: Neue Zeitschrift für Arbeitsrecht Rechtsprechungs-Report 2011, S. 561 ff. (zit.: *Hunold*, NZA-RR 2011, 561)
Hussain, Asma	Wie baut man eine Ethik-Abteilung auf? – Ein praktischer Leitfaden In: Corporate Compliance Zeitschrift 2011, S. 134 ff. (zit.: *Hussain*, CCZ 2011, 134)
Illing, Diana *Umnuß, Karsten*	Die arbeitsrechtliche Stellung des Compliance Managers – insbesondere Weisungsunterworfenheit und Reportingpflichten In: Corporate Compliance Zeitschrift 2009, S. 1 ff. (zit.: *Illing/Umnuß*, CCZ 2009, 1)
Inderst, Cornelia [Hrsg.] *Bannenberg, Britta [Hrsg.]* *Poppe, Sina [Hrsg.]*	Compliance Aufbau – Management – Risikobereiche 2. Auflage Heidelberg 2013 (zit.: Inderst/Bannenberg/Poppe/*Bearbeiter*, 2. Aufl. 2013)

Inderst, Cornelia [Hrsg.]
Bannenberg, Britta [Hrsg.]
Poppe, Sina [Hrsg.]
Compliance
Aufbau – Management – Risikobereiche
3. Auflage
Heidelberg 2017
(zit.: Inderst/Bannenberg/Poppe/*Bearbeiter*)

Jerusalem, Konrad
Die Regelung der Mitarbeitergeschäfte im Bankgewerbe durch Compliance
Berlin 1996
(zit.: *Jerusalem*, Compliance)

Jesgarzewski, Tim
Anm. z. BAG, Urt. v. 28.03.2017 – 2 AZR 551/16
In: Betriebs-Berater 2017, S. 1919
(zit.: *Jesgarzewski*, BB 2017, 1919)

Jungermann, Sebastian
Renz, Hartmut
„Keine Haftung eines Organs für Unternehmenskartellbußen?“ – Anm. z. LAG Düsseldorf, Teilurt. v. 20.01.2015 – 16 Sa 459/14
In: Compliance-Berater 2015, S. 132
(zit.: *Jungermann/Renz*, CB 2015, 132)

Junker, Abbo
Konzernweite „Ethikregeln“ und nationale Betriebsverfassungen
In: Betriebs-Berater 2005, S. 602 ff.
(zit.: *Junker*, BB 2005, 602)

Kaesler, Hans Joachim
Der Einfluß des Treuhänders der Arbeit auf die Betriebsordnung
Jena 1935
(zit.: *Kaesler*, Betriebsordnung)

Kagan, Heike
Das Mitbestimmungsrecht des Betriebsrates bei der Einführung von Ethikrichtlinien
Frankfurt a. M. 2012
(zit.: *Kagan*, Ethikrichtlinien)

„Kartellklagen werden zum Millionengeschäft“
„Kartellklagen werden zum Millionengeschäft“
In: Frankfurter Allgemeine Zeitung, Nr. 179 v. 05.08.2013, S. 23
(zit.: „Kartellklagen werden zum Millionengeschäft“, FAZ, Nr. 179 v. 05.08.2013, S. 23)

Kempter, Michael
Steinat, Björn
Compliance – arbeitsrechtliche Gestaltungsinstrumente und Auswirkungen in der Praxis
In: Neue Zeitschrift für Arbeitsrecht 2017, S. 1505 ff.
(zit.: *Kempter/Steinat*, NZA 2017, 1505)

Kersting, Christian
Organhaftung für Kartellbußgelder
In: Zeitschrift für Wirtschaftsrecht 2016, S. 1266 ff.
(zit.: *Kersting*, ZIP 2016, 1266)

Kiethe, Kurt — Vermeidung der Haftung von geschäftsführenden Organen durch Corporate Compliance
In: GmbH-Rundschau 2007, S. 393 ff.
(zit.: *Kiethe*, GmbHR 2007, 393)

Kleinebrink, Wolfgang — Abmahnung – Leitfaden für die Praxis
3. Auflage
Köln 2017
(zit.: *Kleinebrink*, Abmahnung)

Kleinebrink, Wolfgang — Arbeitgeberseitige Strategien zur Verhinderung eines Aufbaus und zum Abbau eines Vertrauenskapitals
In: Betriebs-Berater 2011, S. 2617 ff.
(zit.: *Kleinebrink*, BB 2011, 2617)

Kleinebrink, Wolfgang — Betriebsvereinbarung zur Regelung des Verhaltens bei krankheitsbedingter Arbeitsunfähigkeit
In: Arbeits-Rechtsberater 2012, S. 247 ff.
(zit.: *Kleinebrink*, ArbRB 2012, 247)

Klengel, Detlev
Mückenberger Ole — Internal Investigations – typische Rechts- und Praxisprobleme unternehmensinterner Ermittlungen
In: Corporate Compliance Zeitschrift 2009, S. 81 ff.
(zit.: *Klengel/Mückenberger*, CCZ 2009, 81)

Klier, Alexander — Eine DIN-Norm für Unternehmensethik
In: Arbeitsrecht im Betrieb 2012, S. 435 ff.
(zit.: *Klier*, AiB 2012, 435)

Klindt, Thomas — Nicht-börsliches Compliance-Management als zukünftige Aufgabe der Inhouse-Juristen
In: Neue Juristische Wochenschrift 2006, S. 3399 ff.
(zit.: *Klindt*, NJW 2006, 3399)

Klösel, Daniel — Compliance-Verstöße und Sanktionen – Ein Leitfaden für die unternehmerische Praxis
In: Compliance-Berater 2015, S. 253 ff.
(zit.: *Klösel*, CB 2015, 253)

Klueß, Achim — Bagatelldelikte: Vertrauensverlust in der/die Rechtsprechung
In: Arbeit und Recht 2010, S. 192 ff.
(zit.: *Klueß*, AuR 2010, 192)

Klueß, Achim — Geringwertige Vermögensdelikte – Keine zwangsläufige Entlassung
In: Neue Zeitschrift für Arbeitsrecht 2009, S. 337 ff.
(zit.: *Klueß*, NZA 2009, 337)

Koch, Jürgen — Die Arbeitsordnung –
Muster und Erläuterungen
3. Auflage
Frankfurt a. M. 1963
(zit.: *Koch*, Arbeitsordnung)

Kocher, Eva — Unternehmerische Selbstverpflichtungen zur sozialen Verantwortung –Erfahrungen mit sozialen Verhaltenskodizes in der transnationalen Produktion
In: Recht der Arbeit 2004, S. 27 ff
(zit.: *Kocher*, RdA 2004, 27)

Kock, Martin — Einführung einer Ethikrichtlinie im Unternehmen
In: Monatsschrift für deutsches Recht 2006, S. 673 ff.
(zit.: *Kock*, MDR 2006, 673)

Kock, Martin — Compliance im Unternehmen – Ethisch sei der Mensch, hilfreich und gut!
In: Zeitschrift für Wirtschaftsrecht 2009, S. 1406 ff.
(zit.: *Kock*, ZIP 2009, 1406)

Kocka, Jürgen — Unternehmensverwaltung und Angestelltenschaft am Beispiel Siemens 1847 – 1914 – Zum Verhältnis von Kapitalismus und Bürokratie in der deutschen Industrialisierung
Stuttgart 1969
(zit.: *Kocka*, Unternehmensverwaltung)

Koehne, Carl — Die Arbeitsordnungen im deutschen Gewerberecht
Berlin 1901
(zit.: *Koehne*, die Arbeitsordnungen)

Koehne, Carl — Die Arbeitsordnung vom Standpunkte der vergleichenden Rechtswissenschaft
In: Zeitschrift für vergleichende Rechtswissenschaft 1901, S. 84 ff.
(zit.: *Koehne*, ZVglRWiss 1901, 84)

Köhler, Helmut
Bornkamm, Joachim
Feddersen, Jörn — Gesetz gegen den unlauteren Wettbewerb
Preisangabenverordnung, Unterlassungsklagengesetz, Dienstleistungs-Informationspflichten-Verordnung
36. Auflage
München 2018
(zit.: Köhler/Bornkamm/Feddersen/*Bearbeiter*)

Köhler, Matthias — Anforderungen an eine vorweggenommene Abmahnung
In: Der Betrieb 2018, S. 67
(zit.: *Köhler*, DB 2018, 67)

Köhler, Matthias
Häferer, Katja
Mitbestimmungsrechte des Betriebsrats im Zusammenhang mit Compliance-Systemen
In: Gesellschafts- und Wirtschaftsrecht 2015, S. 159 ff.
(zit.: *Köhler/Häferer*, GWR 2015, 159)

Köhler, Matthias
Koops, Christian
Sexuelle Belästigung am Arbeitsplatz – Einmal grapschen erlaubt?
In: Betriebs-Berater 2015, S. 2807
(zit.: *Köhler/Koops*, BB 2015, 2807)

Koffka, Nils Matthias
Die arbeitsrechtliche Abmahnung als Rechtsinstitut
Frankfurt am Main 1993
(zit.: *Koffka*, Abmahnung)

Kolbe, Sebastian
Unkündbarkeit für Korruptionstäter?
In: Neue Zeitschrift für Arbeitsrecht 2009, S. 228 ff.
(zit.: *Kolbe*, NZA 2009, 228)

Kolle, Tina
Deinert, Olaf
Liebe ist Privatsache – Grenzen einer arbeitsvertraglichen Regelung zwischenmenschlicher Beziehungen
In: Arbeit und Recht 2006, S. 177 ff.
(zit.: *Kolle/Deinert*, AuR 2006, 177)

Kort, Michael
Anspruch des Arbeitnehmers auf Entfernung der Abmahnung aus der Personalakte
In: *Boemke, Burkhard [Hrsg.]*
Festschrift für Gerrick Frhr. v. Hoyningen-Huene zum 70. Geburtstag, München 2014, S. 201 ff.
(zit.: *Kort*, FS v. Hoyningen-Huene)

Kort, Michael
Die Regelung von Risikomanagement und Compliance im neuen KAGB – Vorbild für alle Kapitalgesellschaften?
In: Die Aktiengesellschaft 2013, S. 582 ff.
(zit.: *Kort*, AG 2013, 582)

Kort, Michael
Ethik-Richtlinien im Spannungsfeld zwischen US-amerikanischer Compliance und deutschem Konzernbetriebsverfassungsrecht
In: Corporate Compliance Zeitschrift 2008, S. 129 ff.
(zit.: *Kort*, CCZ 2008, 129)

Kort, Michael
Ethik-Richtlinien im Spannungsfeld zwischen US-amerikanischer Compliance und deutschem Konzernbetriebsverfassungsrecht
In: Neue Juristische Wochenschrift 2009, S. 129 ff.
(zit.: *Kort*, NJW 2009, 129)

Kortstock, Ulf
Nipperdey Lexikon Arbeitsrecht
30. Edition
München 2016
(zit.: Nipperdey/*Kortstock*)

Köstner, Dominic
Compliance-Richtlinien im Unternehmen – Arbeits- und datenschutzrechtliche Implementierungsaspekte
Frankfurt am Main 2012
(zit.: *Köstner*, Compliance)

Kranke, Rudi
Otte, Stefan
Reeck, Gerhard
Kennst du das Gesetzbuch der Arbeit?
Berlin 1962
(zit.: *Kranke/Otte/Reeck*, Kennst du das Gesetzbuch der Arbeit?)

Kranz, Hans Jürgen
Neue Aufgaben für den betrieblichen Datenschutzbeauftragten
– Compliance Institution in der globalen Informationsgesellschaft
In: Datenschutz und Datensicherheit 1999, S. 463 ff.
(zit.: *Kranz*, DuD 1999, 463)

Krapp, Philipp
Die Anfänge und die geschichtliche Entwicklung des Dienst- und Arbeitsvertrages, dargelegt am römischen Recht, am Recht der Papyrusurkunden und am deutschen Recht
Erlangen 1931
(zit.: *Krapp*, Anfänge)

Kreft, Burghard
Einige Thesen zum Kündigungsschutz bei Bagatelldelikten
In: *Bader, Peter [Hrsg.]*
Festschrift für Gerhard Etzel zum 75. Geburtstag, Köln 2011, S. 225 ff.
(zit.: *Kreft*, FS Etzel)

Kremer, Thomas
Bachmann, Gregor
Lutter, Marcus
v. Werder, Axel
Deutscher Corporate Governance Kodex – Kodex-Kommentar
7. Auflage
München 2018
(zit.: Kremer/Bachmann/Lutter/v. Werder/*Bearbeiter*)

Kremer, Thomas
Klahold, Christoph
Compliance-Programme in Industriekonzernen
In: Zeitschrift für Unternehmens- und Gesellschaftsrecht 2010, S. 113 ff.
(zit.: *Kremer/Klahold*, ZGR 2010, 113)

Krieger, Gerd [Hrsg.]
Schneider, Uwe H. [Hrsg.]
Handbuch Managerhaftung: Vorstand, Geschäftsführer, Aufsichtsrat; Pflichten und Haftungsfolgen; typische Risikobereiche
3. Auflage
Köln 2017
(zit.: Krieger/Schneider/*Bearbeiter*)

Krieger, Steffen
Günther, Jens
Die arbeitsrechtliche Stellung des Compliance Officers – Gestaltung einer Compliance-Organisation unter Berücksichtigung der Vorgaben im BGH-Urteil vom 17. 7. 2009
In: Neue Zeitschrift für Arbeitsrecht 2010, S. 367 ff.
(zit.: *Krieger/Günther*, NZA 2010, 367)

Kröhe, Michael
Good Company Ranking – Gute Nachbarn
In: Manager Magazin 2007, S. 76 ff.
(zit.: *Kröhe*, Manager Magazin 2007, 76)

Kruchen, David
Telekommunikationskontrolle zur Prävention und Aufdeckung von Straftaten im Arbeitsverhältnis
Private Arbeitgeber im Spannungsverhältnis zwischen Datenschutz und Compliance
Frankfurt am Main 2013
(zit.: *Kruchen*, Compliance)

Krug, Björn
Skoupil, Christoph
Befragungen im Rahmen von internen Untersuchungen – Vorbereitung, Durchführung und Umgang mit den Ergebnissen
In: Neue Juristische Wochenschrift 2017, S. 2374 ff.
(zit.: *Krug/Skoupil*, NJW 2017, 2374)

Krüper, Julian [Hrsg.]
Grundlagen des Rechts
3. Auflage
Baden-Baden 2017
(zit.: Krüper/*Bearbeiter*)

Kübler, Johanna
Milliarden-Bußgeld gegen Google – ein Gigant im Alltag des EU-Kartellrechts
In: Betriebs-Berater 2018, Heft 34, Seite I
(zit.: *Kübler*, BB 2018, Heft 34, S. I)

Kühling, Jürgen
Neues Bundesdatenschutzgesetz – Anpassungsbedarf bei Unternehmen
In: Neue Juristische Wochenschrift 2017, S. 1985 ff.
(zit.: *Kühling*, NJW 2017, 1985)

Kühnreich, Mathias
Anm. z. BAG, Urt. v. 28.03.2017 – 2 AZR 551/16
In: Der Betrieb 2017, S. 1848
(zit.: *Kühnreich*, DB 2017, 1848)

Kulitzscher, Werner
Arbeitsorganisation und sozialistische Arbeitsdisziplin – Erläuterungen zum 4. Kapitel des Arbeitsgesetzbuches der DDR
2. Auflage
Berlin 1982
(zit.: *Kulitzscher*, Arbeitsorganisation)

Kümpel, Siegfried [Hrsg.] *Wittig, Arne [Hrsg.]*	Bank- und Kapitalmarktrecht 4. Auflage Köln 2011 (zit.: Kümpel/Wittig/*Bearbeiter*)
Küttner, Wolfdieter [Begr.] *Röller, Jürgen [Hrsg.]*	Personalbuch 2018 Arbeitsrecht Lohnsteuerrecht Sozialversicherungsrecht 25. Auflage München 2018 (zit.: Küttner/*Bearbeiter*)
Kunz, Frithjof *[Autorenkollektiv]*	Arbeitsrecht von A bis Z 2. Auflage Berlin 1987 (zit.: *Kunz*, ArbR von A bis Z)
Kunz, Frithjof *[Autorenkollektiv]*	Lexikon des Arbeitsrechts der Deutschen Demokratischen Republik Berlin 1972 (zit.: *Kunz*, Lexikon ArbR)
Laars, Reinhard	Versicherungsaufsichtsgesetz 3. Auflage Baden-Baden 2015 (zit.: *Laars*, VAG, 3. Aufl. 2015)
Lackner, Karl *Kühl, Kristian* *Dreher, Eduard* *Maassen, Hermann*	Strafgesetzbuch 29. Auflage München 2018 (zit.: Lackner/Kühl/*Bearbeiter*)
Lakner, Philipp	Instrumentarien zur Schaffung eines unternehmensinternen Sanktionierungsprozesses für Compliance-Verstöße In: Compliance-Berater 2014, S. 118 ff. (zit.: *Lakner*, CB 2014, 118)
Larisch, Tobias	Warum Whistleblowing nichts mit Spitzelei zu tun haben muss! In: Corporate Compliance Zeitschrift 2015, S. 193 ff. (zit.: *Larisch*, CCZ 2015, 193)
Lassmann, Nikolai	Whistleblowing – Möglichkeiten bei Ausgestaltung und Durchführung von Hinweisgebersystemen In: Arbeitsrecht im Betrieb 2010, S. 447 ff. (zit.: *Lassmann*, AiB 2010, 447)
Latour, Margarete	Die Rechtsnatur der Betriebsordnung Bonn 1937 (zit.: *Latour*, Betriebsordnung)

Latzke, Paul	Ist zum Schutze der Gefolgschaft eine vertragliche Vereinbarung von Betriebsordnungsbestimmungen anzunehmen? (Ein Beitrag zur Frage des Verhältnisses zwischen Betriebsordnung und Einzelarbeitsvertrag nach dem Recht des Arbeitsordnungsgesetzes) Breslau 1941 (zit.: *Latzke*, Betriebsordnung)
Leitner, Susanne	Ethik-Richtlinien im Arbeitsverhältnis Baden-Baden 2016 (zit.: *Leitner*, Ethik-Richtlinien)
Lelley, Jan Tibor	Compliance im Arbeitsrecht – Leitfaden für die Praxis Köln 2010 (zit.: *Lelley*, Compliance)
Leßmann, Jochen	Betriebsbuße statt Kündigung In: Der Betrieb 1989, S. 1769 ff. (zit.: *Leßmann*, DB 1989, 1769)
Liese, Jens	Much Adoe about Nothing? Oder: Ist der Vorstand einer Aktiengesellschaft verpflichtet, eine Compliance-Organisation zu implementieren? In: Betriebs-Berater Spezial 2008, S. 17 ff. (zit.: *Liese*, BB-Spez. 2008, 17)
Linde, Godela	Sexuelle Belästigung ist unerwünscht In: Arbeit und Recht 2018, S. 123 ff. (zit.: *Linde*, AuR 2018, 123)
Linderhaus, Holger	Haftung eines Geschäftsleiters: Unzureichendes Compliance Management System In: Personalpraxis und Recht 2014, S. 97 ff. (zit.: *Linderhaus*, PuR 2014, 97)
Linklater, William *McElyea, John*	Die Auswirkung von „Corporate Compliance Codes" auf die strafrechtliche Haftung eines Unternehmens unter den US-amerikanischen „Federal Sentencing Guidelines" In: Recht der internationalen Wirtschaft 1994, S. 117 ff. (zit.: *Linklater/McElyea*, RiW 1994, 117)
Linsenmaier, Wolfgang	Normsetzung der Betriebsparteien und Individualrechte der Arbeitnehmer In: Recht der Arbeit 2008, S. 1 ff. (zit.: *Linsenmaier*, RdA 2008, 1)

Linsenmaier, Wolfgang — Arbeitsvertrag und Betriebsvereinbarung – Kompetenz und Konkurrenz
In: Recht der Arbeit 2014, S. 336 ff.
(zit.: *Linsenmaier*, RdA 2014, 336)

Lohmann, Ulrich — Das Arbeitsrecht der DDR
– Analyse und Texte
Berlin 1987
(zit.: *Lohmann*, Arbeitsrecht der DDR)

Lösler, Thomas — Compliance im Wertpapierdienstleistungskonzern
Berlin 2003
(zit.: *Lösler*, Compliance)

Lösler, Thomas — Das moderne Verständnis von Compliance im Finanzmarktrecht
In: Neue Zeitschrift für Gesellschaftsrecht 2005, S. 104 ff.
(zit.: *Lösler*, NZG 2005, 104 ff.)

Lösler, Thomas — Zu Rolle und Stellung des Compliance-Beauftragten
In: Wertpapier-Mitteilungen 2008, S. 1098 ff.
(zit.: *Lösler*, WM 2008, 1098)

Lutter, Marcus
Hommelhoff, Peter
Bayer, Walter
Kleindiek, Detlev — GmbH-Gesetz
Kommentar
19. Auflage
Köln 2016
(zit.: Lutter/Hommelhoff/*Bearbeiter*)

Lützeler, Martin
Müller-Sartori, Patrick — Die Befragung des Arbeitnehmers – Auskunftspflicht oder Zeugnisverweigerungsrecht?
In: Corporate Compliance Zeitschrift 2009, S. 19 ff.
(zit.: *Lützeler/Müller-Sartori*, CCZ 2009, 19)

Mahnhold, Thilo — Compliance und Arbeitsrecht
Insiderrechtliche Verhaltenskonzepte in nationalen und multinationalen Unternehmen
Frankfurt am Main 2004
(zit.: *Mahnhold*, Compliance)

Mahnhold, Thilo — Mahnhold: „Global Whistle" oder „deutsche Pfeife" – Whistleblowing-Systeme im Jurisdiktionskonflikt
In: Neue Zeitschrift für Arbeitsrecht, 2008, S. 737 ff.
(zit.: *Mahnhold*, NZA 2008, 737)

Makowicz, Bartosz — Verhaltenskodex – Methodik der effektiven Konzipierung und Umsetzung
In: Compliance-Berater 2018, S. 139 ff.
(zit.: *Makowicz*, CB 2018, 139)

Makowicz, Bartosz — Integration neuer normativer, judikativer und administrativer Anforderungen an ein Compliance-Management-System
In: Betriebs-Berater 2018, S. 556 ff.
(zit.: *Makowicz*, BB 2018, 556)

Mampel, Siegfried — Das „Gesetzbuch der Arbeit“ der Sowjetzone und das Arbeitsrecht der Bundesrepublik Deutschland – Ein Vergleich (Synopse)
Bonn 1961
(zit.: *Mampel*, Synopse)

Martin, Renate — Arbeitsordnung und betriebliche Mitbestimmung
Berlin 1983
(zit.: *Martin*, Arbeitsordnung)

Maschmann, Frank — Compliance versus Datenschutz
In: Beilage zur Neuen Zeitschrift für Arbeitsrecht 2012, S. 50 ff.
(zit.: *Maschmann*, NZA-Beil. 2012, 50)

Maume, Philipp
Haffke, Lars — Whistleblowing als Teil der Unternehmenscompliance – Rechtlicher Rahmen und Best Practice
In: Zeitschrift für Wirtschaftsrecht 2016, S. 199 f.
(zit.: *Maume/Haffke*, ZIP 2016, 199)

Maunz, Theodor [Begr.]
Dürig, Günter [Begr.]
Herzog, Roman [Hrsg.]
Herdegen, Matthias [Hrsg.]
Scholz, Rupert [Hrsg.]
Klein, Hans [Hrsg.] — Grundgesetz – Kommentar
82. Ergänzungslieferung
München 2018
(zit.: Maunz/Dürig/*Bearbeiter*)

Maurer, Hartmut
Waldhoff, Christian — Allgemeines Verwaltungsrecht
19. Auflage
München 2017
(zit.: *Maurer/ Waldhoff*, VerwR)

Meier-Greve, Daniel — Zur Unabhängigkeit des sog. Compliance Officers
In: Corporate Compliance Zeitschrift 2010, S. 216 ff.
(zit.: *Meier-Greve*, CCZ 2010, 216 ff.)

Meinel, Gernod
Kiehn, Manuela — Kollektivvertragsoffene Allgemeine Geschäftsbedingungen – Zur Kritik an dem Urteil des 1. Senats des BAG vom BAG 5.3.2013
In: Neue Zeitschrift für Arbeitsrecht 2014, S. 509 ff.
(zit.: *Meinel/Kiehn*, NZA 2014, 509)

Melms, Christopher *Kentner, Kathrin*	Die Modifikation des Günstigkeitsprinzips – Risikobegrenzung durch die Gestaltung von kollektivrechtlichen Regelungen In: Neue Zeitschrift für Arbeitsrecht 2014, S. 127 ff. (zit.: *Melms/Kentner*, NZA 2014, 127)
Mengel, Anja *Ullrich, Thilo*	Arbeitsrechtliche Aspekte unternehmensinterner Investigations In: Neue Zeitschrift für Arbeitsrecht 2006, S. 240 ff. (zit.: *Mengel/Ullrich*, NZA 2006, 240)
Mengel, Anja	Arbeitsrechtliche Besonderheiten der Implementierung von Compliance-Programmen in internationalen Konzernen In: Corporate Compliance Zeitschrift 2008, S. 85 ff. (zit.: *Mengel*, CCZ 2008, 85)
Mengel, Anja	Compliance und Arbeitsrecht – Implementierung Durchsetzung Organisation München 2009 (zit.: *Mengel*, Compliance)
Mengel, Anja *Hagemeister, Volker*	Compliance und Arbeitsrechtliche Implementierung im Unternehmen – Fortsetzung des Beitrags „Compliance und Arbeitsrecht“, BB 2006, 2466 In: Betriebs-Berater 2007, S. 1386 ff. (zit.: *Mengel/Hagemeister*, BB 2007, 1386)
Mengel, Anja *Hagemeister, Volker*	Compliance und Arbeitsrecht In: Betriebs-Berater 2006, S. 2466 (zit.: *Mengel/Hagemeister*, BB 2006, 2466)
Merkt, Hanno	Compliance und Risikofrüherkennung in kleinen und mittelständischen Unternehmen In: Zeitschrift für Wirtschaftsrecht 2014, S. 1705 ff. (zit.: *Merkt*, ZIP 2014, 1705)
Meyer, Hermann	Die rechtliche Natur der Arbeitsordnung Göttingen 1924 (zit.: *Meyer*, Arbeitsordnung)
Meyer, Susanne	Compliance-Verantwortlichkeit von Vorstandsmitgliedern – Legalitätsprinzip und Risikomanagement Besprechung des Urteils des LG München I vom 10.12.2013 – 5 HK O 1387/10, DB 2014, S. 766 In: Der Betrieb 2014, S. 1063 ff. (zit.: *S. Meyer*, DB 2014, 1063)
Meyer, Uwe	Ethikrichtlinien internationaler Unternehmen und deutsches Arbeitsrecht In: Neue Juristische Wochenschrift 2006, S. 3605 ff. (zit.: *Meyer*, NJW 2006, 3605)

Michalski, Lutz [Begr.]
Heidinger, Andreas [Hrsg.]
Leidle, Stefan [Hrsg.]
Schmidt, Jessica [Hrsg.]
Kommentar zum Gesetz betreffend die Gesellschaften mit beschränkter Haftung (GmbH-Gesetz)
Band 2 – §§ 35 – 85 GmbHG, §§ 3 – 4 EGGmbHG
3. Auflage
München 2017
(zit.: Michalski/*Bearbeiter*)

Mittag, Reinold
Wroblewski, Andrej
Anmerkung zu BAG, Urt. v. 10.06.2010 – 2 AZR 541/09
In: Arbeit und Recht 2011, S. 72 ff.
(zit.: *Mittag/Wroblewski*, AuR 2011, 72)

Moll, Wilhelm
Münchener Anwaltshandbuch Arbeitsrecht
4. Auflage
München 2017
(zit.: Moll/*Bearbeiter*)

Moosmayer, Klaus
Compliance – Praxisleitfaden für Unternehmen
3. Auflage
München 2015
(zit.: *Moosmayer*, Compliance)

Moosmayer, Klaus
Modethema oder Pflichtprogramm guter Unternehmensführung? – Zehn Thesen zu Compliance
In: Neue Juristische Wochenschrift 2012, S. 3013
(zit.: *Moosmayer*, NJW 2012, 3013)

Mössner, Birte
Reus, Stefan
Praxisbeitrag: Richtlinien-Management als wichtige Aufgabe der Compliance
In: Corporate Compliance Zeitschrift 2013, S. 54 ff.
(zit.: *Mössner/Reus*, CCZ 2013, 54)

Müller, Beatrice
Die kollektivarbeitsrechtliche Wehrhaftigkeit des Unternehmens als Compliance-Gebot
Bonn 2009
(zit.: *Müller*, Compliance)

Müller, Stefan
Referentenentwurf des CSR-Richtlinie-Umsetzungsgesetzes – wieder eine missglückte 1:1-Umsetzung?
In: Betriebs-Berater 2016, Heft 19, Seite I (Editorial)
(zit.: *Müller*, BB 2016, I)

Müller-Bonanni, Thomas
Sagan, Adam
Arbeitsrechtliche Aspekte der Compliance
In: Betriebs-Berater-Special Compliance 2008, S. 28 ff.
(zit.: *Müller-Bonanni/Sagan*, BB-Special 2008, 28)

Nehm, Günter
Betriebsordnung und Tarifordnung als Inhalt des diktierten Arbeitsvertrages
Erlangen 1935
(zit.: *Nehm*, Betriebsordnung)

Neizert, Otto — Die vom Treuhänder der Arbeit erlassene Betriebsordnung
Bonn 1937
(zit.: *Neizert*, Betriebsordnung)

Neuburger, Leopold — Die rechtliche Natur der Arbeitsordnung
Borna/Leipzig 1905
(zit.: *Neuburger*, Arbeitsordnung)

Neufeld, Tobias
Knitter, Jann — Mitbestimmung des Betriebsrats bei Compliance-Systemen
In: Betriebs-Berater 2013, S. 821 ff.
(zit.: *Neufeld/Knitter*, BB 2013, 821)

Neumann, Christian
Hampe, Ingrid-Beate — Die Abmahnung – eine unendliche Erfindung der Arbeitsgerichtsbarkeit
In: Der Betrieb 2014, S. 1258 ff.
(zit.: *Neumann/Hampe*, DB 2014, 1258)

Nezmeskal-Berggötz, Susanna — Einführung von Ethikrichtlinien in multinationalen Unternehmen
In: Corporate Compliance Zeitschrift 2009, S. 209 ff.
(zit.: *Nezmeskal-Berggötz*, CCZ 2009, 209)

Nietsch, Michael — Geschäftsleiterermessen und Unternehmensorganisation bei der AG – Zur haftungsrechtlichen Wirkung des § 93 Abs. 1 Satz 2 AktG im Bereich gesetzlicher Pflichtaufgaben unter besonderer Berücksichtigung von Compliance
In: Zeitschrift für Unternehmens- und Gesellschaftsrecht 2015, S. 631 ff.
(zit.: *Nietsch*, ZGR 2015, 631)

„Nochmals hohe Bußgelder gegen das Schienenkartell“ — „Nochmals hohe Bußgelder gegen das Schienenkartell“
In: Frankfurter Allgemeine Zeitung, Nr. 169
v. 24.07.2013, S. 13
(zit.: „Nochmals hohe Bußgelder gegen das Schienenkartell“, FAZ, Nr. 169 v. 24.07.2013, S. 13)

Oberthür, Nathalie — Auskunftspflichten des Arbeitnehmers im Rahmen von Compliance-Maßnahmen
In: ArbeitsRechtsBerater 2011, S. 184 ff.
(zit.: *Oberthür*, ArbRB 2011, 184)

Ogris, Werner — Geschichte des Arbeitsrechts vom Mittelalter bis in das 19. Jahrhundert
In: Recht der Arbeit 1967, S. 286 ff.
(zit.: *Ogris*, RdA 1967, 286)

Ohlendorf, Bernd
Bünning, Birte — Ethik-Richtlinien – Mitbestimmung nach BetrVG
In: Arbeit und Arbeitsrecht 2006, S. 200 ff.
(zit.: *Ohlendorf/Bünning*, AuA 2006, 200)

Oppenheim, Robert — Die Pflicht des Vorstands zur Einrichtung einer auf Dauer angelegten Compliance-Organisation – Zugleich Besprechung von LG München I, Urteil vom 10. 12. 2013, 5 HK 1387/10 (n. rkr.)
In: Deutsches Steuerecht 2014, S. 1063 ff.
(zit.: *Oppenheim*, DStR 2014, 1063))

Von der Osten, Hans Eberhard — Die Rechtsnatur der Betriebsvereinbarung und der Betriebsordnung
Leipzig 1934
(zit.: *Von der Osten*, Betriebsordnung)

Ott, Nicolas — Anwendungsbereich der Business Judgment Rule aus Sicht der Praxis – Unternehmerische Entscheidungen und Organisationsermessen des Vorstands
In: Zeitschrift für Unternehmens- und Gesellschaftsrecht 2017, S. 149 ff.
(zit.: *Ott*, ZGR 2017, 149)

Paefgen, Walter — „Compliance" als gesellschaftsrechtliche Organpflicht?
In: Wertpapier-Mitteilungen 2016, S. 433 ff.
(zit.: *Paefgen*, WM 2016, 433)

Palandt, Otto [Begr.] — Bürgerliches Gesetzbuch
Kommentar
77. Auflage
München 2018
(zit.: Palandt/*Bearbeiter*)

Pampel, Gunnar — Die Bedeutung von Compliance-Programmen im Kartellordnungswidrigkeitenrecht
In: Betriebs-Berater 2007, S. 1636 ff.
(zit.: *Pampel*, BB 2007, 1636)

Pant, Michael — Ein gefährliches Urteil – Anmerkungen zum Teilurteil des LAG Düsseldorf vom 20.1.2015
In: Corporate Compliance Zeitschrift 2015, S. 224
(zit.: *Pant*, CCZ 2015, 224)

Park, Tido [Hrsg.] — Kapitalmarktstrafrecht – Straftaten Ordnungswidrigkeiten Finanzmarktaufsicht Compliance
4. Auflage
Baden-Baden 2017
(zit.: Park/*Bearbeiter*)

Von Paschwitz, Ernst — Die rechtliche Natur der Arbeitsordnung
Erlangen 1905
(zit.: *Von Paschwitz*, Arbeitsordnung)

Passarge, Malte — Risiken und Chancen mangelhafter Compliance in der Unternehmensinsolvenz
In: Neue Zeitschrift für Insolvenzrecht 2009, S. 86 ff.
(zit.: *Passarge*, NZI 2009, 86)

Passarge, Malte
Graf, Christian — Das Hamburger Compliance-Zertifikat
In: Corporate Compliance Zeitschrift 2014, S. 119 ff.
(zit.: *Passarge/Graf*, CCZ 2014, 119)

Pawlowski, Hans-Martin — Methodenlehre für Juristen – Theorie der Norm und des Gesetzes – Ein Lehrbuch
3. Auflage
Heidelberg 1999
(zit.: *Pawlowski*, Methodenlehre für Juristen)

Pfarr, Heide Maria — Anmerkung zu BAG, Urt. v. 30.01.1979 – 1 AZR 342/76
In: Arbeitsrechtliche Praxis, Nr. 2 zu § 87 BetrVG 1972 Betriebsbuße Nr. 2
(zit.: *Pfarr*, Anm. zu BAG, Urt. v. 30.01.1979 – 1 AZR 342/76, AP BetrVG 1972 § 87 Betriebsbuße Nr. 2)

Pfeiffer, Thomas — Entwicklungen und aktuelle Fragestellungen des AGB-Rechts
In: Neue Juristische Wochenschrift 2017, S. 913 ff.
(zit.: *Pfeiffer*, NJW 2017, 913)

Pflaum, Annette — Die Abmahnung im Arbeitsrecht als Vorstufe zur Kündigung
– Ein Handbuch
Heidelberg 1992
(zit.: *Pflaum*, Abmahnung)

Von der Pfordten, Dietmar — Rechtsethik
2. Auflage
München 2011
(zit.: *Von der Pfordten*, Rechtsethik)

Pieroth, Bodo[Begr.]
Schlink, Bernhard [Begr.]
Kingreen, Thorsten
Poscher, Ralf — Grundrechte Staatsrecht II
33. Auflage
Heidelberg 2017
(zit.: *Kingreen/Poscher*)

Plum, Martin — Kündigung eines kirchlichen Arbeitnehmers wegen Wiederverheiratung
Besprechung des Urteils BAG v. 8. 9. 2011 – 2 AZR 543/10
In: Recht der Arbeit 2012, S. 373 ff.
(zit.: *Plum*, RdA 2012, 373)

Preis, Ulrich — Anmerkung zu BAG, Urt. v. 10.06.2010 – 2 AZR 541/09 [„Emmely"]
In: Arbeitsrechtliche Praxis BGB § 626 Nr. 229
(zit.: *Preis*, Anm. z. BAG, Urt. v. 10.06.2010 – 2 AZR 541/09 = AP BGB § 626 Nr. 229 [„Emmely"])

Preis, Ulrich — Arbeitsrecht – Individualarbeitsrecht
5. Auflage
Köln 2017
(zit.: *Preis*, ArbR)

Preis, Ulrich — Die verhaltensbedingte Kündigung (1)
In: Der Betrieb 1990, S. 630 ff.
(zit.: *Preis*, DB 1990, 630)

Preis, Ulrich — Die verhaltensbedingte Kündigung (2)
In: Der Betrieb 1990, S. 685 ff.
(zit.: *Preis*, DB 1990, 685)

Preis, Ulrich — Grundfragen der Vertragsgestaltung im Arbeitsrecht
Neuwied Kriftel Berlin 1993
(zit.: *Preis*, Vertragsgestaltung)

Preis, Ulrich — Minima (non) curat praetor? – Pflichtverletzungen und Bagatelldelikte als Kündigungsgrund, Teil I
In: Arbeit und Recht 2010, S. 186 ff.
(zit.: *Preis*, AuR 2010, 186)

Preis, Ulrich — Minima (non) curat praetor? – Pflichtverletzungen und Bagatelldelikte als Kündigungsgrund, Teil II
In: Arbeit und Recht 2010, S. 242 ff.
(zit.: *Preis*, AuR 2010, 242)

Preis, Ulrich — Prinzipien des Kündigungsrechts bei Arbeitsverhältnissen – eine Untersuchung zum Recht des materiellen Kündigungsschutzes, insbesondere zur Theorie der Kündigungsgründe
München 1987
(zit.: *Preis*, Prinzipien)

Preis, Ulrich; Bleser, Alina; Rauf, Birte — Die Inhaltskontrolle von Ausgleichsquittungen und Verzichtserklärungen
In: Der Betrieb 2006, 2812 ff.
(zit.: *Preis/Bleser/Rauf*, DB 2006, 2812)

Preis, Ulrich
Ulber, Daniel
Die Wiederbelebung des Ablösungs- und Ordnungsprinzips?
Zwischenruf zur Entscheidung des 1. Senats des BAG vom 5.3.2013 (NZA 2013, 916)
In: Neue Zeitschrift für Arbeitsrecht 2014, S. 6 ff.
(zit.: *Preis/Ulber*, NZA 2014, 6)

Rack, Manfred
Die rechtlichen Voraussetzungen für ein Compliance-Management-System
In: Compliance-Berater 2014, S. 279 ff.
(zit.: *Rack*, CB 2014, 279)

Rau, Armin
Social Compliance – Nachhaltigkeitsrisiken richtig bewerten und kontrollieren
Corporate Compliance Zeitschrift 2008, S. 224
(zit.: *Rau*, CCZ 2008, 224)

Raus, Nadja
Lützeler, Martin
Berichtspflicht des Compliance Officers – zwischen interner Eskalation und externer Anzeige
In: Corporate Compliance Zeitschrift 2012, S. 96 ff.
(zit.: *Raus/Lützeler*, CCZ 2012, 96)

Rehm, Hermann
Die verwaltungsrechtliche Bedeutung der Fabrikordnung
In: Annalen des Deutschen Reichs 1894, S. 132 ff.
(zit.: *Rehm*, Annalen 1894, 132)

Reichert, Jochem
Ott, Nicolas
Non Compliance in der AG – Vorstandspflichten im Zusammenhang mit der Vermeidung, Aufklärung und Sanktionierung von Rechtsverstößen
In: Zeitschrift für Wirtschaftsrecht 2009, S. 2173 ff.
(zit.: *Reichert/Ott*, ZIP 2009, 2173)

Reichold, Hermann
Betriebsverfassung als Sozialprivatrecht
München 1995
(zit.: *Reichold*, Betriebsverfassung)

Rein, Michael
Die individualrechtliche Implementierung einer Ethikrichtlinie mit vorweggenommener Abmahnung
Baden-Baden 2013
(zit.: *Rein*, Ethikrichtlinie)

Reinhard, André
Mitbestimmungsrechte des Betriebsrats bei der Implementierung von Unternehmens-, insbesondere Verhaltensrichtlinien
In: Neue Zeitschrift für Arbeitsrecht 2016, S. 1233 ff.
(zit.: *Reinhard*, NZA 2016, 1233)

Reinhard, Rebekka	Philosophischer Zwischenruf: „Aufrecht stehen, ohne aufrecht gehalten zu werden" (Marc Aurel) – Haltung als Prinzip ethischer Selbstführung In: Corporate Compliance Zeitschrift 2013, S. 214 ff. (zit.: *Reinhard*, CCZ 2013, 214)
Reinhardt, Sarah *Kaindl, Gerd*	Mitarbeiterinterviews im Rahmen von Internal Investigations – ein schmaler Grat zwischen Befragung und Verhör In: Compliance-Berater 2017, S. 210 ff. (In: *Reinhardt/Kaindl*, CB 2017, 210)
Reiserer, Kerstin *Christ, Florian* *Heinz, Katharina*	Beschäftigten-Datenschutz und EU-Datenschutz-Grundverordnung – Der Countdown ist abgelaufen – Anpassungsbedarf umgesetzt? In: Deutsches Steuerrecht 2018, S. 1501 ff. (zit.: *Reiserer/Christ/Heinz*, DStR 2018, 1501)
Renz, Hartmut *Rohde-Liebenau, Björn*	Die Hinweisgeber-Regelung des § 25a KWG – Erste Erfahrungen und Umsetzungsempfehlungen – In: Betriebs-Berater 2014, S. 692 ff. (zit.: *Renz/Rohde-Liebenau*, BB 2014, 692)
Reufels, Martin *Deviard, Katja*	Die Implementierung von Whistleblower-Hotlines aus US-amerikanischer, europäischer und deutscher Sicht In: Corporate Compliance Zeitschrift 2009, S. 201 ff. (zit.: *Reufels/Deviard*, CCZ 2009, 201)
Richardi, Reinhard	Die Betriebsvereinbarung als Rechtsquelle des Arbeitsverhältnisses Zur Reichweite eine betriebsverfassungsrechtlichen Gestaltungsrechts in einer rechtgeschäftlichen Ordnung des Arbeitslebens In: Zeitschrift für Arbeitsrecht 1992, S. 307 ff (zit.: *Richardi*, ZfA 1992, 307)
Richardi, Reinhard [Hrsg.] *Thüsing, Gregor [Hrsg.]* *Annuß, Georg [Hrsg.]*	Betriebsverfassungsgesetz mit Wahlordnung Kommentar 16. Auflage München 2018 (zit.: Richardi/Bearbeiter)
Richardi, Reinhard *Wlotzke, Otfried* *Wißmann, Helmut* *Oetker, Hartmut*	Münchener Handbuch zum Arbeitsrecht Band 1 – Individualarbeitsrecht 3. Auflage München 2009 Band 2 – Kollektivarbeitsrecht/Sonderformen 3. Auflage München 2009 (zit.: MüHdbArbR/*Bearbeiter*)

Richter, Ildephons	Die fehlerhafte Arbeitsordnung Liegnitz 1931 (zit.: *Richter*, Arbeitsordnung)
Rieble, Volker	Barbara Emme: Ein Lehrstück über den Umgang mit der Justiz! In: Neue Juristische Wochenschrift 2009, S. 2101 ff. (zit.: *Rieble*, NJW 2009, 2101)
Riechers, Arndt	Compliance im Kartellrecht In: *Holzhauser, Guido/Sutter, Carolin* Interdisziplinäre Aspekte von Compliance Baden-Baden 2011 (zit.: *Riechers*, Compliance im Kartellrecht)
Ringleb, Henrik-Michael *Kremer, Thomas* *Lutter, Marcus* *v. Werder, Axel*	Kommentar zum Deutschen Corporate Governance Kodex 5. Auflage München 2014 (zit.: Ringleb/Kremer/Lutter/v. Werder/*Bearbeiter*)
Ritter, Thomas	Abmahnung: Ende des zeitbedingten Entfernungsanspruchs infolge der „Emmely"-Entscheidung des BAG In: Der Betrieb 2011, S. 175 ff. (zit.: *Ritter*, DB 2011, 175)
Ritter, Thomas	Die Verdachtsabmahnung In: Neue Zeitschrift für Arbeitsrecht 2012, S. 19 ff. (zit.: *Ritter*, NZA 2012, 19)
Ritter, Johannes *Peitsmeier, Henning*	Uli Hoeneß muss ohne die Sponsoren jubeln – Nach seiner Selbstanzeige erhält der Bayern-Präsident keine Rückendeckung von adidas, Audi und Volkswagen In: Frankfurter Allgemeine Zeitung, Nr. 96 v. 25.04.2013, S. 12 (zit.: *Ritter/Peitsmeier*, FAZ, Nr. 96 v. 25.04.2013, S. 12)
Rodewald, Jörg	Gesetzestreue als Organisationsproblem: Compliance richtig managen In: *Maschmann, Frank [Hrsg.]* Corporate Compliance und Arbeitsrecht Mannheimer Arbeitsrechtstag 2009 1. Auflage Baden-Baden 2009 (zit.: *Rodewald*, Compliance)
Rodewald, Jörg *Unger, Ulrike*	Kommunikation und Krisenmanagement im Gefüge der Corporate Compliance-Organisation In: Betriebs-Berater 2007, S. 1629 ff. (zit.: *Rodewald/Unger*, BB 2007, 1629)

Rodewald, Jörg
Unger, Ulrike
Corporate Compliance – Organisatorische Vorkehrungen zur Vermeidung von Haftungsfällen der Geschäftsleitung
In: Betriebs-Berater 2006, S. 113 ff.
(zit.: *Rodewald/Unger*, BB 2006, 113)

Rolf, Christian
Waskowski, Martin
Die forensische Praxis bei Kündigungen nach Compliance-Verstößen
In: Compliance-Berater 2014, S. 479 ff.
(zit.: *Rolf/Waskowski*, CB 2016, 479)

Rolfs, Christian [Hrsg.]
Giesen, Richard [Hrsg.]
Kreikebohm, Ralf [Hrsg.]
Udsching, Peter [Hrsg.]
Beck 'scher Online-Kommentar Arbeitsrecht
48. Edition
München 2018
(zit.: BeckOK-ArbR/*Bearbeiter*)

Rolfs, Christian [Hrsg.]
Giesen, Richard [Hrsg.]
Kreikebohm, Ralf [Hrsg.]
Udsching, Peter [Hrsg.]
Beck 'scher Online-Kommentar Sozialrecht
49. Edition
München 2018
(zit.: BeckOK-SGB/*Bearbeiter*)

Rosbach, Thorsten
Ethik in einem Wirtschaftsunternehmen – nützlich oder überflüssige Förmelei?
In: Corporate Compliance Zeitschrift 2008, S. 101 ff.
(zit.: *Rosbach*, CCZ 2008, 101)

Rößler, Nicolas
Yoo, Chan-Jae
Die Einführung des § 34d WpHG durch das AnsFuG aus aufsichts- und arbeitsrechtlicher Sicht – Berufsverbot oder Papiertiger?
In: Zeitschrift für Bank- und Kapitalmarktrecht 2011, S. 377 ff.
(zit.: *Rößler/Yoo*, BKR 2011, 377)

Rotsch, Thomas [Hrsg.]
Criminal Compliance: Handbuch
1. Auflage
Baden-Baden 2015
(zit.: Rotsch/*Bearbeiter*)

Rust, Ursula [Hrsg.]
Falke, Josef [Hrsg.]
Allgemeines Gleichbehandlungsgesetz mit weiterführenden Vorschriften
Kommentar
1. Auflage
Berlin 2007
(zit.: Rust/Falke/*Bearbeiter*)

Rüthers, Bernd
Fischer, Christian
Birk, Axel
Rechtstheorie – mit juristischer Methodenlehre
10. Auflage
München 2018
(zit.: *Rüthers/Fischer/Birk*, Rechtstheorie)

Säcker, Franz Jürgen [Hrsg.]
Rixecker, Roland [Hrsg.]
Münchener Kommentar zum Bürgerlichen Gesetzbuch
Band 1 – §§ 1 – 240 BGB, ProstG, AGG
7. Auflage
München 2016
Band 2 – §§ 241 – 432 BGB
7. Auflage
München 2016
Band 4 – §§ 535 – 630 BGB, HeizkostenV, BetriebskostenV, EFZG, TzBfG, KSchG
7. Auflage
München 2016
(zit.: MüKo-BGB/*Bearbeiter*)

Säcker, Franz Jürgen
Die stillschweigende Willenserklärung als Mittel zur Schaffung neuen und zur Wiederentdeckung alten Rechts – Zum Urteil vom Bundesarbeitsgericht vom 5.3.2013
In: Betriebs-Berater 2013, S. 2677 ff.
(zit.: *Säcker*, BB 2013, 2677)

Salamon, Erwin
Rogge, Nico
Funktionen der Abmahnung und Entfernungsanspruch nach „Emmely" – Eine Neubewertung durch das BAG
In: Neue Zeitschrift für Arbeitsrecht 2013, S. 363 ff.
(zit.: *Salamon/Rogge*, NZA 2013, 363)

Salvenmoser, Steffen
Hauschka, Christoph
Korruption, Datenschutz und Compliance
In: Neue Juristische Wochenschrift 2010, S. 331 ff.
(zit.: *Salvenmoser/Hauschka*, NJW 2010, 331)

Schaefer, Hans
Baumann, Diethelm
Compliance-Organisation und Sanktionen bei Verstößen
In: Neue Juristische Wochenschrift 2001, S. 3601 ff.
(zit.: *Schaefer/Baumann*, NJW 2011, 3601)

Schall, Alexander
Maultaschen im Sachenrecht
In: Neue Juristische Wochenschrift 2010, S. 1248
(zit.: *Schall*, NJW 2010, 1248)

Schall, Alexander
Wider die kursorische Strafrechtsprüfung im Rahmen des Kündigungsrechts – der Pfandbondiebstahl durch Barbara Emme
In: Recht der Arbeit 2010, S. 225 ff.
(zit.: *Schall*, RdA 2010, 225)

Schaub, Günter [Begr.]
Koch, Ulrich [Hrsg.]
Linck, Rüdiger [Hrsg.]
Treber, Jürgen [Hrsg.]
Vogelsang, Hinrich [Hrsg.]
Arbeitsrechts-Handbuch
17. Auflage
München 2017
(zit.: Schaub/*Bearbeiter*)

Schemmel, Alexander *Ruhmannseder, Felix* *Witzigmann, Tobias*	Hinweisgebersysteme – Implementierung in Unternehmen 1. Auflage München 2012 (zit.: *Schemmel/Ruhmannseder/ Witzigmann*, Hinweisgebersysteme)
Scherer, Josef	Good Governance und ganzheitliches strategisches und operatives Management: Die Anreicherung des „unternehmerischen Bauchgefühls" mit Risiko-, Chancen- und Compliancemanagement In: Corporate Compliance Zeitschrift 2012, S. 201 ff (zit.: *Scherer*, CCZ 2012, 201)
Schiefer, Bernd	Die Abmahnung – aktuelle Brennpunkte In: Der Betrieb 2013, S. 1785 ff. (zit.: *Schiefer*, DB 2013, 1785)
Schild, Wilhelm	Die Rechtsstellung von Unternehmer und Betriebsführer sowie ihrer Vertreter und Gehilfen in der nationalsozialistischen Arbeitsordnung Frankfurt a.M. 1939 (zit.: *Schild*, Arbeitsordnung)
Schimansky, Herbert [Hrsg.] *Bunte, Hermann-Josef [Hrsg.]* *Lwowski, Hans-Jürgen [Hrsg.]*	Bankrechts-Handbuch 5. Auflage München 2017 (zit.: Schimansky/Bunte/Lwowski/*Bearbeiter*)
Schlachter, Monika	Mitbestimmung bei der Einführung von „Ethikregeln" in transnationalen Wirtschaftseinheiten In: *Annuß, Georg* [Hrsg.]/*Picker, Eduard* [Hrsg.]/ *Wissmann, Hellmut [Hrsg.]* Festschrift für Reinhard Richardi zum 70. Geburtstag (zit.: *Schlachter*, FS Richardi)
Schlachter, Monika	Fristlose Kündigung wegen Entwendung geringwertiger Sachen des Arbeitgebers In: Neue Zeitschrift für Arbeitsrecht 2005, S. 433 ff. (zit.: *Schlachter*, NZA 2005, 433)
Schleusener, Aino *Suckow, Jens* *Voigt, Burkhard*	AGG Kommentar zum Allgemeinen Gleichbehandlungsgesetz 4. Auflage Köln 2013 (zit.: Schleusener/Suckow/Voigt/*Bearbeiter*)

Schmidl, Michael — Datenschutz für Whistleblowing-Hotlines – Hotlines für anonyme Anzeige von Mitarbeiterverhalten in einem internationalen Konzern
In: Datenschutz und Datensicherheit 2006, S. 353 ff.
(zit.: *Schmidl*, DuD 2006, 353)

Schmidt, Bernd — Compliance in Kapitalgesellschaften
Baden-Baden 2010
(zit.: *Schmidt*, Compliance)

Schmidt, Bernd — Vertrauen ist gut, Compliance ist besser! – Anforderungen an die Datenverarbeitung im Rahmen der Compliance-Überwachung
In: Betriebs-Berater 2009, S. 1295 ff.
(zit.: *Schmidt*, BB 2009, 1295)

Schmidt, Holger — Der Compliance-Officer – Partner oder Gegenspieler der Ermittlungsbehörden bei der Bekämpfung von Korruption in Deutschland?
In: Kriminalistik 2013, S. 134 ff.
(zit.: *Schmidt*, Kriminalistik 2013, 134)

Schmidt, Karsten [Hrsg.]
Ebke, Werner [Hrsg.] — Münchener Kommentar zum Handelsgesetzbuch
Band 4
§§ 238 – 342e HGB
3. Auflage
München 2013
(zit.: MüKo-HGB/*Bearbeiter*)

Schmittlein, Benjamin — Verbands-Compliance
München 2015
(zit.: *Schmittlein*, Compliance)

Schneider, David — Die arbeitsrechtliche Implementierung von Compliance- und Ethikrichtlinien
Baden-Baden 2009
(zit.: *Schneider*, Compliance)

Schneider, David
Sittard, Ulrich — Ethikrichtlinien als Präventivmaßnahmen i.S. des § 12 AGG?
In: Neue Zeitschrift für Arbeitsrecht 2007, S. 654 ff.
(zit.: *Schneider/Sittard*, NZA 2007, 654)

Schneider, Uwe — Compliance als Aufgabe der Unternehmensleitung
In: Zeitschrift für Wirtschaftsrecht 2003, S. 645 ff.
(zit.: *U. Schneider*, ZIP 2003, 645)

Schneider, Uwe — Investigative Maßnahmen und Informationsweitergabe im konzernfreien Unternehmen und im Konzern
In: Neue Zeitschrift für Gesellschaftsrecht 2010, S. 1201 ff.
(zit.: *U. Schneider*, NZG 2010, 1201)

Schockenhoff, Martin	Geheimhaltung von Compliance-Verstößen Gesellschaftsrecht – Kapitalmarktrecht – Rechnungslegung In: Neue Zeitschrift für Gesellschaftsrecht 2015, S. 409 ff. (zit.: *Schockenhoff*, NZG 2015, 409)
Schöder, Anja	Healthcare Compliance und Arbeitsrecht Berlin 2016 (zit.: *Schöder*, Compliance)
Schöne, Steffen	Die Novellierung der Gewerbeordnung und die Auswirkungen auf das Arbeitsrecht In: Neue Zeitschrift für Arbeitsrecht 2002, S. 829 ff. (zit.: *Schöne*, NZA 2002, 829)
Schönke, Adolf [Begr.] *Schröder, Horst [Hrsg.]*	Strafgesetzbuch 29. Auflage München 2014 (zit.: Schönke/Schröder/*Bearbeiter*)
Schrader, Peter	Abmahnung und „Vertrauenskapital" In: Neue Juristische Wochenschrift 2012, S. 342 ff. (zit.: *Schrader*, NJW 2012, 342)
Schrader, Peter	Verwirkung der Abmahnung durch Zeitablauf? In: Neue Zeitschrift für Arbeitsrecht 2011, S. 180 (zit.: *Schrader*, NZA 2011, 180)
Schrader, Peter *Dohnke, Nancy*	Abmahnung und Datenschutz In: Neue Zeitschrift für Arbeitsrecht Rechtsprechungs-Report 2012, S. 617 ff. (zit.: *Schrader/Dohnke*, NZA-RR 2012, 617)
Schreiber, Alexander	Implementierung von Compliance-Richtlinien In: Neue Zeitschrift für Arbeitsrecht – Rechtsprechungs-Report 2010, S. 617 ff. (zit.: *Schreiber*, NZA-RR 2010, 617)
Schröder, Sebastian	Im Kampf gegen Korruption, Kartelle, Kinderarbeit Frankfurter Allgemeine Zeitung Nr. 234 v. 09.10.2009, Verlagsbeilage „Zukunft Mittelstand", Seite B6 (zit.: *Schröder*, FAZ Nr. 234 v. 09.10.2009, S. B6)
Schröder, Matthes *Schreier, Michael*	Arbeitsrechtliche Sanktionierung innerbetrieblicher Verhaltensverstöße In: Betriebs-Berater 2010, S. 2565 ff. (zit.: *Schröder/Schreier*, BB 2010, 2565)
Schulz, Georg	Verflixte Verdachtskündigung! In: Arbeitsrecht Aktuell 2016, S. 365 ff. (zit.: *Schulz*, ArbRAktuell 2016, 365)

Schulz, Mike	Compliance – Internes Whistleblowing Die Verpflichtung zur Meldung von Fehlverhalten Dritter aus den arbeitsvertraglichen Nebenpflichten In: Betriebs-Berater 2011, S. 629 ff. (zit.: *Schulz*, BB 2011, 629)
Schulz, Mike	Ethikrichtlinien und Whistleblowing – Arbeitsrechtliche Aspekte der Einführung eines Compliance-Systems Frankfurt am Main 2010 (zit.: *Schulz*, Ethikrichtlinien)
Schulz, Stephan *Kuhnke, Michael*	Insider-Compliance-Richtlinien als Baustein eines umfassenden Compliance-Konzeptes In: Betriebs-Berater 2012, S. 143 ff. (zit.: *Schulz/Kuhnke*, BB 2012, 143)
Schulze, Marc-Oliver *Schreck, Corinna*	Mitbestimmung bei Abmahnungen In: Arbeit im Betrieb 2013, S. 94 ff. (zit.: *Schulze/Schreck*, AiB 2013, 94)
Schürrle, Thomas *Fleck, Franziska*	„Whistleblowing Unlimited" – Der U.S. Dodd-Frank Act und die neuen Regeln der SEC zum Whistleblowing In: Corporate Compliance Zeitschrift 2011, S. 218 ff. (zit.: *Schürrle/Fleck*, CCZ 2011, 218)
Schürrle, Thomas *Olbers, Lucie Anne Mary*	Praktische Hinweise zu Rechtsfragen bei eigenen Untersuchungen im Unternehmen In: Corporate Compliance Zeitschrift 2010, S. 178 ff. (zit.: *Schürrle/Olbers*, CCZ 2010, 178)
Schürrle, Thomas *Olbers, Lucie Anne Mary*	Compliance-Verantwortung in der AG – Praktische Empfehlungen zur Haftungsbegrenzung an Vorstände und Aufsichtsräte In: Corporate Compliance Zeitschrift 2010, S. 102 ff. (zit.: *Schürrle/Olbers*, CCZ 2010, 102)
Schuster, Doris-Maria *Darsow, Ingebjörg*	Einführung von Ethikrichtlinien durch Direktionsrecht In: Neue Zeitschrift für Arbeitsrecht 2005, S. 273 ff. (zit.: *Schuster/Darsow*, NZA 2005, 273)
Schwark, Eberhard [Hrsg.] *Zimmer, Daniel [Hrsg.]*	Kapitalmarktrechts-Kommentar 4. Auflage München 2010 (zit.: Schwark/Zimmer/*Bearbeiter*)
Schwarz, Volker	Anmerkung zu LAG Düsseldorf, (Teil-)Urt. v. 20.01.2015 – 16 Sa 459/14 In: Corporate Compliance Zeitschrift 2015, S. 189 ff. (zit.: *Schwarz*, Anm. z. LAG Düsseldorf, (Teil-)Urt. v. 20.01.2015 – 16 Sa 459/14, CCZ 2015, 189)

Schwennicke, Andreas [Hrsg.]
Auerbach, Dirk [Hrsg.]
Kreditwesengesetz (KWG) mit Zahlungsdiensteaufsichtsgesetz (ZAG) Finanzkonglomerate-Aufsichtsgesetz (FKAG)
Kommentar
3. Auflage
München 2016
(zit.: Schwennicke/Auerbach/*Bearbeiter*)

Seelmann, Andreas
Arbeits- und Betriebsordnungen privater Banken
Zugleich ein Beitrag zur zweckorientierten Begrenzung der Betriebsautonomie
Köln 1991
(zit.: *Seelmann*, Arbeitsordnung)

Seibt, Christoph
Cziupka, Johannes
20 Thesen zur Compliance-Verantwortung im System der Organhaftung aus Anlass des Siemens/Neubürger-Urteils
In: Der Betrieb 2014, S. 1598 ff.
(zit.: *Seibt/Cziupka*, DB 2014, 1598)

Senge, Lothar [Hrsg.]
Karlsruher Kommentar zum Gesetz über Ordnungswidrigkeiten
5. Auflage
München 2018
(zit.: KK-OWiG/*Bearbeiter*)

Sieg, Rainer
Arbeitnehmer im Banne von Compliance-Programmen
In:
Bauer, Jobst-Hubertus [Hrsg.]/Kort, Michael [Hrsg.]/Möllers, Thomas [Hrsg.]/Sandmann, Bernd [Hrsg.]
Festschrift für Herbert Buchner zum 70. Geburtstag
München 2009
(zit.: *Sieg*, FS Buchner)

Simitis, Spiros [Hrsg.]
Bundesdatenschutzgesetz
8. Auflage
Baden-Baden 2014
(zit.: Simitis/*Bearbeiter*)

Simon, Stefan
Merkelbach, Matthias
Organisationspflichten des Vorstands betreffend das Compliance-System – Der Neubürger-Fall – Kommentar zu LG München I v. 10.12.2013 – 5HK O 1387/10, AG 2014, 332
In: Die Aktiengesellschaft 2014, S. 318 ff.
(zit.: *Simon/Merkelbach*, AG 2014, 318)

Smolka, Klaus Max
Germis, Carsten
Wie korrekt ist die Kündigung von Volkswagen?
In: Frankforter Allgemeine Zeitung Nr. 286 v. 09.12.2017, S. 21
(zit.: *Smolka/Germis*, FAZ Nr. 286 v. 09.12.2017, S. 21)

Spehl, Stephan J.
Momsen, Carsten
Grützner, Thomas
Unternehmensinterne Ermittlungen – Ein internationaler Überblick
Teil III: Die Befragung von Mitarbeitern
In: Corporate Compliance Zeitschrift 2014, S. 170 ff.
(zit.: *Spehl/Momsen/Grützner*, CCZ 2014, 170)

Spielberger, Marc
Kündigung bei Verstoß gegen ein striktes Alkoholverbot – Anm. zu LAG Berlin-Brandenburg, Urt. v. 02.05.2017 – 11 Sa 2062/16
In: Arbeitsrecht Aktuell 2017, S. 418
(zit.: *Spielberger*, ArbRAktuell 2017, 418)

Spindler, Gerald [Hrsg.]
Stilz, Eberhard [Hrsg.]
Kommentar zum Aktiengesetz
Band 1 – §§ 1 – 149 AktG
3. Auflage
München 2015
Band 2 – §§ 150 – 410 AktG, IntGesR, SpruchG, SE-VO
3. Auflage
München 2015
(zit.: Spindler/Stilz/*Bearbeiter*)

Stahlhacke, Eugen
Preis, Ulrich
Vossen, Reinhard
Kündigung und Kündigungsschutz im Arbeitsverhältnis
11. Auflage
München 2015
(zit.: SPV/*Bearbeiter*)

Stangier, Hermann
Die Betriebsordnung
Würzburg 1935
(zit.: *Stangier*, Betriebsordnung)

Von Staudinger, Julius [Begr.]
Kommentar zum Bürgerlichen Gesetzbuch mit Einführungsgesetz und Nebengesetzen
Einleitung zu §§ 241ff; §§ 241 – 243 (Treu und Glauben)
Berlin 2015
§§ 611 – 613 – (Dienstvertragsrecht 1)
Berlin 2016
§§ 620 – 630 – (Dienstvertragsrecht 3)
Berlin 2016
(zit.: Staudinger/*Bearbeiter*)

Steffen, Markus
Stöhr, Alexander
Die Umsetzung von Compliance-Maßnahmen im Arbeitsrecht
In: Recht der Arbeit 2017, S. 43 ff.
(zit.: *Steffen/Stöhr*, RdA 2017, 43)

Von Steinau-Steinrück, Robert
Glanz, Peter
Compliance im Arbeitsrecht – Ein Muss für jedes Unternehmen
In: Neue Juristische Wochenschrift – Spezial 2008, S. 146 ff.
(zit.: *von Steinau-Steinrück/Glanz*, NJW-Spez. 2008, 146)

Stoffels, Markus — Die „Emmely"-Entscheidung des BAG – bloß eine Klarstellung von Missverständnissen?
In: Neue Juristische Wochenschrift 2011, S. 118 ff.
(zit.: *Stoffels*, NJW 2011, 118)

Stolle, Alfred — Unser Arbeitsgesetzbuch
2. Auflage
Berlin 1977
(zit.: *Stolle*, Unser Arbeitsgesetzbuch)

Strenger, Christian — Corporate Governance und Anteilseigner, insbesondere institutionelle Anleger
In:
Hommelhoff, Peter [Hrsg.]/Hopt, Klaus [Hrsg.]/v. Werder, Axel [Hrsg.]
Handbuch Corporate Governance
1. Auflage
Köln 2003
(zit.: *Strenger*, Corporate Governance)

Ströbel, Lukas
Böhm, Wolf-Tassilo
Breunig, Christina
Wybitul, Tim — Beschäftigtendatenschutz und Compliance: Compliance-Kontrollen und interne Ermittlungen nach der EU-Datenschutz-Grundverordnung und dem neuen Bundesdatenschutzgesetz
In: Corporate Compliance Zeitschrift 2018, S. 14 ff.
(zit.: *Ströbel/Böhm/Breunig/Wybitul*, CCZ 2018, 14)

Strohn, Lutz — Pflichtenmaßstab und Verschulden bei der Haftung von Organen einer Kapitalgesellschaft
In: Corporate Compliance Zeitschrift 2013, S. 177 ff.
(zit.: *Strohn*, CCZ 2013, 177)

Strothmeyer, Uta — Compliance – Risikobegrenzung und Imagevorteil
Jena 2010
(zit.: *Strothmeyer*, Compliance)

Stück, Volker — Comply – or die?
In: GmbH-Rundschau Report 2011, R49 f.
(zit.: *Stück*, GmbHR Report 2011, R49)

Stück, Volker — Einführung und Umsetzung eines Compliance-Management-Systems (CMS)
In: Monatsschrift für deutsches Recht 2014, S. 1117 ff.
(zit.: *Stück*, MDR 2014, 1117)

Stück, Volker — Entfernungsfrist einer Abmahnung – Anmerkung zu BAG, Urteil vom 19. Juli 2012 – 2 AZR 782/11
In: Arbeit und Arbeitsrecht 2013, S. 374 f.
(zit.: *Stück*, AuA 2013, 374)

Stück, Volker Kündigung wegen Verstoß gegen Compliance-Richtlinie – Anmerkung zu LAG Hessen, Urteil vom 25. 1. 2010 – 17 Sa 21/09
In: Arbeit und Arbeitsrecht 2011, 618
(zit.: *Stück*, AuA 2011, 618)

Stück, Volker Kündigung wegen Verstoß gegen Compliance-Richtlinie – Anmerkung zu LAG Hessen, Urteil vom 25. 1. 2010 – 17 Sa 21/09
In: Corporate Compliance Zeitschrift 2011, S. 196 f.
(zit.: *Stück*, CCZ 2011, 196 f.)

Sünner, Eckart Der neue FCPA-Leitfaden – Auswirkungen auch auf deutsche Unternehmen?
In: Compliance-Berater 2013, Editorial zu Heft 2/2013
(zit.: *Sünner*, CB 2013, Editorial Heft 2/2013)

Süßbrich, Katrin
Rütz, Eva Compliance in der arbeitsrechtlichen Praxis
In:
Wecker, Gregor [Hrsg.]/Ohl Bastian [Hrsg.]
Compliance in der Unternehmerpraxis – Grundlagen Organisation und Umsetzung
3. Auflage
Wiesbaden 2013
(zit.: *Süßbrich/Rütz*, Compliance)

Stütze, Sebastian Compliance-Schulungen: Englische E-Learnings und deutsches Arbeitsrecht
NZA Online Aufsatz 3/2013
(zit.: *Stütze*, NZA Online 3/2013)

Szesny, André Die Causa Volkswagen zeigt: Wir brauchen kein Verbandsstrafgesetzbuch!
In: Compliance-Berater 2017, Editorial I Heft 8/2016
(zit.: *Szesny*, CB 2017, Editorial I Heft 8/2016)

Techmeier, Ingo Der „Deal" bleibt reizvoll – Im Strafprozess darf Ergebnis weiter ausgehandelt werden
In: Frankfurter Allgemeine Zeitung, Nr. 77 v. 03.04.2013, S. 19
(zit.: *Techmeier*, FAZ, Nr. 77 v. 03.04.2013, S. 19)

Teicke, Tobias
Matthiesen, Reemt Compliance-Klauseln als sinnvoller Bestandteil eines Compliance-Systems
In: Betriebs-Berater 2013, S. 771 ff.
(zit.: *Teicke/Matthiesen*, BB 2013, 771)

Thüsing, Gregor
Forst, Gerrit
Granetzny, Thomas
Schorn, Wolfgang
Beschäftigtendatenschutz und Compliance
2. Auflage
München 2014
(zit.: *Thüsing*, Beschäftigtendatenschutz)

Thüsing, Gregor
Granetzny, Thomas
Compliance und Arbeitsrecht, Implementierung, Durchsetzung, Organisation
Recht der Arbeit 2011, S. 191 ff.
(zit.: *Thüsing/Granetzny*, RdA 2011, 191)

Tiedemann, Jens
Vertrauenskapital langjährig Beschäftigter – Interessenabwägung bei fristlosen Kündigungen wegen Bagatelldelikte nach „Emmely"
In: Arbeitsrechts-Berater 2011, S. 93 ff.
(zit.: *Tiedemann*, ArbRB 2011, 93)

Timmerbeil, Sven
Spachmüller, Demid
Step-by-step: Die Einführung und Ausgestaltung eines Code of Conduct
In: Compliance-Berater 2013, S. 221 ff.
(zit.: *Timmerbeil/Spachmüller*, CB 2013, 221)

Toma, Josef
Arbeitsrechtliche Grundlagen interner Ermittlungen
In: Compliance-Berater 2017, S. 339 ff.
(zit.: *Toma*, CB 2017, 339)

Triskatis, Claudiana
Ethikrichtlinien im Arbeitsrecht
Frankfurt am Main 2008
(zit.: *Triskatis*, Ethikrichtlinien)

Tschöpe, Ulrich [Hrsg.]
Anwalts-Handbuch Arbeitsrecht
10. Auflage
Köln 2017
(zit.: Tschöpe/*Bearbeiter*)

Ulrichs, Otto
Arbeitsordnungen für Arbeiter gewerblicher Betriebe Wiedergabe, Darstellung und Erläuterung des einschlägigen öffentlichen und bürgerlichen Reichsrechts unter Berücksichtigung der Ausführungsanweisungen zur Reichs-Gewerbeordnung, der Gerichts- und Verwaltungspraxis und der Jahresberichte der Gewerbeaufsichtsbeamten
Berlin 1921
(zit.: *Ulrichs*, Arbeitsordnungen)

Umnuß, Karsten
Betriebsratsmitbestimmung bei Verhaltens- und Ethikrichtlinien
In: Corporate Compliance Zeitschrift 2009, S. 88 ff.
(zit.: *Umnuß*, CCZ 2009, 88)

Unmuth, Nikolai Die Entwicklung der Corporate Compliance in Recht und Praxis
In: Die Aktiengesellschaft 2017, S. 249 ff.
(zit.: *Unmuth*, AG 2017, 249)

Unmuth, Nikolai Die organisatorische Umsetzung der Corporate Compliance
In: Compliance-Berater 2017, S. 177 ff.
(zit.: *Unmuth*, CB 2017, 177)

Ure, Andrew The philosophy of manufactures:
Or an exposition of the scientific, moral and commercial economy of the factory system of Great Britain
London 1835
(zit.: *Ure*, The philosophy of manufactures)

Verse, Dirk Compliance im Konzern – Zur Legalitätskontrollpflicht der Geschäftsleiter einer Konzernobergesellschaft
In: Zeitschrift für das Gesamte Handels und Wirtschaftsrecht, Jahrgang 175 (2011), S. 401 ff.
(zit.: *Verse*, ZHR 175 (2011), 401)

„Villeroy & Boch muss Strafe zahlen" „Villeroy & Boch muss Strafe zahlen"
In: Frankfurter Allgemeine Zeitung, Nr. 216 v. 17.09.2013, S. 16
(zit.: „Villeroy & Boch muss Strafe zahlen", FAZ, Nr. 216 v. 17.09.2013, S. 16)

Vogel, Florian
Glas, Vera Datenschutzrechtliche Probleme unternehmensinterner Ermittlungen
In: Der Betrieb 2009, S. 1747 ff.
(zit.: *Vogel/Glas*, DB 2009, 1747)

Vogt, Volker Compliance und Investigations – Zehn Fragen aus Sicht der arbeitsrechtlichen Praxis
In: Neue Juristische Online-Zeitschrift 2009, S. 4206 ff.
(zit.: *Vogt*, NJOZ 2009, 4206)

Wagner, Andreas Ethikrichtlinien – Inhalte – Implementierung – Mitbestimmung
In:
Maschmann, Frank [Hrsg.]
Corporate Compliance und Arbeitsrecht
Mannheimer Arbeitsrechtstag 2009
Baden-Baden 2009
(zit.: *Wagner*, Compliance)

Wagner, Bernhard Andreas Ethikrichtlinien – Implementierung und Mitbestimmung
Baden-Baden 2008
(zit.: *Wagner*, Ethikrichtlinien)

Waitschies, Markus *Wolters, Tobias* Compliance – Was kann ich als Betriebsrat tun?
In: Arbeitsrecht im Betrieb 2008, S. 644 ff.
(zit.: *Waitschies/ Wolters*, AiB 2008, 644)

Walker, Wolf-Dietrich Die Kündigung wegen eines Bagatelldelikts – Geklärte und ungeklärte Fragen nach der „Emmely"-Entscheidung des BAG
In: Neue Zeitschrift für Arbeitsrecht 2011, S. 1 ff.
(zit.: *Walker*, NZA 2011, 1)

Walker, Wolf-Dietrich Fehlentwicklungen bei der Abmahnung im Arbeitsrecht
In: Neue Zeitschrift für Arbeitsrecht 1995, S. 601 ff.
(zit.: *Walker*, NZA 1995, 601)

Walker, Wolf-Dietrich Zur Zulässigkeit von Betriebsbußen
In: *Heinze, Meinhard [Hrsg.]*
Arbeitsrecht in der Bewährung
Festschrift für Otto Rudolf Kissel zum 65. Geburtstag
München 1994
(zit.: *Walker*, FS Kissel)

Wallenfang, Gerd Die vom Treuhänder erlassene Betriebsordnung
Köln 1936
(zit.: *Wallenfang*, Betriebsordnung)

Waltermann, Raimund 75 Jahre Betriebsvereinbarung
In: Neue Zeitschrift für Arbeitsrecht 1995, S. 1177 ff.
(zit.: *Waltermann*, NZA 1995, 1177)

Waltermann, Raimund „Ablösung" arbeitsvertraglicher Zusagen durch Betriebsvereinbarung?
In: Recht der Arbeit 2016, S. 296 ff.
(zit.: *Waltermann*, RdA 2016, 296)

Wank, Rolf Zur Systematik des § 1 KSchG
Anspruch des Arbeitnehmers auf Entfernung der Abmahnung aus der Personalakte
In: *Boemke, Burkhard [Hrsg.]*, Festschrift für Gerrick Frhr. v. Hoyningen-Huene zum 70. Geburtstag, München 2014, S. 201 ff.
(zit.: *Wank*, FS v. Hoyningen-Huene)

Weber, Joachim Compliance und Arbeitsrecht
In:
Holzhauser, Guido/ Sutter, Carolin
Interdisziplinäre Aspekte von Compliance
Baden-Baden 2011
(zit.: *Weber*, Compliance)

Weber, Otto Bruno
Der juristische Charakter der Fabrikordnung
Borna/Leipzig 1909
(zit.: *Weber*, Fabrikordnung)

Wecker, Gregor
Galla, Stefan
Pflichten der Geschäftsleitung & Aufbau einer Compliance-Organisation
In:
Wecker, Gregor [Hrsg.]/Ohl, Bastian [Hrsg.]
Compliance in der Unternehmerpraxis – Grundlagen, Organisation und Umsetzung
3. Auflage
Wiesbaden 2013
(zit.: *Wecker/Galla*, Compliance-Organisation)

Weischedel, Wilhelm
Recht und Ethik
Zur Anwendung ethischer Prinzipien in der Rechtsprechung des Bundesgerichtshofes
Vortrag gehalten vor der Juristischen Studiengesellschaft in Karlsruhe am 11. November 1955
1. Auflage
Karlsruhe 1956
(zit.: *Weischedel*, Ethik)

Weiss, Manfred
Strategien zur Globalisierung arbeitsrechtlicher Mindeststandards
In:
Annuß, Georg [Hrsg.]/Picker, Eduard [Hrsg.]/Wißmann, Hellmut [Hrsg.]
Festschrift für Reinhard Richardi zum 70.Geburtstag
München 2007
(zit.: *Weiss*, FS Richardi)

Weiss, Ulrich
Compliance-Funktion in einer deutschen Universalbank
In: Die Bank 1993, S. 136 ff.
(zit.: *Weiss*, Die Bank 1993, 136)

Weller, Bernd
Bei langer Betriebszugehörigkeit ist auch bei Straftaten gegen den Arbeitgeber in der Regel eine Abmahnung erforderlich – „Emmely"
In: Gesellschafts- und Wirtschaftsrecht 2010 S. 560 ff.
(zit.: *Weller*, GWR 2010, 560)

Wendeling-Schröder, Ulrike
Stein, Axel
Allgemeines Gleichbehandlungsgesetz
1. Auflage
München 2008
(zit.: Wendeling-Schröder/Stein/*Bearbeiter*)

Wenzel, Friedrich Karl
Die Rechtsnatur einer Betriebsordnung nach dem Gesetz zur Ordnung der nationalen Arbeit
Göttingen 1938
(zit.: *Wenzel*, Betriebsordnung)

v. Werder, Axel	Wirtschaftskrise und persönliche Managementverantwortung: Sanktionsmechanismen aus betriebswirtschaftlicher Sicht In: Zeitschrift für Wirtschaftsrecht 2009, S. 500 ff. (zit.: *v. Werder*, ZIP 2009, 500)
Wiederholt, Norbert *Walter, Andreas*	Compliance – Anforderungen an die Unternehmensorganisationspflichten In: Betriebs-Berater 2011, S. 968 (zit.: *Wiederholt/Walter*, BB 2011, 968)
Wieland, Josef	Unternehmensethik und Compliance Management – Zwei Seiten einer Medaille In: Corporate Compliance Zeitschrift 2008, S. 15 ff. (zit.: *Wieland*, CCZ 2008, 15)
Wiese, Günther *Kreutz, Peter* *Oetker, Hartmut* *Raab, Thomas* *Weber, Christoph* *Franzen, Martin* *Fabricius, Fritz [Begr.]* *Kraft, Alfons [Begr.]* *Thiele, Wolfgang [Begr.]*	Gemeinschaftskommentar Betriebsverfassungsgesetz Band II §§ 74 – 132 11. Auflage Köln 2018 (zit.: GK-BetrVG/*Bearbeiter*)
Willemsen, Alexander	Einführung und Inhaltskontrolle von Ethikrichtlinien Freiburg 2009 (zit.: *Willemsen*, Ethikrichtlinien)
Willoweit, Dietmar	Historische Grundlagen des Privatrechts 4. Teil. Arbeit In: Juristische Schulung 1977, S. 573 ff. (zit.: *Willoweit*, JuS 1977, 573)
Wilsing, Hans-Ulrich [Hrsg.]	Deutscher Corporate Governance Kodex – Kommentar 1. Auflage München 2012 (zit.: Wilsing/*Bearbeiter*)

Wintterle, Markus
Ex-VW-Chef in der Dieselaffäre
„Winterkorn ist wirtschaftlich geächtet, seine Vita verbrannt"
Interview mit Markus Wintterle, aufgezeichnet von Verena Töpper
Spiegel Online v. 08.05.2018
http://www.spiegel.de/karriere/vw-abgasskandal-haft-und-schadensersatz-was-martin-winterkorn-droht-a-1206769.html [zuletzt abgerufen am 31.08.2018]
(zit.: *Wintterle*, „Winterkorn ist wirtschaftlich geächtet, seine Vita verbrannt", Interview, Spiegel Online v. 08.05.2018)

Wirth, Christian
Paul, Frederik
Organisationspflichten nach § 64a VAG – beginnende Vereinheitlichung der Organisationspflichten in der Finanzwirtschaft
In: Corporate Compliance Zeitschrift 2010, S. 95 ff.
(zit.: *Wirth/Paul*, CCZ 2010, 95)

Wisskirchen, Gerlind
Glaser, Julia
Unternehmensinterne Untersuchungen (Teil I) – Eine praktische
Anleitung
In: Der Betrieb 2011, S. 1392 ff.
(zit.: *Wisskirchen/Glaser*, DB 2011, 1392)

Wisskirchen, Gerlind
Jordan, Christopher
Bissels, Alexander
Arbeitsrechtliche Probleme bei der Einführung internationaler Verhaltens- und Ethikrichtlinien (Codes of Conduct/Codes of Ethics)
In: Der Betrieb 2005, S. 2190 ff.
(zit.: *Wisskirchen/Jordan/Bissels*, DB 2005, 2190)

Wisskirchen, Gerlind
Körber, Anke
Bissels, Alexander
„Whistleblowing" und „Ethikhotlines"
Probleme des deutschen Arbeits- und Datenschutzrechts
In: Betriebs-Berater 2006, S. 1567 ff.
(zit.: *Wisskirchen/Körber/Bissels*, BB 2006, 1567)

Wisskirchen, Gerlind
Schumacher, Maria-Susanna
Bissels, Alexander
„Vorweggenommene Abmahnung" – statt des Mantras der unentbehrlichen Abmahnung
In: Betriebs-Berater 2012, S. 1473 ff.
(zit.: *Wisskirchen/Schumacher/Bissels*, BB 2012, 1473)

Withus, Karl-Heinz
Bedeutung der geänderten Compliance Anforderungen der US Sentencing Guidelines für deutsche Unternehmen
In: Corporate Compliance Zeitschrift 2011, S. 63 ff.
(zit.: *Withus*, CCZ 2011, 63)

Withus, Karl-Heinz
Hein, Oliver
Prüfung oder Zertifizierung eines Compliance Management Systems
Voraussetzungen und mögliche Rechtsfolgen
In: Corporate Compliance Zeitschrift 2011, S. 125 ff.
(zit.: *Withus/Hein*, CCZ 2011, 125)

Wolf, Martin	Der Compliance-Officer – Garant, hoheitlich Beauftragter oder Berater im Unternehmensinteresse zwischen Zivil-, Straf- und Aufsichtsrecht? In: Betriebs-Berater 2011, S. 1353 ff. (zit.: *Wolf*, BB 2011, 1353)
Wybitul, Tim	Das neue Bundesdatenschutzgesetz: Verschärfte Regeln für Compliance und interne Ermittlungen – Vertrauen ist gut, Kontrolle verboten? In: Betriebs-Berater 2009, S. 1582 ff. (zit.: *Wybitul*, BB 2009, 1582)
Zahnbrecher, Franz Xaver	Die Arbeitsordnung Berlin 1912 (zit.: *Zahnbrecher*, Arbeitsordnung)
Zander, Ulrike	Ethik- und Verhaltensrichtlinien im Betrieb Berlin 2010 (zit.: *Zander*, Ethikrichtlinien)
Zimmer, Mark *Heymann, Robert*	Beteiligungsrechte des Betriebsrats bei unternehmensinternen Ermittlungen In: Betriebs-Berater 2010, S. 1853 ff. (zit.: *Zimmer/Heymann*, BB 2010, 1853)
Zimmer, Mark *Walther, Michael*	Kartellanten und Böllerwerfer – Bußgeldregress beim Verursacher In: Betriebs-Berater 2017, S. 629 ff. (zit.: *Zimmer/Walther*, BB 2017, 629)
Zöllner, Wolfgang *Loritz, Karl-Georg* *Hergenröder, Curt Wolfgang*	Arbeitsrecht 7. Auflage München 2015 (zit.: *Zöllner/Loritz/Hergenröder*)
Zypries, Brigitte	„Bagatellen rechtfertigen keine fristlose Kündigung" „Für kleinkarierte Verbote im Betrieb fehlt mir jedes Verständnis" In: Zeitschrift für Rechtspolitik 2010, S. 29 f. (zit.: *Zypries*, ZRP 2010, 29)

Zitierte Compliance-Richtlinien

Adidas AG Verhaltenskodex
http://www.adidas-group.com/media/filer_public/b8/91/b891e70a-3733-4833-a8a9-6742bf1c98f1/coc_german_2014.pdf
Zuletzt abgerufen am 03.12.2016
(zit.: RiLi Adidas)

Allianz SE Verhaltenskodex
https://www.allianz.com/v_1339509001000/media/investor_relations/de/corporate_governance/verhaltenskodices/verhaltenskodex.pdf
Zuletzt abgerufen am 03.12.2015
(zit.: RiLi Allianz)

Bayer Health Care AG Corporate Compliance Policy
http://www.bayer.de/de/corporate-compliance-policy.aspx
Zuletzt abgerufen am 03.12.2016
(zit.: RiLi Bayer)

Beiersdorf AG Code of Conduct
http://www.beiersdorf.de/~/media/Beiersdorf/local/de/investors/corporate-governance/code-of-conduct/Code%20of%20Conduct_Beiersdorf_Konzern_2016_DE.pdf?download=true
Zuletzt abgerufen am 03.12.2016
(zit.: RiLi Beiersdorf)

BMW AG, Verhaltenskodex
https://www.bmwgroup.com/content/dam/bmw-group-websites/bmwgroup_com/company/downloads/de/2015/BMW_Group_LCC_DE.pdf
Zuletzt abgerufen am 03.12.2016
(zit.: RiLi BMW)

Commerzbank AG Code of Conduct
https://www.commerzbank.de/media/de/konzern_1/konzerninfo/verhaltensrichtlinie/compliance_code_of_conduct.pdf
Zuletzt abgerufen am 09.01.2015
(zit.: RiLi Commerzbank)

Continental AG Verhaltenskodex/code of conduct
http://www.continental-corporation.com/www/download/csr_com_en/themes/general_information/download/coc_de_uv.pdf
Zuletzt abgerufen am 03.12.2016
(zit.: RiLi Continental)

Daimler AG Richtlinie für integres Verhalten
https://www.daimler.com/dokumente/nachhaltigkeit/integritaet/daimler-richtliniefuerintegresverhalten.pdf

Zuletzt abgerufen am 03.12.2016
(zit.: RiLi Daimler)

Deutsche Bank AG Verhaltens- und Ethikkodex
https://www.db.com/cr/de/docs/DB_Verhaltens_und_Ethikkodex.pdf
Zuletzt abgerufen am 03.12.2016
(zit.: RiLi Deutsche Bank)

Deutsche Börse AG Verhaltenskodex
http://deutsche-boerse.com/blob/2533426/05880f5e1f04155422fa47d7aedab772/data/verhaltenskodex_de.pdf
Zuletzt abgerufen am 03.12.2016
(zit.: RiLi Deutsche Börse)

Deutsche Post AG Verhaltenskodex (und weitere Richtlinien)
http://www.dpdhl.com/de/verantwortung/verantwortung_im_unternehmen/konzernrichtlinien.html
Zuletzt abgerufen am 03.12.2016
(zit.: RiLi Deutsche Post)

Deutsche Telekom AG code of conduct
http://www.telekom.com/code-of-conduct?wt_mc = alias_1195_code-of-conduct
Zuletzt abgerufen am 03.12.2016
(zit.: RiLi Deutsche Telekom)

E.ON SE Verhaltenskodex
http://www.eon.com/de/investoren/corporate-governance/verhaltenskodex.html
Zuletzt abgerufen am 03.12.2016
(zit.: RiLi E.ON)

Fresenius SE & Co. KGaA Verhaltenskodex
https://www.fresenius.de/media/Compliance-Fresenius_SE_Co_KGaA_Verhaltenskodex_0515.pdf
Zuletzt abgerufen am 03.12.2016
(zit.: RiLi Fresenius)

Fresenius Medical Care AG & Co. KGaA Ethik- und Verhaltenskodex
http://www.freseniusmedicalcare.com/fileadmin/data/com/pdf/About_us/Responsibility/Br_Code_of_Ethics_dt.pdf
Zuletzt abgerufen am 03.12.2016
(zit.: RiLi Fresenius Medical Care)

HeidelbergCement AG Verhaltenskodex
http://www.heidelbergcement.com/global/de/company/about_us/corporate_governance/code_of_conduct.htm
Zuletzt abgerufen am 03.12.2016
(zit.: RiLi HeidelbergCement)

Henkel AG & Co. KGaA Code of Conduct
http://www.henkel-adhesives.de/de/content_data/208774_Code_of_Conduct_and_Annex.pdf
Zuletzt abgerufen am 03.12.2016
(zit.: RiLi Henkel)

Infineon Technologies AG Business Conduct Guidelines
http://www.infineon.com/cms/de/about-infineon/investor/corporate-governance/compliance/business-conduct-guidelines/
Zuletzt abgerufen am 03.12.2016
(zit.: RiLi Infineon)

Lanxess AG Richtlinie – Kodex für gesetzmäßiges und verantwortungsbewusstes Handeln bei LANXESS
http://www.lanxess.com/en/media-download/lanxess-corporate-compliance_de/
Zuletzt abgerufen am 03.12.2016
(zit.: RiLi Lanxess)

Linde AG Verhaltenskodex
http://www.the-linde-group.com/internet.global.thelindegroup.global/en/images/Code%20of%20Ethics_%20DE_201614_6469.pdf?v=5.0
Zuletzt abgerufen am 03.12.2016
(zit.: RiLi Linde)

Merck KGaA Verhaltenskodex
http://www.merck.de/company.merck.de/de/images/CodeOfConduct_D_2008_tcm1613_71977.pdf?Version=
Zuletzt abgerufen am 03.12.2016
(zit.: RiLi Merck)

Münchener Rückversicherungs-Gesellschaft AG (Munich Re) Verhaltenskodex
http://www.munichre.com/de/ir/corporate_governance/munich_re_code_of_conduct/default.aspx
Zuletzt abgerufen am 03.12.2016
(zit.: RiLi Munich Re)

ProSiebenSat.1 Media SE Verhaltenskodex
http://www.prosiebensat1.de/uploads/2016/12/02/Verhaltenskodex_P7S1_2016.pdf
Zuletzt abgerufen am 03.12.2016
(zit.: RiLi ProSiebenSat.1)
http://www.prosiebensat1.com/media/20279/code_of_compliance_de_2010.pdf
Zuletzt abgerufen am 09.01.2015 [inzwischen nicht mehr auffindbar]
(zit.: RiLi ProSiebenSat.1, Stand 2010)

RWE AG Verhaltenskodex
http://www.rwe.com/web/cms/de/109932/rwe/investor-relations/corporate-governance/rwe-verhaltenskodex/
Zuletzt abgerufen am 03.12.2016
(zit.: RiLi RWE)

SAP AG Geschäftsgrundsätze für Mitarbeiter
http://go.sap.com/docs/download/investors/2012/CoBC_deutsch.pdf
Zuletzt abgerufen am 03.12.2016
(zit.: RiLi SAP)

Siemens AG Business Conduct Guidelines
http://www.siemens.com/about/sustainability/pool/cr-framework/business_conduct_guidelines_d.pdf
Zuletzt abgerufen am 03.12.2016
(zit.: RiLi Siemens)

ThyssenKrupp AG Code of Conduct
https://karriere.thyssenkrupp.com/uploads/tx_tkdocumentsdownload/thyssenkrupp_code_of_conduct_de_03.pdf
Zuletzt abgerufen am 03.12.2016
(zit.: RiLi ThyssenKrupp)

TÜV Süd AG code of ethics
http://www.tuev-sued.de/uploads/images/1382953886787133020386/131020-tuev3665-coe-de-ansicht.pdf
Zuletzt abgerufen am 03.12.2016

Villeroy & Boch AG Code of Conduct (Verhaltensrichtlinie)
http://www.villeroyboch-group.com/fileadmin/upload/ir/documents/Verhaltensrichtlinie_deutsch.pdf
Zuletzt abgerufen am 03.12.2016
(zit.: RiLi Villeroy & Boch)

Volkswagen AG Verhaltensgrundsätze
http://www.volkswagenag.com/content/vwcorp/info_center/de/publications/2010/06/verhaltensgrundsaetze.bin.html/binarystorageitem/file/28052010_Verhaltensgrunds%C3%A4tze+des+Volkswagen+Konzerns.pdf
Zuletzt abgerufen am 03.12.2016
(zit.: RiLi Volkswagen)

Zitierte historische Arbeitsordnungen

Hinweis: Diese Liste enthält nur solche Arbeitsordnungen, die nicht aus/nach Werken zitiert werden, welche sich schon im Literaturverzeichnis finden.

AO Dortmund 1892 — Aktiengesellschaft für Bergbau, Blei- und Zinkfabrikation zu Stolberg und in Westfalen
Arbeitsordnung für das Zinkhüttenwerk bei Dortmund und die damit verbundenen Nebenbetriebe
Aachen 1892
(zit.: AO Dortmund 1892)

AO Lanxess 1998 — Lanxess AG
Arbeitsordnung (Gesamtbetriebsvereinbarung von 27.02.1998)
Leverkusen 1998
http://www.durchschaubare.de/gfx/download/27.02.1998Arbeitsordnung.pdf
[zuletzt abgerufen am 31.08.2018]
(zit.: AO Lanxess 1998)

AO Münsterbusch 1892 — Aktiengesellschaft für Bergbau, Blei- und Zinkfabrikation zu Stolberg und in Westfalen
Arbeitsordnung für das Blei- und Zinkhüttenwerk zu Münsterbusch und die damit verbundenen Nebenbetriebe
Aachen 1892
(zit.: AO Münsterbusch 1892)

AO Ravensburg 1860 — Reglement für die mechanische Filial-Werkstätte von Escher, Wyss & Cie.
Ravensburg 1860 http://de.wikisource.org/wiki/Reglement_f%C3%BCr_die_mechanische_Filial-Werkst%C3%A4tte_von_Escher,_Wyss_%26_Cie.
[zuletzt abgerufen am 31.08.2018]
(zit.: AO Ravensburg 1860)

AO Remscheid 1912 — Arbeitsordnung der Bergischen Stahl-Industrie Gesellschaft mit beschr. Haftung
Remscheid 1912
(zit.: AO Remscheid 1912)

AO Schlachthof 1909 — Arbeitsordnung für die Arbeiter des Schlacht- und Viehhofes der Stadt Cöln, gültig auch für die Arbeiter der Tierkörperverwertungsanstalt
Köln 1909
(zit.: AO Schlachthof 1909)

FO May 1880	Fabrik-Ordnung für die Spinnerei M. May & Co in M. Gladbach Mönchengladbach 1880 In: *Löhr, Wolfgang [Hrsg.]*, Die Fabrikordnung der Firma F. Brandts zu Mönchengladbach Unveränderter Nachdruck der Ausgabe von 1885 Mit einer Einleitung, Erläuterungen und ergänzenden Quellen versehen von Wolfgang Löhr Mönchengladbach 1974 (zit.: FO May 1880)
FO Villeroy & Boch 1880	Fabrik-Ordnung für die Fabriken von Villeroy & Boch Saarlouis 1880 (zit.: FO Villeroy & Boch 1880)
FO Villeroy & Boch 1888	Fabrik-Ordnung für die Fabriken von Villeroy & Boch Saarlouis 1888 (zit.: FO Villeroy & Boch 1888)

www.ingramcontent.com/pod-product-compliance
Ingram Content Group UK Ltd.
Pitfield, Milton Keynes, MK11 3LW, UK
UKHW020714041026
15590UKWH00002B/669

9 783631 776933